U0799272

法 学 阶 梯
INSTITUTIONES | 普通高等教育**法学规划教材**

普通高等教育“十一五”国家级规划教材

西方法律思想史

History of Western Legal Thoughts

| 第三版 |

主 编 | 严存生

撰稿人 | 严存生 宋海彬
以撰写章节先后为序 | 邓少岭 王海山
卢 鹏 李桂林
胡 桥 朱 颖

法律出版社
——北 京——
始创于 1954 年

好书，同好老师和好学生分享

出版说明

法律出版社在其奋进发展的六十年光辉历程中，秉精诚之心，集全社之力，服务于我国法学教育事业，致力于法学教材出版。尤其在改革开放三十余年间，本社以“传播法律信息，推进法制进程，积累法律文化，弘扬法治精神”为宗旨，协同司法部法学教材编辑部，规划并组织出版了国家“八五”、“九五”期间的法学规划教材，为我国改革开放之初的法学教育和法治建设做出了开创性贡献；进入21世纪之后，法律出版社又根据教育部的部署和指导，相继规划并组织出版了“十五”、“十一五”和“十二五”法学规划教材，为我国法学教育事业的发展与改革付出了艰辛努力。

承蒙法学教育领域专家作者的信任，以及广大法律院校师生的支持，法律出版社经过三十年的发展与积累，相继出版各类法学教材达四百余种。在学科范围方面，完成以法学核心课程为重心，涉及法学诸学科的“全品种”横向结构；在培养层次方面，健全以本科教育为根本，兼顾职业教育和研究生教育的“多层次”纵向结构，进而打造“法律版”法学教科书体系，以期更好地为法学教育服务，为法治建设贡献绵薄之力。

近年来，法律出版社应因法学教育的发展变化，在教材编写体例及系列安排方面做出相应调整。在教材编写体例方面，结合当前教学实际与培养方案，将系统、全面的理论知识讲授与灵活、丰富的法律实践和能力训练相结合，倡导教材内容差异化，增加教材可读性，以期更好地培养法科学生的思维能力和法学素养。在教材系列安排方面，全力推进新品教材编写与注重既有教材修订相结合，根据教材风格与特色进行适当的套系整合，集中现有的国家级规划教材和在编的规划教材，形成以“普通高等教育法学规划教材”为名的全新教材系列。

本系列教材多为出版多年并广受好评的经典教科书。此次全新推出，既是向长期以来关心支持法学教育出版事业的专家作者的崇高致敬，也是法律出版社为中国当代法学教育事业发展拳拳努力之情的真诚表达。法律出版社将以高度的精品意识和质量标准，不断丰富、完善本系列教材的结构和内容；除教材文本之外，还将配有多层次、多形式的教辅材料，更好地为广大师生服务。

“好书，同好老师和好学生分享”，法律出版社愿与法律共同体诸同仁，分享好书，分享智识，分享法治进程中的点点滴滴！

法律出版社　谨识

2014年10月

目　　录

绪　论

一、西方法律思想史研究的对象和意义

以法律为业者，即通常所说的"法律人"（lawyer）或"法律工作者"（广义上包括从事法学教学和研究工作的人，从事法律实务工作的法官、律师），在从事了一段工作之后，都会有一个体会：仅仅熟悉法律条文和了解法律程序的人不可能成为一流的法律工作者。不仅如此，如果他在实践中一味地死抠法律条文，机械地适用法律规定，还会作出与法的精神完全相反的决定。也就是说，他有可能会走向法的反面，即以法的名义作不法的事，成为一个如有些西方学者所说的"社会公敌"或"十足的傻瓜"。[1] 这是因为，法律不仅仅是一种制度层面的东西，更不仅仅是形之于文字的规则的总和，法律工作也不仅仅是一套有别于其他行业的技术和方法，而是还包含着一套观念、一种持之以恒的价值追求和一种事业。也就是说，法律作为一种文化包括制度、技术和观念、价值两个层面。前者是法律的外在方面，后者是法律的内在方面。它们是互相依赖和相辅相成的，都是法律不可或缺的构成部分。而且，法律的观念、价值同法律的制度、技术相比，在法律文化中处于更根本和更重要的地位。因为任何社会的法律制度都是在一定法律思想的指导下制定和实施的。正因为如此，法律观念的变更往往能引起法律制度的发展变化，也影响着法律制度的实现程度和效益。所以，我们对法律的了解，不能只停留在制度和技术层面，否则我们只是了解到法律的一部分，而且是非根本的表层部分。也正因为如此，作为法律专业的学生，我们不仅要学习各个部门法学，而且要学习法理学这一研究法的一般观念的课程。但是，通过法理学我们还不能完全地和真正地掌握法的观念。这是因为，法理学所告诉我们的往往是当代在某国占主导地位的法观念，具有一定的片面性，尚且，对任何一种法观念的理解或把握并不是依靠了解其当下状况就能够实现的。这是因为，任何一个观念都不是一下子产生的，而是人们（往往是许许多多的人）长期经验积累的结果，或者说它包含着几代人乃至于全人类的经验和智慧。因此，现代的法律观念并不是凭空产生的，也不是现在才产生的，而是过去法律观念的进一步发展。黑格尔在谈到思想观念的这一特性时说："我们在现世界所具有的自觉的理性，并不是一下子得来的，也不是从现在的基础上生长起来的，而是本质上原来就具有的一种遗产，确切点说，乃是一种工作的成果，——人类所有过去各时代工作的成果。"[2] 著名的历史学家柯林武德认为，现今的思想是对过去思想的重演，不过是在另一个层次上的重演。[3] 因此，不了解其过去，我们就不可能真正地懂得其现在，即不可能准确地理解其所包含的深刻意义。所以，我们要正确地理解和掌握现代

---

〔1〕［美］博登海默：《法理学—法哲学及其方法》，邓正来译，华夏出版社1987年版，第491页。

〔2〕［德］黑格尔：《哲学史讲演录》（第1卷），贺麟等译，商务印书馆1983年版，第8页。

〔3〕［英］柯林武德：《历史的观念》，何兆武等译，中国社会科学出版社1987年版，第19页。

的法律观念,了解其真谛,就必须研究其过去,搞清其来龙去脉和所包含的全部内容,才能从其中吸收对我国法治建设有用的东西。而法律思想史正是研究法律观念的产生和发展过程的一门学科。这意味着,要真正掌握法律观念就必须学习法律思想史。而西方法律思想史就是法律思想史的一个分支学科。

西方法律思想史是以研究西方的法律观念演化历史为对象的一门学科。所谓西方,即一般所指的西欧和北美的发达的资本主义国家;所谓史,指从古希腊以来的西方约三千年的历史,包括近现代史。作为一门课程,有些学校把西方当代的法律思想作为一门课程单独开设,称之为“现代西方法理学(法哲学)”。这种划分虽有一定的道理,但考虑到实际的操作比较困难,以及当前各校大都尚未单独开设“现代西方法理学(法哲学)”这门课程的现实,所以本教材把二者合在一起。

“西方法律思想史”作为一门课程,是与当前各学校普遍开设的“中国法律思想史”相对应的。按理说与“中国法律思想史”对应的应是“外国法律思想史”,但由于国内学术界对世界其他地区的法律思想史尚研究不够,加之西方法律思想在当代世界中的特殊地位,如它是当代最强势的、影响最大的,也是发展水平最高的法律思想,当代世界上的大部分国家和地区的法律制度都是直接或间接地在它的指导下产生的,了解了它也就基本上可以理解当代各国的法律制度,所以我们暂时以“西方法律思想史”代替“外国法律思想史”。

法律思想史作为一种观念史,它所研究的法律观念不是具体的部门法观念,而是一般的法观念,即在部门法观念的基础上进一步抽象出来的法观念,它面对的是法律的全体。这一法观念一般由法理学或法哲学来研究,法律思想史与它的区别在于,法理学研究的是当代的法观念,而法律思想史研究的是过去。从这个意义上讲,它是法理学的史。正因为如此,广义的法理学可把它包括在内。西方许多以“法理学”命名的书正是以它作为一个重要的组成部分。这意味着法律思想史不同于部门法学史,即不同于宪法学史、刑法学史、民法学史、国际法学史等。

西方法律思想史与外国法制史有明显的区别。空间的差异不说自明,内容上的差异也非常明显。因为法律思想与法律制度的关系是思维与存在的关系,法律思想是人们在认识法律现象的基础上产生的,而法律制度是法律现象的最主要的构成部分。另外,二者还有一与多的差异,因为一个国家的法律制度往往是相对统一的,但一个国家里却可能同时存在多种法律思潮或法学理论。虽然各种法律思想对法律制度的产生和发展都会有影响,但真正发生作用的却只是其中的一种。西方法律思想史与外国法制史最明显的区别是研究对象的不同,后者研究的是西方历史上存在过的法律制度,而前者研究的是西方历史上的法学著作。这是因为,法律观念作为一种精神存乎于人的内心,它要为别人所感知并作为一种历史资料保留下来,就必须变为有声或有形的语言文字,就必须变为法学著作。因此,法律思想史研究的最主要的直接对象是法学著作,不是法律制度。虽然法律制度是在它的指导下产生的,但并不是法律观念表现的直接形式,更不要说,存在的法律制度只是在一种法律观念的指导下制定的,不可能表达形形色色的法律观念。

对法学专业的学生来说,学习西方法律思想史的直接意义是帮助我们进一步理解法的精神,认识居于法律深层次的法律观念。只有如此,我们才有可能掌握法的灵魂,才能与时俱进,从而成为一个高素质的法律工作者。学习西方法律思想史的间接意义是提高我们的理论思维能力,开阔我们的眼界,丰富我们的历史知识。人的理论思维能力,包括观察、分析、归纳和综合问题的能力,是人创造发明的主要源泉,而这个能力并非生而具有的,它来源于后天的学习和实践。就学习而言,最有效的办法是学习思想史,如哲学史、政治学史、经济学史等,对法学的学生来说,就是法律思想史。法律思想史的范围很广,种类很多,就当代而言,其中最有价值的就是西方法律思想史。这是因为:第一,西方法律思想史所直接研究的是西方的法学名著,而这些都是高品位的学术著作,从中我们不仅可以直接面对这些法学大师,了解他们对法律这一复杂的社会现象是怎么想的,怎么说的,进而学习他们思考和解答问题的思路和方法。而且,由于他们每个人都有自己的一套概念和独特的理论体系,要理解它得经过认真思考,这就不仅锻炼和提高了我们的思维能力,而且会大大地丰富我们的词汇,提高我们的语言表达能力。第二,应该承认,世界各国的法律制度和法律观念的差别往往是很大的,这一差别表现在各个方面。从其发展的进程来看,它表现为发展上的不同步。从法律观念的情况看,这表现为世界上各地区和各国家的法律观念在发展中,有的在这一历史时期里发展较快,而在另一时期里则较慢,甚至呈现长期停滞不前的状态;有的在发展中出现中断,因而需要等一段时期之后从其他地区重新引入火种;有的在发展中情况比较正常,未遇到大的曲折,特别是近现代以来发展很快,各种法律观念很发达,居于世界领先地位。正因为这种发展中的不同步,当代世界各国各地区的法律观念,并非都能正常地发展下来和达到现代的水平。也正因为如此,只有那些达到现代水平的地区的法律观念,才能对当代世界各国法律制度的存在和发展产生巨大的影响和促进作用,才能帮助我们正确地认识当代世界各国的法律制度,也才能对我国的法制建设有更重要的意义。应该承认,在当代世界各地区的法律制度和法律观念的发展中,西方的法律制度和法律观念在近现代是发展比较快的,它不仅对当代世界各国产生了巨大的影响,而且也是马克思主义法学的主要思想渊源。马克思和恩格斯以及后来的列宁,正是在批判地继承以前西方法律观念的基础上创立马克思主义法学的。所以,在研究世界各地区的法律观念的发展历史时,研究西方法律观念的发达史就有着特别重要的意义。而西方法律思想史正是研究西方法律观念演变过程的专门学科。

西方法律思想史这门课程是法律专业本科生所学专业课程中一门层次较高的基础理论性课程。它的开设还有以下特殊意义:

第一,它可以丰富我们的知识,特别是法学方面的历史知识,使我们知道西方各种法学的基本观点和来龙去脉,而这对于法律专业的大学生来说,是不可缺少的。

第二,它可以提高我们的理论思维能力,特别是能提高我们的综合分析能力和鉴别能力。因为在学习西方法律思想史的过程中,我们会碰到形形色色的理论,需要认真地领会、分析、比较和归纳;会观察到每个思想家思考问题的不同角度和逻辑思维过程。这些必然能锻炼我们的思维能力,拓宽我们的思路,丰富我们的概念。一句话,提高我们的智力,而这对于一切法律工作者来说都是非常重要的。

第三,它能加深我们对已学法律知识特别是理论法学知识的理解。因为对法学中基本概念和理论的理解,并不是一下子就能完成的,它需要丰富的社会经历和历史知识。

第四,它可以帮助我们了解西方现代法制的精神。因为现代法制是以现代西方的法律观念为指导建立起来的,只有懂得了现代西方法律观念的来龙去脉,才有可能了解现代法制精神。而要真正懂得西方的法律观念,学习西方法律思想史是必不可少的途径之一。

第五,它可以较大地提高我们对各种法律文化的鉴赏能力和分辨能力,因为我们在学习和研究中会碰到各种各样的对法律的观念,在理解和对比这些法律观念的过程中,其利弊优劣和相互关系就会逐渐看清楚,今后如果我们再遇到类似的观念自然就会很快识别。

总之,西方法律思想史是打开西方法律文化宝库的一把钥匙,是法学专业建筑根基中的一个重要部分,这正是近几年来我国高等学校的法学专业学生要开设这门课的原因之一。

二、西方法律思想的历史发展

西方的法律思想像整个西方文化一样,也渊源于古希腊罗马,它是在古希腊罗马比较发达的商品经济、民主政治和法律制度的基础上产生的,并随着西方社会的发展而发展。从纵向说其发展大体可分为以下四个阶段:

(一)古希腊罗马阶段

这是西方法律思想的萌芽和产生时期,在这一时期的初期,法律思想尚孕育在哲学之中,后期才产生了职业法学家阶层。这一时期的法律思想经历了从"百家争鸣"到逐渐统一、从创立理论到实际应用的过程。在这一时期里,许多思想家特别是著名的哲学家,如柏拉图和亚里士多德等,都对法律问题发表了自己的看法。这些不同的看法是后来的各种理论的胚胎,从而奠定了西方法律思想的基础。这一时期里,占主导地位的法律思想是自然法观念。它产生很早,在前苏格拉底时期已有萌芽,后来逐渐发展和丰富,到了希腊化时期经斯多葛派哲学系统化之后传到罗马,又经过西塞罗通俗化后广为传播,不但对当时的罗马法律制度造成重大影响,而且成为后来整个西方法律思想的主流。

(二)中世纪阶段

欧洲的中世纪即欧洲的封建社会时期。在这一时期里占统治地位的意识形态即基督教神学。它接受了古希腊罗马的自然法观念,对之进行神学的改造,因而造成了基督教神学的自然法学。它使刚刚从哲学中脱离出来的法学再次丧失了独立性,成为神学的婢女,从而造成了法律思想发展的长期停滞。不过,古希腊罗马的自然法观念,却也通过基督教神学这一中介而得以保留下来,并流传到现代。

(三)自由资本主义阶段

在中世纪末,随着资本主义经济因素的产生和迅速发展,资产阶级作为一支政治力量逐渐登上政治舞台,并提出了自己的政治要求。为了实现这一政治要求,资产阶级的思想家们批判了中世纪基督教神学的自然法学,创立了古典自然法学作为其进行政治斗争的理论武器。在这一时期里,法学重新获得独立,并开始步入科学的大门,法学家们以人的眼光来认识法律现象。这使西方的自然法学进入到一个新的发展阶段,并达到鼎盛状态。这一阶段产生了一批著名的法学家和法学名著,它使西方的法律观念上升到一个新的水平,即法治观念的水平。但是在总的方面还比较统一,学派的对立也还不明显。

(四)帝国主义阶段

如果说在此之前西方的法律观念还比较单一和有明显的理性主义倾向的话,那么在此之后则出现了相反的情况。这时期出现了许多与长期占主导地位的自然法学相对立的实证主义法学流派。开始有历史法学和分析法学,后来又有社会法学等。它们的产生和发展,曾使自然法观念一度衰落。它们提出了一套与自然法学完全不同的法律观念,这使人们对法律的认识更加丰富和更加实在了。当代西方法学在发展中出现了两种表面上矛盾的现象,即一方面不断产生新的流派，在各派中也不断地分化出许多支派，形成了派别林立的局面；另一方面，各学派在研究方法和观点上又互相吸收、借鉴和接近，出现了统一的趋势。

三、西方法律思想的特点

世界各地的文化是有差异的，这也表现在法律观念上。西方法律思想的历史发展，与世界其他地区特别是与我国相比，有以下几个特点，在学习和研究中值得注意：

首先，应该注意的是，西方历史上的法律观念并不完全等同于我们现在对法律的一般理解，它包含着一些特殊的含义。其中最早的并持之以恒的一个特殊含义是正义（justice），这充分体现在西方古代和现代各种文字中“法律”一词的词义上。如古希腊早期的“法律”一词为 Themis 和 Dike，它们是希腊的正义女神“特密斯”与其女儿“达克”的名字。这意味着在古希腊人看来，法律与正义是一个事物的两个方面，正义是通过法律来实现的，因为正义女神及其女儿正是通过主持天上和人间的法律事务来实现正义的。古罗马时期，法律一词的拉丁文为 Jus，其基本含义也是正义，这说明古罗马人也视正义与“法律”为一回事。正因为如此，古罗马法学家（塞尔苏斯和乌尔比安）给法律所下的定义是，法律乃善良公正之术，并进而把法学称之为区分正义与不正义的学问。这一定义，直至如今仍被许多法学家所沿用。最典型的是著名的美国法学家庞德，他也说法律的终极目的是实现正义，因而法学是关于正义的科学。也正因为如此，在今日西方各国的文字里，法律一词与正义一词混用的还很多，最为明显的是德文的 Recht 一词，既指正义，也指法律。

西方“法律”一词的第二个特殊含义是事物的“规律”或“法则”。古希腊早期的自然哲学家赫拉克里特和后来的斯多葛派哲学家已隐隐约约地指出了这一点，他们认为宇宙间事物的运动都要服从统一的“逻各斯”（λὸγοζ）或“规律”，而法律就是人的“逻各斯”或“规律”。到了近代，许多法学家把法律与规律两个概念视为是同一个事物，或者认为法律就是人的规律，最典型的是孟德斯鸠和黑格尔。把法律与规律视为一回事在语词上也有反映，英语的 law 一词就是一例。其在话语中的确切含义，视语境而定，对自然事物而言，多指“规律”，对社会事物而言则多指“法律”。

西方思想家赋予“法律”一词的另一个特殊含义是“权利”或“自由”。不过这是近现代才凸显出来的，它与近现代西方在价值取向上强调个人的自由和权利不无关系。因为自启蒙运动以来，西方人的一个基本观念是国家和法律是基于个人权利和服务于个人权利的，其目的在于为了更好地保护和实现个人权利。“法律”一词的“权利”含义，在西方各国的语言文字里也有反映，德语尤为明显。康德的《法的形而上学原理》一书在翻译上的困难充分地说明了这一点。

其次，是西方人的法律观具有二元性，即西方人所理解的法律并不是一种事物，而是两种不同的或并列的事物。它们之间虽然有某种内在的关系，但往往自成系统和独立存在。这突出表现在他们对客观法与主观法、自然法与制定法、应然法与实然（在）法、国家法与民间法、公法与私法等方面的论述上。如在对法律是什么的看法上，西方人从古到今一直存在两种表面对立的观点：一种认为法就是客观事物的本性、规律，它是一种不以个别人的主观意志为转移的客观存在；另一种则认为法只是一种人的发明创造物，甚至于认为法律只是个别人的主观意志的一种表示。前者即客观法，后者则是主观法或意志法。自然法学家所说的“自然法”，社会法学家所说的“活的法”和哈耶克所说的“法律”，都是前一种意义上的法律；而自然法学派所说的“制定法”,分析法学家所说的“实在法”,社会法学家所说的“纸上的法”,哈耶克所说的“立法”正是后一种意义上的法律。西方人法律观的这种二元性也表现在他们使用了两个不同的词分别表达这两种不同的法律。如古希腊语的 *nomos* 和 *thesis*;古罗马的拉丁文的 Jus 和 lex;英语的 law 和 legal;意大利语的 Diritto 和 legge;德语的 Recht 和 Gesetz;法语的 Droit 和 Loi;西班牙语的 derecho 和 ley;俄语的 Право 和 Закои 等。我们知道,词是表意的,因而一般说来不同的词代表不同的事物和表达不同的意义。西方各国的语言里,直到现在用于表达“法”这个事物的仍然有两个词,这明显地说明在他们的心目中,有两种“法”,而它们在本质和范围上是不同的。

再次,宗教神学的色彩比较浓厚。西欧是基督教占统治地位长达一千多年的地区,这就使西方的法律思想必然受到基督教神学的巨大影响,这正如我国古代的法律思想受到儒家学说的巨大影响一样。这一影响不仅仅表现在基督教神学的法律思想曾长期居于统治地位,也不仅表现为神学的法学流派至今仍是西方最大的法学派别之一,而且表现在西方近现代的宪法、刑法和民法等主要法律制度中,仍保留有许多基督教教义的痕迹。如诉讼法的“自由心证”原则就是由基督教法的“良心”原则发展而来的;刑法中的犯罪构成理论所强调的主观方面,也可以从基督教教义中找到根据。

最后,学派对立明显,阶段界限分明。中国古代的法律思想,特别是自汉代“罢黜百家,独尊儒术”之后,一直呈现着大一统的局面,基本上没有产生其他对立的学派。在其发展中由于一直维持着封建社会的局面,所以也没有表现出明显的阶段性来。西方则不同,古希腊罗马时期就有不同的学派存在,如古罗马的普拉库拉派和萨宾派,中世纪有自然法学和注释法学派。进入近现代之后,派别的对立更趋明显,大的有理性主义与非理性主义(实证主义)之分,小的每一大派中又有许多支派,如实证主义中有历史法学派、分析法学派、社会法学派,而每一派中又有许多小的支派。这就使西方法学形成了多元化的格局。这些不同的派别不断地互相争论、磋商、吸收,促进了法学的繁荣,也开拓了人们的视野,丰富了人们的法律观念。另外,西方的法律思想在发展中由于经历了奴隶社会、封建社会、资本主义社会,因而明显地分为四个阶段,这与中国法律思想在发展中长期于封建社会中徘徊是明显不同的。

四、西方的三大法学流派及其法观念

西方人对法的理解种类很多,归纳起来有三种法律观念,即自然法观念、规则法观念和活的法观念。

(一)自然法观念

“自然法”(英语为 natural law 或 law of nature,拉丁语为 Jus naturale)是西方自然法学派所使用的一个概念。这个概念从字面上看似乎指的是一种法,这种法不同于国家制定法,它是自然产生和客观存在的,而且初期的自然法学家也是这样认为的。但从实际上看,它所指的并不是一种法,而是对法的一种基本看法或一种法律观。这种法律观在西方已经存在了几千年,中间发生了许多变化,但有些共同的特征或基本的观点。具体说来,这种法律观包括以下几个方面的基本内容或观点:

第一,法从本质上说就是人的规律,因此,立法者所制定的法律必须以客观规律为基础,其对人们行为的规定不能有悖于客观规律。

第二,法根源于人的永恒不变的本性:社会性和理性(自觉性)。真正的法律或自然法应与之相符合,特别是与理性相符合或以理性为基础,或者说就是由人的理性所发现的人的规律或行为准则,因此,它是“理性之光”,能照亮人的前进道路。正因为如此,国家制定法应建立在理性意志的基础上,而不应是个人任性意志即私欲和成见的表现。

第三,法的功能和目的就在于实现正义。所谓正义就是基于公共幸福的合理安排,就是人人在社会中“得其所哉”,即享受到他应该享受的权利和平等地承担义务。

第四,法律作为一种行为准则能使人们辨是非、知善恶。正因为如此,它应与人们的价值观念,特别是其中的道德观念相一致,也就是说不能有悖于道义,或者用富勒的话来说,它应具有道德性。这种道德性不仅体现于实体价值目标方面,而且体现于其形式和程序方面。因此,不符合道德的法律就不是良法和不具有正义性。这样一来,道义就成为衡量实在法良恶的标准。不过自然法学家们并不一定认为符合所在社会的道德就具有这一性质,也就是说,自然法不等于所在社会的道德,而是适用于所有社会的道德,或者说实际上是人们所不断追求的终极性的价值目标。登特列夫(A. P. d’Entréves)在谈到这一点时说,自然法理论“就是一项主张,主张可以拿一个终极的尺度,一套理想的法律,来检验一切法律之效力,这个终极的尺度,这套理想的法律,可以比一切现有的法律更确切地被认知和评价。自然法是人类寻求‘正义之绝对标准’的结果。”[4]以上看出,自然法学家特别重视和强调法律存在的客观性和同一性,认为不同国家和时代的不同法律,都有着共同的客观基础、根源和价值目标。这就是人的本性和规律,就是理性,就是由正义所综合的一系列价值目标,如自由、平等、秩序等。正因为如此,自然法学家特别重视法律的终极价值目标和客观基础的探索,并以此为标准来评价实在法。

(二)规则法观念

“规则法”观念指的是那种认为法是一种纯粹的规则或规范体系的法律观。这种法律观是由分析法学在批判和否定自然法学的基础上提出来的。分析法学反自然法学之道而行之,把注意力从法的外围转向了法律自身,而且把研究的焦点集中丁国家法的形式结构上。正因为如此,他们提出了一种与自然法学的法律观完全不同的法律观,即规则法律观。其主要内容包括以下几个方面:

第一,真正的法或“严格意义的法”、“适当意义的法”不是什么自然法,而是国家制定的法律,即“国家法”。由于这种法律的真实存在能为经验所感知,所以又叫“实在法”或“实证法”(positive law)。至于其他所谓的“法”,如自然规律、自然法、荣誉法则等,只是有比喻意义,有些实则“实在道德”。

第二,实在法或国家法是由法律规则(rule of law)构成的,是一个法律规则或法律规范的体系。所谓法律规则是指以规范性法律文件形式对人的行为模式所作的带有普遍意义的明确规定。它有固定的逻辑结构,能昭示人们于某一条件下应该做什么和不应该做什么,以及由此产生的法律后果。分析法学家们还详细论述了法律规则和法律规范的种类和结构,包括微观结构和宏观结构,即每一规范的逻辑结构和每一个国家的法律规则体系的结构。

第三,法律规则或法律规范是中性的,与价值无涉。也就是说是一种纯技术性和工具性

---

〔4〕［意］登特列夫:《自然法——法哲学导论》,李日章译,台北联经出版公司1959年版,第96页。

的东西,或者说与政治、道德等价值观念无必然的和内在的联系。因此也不能从政治上和道德上进行评价,即不存在什么道义与不道义、良与恶的问题。他们说,你不能因某一法律与道德相悖就否认它不是法律,由此他们提出"恶法亦法"的命题。这就是说,法律不从属于政治或道德,它有自己的独立性,它应超脱于政治斗争,也不应受社会舆论的影响。

第四,一个由立法机关制定的好的法律规则体系,即具备形式合理性的法律规则体系足以解决各种社会问题,执法者或法官只要遵循推理规则就可以很好地审理各种案件,也就是说,执法者只是法律推理的机器,不应享有任何的执法自由裁量权。韦伯对此作了形象的概括,他说:"现代的法官是自动售货机,投进去的是诉状和诉讼费,吐出来的是判决和从法典上抄下来的理由。"

(三)活的法观念

"活的法"(living law,德文 lebendes recht)又叫"行为中的法"(law in action)或"事实上的法"(law as fact)。与之相对应的是"纸上的法"(law in paper),"本本上的法"(law in book)或"国家法"。这个概念最初是由埃利希提出来的,后来由庞德、弗兰克等人作了进一步阐述。它作为一种新的法律观主要包括以下几个方面:

第一,法扎根于社会之中,本质上是一种社会秩序。如埃利希说:"无论是现在或者是在其他任何时候,法律发展的重心不在立法,不在法学,也不在司法判决,而在社会本身。"〔5〕

第二,真正的和主要的法律不是国家立法机关制定的法律规则,而是社会立法中的秩序或人类联合的内在秩序。这种法律叫"活的法"。所谓"活的法"指"支配生活本身的法律,尽管这种法律并不曾被制定为法律条文。"〔6〕这就是说,活的法律是在社会生活中真正起作用的,能建立秩序的法律。国家立法机关制定的成文法规在未对人的行为发生效力和未对社会秩序的形成发生作用前,只是一种纸上的东西,一种本本上的东西。相反,非立法机关制定的,如法院审判案件中所形成的法律,即判例法,社会的风俗习惯,甚至社会团体的规章制度,只要它们对社会秩序的形成起作用,就都是这种法律。因此,国家立法机关所制定的成文法并不是法律的主体和根本。

第三,法律与国家之间并没有不可分割的联系,它并非一定由国家机关特别是立法机关所制定和实施,在没有国家的时候和地方也存在法律。这个思想后来特别为社会法学中的法人类学家所发挥,他们提出了"原始法"、非国家法、世界法的概念。

第四,法律绝非仅仅是规则的体系,法律是很复杂的,由多种要素构成,除了规则之外,还有原则、政策等。

第五,法律不是作为一个规则体,而是作为一个过程和一种事业。在这种过程和事业中,规则只有在制度、程序、价值和思想方式的具体关系中才具有意义。〔7〕正因为如此,社会法学派普遍重视法律的实现过程及其结果的研究,有个别学者甚至认为法律的实现过程,特别是法官的行为才是法律自身。他们也不拒绝对法律的价值问题的研究,不否认法对实现正义的作用,虽然对正义等作了实证主义的解释。

应该指出的是,自然法、规则法和活的法三种法观念是在西方历史上的不同时期产生的,

---

〔5〕[德]埃利希:《法社会学原理》,舒国滢译,中国大百科全书出版社 2009 年版,序。

〔6〕转引自沈宗灵:《现代西方法理学》,北京大学出版社 1992 年版,第 273 页。

〔7〕[美]伯尔曼:《法律与革命》,贺卫方等译,中国大百科全书出版社 1993 年版,第 13 页。

它们之间存在一个对一个的批判与否定关系，这使我们清楚地认识到法本身以及人们对法的认识，都是发展变化的。而且这种发展变化还遵循着辩证法的否定之否定规律，即在三个环节中，自然法观念处于肯定阶段，规则法观念处于否定阶段，活的法观念处于否定之否定阶段。西方的法观念正是通过这一肯定、否定、否定之否定的过程，发展到一个新的水平，它克服了人们以往在对法的认识上的片面性和表面性，使之更加接近真理。这突出地表现在两个方面：其一，坚持这三个法律观的新自然法学、现代分析法学和社会法学，在观点和研究方法上的互相靠拢和吸收，使它们之间的分歧不再那么截然对立；其二，是从各派中新产生出一些综合性的分支学派，如社会法学派中分化出的综合法学，分析法学中新出现的制度法学。它们企图综合三个学派的优点而创立一种兼顾三者的新学派和新法律观。虽然他们实际上是站在某一学派的立场上进行这一工作的。

值得注意的是，这三种法律观不仅存在于西方不同的历史发展阶段，而且共同存在于当今世界，成为当今西方三足鼎立的法律观。这一现象说明，三种法律观并不完全是西方法律观发展的三个历史阶段，后产生的法律观并没有完全取代先前的法律观，因而其批判和否定只是相对的和暂时的，这更加说明三种法律观各有其合理性和局限性。

五、本教材的特点

这本教材主要是为大学法学专业的本科生编写的，在编写中从体系的拟定上，到人物、材料的选排上，主要是基于以下考虑或原则：

第一，要以马克思列宁主义为指导的原则，坚持“古为今用，洋为中用”的方针，重新认识和评价西方的各种法律思想，做出实事求是的科学分析和中肯批判，努力揭示西方法律思想发展的规律。对西方法律思想中一些重大的理论和观点，要进行系统的、科学的分析和批判，以划清马克思主义和非马克思主义的界限，以有助于青年学生树立马克思主义的法律观。

第二，要清除“左”的思想的影响，把西方的法律思想作为人类一笔宝贵的法律文化遗产来对待。因此，不能用否定一切的形而上学观点和历史虚无主义的态度去对待西方的法律思想。在分析每一种理论时，在评价每一个思想家和法学流派时，都要用历史的观点、实事求是的态度和辨证的方法进行科学的研究，不能用现代人的观点和水平去强求前人，更不能用贴标签、戴帽子和断章取义的办法去处理各种材料，即使是明显错误的观点和理论，也不能用简单否定的办法去对待，而应弄清它提出的历史背景，尽力挖掘其中合理的东西，要把它作为人类认识的一个环节来把握。恩格斯说：“今天被认为是合乎真理的认识都有它隐蔽着的、以后会显露出来的错误的方面，同样，今天已经被认为是错误的认识也有它合乎真理的方面，因而它从前才能被认为是合乎真理的”。[8] 我们应以此为指导来认识和评价历史上的任何一种理论和观点。

第三，要把西方法律思想史作为法律观念的发达史来对待，而不要作为人物史或著作史，更不能搞成点将谱。我们清楚地认识到，历史上的法律观念是通过各个时期的法学家的著作中提出来的各种理论和观点表现出来的，因此，要研究西方历史上的法律观念，不能不研究这些法学家和法学流派产生的历史背景、生平和著作。但是我们认识到，研究这些并不是目的，而只是寻找法律观念的手段。所以，我们的注意力是放在法律观念及其演变上，而把这些法学家、法学流派及其著作只是作为法律观念的体现者和载体，把政治历史环境视为其产生的

---

〔8〕《马克思恩格斯选集》（第4卷），人民出版社1972年版，第240页。

土壤来研究的。

第四,要侧重于介绍而不是评论。在编写任何一部法律思想史教材过程中,人们都必须会碰到一个矛盾,即如何处理评论和介绍的关系,是只评论不介绍呢,还是只介绍不评论呢,还是又评论又介绍?而在后者中又会碰到以谁为主的问题。我们认为,在编写法律思想史教材的过程中,只评论不介绍或只介绍不评论都是不可能的。因为纯粹的评论等于打靶不树靶子,纯粹的介绍等于再现古人的思想,毫不夹杂的自己的观点。这样剩下来的只有以评论为主或以介绍为主的问题。前者实际上是我们在第二点中所否定的那种着眼于批的办法,实践证明它是不可取的。因为它不但把自己的观点加强于古人,而且使读者无法看清古人思想的真面目。因此,我们赞同以介绍为主的办法,即在介绍中适当评点,目的也在于使读者更清楚地了解古人思想的原意,特别是他们的思路、观点,看他们怎样提出和回答问题的,其理论的出发点和归宿点是什么,又顺着怎样的逻辑进行思考。我们认为,只有这样才能使读者准确地理解某一法律观念的真正含义,也能给读者留下思考的余地。

第五,要坚持法律思想史的特色,不要把法律思想史搞成政治思想史、伦理思想史、哲学史。因此在本教材的编写中,凡与法律思想无直接关系的政治思想家、哲学家,不再选入;在介绍法律思想家的理论时,原则上也只写法律思想,不再单独介绍其哲学思想或政治思想。而且,为了使线条清楚,在介绍法律思想时,我们也只限于法理学范围,其他部门法学思想,如宪法思想、刑法思想、国际法思想等,原则上不再单独列目。

第六,要尽量吸收改革开放以来新的研究成果。在近几十年里,我国在西方法律思想史的研究方面像其他领域一样,呈现繁荣昌盛的状况。大量西方法学著作被介绍进来,对西方法学人物和流派的研究成果大量涌现,系统介绍西方法律思想史的著作也相继出现,其中不少学者发表了许多新的很有价值的观点,这些都对我们编写此本教材有很大的帮助。因此,在编写中我们都尽量利用吸收这些新成果,使其富有时代的气息。

第七,要力求简洁。针对当前我国各高校一般把这门课作为选修课和安排课时少的实际情况,我们在这本教材的编写上,对人物和学派的选择上,贯彻了去繁就简的原则。因此,所选入的只是西方历史上最重要的法学家和法学流派,在介绍每一学派和法学家的有关理论时,也只是抓住最主要的方面。

参考文献

1. 吕世伦主编:《西方法律思潮源流论》,中国人民大学出版社 2004 年版。
2. 张乃根:《西方法哲学史纲》,中国政法大学出版社 2002 年版。
3. [爱尔兰]J. M. 凯利:《西方法律思想简史》,王笑红译,法律出版社 2002 年版。

思考题

1. "西方法律思想史"的研究对象是什么?
2. "西方法律思想史"在法学中的地位如何?它与法理学、法制史学之间有什么区别?
3. 法律专业的大学生学习"西方法律思想史"有什么意义?
4. 西方三大法学流派的法观念比较。

上编 | 古代

第一章　古希腊的法律思想

第一节　古希腊法律思想概述

“古希腊”是西方文化的发祥地，也是世界古代文明之一。它有丰富多彩的神话，有光彩夺目的艺术和文学作品，有深刻而多元的哲学，也有对西方和全世界影响至今的政治法律思想。这一法律思想就是以朴素的自然法观念为主的多元法律思想。这些法律思想奠定了西方法律思想的基础，成为其法律思想的逻辑起点。

一、古希腊法律思想产生的背景

“古希腊”一词，不是一个国家概念，而是一个地区和文化概念，它是公元前12～前2世纪位于巴尔干半岛南端、爱琴海诸岛和小亚西亚沿岸，有共同的语言文化的近二百个城邦国家及其所创造的文化的总称。这一文化是在继承之前的克里特文化和迈锡尼文化，以及非洲的古埃及文化基础上所产生的一种文化。[1]

“古希腊”有文字记载的历史大体分三个阶段：(1)公元前12～前8世纪初，史称“英雄时代”或“荷马时代”，其史实仅以记叙特洛伊战争的《荷马史诗》为据。实际上是古希腊原始社会氏族制度解体和开始向奴隶制社会过渡时期。(2)公元前8～前4世纪，是古希腊城邦国家产生、发展和衰落时期，也是古希腊社会文化发展的鼎盛时期。(3)公元前4～前2世纪，史称“希腊化”时代，是古希腊各城邦为马其顿所灭并统一亚历山大帝国，随即又被罗马占领，成为罗马帝国的一部分的过程。

“古希腊”文化的产生有两个方面的主要原因：

其一，是所处的特殊的历史地理环境。它处于欧、亚、非三洲的交汇处，这使它很容易接受之前已存在古埃及和古巴比伦古代文明，受到这些文明遗留文化的熏染。

其二，就是其特殊的地理环境，以及由之而产生的特殊的经济、政治制度。由于“古希腊”各城邦地处沿海，因此，古希腊属于海洋国家，商业和海上贸易在经济中占有很大的比例，这是希腊城邦制度得以产生的基础。而我们知道，“城邦”或“波力斯”（πόλις 的音译）正是

---

〔1〕 克里特文化指公元前30世纪至前14世纪间于克里特岛上由国王米诺斯建立的王国所形成的文化，此文化后来在公元前14世纪为火山、地震灾害和战乱所毁灭。迈锡尼文化指进入希腊半岛的是印欧语系的阿卡亚人公元前15世纪创立了由帕尔修斯创建的迈锡尼王朝及其所创造的文化，曾兴盛几百年。这一文化到了公元前11世纪左右陷入外敌入侵和内部战乱之中，荷马史诗所描写的就是其中的一些片段。埃及文明对古希腊的影响已为许多史学家证明。

以商业贸易的集结地——城镇为中心而形成的政治共同体。这些政治共同体规模不大,小的几万人,大的几十万人,[2]虽然没有统一的政治体制,有的实行君主制,有的实行贵族制,但大部分实行的是民主制。城邦的主要成员是公民,公民享有广泛的政治权利,可以参加公民大会,在城邦讨论重大事务时发表意见,也有机会参加审判委员会,行使司法权,以解决社会纠纷。这些享有公民权利的自由人,他们拥有奴隶、妻子和儿女,他们不直接或很少从事生产活动,战时是士兵,平时参加各种政治活动或科学文化研究活动。"古希腊"文化正产生于这种宽松的政治环境和自由的文化之中。

古希腊的法律文化主要产生于其发展的第二个时期,即城邦制度产生、发展、鼎盛到衰落的时期,这时的希腊正处于社会的大转变时期,外有敌人的入侵,内有城邦之间的激烈争斗,因而频繁爆发战争。著名的就有三次:第一次是公元前490~前449年的希波战争,它使希腊各城邦联合起来,战胜了侵略者。第二次是公元前431~前404年的伯罗奔尼撒战争,它是希腊世界两大集团:雅典海上同盟和伯罗奔尼撒陆上同盟之间的争夺霸权的战争,以雅典的被迫投降结束。第三次是公元前356~前338年,马其顿王国征服和统一希腊的战争。它结束了希腊的城邦制度,使之统合为一个世界性的亚历山大帝国。

这种外敌的入侵和城邦之间的激烈竞争,促使各城邦都在寻找富民强国之路,积极地进行社会改革,如雅典在公元前7~前5世纪间就先后进行了四次改革即公元前621年的德拉古立法;前594年的梭伦立法;前509年开始的克利斯提尼改革;前445~429年伯里克利时代对雅典宪政的若干改革。

古希腊的政治法律思想正是在这种外患内争和社会变更的环境中产生的。它凝结着希腊人对以城邦制度为基础的政治法律现象的深刻思考。

二、古希腊法律思想的历史发展

与古希腊的历史进程相一致,古希腊的政治法律思想的发展也分为三个阶段:

(一)前苏格拉底阶段(公元前5世纪之前)

古希腊的哲学可分为两个阶段,以苏格拉底为界,之前称为前苏格拉底时期,这时的哲学家所关注的主要是自然现象,故称之为自然哲学。[3] 从苏格拉底开始转向人类社会诸现象,特别是道德问题,故之为道德哲学。前苏格拉底阶段又可以分为前智者学派阶段和智者学派阶段。

1. 前智者学派阶段(公元前6世纪之前)

智者是指以人民的教师自居的一批思想解放的知识分子,他们积极地研究和教授各种学问,特别是安家治国的学问,创办各种学校。他们的产生,标志着古希腊文化发展到一个新的阶段,即私人教育和学术研究兴起。这一学派存在于公元前6~前5世纪。在这之前,古希腊的知识分子还未形成阶层,文化的传承尚未形成职业,人们对政治法律制度还不太关注,因此,专门的论述很少,很零碎。只是反映在一些神话传说、诗歌文艺作品和少数哲学家的作品

---

[2] 如雅典鼎盛时期有30~40万人,其中享有公民权的不到4万人,其余为奴隶、妇女、儿童和外来的自由人。

[3] 这一时期自然哲学派别和人物很多,著名的如伊奥尼亚的米利都学派的泰勒、阿那克西曼德和阿那克西曼尼;爱非斯的赫拉克利特学派;大希腊的毕达哥拉斯学派;爱利亚学派的塞诺芬尼、巴门尼德、芝诺;还有阿那克萨哥拉、恩培多克勒、留基伯等。

中。其对法律的基本观念是法律就是正义，而正义就是宇宙间的事物依照其本性或规律运动所形成的和谐统一的秩序。

这一观念最初反映在荷马的两部《史诗》和赫西俄德的《神谱》之中。在这些神话著作中，他们把这一秩序与神联结起来，认为这一秩序的维持由众神之王的宙斯来负责，他委派他的第二个妻子特弥斯（Themis）和她的女儿达克（Dike）专门负责此事，并有许多复仇女神惩罚不正义者。所以特弥斯（Themis）和她的女儿达克（Dike）就是正义和法律的化身，她们的名字也成为古希腊最初的“法律”的代名词。[4]

这一观念后来通过自然哲学家之口，进一步表达出来。所不同的是用哲学的语言来表达。其中主要的有：

阿那克西曼德（Anaximander，约公元前610～前546年）的一段关于正义的论述：“万物所由而生的东西，万物消灭后复归于它，这是命运规定了的，因为万物按照时间的秩序，为它们彼此间的不正义而互相偿补。”[5]罗素在谈到这一段话时说：“阿那克西曼德所表现的思想似乎是这样的：世界上的火、土和水应该有一定的比例，但是每种元素（被理解为是一种神）都永远在企图扩大自己的领土。然而有一种必然性或者自然律永久地在校正着这种平衡；例如只要有了火，就会有灰烬，灰烬就是土。这种正义的观念——不能逾越永恒固定的界限的观念——是一种最深刻的希腊信仰。神祇正像人一样，也要服从正义。但是这种至高无上的力量其本身是非人格的，而不是至高无上的神。”[6]这就是说，阿那克西曼德的上述思想，以哲学的语言表达了当时希腊人的普遍观念，这种观念认为，一切事物自有其必然，在宇宙中占有特定的地位和活动范围，不可逾越。否则就会有一种至高无上的力量——正义予以纠正。显然，在这里正义观念尚处于朦胧之中，还不是一个伦理范畴，而是一种范围无限的超自然、超社会的神秘东西，是一种客观必然性，一种“命运”、“定数”之类的东西。

阿那克西曼德的这一正义观念，在赫拉克利特（Herakleites，约公元前540～前480年）那里得到进一步发展。他认为火是宇宙的本源，世界上的万物都按照一定的规律（他称之为“逻各斯”、必然性或命运）运动着，燃烧着。所以他说：“火产生一切，一切复归于火。一切都服从命运。”“命运就是必然性”。其“本质就是那贯穿宇宙实体的‘逻各斯’”。[7] 他认为各物之不义，由火来惩罚，他说：“一切变成火，火烧上来执行审判和处罚。”[8]这就是说，正义是一种客观的必然性。这一点上显然和阿那克西曼德相同。但是：(1)他认为正义是靠斗争实现的，而不是消极服从，所以他说：“正义就是斗争”。[9] (2)他认为正义和非正义是相对而言的，因为他说：“如果没有那些（非正义的？）事情，人们也就不知道正义的名字”。[10] (3)他已猜到了正义只适用人间，因为他说：“对于神，一切都是美的、善的和公正的；人们则认为一些东西公正，另一些东西不公正。”[11] (4)他已触及法律与正义的关系，因为他说：“人们应当

---

〔4〕 据梅因研究，特弥斯（Themis）和达克（Dike）就是古希腊，也是人类最早的一种法律类型，即以对纠纷裁决形式出现的法。

〔5〕 转引自[英]罗素：《西方哲学史》（上卷），何兆武、李约瑟译，商务印书馆1976年版，第52页。

〔6〕 [英]罗素：《西方哲学史》（上卷），何兆武、李约瑟译，商务印书馆1976年版，第52～53页。

〔7〕 《古希腊罗马哲学》，商务印书馆1982年版，第15、17页。

〔8〕 同上书，第25页。

〔9〕 同上书，第26页。

〔10〕 同上书，第21页。

〔11〕 同上书，第28页。

为法律而战斗,就像为自己的城垣而战斗一样。"[12]又说:"如果要想理智地说话,就应当用这个人人共有的东西武装起来,就像一座城市用法律武装起来一样,而且还要武装得更强固些。然而人类的一切法律都因那唯一的神的法律而存在。"[13]显然,他已把神的法律即自然法或正义视为人类法律的基础。这就是说,赫拉克利特已比阿那克西曼德前进了一步。

继赫拉克利特之后,毕达哥拉斯(Pythagoras,约公元前580~前500年)也表达了同样的思想。他也认为:"一切都服从命运,命运是宇宙秩序之源。"[14]但是由于他把数说成是世界的本原,把数的和谐说成是宇宙的秩序,因而把正义说成是"同次相等的数",即一种数的平方,或二的平方四。所以他认为,公正就是维持现状,就是事物的永远自身同一。显然,毕达哥拉斯是与赫拉克利特站在不同的政治立场,即保守的立场来解释正义的。

雅典的政治改革家梭伦(Solon,约公元前630~前560年)的法律、正义观在古希腊有着特殊的地位。这表现在他不再把正义理解为必然性,而是理解为不偏不倚和公正无私,理解为对社会各阶层利益的一视同仁地保护和对其贪欲的抑制。他在一首诗里写道:"我所给予人民的适可而止,他们的荣誉不减损,也不加多;即使那些有势有财之人,也一样,我不使他们遭受不当的损失;我拿着一只大盾,保护两方,不让任何一方不公正地占据优势"。"我制定法律,无贵无贱,一视同仁直道而行,人人各得其所"。[15] 由此看来,梭伦已奠定了后来在古希腊占统治地位的正义观念,即人人各得其所,不要越位非分。他也接触到法律与正义的关系,把法律视为维护正义的工具。

2. 智者阶段(公元前5世纪)

真正把人作为研究的中心,把正义作为人特有的东西,作为伦理道德问题来研究,并把正义与法律联系在一起加以研究的是智者(Sophistos)。智者是公元前5世纪中叶在古希腊产生的一个知识分子阶层。他们的产生是因为,这时希腊的城邦制度已最终形成,人定法已成为法律的主要形式。这意味着人类已最终脱离自然界取得独立。与此相适应的是,需要加强对人的研究,研究人的本性,人类的各种社会现象,特别是需要研究个人生活的合理性即道德问题以及国家、法律的基础问题。而这都涉及正义问题,因此要求对正义问题的研究深入一步。于是正义的本质、法律的本质以及二者的关系等问题提出来了。智者正是适应这一需要而产生的一个研究者阶层。他们以怀疑的精神对待过去,提出了许多新观点,向传统的正义观念提出了挑战。这就为希腊哲学从自然哲学向道德哲学的转变作了准备。

他们在正义和法律的本质以及二者的关系问题上的观点的总的特点是否定传统的观念,以百家争鸣的精神提出自己的新见解——功利主义的正义观和法律观。当然这也有一个过程,例如早期智者普罗泰戈拉(Protagoras 约公元前481~前411年)对正义的解释仍然有神秘主义的色彩,他把正义和法律的产生归之于上帝。说人是上帝创造的,但初期人间没有道义,致使互相伤害,濒于灭亡的境地。上帝为了拯救人类,于是派神使来到人间,"带来尊敬和正义作为治理城市的原则,友谊与和好的纽带。"[16]而且制定了法律,惩罚那些不义者。显然,普罗泰戈拉尚未摆脱传统的观念。不过从所留下的其残简中可以看出,他对法律的本质

---

〔12〕《古希腊罗马哲学》,商务印书馆1982年版,第23页。
〔13〕同上书,第29页。
〔14〕同上书,第35页。
〔15〕[古希腊]亚里士多德:《雅典政制》,日知、力野译,三联书店1957年版,第14~15页。
〔16〕《古希腊罗马哲学》,商务印书馆1982年版,第137页。

和产生的另一种观点,即社会契约论的观点,这种观点认为法律、道德和正义之类的东西,都产生于人们之间的约定。这从他的几个命题中就可以看得出来,因为他说“至于神,不知道他们是否存在”;“人是万物的尺度”;人想要有教养,“就应当用自然的秉赋和实践,此外还宜于从少年时就开始学习”。[17] 这说明他否认神的存在,把人作为世界的中心,因而道德、法律都是人为的,而不是神赐予的。

继普罗泰戈拉之后,许多智者彻底抛弃了传统的观念,发表了振聋发聩的意见。如吕科弗隆(Lykophron)说,法律只是一种约定,“一种互相保证正义的约定。”[18]公开否认法律和正义的客观基础。斯拉西马库(Lhrasymachus)和加里克里斯(Callicles)则更进了一步,干脆说正义完全基于一种利益。斯拉西马库说,所谓的公正和法律“不外是强者的利益而已”。他在与苏格拉底辩论时说:“各种形式的政府,都为了自己的各种利益,而制成民主的或贵族的或僭主的法律。制成后便宣布凡对他们有利的,对于被统治者都是公正;凡是破坏这原则的人,都作为犯法与不公正的人而加以惩罚。先生,因此我说凡国家都拿当权的政府的利益作为公正的原则。由于每一政府必具有权力,所以唯一正确的结论是,强者的利益,在任何地方都是公正的。”[19]加里克里斯也认为法律是基于某些人的利益,不过他认为不是基于强者,而是弱者的利益。是弱者因为自己不如人,所以提出公平的要求,企图使强者不超过自己。他认为这有悖于真正的正义。他说:“法律的创造者乃是大多数的弱者。他们制定法律、安排奖惩,都是为了自己与自身的利益。他们惊吓强者以及那些能够胜过他们的人,免使这些人胜过他们。他们说,自私的野心是可耻的,不公正的。其实所谓不公正,就指人想自己超过邻人的所有。由于他们知道自己的缺点,故喜欢平等。因此,从约定言,求比多数人更富有,乃是可耻的、不公正的,并称此为不公正。但是,自然的本身,却相反:优者比劣者多获得一些,乃是公正的,强者比弱者多得些,也是公正的。在许多情形下,无论是人或动物,或所有城邦与所有种族,自然的暗示的都是:公正是在于优者统治劣者,优者比劣者占有更多。如波斯的薛西斯侵希腊、薛西斯的侵西徐亚人(Soythians),有什么公正可言呢? ……这些人,都是根据自然而行为的人。确实的,这是根据自然的法律,而不是根据我们所发明并加在我们的同伙身上的人制的法律。根据我们人制的法律,我们是把我们同伙中的强者与优者,自幼年起即加以驯养,好似我们用符咒鬼语来驯幼年狮子一样,并向他们说:他们必须赞成平等,平等也是光荣的、公正的。但是,一旦有一位具有充分强力的人,他要把我们的一切规则、鬼话和欺骗,以及一切与自然相反的法律都加以践踏;从奴隶地位,一反而为主人站在我们头上,这时,自然的公正便又光临大地了。”[20]这就是说,他认为现有的法律和正义都是骗人的鬼话,真正的公正是弱肉强食,是以强凌弱和以优治劣,是有多大的能力就有多大的权力。

这种强权即公理的正义观在晚期雅典的著名政治家伯里克利(Pericles,约公元前495~前429年)也有反映。他公开声称,“金钱就是雅典的力量”。因为有了金钱就可以有强大的舰队和步兵,就可以称霸四方。在其执政期间曾发动了对弥罗的战争。也发生了派去劝降的雅典使节和弥罗人之间一场关于正义问题的辩论。使者说,大家都知道,“正义的标准是以同等的强迫力量为基础的;同时也知道,强者能够做他们有权力做的一切,弱者只能接受他们必

---

〔17〕《古希腊罗马哲学》,商务印书馆1982年版,第138页。

〔18〕同上书,第144页。

〔19〕《西方伦理学名著选辑》(上卷),商务印书馆1982年版,第27页。

〔20〕同上书,第29~30页。

须接受的一切。"[21] 在一次有雅典使者参加的斯巴达公民大会上,雅典使者再次宣扬这一观点,说公正、中庸、是非等道德观念,都不过是掩盖利益的一些字眼,强者统治弱者,"弱者应当屈服于强者,这是一个普遍的法则。"[22] 由此看来,这种正义观在当时是很有市场的。显然,这种正义观有极大的片面性,因为它公开宣扬强权即公理和侵略有理这种强盗的逻辑。但它也的确触及了阶级社会中的所谓公正的真实内容和阶级属性。

智者中的安提丰(Antiphon)关于正义与法律的论述也很有特色。他不仅像其他智者一样公开地攻击了当时的法律制度,而且第一次明确地区分了自然法和国家法。他认为正义在于不仅在公开场合遵守国家法律,而且在私下场合遵守自然法。他说:"普通所谓正义,就在于不违背(或者说得正确点,就在于人不知道违背)一个人作为公民生于其中的那个国家的任何法律条文。因此,一个人如果在证人面前遵守法律,而在没有证人独自一人时又尊重自然的规则,那么他就是在最有利于自己的方式下实行正义了。"[23] 但是这并不等于说安提丰认为所有国家制定的法律都是正义的。恰恰相反,他尖锐地批判了当时各国的法律制度,其中包括最民主的雅典法律。据说安提丰曾与伯里克利辩论过,指责雅典的法律,说它并不代表公正,而是代表着暴力。因为雅典的法律承认奴隶制度,而他认为人生而平等,不应该把别人作为奴隶,还因为雅典法律歧视异邦人,不允许异邦人参加公民大会。[24] 由此看来,安提丰虽然把遵守法律作为正义的重要标志,但他并没有肯定一切法律。因而,他既肯定了法律与正义的联系,又指出了二者的区别和对立。

可以看出,智者并没有统一的组织和观点,他们是一批思想解放的知识分子,爱思考,勇于探索自然和社会现象,不拘泥于传统的观念,因而提出了许多新的思想,并通过激烈的辩论寻求真理,故而推动了古希腊哲学由自然哲学向社会哲学的迅速转变。

(二)后苏格拉底阶段或城邦理论阶段(公元前5~前4世纪)

这一时期是古希腊城邦制度从鼎盛向衰落的时期,政治法律思想也因此围绕着城邦制度展开。

这一时期开始于苏格拉底(Sokrates,约公元前469~前399年),[25] 他是以智者对立者的面目出现于历史舞台的,一般学者都这么认为,实际上不尽如此。事实上苏格拉底在很多方面都继承了智者的东西。如他像智者一样,也以人为研究中心,以道德作为主要题目。所不同的是,他否定了智者的怀疑精神,维护了传统的正义观念,把道德、正义视为一种客观的东西。苏格拉底还第一个把正义作为道德问题即社会伦理问题来研究,还把道德与真理联系起来,认为人的诸种品德,包括正义是一种知识。这样他就把真与善有机地结合起来了。苏格拉底的正义观,后来被柏拉图和亚里士多德进一步发挥,成为古希腊最有影响的一种观念。他们把苏格拉底的思想具体化、理论化和系统化,后来成为西方最基本的一种正义观念。因为下面专节论述,故这里从略。

---

[21] [古希腊]修斯底德:《伯罗奔尼撒战争史》,谢德风译,商务印书馆1978年版,第414页。

[22] 同上书,第55页。

[23] 《西方伦理学名著选辑》(上卷),商务印书馆1982年版,第30~31页。

[24] 吴恩裕:《西方政治思想史论集》,天津人民出版社1981年版,第35页。

[25] 他出生于雅典的一个手工艺匠家庭,生长于智者时代,但不愿与之为伍,也不苟从于当时希腊的保守势力,而是独创一种学风,带领一帮年轻人游学四方,开创了古希腊哲学的新时代。他类似于孔子的"述而不作",其思想主要反映于他的学生柏拉图早期的著作中。他最后以"不敬神和引诱青年学坏"之罪名被雅典当局判处死刑。

比苏格拉底稍晚一点的著名唯物主义哲学家和原子论的代表德谟克利特(Demokritos,公元前460～前370年)对法律和正义的关系也有论述,他也像苏格拉底一样研究了智慧、勇敢、节制和正义四德,同样主张知识即道德,不过他所说的知识与苏格拉底不同,是对外部世界规律的认识。他认为聪明人依靠理性认识了自己的必然性,就可以安排自己的道德生活,从而获得幸福。他与苏格拉底不同的另一点是,他把正义分为两种:内心的(或个人的)和外部的(或城邦的)。所谓外部的正义就是在城邦生活中的正义,即要维护城邦制度,其主要内容是尽义务。他说:"正义要人尽自己的义务,反之,不义则要人不尽自己的义务而背弃自己的义务。"[26] 所谓内心的正义实即良心的安宁。他说:"正义的力量在于判断的坚决和无畏,反之,不义的结果则是对不幸的恐惧。"[27] 这就是说,正义是个人以符合自然必然性的方式而生活,从而求得灵魂的安静。正因为他对正义有第一种理解,所以他要求人们,"尊敬法律,长官和最贤明的人",[28] 认为"法律意在使人们生活得更好。这只有人们自己有成为幸福的人的愿望才能达到;因为那些遵从法律的人,法律显得是适合于他本性的美德。"[29] 这就是说,他认为法律是与正义精神相符的。不过他认为法律并不能完全保障一个人不做不正义的事情,也不是使人成为有道德人的唯一手段。他说:"用鼓励和说服的语言来造成一个人的道德,显然是比用法律和约束更能成功。因为很可能那种因法律禁止而不行不义之事的人,在私下无人时就犯罪了,至于由说服而被引上尽义务的道路的人,似乎不论私下或公开都不会做什么坏事。"[30] 显然,德谟克利特主要是把正义作为道德问题来认识的,而法律不过是实现这一目的辅助手段之一。

(三)希腊化(Hellenistic)阶段(公元前3～前2世纪)

亚里士多德之后,希腊的城邦制度已经没落,被亚历山大帝国所取代,故希腊也就进入了另一个发展阶段,即希腊化时期。在这一时期里,法律思想所面对的不再是城邦制度,而是一个世界性的大帝国。关注这一话题的仍然是哲学家。当时,在众多的哲学派别中有影响的主要是伊壁鸠鲁派、斯多葛派和皮浪的怀疑派。其中前两派对法律的论述较多,并分别提出了对后世有深远影响的自然法理论和社会契约论。

1. 伊壁鸠鲁派(Epikonrean school)

又译花园学派,是公元前4世纪由伊壁鸠鲁(Epikonros,公元前341～前270年)创立的一个学派,它存在长达700年之久,对后来的西方影响甚大,成为西方政治法律思想的主要源头之一,即功利主义和社会契约论的历史起点。马克思曾经断言:国家起源于人们相互之间的契约这一观点是伊壁鸠鲁最先提出来的。[31] 伊壁鸠鲁是原子论的继承者,也是社会契约论的创始人。[32] 他用原子论来解释人类社会,说个人就是社会的原子,原子的运动在垂直向下中有偏斜和排斥,因而人的活动既服从客观必然,又有相对的独立和自由。伊壁鸠鲁认为,

---

〔26〕《古希腊罗马哲学》,商务印书馆1982年版,第120页。

〔27〕同上书,第117页。

〔28〕同上书,第108页。

〔29〕同上书,第119页。

〔30〕同上书,第114页。

〔31〕《马克思恩格斯全集》(第3卷),人民出版社1972年版,第143页。

〔32〕伊壁鸠鲁出生于萨莫斯岛,后随家迁居多处。他青年时潜心研究12年后,在提奥斯时,他师从德谟克里特学派的哲学家,公元前306年来到雅典创立了自己的学派。据说他的著作多达300种,主要的有《自然论》《准则》《论生活方式》等,但只有少量残篇留世。他的学派罗马时期的继承人卢克莱修著有《物性论》,系统、深入地解说了他的思想。

感觉是人的基础,避苦求乐是人的本性,人的快乐和幸福是评判一切的标准,是人生的基本准则。但他极力主张慎重选择快乐和欲望,既反对禁欲主义,又反对纵欲主义,希望达到物质欲望与精神欲望健康平衡和有机统一,保持生命和健康的必要的欲望而不要贪得无厌。他继承和发展了之前的社会契约思想,认为人是一种群居的动物,人对快乐的追求往往冲突,为了避免不必要的冲突,于是人们之间达成一种彼此之间不相伤害的协定,即签订了一种社会契约,于是人间有了正义和法律。他的基本观点是,正义只存在于人们的相互交往中,只是这种交往中所订立的互不相害的契约,法律就是这种契约的一种。他说:"自然的公正,乃是引导人们避免彼此伤害和受害的互利的约定。""公正没有独立的存在,而是由相互约定而来,在任何地点,任何时间,只要有一个防范彼此伤害的相互约定,公正就成立了。"正因为如此,正义为人类所专有,"对于那些不能相约彼此不伤害的动物,是没有公正或不公正这种东西的。"[33]也正因为如此,正义是相对的,这表现于时间和空间两个方面。"如果没有任何新的情况发生,一件事过去曾被宣布为公正,而现在表明在实践中并不符合于一般的理解,那么,这件事就不是公正的。但是,如果一件事曾被宣布为公正,因为发生了新的情形,不再表现为与利益相符合,那么……就不再是公正的。"[34]在谈到法律与正义的关系时他说:"在公认为正义的东西中,那种在人们交往的相互关系上被证明是有益的东西,要是它对人们一视同仁的话,就具有法的性质。"[35]这就是说,正义与法律是相通的,正义的东西只要一视同仁地适用于大家,就是法。正因为如此,他认为被法律所确认的正义是一种更真实的正义。他说:"一件事一旦为法律宣布为公正,并且被公认为有利于人们的相互关系,就变成真正公正的事,不论是否被普遍认为公正。"当然这并不是说,法律与正义毫无差别,更不是说一切法律所认可的都是正义的。他说:"相反地,一件事如果为法律所肯定,但是并非真正有利于社会关系,就不是公正的。"[36]这就是说,他认为正义的根本特点是对社会关系有利,法对其确认不过是增强了其程度,使其实现有可靠保障。因而法律不可能把本不具有正义性质的东西变成正义的。由此看来,伊壁鸠鲁虽然从社会契约论的角度来论述法律和正义,但他并没有把正义说成是主观随意的东西,仍然注意和强调正义的客观基础——对社会有利,只不过从功利主义的观点来解释这个基础。

2. 斯多葛派(Stoa;Stoics)

又译斯多亚派或画廊派,也产生于公元前4世纪左右,其创始人是芝诺(Zenon,约公元前336~前264年)。[37] 该学派的存在持续长达500年。[38] 该学派在宇宙论上接受了赫拉克利

---

〔33〕《古希腊罗马哲学》,商务印书馆1982年版,第347页。

〔34〕以上均引用《古希腊罗马哲学》,商务印书馆1982年版,第347~348页。

〔35〕转引自《马克思恩格斯全集》(第40卷),人民出版社1982年版,第34页。

〔36〕《古希腊罗马哲学》,商务印书馆1982年版,第347~348页。

〔37〕芝诺出生于塞浦鲁斯,公元前311年来到雅典就学于柏拉图学园,他还受到犬儒学派、赫拉克利特和亚里士多德的影响,后来他创立了自给的学园。他的著作很多,有《论法律》、《论宇宙》、《伦理学》等,均已佚失。他是自杀而死的。

〔38〕斯多葛哲学分三个发展阶段:早期除芝诺外,还有来自小亚阿索斯的克雷安德(Kleanthes,约公元前313~前232年)和第三代领袖克吕西普(Khrisippos,约公元前280~前209年)。中期是公元前2世纪中叶到公元前1世纪之间,处于希腊化时代晚期和罗马共和时期,在希腊以潘尼提乌(公元前189~前109年)、波昔东尼(公元前135~前51年)师徒为代表,他们将斯多葛哲学带人罗马,受到以西庇阿集团及西塞罗为代表的罗马上层社会的欢迎。罗马帝国时期的晚期斯多葛哲学已经完全是罗马化了的,主要代表有赛涅卡(公元前4~公元65年)、爱比克泰德(公元55~135年)和马可·奥勒留(公元121~180年)。

特的火成说,认为宇宙就是一团燃烧的火,火变为万物,万物复归于火,周期为一万八千年。他们认为人是大宇宙中的小宇宙,本性也是火,人的灵魂是一种"火的虚气",即火与气的混合物"普纽玛"。在政治法律方面的思想突出的是自然法理论。这一理论的核心就是人应该"依顺自然"而生活,才能过一种"善"的生活。否则,就会招来灾难和祸害。如芝诺在他的《论人类的本性》里说:"主要的善就是认定去按照自然而生活,这就是按照德性而生活,因为自然引着我们到这上面"。其追随者克吕西普在他的《论主要的善》里进一步说:"因为我们个人的本性都是普遍本性的一部分,因此,主要的善就是以一种顺从自然的方式生活,这意味着顺从一个人自己的本性和顺从普遍的本性;不作人类的共同法律惯常禁止的事情,那共同法律与普及万物的正确理性是同一的,而这正确的理性也就是宙斯,万物的主宰与主管。"〔39〕这就是说,斯多亚派的思想家继承了古希腊远古以来的正义和法律的观念,认为宇宙间的事物有共同的本质和规律,这共同的本质和规律也就是事物运动的法则,因此,人类要想过一种善或好的生活,也必须遵从这一共同的自然法则。只有这样,他的行为才是正义的、合理的,他们说:"正义是由于自然而存在的,并不是由于任何定义或原则,正如法律或正确理性那样。"〔40〕由此看来,"自然"、"理性"、"正义"、"法"等,不过是同一事物的不同名称。不过应该指出,他们这儿所指的"法",并不是实在法,而是自然法。至于实在法他们是不予理会的。正如黑格尔指出的:"他仅仅遵循理性,对于一切规定的法律他是没有遵守的义务的,法律在他们看来其本身是说不出什么理性的理由的,或者似乎只是建筑在自然的恐惧或本能上面的。"〔41〕由此看来,斯多葛派只是从自然法的意义上谈法律的。

应该指出的是,斯多葛派所说的人的本性是不包括人的情感的,恰好相反,他们主张把人的一切情感,如快乐、烦恼、恐惧、欲望等从生活中统统清除出去,认为只有样,才能做到"不动心",才能取得"灵魂的安静"。所以他们主张一种纯主观的自由,一种贤者的自由,一种不受制于任何客观物质条件和情感约束的自由。他们甚至荒诞地认为,一个智者,即使是在囚牢里也是自由的。

还应该指出的斯多葛派的世界主义倾向。他们从世界的统一性推出人有共同的本性,人人皆兄弟,因此应有相互友爱的观念。这一观念到了其发展的中期,进一步发展为"世界的公民"或"宇宙的公民"的观念,要人们之间和谐相处,甚至对敌人也主张宽恕。〔42〕

三、古希腊法律思想的特点

(一)哲学化的法观念

古希腊社会尚处于人类社会发展的初级阶段,法律,特别是制定法还不发达,还尚未从其他社会规范中分化出来,这从作为"法"的 nomos(习惯)一词的使用上就看得出来,加上当时神的观念笼罩着人们的头脑,习惯和习惯法享有比成文法更高的地位,因此当时没有形成职业法学家阶层,又因为古希腊哲学的百科全书式的性质,所以对法律的论述的任务,只能由哲学家来承担,这就决定了古希腊的法律思想只能是哲学家的法律观。

---

〔39〕《古希腊罗马哲学》,商务印书馆 1982 年版,第 374 ~ 375 页。

〔40〕同上书,第 377 页。

〔41〕[德]黑格尔:《哲学史讲演录》(第 3 卷),贺麟、王太庆译,商务印书馆 1981 年版,第 42 页。

〔42〕马可·奥勒留:"沉思录",载《西方哲学原著选读》(上),商务印书馆 2003 年版,第 195 页。

(二)以朴素的自然法观念为主的多元化的法观念

古希腊一百多个城邦的不统一,加上古希腊倡导自由、平等精神,学派林立,这就决定了其社会和文化的多元性,不可能形成统一的法律文化。所以,古希腊人在对法律的看法上极不统一,大的有自然法观念、有社会契约观念等,呈现出多元的状态。不过,从时间和影响上看,明显自然法观念在古希腊占主流地位。应该指出的是,这种自然法观念尚处于朴素的和不系统的状态,即使是到了希腊化时期的斯多葛学派那里,自然法思想仍然是朦朦胧胧的和零碎的,尚没有单独的和系统化的理论表述。作为西方法律思想逻辑起点的古希腊法律思想的多元性,为后来西方法律思想的发展留下了广泛的空间,它为西方政治法律思想的研究提供了各种原型或毛坯。

(三)法与正义同一的法律观

古希腊的法律观的一个特点,就是认为正义就是法,法就是正义。古希腊虽然有多种法律观,如自然法学家的法本于自然或本性的观念,如契约论者的法起于社会契约的观念,还有智者中一些人的法和正义是强者或弱者利益的观念,但是他们都承认法与正义是一致的,差别只在于对正义的具体理解上,有的理解为它就是事物之必然,有的理解为它就是对彼此不伤害承诺的信守,有的理解为正义就是冒充为全体利益的一部分人的私利等。

参考文献

1. [英]厄奈斯特·巴克:《希腊政治理论》,卢华萍译,吉林人民出版社2003年版。
2. [法]菲里普·内莫:《民主与城邦的衰落——古希腊政治思想史讲稿》,张竑译,华东师范大学出版社2011年版。
3. 顾准:《希腊城邦制度》,中国社会科学出版社1982年版。
4. [法]吉尔伯特·罗梅耶—德尔贝:《论智者》,李成季译,人民出版社2013年版。

思考题

1. 古希腊自然法思想的特点及其产生的历史背景?
2. “智者”及其在古希腊法律思想发展中的地位?
3. 伊壁鸠鲁社会契约论的基本观点和价值何在?

第二节　柏拉图的法律思想

一、生平、著作和哲学

柏拉图(Plato,公元前427~前347年)是古希腊著名的哲学家、政治家和法律思想家。他出生于雅典附近的埃祭那岛。父母皆出自雅典公民中的名门望族。父亲阿里斯通的谱系可以上溯到公元前11世纪的古雅典王卡德鲁斯,他母亲的亲兄弟卡尔米德和堂兄弟克里底亚都是雅典"三十僭主"集团成员。他原名阿里斯托克勒,因其体壮额宽,体育老师叫他柏拉图,故此得名,并流传于世。他从小受到良好的教育,20岁跟随苏格拉底学习。公元前399年苏格拉底被处死后,极度失望的他离开雅典游学12年,先后到欧几里德的故乡麦加拉、小亚细亚沿岸、埃及、北非的居勒尼、毕达哥拉斯派活动中心南意大利的塔壬同(Tarentum)及西西里等地游历,考察了各地的政治、法律、宗教等制度,研究了各派学说,结识了许多思想家和政治家,在广博的知识基础上形成了自己的学说体系,也认识到培养人才的重要性。公元前387年他回到雅典,在城北的一条河边的阿卡德米亚(Academia)创办了自己的学校,该校也以此得名为"阿卡德米"(Academy)。它存在了900年之久。出于对柏拉入的崇拜,西方人以"阿卡德米"一词命名"学术性"的刊物或机构。

柏拉图一生中值得一提的是三次西西里之行。第一次是他在12年的出游中的最后一站,他结识了该岛叙拉古国王及其宰相狄翁,与狄翁结下了深厚的友谊,但由于其建议不为该国国王所采纳,并遭受迫害和被卖为奴隶,后经友人营救才获释回到雅典。第二次是在该国王去世新国王执政后,他收到狄翁邀请,想叫他教授新国王并实现其"理想国"的政治抱负,但这次也未成功,叙拉古王宫的斗争,使其深受牵连,狄翁也以谋反罪遭流放,他即以躲避战祸为由回国。第三次,即公元前361年,为了营救狄翁而去,但却劳而无功。公元前360年他又回到雅典,继续他的教学生涯。柏拉图后半生的40年主要在这里从事著述和教育。公元前347年他80岁高龄时,在一次婚宴上无疾而终。

柏拉图是古希腊著名客观唯心主义哲学家,创立了系统的哲学理论,其哲学的核心是理念(Idea),他认为这是一切事物的本体和终极,而且它们存在于我们看不见的彼岸世界,即理念的世界,我们看到的现实世界的一切只是它们的影子。也就是说,我们所看到的这一切,并不是真实的,只是一种幻觉,就像反身被捆绑在岩洞中的人所看到的洞壁上的洞外事物的影子一样。他认为人只有死后灵魂才能进入理念世界,并认识各种事物的理念。但是人的出生却使人忘不了这些。所以人对事物的认识,不是依靠五观的感觉,而是依靠回忆。因为人所看到的只是事物的影子,故所获得的只是意见(opinion),而不是知识(knowledge)。他认为除靠回忆外,获得知识的办法就是辩证法,即通过辩论的办法,在弄清事物的概念中,一步一步地认识事物。他认为事物的理念是分等级的,最低级的是具体事物的理念,如各种动植物、房子、人的理念;其次是抽象事物的理念,如数的理念;再高级是艺术和道德的理念,如美、勇敢、节制;最高的是善的理念。"善的理念是最大的知识问题",它是"给予知识对象以真理,给予知识的主体以认识能力的东西,就是善的理念。它是知识和认识中的真理的原因。"[43]他还认为,事物是真、善、美的统一,因此,人把握了事物的知识(真),也就有良好的品德。所以他说"美德即知识"。柏拉图的哲学,开了西方唯心主义哲学之先河,故得到西方哲学界的高度评价,如美国的《世界名人大辞典》和英国的《人民年鉴手册》均把他列为世界十大思想家之一。再如黑格尔说:"柏拉图的著作,无疑地是命运从古代给我们保存下来的最美的礼物之一。"英国当代哲学家怀特海则说:"欧洲哲学传统的最一般特征,即是对柏拉图著作的一系列注脚。"他解释说:"我是指柏拉图的著作到处都散发着普遍的丰富思想。柏拉图个人的天赋,他在那个伟大的文明时代所获得的体验博大的机遇,他所继承的朝气蓬勃的知识传统,这

---

〔43〕[古希腊]柏拉图:《理想国》,郭斌和、张竹明译,商务印书馆1986年版,第260~267页。

一切使柏拉图的著作成为了具有无穷启示的思想宝库。"[44]不可否认,柏拉图的哲学像我国古代的孔子一样,在哲学史上具有开创性的意义,但把整个后来的西方哲学都归结为他的哲学的模仿,显然是言过其实了。

柏拉图留下了大量的著作,前后共计有23篇对话和3件书札。[45] 其中,专门论述政治法律思想的三篇是:《理想国》(又译为《国家篇》或《共和国》)、《政治家篇》和《法律篇》。《理想国》的副标题是正义论,是他的早期之作,通过对正义的讨论系统论述他理想的国家制度的著作,其中提出了著名的哲学家当国王的人治理论;《政治家篇》是其中期的代表作,主要论述他对政治体制的观点,其中提出的政府应当"依法而治"的理念,是其思想由"人治"向"法治"转变的过渡性代表作;《法律篇》是他75岁时的未成之作,内容庞杂,涉及艺术、法律等,在其中他对法的认识已有所改变,因而提出和阐述了第二等好的"法治"国家方案。

柏拉图的论著大多以对话体形式出现,语言生动优美,人物鲜活,读来犹如文艺作品。其中的人物,前期的著作中必以苏格拉底为主角,因此,其哲学思想似乎是转述苏格拉底的。所以一般认为,他早期的哲学著作所表达的是他与苏格拉底共同的思想。

二、正义论、理想国

(一)理想国

从理念论出发,他设计了一个理想国,是最高的理念——善在人间的体现。

首先,他论述了国家或社会的起源问题。他认为,国家的产生是因为人是社会的动物,人只有生活在社会里才能互通有无,满足各种需要。他说:"之所以要建立一个城邦是因为我们每一个人不能单靠自己达到自足,我们需要许多东西。""由于需要许多东西,我们邀集许多人住在一起,作为伙伴和助手,这个共同住宅区,我们叫它作城邦。"[46]

接着,他论述国家由谁来治理的问题。论述从人的秉性和品德开始。他认为,人的灵魂由理智、激情和欲望构成。理智是爱学习、爱智慧,他的快乐是获得知识、真理;激情的特性是爱胜利和爱受人尊敬,它的快乐是争得名誉;欲望是灵魂中爱享受、爱利益或爱钱的部分,他的快乐是物质享受和感观的快乐。他认为,不同的人灵魂中这三部分有不同的比例,因而,人和人是有差别的,这种差别表现在人有不同的秉性,大的可划分为三类,即具有智慧禀赋的哲学家,具有勇敢禀赋的军人和具有生产才能并具有节制禀赋的生产者。他用唯心主义的观点来解释这一差别,说这是因为上帝给他们的灵魂里分别掺进黄金、白银和铜铁所致。既然如此,那么,由谁来治理国家最合适呢?不问自知是哲学家。因为国家情况是复杂多变的,只有哲学家凭借其智慧才能认识和及时处理所出现的问题。这样他就得出了哲学家当国王最为理想国家的结论。

那么,哲学家怎么样治理国家呢?他认为最根本的是抓教育,因为人的良好行为在于有优良的品德,而好的品德只有通过教育才能培养出来。他批判了那种认为以法律来治理国家的观念,说法律只是一些抽象的条文性的规定,刻板、原则,难以适应复杂和不断变化的客观

---

[44] Alfred North Whitehead(1861~1947年),Process and Reality,New York,Harper & Row Publishers. 1960;[古希腊]柏拉图:《政治家》,原江译,云南人民出版社2004年版,(导读)第2页。

[45] 参见[德]文德尔班:《哲学史教程》(上卷),罗达仁译,商务印书馆1997年版,第142~143页。

[46] [古希腊]柏拉图:《理想国》,郭斌和、张竹明译,商务印书馆1986年版,第58页。

实际,用它来治国就像二流的医生凭医书治病一样,难以做到不同情况不同处理。言下之意,只有二流的医生才会这样做或只是第二种选择。基于此,他对理想国的教育制度作了详细的论述,包括教学的项目、内容,如听什么音乐、从事什么样的体育活动等都作了严格的限制。

应该指出的是,柏拉图早期对法律是不太重视的,他认为,除了上面所说的法律不是最佳的选择之外,还因为法律的手段主要是惩罚,而它对于培养良好品德的公民来说,显然只是辅助性手段,而且不是最有效的手段。因为如果能使一个国家的公民从小就受到良好的教育和有良好的品德,他们就会自觉地按照正义原则安排自己的行为,从而无需法律也会使社会生活有一个好的秩序,也会使修订法律非常容易。否则,没有良好的教育和从小没养成好的生活习惯,这时不但修订法律非常困难,而且即使有法律也难以发挥作用,对于那些"纵欲无度而成痼疾的人"而言,再健全完善的法律也不起什么作用。"因为在政治秩序不良的国家里法律和宪法是无济于事的,而在秩序良好的国家里法律和宪法有的不难设计出来,有的则可以从前人的法律条例中很方便地引申出来。"〔47〕所以,那种试图通过制度或修改法律来杜绝社会弊病的做法,无异于"砍九头蛇的脑袋",法律条文越多,刑罚越严,盗贼会越多。而且,法律即使能起到规范和纠正人们不正当行为的作用,也不可能穷尽所有的社会事务。他说:"关于商务,人民在市场上的相互交易……还有,和手工工人的契约,关于侮辱和伤害的诉讼,关于民事案件的起诉和审判员的遴选这些问题……总之,市场的、公安的、海港的规则,以及其他诸如此类的事情,我的天哪,是不是都得我们一一订成法律呢?"〔48〕他又说:"法律从来不能签署一条对所有人具有约束力的命令,这条命令能使每个人处于最佳状态,也不能精确地规定每一成员在任何时刻都知道什么是好的,怎样做是正确的。人与人之间有差异,人的行为有差异,人的经历也各不相同,由此造成的不稳定使得无论何种技艺,无论何种统治,想要在所有时候良好地处理所有问题是不可能的。"〔49〕由此看来,柏拉图早期是反对依法治国的。这一观点在其后期《法律篇》中稍有改变,对法律在人类社会中的作用予以肯定,提出了依法治国的设想。不过可以肯定的是,他从内心仍然坚持其人治和德治的理想。也就是说,他始终把法治作为第二佳的方案。

还应该指出的是,柏拉图所理想的国家是一种带有原始共产主义性质的社会,在其中尽量限制私有财产和私有观念,如实行共妻共子制度,他说:"这些女人应归这些男人共有,任何人不得与任何人组成一夫一妻的小家庭。同样的,儿童也都公有,父母不知道谁是自己的子女,子女不知道谁是自己的父母。"〔50〕另外,统治者阶层的财产也须公有,他说:"保卫者不应该有私人的房屋、土地以及其他私人财产。他从别的公民那里,得到每日的工资,作为他服务的报酬,大家一起消费。"〔51〕他认为只有这样,才能消灭私有观念,使全城邦人齐心协力,共同致力于城邦的强大。显然柏拉图的理想国是依斯巴达制度为蓝本的,也深深地留下原始共产主义的遗痕。正因如此,马克思说,他的"理想国只是埃及种姓制度在雅典的理想化。"〔52〕

---

〔47〕［古希腊］柏拉图:《理想国》,郭斌和、张竹明译,商务印书馆2002年版,第143页。

〔48〕同上书,第141页。

〔49〕［古希腊］柏拉图:《柏拉图全集》(第3卷),王朝阳译,人民出版社2003年版,第145~146页。

〔50〕［古希腊］柏拉图:《理想国》,郭斌和、张竹明译,商务印书馆2002年版,第190页。

〔51〕同上书,第200页。

〔52〕《马克思恩格斯全集》(第3卷),人民出版社1965年版,第405页。

(二)正义论

在进一步谈到国家治理时,必然要谈国家的治理原则,即正义问题。柏拉图说正义有两种含义:一种是作为个人品德的正义,它是人的四种品德之一。前面说过人的三种品德:智慧、勇敢和节制,正义是更高的一种品德,是在具备前三种品德的基础上才具有的一种品德。它要求每个人在内心灵魂的三部分,即理智、激情和欲望,保持和谐,在外部每种人依照自己的禀赋,努力做好自己份内的工作,不越位非份,从而保持三种人之间的和谐。他说:"正义就是注意自己的事而不要干涉别人的事。"[53] 这就是说,个人正义就是尽其所能,得其所得。"当生意人、辅助者和护国者三种人在国家里各做各的事而不相互干扰时,便有了正义"。[54]

另一种是国家正义或统治者的正义。他认为,首先,这种正义就是执政者必须树立执政为公,而不是为私的观念。他说:"我们建立这个国家的目标并不是为了某一个阶级的单独突出的幸福,而是为了全体公民的最大幸福。"[55] 而要如此,统治者就必须着眼于全体,协调各部分的关系,不使国内贫富悬殊,一个国家分裂成"相互敌对的两个部分,一为穷人的,一为富人的",甚至分裂成"许多个更小的对立部分。"[56] 他在《法律篇》中甚至提到了对奴隶以公正的待遇,使"给予那些不平等的人以应得的'平等'"。[57] 其次,这种正义就是合理地分配各种人的工作,使他们各尽其职,各谋其政。他说:"每个人必须在国家(城邦)里执行一种最适合他天性的职务。"[58]

柏拉图还论述了国家正义和个人正义的关系,认为国家正义是根本,个人正义处于从属地位。因此,要认识正义也要先认识国家正义,然后才能认识个人正义。他形象化地说,国家正义是就近的和大写的正义,个人正义是远处小写的正义。因此,不应舍近就远和舍大就小,这样才能理解正义的真谛。

三、法、第二等的理想国——法治

(一)第二等的理想国——法治

柏拉图所崇敬的理想国是哲学家当国王的人治国或德治国。但三次去叙拉古的痛苦经历使他深深地认识到这在实际上是不可能的,因为现有国王不是哲学家,也无法使他们成为哲学家,哲学家又当不了国王。这使他不得不寻找另外的方案,或者说第二佳的方案,而这一方案就是法治国家的理想。这一思考是在他撰写《论政治家》一书时就开始了,这一本书对政体问题作了专门论述。在其中他把国家的政治体制划分为三类六种:一人之治的君主政体和僭主政体;少数人之治的贵族政体和寡头政体;多数人之治的民主政体和暴民政体。每类的两种之间的差别就在于是否有法律。他认为其中有法律的也是好的三种中最好的是君主政体,最差的是民主政体;在三种无法律的也是坏的政体中,最不差的是暴民政体,最差的是僭主政体。柏拉图原来最理想的是哲学家当国王的君主政体。但是,西西里岛的三次挫折使他对君主政体丧失了信心,所以"我们已经放弃这一念头了",因为这种只能"在少数人或个

---

〔53〕《西方古典哲学原著选辑:古希腊罗马哲学》,商务印书馆 1982 年版,第 229 页。
〔54〕同上书,第 230 页。
〔55〕[古希腊]柏拉图:《理想国》,郭斌和、张竹明译,商务印书馆 2002 年版,第 133 页。
〔56〕同上书,第 133、137 页。
〔57〕[古希腊]柏拉图:《法律篇》,张智仁、何勤华译,上海人民出版社 2001 年版,第 169、192 ~ 193 页。
〔58〕[古希腊]柏拉图:《理想国》,郭斌和、张竹明译,商务印书馆 2002 年版,第 154 页。

人统治中发现的"、"凭借美德和知识完全公正和神圣地实施统治"的"正确的政府形式"，在实际中反而可能是"一个随意冤屈、伤害和杀戮我们的暴君。"所以他重新寻找一种理想的政体，即属于"第七种形式"。而这种形式就是混合君主政体和民主政体而成的君主立宪政体。它由民众制定法律，由君主依法进行统治。他说："人类没有天赋的国王，因此人类有义务聚集起来制定法律，而且竭尽所能去获得正确的政体形式。"他指出，"法治"政府虽然比起"哲学王"的理想来说是次等的选择，但"当你无法建立第一种"政体时，"作为第二种最佳的选择就是完全正确和健全的政体了。"[59]

在《法律篇》中，柏拉图更进一步阐述这一思想。他回顾传说中的人类历史，得出神治统治时代之后只有法律才能拯救人类的结论。他说："在大神不再像在克罗诺(Cronus)[60]时代派遣精灵来保佑现世间的和平和繁荣，人类欲得和平与繁荣当求之于法制。"[61]这就是说，他认为当人类社会不再由神来管的时候，要获得和平与繁荣只能求之于法律，因为法律是我们自身永恒的部分。他说："一个共同体如果不是由神来统治，而是由人来统治，那么其成员就不可能摆脱邪恶和不幸。我们应当竭尽全力……再造克洛诺斯时代的生活，应当规范我们的私人家庭和公共社会，使之服从于我们中间的不朽成分，并把法律的名称给予这种理智的约定。"[62]他进一步论述说："不是因为我想杜撰一个新词语，而是因为我确信一个国家的兴亡取决于这一点，而不是别的什么东西。在法律服从于其他某种权威，而它自己一无所有的地方，我看，这个国家的崩溃已为时不远了。但如果法律是政府的主人并且政府是它的奴仆，那么形势就充满了希望"；国家的"最高职位必须授予最善于服从已制定的法律并在城邦中取得了此种成就的人。"[63]这意味着法律支配权力，而"但若法律支配着权力，权力成为法律的驯服的奴仆，那么人类的拯救和上苍对社会的赐福也就到来了。"[64]正因为如此，他说，官吏"他们应该作为法律的维护者来行动。"由此，他提出了执政者是"法律公仆"的著名思想。他说：执政者和国家管理者"不应该以统治得好，而应该以服务得好而感到骄傲——并且首先是服务于法律"，"作为公仆"，他们只能依法选举产生，实行限任，并在依法行使职能中接受公众严格检查监督，依法述职任职等。由此他得出结论是："让西西里和任何地方的任何城邦不要再屈服于一个世俗的统治者——这是我的学说——而要屈服于法律。"[65]

（二）法与人类社会

那么，法律是什么？前面已经说过，柏拉图早期只是把法律视为是社会的医生和社会秩序维护的辅助性工具，这一观点在晚期有一些变化，提出了法律是"理性的约定"，"是拉人向善的金绳子"，是人类社会从野蛮走向文明的关键等新的观点。他论述说，人是很复杂的，有感性和理性，它们把人拉向善和恶不同的方向。个人的理性往往不强而有力，因此人们常在感情的支使下干恶事，而作为理性的约定的法律，能弥补这一点，它像一条纯洁的、柔软的金色绳子，拉我们向善。因此，我们一定要抓紧它，遵循它的指导，安排自己的生活。这样我们

---

[59]　[古希腊]柏拉图：《政治家》，原江译，云南人民出版社 2004 年版，第 102～105 页。

[60]　作者注：克罗诺——古希腊神话中的宙斯之前的众神之王。

[61]　[古希腊]亚里士多德：《政治学》，吴寿彭译，商务印书馆 1983 年版，第 142 页注①。

[62]　《柏拉图全集》（第 3 卷），王晓明译，人民出版社 2003 年版，第 472～473 页。

[63]　[古希腊]柏拉图：《法律篇》，张智仁、何勤华译，上海人民出版社 2001 年版，第 122～123 页。

[64]　《柏拉图全集》（第 3 卷），王晓明译，人民出版社 2003 年版，第 475 页。

[65]　[古希腊]柏拉图：《柏拉图全集》（第 4 卷），王晓朝译，人民出版社 2003 年版，第 89 页。

才能战胜另一种拉力,过一种善的生活。[66] 法律为什么能有这么大的作用呢?柏拉图说,这是因为法律是基于全体社会成员的共同利益制定的,[67]“法律的目标是让我们的人民获得最大的幸福,相互忠诚。”[68]法律集聚着历史的经验和群众的智慧。正因如此,柏拉图认为,立法工作是很重要的,执法工作也很重要。否则,法律难以发挥它的作用和实现它的的价值。他说:“每个人肯定都能看到,如果一个组织良好的国家在立法中取得了伟大的成就,但却把极为优秀的法律交给那些不合格的官员去执行,那么这些法律再好也不会起什么作用,不仅会使这个国家会成为人们的笑柄,而且这样的社会肯定会发现它的法律是最大的伤害和不幸的源泉。”[69]柏拉图还从人类文明产生的角度论述了法律的作用。他说:“人类必须有法律并且遵守法律,否则他们的生活将像最野蛮的野兽类一样。”这是因为“人类的本性将永远倾向于贪婪和自私,逃避痛苦,追求快乐而无任何理性,人们会先考虑这些,然后才考虑到公正和善德。这样,人们的心灵是一片黑暗,他们的所作所为,使得他们本人和整个国家充满了罪恶。如果有人根据理性和神的恩惠的阳光指导自己的行动,他们就用不着法律来支配自己;因为没有任何法律或秩序能比知识更有力量,理性不应该受任何东西的束缚,它应该是万事的主宰者,如果它真的名副其实,而且本质上是自由的话。但是,现在找不到这样的人,即使有也非常少;因此,我们必须作第二种最佳的选择,这就是法律和秩序。”[70]

综上所述,可以看出,柏拉图是从他的哲学的角度思考法律问题的,开始时他依据善的理念设计了一种符合正义原则的国家制度,其中法律处于微弱的地位,后来通过痛苦的经历和深入的思考,认识到在现实社会里法律的必须和重要,因而重新设计了又一种理想国。在其中法律成为扼制人中作恶倾向的重要角色,并处于至高无上的地位。这一转变是非常重要的,它为后来亚里士多德的法治理论开创了一个逻辑起点。没有它,就不可能有亚里士多德对法治的系统论述。因为亚里士多德的论述正是针对他的相关论述展开的。

参考文献

1.[古希腊]柏拉图:《柏拉图全集》(第1、3、4卷),王晓朝译,人民出版社2002年版。
2.[古希腊]柏拉图:《理想国》,郭斌和、张竹明译,商务印书馆2002年版。
3.[古希腊]柏拉图:《政治家》,原江译,云南人民出版社2004年版。
4.[古希腊]柏拉图:《法律篇》,张智仁、何勤华译,上海人民出版社2001年版。

思考题

1. 柏拉图是如何论述正义的?
2. 柏拉图是如何论述法与人类社会的关系的?
3. 如何认识柏拉图早期的“人治”观念和晚期向“法治”观念的转变?

---

[66] 参见《柏拉图全集》(第3卷),王晓明译,人民出版社2003年版,第391页。
[67] 《柏拉图全集》(第3卷),王晓明译,人民出版社2003年版,第474页。
[68] 同上书,第502页。
[69] 同上书,第507页。
[70] 《西方法律思想史资料选编》,北京大学出版社1983年版,第27页。参见《柏拉图全集》(第3卷),王晓明译,人民出版社2003年版,第636~637页。

第三节　亚里士多德的法律思想

一、生平、著作和哲学

亚里士多德(Aristotle,公元前384～前322年)出生于希腊北方小镇斯塔吉拉,父亲是马其顿国王阿明塔的御医。他17岁来到柏拉图学园学习,长达20年。他的气质和才华,深得柏拉图赞许,称之为"学园的精英"。柏拉图死后,他到小亚细亚的吕底亚研究自然科学。公元前342年,他受聘为马其顿王储13岁的亚历山大的老师,至其16岁即位。他们之间形成一种特殊的师生关系。据说后来亚历山大曾给他一笔可观的黄金(约400万美元)作为科研经费,并派遣几千人在小亚细亚等地为亚里士多德搜集科研资料。[71] 公元前335年,他回到雅典创办了与柏拉图学园齐名的吕克昂(Lyceum)学园,形成了自己的学派。由于他以散步方式讲学,因而得名"逍遥学派"。公元前323年亚历山大大帝逝世,雅典爆发反马其顿运动,他因此受到牵连,被控犯有不敬神的罪名。为"不让雅典人第二次对哲学犯罪",他避难于优卑亚岛,次年病逝,享年63岁。去世前他明智地分配了财产,释放了奴隶。

亚里士多德一生与教学相伴随,是学者的一生,虽然其生活和政治上平淡无奇,但学术上却奇峰迭起,成果无比的丰盛,不但创立了一个百科全书式的哲学体系,而且还第一次对学科知识进行了分类,[72]并对各学科的知识体系进行了初步的论述,从而奠定了西方各主要学科的基础。他在研究方法上也很有特色,不仅重视已有研究成果的搜集、整理和归纳,而且注意对实际的观察和比较,是西方历史上第一个用实证和比较的方法研究问题的典范。他的著述很多,据说有上千种,内容遍及哲学、逻辑学、物理学、生物学、伦理学、政治学、修辞学等各个专门领域,不过现留传于世的并不是他在世时出版的,而是几百年后,约公元前70年由其继承者整理出版的。现存的著作只有162卷,其中《伦理学》、《政治学》、《雅典政制》等是研究其法律思想的主要资料。

亚里士多德对柏拉图很崇敬,但他并没有盲目的遵循柏拉图的哲学,而是予以批判地继承和发展,他说:"我爱我师,但我更爱真理"。他在柏拉图哲学的基础上创立了一种带有神秘色彩的唯物主义体系。这一哲学的本体论主张世界上的事物由四种要素或原因构成,即质料因、形式因、目的因和动力因。如房子的原材料、样式和结构、用途和造房子时用的劳力、动力。在这四个中,他认为最重要的是形式因。另外还有一种中很神秘的因素叫"隐德来希"(Entelechy)的东西,即没有质料的纯粹的形式,说它是一切自然现象的终极原因和目的,是自然现象的"原始动力"或"第一推动力";它本身不动,却能使整个世界合目的地运动;它能点石成金,使任何事物变成所希望的东西。显然,这种东西是上帝的别名词,这是在宣传万物有

---

〔71〕［英］韦尔斯:《世界史纲》(上),曼叶平、李敏译,北京燕山出版社2004年版,第246页。

〔72〕他把人类的知识划分为四类:(1)理论的知识,包括数学、物理学等自然科学和形而上学;(2)实践的科学,包括政治学、家政学、伦理学、经济学、战略学、修辞学等社会科学;(3)创造的科学,即诗学或美学;(4)工具的科学,如工具论(逻辑学)。

灵论。

这一哲学在方法论上主张一种中庸之道,即认为任何事物的运动都必须保持一个合理的度,不要走极端。他说:“只有在适当的时间和机会,对于适当的人和对象,持适当的态度去处理,才是中道,亦即最好的中道。”〔73〕

亚里士多德的哲学对西方哲学造成巨大的影响,它在欧洲中世纪后期是公认的理论权威。虽然公元16~17世纪,近代自然科学兴起时,培根与笛卡尔等曾对亚里士多德的哲学进行批判,使之在西方的地位一度低落,但从公元20世纪中期后,在西方人文主义传统的复兴中,亚里士多德的伦理学和政治学又重新受到重视,一些知名的学者,如伽达默尔、阿伦特和麦金太尔等,都重新诠释亚里士多德,并赋予其当代的意义。马克思主义的创始人也给予他很高的评价。马克思说他是“古代最伟大思想家”,恩格斯也说他是古希腊“最博学的人物”。〔74〕

二、城邦的质料、目的和形式:人、正义和政体

前面说过,亚里士多德认为任何事物都是由四种原因或要素构成的,他对城邦或国家问题的思考正遵循这一思路进行。他认为国家是人的集合体,因而其质料因是人;人的目的是过一种最优良的生活,而这只有遵循正义原则来组建的城邦才能实现,所以正义是它的目的因;城邦的形式,即政治体制是它的形式因,政治活动是他的动力因。亚里士多德在《政治学》一书中正是沿着这样的思路进行论述的。

(一)人性论

1.“人是政治(城邦)的动物”

亚里士多德《政治学》一书论述的逻辑起点是“人”,因为人是城邦或国家的质料。那么什么是人呢?他的观点是人是政治的或城邦的、社会的动物。他说:“人类自然是趋向于城邦生活的动物(人类在本性上也正是一个政治动物)。凡人由于本性或由于偶然而不归属于任何城邦的,他如果不是一个鄙夫,那就是一位超人,这种‘出族、法外、失去坛火(无家无邦)的人’,荷马曾卑视为自然的弃物。”〔75〕这是“因为[个人只是城邦的组成部分,]每一个隔离的个人都不足于自给其生活,必须共同集合于城邦这个整体[才能大家满足其需要]。凡隔离而自外于城邦的人——或是为世俗所鄙弃而无法获得人类社会组合的便利或因高傲自满而鄙弃世俗的组合的人——他如果不是一只野兽,那就是一位神祇”。〔76〕这就是说,一个真正的人必须生活于城邦中,否则要么是野兽,要么是神仙。

2.城邦[πόλιζ(polis)]就是一种追求最高善的社会组织

那么,什么是政治或城邦呢?他指出,城邦就是一种追求最高善的社会组织,一种政治性的社会团体。他说:“我们所见得到的每一个城邦(城市)各是某一种类的社会团体,一切社会团体的建立,其目的总是为了完成某些善业——所有人类的每一种作为,在他们自己看来其本意总是在求取某一善果。既然一切社会团体都以善业为目的,那么我们也可说社会团体

---

〔73〕 周辅成主编:《西方伦理学名著选辑》(上),商务印书馆1987年版,第297页。

〔74〕 恩格斯:《反杜林论》,人民出版社1972年版,第17页。

〔75〕 [古希腊]亚里士多德:《政治学》,吴寿彭译,商务印书馆1983年版,第7~8页。

〔76〕 同上书,第9页。

中最高而包含最广的一种，它所求的善业也一定是最高而最广的：这种至高而广涵的社会团体就是所谓的‘城邦’（πόλιζ），即政治社团（城市社团）。”[77]他进一步指出，之所以说它是一种最高的社会组织，是因为只有在其中，人才能过一种自足的生活，即人的各种欲望才能得到满足，并能防止外来的侵犯。他说：“城邦只是同等的人们间的社会组织；又，城邦的目的是人类所可能达到的最优良生活……最优良的善德就是幸福，幸福是善德的实现，也是善德的极致。但这在生活实践之中，并非人人所可获得；有些人达到了充分的幸福，另一些人或仅仅参加优良生活的一小部分或竟然完全无分。这样，其后果是明显的。由于人们不同的德性，用各种不同的手段追求各自的幸福，建立若干相异的政体。由各种不同的途径，用各种不同的手段追求各自的幸福，于是不同的人民便创立不同的生活方式和不同的政治制度。”[78]“所以，很明显，一个城邦不只是在同一地区的居留团体，也不只是便利交换并为防止相互损害的群众［经济和军事］团体。这些确实是城邦所由存在的必要条件；然而所有这些条件还不足以构成一个城邦。城邦是若干生活良好的家庭或部族为了追求自足而至善的生活，才行结合而构成的。可是，要不是人民共居一处并相互通婚，这样完善的结合就不可能达到。所以各城邦中共同的‘社会生活’——婚姻关系，氏族祠坛、宗教仪式，社会文化活动等——是常常可以见到的现象。这些事业都可以促进人间的友谊，而友谊仅仅是社会生活情调的表征。至于一个城邦的作用及其终极目的却是‘优良生活’，而社会生活中的这些活动却只是达到这种目的的一些手段而已。城邦为若干家庭和［若干家庭所集成的］村坊的结合，由此结合，全城邦可以得到自足而至善的生活，这些就是我们所谓人类真正的美满幸福。由此我们可以得出结论：政治团体的存在并不由于社会生活，而是为了美善的行为。”[79]这就是说，城邦不仅能满足人过一种群居的或社会的生活，而且能带领人们追求一种最高的善，即正义的境界。

这样一来，作为城邦一员的个人就不再仅仅是一个自然人，而且必须是一个政治人，即“公民”。因为“城邦的一般含义就是为了维持自给生活而有足够人数的一个公民集团。”而“凡有权参加议事和审判职能的人我们可以说他是那一个城邦的公民。”[80]他又说：“公民的一般意义原来是指一切参加城邦政治生活轮番为统治和被统治的人们……在一个理想政体中，他们就应该是以道德优良的生活为宗旨而能治理又乐于受治的人们。”[81]

（二）人的“善”和“德性”——正义

1. 事物的“善”和“德性”

要进一步了解亚里士多德的人的理论，必须了解他使用的两个概念，即“善”与“德性”。这两个概念是亚里士多德在论述世界上的事物的运动时使用的。“善”（τ' aγαθὰ；the goods）指运动的目的；“德性”（希腊文为 αρετη；英文为 virtue）指此目的追求中事物应有的品质或品德，好的品德叫“美德”（arete）。[82] 他认为世界上的任何事物其运动都是有目的的，都追

---

〔77〕［古希腊］亚里士多德：《政治学》，吴寿彭译，商务印书馆 1983 年版，第 3 页。

〔78〕同上书，第 364 页。

〔79〕同上书，第 140 页。

〔80〕同上书，第 113 页。

〔81〕同上书，第 153 ~ 154 页。

〔82〕arete（德性）一词，不同于英语之 virtue（美德），类似于古汉语之“德”，指人或者事物所具有的与其本性相适应的品质。参见［古希腊］亚里士多德：《尼各马科伦理学》，苗力田译，中国社会科学出版社 1990 年版，第 235 页，译者后记。

求“善”或好,而要达此目的就必须具有与此相适应的品质。如琴想发出悦耳的声音,就必须有好的品材和结构。他还认为,不同物种由于构成和品德不同,所以其追求的“善”是有高下差别的,因而“善”它包含许多层次,每一较低的层次都以比它较高的层次为目的,宇宙的最高层次是神(Daily),它是万物追求的终极目的。因此,事物的“善”是有差异的,对人而言其行为的最高的善就是“幸福”[希腊文为 ενδαιμονια(eudaemonia);英文为 happiness],它是人的好的功能充分发挥、人的美德充分展现所产生的状态,其特点就是自我的满足。他说:“幸福不是品质,而在合乎于德性的现实活动中。幸福就是自足,无所短缺,除了活动的进行之外别无所求……幸福生活可以说是合于德性的生活。”〔83〕

2. 人的“善”和“德性”

亚里士多德在论述了一般事物的“善”和“德性”的基础上,进一步论述了人的“善”和“德性”问题。

首先,亚里士多德分析了构成人生活的善的诸种要素及其相互关系。他说:“人们能够有所造诣于优良生活者一定具有三项善因:外物诸善,躯体诸善,灵魂(性灵)诸善。论者一般都公认唯有幸福(至乐)的人生才完全具备所有这些事物(诸善)。‘……问题的真相,灵魂诸善的所以能够形成并保持德性,无所赖于外物。反之,外物的效益就必有赖于灵魂诸善而始显露。你也可以看到,人们虽于外物的充裕和人性的完美两者都可获致幸福,两者结合起来也可获致幸福,然而凡德性不足而务求娱乐于外物的人们,不久便知道过多的外物已经无补于人生,终究不如衣食才能维持生活,而虔修品德(情操)和思想(理解),其为幸福毕竟更加充实。’……外物诸善,有如一切实用工具,[其为量]一定有所限制。实际上,一切应用的事物[包括外物诸善和躯体诸善],在这里情况完全相同;任何这类事物过了量都对物主有害,至少也一定无益。[至于灵魂诸善,情况正好相反。]灵魂的各种善德都愈多愈见其效益。”〔84〕这就是说,在各种善中,灵魂(性灵)之善是最为关键的,而灵魂之善意味着人有德性。

接着,他论述了人的构成及其各部分与德性的关系。他认为人的构成是非常复杂的,它由肉体和精神或灵魂两部分构成。精神或灵魂内又有非理性的部分和理性的部分,前者包括植物性的生长与繁殖和动物性的感觉与欲望[即情感,如愤怒、恐惧、自信、嫉妒、喜悦等一般伴随痛苦和快乐的各种心态),后者指与神性类似的理性精神,其内部也分为两部分:智德(理智德性,intellectual virtue)和行德(道德理性,moral virtue)。智德主要指智慧(wisdom)、理解(understanding)与明智(prudence);行德主要指节制(tern perance)与宽宏大量(1iberality)]。它们为人类所独有,人的德性也主要由它决定。他说:“灵魂分为理性和非理性两个部分。而非理性部分,又分为两部分,一部分是植物的,与理性全然无关,另一部分是欲望,受理性的约束。这后一部分也分为两部分,一部分以理性为主导,另一部分则服从前一部分。德性也按照对灵魂的区分来规定,一是理智德性,如智慧和理解,二是伦理德性,如大度与节制。德性是一种可称赞的,或可贵的品质。”〔85〕他进一步论述了智德和行德的内容和特点,认为“智德”是人的一种纯粹理性活动,它包括五个方面:第一是技艺,它是一种运用正

〔83〕 参见[古希腊]亚里士多德:《尼各马科伦理学》,苗力田译,中国社会科学出版社 1990 年版,第 222 页。
〔84〕 [古希腊]亚里士多德:《政治学》,吴寿彭译,商务印书馆 1983 年版,第 340 页。
〔85〕 [古希腊]亚里士多德:《尼各马科伦理学》,苗力田译,中国社会科学出版社 1990 年版,第 21 ~ 22 页。

确的推理以制造物品的才能;第二是科学,它是一种寻求必然和永恒的东西的习性或才能;第三是实践的智慧,它是一种以人类的善为目的而求实践的一种合理性和正确的才能或习性;第四是直觉理性,即那种认识为科学所不能把握,但能为理性所了解的“第一原则”的能力;第五是智慧,它是直觉理性和科学知识的统一,是研究具有超越价值的对象所得的知识之最高形式。亚里士多德认为,这五种形式实际上是一个智德的等级系统,一个比一个高级,而位居五德之首的便是统一直觉理性和科学知识的智慧,智慧是智德的最高形式。

亚里士多德认为,灵魂中的理性对人来说不同于非理性的那样,它不能先天地直接显露,而是处于潜在状态,只有在后天的实践中才能生成。智德是由于训练而产生和增长的,是通过教育而获得的,它既可教,又可学。而行德则是通过习惯养成的,它是人们长年累月实际践履的结果。他说:“伦理德性是由风俗习惯熏陶出来的,而不是自然本性。自然的东西不能用习惯改变。人们自然具有的是接受德性的能力,先以潜能的形式被随身携带,后以现实活动的方式被展示出来。德性则和其他技术一样,是用了才有,不是有了才用。一切德性通过习惯而生成,通过习惯而毁灭。人们通过相应的现实活动,而具有某种品质,品质为现实活动所决定。”〔86〕这就是说,作为人特有的根基于理性的德性不同于人的本能,它不是直接而是潜在地存在,其开发有赖于后天的风俗习惯熏陶。这就意味着不同的生存环境和风俗习惯下的人会熏陶出不同种类和水平的道德品德。

亚里士多德认为,智德高于行德。智德是少数智慧之人所独有,普通人只具有行德。〔87〕这意味着他并不完全赞同苏格拉底的“美德即知识”的观点,即认为美德虽然与知识有关,但并不完全取决于知识的多少,因为道德品德不是通过增强智力就能获得的,而主要是通过社会实践,取决于所生活的社会环境中的风俗习惯。所以,一些没有文化的普通老百姓其品德高于一些有知识的文化人就不足为怪了。

亚里士多德说,人的理性之所以使人具有德性,而且是其他事物所不具有的品性,这是因为理性能使人透过现象看到事物的本质,使人能认识人的政治或城邦动物的本质,从而使他们能明辨是非,懂得人的根本利益之所在,并能按照此理安排自己的活动。也就是说,理性使他具有一种优良的品德,而这才是他从事政治活动和追求幸福生活的根本。他说:“人类所不同于其他动物的特性就在于他对善恶和是否合乎正义以及其他类似观念的辨认[这些都由语言为之互相传达],而家庭和城邦正是这类义理的结合。”〔88〕他又说:“人们所由入德成善者出于三端:这三端为[出生所禀的]天赋,[日后养成的]习惯,及[其内在的]理性……人类的某些自然品质,起初对于社会是不发生作用的。积习变更天赋;人生的某些品质,几其长成,日夕熏染,或习于向善,或惯常从恶……人类[除了天赋和习惯外]又有理性的生活;理性实为人类所独有。人类对此三端必须求其相互间的和谐,方才可以乐生遂性。[而理性尤应是三者中的基调。]人们既知理性的重要,所以三者之间要是不相和谐,宁可违背天赋和习惯,而依从理性,把理性作为行为的准则……公民们既都具备那样的素质,其余的种种就完全寄托于立法家所订立的教育方针,公民们可以由习惯的训练,养成一部分才德,另一部分则有赖于

〔86〕［古希腊］亚里士多德:《尼各马科伦理学》,苗力田译,中国社会科学出版社 1990 年版,第 25 页。

〔87〕参见［古希腊］亚里士多德:《灵魂论及其他》,吴寿彭译,商务印书馆 1999 年版;周辅成主编:《西方著名伦理学家评传》,上海人民出版社 1987 年版,第 41 页。

〔88〕［古希腊］亚里士多德:《政治学》,吴寿彭译,商务印书馆 1983 年版,第 8 页。

[理性方面的]启导。"[89]这就是说,灵魂中的非理性部分的欲望与实践有关,它若受到理性的指导和控制,就不会做出失德的行为,或者说就使他的行为具有道德性。

亚里士多德认为人是政治或城邦的动物,虽然强调人的政治性和道德性,但并不否认人的动物性,他像古希腊的其他哲学家一样,也承认人与其他动物有共同之处,如人也有与植物相同的吸收营养和发育的能力,与动物相同的感觉和意识的能力,人有肉体和感觉,有各种欲望等,因而人也就有动物的属性,能做出动物的行为,而且由于人有智慧,所以做起恶来甚于任何动物。他说:"人类由于志趋善良而有所成就,成为最优良的动物,如果不讲礼法、违背正义,他就堕落为最恶劣的动物。悖德(不义)而又武装起来,势必引致世间莫大的祸害;人类恰正生而具备[他所特有的]武装[例如言语机能],这些装备本来应由人类的智虑和善德加以运用,可是,这也未尝不可被运用来逞其狂妄或济其罪恶。于是失德的人就会淫凶纵肆,贪婪无度,下流而为最肮脏最残暴的野兽。"[90]这意味着缺少理性的人或在丧失理性的情况下,就容易做出非理性的行为,从而显示其动物性的一面。

3. 人的至德:正义

从上面的介绍中我们已知道,亚里士多德认为人是政治或城邦的动物,并有着与之相适应的品德,这就是正义,那么,什么是正义呢?

第一,他认为正义是一种道德情操,还不是一般的道德,而且是道德追求的最高境界,它能包容所有道德。他说:"如此,则公平之为全德,虽非绝对之义,然以与他事相较,固可如是也。是故常谓公平为至德,晨曦明星,不足以比其荣,俗谚所谓'公平为百德之总'者是也。"[91]他进一步指出,正义的主要的含义是平等或公平,其价值指向是公共幸福。他说:"政治学上的善就是'正义',正义以公共利益为依归。按照一般的认识,正义是某种些事物的'平等'(均等)观念。在这方面,这种世俗之见恰好和我们在伦理学上作哲学研究时所得出的结论相同。简而言之,正义包含两个因素——事物和应该接受事物的人;大家认为相等的人就应该配给到相等的事物。"[92]他又说:"依此义,公平乃成比例者,而不公则其不成比例者也。不成比例,或由于过,或因不及"。[93]

第二,他指出正义就是城邦之"善"。他认为宇宙万物都是向善的。所谓"善"就是好,就是与其本性相一致的状态,由于不同的事物有不同的本质,因此,它们所追求的"善"是有差别的。人类所追求的最高的"善"就是与其政治或城邦动物相一致的生活,即幸福,而且不是一个人的幸福,而是全体成员的幸福,正义恰恰就是实现这一理想用以协调人际关系的基本原则,也是城邦中合格成员应具有的品德。他说:"那种永远为自身而不为它物的最终的目的是最完满的,绝对最终的目的,是最高的善。终极的善应当是自足的,它不是指一个人孤独地生活,因为人在本性上是社会性的。它是无待而有、不感困乏,使生活变得愉快。这是最佳选择,也就是幸福。从功能来看,理性活动是人所固有,所以,人的善就是灵魂合乎德性的现实活动,而且一生都要合于德性。"[94]

---

〔89〕［古希腊］亚里士多德:《政治学》,吴寿彭译,商务印书馆 1983 年版,第 384 页。
〔90〕同上书,第 9 页。
〔91〕［古希腊］亚里士多德:《亚里士多德伦理学》,向达、夏崇璞译,商务印书馆 1933 年版,第 97 页。
〔92〕［古希腊］亚里士多德:《政治学》,吴寿彭译,商务印书馆 1983 年版,第 148 页。
〔93〕［古希腊］亚里士多德:《亚里士多德伦理学》,向达、夏崇璞译,商务印书馆 1933 年版,第 103 页。
〔94〕［古希腊］亚里士多德:《尼各马科伦理学》,苗力田译,中国社会科学出版社 1990 年版,第 10 页。

亚里士多德进一步论述了城邦之善，他说："［社会（团体）幸福的由来固然应该类似个人幸福的由来，那么，凡能成善而邀福的城邦必然是在道德上最为优良的城邦。人如不作善行（义行）终于不能获得善果（达成善业）；人如无善德而欠明哲，终于不能行善（行义）；城邦亦然。一个城邦必须有相同于人们所由称为义士、为达者、为哲人的诸品德，唯有勇敢、正义和明哲诸善行，才能达成善业［而导致幸福］……这里，我们只须确立这样一个命题：'人类无论个别而言或合为城邦的集体而言，都应具备善性而又配以那些足以佐成善行善政的必需事物［外物诸善和躯体诸善］，从而立身立国以营善德的生活，才是最优良的生活。'"〔95〕

第三，正义品德在方法论上的特点就是中道，即过犹不及，保持应有的度。他说："德性是一种使人成为善良，并使其出色运用其功能的品质。事物有过度、不及和中间。德性的本性就是恰得中间。德性作为相对于我们的中间性、中道，是一种决定着对行为和情感的选择的品质，受到理性的规定。并非全部行为和情感都可能有个中间性。德性是中道，是最高的善和极端的正确。"〔96〕他说："人之不公平者 是为不公正，于物亦然，则就不公正及不均以言，必有一中道明矣。而按之行为本性，许有过或不及，亦许有正、有平等，是则所谓中道者，正与均之谓也。"〔97〕他论述说，人的欲望、情感和行为都存在三种可能，即过度、不及和适中，而德性的目的也就在于根据理性的原则来合理地处理欲望、情感和行为，使其保持适度。因为"只有在适当的时间和机会，对于适当的人和对象，持适应的态度去处理；才是中道，亦即最好的中道。这是德性的特点"。〔98〕

第四，亚里士多德把正义分为普遍的正义和特殊的正义两大类。普遍的正义又叫原始的正义、抽象的正义、广义的正义和绝对的正义，指的是正义之根本和全体。特殊的正义又叫政治正义和法律正义，是正义的一种特殊表现形式。这种正义又分为分配正义和纠正正义两种。他说："特殊之公平……又有两种：（一）为分配名誉财物及其他可分之物于社会人民中（……）；（二）则为于私人交涉之谬者加以纠正之谓。而后者复析为二，私人交涉之自动与被动是也。自动之事，有如买卖、息贷、担保、无息贷借、储金、租房，以其行为之原为自动，故谓为自动，人之为此，盖出于其自由之意志也。被动之行为，则或乃（1）秘密之事，如盗窃、奸淫、下毒、卖良为娼、诱拐奴婢、谋杀及诬证是，或为（2）激烈之事，如侮辱、囚禁、残杀、强奸、残害肢体、诽谤、诟骂是也。"。〔99〕这就是说，分配正义是指国家或上级在分配财物、职务和评功论赏时所应坚持之公平。亚里士多德认为此应坚持比值相等或合比例的原则，根据各人的贡献决定奖赏和安排职务。纠正正义是对私人交往中不正义行为的纠正。而这种不正义之行为之产生，从被害者一方来看又有主动的和被动的两种。前者多发生于民事交往，后者则属于刑事犯罪。亚里士多德认为，纠正正义之目的，在于恢复公平，纠正不公行为，从而使失者复得。所以他说："故在纠正公平，其所谓公平者，乃为特殊被动事项得失之中道，而交涉之两造，较之于前，无得无失。"〔100〕

〔95〕［古希腊］亚里士多德：《政治学》，吴寿彭译，商务印书馆 1983 年版，第 342～343 页。

〔96〕［古希腊］亚里士多德：《尼各马科伦理学》，苗力田译，中国社会科学出版社 1990 年版，第 32 页。

〔97〕［古希腊］亚里士多德：《亚里士多德伦理学》，向达、夏崇璞译，商务印书馆 1933 年版，第 101 页。

〔98〕参见周辅成编：《西方伦理学名著选辑》（上卷），商务印书馆 1964 年版，第 297 页。

〔99〕［古希腊］亚里士多德：《亚里士多德伦理学》，向达、夏崇璞译，商务印书馆 1933 年版，第 100～101 页。

〔100〕同上书，第 105 页。

(三)城邦的形式——政体

前面已经说到,亚里士多德的"四因说"认为,任何事物是由质料、形式、动力和目的构成的。他认为作为城邦其四因就是作为质料因的人、作为目的因的最优良的生活,作为动力因的正义和作为形式因的政体。而在这四种中形式是最重要的,所以在《政治学》一书中对此论述得最多。归纳起来有以下几点:

第一,政体是一个城邦的构成部分如何参政,特别是如何担任城邦公职的问题。他指出:"'政体'(πολιτεμα,波里德亚)这个名词的意义相同于'公务团体'(πολ ί τενμα,波里德俄马),而公务团体就是每一城邦'最高治权的执行者',最高治权的执行者则可以是一个人,也可以是少数人,又可以是多数人。"[101] 他又说:"一个政体就是城邦公职的分配制度,公民团体凭这个制度分配公职时,或以受职人员的职能为依据,例如富人或穷人各有其权能,或以所有受职人员之间的某种平等原则为依据,例如富人们和穷人们两者间存在某种平等原则。所以,依据城邦各个组成部分间的区别和各个优异要素间的区别而定的公职分配方式有多种,政体也就有多种。"[102]

第二,城邦的最高治权应归于公民全体。他说:"政体(宪法)为城邦一切政治组织的依据,其中尤其着重于政治所由以决定的'最高治权'的组织。城邦不论是哪种类型,它的最高治权一定寄托于'公民团体',公民团体实际上就是城邦制度。"[103]

第三,以中产阶级为基础的混合政体,即共和政体是城邦最理想的组织形式。亚里士多德根据执政者的目的和人数把政体分为正宗政体和变态政体两类六种。凡以公共利益为目的而执政者为正宗政体,否则为变态政体。按人数一人执政者为君主政体(monarchy,一人之治),内又分正宗的王制(kingship,royaty,尚贤)和变态的"僭主政体"(tyrannis,暴君);少数人执政者正宗的是贵族政体(Aristocracy,尚贤又尚富,部分公民合议一切事务),它是平民政体与寡头政体混合后倾向于寡头政体者,变态的为寡头政体(oligarchy,尚富,富人执政,部分公民合议一切事务);多数人执政者变态的为平民政体(democracy,尚平等、自由和尚众;穷人执政;全体公民合议一切事务),正宗的为共和政体(polity,republic,respublica,全体公民合议部分事务,而部分公民合议另一些事务),它是平民政体与寡头政体混合后倾向于平民政体者。他认为在这些政体中最好的是共和政体,而理想的共和政体是以中产阶级为基础的共和政体。这是因为,在一个社会中必有穷人、富人和居于二者之间的中产阶级,这三种人由于有不同的地位和生活环境,因而有不同的品德和才能。富人贪婪和放肆,穷人懒散和无能,中产阶级比较充裕的生活使他们有良好的品德和才能,因此以他们为"基础才能组成最好的政体"。而且从历史上看,最好的立法者大都出身于中产阶级。如雅典的梭伦、斯巴达的莱卡古士等。[104] 既然如此,以中产阶级为基础的混合性质的共和政体必为最优的政体。他进一步说,把城邦的最高治权寄托于"群众"或"富户"或"高尚人士"或"全邦最好的一人"或"僭主",在这五者中选择任何一项,都会发生不相适宜的后果。给予穷人会发生打家劫舍,给富人会恃强凌弱,交给"高尚人士"或"全邦最好的一人"势必把其他人排除于外,邦内不得名位的人自

---

[101] [古希腊]亚里士多德:《政治学》,吴寿彭译,商务印书馆 1983 年版,第 132 页。

[102] 同上书,第 182 页。

[103] 同上书,第 129 页。

[104] 同上书,第 206 ~ 207 页。

然就多了,而且他们难免会感情用事。[105] “因此我们应该选取统治者和被统治者更番迭代的政体;这种体制确是切合时宜,且有多方面的理由。在同类的人们所组成的社会中,大家就应享有平等的权利;凡不合正义[违反平等原则]的政体一定难以久长。”[106]

第四,任何国家的权力都包括议事、行政和审判三部分。他说:“一切政体都有三个要素作为构成的基础……三者之一为有关城邦一般公务的议事机能(部分);其二为行政机能部分……其三为审判(司法)机能。”[107]

可以看出,亚里士多德发展了柏拉图的政体思想,得出了与之不同的混合政体,即“中产阶级”为主体的民主共和政体的设想,并就分权制衡问题作了初步的论述。这些观点和论述给西方后来的混合政体和分权制衡理论的发展,打下了一个坚固的基础。

三、法律的本质、作用和种类

(一)法律的本质、作用

人是城邦的动物,人具有其他动物所没有的与城邦动物相适应的德性——正义,那是否就意味着人就自然而然过一种有道德的生活呢?亚里士多德回答说不是的,因为:(1)人本性中有其他动物相同的东西,人的灵魂中有非理性的方面,这使人可能做出动物的行为;(2)人的理性对人来说毕竟只是潜在的东西,依赖于后天的实践开发,而后天的不同生存环境必然对人的道德影响很大;(3)一般的人,特别是年轻人,其理性不发达,因此行为中的理性因素很少,不能自觉地遵从正义,需要社会的理性指导和强制。而法律正是这种带有强制性的社会理性,是一种制度化了的正义。[108]

亚里士多德关于法律的基本观点,主要有以下几点:

第一,法律是集体智慧的结晶,是在城邦所有成员力量集中的基础上所产生的近似于神的“集体异人”。它超过任何个人,不但判断能力是如此,而且能克服单独个人的种种弱点。[109]

第二,法律基于理性,是理性的具体化。他说:“法律恰恰正是免除一切情欲影响的神祇和理智的体现。”[110]

第三,法律由正义衍生,用以衡量人间的是非曲直。他说:“要使事物合乎正义(公平),须有毫无偏私的权衡;法律恰恰正是这样一个中道的权衡。”[111] 正因为如此,他认为正义特别是政治正义,就是以法律规定的正义,所以又叫法律正义。正因为如此,在政治社会中,“公平仅能存在于人们关系决于法律之地”。法律的目的就是实现正义。他说:“而法律的实际意义却应该是促成全邦人民都能进于正义和善德的[永久]制度。”[112] 也正是在这个基础上或意义上,亚里士多德对正义的含义作了进一步的阐述,他认为正义不仅包含着公平,而且包含

---

[105] [古希腊]亚里士多德:《政治学》,吴寿彭译,商务印书馆 1983 年版,第 141～142 页。

[106] 同上书,第 386 页。

[107] 同上书,第 215 页。

[108] 参见[古希腊]亚里士多德:《尼各马科伦理学》,廖申白译,商务印书馆 2009 年版,第 312～314 页。

[109] [古希腊]亚里士多德:《政治学》,吴寿彭译,商务印书馆 1983 年版,第 146 页。

[110] 同上书,第 169 页。

[111] 同上书,第 169～170 页。

[112] 同上书,第 138 页。

着合法。说:“仿此,则正者(1)合法(2)公正之谓,而(1)不合法者(2)又不公正,是乃不正也。”[113]又说:“不正涵有二义,不合法与不公正是也。正而合法,即为公正。”[114]

第四,法律的功能在于给人以自由和过一种优良的生活。他说:“公民们都应遵守一邦所定的生活规则,让各人的行为有所约束,法律不应该被看作[和自由相对的]奴役,法律毋宁是拯救。”[115]这是因为真正的自由不是放任状态或无政府状态,这种状态其结果会使大家都丧失自由,自由的获得必须以社会的有秩序为前提,而“法律(和礼俗)就是某种秩序”[116],法律之所以能如此,是因为“它是规章,执政者凭它来掌握他们的权力,并借以监察和处理一切违法失律的人们。”[117]这使它有强制的力量,能约束理性不成熟和道德水平不高者的越轨行为,使他们逐渐养成合格公民的德性。

由此看来,亚里士多德认为,法律是正义的派生物,是城邦中制度化了的用于衡量事物是否正义的具体标准,其目的就在于利用法律的理性和强制性来指导和规制人们的行为,使其更符合正义的要求或更具有德性,也使城邦更具有正义性。为了实现这一目的,亚里士多德还赋予法律的执行者,即法官或正义的体现者[118]用正义精神弥补法律制度之不足,以使社会纠纷的解决更符合正义的要求。为此,他提出了“衡平法”或平衡法[119]的概念。所谓平衡法(Equity)并不是一种法律,而是平衡、纠正和补充实在法之方法,是用公平精神解决特殊问题的方法。因为客观情况复杂多变,实在法不可能一一规定之,这就不得不使用一种办法补救之。这种根据正义精神临时处置法律条文未作规定的特殊情况的方法就叫衡平法或平衡法。亚里士多德说:“事物之可平衡者即为公平。然其所以为平衡也,非据法律言,乃为法律公平之纠正者耳。”[120]进而亚里士多德指出,平衡法的本质是正义,由于它能纠正和补救法律,所以是比法律更高的一种正义。他说:“故知平衡法之性质,即为公平,且高出于一种特别公平也。”[121]这就是说,作为制度化的法律和作为其补充的方法上的衡平法,都是为了更好地实现正义而产生的。由于正义是人之至德,是适合其政治性本质而产生的最高组织形式——城邦或国家的组织原则,因而,法律源于人之道德性的结论对亚里士多德来说,是毋庸置疑的。

综上所述,亚里士多德认为法律根源于人的城邦动物的本性,而作为城邦动物的人,一方面像其他动物一样,都在追求“善”,即好的生活,而欲达此目的就必须具备相适应的品质或品性,也就是说,只有具备好的品性,即美德者才能求得最高的善——幸福;另一方面,由于人

---

[113] [古希腊]亚里士多德:《亚里士多德伦理学》,向达、夏崇璞译,商务印书馆1933年版,第96页。

[114] 同上书,第100页。

[115] [古希腊]亚里士多德:《政治学》,吴寿彭译,商务印书馆1983年版,第276页。

[116] 同上书,第353页。

[117] 同上书,第178页。

[118] 他说:“法官盖公平之保护者也。”又说:“依此义,则不公是为不公正与不平等,法官之责,即在力使之平而已。击者与被击者,杀人者与被杀者,行者与受者,两者分际不均,法官所事,即在施刑罚以补其利益之不均而遂均之……人当争论之际,每求直于裁判官,即所以求得公平也。而裁判官者,则公平人之化身耳。”“且人恒于裁判官处求中道,故又呼之为中人。”参见《亚里士多德伦理学》,向达、夏崇璞译,商务印书馆1933年版,第104页。

[119] 希腊文为 επιεἴκεια,英语为Equity,《亚里士多德伦理学》各种译本译法上不统一,向达、夏崇璞译的商务印书馆1933年版为“平衡”;苗力田译的中国社科学出版社1990年版为“公平”;廖申白译的商务印书馆2009年版为“公道”。

[120] [古希腊]亚里士多德:《亚里士多德伦理学》,向达、夏崇璞译,商务印书馆1933年版,第121页。

[121] 同上书,第122页。

有其所特有的质，即灵魂中的理性方面，因而他就有其所特有的德性，它包括智德和行德两个方面，从而使他能认识自己和周围世界，能明事理，懂人生，明白做人之道，合理地控制欲望和安排自己的行为，处理好与别人和社会的关系。这种品德归结起来就是道德，其最高的境界就是正义，而正义的核心就是平等或公平。他认为所有的人如果都能遵循正义原则来安排自己的活动，符合人的本性的最高组织的城邦或国家如果也遵循正义原则来治理，人们就能追求到最高的善，就能过一种幸福的生活。但由于人的理性对人来说只是一种潜在的东西，而现实生活中的人，特别是年轻人，其理性开发不够或理性尚未成熟，因而其行为常常缺乏理性或为欲望所支配，城邦或国家就必须事先把正义原则具体化为制度，指导他们的行为，并对违反者实施必要的强制。而法律正是这种制度化了的正义。这也就是说，法律渊源于最高道德的正义，是为了规制人们的行为，使人的活动更符合其品德或更具有道德性，从而过一种幸福的生活的制度安排。

可以看出，亚里士多德对法律的人性基础探索，是以对人的生理结构的详细分析为基础的，而他对人的知识，特别是人的灵魂的观点，虽然是以他之前的许多研究为基础的，但是他并没有盲目地接受前人的观点，而是作了批判性的吸收，并提出了自己对人的系统论述。例如，他抛弃了其老师柏拉图的人生而不平等和把人划分为三个等级的观点，而主张人是自由平等的，因而不再把正义解释为各尽其职，而是解释为平等或公平。虽然，他还没有完全抛弃对奴隶的偏见，认为有些人是天生的奴隶。再例如他对人的德性的解释上也不同于苏格拉底和柏拉图，虽然也把品德与理性联结起来，但不再把品德与知识混为一谈，因而不再赞同他们的“知识即美德”的命题，而是把理性区别为理智和实践两种，指出后一种品德的养成主要依赖于所在的社会环境和风俗习惯。这就是说，有知识的聪明人不一定品德高尚。也意味着人的各种品德并不是固定不变的，并不是那种人就天定有那种品德，而是每个人都可能有各种品德，如智慧、勇敢、节制等，差别只在于程度上有区别，而且这一区别的成因在于不同的社会实践。他指出品德本质上是一种习惯，成于后天，而习惯有好坏之别，坏的品德或习惯是可以改变的，好的品德是可以培养的，而法律的强制是培养美德必不可少的手段。

（二）法律的种类

亚里士多德把法律分为自然法和人定法。自然法又叫“普通法”，“指按自然的法则规定的法律”，也意味着普遍适用的法律。人定法又叫“特别法”，“指每一个社会制定出来的约束自己成员的法律”。它分成文法和不成文法。不成文法又分习惯法和平衡法或“衡平法”。习惯法是用社会舆论评价美德和恶性的法律；平衡法或“衡平法”，就是上边已讲过的法官本着公平精神解决特殊问题的方法，它“是用弥补成文法的特别法的缺陷的”。[122] 他还进而把成文法分为基本法和非基本法。基本法是涉及根本的政治制度，即政体的法律。这些法律的地位次序依次为：自然法、衡平法、习惯法和成文法的基本法和非基本法。

（三）成文法的评价

亚里士多德认为，法律有良恶之分，良法来自正宗政体。他说：“法律实际是也应该是根据政体（宪法）来制订的，当然不能叫政体来适应法律。政体可以说是一个城邦的职能组织，由以确定最高统治机构和政权的安排，也由以订立城邦及其全体各分子所企求的目的。法律

[122] ［古希腊］亚里士多德：《修辞学》，罗念生译，北京三联书店1991年版，第58～60页。

不同于政体,它是规章,执政者凭它来掌握他们的权力,并借以监察和处理一切违法失律的人们。”[123]因此,“相应于城邦政体的好坏法律也有好坏,或者是合乎正义或者是不合乎正义。这里,只有一点是可以确定的,法律必须是根据政体[宪法]制订的;那么符合于正宗政体的法律就一定合乎正义,而符合于变态或乖戾的政体所制订的法律就不合乎正义。”[124]而正宗政体就应以公众利益为依归,并且能使公民在其能受到公平的待遇。又说:“关于最优良的政体,有一点是大家明白的:这必须是一个能使人人[无论其为专事沉思或重于实践的人]尽其所能而得以过着幸福生活的政治组织。”[125]

四、法治

亚里士多德是古希腊法治思想的代表,也是西方法治思想的首创者,他对法治问题作了系统全面地论述,主要包括以下几方面:

(一)法治的本质和特点

“法治”是与“人治”相对而言的。“人治”是“主人之治”,而法治是“平等的自由人之治”,是“对自愿的臣民的统治”,这种统治有以下几个特点:

第一,它是为了公众利益的统治。

第二,“最高治权”在公民全体之手,“寄托于‘公民团体’”[126]。它表现为决定国家大事的“权力实际上寄托于公审法庭或议事会或群众的整体”。因此它“把公民大会、议事会或法庭所由组成的平民群众的权力置于那些贤良所任的职司之上……”[127]它以法律为最高权威。他说:“凡不能维持法律威信的城邦都不能说它已经建立了任何政体。法律应在任何方面受到尊重而保持无上的权威,执政人员和公民团体只应在法律(通则)所不及的‘个别’事例上有所抉择,两者都不应该侵犯法律。”[128]又说:“最后的裁判权应寄托于正式制定的法律。只是所有的规约总不能概括世事的万变,个人的权力或个人联合组成的权力,只应在法律所不及的时候,方才应用它来发号施令,作为补助。”[129]

第三,其统治建立在臣民自愿守法上,而不是仅仅依靠武力。

在这个基础上,亚里士多德对法治的特点作了如下的表述:“我们应该注意到邦国虽有良法,要是人民不能全部遵循,仍然不能实现法治。法治应包含两重意义:已成立的法律获得普遍的服从,而大家所服从的法律又应该本身是制订得良好的法律。”[130]

(二)为什么要实行法治

这是亚里士多德论述最为详细的,他从五个方面回答这个问题:

第一,从任何一个人都是有感情的,而法律是纯粹的理性来说,只有实行法治才能实现理性治国。他说:“谁说应该由法律遂行其统治,这就有如说,唯独神祇和理智可以行使统治;至

[123] [古希腊]亚里士多德:《政治学》,吴寿彭译,商务印书馆1983年版,第178页。
[124] 同上书,第148页。
[125] 同上书,第344页。
[126] 同上书,第129页。
[127] 同上书,第147页。
[128] 同上书,第192页。
[129] 同上书,第147页。
[130] 同上书,第199页。

于谁说应该让一个个人来统治，这就在政治中混入了兽性的因素。常人既不能完全消除兽欲，虽最好的人们（贤良）也未免有热忱，这就往往在执政的时候引起偏向。法律恰恰正是免除一切情欲影响的神祇和理智的体现。”[131] 他还以医生治病来说明这一道理，指出再好的医生在自己或其亲人有病时，往往要请别的医生来诊治，其原因就在于怕难以控制自己的感情。治国同理，而且治国不同于治病，统治者在碰到与己有关的事情时，不可能把权力让给别人，这就难免会感情用事了，而只有依法治国才能防止这一点。

第二，从整体大于部分、群体优于个人的道理来说，依照作为群众智慧结晶、作为“集体异人”的法律来治国，显然优于“一人之治”。他举例说：“多人出资举办的宴会可以胜过一人独办的宴会；相似地，如果许多人［共同议事］，人人贡献一份意见和一分思虑；集合一个会场的群众就好象有许多手足、许多耳目的异人一样，他还具有许多性格、许多聪明……品德高尚的好人所以异于众人中的任何个人，就在于他集合了许多人的素质；美人的所以异于平常的容貌，艺术作品的所以异于俗制的事物，原因也是这样。——在人的相貌上或作品上，一样原来是分散的众美，集合成一个整体。”[132] 又说：“但城邦原为许多人所合组的团体；许多人出资举办的宴会可以胜过一人独办的酒席；相似的，在许多事例上，群众比任何一人又可能作较好的裁断。又，物多者比较不易腐败。大泽水多则不朽，小池水少则易朽；多数群众也比少数人为不易腐败。单独一个人就容易因愤懑或其他任何相似的感情而失去平衡，终致损伤了他的判断力；但全体人民总不会同时发怒，同时错断。”[133] 还说：“当平民群众会集在一起时，他们的感觉和审察是够良好的，这种感觉和审察作用同高尚一级［行政人员］的职能配合起来是有益于城邦的——恰恰好象不纯净的杂粮同细粮混合调煮起来，供给食用，就比少许的细粮的营养为充足。”[134]

第三，从公平和正义的观念来说，“人治”把人分为统治者和被统治者，使一人高高凌驾于众人之上，显然是有违公平原则的，而法治主张人轮番作统治和被统治者，才符合正义原则。他说：“有些人认为在平等人民所组成的城邦中，以一人高高凌驾于全邦人民之上是不合乎自然的［也是不相适宜的］，按照这些见解，凡自然而平等的人，既然人人具有同等价值，应当分配给同等权利；所以，对平等的人给予不平等的——或者相反地，对于不平等的给予平等的——名位……这在大家想来总是有害（恶劣）的。依此见解所得的结论，名位便应该轮番，同等的人交换做统治者也做被统治者，这才合乎正义。可是，这样的结论就是主张以法律为治了；建立［轮番］制度就是法律。那么，法治就应当优于一人之治。”[135]

第四，实行依法治国，并不是不承认法律有局限性和缺陷，也不是完全抹杀个人在治国中的作用，而是要把它限制在一定的范围和用于当用的方面，即弥补法律之不足。他说：“遵循这种法治的主张，这里还须辨明，即便有时国政仍须依仗某些人的智虑（人治），这总得限止这些人们只能在应用法律上运用其智虑，让这种高级权力成为法律监护官的权力。应该承认邦国必须设置若干官职，必须有人执政，但当大家都具有平等而同样的人格时，要是把全邦的权力寄托给任何一个个人，这总是不合正义的。或者说，对若干事例，法律可能规定得并不周

---

〔131〕［古希腊］亚里士多德：《政治学》，吴寿彭译，商务印书馆 1983 年版，第 169 页。

〔132〕同上书，第 143 页。

〔133〕同上书，第 163 ~ 164 页。

〔134〕同上书，第 145 页。

〔135〕同上书，第 167 页。

详,无法作断,但遇到这些事例,个人的智虑是否一定能够做出判断,也是未能肯定的。法律训练(教导)执法者根据法意解释并应用一切条例,对于法律所没有周详的地方,让他们遵从法律的原来精神,公正地加以处理和裁决。法律也允许人们根据积累的经验,修订或补充现行各种规章,以求日臻美备。"[136]又说:"在我们今日,谁都承认法律是最好的统治者,法律能尽其本旨做出最适当的判决,可是,这里也得设置若干官职——例如法官——他们在法律所没有周详的事例上可以做出他们的判决……法律确实不能完备无遗,不能写定一切细节,这些原可留待人们去审议。主张法治的人并不想抹杀人们的智虑,他们就认为这种审议与其寄托一人,毋宁交给众人。"[137]

第五,从实际的情况看,一个人也治不了一个国家。他说:"[除了不能无所偏私以外,]一人之治还有一个困难,他实际上不能独理万机。"[138]他总得依赖于亲朋好友和大臣来帮忙。这意味着"一人之治"的理想是一种不切实际的幻想。

(三)法治社会的前提条件

1. 作为法治的法

亚里士多德认为,法治之法首先必须是良法,因为只有它才具有权威性;其次,法治之法不限于成文法,还有习惯法等,它们比成文法更具有权威性,因而理应被遵守。他说:"要使事物合乎正义(公平),须有毫无偏私的权衡;法律恰恰正是这样一个中道的权衡。[以上我们只说到了成文法律。]但积习所成的'不成文法'比'成文法'实际上还更有权威,所涉及的事情也更为重要;由此,对于一人之治可以这样推想,这个人的智虑虽然可能比成文法为周详,却未必比所有不成文法还更广博。"[139]

2. 法治社会之人

亚里士多德认为,法治社会之人必须是平等的自由人,是品德良好之人,是有守法习惯的人。他说:"在一个理想政体中,他们就应该是以道德优良的生活为宗旨而能治理又乐于受治的人们。""凡以政治修明著称于世的城邦无不对人口有所限制……法律(和礼俗)就是某种秩序;普遍良好的秩序基于普遍遵守法律(和礼俗)的习惯。"[140]正因为法治社会之人须是道德品德良好之人,而道德品德良好之人是主要用教育的办法培养的,所以,法治社会用法来治,但不唯法为治,也重视用教育培养人们品德。[141]

3. 法治社会之体制

亚里士多德认为,法治从根本意义上说就是一种政治体制,他就是在论述和批判君主政体时提出法治问题的,他得出的结论——"法治优于一人之治",正是这一批判的逻辑结果。而他所论述的法治的法——作为群众集体智慧结晶和纯粹理性的体现,和理想的法治社会的政治体制——"轮番而治"的民主共和政体,也无一不是从政治体制的角度思考的。因为只有在这种政体中"城邦的最高治权"才"归于公民全体",它体现为立法权属于人民,法律才具有"集体异人"的属性。法治社会之政体应是以中产阶级为基础共和政体。理由在上面已作

---

[136] [古希腊]亚里士多德:《政治学》,吴寿彭译,商务印书馆1983年版,第167~168页。
[137] 同上书,第171页。
[138] 同上书,第170页。
[139] 同上书,第169~170页。
[140] 同上书,第353页。
[141] 参见[古希腊]亚里士多德:《政治学》,吴寿彭译,商务印书馆1983年版,卷七、卷八。

论述。

从上看出，亚里士多德对法治的论述是比较系统的，他把法治与人治比较起来进行论述，对什么是法治？为什么实行法治？怎样实行法治等都作了详细的论述。而且其论述在理论上是很严谨的，逻辑性很强。他以人的本性作为出发点，从人是理性和社会性作为立论的基础，从人是政治（城邦）的动物推出城邦（国家）产生的必然性，进而论述了城邦的本质和目的——平等的自由人最高的社会组织，城邦所追求的善就是正义，再进而推出城邦的最高治权应归于公民团体，最理想的政体是具有混合性质的实行轮番而治的共和政体。由这种政体产生的法律为良法，它是由正义衍生的并作为衡量正义的具体尺度，也是全体社会成员的智慧的结晶和以促进公众福利为目的。因此，用这种法律作为最高权威来治理城邦自然胜于以一个人或少数人作为最高权威的"人治"。归纳亚里士多德的法治观念主要有以下几点：(1)治国需要异于常人、类似神灵的东西，而作为"集体异人"的法律正具有这样的特性；(2)法治的关键是国家大事的最后决定不在个人，而在公民全体，这或者依据于作为集体智慧结晶的法律，或者采用能使公众参与的民主形式，如希腊雅典的公民大会；(3)实行法治首先要求依照成文法办事，但法不限于成文法，还有习惯法；(4)实行法治并不是不承认成文法的局限性和彻底否定个人的作用，执政官和法官的产生和存在不仅是为了把成文法变为现实，也在于为了弥补成文法的局限性，而这两者都有赖于发挥其能动性；(5)法律的实现需要一定的形式，而政体就是研究这一形式，已有的政体有六种，最理想的是以中产阶级为主的混合政体或共和政体，在其中能产生最好的法律和最能贯彻法治原则。

综上所述，作为古希腊哲学集大成者的亚里士多德，像在哲学上一样，也是西方政治法律思想的奠基人，也为我们留下了丰富的文化遗产，在其中几乎涉及政治法律方面的所有问题，确立和阐述了许多至今仍然深刻的观点。但是，我们也看到，他的论述是以希腊的城邦制度为对象的，而我们知道，在他生命的后期，城邦制度已是过眼黄花，世界性的大帝国展现于眼前，而在他的著作中却对后者毫无思考，这不能不说是一种遗憾。

参考文献

1. [古希腊]亚里士多德：《政治学》，吴寿彭译，商务印书馆1983年版。
2. [古希腊]亚里士多德：《尼各马科伦理学》，苗力田译，中国人民大学出版社2003年版。
3. [古希腊]亚里士多德：《修辞术·亚历山大修辞学·论诗》，颜一、崔延强译，中国人民大学出版社2003年版。

思考题

1. 亚里士多德正义理论的主要内容和特点是什么？
2. 亚里士多德是怎样论述"法"和"法治"的？
3. 亚里士多德的政体思想及其研究方法对我们有什么启示？
4. 亚里士多德的政治法律思想在哪些方面发展了柏拉图？

第二章　古罗马的法律思想

第一节　古罗马法律思想概述

一、古罗马法律思想的历史文化背景

（一）古罗马奴隶制国家的发展历程

古罗马是接续古希腊之后引领西方文明的火炬。罗马人本是耕夫战士起家，公元前8世纪中叶始聚“七丘”为“罗马”城，形成了当时很普通的一个小的城邦国家，但其后却能在众多其他民族的势力中不断前进，历400年而一统意大利半岛，再100年竟变地中海为域内一湖，最终将西方古典文明从古希腊狭小、分散的“城邦”拓展到“世界帝国”。古罗马国家从产生到灭亡历经千年，其中最大的线索有两条：一是内部政体形式变革，二是领土扩张，这都对其法律制度和法律思想的形成发展产生了影响。总体上看，古罗马奴隶制国家的发展历经了三个阶段：

1. 王政时期

自公元前753年罗慕路斯建立罗马城，罗马前后历经七王，共约两个半世纪。前四王时期（公元前753～616年），古罗马处于原始氏族部落首领制阶段，社会组织分为部落（特里布斯 Tribus）、胞族（库里亚）和氏族，社会生活也还停留在农牧村落式的简朴粗陋的水平。基本管理机构有：王、库里亚大会和元老院。这时的王（Rex）还不是国王，只是部落联盟的军事首长和祭司长，由库里亚大会选举产生，经元老院批准而终生任职。库里亚大会是民众大会，按库里亚分别召开，选举国王、形成决议、裁决重大案件。元老院由氏族首脑组成，协助王的工作。从第五王开始，古罗马形成了阶级社会，逐步成为真正的国家。财产分化加剧，并以财产为依据固定社会等级、土地占有和城乡地域关系。王权扩大，但元老院和民众大会的机构仍然保存，并拥有选举国王的权利，直至第七王开始暴力夺权、独断专行，最终被元老院联合贵族集团所放逐，王政结束。

2. 共和时期

公元前509年起古罗马终止一人当权的王政，实行两名执政官、元老院、民众大会分立体制，罗马进入日后长达五百余年的共和时代。共和政体下，执政官是最显贵的职务，但由于军事问题始终占据罗马社会发展的绝对重心，因而执政官逐渐减少日常职务而趋向纯军事首领。后在执政官之下设立行政长官两人，作为首席长官主管民事诉讼、召集元老院会议、发布法令、行驶强制命令权。此外，还设监察官两人、保民官两人，以及管理平民居住区的市政官。监察官一般由卸任的执政官或德高望重的元老担任，负责公民人数、财产统计、元老贵族道德

纪律的监督,在这些基础上进行公民等级划分。保民官和市政官都是平民同贵族斗争的成果,保民官不算正式官员,但拥有对所有官方决议的否决权。这种政府官制从公元前 4 世纪末稳定成型,直到共和末期都大体维持。在贵族集团的共和政体之下,这一时期的罗马得到了迅速的发展。公元 3 世纪统一了意大利半岛,其后逐步把势力扩大到西至西班牙、南至北非迦太基、东部则囊括马其顿和希腊。公元前 2 世纪中期开始,共和政体危机加深,政治军事铁腕人物叱咤政坛,罗马陷入频繁内战,元老院共和势力遭受毁灭性打击。经过苏拉、恺撒独裁和两轮"三头"政治(即恺撒、庞培和克拉苏联盟,与渥大维、安东尼和雷必达联盟)的残酷角逐,公元前 27 年渥大维整顿全局,称奥古斯都,共和政体结束。

3. 帝政时期

公元前 27 年开始,渥大维确立元首独裁政体,奠定了罗马 500 年帝业的根基。共和政体下的各种官职依然存在,但形同虚设。元首享有执政官的权利,且为终身任职;同时又是终身保民官,从而对元老院和人民大会的决议拥有否决权。元首控制元老的委任和元老院会议程序与决议,并通过"御前会议"、"内务府",以及专员、专署、代行官等新的中央和地方官职的设置,牢牢掌控专制权力。公元前 3 世纪开始,古罗马奴隶制陷入经济、政治、军事的总体危机,到公元 395 年帝国分裂为东西罗马两部。西罗马帝国日益风雨飘摇,最终在日耳曼民族大迁徙中,于公元 476 年寿终正寝。东罗马帝国虽出现过查士丁尼 30 余年的短暂中兴,一度收复西罗马大部,但最终退居小亚并在日益封建化的过程中形成东方拜占庭文化,维持到公元 1453 年,灭于奥斯曼土耳其的回教帝国。

(二)古罗马法律制度的发展历程

虽然罗马在文化上受到希腊的极大影响,但却在自己的历史发展中创造出了卓越的文化形态,为西方文明打上了深深的罗马印记,而这尤其体现在罗马的法律制度上。恩格斯就认为罗马法"是我们所知道的以私有制为基础的法律的最完备的形式。"[1] 从历史发展上来看,古罗马的法律制度可以划分为三个阶段:

1. 从习惯法到成文法的发展阶段(公元前 6 世纪到公元前 3 世纪)

早期的古罗马和人类其他民族的早期时代一样,奉行的是氏族习惯法,由祭司人员负责法律的实施,法律神秘、模糊,司法野蛮而擅断。进入共和政体之后,元老院、民众大会这些后世延续千年的重大制度已经确立,异族环绕而强化了罗马内部社会成员的平等与团结,这一时期已经蕴含了罗马人日后造就辉煌历史的一些制度和文化上的"基因"。共和政体的确立一方面是罗马贵族民主力量的胜利,但同时也导致平民和贵族的矛盾长期成为罗马政治的一个核心问题。公元前 5 世纪之后,贵族与平民的矛盾激化,导致公元前 449 年《十二表法》公布,对习惯法进行了汇编。作为罗马法发展历史上的第一部成文法典,《十二表法》打破了奴隶主、贵族集团对法律的垄断,成为罗马法形成和发展的一个转折点。

《十二表法》之后,平民争夺国家权力、捍卫自身利益的斗争一直在非常广泛的领域内持续存在,包括设置人身不可侵犯而拥有否决权的保民官、合理分配土地、公布法律、使平民大

---

〔1〕《马克思恩格斯全集》(第 20 卷),人民出版社 1971 年版,第 113 页。德国法学家耶林在其代表作《罗马法的精神》中也曾经说过,罗马人曾经三次征服世界:第一次以武力,第二次以宗教,第三次则以法律。武力因罗马帝国的灭亡而消失,宗教随着人民思想觉悟的提高、科学的发展而缩小了影响,唯有法律的征服是最为持久的征服。参见蒙振祥主编:《罗马法》,陕西人民出版社 2004 年版,前言,第 2 页。

会拥有受理平民上诉的管辖权和针对全体人民的决议权、与贵族通婚、废除债务奴隶制,以及所有官职向平民开放等等。通过基本的斗争方式——集体撤离、脱离罗马,历经二百余年,最终平民的上述要求全部获得实现。平民斗争的结果,除使平民的权益和地位得到了保障之外,一方面直接推动了罗马法律的发展,人格概念和平等价值得以法律化;另一方面也完善了罗马的国家制度,产生了平民向贵族转化的制度通道,疏通了政治精英的选拔机制,扩大统治集团的社会基础,从而在平民利益得到保障的同时,贵族的整体地位也得到了很好的捍卫。作为国家治理的中坚力量,贵族集团源源不断地为国家输送着一批批沉稳老练的治世良臣。古罗马以成文法律和法律职业为支撑的高度法律文明在共和时代的蓬勃发展,实立基于此。

2. 市民法、万民法并存及罗马法学家阶层活跃时期(从公元前3世纪到公元后3世纪)

公元前3世纪之后,古罗马加速了领土扩张进程,版图的扩展带来了属人主义法律原则适用上的新问题,导致市民法与万民法二元法律结构的出现。万民法即适用于罗马市民与外来人以及外来人与外来人之间关系的法,是外事裁判官在司法活动中逐步创制的法律,它吸收了市民法和外来法的合理因素,但又有所发展和突破。尽管如此,二元法律结构还是会面对外邦人争夺"罗马公民权"问题,这从罗马国家有效扩大上层社会统治基础的角度看,其内在逻辑和罗马人处理其内部平民问题是同一的。为了缓和被征服地区居民与罗马统治者之间的矛盾,加之受到斯多葛哲学"世界大同"思想的促动,罗马帝国逐步授予各行省臣民以公民权。到公元212年罗马皇帝卡拉卡拉颁布敕令,授予帝国境内所有自由民以公民权,"市民法"、"万民法"最终走向混同。

此外,这一时期的古罗马形成了古代文明第一个职业法学家集团,出现了一个持续近200年的法学界诸家争鸣局面。法学家集团的研究活动,成为罗马法律的重要发展机制。[2]

3. 法典编纂时期(从公元3世纪到公元6世纪)

在恺撒时代,罗马有575个法律、25个元老院决议、还有裁判官告示,恺撒和西塞罗都已经有了对法典编纂的自觉认识,但都至于计划而未能实现。[3] 西罗马帝国灭亡以前,公元130年阿德里亚鲁斯皇帝已经开始了对元老院告示的编纂,而首次使用"法典"名称的,则是公元292年颁行的《格列高利法典》。东罗马的法典编纂开始于狄奥多西二世(公元408~450年在位)公元438年颁布的《狄奥多西法典》,而东罗马帝国皇帝查士丁尼在位时期(公元527~565年),进行了罗马法律制度史上最有成效、影响最为深远的法典编纂。从公元528~534年,陆续编成《查士丁尼法典》、《学说汇纂》、《法学阶梯》。查士丁尼死后,又将其从公元535~565年所颁布的敕令加以汇集,名为《新律》。中世纪时期以上四部分与《教会法大全》相对应,被人们统称为《国法大全》。《国法大全》内容是集千年罗马法之大成,标志着罗马法发展的顶峰。查士丁尼的法典编纂推进了罗马法的学理化、体系化和严格化,但同时也宣告了罗马法的终结。不过,最重要的是,通过法律大全,罗马人给后世留下了丰富的法律文化遗产,尤其对以后民法法系的形成具有重大影响。

---

〔2〕 公元前3世纪中叶,平民始获得成为僧侣的资格。平民出身的僧侣柯伦康尔斯利用自己的合法身份,打破贵族僧侣垄断,开解答法律问题之先河,为更多的平民争得学习法律知识的机会。此后,在帝国统治者的支持与控制之下,习法之士日见增多,法学成为人们普遍发生兴趣的学问,职业法学家集团崛起并形成了派别划分。

〔3〕 参见徐国栋:"尤士丁尼之前的法典编纂研究",载《金陵法律评论》2010年春季卷。

二、古罗马法律思想的发展历程

古罗马法律思想是在接受希腊斯多葛哲学自然法思想的基础上发展起来的，是古希腊自然法思想的罗马化。总体上看，古罗马法律思想的发展历经了初期、中期和后期三个阶段：

（一）吸收和消化古希腊法律思想的阶段

公元前3世纪，伴随罗马对东地中海希腊世界的征服，希腊文化开始大面积影响罗马，罗马才逐渐产生了深受希腊影响的自己的文学、史学，以及自然科学作品，这也使得古希腊，特别是希腊化时期的各种思潮在罗马都得到了进一步的发展。如卢克莱修就是伊壁鸠鲁学派的继承者，其《物性论》一书进一步发展了德谟克利特的思想。斯多葛学派也发展到了第三阶段，即罗马化的斯多葛学派，主要代表有赛涅卡（公元前4～公元65年）、爱比克泰德（公元55～135年）和马可·奥勒留（公元121～180年），而该学派的自然法思想则在西塞罗手中得到了系统、通俗的表达。

这一时期，出现了对古罗马政治法律思想产生了重大影响的一位希腊思想家——波利比阿（Polybius，公元前204～公元前122年）。公元前168年，波利比阿作为人质被送往罗马并在那里客居了16年之久。在罗马政府的优待下，波利比阿广交朝野名流，游历各地、收集资料，最终写成了长达40卷的《罗马史》巨著。《罗马史》第六卷当中，波利比阿集中阐释了他的政体理论，提出了政体循环论和混合政体论。在他看来，一切非混合的政体形式，在其发展过程中，都会退化与衰败。例如，希腊的君主政体蜕变为暴君政体；贵族政体蜕变为寡头政体；民主政体蜕变为暴民政体。这也就是所谓“政体循环论”。这也就是说，不管是君主政体、贵族政体还是民主政体，任何单一政体都无法算作优良政体，也都是必会走向衰败。反过来，一个优良的政体就只能是混合政体，必须把上述三种政体要素结合起来。在他看来，罗马的政体形式就体现了混合政体论的原则：罗马人花了半个世纪的时间，征服了若干国家并成为地跨亚、非、欧三洲的大帝国，其中原因就在于罗马人不自觉地采用了混合政体的国家制度。执政官、元老院和平民大会分别代表了君主、贵族和民主政体的因素，且这三种势力之间实现了较好的协调和均衡。这三种势力之间的协调、均衡和牵制，防止了罗马国家的衰败。显然，波利比阿的政体理论受到了柏拉图和亚里士多德政体分类方法的影响，进而使之更加系统化和更加理论化了。波利比阿的政体理论对罗马乃至西方后世的政治法律思想都产生了深远的影响。

（二）希腊法律思想罗马化，并将其应用于法律实践的阶段

这也就是罗马职业法学家阶层活跃的时期。在他们所开展的法律诠释、解答的过程之中，实现了来自古希腊的法律观念与罗马具体法律生活之间的巧妙结合，对罗马法的发展起了巨大的推动作用。

（三）自然法思想的基督教神学化阶段

这首先与斯多葛学派的后期发展变化相关联。在罗马化的过程中，斯多葛学派原有自然哲学和认识论的成分进一步缩减，伦理学以及与其相关的神学成分则持续地发展起来。从奥勒留开始，斯多葛哲学日益散发出悲凉气息而衰落下去，但却对基督教的早期思想产生了很大的影响，并最终为后者所吸收、改造和超越。与此同时，以教父哲学为代表的基督教政治法

律思想也逐步发展起来,如公元4世纪奥古斯丁提出的两国论。由于其影响主要存在于欧洲中世纪,故在下一章当中予以介绍。

三、古罗马法律思想的特点和地位

古罗马法律思想的特点,首先在于它在面对古希腊自然法思想,所抱持的拿来主义和接续发展的态度。古罗马的法律思想成功地保存了希腊哲学理性主义传统的优秀品质,继承并发扬了希腊化时期斯多葛学派的理论,使发端于古希腊自然哲学中的自然法思想居于政治法律实践的正统地位,这充分体现了古罗马人对待外来文化的包容和进取精神。正如梅因所说,"从整体上讲,罗马人在法律改进方面,当受到自然法的理论的刺激时,就发生了惊人的进步","我找不出任何理由,为什么罗马法律会优于印度法律,假使不是'自然法'的理论给予了它一种与众不同的优秀典型"。[4] 通过西塞罗及其他罗马法学家系统、通俗的阐述,自然法信仰深入人心,形成西方自然法思想发展历程中的第一个巅峰时代。

与此相联系,古罗马法律思想的特征又在于它具有鲜明的实践性或应用性。古罗马法律思想不像古希腊那样主要体现于柏拉图、亚里士多德等大哲学家的理论著作之中,而更多地是在解决古罗马社会问题过程中,通过立法和法律实践,以"法学"的形式变现出来。"自然法的概念使人们对风俗习惯进行有见识的批判;它有助于消除法律的宗教的和礼节的性质;它倾向于促进在法律面前人人平等;它强调意图的因素;并使没有道理的严酷性得以缓和,简言之,它在罗马法学家的面前提出了一个使他们的职业成为一种诚实公正的行业的理想。"[5] 因此,古罗马的法律思想并不是局限于学者精神王国之中的哲学思辨活动,而是指导罗马法律实践的官方意识形态,是罗马"法律职业阶层"和"法学家集团"从事法律实践活动的指导思想,从而为古罗马发达的法律制度的形成于完善,尤其是其中罗马私法的理论和实践,奠定了法哲学基础。

与此同时,不但自然法思想被嵌入罗马法,成就了罗马法,而且通过罗马法,罗马人也为自然法这种形而上的法哲学思想提供了一种高超的表达形式,进而以罗马法为依托,开掘出了对西方后世影响至深的民法法系的"法学"传统。作为应用型科学,罗马法学家注重的不是新的观念创造,而是从制度上和技术上落实自然法观念,从而把力量集中到了法律概念界定、法律体系划分、法律程序设计方面,并产生了丰硕的成果。这样一来,自然法和罗马法以及罗马法学三者浑然一体,并在后世互为延续、彼此发明,最终衍生出西方法律思想史上一支绵延千载而不歇、至今仍具有强大影响的自然法学术谱系。

正因为如此,就其在西方法律思想史上的历史地位而言,"古罗马法律思想不因其接力型和应用型而渺小,它把西方的自然法观念推向前进,也为西方创造了第一个辉煌的法律制度,而正是这些,为西方后来乃至现今的法律文化的发展,打下了一个坚实的基础。古罗马法律思想的接力型和应用型,并不意味着它毫无创造和发展,实践出真知,古罗马法学家在某些方面也有所建树,如人人自由平等的观念,人民主权的观念,分权制衡的观念,还有一整套的法律概念和法律分类的观念等,都体现着他们的智慧和创造精神"。[6]

---

〔4〕［英］亨利·梅因:《古代法》,沈景一译,商务印书馆1988年版,第45页。

〔5〕［美］乔治·萨拜因:《政治学说史》(上册),盛葵阳等译,商务印书馆1990年版,第196页。

〔6〕严存生:《西方法律思想史》,中国法制出版社2012年版,第48页。

参考文献

1.［美］乔治·萨拜因:《政治学说史》(上册),盛葵阳等译,商务印书馆 1990 年版。
2. 徐大同主编:《西方政治思想史》(第 1 卷),天津人民出版社 2006 年版,第 3 编。

思考题

1. 罗马法律思想产生的历史背景是什么?
2. 古罗马法律思想的特点和地位?

第二节　西塞罗的法律思想

一、生平和著述

马尔库斯·图里乌斯·西塞罗(Cocero,Marcus Tullius,公元前 106 ~ 前 43 年),古罗马共和末期著名的政治家、演说家、散文家。西塞罗出身于骑士家庭,家乡位于罗马城南约 100 公里的山区小镇阿尔比尼姆。此地有过自己的王政时期,到公元前 188 年才获得完全罗马公民权,至西塞罗青年时代已成为罗马所辖的一个自治市。西塞罗童年时代即在家乡攻读文学、修辞学和辩论学,稍长既至罗马接受教育,也曾远赴希腊学习,先后接触了伊壁鸠鲁学派、学园派和斯多葛哲学。西塞罗以其卓越的演说艺术、优秀的人文素养活跃于政坛,曾先后担任财政官、市政官、裁判官、执政官、元老院首席代表等,但其政治生涯是悲剧性的。他出生于马略军事改革的次年,罗马共和政体的基础已经开始动摇。青年时代,正值苏拉独裁,共和国首度遭逢毁灭性打击。当他以非贵族出身而担任执政官从而跻身政界之时,也就注定跌入了共和末期最恐怖的政治漩涡之中。历经前三头专制和恺撒独裁,宦海沉浮作为捍卫共和理想的他,最终只能成为共和政体的遗腹子。恺撒被刺后,他发表演说抨击安东尼,被后"三头联盟"的安东尼所杀,终年 63 岁。

西塞罗是人类历史上为数不多的伟大演说家之一,在数百年间,他的著作不仅是他的本国语言,也是西方各国语言散文体的主要典范。世所公认,西塞罗对于保存希腊哲学,发展拉丁文化,为希腊哲学在环地中海文明世界的传播和延续、为拉丁民族理论思维的提高、从而为整个西方文化的发展,做出了卓越的贡献。古罗马历史学家维勒伊乌斯·帕特尔库鲁斯(约公元前 19 ~ 公元 30 年)称颂道:"人类在大地上生息一日,光荣的西塞罗就一日不会从他们的记忆中消逝"。[7] 当代的西塞罗传记作家则对其评价道:"西塞罗以他的思想创造了一个令罗马以致整个人类社会焕然一新的精神世界:无论在雄辩术方面或在哲学生活方面,以及我们看到的在政治生活方面,在他之后所发生的一切与他之前完全不同","这位来自阿尔比

[7] 转引自［法］皮格尔·格里马尔:《西塞罗》,商务印书馆 1998 年版,第 1 页。

尼姆的演说家是对建构西方思想大厦做出重大贡献者之一。”[8]当代意大利法学家桑德罗·斯奇巴尼更指出：“我们在西塞罗那里看到一种罗马文化，这种罗马文化接受希腊文化的完全控制。我强调指出，不是它被希腊文化控制，而是它接受希腊文化的控制，在各个方面。他把希腊文化变成自己的，赋予希腊文化以自己的特点，尽管他不是以特殊的理论贡献丰富希腊文化，而是倾向于把希腊文化引向实践，着重于伦理、司法、政治方面，使其满足人民群体的要求。他在伦理哲学和政治学著作中展现了罗马市民生活的及其规范、准则的特点，表现出对按照自己的传统对理论知识进行验证、补充、塑造和利用这些理论知识更新共和国本身的传统，并使其适应新的现实的追求。人们曾经强调指出，我也认为，没有哪一个希腊人曾经具有西塞罗的那种鼓动和传播能力，因为没有哪一个希腊人曾经能够赋予抽象哲学概念以实践推动力，没有哪一个希腊人曾经能够以阅历丰富的生活热情使古希腊文化的最高理想——人文主义的理想富有生气，并且把它变成所有人的行为准则，如同西塞罗按照罗马人的习惯所做的那样”。[9]

在法哲学领域，西塞罗继承并弘扬了斯多葛哲学的自然法思想，一方面将自然法思想贯穿到对国家、政体以及实在法的论述之中，为罗马官方政治法律实践奠定了理论基础，对于希腊法哲学思想的罗马化做出了开创性的贡献，从而在精神气质和学理根基上极大地影响了后来的罗马法学；另一方面，正是借助他天才式的语言和文风，自然法理论的基本面目得到了卓越的表述，为后世西方自然法学术传统的发展演变提供了源头性的重要文本。正因为如此，不论其法哲学思想在原创性和深刻性上如何地不尽人意，西塞罗依然构成西方法律思想历史长河中一座的气象恢宏、意境高远的理论高峰。1832 年，现存的西塞罗的著作以 18 卷袖珍本的形式出版，涉及法律、哲学、政治学、伦理学、修辞学、教育学等众多方面，其中《论共和》（De Re Publica）与《论法律》（De Legibus）是其法哲学上的代表作。

二、自然法理论

（一）自然法的定义和特征

从斯多葛学哲学出发，西塞罗认为世界是神灵和人类共有的社会，神灵和人类共同拥有理性，因而在他们之间存在法的共同性。这样就存在两种法律：神灵的或永恒的法和人民通过的法。就根本而言，“法源于自然”，而自然是理性的，或者说，理性是宇宙万物的统治力量，从而法与理性是不可分离的。理性“使我们超越野兽并使我们能够推断、证明和反证、讨论和解决问题并获得结论”，[10]作为统治宇宙万物的法律，自然法即是正确理性的体现。同时，因为人和神都是宇宙共同体的组成部分，他们共有理性和德性，他们为正义而生，共同服从正确理性，而自然法的基础在于每个人按其自然本性敬爱神明，相应地，自然法也体现了正义。因此，在西塞罗看来，“真正的法律乃是与本性（nature）相合的正确的理性；它是普遍适用的、不变的和永恒的；它以其指令提出义务，并以其禁令来避免做坏事。此外，它并不无效地将其指令或禁令加于善者，尽管对坏人也不会起任何作用。试图去改变这种法律是一种罪孽，也不许试图去废除它的任何部分，并且也不可能完全废除它。我们不可以元老院和人民

[8]　[法]皮格尔·格里马尔：《西塞罗》，商务印书馆 1998 年版，第 143、145 页。

[9]　[古罗马]西塞罗：《论共和国·论法律》，王焕生译，中国政法大学出版社 1997 年版，前言第 4～5 页。

[10]　[古罗马]西塞罗：《国家篇·法律篇》，沈叔平、苏力译，商务印书馆 1999 年版，第 157 页。

大会的决议而免除其义务，我们也不需要从我们之外来寻找其解说者或解释者。罗马和雅典将不会有不同的法律，也不会有现在与将来不同的法律，而只有一种永恒、不变并将对一切民族和一切时代有效的法律；对我们一切人来说，将只有一位主人或统治者，这就是上帝，因为他是这种法律的创造者、宣告者和执行法官。”[11]由此看来，西塞罗所说的自然法具备如下三个特征：第一，自然法源于自然、神意和人的本性。它是最高的正确理性和神意的体现，是最高、最根本的法。第二，自然法是普遍适用的。即自然法为人和神共有，一切都是由自然创造，所以万物都遵循自然，人类被赋予了正确的理性，也即被赋予了正确的法律，自然法便是适用于全人类的最高的、正义的法律。第三，自然法是永恒有效、永久不变的。自然法与神同时产生，它的产生早于任何国家和民族的产生，不为人的意志而移转，永不能被撤销或废除。

（二）自然法与人为法的关系

西塞罗认为，“法律是根据最古老的一切事物的始源自然表述的对正义与非正义的区分，人类法律受自然法指导”。[12] 法分为自然法与人为法，人为法是自然法的体现，两者皆源于自然和正义。自然法高于人为法并且指导人为法，它不但是人为法的最终效力来源，而且也是人为法的基础；人为法是自然法的具体化，体现着自然法的正义与公正的要求。在这一点上，西塞罗继承和发展了亚里士多德“恶法非法”的思想，同时也影响了古罗马法学家的思想。

三、国家及政体理论

（一）国家的起源及其目的

1. 国家的起源与定义

西塞罗在《论共和》中明确提出，“国家乃人民之事业，但人民不是人们某种随意聚合的集合体，而是许多人基于法的一致和利益的共同而结合起来的集合体。这种联合的首要原因主要不在于人的软弱性，而在于人的某种天生的聚合性。”[13]可见，国家之所以产生，主要是由于“人的某种天生的聚合性”和“法的一致与利益的共同”。从西塞罗思想的一贯性来看，人的天生“聚合性”是人的自然本性，“法的一致和利益的共同”是自然法的延伸，国家产生的原因皆可寻根至自然、神意和人的本性。那么，某种程度上可以说，西塞罗的国家理论是以其自然法理论为基础才得以建立起来的。

需要注意的是，虽然西塞罗也认为，国家起源于人们的协定，即国家是基于人民的共同需要、共同利益和共同法律而设定的一项协议，但他并非强调契约的思想，而是与他的自然法理论保持一致，强调是由于人的自然本性和需要才建立起这样的一个共同体。

2. 国家的目的

国家首先是人民的共同体，人们依其自然本性，基于“法的一致”和“利益的共同”结合到一起，西塞罗这一“定义”使国家这一集合体有了更深层的含义，它除了是一个人民的共同体，还是一个法律的共同体、一个利益的共同体，从根本上来说，它也是一个道德共同体。法律（人为法）源于自然法（正确的理性的体现），它使人民结合起来形成“利益共同”国家，能够

---

〔11〕［古罗马］西塞罗：《国家篇·法律篇》，沈叔平、苏力译，商务印书馆1999年版，第101页。

〔12〕［古罗马］西塞罗：《论共和国·论法律》，王焕生译，中国政法大学出版社1997年版，第220~221页。

〔13〕同上书，第39页。

被实施的法律和被行使的国家权力(政治权力)都必须符合人民的利益,若要符合人民的共同利益,法律和国家都必须服从自然法与道德(正义)。那么,国家的目的与法律的目的是一致的,即保护公民的私有财产和维护公正与正义,通过"法的一致"与"利益的共同"来保障个人的权利与社会的公平正义。

(二)政体形式

在政体理论方面,西塞罗虽然大体上沿袭了亚里士多德对政体的分类,但却推崇混合政体。在逐一地分析了三种单一政体之后,他发现三者都存在内在的缺陷:在君主政体中,"其他人都被排除在公共立法和协议之外",即便一个"非常公正、明智的皇帝,但我认为这样的人民事业(如上所述,即国家)仍不值得特别追求,因为它仅由一个人的意志和权力管理";在贵族政体中,"民众未必能享受自由,当他们被剥夺了参与任何公共协议和权力的可能时",换言之,即使"由一些选举出来的杰出公民非常公正地治理,但人民的这种地位在某种程度上仍然类似于奴隶状态";而在民主政体中,"当一切都按人民的意愿进行时,不管它如何公正和温和,但公平本身仍然不是公平的,既然不存在任何地位等级",就像雅典,尽管"一切事情均由人民讨论和决定,但由于他们没有一定的地位等级,因此他们的城邦也没有能保持住自己的荣耀。"〔14〕他还认为,这三种单一政体总会处于不稳定状态,这样便难以实现共同体的目的。"每一种体制起初都各有自己如上所述的缺点,而后又具有了其他的严重缺陷,因为上面谈到的这几种国家体制中没有哪一种不顺着一条急速、平滑的道路通向这种或那种临近的不幸"。〔15〕因此,西塞罗认为,"我对它们中任何一种单独的形式都不赞赏,而是认为这三种形式混合而成的那种形式比它们每种都好。"〔16〕这样一来,混合政体将君主政体中"恩爱"、贵族政体中"智慧"和民主政体中"自由"集于一身。

混合政体不但是西塞罗的理想政体类型,也是对罗马共和时期的政治实践的理论总结。他认为,"有节制、和谐的国家体制可以通过法权的适当分配来维持"。〔17〕可见,这种混合政体是通过"法权的适当分配"手段来实现国家政体的稳定和公平的。具体地,在混合政体的主要机构设置中,罗马执政官、元老院议会与平民保民官三者形成了相互制衡与平衡的权力,避免了单一政体中易出现的种种隐患。西塞罗"取其精华,去其糟粕",将一种在他看来近乎完美的理想政体类型的图景展现于世人,这种国家权力制衡的思想已经让人们看到了宪政和法治的雏形,对后来三权分立政体的建立也有深远的影响。

参考文献

1.[古罗马]西塞罗:《论共和国·论法律》,王焕生译,中国政法大学出版社1997年版。
2.[古罗马]西塞罗:《国家篇·法律篇》,沈叔平、苏力译,商务印书馆1999年版。
3.[法]皮格尔·格里马尔:《西塞罗》,商务印书馆1998年版。

〔14〕[古罗马]西塞罗:《论共和国·论法律》,王焕生译,中国政法大学出版社1997年版,第41~42页。
〔15〕同上书,第42页。
〔16〕同上书,第48页。
〔17〕同上书,第270页。

思考题

1. 西塞罗是怎样论述自然法的？
2. 西塞罗是如何论述国家及其政体的？

第三节　罗马法学家的法律思想

一、罗马法学家概述

在古罗马早期城邦时，僧侣贵族几乎垄断了法律解释权和法律知识，法学与修辞学、政治伦理学的学科界限仍不明确。《十二表法》开法律公开化之先河，并被长久作为法律渊源。但随着社会的发展，简单的《十二表法》已难以适应经济发展和商品流通形式多样化的要求，因此需要有一个特殊阶层来解释律法和指导法律实践，罗马法学家于是应时而生。公元前27年，奥古斯都授予部分法学家公开解释法律的特权，赋予其解释以法的效力，法学家的地位随之崛起。在职业法学家团体形成的过程中，在西方法学中第一次出现了流派的对立和争鸣。对立的两个主要流派是：普罗库鲁斯派（Schola Pruculus）和萨宾派（Schola Sabinus）。[18]公元2世纪至3世纪罗马法进入鼎盛时期，罗马法学家的活动也异常活跃，先后出现了五位著名的法学家，公元426年东罗马皇帝狄奥多西二世（Theodosius Ⅱ）和西罗马皇帝瓦伦提尼三世（Valentinian Ⅲ）颁布《引证法》（Law of Citation），规定这五大法学家的著作具有法律效力，而且规定他们所引用的任何法学家的著作若得到认可，亦可被引证。这使得五大法学家的法律解释正式成为罗马法的组成部分。这五大法学家分别是：

盖尤斯（Gaius，约117～180年），罗马帝国前期著名法学家，其代表作为《法学阶梯》（*Institutes*）。此书成为当时各法律院校的教材，同时也是唯一一部完整传于后世的古罗马法学家文献。此外，盖尤斯还撰写了很多其他法学作品，如裁判官告示的注释和有关诉讼以及其他各种法令的著作等。

伯比尼安（Aemilius Papinianus，约140～212年），罗马帝国前期著名法学家，师从斯卡渥拉，后在罗马担任帝国高级法律职务，曾任执政官，后被卡拉卡拉皇帝处死。其代表作有《法律问答集》《解答集》（*Responsa*）、《解说书》（*Difinitiones*）。伯比尼安的学说具有很高的权威性，直至4世纪君士坦丁皇帝仍下令整理他的学说，尊重其权威的地位，而且《引证法》进一步规定，若五大法学家意见分歧，则以多数为准，如不能形成多数，则以伯尔尼安为准，如伯比尼安未有意见表示，则由执法者自行选择。

乌尔比安（Domitius Ulpianus，约170～228年），生于叙利亚，与伯尔尼安和保罗交往密

〔18〕　普罗库鲁斯派的创始人是拉别奥（Marcus Antistius Labeo，约公元前50年～公元18年），以其门徒普罗库鲁斯（Sempronius Pruculus）而得名。萨宾派创始人是卡比多（Ateius Capito，？～22年），以其门徒萨宾（Massurius Sabinus，？～64年）得名。有关这两个学派差别的史料非常之少，2世纪两派之分似已逐步消失，3世纪的文献中已完全见不到相关记载。有的法学家认为仅凭现有的零星史料，不足以证明这样一种学派论战的存在。参见沈宗灵：《比较法研究》，北京大学出版社1998年版，第83页。

切,曾任皇帝的法律顾问,被公认为古罗马最伟大的法学家之一。在查士丁尼《学说汇纂》所摘录的法学家的著述中,乌尔比安排名第一。他留下了 23 种著作,代表作是关于敕令的 83 卷注释书以及《罗马法原理》(*Fragmenta*)。

保罗(Julius Paulus,约 121～180 年),曾任地方执政官和史记监督的伯比尼安的助手,也曾担任帝国元老院成员。主要著作有:《解答集》、《判例集》、《问题集》等。查士丁尼的《学说汇纂》有 2081 篇选自他的著作。

莫蒂斯提努斯(Modestinus,?　～约 224 年),乌尔比安的学生,他可以说是最后一位古罗马法学家,代表作《解答集要点》(*Responsorumlibrixix*)。此外还有《法律区别》、《法学汇编》、《法律规则》、《法律疑难解答》等。

五大法学家的法学思想充分体现在东罗马帝国皇帝查士丁尼所编纂的《民法大全》之中,尤其是其中的主体部分《学说汇纂》。[19]

二、法的概念

在罗马,随着成文法解释活动的开展,出现了两种关于“法”的用法:lex 和 jus。Lex 专指古罗马王国所指定的法律,以及共和时代平民议会的法律,一般将 lex 译为法律;而 jus 有权利的意思,但同时又有法律的含义,一般解释为依权利而产生的法律。在罗马法中,jus 还有诉讼程序、资格、裁判官法庭等词义,也即出于权利所确定的法律均可适用此词。

罗马法学家对法的定义进行了详细的论述,如乌尔比安曾指出:“对于打算学习罗马法的人来说,必须首先了解‘法’(jus)的称谓从何而来。它来自于‘正义’(justitia)。实际上(正如杰尔苏所巧妙定义的那样),法是善良和公正的艺术。”[20] 伯比尼安也曾提出,“法律是所有人的共同规范;是智者们的决定;是对有意或因无知而实施的犯罪的处罚;是整个共和国民众的共同协议。”[21] 可以看出,古罗马法学家大体上从道德和实证两个角度阐述了“法”这一词的含义,即从价值与功能两个方面来看待法现象,既继承了古希腊自然法思想中将法视理性、正义的观念,又随着社会的发展而演化出注重功能的“法的定义”。

在明确了法的定义的同时,罗马法学家也给法学下了定义。乌尔比安就指出:“法学是关于神事和人事的知识,是关于正义与非正义的科学。”[22] 这是“法学”一词第一次被明确地定义,对后世西方法学的发展有着深远的影响。

三、法的分类

法的分类理论也是罗马法学家的重要贡献之一,其公法与私法的划分成为后来大陆法系

---

〔19〕 公元 530 年 12 月,在《查士丁尼法典》的编纂完成之后,东罗马帝国皇帝继续任命法学家出身的大臣特里波尼安(Tribonianus)主持一个由高级官员 1 人、实际工作者 11 人、法学家 4 人组成的十六人委员会,对罗马法学家的著作选录进行编纂。据查士丁尼宣称,编纂者们阅读了大约 2000 卷著作,共计 300 万行,最后压缩到 15 万行。这些选录来自 39 位法学家的著作,从死于公元前 82 年的斯卡渥拉,一直到公元 4 世纪的两位法学家,但其中 95% 的选录来自于公元 100 年至 250 年间的法学家,而乌尔比安一人又占到全部内容的 1/3 以上,保罗占 1/6 以上。这一工作历时三年完成,于公元 333 年公布,称为《学说汇纂》(拉丁文 Digesta,希腊文 Pandectae,汉语音译为“潘德克顿”)。参见沈宗灵:《比较法研究》,北京大学出版社 1998 年版,第 88～89 页。

〔20〕 [意]桑德罗·斯奇巴尼选编:《民法大全选译·正义和法》,黄风译,中国政法大学出版社 1992 年版,第 34 页。

〔21〕 同上书,第 54 页。

〔22〕 [古罗马]查士丁尼:《法学总论——法学阶梯》,张企泰译,商务印书馆 1989 年版,第 5 页。

法的分类的基础,其他的分类,如自然法、万民法、市民法,人法、物法、程序法,成文法与不成文法的划分都对后世有深刻地影响。

1. 公法(jus publicum)与私法(jus privatum)

这种法的分类由乌尔比安所提倡,他依据法的调整对象和价值取向的不同将法划分为公法与私法。乌尔比安认为,"公法涉及罗马帝国的政体,私法则涉及个人的利益"。[23] 可见,在罗马的法律中,调整宗教事务、宗教机构和国家管理机构的法律属公法领域,即"涉及罗马帝国的政体";而在罗马帝国时期发展壮大的是私法体系,其私法主要是保护个人利益,调整公民个人之间关系的法律。私法包括三部分:自然法、万民法和市民法。罗马法学家十分重视对私法的研究,对罗马私法也有不同的分类。

2. 自然法(jus naturale)、万民法(jus gentium)与市民法(jus civile)

此种划分亦是由乌尔比安提出,他是依据罗马私法之效力位阶与适用范围而进行的划分。

(1)自然法。泛指一切普遍适用的、符合正确理性的、符合自然的原则和精神的法。自然法高于人为法,是一种理想中的法。罗马法学家认为,自然法源于自然与神意,是自然赋予万物的法则,它不以人的意志移转。早期罗马法学家并没有区分自然法与万民法,将其视为同一种法,但后期大多数罗马法学家已将自然法与万民法区别对待,[24] 如保罗指出:"自然法永远是公正和善良的东西",盖尤斯也明确指出,自然法"在一定程度上是根据神明制定的,总是保持稳定和不变",乌尔比安亦指出:"自然法是大自然教给一切动物的法"。[25] 在这里,自然法被罗马法学家奉为最高、最根本和具有终极权威的法律,它作为人为立法的标准和依据,指导人类的法律活动。

(2)万民法。指适用于所有人类(自由人)的法律,即罗马人与其他民族共同所有的人类法。这种构想在某种程度上也是对古希腊自然法中普适性观念的继承和发展。盖尤斯曾指出:"根据自然原因在一切人当中制定的法为所有的民众共同体共同遵守,并且称为万民法,就像是一切民族所使用的法。"[26] 在罗马,这种适用于全人类的法律是用来调整罗马人与外来人以及外来人之间的财产关系的普遍适用的法。

(3)市民法。指调整罗马公民个人之间关系的法律,它仅适用于罗马公民。盖尤斯在其《法学阶梯》中明确指出:"每个共同体为自己制定的法是它们自己的法,并且称为市民法,即市民自己的法。"[27] 市民法是由罗马城邦法演化而来,大多来源于民众大会所通过的法律和元老院决议,也有一部分来源于习惯法规范。当时的市民法有:《十二铜表法》、《尤利法》、《米尼奇法》、《艾里亚和森迪亚法》、《尤其亚法》等。

公元212年,罗马帝国皇帝卡拉卡拉(Caracalla)颁布了著名的《安东尼尼安宪令》(Constitution Antoniniana),给罗马帝国境内所有异邦人赋予罗马公民权,市民法与万民法的区分自此消失。

---

〔23〕[古罗马]查士丁尼:《法学总论——法学阶梯》,张企泰译,商务印书馆1989年版,第5~6页。

〔24〕关于自然法和万民法、市民法的关系,在罗马法学家中却存在意见分歧,主要是"二分法"与"三分法"之争。乌尔比安主张"三分法",即认为罗马法由市民法、万民法和自然法三部分组成。盖尤斯和保罗主张"二分法",即认为万民法和自然法两个概念是相同的,法律种类的划分只有市民法和万民法。

〔25〕[意]彼得罗·彭梵得:《罗马法教科书》,黄风译,中国政法大学出版社1992年版,第13~15页。

〔26〕[古罗马]盖尤斯:《法学阶梯》,黄风译,中国政法大学出版社1996年版,第2页。

〔27〕同上。

3. 人法、物法、诉讼法

这是一种将法以权利主体、权利客体和个人权利保护为标准的一种划分。

(1)人法。人法是规定主体、主体资格和能力(包括权利能力和行为能力)的法律,它是一种对人格和身份的界定。罗马法学家将人分为两类:自由人和奴隶。在当时的罗马,所谓权利主体以及与之相关的自由权只属于自由人,而不属于奴隶。

(2)物法。在论述物法时,罗马法学家指出,"某些物依据自然法是众所共有的,有些是公有的,有些属于团体,有些不属于任何人,但大部分物是属于个人的财产,个人得以各种不同方式取得之。"[28] 可见,物法是关于物、物权、继承和债的法律,即对权利义务客体所作的规定,主要涉及的是财产性质的法律关系。

(3)诉讼法。罗马法学家一般将诉讼法分为公诉与私诉两种。在罗马,诉讼法主要是指关于个人权利保护的法律,它是用来保障主体的权利义务得以实现的程序和手段,而且当时已经出现了较为系统的私诉制度和程序,包括法定诉讼、程式诉讼和特别诉讼。

4. 成文法与习惯法(不成文法)

这是一种以法的形式为标准的划分。成文法指以文字形式所表达的法律,它包括法律、平民决议、元老院决议、法学家的解答等。而习惯法则是一些被视为具有法律约束力且为人们公认的习惯、惯例。成文法与习惯法的关系,正如乌尔比安所说:"在无成文法可循的情况下,那些长久的习惯常常被当作法律来遵守。"[29]

四、法的渊源

实践中,罗马法学家一方面要解释法律、"创造"新的法律文本;另一方面,他们还要从实践中总结经验,以此来更新理论知识,使其能更好地指导法律实践,解决实践中产生的种种问题,所以对法的渊源问题的研究就显得尤为重要。一般认为,罗马法的渊源包括成文法和习惯法两大类。成文法,即经制定或以文字形式所确认和表达的法律;而习惯法,则是由被赋予法律效力的习惯、惯例等组成。在众多罗马法学家的论述中,盖尤斯关于成文法的渊源的论述最有代表性,他在《法学阶梯》中系统地论述了成文法的渊源,即法律、平民会议的决议、元老院决议、君主谕令、长官的告示和法学家的解答。[30] 在查士丁尼的《法学总论》中也有较为深入的讨论。[31] 简述如下:

1. 平民大会的决议(lex leges)

由平民议会批准和制定。起初贵族声称不受其决议的约束,公元前287年通过的《霍尔腾西法》中规定,平民议会的决议对全罗马人民有效,自此,平民议会的决议就具有了法律的效力。

2. 元老院决议(Senatus Cousulta)

由元老院所命令和制定。因为罗马人口已增长到难以被召集到一起的程度,所以向元老院咨询以代替向人民的咨询。

---

[28] [古罗马]查士丁尼:《法学总论——法学阶梯》,张企泰译,商务印书馆1989年版,第48页。

[29] [意]桑德罗·斯奇巴尼选编:《民法大全选译·正义和法》,黄风译,中国政法大学出版社1992年版,第62~63页。

[30] [古罗马]盖尤斯:《法学阶梯》,黄风译,中国政法大学出版社1996年版,第2~4页。

[31] [古罗马]查士丁尼:《法学总论——法学阶梯》,张企泰译,商务印书馆1989年版,第7~11页。

3. 君主谕令(Constitutions Principum)

由皇帝通过诏书、裁决或告示来制定。君主谕令获得法律的效力是因为人民已把他们的权力通过王权法移转给了皇帝。

4. 大官法(jus honorarium)

是由具有裁决权的人制定的规范,一般由执政官、裁判官制定,市政官就某些事项有时也可发布告示,通称为"大官法"。"大官法"在罗马主要在两位裁判官——城市裁判官和外事裁判官的告示中体现得最为广泛,在行省,其司法权由行省总督行使。

5. 法学家的解答(Responsa prudentum)

是那些被授权判断法律的人们所做出的决定和表示的意见。由皇帝授予权力就法律问题做出解答的人,成为法学家。他们的一致决定和意见具有法律的权威,审判员也不得拒绝遵从。

参考文献

1. [意]彼得罗·彭梵得:《罗马法教科书》,黄风译,中国政法大学出版社 1992 年版。
2. 江平:《罗马法基础》,中国政法大学出版社 1991 年版。
3. [古罗马]查士丁尼:《法学总论——法学阶梯》,张企泰译,商务印书馆 1989 年版。
4. [古罗马]盖尤斯:《法学阶梯》,黄风译,中国政法大学出版社 1996 年版。
5. [法]菲里普·内莫:《罗马法与帝国的遗产——古罗马政治思想讲史稿》,张竝译,华东师范大学出版社 2011 年版。

思考题

1. 罗马法学家法律思想的特点是什么?
2. 罗马法学家对古罗马法发展的贡献是什么?

第三章　欧洲中世纪的法律思想

第一节　欧洲中世纪的法律思想概述

一、欧洲中世纪的法律思想的历史背景

中世纪是从古罗马灭亡到资产阶级革命的西欧封建时代，大体经历了三个大的时期：5至9世纪，封建制度的形成和确立时期；10～13世纪，封建制度的繁荣时期；14～16世纪，封建制度的衰亡与解体时期。纵观这前后1200年，中世纪的西欧在大大小小的世俗封建帝王和基督教宗教帝国的权力争夺过程中，经历了宗教帝国、皇权崛起、回教扩张、文艺复兴、宗教改革等一系列西方历史发展上的重大阶段，其间既有大规模的战争、饥荒、瘟疫，也有东西方文化的激荡交融，最终在资产阶级反封建、反神权的革命之中，才缓缓拉下了这张西方历史的千年大幕。在长期普遍混乱的状态下，近代民族国家在阵痛之中逐步孕育，科学技术和思想文化也在艰难之中缓慢发展。到公元1500年前后，即中世纪行将终结之际，欧洲的技术和政治、经济结构已经为近代世界的到来奠定了基础。作为中世纪法律思想的历史背景，应当注意中世纪社会形态上以下四个方面的总体特征。

第一，中世纪的西欧历经了封建制度从确立到崩解的过程。西欧的封建制度，是伴随着罗马奴隶制古典文明的衰朽，由日耳曼人在罗马帝国的废墟上建立起来的。封建大土地所有制和封建臣属关系作为封建制度建立的两大支柱，它们在西欧的确立历经了一个漫长的进程。封建大土地所有制的确立大致经过了“自主地”、“采邑”和“封土”三个阶段，到10世纪末，封土制逐步取代采邑制，西欧土地制度逐渐演变到了世袭领地制阶段，封建大土地所有制的最高形态得以完成，封君与封臣的关系在西欧普遍形成。与此相适应，西欧封建社会的国家政权组织形态也经历了一个由分散向集中的缓慢演变过程，大致说来历经三个阶段：11世纪以前，属于封建割据君主制；12世纪以后属于等级代议君主制；15世纪以后，才有了中央集权的专制君主制。此外，12世纪以后城市自治运动蓬勃兴起，还出现了一批实行封建共和制的城市国家。

15到16世纪，随着社会生产力的发展，近代资本主义在封建社会的母体内成长起来。加上新航路的开辟和新大陆的发现，世界市场扩大，给欧洲资本主义的发展带来了新的刺激。新兴资产阶级就必然要在各个领域向阻碍资产阶级生产发展的封建制度、封建教会和封建贵族发起猛烈的冲击，表现在思想领域，形成了波澜壮阔的文艺复兴运动和宗教改革运动。

第二，中世纪的西欧长期存在政教二元权力并存与斗争的状态。基督教虽然在早期受到罗马帝国的迫害，但在罗马帝国后期得到很大发展，并在公元392年成为罗马帝国的国教。

罗马灭亡之后，基督教会处于整个封建社会万流归宗的地位，日耳曼格王国先后归依，教会势力急速发展，造成中古西欧政教关系长期错综复杂。尤其是在 11 ~ 13 世纪，基督教神权统治达到全盛时期。罗马教会成为神权统治的国际中心，它把整个西欧联合成一个庞大的政治体系，同希腊正教徒和伊斯兰教的国家相对抗。在经济上，罗马教会是最大的封建领主，拥有天主教世界的地产的整整三分之一，教皇每年的财政收入比西欧各国的君主收入的总和还要多；在组织上，教会建立了严格的教阶制，有一套完整的管理机构；在权力上，教皇是最高的封建统治者。罗马教廷不仅有权废立国王，有权在各地设立宗教法庭，迫害“异端”，而且拥有自己的军队——骑士团。为了反对异教、扩张实力，从 11 世纪末到 13 世纪末，发起八次“十字军东征”；在思想文化上，教会僧侣获得了知识教育的垄断地位，宗教神学是一切知识的最高权威。十三世纪教皇英诺森三世（1198 ~ 1216 年在位）所宣讲的“日月论”，[1] 就是教廷权力发展到鼎盛的反映。从 14 世纪起，基督教神权统治进入衰落时期。[2] 在宗教内部，主张教会会议高于教皇的改革派在西欧普遍兴起。到 15 世纪，捷克首先产生了西方第一个不受罗马控制的捷克民族教会。16 世纪终于爆发了宗教改革运动。教俗两届统治者的权力斗争，构成中世纪法律思想史研究的一条极其重要的线索，并对后世西方政治法律实践与观念产生了深远的影响。

第三，和前两者相联系，中世纪的西欧是基督教神学的时代。基督教神学是一种一神论的宗教神学，宣讲三位一体、上帝创世、人类原罪、因果报应、上帝选民等观念。其主张在古罗马时期与斯多葛哲学相结合，经过奥古斯丁等神父的加工，开始形成系统理论，到 13 世纪又发展到经院哲学阶段。它用有神论的观念解释世界，并将当时所有的知识尽可能地裹挟到自己的神学体系之中。早期中世纪的西欧分裂成大量封建领地，各自分散又争战不休，“在一个具有不同语言和不同民族的分裂的欧洲，教会是唯一有能力保存一个共同的欧洲文化的统一而集中的建制”，[3] 基督教从而成为融合、沟通西欧各民族的经济、政治和精神力量，使西欧作为文明整体具备了文化上的同一性。因此，中世纪意识形态上最显著的特征就在于它的各种思想、学说，都是在基督教理论背景当中展开的。“这并不是要否认犹太人和穆斯林的贡献，而是说在后世欧洲哲学的主流当中，最具影响力的是基督教传统。因此，可以认为，思想家们开始衡量他们的思辨是否与基督教信仰的要求相左的时候，便是中世纪哲学滥觞之时”。[4]

第四，中世纪的西欧经历了各种民族和宗教的长期战乱，也带来了古代世界大规模的文化交汇和融合，促进了西欧文明的大幅发展。中世纪开端以来，古典的世界性帝国在环地中海文明区域不复存在了，除过基督教在驾驭着复杂的政教关系的基础上维系着一种宗教帝国的统一之外，很长时期以来，取古代国家而代之的是极端破碎、复杂的封建割据状态。由于封建地产制度和神权教阶制度的普遍确立，希腊罗马的奴隶制民主政治和平等的市民法权全都

---

〔1〕“日月论”主张，正像上帝在天空设置日月，使大者治昼，小者治夜一样，一统教会之中设置两大尊荣，使大者治灵魂，小者治躯壳。所以，人主的势力正如月之光明自日而来，其质、量、位、力皆较日为逊，人主之势力和尊严都来自教皇的权威，教权高于皇权。

〔2〕1294 ~ 1303 年间发生的教皇卜尼法斯八世（1294 ~ 1303 年在位）在与法王菲利普四世（1285 ~ 1314 年在位）的激烈斗争中告败，成为教会走向衰落的一个转折。

〔3〕［挪］G. 希尔贝克、N. 伊耶：《西方哲学史》，童世骏、郁振华、刘进译，上海译文出版社 2004 年版，第 170 页。

〔4〕［英］安东尼 · 肯尼编：《牛津西方哲学史》，韩东晖译，中国人民大学出版社 2006 年版，第 57 页。

失去了存在的土壤;伴随着庄园、采邑、家族领地、教区对整个社会阡陌纵横的交织切割状态,身份等级性的地方权力关系构成人们生活世界的基本结构。不但欧洲内部各民族、各国家之间不断处于战争状态,各国内战频发,而且出现了外来民族对欧洲的入侵和占领。而在这一时期,世界上的几个大的文明系统——欧洲的基督教文明、阿拉伯帝国的伊斯兰文明和亚洲的蒙古帝国的草原游牧文明,在欧洲出现了大范围的直接接触和冲突。仅就几个大的历史事件而言,先有阿拉伯帝国在8世纪初就把势力范围推展到西班牙,其后罗马教皇在11~13世纪的200年内持续发动八次"十字军东征",继而则又有奥斯曼土耳其帝国崛起,导致15世纪中期君士坦丁堡陷落,东罗马帝国灭亡。在动荡混乱的背景下,西欧在经历了500年的倒退和沉寂之后,终于从11世纪开始迎来了繁荣发展时期:工商业繁荣,城市兴起,市民阶级涌现,君主集权的民族国家逐步孕育。尤其是希腊罗马的文化遗产已从拜占庭、西西里和西班牙三条通道大量传入西欧,众多大学开始在12世纪建立起来,带动了学术文化的振兴,促使各种精神文化都有了很大的发展,从而为后来的文艺复兴作了文化上的积累和准备。

二、欧洲中世纪的法律思想的历程

(一)神学法律思想的发展

1.《圣经》中的法律思想

《圣经》正典的确立无疑是基督教发展史上意义最为重大的里程碑,基督教神学法律思想首先通过《圣经》得到了明确的表达。《圣经》分为《旧约》、《新约》两个部分。《旧约》是犹太教经典,荟萃了希伯来人关于历史和宗教方面的著作。《旧约》中有《律法书》,集中反映了基督教神学法律思想。《新约》完成于公元1世纪左右,是早期基督教思想家的作品。《新约》中法律思想集中反映在《保罗书信》中。总体上看,《圣经》的法律思想集中表现在以下几个方面:第一,通过宣讲灵魂得救的超越主义价值观,《圣经》传递着一种对待世俗国家和政治统治的冷漠、疏远与超越的态度。基督徒把这个世俗世界视为他们精神朝圣旅途中的一个短暂的寓所或客栈,自己只是这个世界的匆匆过客,灵魂得救才是他们真正的追求,世俗国家与政治秩序并不具备任何神圣永恒的价值。[5] 第二,通过宣讲"双重忠诚"的教义,《圣经》在确立神权统治至上的同时,主张服从世俗统治的义务,强化人们的守法义务。[6] 第三,通过宣讲"上帝选民"的观念,《圣经》在人的内在世界和人格上植入了平等、独立和尊严的信念。基督徒最终面对的是上帝,尘世的权势与财富无法构成对一个真正基督徒在人格和精神上的否弃与贬损,在与上帝的联系中产生的生命支点和人生意义减弱了基督徒对世俗权力的依赖与崇信,提供了基督徒抗拒暴力统治的支柱与底线。

2."教父哲学"中的法律思想

在捍卫、研究《圣经》正典过程中产生的教父哲学是基督教宗教教义最早的神学理论体系。对基督教做出重大贡献的早期教父有三位:圣·安布洛斯、圣·杰罗姆和圣·奥古斯丁。安布洛斯使基督教会与世俗政权脱离而独立;杰罗姆把《圣经》由希伯来文翻译为拉丁文;奥

[5] 耶稣说:"我的国不属于这世界。"(《新约·约翰福音》第18章)

[6] 耶稣说:"恺撒的归恺撒,上帝的归上帝。"(《圣经·马太福音》第21章);保罗说:"在上有权柄的人,人人当服从他;因为没有权柄不是出自神的;凡掌权的都是神所命的,所以,抗拒掌权的就是抗拒神的命,抗拒的必自取刑罚。"(《新约·罗马书》第13章)

古斯丁提出了系统的基督教教父哲学。以奥古斯丁为代表的早期拉丁教父通过“创世说”、“原罪说”、“末日审判说”、“三位一体说”的阐发，将《圣经》教义系统化。奥古斯丁的“两国论”和“神学自然法”对中世纪政治法律思想产生了深远的影响。

3.“经院神学”中的法律思想

中世纪中期，伴随着教会势力发展之巅峰时代，其原有的教父哲学理论已不适应新的形势。伴随着政教权力争夺、科学文化发展以及亚里士多德《政治学》在基督教世界的传布，各种理论与实践的矛盾激化开来，基督教神学从教父哲学阶段发展为经院神学阶段。托马斯·阿奎纳是经院神学的巨子，它把亚里士多德经验主义哲学、政治学融入基督教神学体系，调和理性与信仰，建立起一个和谐庄严的神学教法体系，被罗马教皇认定为基督神学的最高权威，其影响一直波及当代。

（二）世俗法律思想的发展

1. 注释法学派

11 世纪以后，随着城市的兴起和商品交换的发展，原有以调整自然经济为特点的日耳曼习惯法，已经不能满足社会发展的需要，教会法离商品经济的要求也有很大距离。由于 11 世纪末《学说汇纂》手抄本的发现，随着学者的研究，曾经作为简单商品经济社会最发达的法律——罗马法，开始在欧洲传播。当时罗马法的研究和适用不仅有利于以王权为代表的中央集权制的加强，而且也为商品交换产生的各种法律关系提供了现成的规定，世俗法学家阶层由此获得发展。[7]

2. 评论法学派

13 世纪到 16 世纪，注释法学派已经不仅研究罗马法原典的结构和原意，而且试图使罗马法与宗教法、城市法和习惯法的规范相协调，法学家在对罗马法注释的基础上，结合实际采用评论、评议的方法，使之适合时代的需要。由于评论法学派注重法律一般原则的发现，促进了罗马法与当时社会条件的适应，对欧洲大陆各国立法、司法实践产生了很大的影响，为大陆法系的形成起了巨大的作用。[8]

3. 人文主义法学派

15 世纪至 17 世纪，近代欧洲统一民族国家的形成，促使法律逐渐分散并开始与民族的分立相吻合。受人文主义思潮的影响，法律思想领域出现反封建思潮，在法国形成了人文主义法学派。他们致力于恢复罗马法本来的面目，并应用于现实生活，关心世俗法律的进步。在这一点上它们不同于注释法学派。注释法学派当时并没有完全脱离神学，有的法学家本身就是神学家、僧侣。与评论法学派的实用主义倾向不同，人文主义法学派主张以纯历史、纯科

---

〔7〕 注释法学派创始人是伊纳留斯（Irnerilus，约 1055 ~ 1130 年），波伦亚大学教授，采用注释方法讲授《学说汇纂》。为注释法学做出巨大贡献的是伊纳留斯的学生“四博士”：布尔加利斯（Bulgarinis，11 世纪末 ~ 1166 年）、高赛（Gosia，? ~ 1157 年）、雅各布斯（Jacobus，? ~ 1178 年）和拉维纳特（Ravennate，? ~ 1170 年）。使注释法学最终定型的人物，是阿佐（Azo，约 1150 ~ 1230 年）和阿库修斯（Accukcius，约 1128 ~ 1260 年）。阿佐的《注释汇编》，享誉欧洲，有“不读阿佐不登宝殿”的法谚。阿库修斯是阿佐的学生，致力于《查士丁尼国法大全》的注释汇编和总结。

〔8〕 评论法学派的代表人物是意大利的巴尔多鲁（Bartolus，1314 ~ 1357 年）和他的学生巴尔杜斯（Bald，1327 ~ 1400 年），巴尔多鲁著有：《学说汇纂评论》（1470 年）、《罗马前期法典九卷评论》（1478 年）、《罗马后期法典三卷标准评论》（1470 年）等，巴尔杜斯著有：《学说汇纂第一部评论》（1616 年），师徒二人被称为中世纪最负盛名的法学家“双璧”。

学的态度来研究罗马法,因而又称复古派。[9] 以后,罗马法的研究中心移至荷兰,又从荷兰移至德国。在德国演变为潘特克顿学派,对德国民法典起了决定性指导作用。

(三)早期资产阶级政治法律思想

从15世纪下半叶开始,西欧进入了一个新时代。随着商品经济的发展,城市中形成的新兴市民阶级,即早期资产阶级,一跃而成为政治和经济上的重要角色,他们要求建立统一民族国家,开拓国内市场和发展对外贸易。当时正值封建王权崛起,国王依靠市民打击了封建贵族的权力和教会的绝对权威,在15世纪末,相继建立了统一的民族国家。[10] 思想意识领域内,对神学世界观、封建主义的等级思想和教权也展开了激烈的斗争,出现了一批著名的人文主义思想家,提供了捍卫王权的强大理论武器,发展了近代表达资产阶级利益和愿望的政治法律思想。这一时期主要的代表性思想家有马基雅维利和布丹。马基雅维利的君权思想、布丹的国家学说、主权理论等都以世俗的眼光看待法律问题,反映西方政治法律思想的重大转折。

三、欧洲中世纪的法律思想的特点和地位

(一)欧洲中世纪的法律思想的特点

在欧洲中世纪,占据统治地位的是教、俗封建主阶级的神权法律思想,法律思想的神学化是其总体特征。正如恩格斯指出的,"中世纪只知道一种意识形态,即宗教和神学","中世纪把意识形态的其他一切形式——哲学、政治、法学,都合并到神学中,使它们成为神学的科目。"[11]

首先,中世纪的法律思想寓于宗教神学体系之中,各派思想之间的斗争都围绕着宗教神学的理论与内容,并以宗教神学的形式来进行。在各种社会矛盾的推动下,伴随着基督教神学理论体系自身的发展,相继产生了两个长期占据中世纪法哲学正统地位的奥古斯丁教父哲学的法律理论和托马斯·阿奎纳经院哲学的法律思想体系。各种教派、"异端"的法律思想虽然存在与正统之间多种分歧,但根本上未能突破封建神学思想的基本框架。即便是在中世纪晚期产生的表达资产阶级政治法律主张的思想家,其思想同样烙有宗教神学的印记。当然,他们极大地宣扬理性、贬抑信仰,具有摆脱神学的束缚、抛弃君权神授的思想,对近代资产阶级政治法律理论产生了重要的影响。

其次,在西方法律思想的发展史上,自古希腊、罗马以来的法律观念在中世纪发生了从世俗主义、理性主义向信仰主义的一系列严重转型:在观察社会政治法律问题的出发点上,用上帝代替人类,用信仰统辖理性;在对政治法律伦理基础的思考上,用对于上帝的"爱",代替古典社会的"正义";在讨论的中心问题上,用教会与国家、教权与王权的关系,代替了古典社会个人与国家的关系。神学与神权强化的同时,世俗政治的地位和价值严重弱化了。虽然王权

---

[9] 人文主义法学派的主要代表是法国的居雅士(1522~1590年)和多诺(1527~1591年)。居雅士是研究罗马法的著名法学家,瓦朗斯大学和布尔日大学的教师。他主要研究伯比尼安的著作《学说汇编》。通过它的研究,再现了罗马法学家特别是伯比尼安学说的原貌,恢复了被后期注释派歪曲了的罗马法。他的《法典简要注释》,以简明扼要的原理表达了罗马法的基本原则,是今天研究罗马法的重要资料。居雅士的信徒波蒂埃的著作在法国大革命后对法国民法典的制定起了极大的影响。多诺的地位仅次于居雅士。他尝试对罗马法进行概括性的再编。他的著作大都在法国大革命以后才出版,对法国的沿革学派产生了很大的影响。

[10] 如英王亨利第七(henry Ⅶ,1485~1500年)、法王路易十一(louis Ⅺ,1461~1483年)、西班牙国王斐迪南第五(ferdinand Ⅴ,1479~1516年)等,都在15世纪末期建立了自己的民族国家。

[11] 《马克思恩格斯选集》(第4卷),人民出版社1972年版,第231、251页。

的合法性始终得到了神学的说明与论证,但这同时也就强化了世俗政治对神学道统的倚赖,甚至连鼓吹王权的思想家们,也仍然把上帝作为约束君主暴政的最终力量。

(二)欧洲中世纪的法律思想的地位

中世纪的法律思想状况及其在西方法律思想发展历程中的地位,绝非像早期启蒙思想家所激烈批判的那样,是一种人类法律文明的“完全倒退”、“根本黑暗”以及“极其愚昧”的状态,尽管这样的语词直至今天在东西方社会仍然是相当多的人看待整个中世纪历史的基本判断。基于中国特有的文化与意识形态上的原因,我们对中世纪及其法律的认识更可谓“有意识的了解还不多,无意识的误会却很深”。[12] 然而,不论是从理论还是从实证的角度讲,类似上述的判断对于中世纪及其法律思想来说都是一种简单化的错误认识。即便拿今天的标准来衡量,中世纪的法律思想与法律生活也绝非一片漆黑。更何况西方法律文化与法治传统的形成,离开中世纪1200余年法律思想的发展是根本不可想象的。作为西方法律思想发展史上的一个重要的环节,中世纪的法律思想不仅有其来自当时社会发展现实的历史合理性,而且保留、接续了自古希腊以来西方法律思想中的优秀成分,产生了自己独特的法律思想体系,丰富了人类法律文化,为西方近代法律理论的形成提供了相当丰厚的思想理论资源与制度实践成果,既构成了整个西方法律传统的重要渊源,也对后世宪政法治的理论与实践产生了持久的深远影响。如果再从历史—文化比较的角度,对西方中世纪的基督教法律文明与东方封建社会的伦理法律文明以及伊斯兰、佛教法律文明之间的差别及其各自在后世的演化详加梳理的话,西方中世纪法律思想在人类法治文明发展史上独有的地位与意义就是更加鲜明的了。概括来说,考虑西方中世纪法律思想的地位问题,尤其应当注意以下几个方面:

第一,中世纪基督教以宗教神学的形式保留并发展了发源于希腊罗马的自然法思想。日耳曼人对包括政治法律典章制度、文学建筑艺术等等在内的罗马古典文明的野蛮摧毁确实是西方文明发展史的巨大倒退。然而,在这样一个大的历史背景下,自然法思想却没有伴随罗马帝国的灭亡而不复存在。就自然法思想作为西方法律思想的底色地位和后世一切西方法律思想母体的地位而论,中世纪基督教对自然法理论的保留与发展,其意义是极其重大的。自然法思想的基本内核在于一种“实在法”与“应然法”两分的二元法律观念,以及在此思维框架下,对法律的批判主义立场。这些被基督教所吸取、改造融合进自己的神学理论体系之中,从而产生中世纪神学自然法,以一种上帝的观念保有了自然法原有的“法律二元论”和批判主义立场。随着神权统治的垮台,自然法作为宗教神学的遗产得以世俗化,其固有的理论旨趣在近代以来的法律理论发展中发挥了重大的作用。

第二,中世纪法律思想强化了西方人的守法义务与法律信仰。一方面,从实践上看,政治弱化的同时,法律却得到极大的强化,这是中世纪历史极其耐人寻味的一个方面。这很大程度上根源于法律为教俗两界维系社会统治与整合所共需的现实局面。因而,中世纪的政治社会生活虽不乏大量的战争、暴力、阴谋等非法律手段的运用,但是比较而言,教俗两界对以法律方式解决各自问题以及彼此冲突的场合之多、效果之强也是非常显著的。另一方面,基督徒决然否弃对世俗利益与权势的崇信与倚赖,却绝不拒绝在法律之下保持内心的独立与平静。除非面对暴君对上帝信仰的干预,否则基督徒可以在对政治报以极端的冷漠与疏离的态度下严格地

〔12〕 彭小瑜:《教会法研究》,商务印书馆2003年版,第1页。

遵守世俗法律。出世的超验价值与人间的德性生活的结合,是历代基督教理的精义所在。

第三,法律观念与法律思维上的理性主义倾向在中世纪并未消亡,相反,在神学所能包容的最大范围内,理性主义的法律意识与思维能力得到了极大的培养和训练。基督教是一个以信仰统摄理性,而以理性支撑信仰的宗教,在确保上帝权威与荣光的前提下,理性与上帝恩典并无决然对立。因而,在基督教教法体系的建构中,极大地发扬了运用理性思维能力,产生了科学地分析法律现象与法律问题的思想成果。当然,受制于神学束缚,理性所能达致的范围和力度是受限制的。但这仍然不能抹煞中世纪对理性主义法律观念的推崇与发展。最后,中世纪在捍卫神权统治的目的之下,产生了对实在法的重视与研究,同样推动了法学的发展。这在托马斯·阿奎纳的法律分类体系之中得到了充分的体现。

当然,对于中世纪晚期的法律思想人物,他们在西方法律思想史上的地位是有别于正统神学法律思想家的。如前所述,作为中世纪的人物,他们不可避免地带有这个时代的思维印记。但他们的伟大之处在于,只有这批人,是身处中世纪之中而竭力超越这个时代的。作为神权时代反神权的斗士,他们是人类的英雄人物;作为尚在襁褓之中的市民阶级的代表,他们是新时代到来的"吉兆",尽管他们个人的命运并不吉祥。他们对君主专制的鼓吹,既表现了鲜明的反神权的一面,同时也暴露了他们作为过渡人物的定位,因为神在天国的统治既倒,帝王在人间统治的终结也就是接踵而来的了。

参考文献

1. [美]本内特、[美]霍利斯特:《欧洲中世纪史》,杨宁、李韵译,上海社会科学院出版社2007年版。
2. 郭义贵:《西欧中世纪法律概论》,中国社会科学出版社2008年版。
3. [英]佩里·安德森:《从古代到封建主义的过渡》,郭方、刘健译,上海人民出版社2001年版。
4. [英]J. H. 伯恩斯主编:《剑桥中世纪政治思想史》,郭正东等译,三联书店2009年版。
5. [法]菲里普·内莫:《教会法与圣帝国的兴衰——中世纪政治思想讲史稿》,张竝译,华东师范大学出版社2011年版。

思考题

1. 中世纪法律思想总的特点是什么?
2. 中世纪神学法律思想的发展历程及主要特点是什么?
3. 中世纪的注释法学产生的背景和作用是什么?

第二节 奥古斯丁的法律思想

一、生平和著述

奥古斯丁(Aurelius Augustine,354~430年),欧洲中世纪著名神学家、罗马基督教拉丁教父的主要代表、基督教教父哲学体系（Philosophla Patristica）的完成者、基督教神学政治法律思想体系的开创者。

354年11月13日，奥古斯丁出生于罗马帝国境内离突尼斯不远的北非高地平原上的小城塔加斯特（Tagaste，今阿尔及利亚的苏克阿赫腊斯）。母亲莫尼卡是虔诚的基督徒，父亲帕特里西斯是异教徒，直到临终才受洗。在家乡接受初级教育之后，12岁左右的奥古斯丁被父母送往附近的北非文化重镇马都拉城，学习了四年古典文学和修辞学；后又负笈罗马帝国第二大城市——迦太基，专攻修辞学。年轻的奥古斯丁有两种性情：一面是旺盛的生命本能欲望，陷在肉体的情欲之中，放浪形骸；另一面是强烈的思维冲动和极高的天赋，在思想上不断寻求。因此，心灵深处时时成为善恶剧烈斗争的战场。19岁时，他读了西塞罗（Cicero）的著作，已心仪"不朽之智慧"，以此为人生唯一价值。此后一度九年信奉一种思想混合的二元主义，即摩尼教，但研习日深，却渐生怀疑，后会见摩尼教首领福斯图斯，终于大失所望。383年为排解思想困惑，他前往罗马，倾心于新派的怀疑哲学。翌年，在米兰谋得教职，教授修辞学。在那里奥古斯丁开始受新柏拉图主义的影响，更与对其一生发生决定性影响的米兰大主教安布洛斯结识，从而出现了他最终皈依基督的知识准备与人生契机。受安布洛斯影响日深，对教会的权威有了细致的理解和深刻的认同；继而念及埃及基督教修道士之高尚圣洁生活，自惭多年为情欲所役，性情大恸而信仰日坚。386年夏日将尽之时，他离开情人和未婚妻，辞去教职，退居山庄，与诸友人共研哲学。次年复活节，奥古斯丁与好友及儿子同在米兰受洗于安布洛斯。391年，奥氏被推选为努米底亚省希波城（Hippo，今阿尔及利亚的安纳巴）教区神甫。4年之后，继任主教，在任35年之久。在希波，奥氏为非洲那一带地方创建了第一所修道院，用以训练教会领袖人才，同时，毕其余生，致力于基督教教会事业和教义研究，最终完成了第一个经典的基督教神学体系的创建。晚年，奥氏目睹汪达尔人的入侵。430年8月28日，汪达尔人破城之际，这位非洲拉丁教会的领袖后因热病逝世于希波，终年76岁。

奥氏生平著述极丰，超逾百本及五百多篇讲章，包括神学、释经、伦理证道、哲学和自传。奥氏通过将柏拉图的知识体系基督教化而解决了对信仰的怀疑问题，维护《圣经》正典的确立，对于信仰或教义的演绎及阐明上做出极深的创见，以此确立基督教哲学。代表作有《忏悔录》及《上帝之城》。前者乃奥氏自传，公认为既是宗教经验的著述经典，又是人文名著，"一个人的生平故事代表了所有人类丧失方向感的故事"，[13]与法国卢梭、俄国托尔斯泰的同名著作并称三大思想自传。《上帝之城》全书两大部分，22卷，历14年（412～426年）完成。首10卷为基督教做出有力辩护，反驳异教主义及不符合基督教思想的其他理论与观点；后12卷论"地上之城"及"天上之城"的源起、发展及指归，可谓第一部基督教神学历史哲学和政治法律巨著。

作为基督教早期教父哲学完成者，奥古斯丁被罗马教庭封圣，其学说在身后800年内被尊奉为教义正统，对16世纪以后的新教、乃至当代西方社会政治法律思想的发展也有重大影响。考虑到基督教对于整个西方文明构成性的地位，奥古斯丁在西方法律思想史的地位无疑是独特而不容忽视的。当代美国政治哲学大师列奥·施特劳斯主编的《政治哲学史》中说道："天启宗教的诞生及其在希腊罗马世界中与哲学的遭遇使形势发生了变化，圣·奥古斯丁是根据新形势阐述公民社会问题的第一位著作家。作为一个罗马人，他继承并为自己的时代

---

〔13〕［英］约翰·麦克里兰：《西方政治思想史》，彭淮栋译，海南出版社2003年版，第115页。

介绍了由柏拉图所创立、被西塞罗引进拉丁世界的政治哲学,作为一个基督徒,他修正了这一哲学以使其适合信仰的需要。它即使不说是政治思想的一个新传统的创始者,也是其最重要的阐释者,这一新的政治思想传统的特点就在于它试图融合或调和出自彼此独立且一直互不相干的两个源泉的要素:基督教《圣经》和古典哲学。"[14] 中世纪开端于罗马帝国的覆灭,但其精神却长久地先行孕育于古罗马时代,最终在奥古斯丁手上得到了首次完整的表达。欧洲民族大迁徙、老大帝国风雨飘摇;希腊城邦正义与罗马帝国精神已然昨日黄花,面对一个没有意义却充满敌意的世界,理性的人类日益茫然不知何处寄托信念;身处千年未遇之离乱世事,时逢人类精神新说旧义涤荡交锋,奥古斯丁成为了在旧时代为新社会提供精神家园和筹划理想蓝图的人物,实现了西方政治法律思想自古希腊以来积极乐观的入世主义向天启批判的宗教立场的巨大转型,构成西方近代以来自由主义、保守主义乃至一般社会批判理论的一种独特而持久的理论渊源。

二、两国论

从逻辑上讲,对人及其生活意义与命运归宿的判断与把握,构成包括宗教教义在内的一切社会理论的起点与归宿。区别于希腊—罗马古典哲学,奥古斯丁对人的思考已不再从人与城邦的关系中来把握,而是从对人与上帝的叙事中来进行。这直接根源于在奥古斯丁那里的"信仰之于理性至上地位"的根本认定。"古希腊法理学者主张解决实际问题,致力于建构一个知识体系,以理性地处理社会成员参与城邦生活的问题。这种法理学将正义看作是按照对城邦生活的不同参与来合理地分配好处,而奥古斯定将正义看作是超越任何特定社会人群、与宇宙万物——由创造而形成的一个整体——相联系的一种标准。"[15] 在奥古斯丁看来,古典哲学所提供的对社会正义与人类关怀的理论存在根本的缺陷。将人的命运与社会正义局限于具体城邦等现世生活之中,一来无法摆脱狭隘、多元的矛盾冲突,失去了对超越一切世俗场景之外的真正人类正义与归宿的体认;二来由于无视人类的原罪弱点与悲剧本性,而必然归于无效与虚幻。以有关人的原罪与救赎的论断为基础,奥古斯丁直面人类现世统治与终极归宿,提出"天国"、"地国"之分,详尽论述了国家与教会各自的本性及相互的关系,扩展出一整套基督教的历史哲学与人类理想。

(一)原罪与救赎

从其基督信仰的立场出发,奥古斯丁竭力运用思辨理性完成一种源于自然秩序的人类行为准则的演绎与建构。他认为,最高意义的正义根据理性规定所有事物的正当秩序。这一秩序的保证在于灵魂统治肉体,理性统治欲望,而上帝统治理性;善良的臣民服从于智慧的统治者,后者的精神反过来服从神律。正义主要不是人与人之间的关系,而是人与神之间的关系;现实社会可能存在有关正义的许多观念,但是只存在一个超越这些观念之上的真实的正义,即借由人性与上帝相联系的那部分结构中所发现的上帝的意志。如果这种正义的状态能够为人类所保有,那么人人服从神意、彼此相安而普世和谐。

然而,这样的状态根本不属于人的历史。自有人类起,这样的自然和谐就被罪恶所败坏。

---

〔14〕 [美]列奥·施特劳斯、约瑟夫·克罗波西主编:《政治哲学史》,李天然等译,河北人民出版社 1993 年版,第 189 页。

〔15〕 [英]韦恩·莫里森:《法理学——从古希腊到后现代》,李桂林、李清伟、侯建、郑云端译,武汉大学出版社 2003 年版,第 65 页。

这是一种永久的背叛状态,根源于人最初对上帝的背叛:原罪——亚当犯下的并以神秘方式传给其所有后代的罪恶。所谓人类及其社会,最终只是上帝放逐的产物。作为人类堕落的纪念物,强制与压迫永远存在于公民社会的一切制度之中。所有人类制度无一源于上帝创世的构造,而只是本乎人的堕落本性。人类物质和智能和进步并不必然伴以道德的增益,人的罪恶亦无法伴随时间的演进而消灭。人类之恶原本就是上帝实施与创世计划的一部分,上帝允许恶以其自身的方式促进人类精神的提高。整个公民社会的本性和目的因而成为一种惩罚和补救,只是作为抑制和惩治人类罪恶的消极手段。一切人类建制,包括国家,都只是为人类的存续提供秩序基础,并不触碰人在此一秩序之中应当追求什么目的的问题;国家与"太初"无关,也与人类的命运归宿无关。

人类原罪的补救无法从人及人类社会中得出。人生来都是有罪的,人不可能不犯罪,想恢复本性而行善,只能依赖至善的神。因此,人的得救,不是来自理性与哲学,而只能是来自上帝,受上帝的恩典,成为上帝的选民。所谓上帝的恩典,即是上帝之子耶稣牺牲自己而替人类赎罪。上帝是善的,而且是至善,是一切善的根源。实质上,善是绝对的,唯有善存在,而恶是虚无;恶本身并不存在,恶是相对于善而言的,在善之外,无所谓恶,恶无非是"善的缺乏"或"实体和本质的缺乏";人生来是个有缺陷的存在者,就其缺陷而言,是恶的;但就其存在者而言,是善的,罪恶的起源在于人类思想的邪恶,缺乏善,归根结底是背离神的善,缺乏神的善。因此,自基督教以后,人类就有恢复善恶识别与权责的能力与途径:成为基督徒,信仰上帝,接受神的教导,经过末日审判,而升入上帝的前年王国。追求至善的神,乃是人的本性的需要,是人生最大幸福和最终目的。上帝的慈悲而非人类的正义,才是社会的纽带和人类幸福之源。基由上帝的信仰,理性才能指引人类达致天国救赎的永生。

(二)地国与天国

在奥古斯丁看来,一切人类同时面对两种生活秩序:上帝之城与世俗之城;厘清此"双城之分",乃是探讨一切人类生活与命运的关键所在。奥古斯丁认为,人由两部分组成,存在两种志趣和能力,具备两种爱,分居于两个城池之中:"'双城'意味着人分为两部分,一部分永远由上帝统治,另一部分注定要经受魔鬼的永恒惩罚。"[16]前者体现了上帝的理性,后者则是人间的政治秩序,是上帝由于人的堕落而对人实施惩罚的一种方式。"双城"在现实中相互交织,直到末日审判才最终分开。归根结底,"两个城池来自于两种不同的爱:尘世之城来自于对自我之爱,这种爱甚至是对上帝的一种蔑视;上帝之城则来自于对上帝之爱,这种爱甚至是对自我的一种放弃。一句话,前者的荣耀在于人自己,后者的荣耀则在于上帝",[17]"一个城的人选择肉欲的生活,另一个城的人选择精神的生活",[18]对于人类来说,只有作为上帝之城的成员并凭借一种超越政治秩序的关系,人才有可能获得哪怕是最邪恶的人都渴望的和平与幸福。世俗之城只是人类之短暂寓所,人类最终的问题是将要同何者共度永生。上帝之城并非是对世俗之城的取消,而是要补充它,以使它完成一个超越所有世俗利益、比它自身所能

---

〔16〕[古罗马]奥古斯丁:《上帝之城》(第15卷,第1章),edited and translated by R. W. Dyson,中国政法大学出版社2003年版,第634页。

〔17〕[古罗马]奥古斯丁:《上帝之城》(第14卷,第28章),edited and translated by R. W. Dyson,中国政法大学出版社2003年版,第632页。

〔18〕[古罗马]奥古斯丁:《上帝之城》(第14卷,第2章),edited and translated by R. W. Dyson,中国政法大学出版社2003年版,第582页。

达到的任何目的都更为崇高的目的。

天国、地国之分直接给人类带来了公民身份的分裂,人既在公民社会的框架之内过世俗生活,同时又作为上帝的选民,有一种独立于世俗政治秩序之外的超越存在。这一主张实质上取消了世俗政治统治对于人的价值、意义等终极归宿的管理权,而将它交给了更高的权威——上帝。

(三)国家与教会

对于国家,奥古斯丁首先否定了西塞罗的国家定义。他认为,从来没有象西塞罗所说的作为"人民事业"的共和国。正义只是上帝的意志,而国家无非是人的创造物,依靠它根本不能实现真正的正义,谈论国家的完善,本身是一件自相矛盾、无意义的事情。虽然奥古斯丁并不把国家等同于"地国",从而构成与"天国"的直接对立,但他对国家的看法仍然是非常消极甚至是厌恶的。所谓国家,在奥古斯丁看来,只是"一个由所爱的事物一致而联合起来的理性动物的共同体",[19]因此,国家本身是没有什么伦理含量的,其价值只在所谓的"地上和平",为社会秩序提供基础,而并不触及人在此一秩序中的追求与归宿问题。国家体现的是人对人的统治,是野心和贪欲的结果。即使和平与繁荣可能成为国家的对人类的贡献,但这种贡献一来只能满足人的世俗欲望,并不能带来人类的得救;二来国家所由以产生和平和繁荣的手段与方式——统治与压迫,足以抵消它们对人类的价值。在他的一段名言中说道:"没有正义,何谈国家,除了是一大群强盗之外,它还能是什么?如果不是小型的国家,一伙强盗又是什么样的人?一伙强盗无非是在一个头领的指挥之下,又一个协定相联系,按照协定分配劫掠东西的一群人而已。如果这伙恶棍成功了,就会吸引无耻之徒加入,他们就需要抢占地盘,建立根据地,攻占城市和役使人们。然后他们公开宣称建立国家——这就是世人眼中的国家,他们建立国家并不是为了放弃劫掠,而是为了避免惩罚。亚历山大大帝抓获一个海盗,这个海盗的机智真实的辩解可以用来说明这个道理。大帝问道:'你在海上劫掠,意欲何为?'海盗回答得很傲慢:'和你在陆上劫掠的想法是一样的。只是因为我驾驶小船劫掠,所以我被称为海盗;你拥有一支强大的海军,就被称为皇帝。'"[20]

剥除了国家的伦理价值,奥古斯丁只给予国家以最低限度的承认:国家虽不是什么"公民的美德学校",但却也不直接就是鬼蜮魔城。国家的起因与我们需要国家的原因相同,国家所提供的"地上和平"虽然短暂且不自足,但平静与秩序毕竟好与冲突与暴乱,即便一种不平等、不正义但稳定的环境也要好于完全的无序状态;国家来来去去,上帝时时会让一个国家存在,聊胜于无,只是不要以为国家的短暂兴衰与什么人生要紧大事拉得上任何关系;相比于上帝对天国的统治,国家最好的统治者与最坏的统治者简直没有差别;最坏的统治者治下的最糟的国家相较于魔鬼治下的地域,又微不足道;好帝王与坏帝王的刽子手同样是刽子手,坏帝王的刽子手对无辜的人与有罪的人一样下手,但问题是,人本来就是有罪的;好过的时候,国家是生带原罪的社会维持不乱的手段;不好过的时候,国家是圣经所说,上帝给你的惩罚;最起码的社会安定是我们对这个尘世国家所能有的最大期望,灵魂走过这个世界,走向上帝,社

[19] [古罗马]奥古斯丁:《上帝之城》(第19卷,第24章),edited and translated by R. W. Dyson,中国政法大学出版社2003年版,第960页。

[20] [古罗马]奥古斯丁:《上帝之城》(第4卷,第4章),edited and translated by R. W. Dyson,中国政法大学出版社2003年版,第147~148页。

会如有最起码的安定，则走来方便，但绝非根本要件。总之，国家统治无论好坏，均有神意存焉：上帝建立国家，为了使本来罪孽深重的人生尚可忍受。国家愈是个低劣的建制，我们愈需要它。《新约》强调原谅，而代价是重新强调罪恶，唯其罪恶处处，上帝才如此广布原谅之泽。世俗国家是上帝实现人类救赎计划的工具，因此，服从国家，顺从，几乎毫不抗议，直到国家要求你做直接违反上帝法则之事，只有这时才可以拒绝服从，但仍有义务秉持谦卑的精神屈从审判与惩罚——这便是一个真正的基督徒对待国家的冷漠与超越。

如同国家并非就是“地国”一样，教会也并非就是“天国”。一来，有“有形教会”与“无形教会”之别，人间的教会组织只是所谓“有形教会”，其间大可以鱼龙混杂，善恶正邪共在，未必均为上帝之选。而那些真正信仰基督、致力灵魂得救之人，虽身处“有形教会”之外，实乃“无形教会”的成员。二来，福音说话之后，任何人间建制均不能决定人生的目的何在，国家不能，教会一样不能。教会能做的，是以权威的立场，就人类得救的途径发言。依基督之意，它的教会不过是躲避风雨之地而已。入教不能保证得救，但教外绝无得救可言。尘世国家，无论其统治多么有德，终究不脱为上帝之城的俗劣变造；无论何其努力，都带着肉欲的污染。尘世国家再好，好不到抹去这污渍，教会再坏，坏不了永生的应许。

三、神学自然法

奥古斯丁的法律思想极大地吸收了罗马西塞罗所阐发的希腊自然法思想并加以神学化改造，使它们融入到自己的基督教神学思想体系之中。作为基督教神学理论和“两国论”政治—历史哲学的延续，奥古斯丁提出了“永恒法”和“世俗法”两分的神学自然法的法律观。

所谓“永恒法”，被界定为“一切事物借以处于完美秩序的法”，这样的法等同于上帝的意志，正是上帝的意志引导一切事物达到它们各自的目的。永恒法构成了正义和公道的普遍而神圣的源泉，正义和善从中流溢出来而进入世俗社会的人定法。永恒法是永恒不变的、普遍同一的，因而，世间万物在任何时空范围内都不可能脱离永恒法的统治范围。上帝也已将永恒法印入人类的精神中，只要致力于精神世界的上帝信仰，任何人都能发现它、遵守它。

所谓“世俗法”，是“永恒法”的派生物，根源于人的原罪本性，是对人类堕落本性的束缚与惩罚。“世俗法”也必须是正义的，因为不正义就不是法。但世俗法的正义只是一种因人类社会内部不同情况而产生局部的、可变的正义，并非根本的正义，而且，这种人类社会内部暂时的正义最终根源于永恒法的永恒正义。

即便世俗法能够体现人类社会内部的正义，它在很多方面只能是一种不完善的法。首先，与永恒法相比较，世俗法只具有有限的价值。世俗法的存在不是为了善者，而是为了不善者。对于善者而言，他们追求的是人类永恒的利益，因而服从的是永恒法。不善者贪图的是暂时的利益，只有在世俗法的强制之下，才能对其堕落本性进行约束。从必须考虑不善者的权利和要求的角度看，世俗法只是在尽力做到允许小的邪恶以防止更大的、更肆无忌惮的罪恶，它的功效直接来自于人对世俗财物的热恋，它之所以能够控制人，只是因为人是物的奴隶。世俗法最大的优点就在于它巧妙地利用了人的邪恶以实现和维持人类社会有限程度的正义。虽然因此世俗法是不可缺少的，但它只是永恒法的影子。其次，即便在世俗法领域内，世俗法仍然是有局限的。一来，世俗法的实现依赖于事实，而在人类社会内部，很多事实无从发现，最终导致世俗法的无效；二来，更关键的是，世俗法仅仅规定人的外在行为，很少关心人的内心，更解决不了人的灵魂问题。世俗法的施行，只是强化了人运用理性谋取世俗利益的能力,因而无助于保证人在道德和精神上的升华。因此,对于人类社会而言,法律绝非仅指世俗法,世俗法必须要得到永恒法的指导和补充。

参考文献

1. [古罗马]奥古斯丁:《上帝之城》,王晓朝译,人民出版社2007年版。
2. [古罗马]奥古斯丁:《忏悔录》,周士良译,商务印书馆1987年版。
3. [美]威尔·杜兰:《西方文明史》,幼狮文化公司译,东方出版社1998年版,卷3、卷4。
4. [美]列奥·施特劳斯、约瑟夫·克罗波西:《政治哲学史》,李天然等译,河北人民出版社1993年版,第6章。
5. 夏洞奇:"奥古斯丁:历史神学与国家",载高全喜主编:《从古典思想到现代政制》,法律出版社2008年版。

思考题

1. 奥古斯丁的"两国论"的内容及对后世的影响?
2. 奥古斯丁自然法思想的内容和特色?

第三节　托马斯·阿奎那的法律思想

一、生平和著述

托马斯·阿奎那(St. Thomas Aquinas,约1225~1274年),中世纪基督教经院哲学的最大代表,身后被罗马基督教会尊为"圣者"[21],有"天使博士"、"宏通博士"(Doctor angelicus et communis)、"奥古斯丁第二"之美誉[22],其学说对奥古斯丁为代表的基督教早期教父哲学做出重大修正,将亚里士多德的理论适应于福音教义,并将二者综合为一个庄严的思想体系,被认为是罗马天主教神学、哲学、伦理信念最有权威的解释。

"生平的详细事迹与解释圣托马斯·阿奎那的政治思想很少有什么关系,或者可以说根本没有关系。他的学者气派的平静的一生,是在修道院和教室的比较与世隔绝的环境中度过的"。[23] 托马斯·阿奎那出生于意大利南部那不勒斯附近洛卡塞卡堡(Castle of Roccasecca,阿奎那伯爵祖传城堡)的贵族之家,其父兰道夫伯爵是国王的姻亲,同当时欧洲主要君主国的王室均有极深的渊源,是意大利南部最显赫的家族首领。阿奎那是神圣罗马帝国皇帝菲特烈一世(1152~1190年在位)的外甥、菲特烈二世(1198~1250年任西西里国王,1215~1250年

---

〔21〕 1323年教皇约翰二十二世宣布托马斯·阿奎那为圣徒;1879年教皇利奥十三世发布通谕《永恒之父》,将阿奎那的学说作为天主教会的官方哲学。

〔22〕 [德]黑格尔:《哲学史讲演录》(第三卷),贺麟、王太庆译,商务印书馆1959年版,第299~300页。

〔23〕 《阿奎那政治著作选》,马清槐译,商务印书馆1963年版,英译本编者序言第4页。

任神圣罗马帝国皇帝）的表弟。阿奎那5岁入蒙特·卡西诺（Monte Cassino）修道院接受神学初等教育，14岁入由多米尼克修会（Dominican）管理的那不勒斯大学读书6年。20岁时，不顾家人强烈反对，出家成为多米尼克修会的修士。1244年，修会派他去巴黎深造，在赴巴黎途中，他被家人抓回，家禁1年不能改其志。经多米尼克修会向罗马教皇和皇帝上诉，阿奎那才得以从家中被释，于1245年来到巴黎，受教于正在巴黎大学讲学的著名神学家、德国多米尼克修会缔造者之一的大阿尔伯特（Albert the Great，1206～1280年）。[24] 1248年他前往德国科伦，继续随大阿尔伯特4年，潜心研究亚里士多德著作。1252年返回巴黎大学，从事神学研究，1256年取得大学教职，在巴黎大学任教3年。1259年阿奎那重返意大利，近10年间出任罗马教皇随从人员，致力于神学的研究与著述，研究和翻译了亚里士多德的《物理学》、《形而上学》、《伦理学》和《政治学》等著作，成为罗马教会中的亚里士多德权威。1269年前往巴黎大学担任神学教授，时值奥古斯丁主义和亚里士多德主义之间大规模论战的最后关头，阿奎那亦大力投入论战之中，出现了其一生生活和活动的极盛时期。2年后，受命返回意大利，主持一所那不勒斯多米尼克修会的神学院。1274年3月，教皇格里高利十世在里昂召集宗教大会，阿奎那被召出席，途中不起，是月14日死于福萨诺瓦修道院。

生当中世纪繁荣之时，自帝王贵戚之家出而入教；毕其一生，"生活即工作、工作即生活"；敏于拉丁神学之危机而眼界尽扩整个基督教世界与整个哲学，折衷百家，调和神人，英年早逝而成事宏大，此皆阿奎那寂寂一生而令世所叹止者。著作浩繁，逾百部1500万言。要者：《反异教徒大全》、《论君主政治》、《神学大全》，以及亚里士多德作品诠释等。著作内容覆盖神学、哲学、政治、经济、法律、道德，以致中世纪所谓"自然科学"，从自然到社会、从神到人、从国家到教会都给出了明确的论断并以经院哲学特有的方式不厌其烦进行了解释、论证，在笃定基督信仰的前提下，表现了中世纪神学体系下理性主义和现实主义所可能达到的最高峰。

《神学大全》（Summa Theaologiae）1267年着手写作，至死未能完成，是集中表达其基督教经院哲学思想体系的著作。全书分三个部分，计200万言，实为中世纪一部百科全书。其中《神法大全·论法》在整部书中具有相对的独立性，是中世纪神学主义法哲学的经典作品。英国《牛津法律大辞典》称："他的著作确实可以被称作法理学史上系统完整的法哲学，包含了柏拉图、亚里士多德和斯多葛学派的哲学传统，《圣经》律法，罗马法原则，格拉提安的《教令集》[Decretum]，以及其他成分。而且，他将其哲学与其道德理论联系起来，并进而与其关于人类本性和宇宙的观点联系起来。具有重要意义的是，强调法律不仅仅是一系列专断的规则，而最终取决于理性和正义。"[25]

二、基督教神学化了的亚里士多德政治学

托马斯·阿奎那所面对的世界远非《上帝之城》所界定的那样清晰、确定。200年来，"国

---

〔24〕 13世纪著名基督教神学家，同时也是一位哲学家、科学家。担任过大学教授、教区主教、教皇使节。新亚里士多德主义代表人物，在引亚里士多德主义入天主教神学体系的事业上为开风气之先者。托马斯·阿奎那为身材魁伟之日耳曼人，兼以性格沉稳、寡言少语，而获"哑牛"之戏称。但在阿尔伯特看来，"这头哑牛的吼声将响彻世界"。（参见王彩波主编：《西方政治思想史——从柏拉图到约翰·密尔》，中国社会科学出版社2004年版，第95页。）

〔25〕 ［英］戴维·M.沃克：《牛津法律大辞典》，北京社会与科技发展研究所组织翻译，光明日报出版社1988年版，第53页。

家”日益以一种自足的身份同基督世界相脱离,现在,以“基督代表”自居的教会所面对的“地国”,非但不再是一个应“原罪”而起的“必要的恶”、一个戴罪俗人顺从苦难的寄居之所,相反有关政治生活和王权统治正当性的呼声却不断高涨,而一再出现的君主武力废黜教皇的事件则最终以这样极为刺激的方式昭示了教权体系及其伦理基础的岌岌可危;罗马帝国崩溃之际的离乱与茫然早已淡出世人的记忆,生产复苏、海商兴盛、城市兴起——俗人,但非“罪人”,其世俗利益的追求、世俗价值的确信正伴随着世俗世界的繁荣得到公开的表现;作为十字军圣战的世俗结果,东方文化涌入基督世界,经由异教徒注疏的基督纪元之前的希腊哲学在西方淹没数百年之后再一次强有力地彰显了人类理性的对基督神恩的挑战与力量;最后,伴随着一切的还有各地蜂起的“异端”。这一切让久居正统的拉丁教父除了固守傲慢与残酷之外,剩下的只是战栗与茫然。因而,集中地说,“托马斯·阿奎那的难题,是如何调和亚里士多德的城邦与奥古斯丁的罪人之城”。[26] 在开明主教大阿尔伯特的引导下,托马斯·阿奎那所致力的体系乃是基督教圣经教义和亚里士多德哲学的一种巧妙结合。而此一努力,最终使通行基督世界800年的圣奥古斯丁主义到了圣托马斯·阿奎那手上出现了巨大的修正,基督教借此摆脱危机并走向新的发展阶段。[27]

亚里士多德在希腊城邦条件下所论证的那种积极入世的理性观、伦理观与国家观在阿奎那那里得到了极大的认同。在看待人及其国家统治的问题上,阿奎那沿袭了亚里士多德的城邦理论。在将它们同基督教神学信仰统合起来的基础上,阿奎那系统阐述了一种具有强烈理性主义与现实主义色彩的全新的神学政治学。

首先,他赞同亚里士多德有关人的理性和社会性的论述,认为国家是由于人的理性需要而产生的,产生于“同伴生活的自然需要”;国家的目的在于实现“公共幸福”,即过一种有德性的生活。

他在《论君主政治》的开篇中首先提出“政治制度的必要性”问题进行论述,“当我们考虑到人生的一切必不可少的事项时,我们就显然看出,人天然是个社会的和政治的动物,注定比其他一切动物要过更多的合群生活。”[28] 其所以如此,乃是由于人有上帝赋予的理性,能够意识到社会生活较孤立的生活更符合人的存在;人类按社会生活的需要行动,有分工、有沟通,从而,“在社会之中必须要有某种治理的原则”。社会最初的、最基本的形式是父权制家庭,君主如同家父,乃是“人民的父亲”。在人类的各种社会形式之中,“最高等的是政治社会,它在安排上以满足人生的一切需要为目的,因而它是最完善的社会”。[29] 与国家起源上的自然性相联系,阿奎那扭转了奥古斯丁对国家在价值上恶的判断,强调国家的目的是伦理性的,是为了谋求人的“公共幸福”,即让人过一种有德性的生活。国家首先需要维持各构成部分之

---

〔26〕［英］约翰·麦克里兰:《西方政治思想史》,彭淮栋译,海南出版社2003年版,第136页。

〔27〕当代美国多伦多大学哲学博士福罗特(Jean Faurot)写道:“有人认为,全部基督教思想可以被看作两个人——圣·奥古斯丁和圣·托马斯·阿奎那——的基本观点的各种变形。这一观点与另一观点紧密相连——即哲学史可以被明智地看作柏拉图和亚里士多德著作的各种变形。当一位宗教思想家表达其信仰的内容时,他不可避免地会利用它的时代的文化中最适合的词汇、概念甚至体系。可以说,圣·奥古斯丁是一个柏拉图主义者,圣·托马斯是一个亚里士多德主义者。任何掩饰基督教时代这两位主要的神学家之间的基本不同的企图都曲解了二人的思想。”(［美］F. N. 麦吉尔主编:《世界哲学宝库——世界225篇哲学名著述评》,《世界哲学宝库》编委会译,中国广播电视出版社1991年版,第299页。)

〔28〕《阿奎那政治著作选》,马清槐译,商务印书馆1963年版,第44页。

〔29〕同上书,第159页。

间的秩序与和平，但国家的最终目的是实现人的有德性的生活，以达到享受上帝的快乐的目的。“人成为其中一部分的政治社会不仅帮助他取得由一个国家的许多不同工业生产的这样一些物质利益，而且也帮助他求得精神上的幸福。”[30]

其次，为了实现自身的伦理目的，国家必须具备一定的职能，就必须在法治的基础上建立一个正义的政治秩序，从而由此展开了阿奎那的“等级秩序观念”、“君主政体理论”以及“实在法思想”。

阿奎那认为，社会，根据上帝的安排，是不平等的社会。在上帝建立的自然秩序中，不平等就是普遍现象。在人类社会中，人们天然就是不平等的。国家的产生即是一种秩序的形成，有了整体与部分、权威与服从、奴役与自由的关系。国家存在的理由，在于它适应这种秩序、为这种秩序服务。在人类秩序中存在三种服从：一是“无罪状态下的服从”，如臣民服从君主、妇女服从男子，“如果人类社会不受那些比较聪明的人管理，它就会证明是缺乏合理的秩序”；二是“为赎罪而服从”，这种服从是奴隶式的，是对罪的惩罚；三是“宗教服从”，这是最高或最终的服从，政治义务最终以宗教义务为归依。也正因为此，如果权威不是来自上帝，对于君主的任何暴行都有不服从的义务。

为了捍卫这种神权等级体系，在具体的国家治理形式上，阿奎那主张君主政体是最优的。追随亚里士多德的政体分类理论，阿奎那指出：正义的政治统治即是社会处在为公众谋幸福的统治者的治理之下，平民政治、贵族政治和君主政治是三种正义的政治形式；相反，社会的一切设施服从于统治者的私利而不是公共幸福的政治是不正义的政治，暴民政治、暴君政治和寡头政治即是三种不正义的政治形式。君主政治之所以在正义政治形式中又是最优的，阿奎那讲了三个原因：第一，便于集中统一，能够最有效地实现社会的目的；第二，符合自然，“在自然界，支配权总是操纵在单一的个体手中”；[31]第三，为人类经验所证明，那些并非由一人统治的城市，常常相互倾轧、陷于分裂而纷争不断，反之，由一个国王统治之处则是一派升平。“所以，上帝通过先知答应他的人民：作为一个巨大的恩惠，他要把他们放在一人之下，只有一个君主来统治他们大众。”[32]另外，阿奎那还认为，君主制实际上是防止暴君出现的有效制度安排，相较于君主制，一切多人执政的政体更容易走向腐败而层出不穷地产生暴政。[33]

作为君主政体理论的必然延伸，阿奎那论述了人民对暴君的抵抗权问题。同认定君主政体为正义政体中最优者一样，阿奎那直指暴君政体为不义政体中的最坏。但是，在如何对待暴君的问题上，阿奎那与奥古斯丁一样，也要求人们对国家采取尊重态度，甚至对于暴君也要尽可能地加以忍受。所不同者，奥古斯丁视忍受政治中的不义是作为身带原罪的世人为自己赎罪的一种方式，从而根本上取消了对暴政的一切抵抗；阿奎那则更多从实用主义角度出发，在抵抗暴君或革命的问题上保持一种保守态度。他的一个基本的出发点，是对于无论出自统治者还是出自被统治者的政治变动可能带来的结果的一种悲观的估计。反抗一旦落空，必然促使暴君更加凶残；即或反抗成功，也会造成人民不睦与社会动荡。因此总的说来，如果个人能够随自己所愿而杀死统治者，则不论对于社会还是对于政治秩序而言都是一件十分危险的事情。除了最终放下一切抱怨、祈祷于上帝的力量之外，对于暴君恶性的矫正应该交由公共

---

〔30〕《阿奎那政治著作选》，马清槐译，商务印书馆 1963 年版，第 156 页。

〔31〕同上书，第 49 页。

〔32〕同上。

〔33〕同上书，第 55～57 页。

机构来进行,而绝不应该诉诸个人的私下判断。因此,阿奎那与奥古斯丁相比,已经不再要求人们对于暴君的绝对服从,并且提出了对于暴君的行为进行矫正的问题。只不过更强调这种矫正的权力属于公共权力机关而非个人。

显然,阿奎那把国家作为上帝设计的一部分而公开地予以正当化了,较之于奥古斯丁而言,国家从此具有了更多的合法性:国家不再是人类堕落的结果,相反,即是人类不曾犯有原罪,国家同样是一种必然的存在;国家也不再仅仅是为了防止人的罪恶而产生的一种纯粹的镇压机构,而是一种能够在社会中促进人与人之间合作的机构。正所谓:“圣·托马斯吸收了亚里士多德的思想,并在公共领域没有对这个主题作大的变动就唤醒了自古典时代已沉睡良久的公民”。[34] 有了这样一个方向性的转变,世俗社会及其政治法律问题,得以成为神恩关照之下而应予以理性对待的领域。

三、法的本质与分类

托马斯·阿奎那的法律思想集中地表现于《神法大全·论法》之中。接续其强烈理性倾向和世俗关怀的神学政治思想,阿奎那高度重视法律对于社会生活的重大意义。在西方法学史上,阿奎那第一次将法哲学理论明确划分为总论与分论,总论部分探讨了法的本质、种类和效果,分论进一步具体分析了永恒法、自然法、人法和神法,发展出一套庄严、博大的神学教法思想体系。

(一)法的性质

对于法,阿奎那从规则、意志与理性三者之间的关系来把握法的本质、目的和构成这些法的一般性问题的,认为法律“是对于种种有关公共幸福的事项的合理的安排,由任何负有管理社会之责的人予以公布。”[35]

首先,在本质上,法是“理性的命令”。《神法大全·第90题“一般的法”》在“法的性质”一条下明确地说:“法是人们赖以导致某些行动和不做其他一些行动的行动准则或尺度。法这个名词(在语源上)由‘拘束’一词而来,因为人们受法的拘束而不得不采取某种行径。但人类行动的准则和尺度是理性,因为理性是人类行动的第一原理……正是理性在指导着行动以达到它适当的目的;而按照亚里士多德的说法,这就是一切活动的第一原理”;[36] 在“理性和体现为法的意志”一条下又说:“理性有从意志发展到行动的能力;因为理性可以依靠某种目的之被希求这一事实,指挥一切必要的力量去达到那个目的。可是,如果意志要想具有法的权能,他就必须在理性发号施令时受理性的节制。正是在这个意义上,我们应当理解所谓君主的意志具有法的力量这句话的真实含义。在其他的意义上,君主的意志成为一种祸害而不是法。”[37] 这就是说,从法的最直接的表象上看,法是一种行为规范,体现人的意志,对人的行为产生拘束力量;作为一种行为规范的法,他最终来自于理性;包括君主在内,任何人的意志要想具备法的效力,首先必须符合理性,符合理性的才是法,否则只能是祸害。

其次,就目的而言,法是“对公共幸福的安排”。阿奎那接受亚里士多德有关“人天然就

---

〔34〕 [爱尔兰]J. M. 凯利:《西方法律思想简史》,王笑红译,法律出版社2002年版,第117页。

〔35〕 《阿奎那政治著作选》,马清槐译,商务印书馆1963年版,第106页。

〔36〕 同上书,第104页。

〔37〕 同上书,第104~105页。

是城邦动物”的论断，强调个人相对于社会而言，是一种不完善的存在，因此，法必须关注社会整体，而不是个人，法必须以整个社会的福利为其真正的目标。他说，“法律的首要的目的是公共幸福的安排……法律的公布乃是整个社会或负有保护公共幸福之责的政治人的事情。”〔38〕

（二）法的分类

阿奎那把法律划分为四种类型：永恒法、自然法、人法、神法。

1. 永恒法（Lex aeterna，The Eternal Law）

所谓永恒法，即上帝理性，是上帝统治整个宇宙的法律。阿奎那指出：法律不外乎是由那统治一个完整社会的君王所体现的实践理性的某项命令，由于世界本身是由神治理的，宇宙的整个社会就是由神的理性支配的，“所以上帝对于创造物的合理领导，就像宇宙的君王那样具有法律的性质……这种法律我们称之为永恒法”。〔39〕“就万物都由神的智慧所创造这一点来说，神的智慧所抱有的理想就具有一个范本、艺术或理念的性质；同样地，被认为是推动万物以达到它们的适当目标的神的智慧所抱有的理想，就具有法律的性质。因此，永恒法不外乎是被认为指导一切行动和动作的神的智慧所抱有的理想。”〔40〕

世界上一切事物都受上帝的管辖与统治，因而来自上帝理性的永恒法就是最高的法，是所有其他法的源泉。阿奎纳说：“既然永恒法是最高统治者的施政计划，那些以部署身份进行管理的人的一切施政计划，就必须从永恒法产生。所以，一切法律只要与真正的理性相一致，就总是从永恒法产生的。由于这个缘故，奥古斯丁说（《论自由意志》，第一篇）：‘如果人法不是从永恒法得来，那么在人法里就没有一条条文是公正的或合理的。’”〔41〕

作为上帝理性的永恒法，只有上帝才知道他的全部内容。虽然人类无力知道永恒法的整体，但却可以凭靠上帝赋予的理性能力了解其中的部分内容。作为理性动物对永恒法的参与的结果，阿奎那把它叫作“自然法”。

2. 自然法（Lex naturalis，The Natural Law）

所谓自然法，即永恒法在人类理性上的体现，或者说人类理性所发现的永恒法。自然法适用于人类生活，没有文字条款，只能够凭借理性去体悟。阿奎那对此分析道：“所有受神意支配的东西都是由永恒法来判断和管理的，那么显而易见，一切事物在某种程度上都与永恒法有关……但是，与其他动物不同，理性的动物以一种非常特殊的方式受着神意的支配；他们既然支配着自己的行动和其他动物的行动，就变成神意本身的参与者。所以他们在某种程度上分享神的智慧，并由此产生一种自然的倾向以从事适当的行动和目的。这种理性动物之参与永恒法，就叫做自然法……我们赖以辨别善恶的自然理性之光、即自然法，不外是神的荣光在我们身上留下的痕迹。所以，显然可以看出，自然法不外乎是永恒法对理性动物的关系。”〔42〕自然法是上帝的理性在人类身上留下的痕迹，因而自然法是永恒法的一部分。虽然自然法是上帝理性的不完善的反映，但它至少能使人类了解永恒法的某些原则。

---

〔38〕《阿奎那政治著作选》，马清槐译，商务印书馆1963年版，第105页。

〔39〕同上书，第106页。

〔40〕同上书，第111页。

〔41〕同上。

〔42〕同上书，第107页。

对于自然法的内容,总体上讲,阿奎那认为自然法和人的自然倾向相一致,大体上包含三个方面:其一,"保全人类生命"。与一切实体共有的趋吉向善的自然倾向相一致,自然法包含着一切有利于保全人类生命的东西,也包含着一切反对其毁灭的东西;其二,"人的自然本能",如性关系、抚育后代等等,与自然法有关;其三,和人的理性相一致的"向善倾向"。人天然希望知道有关上帝的事实并希望过社会的生活。在这方面,受自然法影响的是与这种倾向有关的一切行动,即一个人应当避免愚昧,他不应当得罪他必须与其交往的人们,以及所有性质相类似的行动。

对于自然法的属性,阿奎那详细谈论了两个方面:第一,自然法具有普遍性,但同时在具体情况下也允许例外。自然法要求按理性行事,这是人所共有的。"就理性的一般原理而论,不论是思辨理性还是实践理性,对于每一个人来说都存在一个真理或争议的标准"。[43] 自然法的普遍性意味着自然法普遍存在,对任何人都是一视同仁,普遍有效的。当然,自然法在具体事项的处理上并不能做到完全一致,而是结合具体情况允许存在例外。因为自然法同时与思辨理性和实践理性相关,思辨理性是用于非如此不可的必然事实方面的,因此在其各个结论中和一般原理本身中都可以同样肯定地发现真理。但实践理性则用于人类行动所涉及的偶然发生的问题上,因此,虽然在其一般原理中存在某种必然性,但你离开一般性愈远,则结论便愈容易发生例外。第二,自然法具有不变性,但并非僵化,而是在基本箴规不变的前提下必然有所"增益"。"没有理由认为它不应当改变。事实上,神法和人法确给自然法增加了很多有利于人类活动的内容",自然法规定为正确的东西仍然是大多数事例的通则。不过,它在某一个别事例中或数目有限的实例中有所改变,这是因为某些特殊的原因使人们不可能绝对遵守自然法的缘故。在这些情况下,自然法不是有所改变,而是有所增益。

3. 人法(Lex humana, The Human Law)

所谓人法,即世俗国家的法律,即根据人的理性按照自然法箴规对人类世俗事务的具体安排。阿奎那认为:"人类的推理也必须从自然法的箴规出发,仿佛从某些普通的、不言自明的原理出发似的,达到其他比较特殊的安排。这种靠推理的力量得出的特殊的安排就叫做人法,如果我们已经提到的为一切法律所必具的其他条件被遵守的话。"[44] 因此,"人法是借以调节人类行动的理性的某种命令。"[45]

对于人法,阿奎那首先明确肯定了人法存在的必要性,认为在终极意义上,人法的存在有助于人类的完善。他说,在人的身上存在一种倾向为善的自然习性,但人们只有实行"某种锻炼"才能使这种德性臻于完善。这种所谓的"某种锻炼"包括神的帮助、道德教化、长辈的指导,也包括法律的规范作用。对于那些必须使用强力与惩戒才能趋向善行的人来说,法律则是不可替代的。"所以,法律的制定是为人们享受和平的、有德行的生活所必需的。亚里士多德说(《政治学》,第一篇,第二章):'人在达到德性的完备时是一切动物中最出色的动物;但如果他一意孤行,目无法律和正义,他就成为一切禽兽中最恶劣的禽兽。'"[46]

其次,阿奎那阐述了人法与自然法的关系。一方面,他认为人法必须服从于自然法。他说:"奥古斯丁说(《论意志自由》,第一篇,第五章):'如果法律是非正义的,它就不能存在。'

---

〔43〕《阿奎那政治著作选》,马清槐译,商务印书馆1963年版,第113页。
〔44〕同上书,第107页。
〔45〕同上书,第124页。
〔46〕同上书,第116页。

所以法律是否有效,取决于它的正义性。但在人类事务中,当一件事情能够正确地符合理性的法则时,它才可以说是合乎正义的;并且,像我们已经知道的那样,理性的第一个法则就是自然法。由此可见,一切由人所制定的法律只要来自自然法,就都和理性相一致。如果一种人法在任何一点与自然法相矛盾,它就不再是合法的,而宁可说就是法律的一种污损了。"〔47〕另一方面,他还进一步讨论了从自然法产生人法的两种方式,一种方式是直接从自然法的规定中推导出来的普遍性的结论,另一种方式则是根据自然法的内容结合现实情况推导出来的具体规定。"第一,作为从比较一般的原理得出的结论。第二,作为某些一般特征的规定。前者类似赖以从第一原理得出论证性结论的科学方法。第二种方法类似规定某种普通形式用于一项个别实例的艺术方法……所以,有些规定是作为正式的结论从自然法得出的;如'不得杀人'这一结论是从'不要害人'这一箴言而来。其他的结论也是作为个别事项的规定而得出的。所以自然法规定应对任何犯罪的人实施惩罚。但是,一个人应当给以某种处罚,乃是自然法的一项特殊规定。"〔48〕

再次,阿奎那结合人法的基本特征探讨了"人法的区分"问题。人法的第一个特征在于"人法从自然法而来",据此,可以将人法分为万民法(ius gentium)和市民法(ius civile);由于从自然法得出人法有两种方式,因而,直接从自然法得出的结论属于万民法,从自然法产生的作为个别应用的标准,构成任何城市根据其特殊需要而规定的市民法。人法的第二个特征在于"人法以公共福利为目标",据此,人法可以按照公共福利的不同组成部分加以划分,如"祭司法"、"政治法"、"军事法"等。人法的第三个特征在于"人法由统治者颁布",据此,人法可以按照不同的政治制度进行划分:君主制度下就有"君王的律令",贵族政治下就有"智者的意见"和"元老院的建议",寡头政治下就有"执政官法"或称为"荣誉法",民主政治下就有"平民法"。对于暴君制度,阿奎那认为,因为它腐败透顶;所以没有相应的法律;对于混合政体,阿奎那认为这是最好的政治形式,在这种形式下,法律经贵族和平民一致认可后制定。人法的第四个特征在于"人法是支配人类行动的法则",据此,人法可以按照不同的对象亦即处理的问题进行划分。

又次,阿奎那围绕"人法的效能"问题详细探讨了人法效能的"通则"(一般前提)、"范围"、"人法的责任"(合正义性)、"人法效能的强制力量"以及"人法的解释"问题。这些包含了阿奎那的立法和守法的思想。

第一,在人法效能的"通则"和"人法的责任"中,阿奎那指出,以"公共福利"为目的是人法具有效能的一般性前提条件,符合正义是"人法的责任"。他再次强调:"全部法律都以人们的公共福利为目标,并且仅仅由于这个缘故,它才获得法律的权利和效力;因此,只要它缺乏这种目标,它就没有责成人们担负义务的力量。"〔49〕人法必须要符合公共福利的目的,而不是仅仅关注某些个别利益。由于公共福利有许多不同因素构成,还包含着公民社会若干时代的长远利益,人法必须对这些复杂情况进行统合考虑。对于"人法的责任",即合正义性,阿奎那认为,人法不是正义的便是非正义的,"如果法律是合乎正义的,它们就从作为其根源的永恒法汲取使人内心感到满意的力量。"〔50〕法律要想合乎正义,必须做到以下几点:其一,以

〔47〕《阿奎那政治著作选》,马清槐译,商务印书馆1963年版,第116页。

〔48〕同上书,第116~117页。

〔49〕同上书,第123页。

〔50〕同上书,第120页。

公共福利为目标;其二,法律的制定不超出制定者的权力;其三,按照促进公共幸福程度的适当比例分配公民义务;相反,对人类福利不利;或者,无补于公共利益、仅仅旨在助长统治者的贪婪与虚荣而成为臣民的重负;或者,超越立法权限,以及义务分配的不合理等等,“这种法律与暴力无异,而与合法性并无共同之处”。对待类似这样的恶法,阿奎那认为它们并不能使人在良心上感到非遵守不可,但作为基督徒,仍然应当在行为上顺从。“在这种情况下,一个人也许甚至不得不放弃他得种种权利像圣马太所教导的(《马太福音》,第五章,第四十至四十一节):‘有人强逼你走一里路,你就同他走二里;有人要拿你的里衣,连外衣也由他拿去。’”[51]除此以外,阿奎那强调,违反神性的恶法是根本不能服从的。“法律可以由于与神的善性相抵触而成为非正义的:例如横暴的法律强迫人们崇拜偶像或作其他任何违反神法的行动。这种法律在任何情况下也不可服从;因为,在《使徒行传》中说(第五章,第二十九节):‘顺从神而不顺从人,是应当的。’”[52]

第二,对于人法效能的“范围”,他从善行和恶行两个方面分析了法律所应当规定的内容。他指出,由于法律面向不同的人,这些人在道德修养和行为能力上存在层次之别,因而人法需要对他们进行区别对待。法律所要戒绝得恶行,并非是有德之士所力求戒绝的一切恶行,而只是大多数人所能够慎戒不犯的较为严重的恶行,因为这些行为不加禁止,社会将无以存续;法律所要求的德行,也绝非一切德行得每一种行动,而只是与公共福利相关的德行。

第三,对于人法效能的“强制力量”,阿奎那探讨了人法发生强制力量的两种方式以及例外情况,并对君主与法律强制力的关系进行了论述。他认为,具有强制力量是法律的基本特征。一个人有两种方式受法律的支配:[53]第一种受到法律支配的方式是,“服从某种权力的人也就受那种权力所颁布的法律的支配”。这种服从在两个情况下不能推行:一个是基于属地原则等权力范围,一个人完全不负有服从某一法律的义务;另一个是受较高的法律的支配,从而可以不遵从他原来应该遵从的法律。第二种受到法律支配的方式是,“他所处的地位像一个不得不去做那对他有拘束力的事情的人一样”。从这个意义上讲,好人不受法律支配,只有坏人才受法律的约束。对于君主,阿奎那认为,“按照上帝的判断,一个君王不能不受法律的指导力量的约束,应当自愿地、毫不勉强地满足法律的要求。所谓君王的地位高于法律,也可以从这样的意义来理解如果必要的话它可以变更法律,或者根据时间和地点免于实施法律的某些规定。”[54]

第四,阿奎那论及法律解释问题。他引用古罗马五大法学家之一的莫蒂斯蒂努斯的话:“无论正义和公平都不允许为了人们的利益而有效地订立的法律,由于过分生硬的解释而变得苛刻和有害于社会”,[55]认为,从法律规定的一般性与生活事实的个别性的关系角度看,法律解释是必然的。一般情况下,法律不是任何人都有权随意解释的,关于什么事情与公众有利或无利的判断权属于统治者。但是,在特殊情况下,“当危险来临,来不及把问题向当局提出时,需要本身可以允许权宜行事;因为需要临头无法律。”[56]

最后,阿奎那探讨了人法的变易性以及习惯的价值及其与法律的关系。对于法律的变易

---

〔51〕《阿奎那政治著作选》,马清槐译,商务印书馆1963年版,第121页。

〔52〕同上。

〔53〕同上书,第121~122页。

〔54〕同上书,第123页。

〔55〕同上。

〔56〕同上书,第124页。

性，阿奎那总的态度是：法律应当变，但更应当慎变。法律变易性的缘由，根源于两个方面：一方面，人类理性是逐渐从不完善趋向完善的，人法也就应当是伴随人类理性的发展而发展的。另一方面，不同的法律标准是按照人所处的不同情况得出的，受法律控制的对象——人的情况本身的变化状态决定了法律应当发生相应的变化。虽然法律可变，但变法仍然要格外慎重，除非万不得已，法律最好不变。阿奎那说："人法的改变只有在它达到有利于一般福利的程度时才是正当的。可是，法律发生改变这一事实本身在某种意义上讲是与公共幸福有害的。这是因为在遵守法律的方面惯例十分重要，以致任何违反一般惯例的行动即使本身无足轻重，也似乎总是比较严重的。所以当法律发生改变的时候，只要抛开惯例，法律的强制力就会减少。由此可见，除非对公共福利所产生的利益足以补偿所造成的损害，否则人法就永远不应加以改变。"〔57〕

对于习惯，阿奎那认为，由于法律的改变和解释可以通过重复多次的行动——即习惯来进行，从习惯可以清楚地表明理性的概念和意志的内心活动这个意义上讲，习惯具有法律的力量，它可以取消法律，也可以作为法律的解释者。全社会同意遵守某种习惯，实际上是整个社会制定了一项法律，从而比君主的权威更有价值。

4. 神法（Lex divina，The Divine Law）

神法，即《圣经》，它不是人类理性的产物，而是来自于上帝的启示（Revelation），记载于旧约新约全书之中。神法不同于永恒法，不是上帝支配整个宇宙的法，是指导人类接受上帝启示，去实现他必需实现的自然的、特别是超自然的目的的法；作为神恩的礼物和对一般原则体的自然法的补充，神法的效力高于人法。

阿奎那认为神法增加理性而非减损理性，其目的在于解决人类不能体会或确定的问题，因此，虽然有了自然法、人法，但由于理智的缺陷，人类还必须要仰赖神的启示、更要信仰神的启示。对于神法的这种必要性，阿奎那谈了四个方面原因：第一，人类追求的终极目的在于人的永恒福祉，仅靠人类理性参与永恒法得来的自然法与作为人类理性命令的人法是远远不足以实现这样一个注定超过人类天然才能的目标的；第二，人类的判断本身是不可靠的，从而产生彼此不同甚至相反的法律，而神法是不可能发生错误的；第三，完善的德行要求人在外部行为和内在心理两方面均保持正直，但人类的法律只能涉及人的外部活动而不足以指挥和规定人的内心；第四，人类的法律既不可能惩罚又不可能禁止一切恶行。结合这四个方面，人类都必然要依赖神法。

参考文献

1. ［意］阿奎那：《阿奎那政治著作选》，马清槐译，商务印书馆 1997 年版。
2. 刘素民：《托马斯·阿奎那自然法思想研究》，人民出版社 2007 年版。
3. ［美］列奥·施特劳斯、约瑟夫·克罗波西主编：《政治哲学史》（第九章），李天然等译，河北人民出版社 1993 年版。

思考题

1. 试述阿奎那政治法律思想的特点及其历史地位。

〔57〕《阿奎那政治著作选》，马清槐译，商务印书馆 1963 年版，第 125 页。

2. 阿奎那是如何继承和发展亚里士多德的政治学的?
3. 阿奎那的法律定义及其对后世的影响是什么?

第四节 中世纪晚期的法律思想

一、马西利乌斯的法律思想

帕多瓦的马西利乌斯[Marsilius of Padua,1275~1348年,又译马西(利)辽],欧洲中世纪反对教权、支持王权的政治法律思想家,是使法学、政治学摆脱基督教神学束缚的一位重要先驱。

中世纪中期开始的世俗统治的崛起以及激烈的教俗冲突是我们把握马西利乌斯思想形成与发展的背景。"马西利乌斯大半辈子是在当时几个最像国家的政治共同体中度过的。不过,还是必须强调,在14世纪,这个走向国家的发展只是个倾向,未成气候。"[58] 他出生于意大利北部的帕多瓦,这是一个商业发达、以市议会为最高权力机关的民主制度发达的自治城市。早年学习医学,当医生,还担任过帕多瓦的教长,后到巴黎。当时的巴黎卡贝王朝是法兰西历史上一个成功实行中央集权的王朝,马西利乌斯在那里取得硕士学位,任教巴黎大学,1312年担任巴黎大学校长,并与王权主义者、亚里士多德专家冉丹的约翰(John of Jandun)结识。1324年,面对极力抵制教会干预世俗政府的神圣罗马帝国皇帝路易四世同教皇约翰二十二世的冲突,马西利乌斯完成了代表作《和平的维护者》,坚决拥护王权、反对教权。此举招致罗马教廷谴责,1327年同约翰一道被斥为异端、开除教籍,在法国和意大利都无处容身,余生全托路易王朝庇护,1348年在巴伐利亚过世。

在思想上,马西利乌斯是阿维罗依主义的坚决拥护者,阿维罗依主义反对阿奎那那种调和理性与信仰的企图,他们虽不否认理性的认识功能,但坚持对于宗教真理的认识不能根据理性而只能根据信仰与启示。把同样的逻辑运用到教会与世俗权力的关系问题上,阿维罗依主义者反对传统的那种认为只有基督教的国家才是最好的国家的理论,认为世俗权力本身就完全能够为人们保证一种道德的和幸福的生活。这样一种观念构成了马西利乌斯理论的出发点。[59] 在《和平的维护者》(Defensor Pacis)一书中,马西利乌斯直指教会势力干预君主统治是引发无数政治纷争、破坏世界和平的罪魁祸首。所谓"和平的维护者",集中表明了马西利乌斯的基本思想:反对教会干预世俗政权的企图,支持一个能够维护和平的世俗权力。全书全面发挥亚里士多德政治学原理,竭力维护世俗皇权,由三个部分组成:第一部分根据亚里士多德观点综论世俗权威与组织,以此说明政治统治之常态或应然状态。在这一部分,马西利乌斯严守亚里士多德角度论事,意在表明政治学足以自立,不必援引《圣经》以为指导或做充实。第二部分处理"异常"案例,指教皇制度为中世纪政治纷争之肇因,集中论述教会应有之作用与地位、教会同世俗国家的关系以及现存之严重弊端。在这一部分,马西利乌斯每论

[58] [英]约翰·麦克里兰:《西方政治思想史》,彭淮栋译,海南出版社2003年版,第164页。
[59] 参见唐士其:《西方政治思想史》,北京大学出版社2002年版,第160页。

一事,则又必引《圣经》为证,意在彰明:上帝自己的话足以反驳教皇建立霸权的名分。此两部分,以亚里士多德为先,《圣经》其次,亚里士多德论点在新约中获得证实,而非新约论点获得亚里士多德证实,立意谋篇甚费经营;第三部分提出42条论纲,总摄前两部分而终篇。

(一)国家与教会的关系

马西利乌斯之主题,是论证世俗权威在教外事务上优于教会权威,以阐明其反教皇而亲世俗权威的立场。如同亚里士多德,马西利乌斯将国家视为一个自然的有机体,其目的是使人能过充足的生活。国家的组成部分包括农民、工匠、商人、军人、僧侣教士,而由一个统治阶级治理整体并处理纷争。各部分对整体生活有不同的贡献,国家的"庸俗部分":农民、工匠、商人,价值不如"荣誉部分":统治者、教士及军人。如果某些部分想做他们自然就不适合去做的事情,就会给整体造成功能失调。所谓"和平",就是国家所有部分对整体的功能作用提出合宜的贡献。防患于未然,对国家组成部分进行合理的安排是独属于国家统治者的事情。对统治者的这种处分国家内部组成关系的权力的任何干预都应当避免,以保证国家能够发出单一的、毫不暧昧的声音。相反,管辖权如果混淆不明,将成为国家失谐不和的祸因,这是国家最宜避免之事。

国家与教会完全是建立在两种不同基础之上的组织,它们的功能也根本不同。国家无论从精神上还是物质上说都是一种完全自足的实体,他的目的是为人们保证一种幸福而有德的生活,而对国家事务进行管理的依据则是根据理性所做出的正确判断。僧侣教士只是国家的六大构成部分之一,虽然是一个必要的、甚至是显贵的部分,但绝不是进行统治的成分。因为共和国之为共和国的目的,不在于思辨的美德,城邦与国民并不从事哲学研究。[60] 虽然国家和教会两者的最终目的都是为人们创造一种更好的生活,但它们之间的根本区别在于,教会应该关心来世的生活,以向人传达上帝的启示并拯救人们的灵魂为目的。对现世的生活的关心则属于国家的事务,教会根本无权进行干预。因此,"作为灵魂医生的神父在现时世界不能以《圣经》为基础而对任何人进行约束。同时在结果上,纵然允许神父对臻于完善的良善道德以及作品进行激励或者调节,或者进行劝诫,但是,这样的调节仍然不是以及不能被称作是法律,毋宁被称作指导或者裁决"。[61] 他指责教会不把精力用到拯救人的灵魂这一自身事务上,反而向国家争夺世俗的权力。甚至毫不客气地指出,各国之间所出现的不和与争斗,在很大程度上正是教会插手国家事务的结果。

(二)国家权力及立法权的归属

尘世主权如果不是上帝透过教皇授予的,这主权来自何处?马西利乌斯的回答是:"来自人民"。这一确定的回答的确是马西利乌斯政治法律理论的光辉之处,但详加分辨,却不宜骤下决断,以为这样一位14世纪的教士果真提出了一种近代的"人民主权理论"。马西利乌斯将国家权力以及立法权归属于"人民",就本意而言,只是对于将这些权利归属于神意及其尘世代表——天主教会的一种决然反动,是其反神权政治理论的在思想上所达致的最远之点,但也只是在这里稍作停留而已。即便这里存在一个近似于"主权者"概念的、作为权力来源

[60] [美]列奥·施特劳斯、约瑟夫·克罗波西主编:《政治哲学史》,李天然等译,河北人民出版社1993年版,第300~301页。

[61] [意]马西利乌斯:《和平的保卫者》(小卷),殷冬水、曾水英、李安平译,吉林人民出版社2011年版,第179~180页。

的“人民”,那也是一种消极意义的人民概念:权力的终极来源是一回事,说人民以此应当行使权力,却完全是另外一回事,我们既看不出马西利乌斯有任何希望打通这两回事情的努力,更看不出他有任何洛克、卢梭式的言论。

按马西利乌斯的进一步论述,他否定神权政治之后的关心所在仍旧是政体问题;对政体问题的分析,仍旧是亚里士多德的理路如何在实际的统治方式上,防止各种形式的“人的”暴政——暴君、寡头,当然更还有暴民。对于这个意义上的主权者究为何人,马西利乌斯的回答颇可玩味:“不太多的多数人”,或者,“不太少的少数人”。这无论如何是一个明确了一些东西的模糊概念。不太多的多数就是不太少的少数,只不过这同一群人同时有针对于君主政体和民主政体两个不同的面向。这所谓“多数”或“少数”的一群人如何把握?马西利乌斯只是说:他们是全体人民里面“较具分量的部分”(valentior parts)。这只能让人想到希腊的“贤人会”、罗马的“元老院”。当然,马西利乌斯的意思是:人民,透过最有分量的优秀人民,行使立法权,其实质是一种等级贵族政体。考虑到这一理论在中世纪政治生活的现实适用,尤其是反对教权而导致的强化王权的需要,马西利乌斯认为,上述“人民主权”意义上的贵族政体只有在一个完美的共和国里才能实现。对于现实,他退而求其次,主张一种“民选君主政体”来代替“世袭君主政体”。

针对中世纪统治秩序的分裂、世俗国家权力的软弱、割据状态,马西利乌斯在他的国家理论中进一步分析了国家行政权。他强调国家行政权的统一与权威,认为行政权本质是对法律的执行,其权威来源在于国家立法权。

(三)法律的概念与分类

马西利乌斯的法律思想是其反教权立场的进一步贯彻。整体上讲,法律被认为是一种根源于世俗统治的存在物,是强制性律令的集合体。[62] 虽然不能否认法律与神的正义有其关联,但有无这种关联已不再构成我们思考法律的基点——法律之所以成为法律,在于其令人服从的强制力量,也就是它的制定与执行,而无需考虑到底是上帝之法还是上帝在尘世的代理者的法律。相应地,统治者或立法者也就不再被视为必须有资格了解正义本质的人,而仅仅是“拥有制定法律的权威及使法律生效的权力的人”,由此独得神意之秘密无从构成教皇干预世俗国家法律之制定与执行的有效根据。

从这样的法律概念出发,马西利乌斯认为,法律只有两种:神法与人法。神法是上帝的直接命令,没有人类考虑的因素。它不仅涉及人在现实世界应该做或不应该做的行为,也涉及未来世界人要怎样做的问题。人法是国家制定的法律,是全体人民或大多数人民的命令,只调整现实世界,任何人违反人法,都要受到它的惩罚。他说:“准确地说,通过使犯人处于遭受惩罚的威胁之下,法律是一种涉及人类行为违法或者不足的强制性律令。神圣法,由上帝直接创立的强制性律令,它基于对未来世界结果的追求,以及在相同的未来世界而非在现时世界,使犯人处于惩罚的威胁之下。但是,人类法是一种直接来源于人的意志或思虑的一种强制性律令,它基于当前世界即时目的的追求,同时仅仅在现时世界将惩罚的威胁施加于犯人之上”。[63] 它专意强调:教会和教士决不能凌驾于人法之上、不具有人法之外的任何特权。此外,从神法的本性上看,作为宗教法,神法不具有惩罚性,教会和教士不能利用神法对人民

---

〔62〕[意]马西利乌斯:《和平的保卫者》(小卷),殷冬水、曾水英、李安平译,吉林人民出版社2011年版,第187页。
〔63〕同上书,第168页。

或教士采取任何强制或惩罚。因为，宗教信仰应当自由而不能强制；同时，按照人法，也不存在精神的犯罪，如果有什么宗教上的罪过，也只能接受上帝的裁判，而那是人死之后的事情。而且，教会只是国家的一部分，一个国家对国民的强制权属于国家最高权力，只能由世俗政府依据人法进行。它甚至激进地主张教会和教士不享有财产权，因为财产问题本质上与宗教信仰无关，属于人法所规定的权利范围。教会财产只是社会对于公众信仰事业的一种补助款项，它的财产权应当归属施主或全体社会成员，并且由世俗政府予以管辖。

只要考虑到帕多瓦的马西利乌斯这位“异端”的出生时隔圣·托马斯·阿奎那49岁英年早逝仅仅4年，就无论如何不能不让人慨叹世事繁复诡谲而人类思想进程之汹涌激荡。在中古基督教发展至巅峰状态的时代，马西利乌斯所强烈感受到的却恰恰是尚在襁褓之中的市民阶层的正义和力量，为天主教会神权政治这出千年大剧的落幕拉响了凄厉的乐章，尽管离真正的退场还有漫长的时代。作为一位教士出身的“异端”，他与奥古斯丁，甚至托马斯·阿奎那，无疑共享着有关人及其归宿问题的大量的终极预设，然而这并不妨碍他对于社会政治法律问题根本上摆脱天主教神学理论体系所做出的大破大立的贡献。同样地，与他无畏惧地反对教权、鼓吹皇权以及因此而得到国王的赏识与庇护相比，他竭力所向的世俗政治理论，尤其是在亚里士多德政治学基础上摸索性迈进的一步——民主国家的设想，在厚重的历史与冷酷的君王面前又显得何其稚嫩与空幻。从这个意义上讲，西方政治法律思想史上还必然在等待着另外一批更加世俗和强硬的思想人物，马基雅维利、布丹是他们的总代表。

二、马基雅维利的法律思想

尼科洛·马基雅维利（Niccolo Machiavelli，1469～1527年），意大利佛罗伦萨的政治家、历史学家和政治法律思想家；近代资产阶级政治法律理论的重要奠基人物；基于对一种以权力观念为中心的政治科学学说的极力鼓吹，他又被认为是将政治学中道德因素彻底清除、对政治问题进行独立地经验实证研究从而奠定了现代西方政治学起点的开创性人物。

1469年5月3日马基雅维利出生于佛罗伦萨一个没落贵族家庭。祖辈有着煊赫的历史，曾经出过13名政府首长和53名执政官。父亲贝尔纳多（Bernado）是法学博士、律师。1494年统治佛罗伦萨60年的梅迪奇家族政权垮台，25岁的马基雅维利参加新成立的共和国，从此一生命运卷入佛罗伦萨的兴衰治乱。1498年，年轻的马基雅维利就任共和国领导中心“十人委员会”秘书，受命于最高行政机关——执政团，负责外交和军事事务历14年之久。其间创建国民军队，收复失地，组织国防，更30余次出访意大利各邦与法国、瑞士、德意志各国，对中世纪晚期各国社会政治现实和统治者的真实面目有了深入了解和缜密分析，痛切于罗马天主教会的罪恶和意大利分裂内耗的积弱落后局面，对日后政治法律思想的形成产生了重大影响。1512年利用法国、西班牙、罗马教廷组成的“神圣联盟”对佛罗伦萨的入侵，梅迪奇家族卷土重来，共和国瓦解。马基雅维利先被免职、后遭刑讯。至1513年3月出狱，白日与耕徒樵夫为伍，夜晚单独“与古人晤对”，生活拮据而著述不止。《君主论》（The prince，或译《霸术》）、《李维史论》（Discourse on Livy、Discourses on the First Decade Titus Livius，或译《论提图斯·李维〈罗马史〉的前10卷》）、《战争艺术》（Art of War）先后完成。为图再起，他将《君主论》题献给梅迪奇家族统治者，结果石沉大海。1520年受命编撰《佛罗伦萨史》（Florentine History），5年完成。1527年5月，佛罗伦萨人民起义，梅迪奇政权再遭驱逐，共和恢复。他又希望效力共和，因其献媚于梅迪奇家族在先而再度事与愿违，仅仅月余即于1527年6月22

日病困而亡。

总体上看,马基雅维利的政治法律思想有三个极为突出的特征:一是他的世俗性。同一切文艺复兴时代的巨人一样,他以人性论为基础,用人的眼光来观察政治社会问题,使政治思想从宗教神学中摆脱出来,[64]形成了在他那个时代对于欧洲政治的实际状况和发展方向的清晰判断。二是他的非道德性。他一反古希腊苏格拉底、亚里士多德以来将正义、善德作为政治本性和目标的传统思维,认为政治就是统治策略、就是智慧与力量在统治问题上的适当运用,统治者应该真正掌握的不是什么道义原则,而是武力、金钱与欺诈的手段,形成了与西方古典德性伦理学传统决裂的实力政治学。[65] 三是他的资产阶级性。在他冰冷无情的魔鬼般的文字背后有着对于尘世社会冷静的判断与深刻的期盼。终其一生的政治实践与理论抱负无非是对于正在酝酿之中资产阶级市民社会的一种极端的呼唤,国王、教会以及亿兆百姓都只不过是这样一张政治大局上的棋子而已,这一切是强烈的政治目的施加于严酷现实之上的必然结果。

(一)人性、权力与政治的非道德化

中世纪世俗国家的建立急切面对着一个政治统治合法性的获取问题。依凭暴力、阴谋而来的世俗政权如何完成政治合法性的成功转换?这样一个问题在既有的政治理论和实践上都是几近于无解的。面对一个血缘世袭、封建契约、宗教灵光这些传统政治统治合法性来源被颠覆的时代,市民阶级借助文艺复兴在科学和艺术方面所取得的精神成就和经济力量,开始在政治领域申述自己的权力和主张。在他们“僭取”的国家转变为近代意义的法理性统治之前,他们首先必须保住并维持自己的权力,以有效的强力统治证明并最终获取被统治者对这种不合法的权力僭取的合法性的习惯接受。马基雅维利的政治学即是为这种新型国家提出的新的政治科学,它是一种完全近代意义的政治科学,它无需哲学、伦理学或神学的前提,它的核心即是权力。马基雅维利的一切思考指向政治统治如何得以确立和巩固这样一个现实问题的解决方案,正所谓:“国家的安宁取决于政治上的决断,所以一切有关正义与非正义、人道与残酷、荣誉与羞耻的考虑都必须统统为其让道。必须放开其他一切的考虑,唯一的问题就是,怎样才能保证国家的生存与自由?”[66] 正是通过对这种“放开其他的一切考虑”、“让一切为政治统治让道”的主张的贯彻,围绕着政治问题尤其是其中人的欲望、冲动以及效果的实际关注和分析,马基雅维利确立了政治学的问题领域及其区别于宗教神学、伦理道德等之外的独立的标准。“从近代马基雅维利起……政治的理论观念摆脱了道德,所剩下的是独立研究政治的主张,其余没有别的了”。[67]

与此相一致,现实的、实证的方法而非理论的、教义的方法,以及对实际的人的理解和判

---

[64] “马基雅维利、康帕内拉和其后的霍布斯、斯宾诺莎、胡果、格老秀斯,以及卢梭、费希特、黑格尔等都已经用人的眼光来观察国家了。他们是从理性的经验中而不是从神学中引申出国家的自然规律。他们都是哥白尼的榜样。”参见《马克思恩格斯全集》(第1卷),第128页。

[65] “尼科洛·马基雅维利,这位意大利政治思想家可能是第一个抛弃末日论和赎罪论的精神世界、主张我们应当关心如何在现实世界中避免死亡的思想家。”参见[英]韦恩·莫里森:《法理学——从古希腊到后现代》,李桂林、李清伟、侯建、郑云端译,武汉大学出版社2003年版,第78页。

[66] Machiavelli, Discourses on the First Decade Titus Livius, in Machiavelli, the Chief Works and Others, translated by Allan Gilberty, Durhan North Carolina: Duke University, 1965, p. 228.

[67] 《马克思恩格斯选集》(第3卷),第368页。

断，而非对应然道德的推演和宣讲，构成他政治法律思想的前提。换言之，马基雅维利主张运用一种历史考据和经验观察相结合的实证主义方法论来加深对政治生活中人的所作所为的理解和把握，进而在此基础上寻求对政治问题的可靠和有益的指导。在马基雅维利看来，人类活动不过是受制于自然法则的自然活动，我们应当按照自然情况去探寻它们，而不是通过宗教神学或伦理道义的指导去假想它们。人及其国家和自然万物一样，都服从诞生、发展、变化、死亡的自然法则。但是，组织良好的团体要比组织不好的团体维持长久，政治统治因此应当尽其可能地使自己建立在有关联系、发展、变化、衰亡的知识基础之上，以使那种不稳定性和不恒久性的生命本质得到有效抑制。“命运是我们半个行动的主宰，但是他留下一半或几乎一半归我们支配……当我们的力量没有做好准备抵抗命运的时候，命运就显出它的威力”。〔68〕人都是自私而邪恶的：“人们忘记父亲之死比忘记遗产的丧失还来得快些”，〔69〕“人总是从一个欲望走向另一个：首先寻求自我保护，然后就要去攻击别人”，“人的本性已经注定他们总是贪求一切却又无法得到，因此欲望总是要大于满足欲望的能力，人们总是对于他们已经获得的东西不满，进而也对他们自己不满。人们的命运由此而被决定，一些人希望获得更多，而另一些人则害怕失去他们的手中之物，因此战争与敌意便是自然的结果”，“谁要是想建立一个国家并为其制定法律，就必须假定所有的人都是恶的，只要他们已有自由，就会按照其思想中恶的一面行动”。〔70〕如果要谈到所谓德性的话，德性就是意味着一种区别于命运而使其屈服的人的能力，而这恰恰要求对德行与恶性进行明智的轮番使用。

（二）君权霸术与共和理想

显然，马基雅维利对强权统治和政治诈术的毫不掩饰的宣讲与在人性理解上的悲观基调以及对人类政治生活的残酷性的深刻体认，是互为表里、彼此发明的。他可以算作将人性恶理论彻底地引入政治哲学领域的始作俑者。政治绝非人类社会的一种道德活动，而是因人与人之间利害关系而起的社会冲突，人们围绕权力而展开的斗争和统治者通过权力进行的统治，实质上都是人在社会中围绕利益而进行的角逐和强者对弱者的欺骗和压迫，人类的历史，就是爱的不可靠的历史。必须严格区别政治领域与其他领域，要区别政治领域中的善恶标准与其他领域中的善恶标准。对于君主而言，必须要掌握为巩固统治所必需的一切阴谋霸术，并加以毫无顾忌地巧妙运用。“因为一个人如果在一切事情上都想发誓以善良自持，那么，他厕身于许多不善良的人当中定会遭到毁灭。所以，一个君主如果要保持自己的地位，就必须知道怎样做不良好的事情，并且必须知道视情况的需要与否使用这一手或者不使用这一手。为此，我想把关于想象上的君主的事情撇在一边，而只是讨论确实存在的事情……因此君主必须有足够的明智远见，知道怎样避免那些使自己亡国的恶行，并且如果可能的话，还要保留那些不会使自己亡国的恶行，但是如果不能够的话，他可以毫不踌躇地听之任之。还有，如果没有那些恶行，就难以挽救自己的国家的话，那么它也不必要因为对这些恶行的责备而感到不安，因为如果好好地考虑一下每一件事情，就会察觉某些事情看来好象是好事，可是如果君

〔68〕［意］马基雅维利：《君主论》，潘汉典译，商务印书馆 1985 年版，第 117～120 页。

〔69〕同上书，第 81 页。

〔70〕Machiavelli, Discourses on the First Decade Titus Livius, p. 206、p. 272、p. 201。转引自唐士其：《西方政治思想史》，北京大学出版社 2002 年版，第 180 页。

主照着办就会自取灭亡,而另一些事情看来是恶行,可是如果照办了却会给他带来安全与福祉。"[71]因此,君主不宜心怀妇人之仁,行小善而致天下人受害,当于残酷之恶名无所介意;基于政治上的人心险恶,君主应当"视人人为潜在刺客",谨记"被怕被很胜过只被爱","速杀渐赏",还又要能够做到"伪装和善"。所谓马基雅维利的名言:"君主既然必须懂得善于运用野兽的方法,他就应当同时效法狐狸与狮子。因为狮子不能防止自己落入陷阱,而狐狸则不能够抵御豺狼。因此,君主必须是一头狐狸以便认识陷阱,同时又必须是一头狮子,以便使豺狼惊骇。"[72]

历来马基雅维利的研究者都注意到马基雅维利《君主论》与他的《李维史论》、《佛罗伦萨史》的严重差别,在《李维史论》,他满怀激情地歌颂共和制度;在《佛罗伦萨史》,他以其固有的坚韧与冷漠曲折地表达着对公民社会的力量与自由的确信与向往;而在《君主论》,他却完全是君主制度的狂热鼓吹者和对各种政治权谋的不动声色的传授者。这些表面上巨大的反差并非水火不容的截然对立,只是反映出马基雅维利政治法律思想的复杂与深刻。熟知古典政治理论,深受文艺复兴时代人文精神之熏染而心仪古罗马鼎盛时期的共和制度,对人性之不可靠以及君主政体向暴君政治演化之灾难有着异乎寻常的敏锐判断,马基雅维利政治非道德本性的极端判断和对君主政体的极力鼓吹——这一看似尖锐的矛盾根源于他对自己身处其中的中世纪社会现实,尤其是意大利民族国家建立的复杂性和残酷性的深刻体认。在他看来,理想共和政体的实现,必须先行具备理想的条件。罗马共和国之所以是国家统治形式的楷模,乃是由于这个国家包含着市民和统治者双方的德性。市民能够互相协调一致,统治者能够牺牲自我而为公共福利和国家去献身服务。这样的共和国在瑞士或德意志诸邦国内或许有实现的可能,但在意大利是绝无可能的。在意大利这样的国家,政治统治的问题不是一个,而是必须要加以分开的两个即首先必须建立统治,其次才是采取什么好的统治。君主制从而成为压倒性的唯一选择。不仅如此,在马基雅维利思想深处,君主毕竟只是国家的一种工具,既不具有超越常人之上的什么奇才伟力,更没有什么神圣的性质。君主不但作为常人,可能犯下极其愚蠢的错误而危害国家,而且君主制度极易演化为专制暴政。他清楚地看到,真正有助于社会公共利益实现的,只能是共和政体。正如英国学者约翰·麦克米兰所言:"从来没有人读马基雅维利而只看《论李维》,但如果我们只读《论李维》,则毫无疑问,我们会断定马基雅维利是古今最伟大的共和主义者之一。所以,问题可以如此归结:《君主论》与《论李维》能调和吗? 掷地有声的回答是:能。非特如此,《论李维》还提供了一整套完整的政治理论,马基雅维利《君主论》的君王政府置于这套理论之中,十分合榫。《君主论》与《论李维》非但没有矛盾,《君主论》甚至可以说是《论李维》的一部分。"[73]

(三)法律与军队

在君主制下,配合君主的个人霸术,马基雅维利强调法律和军队对于捍卫国家统治的重要性。他说:"一切国家,无论是新的国家、旧的国家或者混合国,其主要基础乃是良好的法律和良好的军队,因为如果没有良好的军队,那里就不可能有良好的法律,同时如果那里有良好

---

〔71〕[意]马基雅维利:《君主论》,潘汉典译,商务印书馆1985年版,第74~75页。

〔72〕同上书,第83~84页。

〔73〕[英]约翰·麦克里兰:《西方政治思想史》,彭淮栋译,海南出版社2003年版,第182页。

的军队，那里就一定会有良好的法律。”〔74〕一个成功的国君必然要掌握两种治国的方式：一种是法律，另一种是武力。前者是人类所独有的，后者为兽类所通行。然而，人类身上兽性太多，法律常常无效，必须借助武力来维持。

在共和制下，由于“任何人，尤其是君主们，都可以被指责具有作家们常常用来谴责普通人的那样一些缺陷。因为任何不受法律约束的人都将与失去控制的大众犯同样的错误”，相应地，“依据法律进行统治的大众将表现的稳定、审慎和公正，照我看来，这与君主的统治完全一样，甚至比他更好，尽管他有智慧的美名。而另一方面，如果缺少法律的约束，君主的统治比同样情况下民众的统治要更不公正、不稳定和不慎重。”〔75〕

在上述思想基础上，在《君主论》题为“奉劝将意大利从蛮族手中解放出来”的最后一章，马基雅维利发出了这样的呼喊：“如果在意大利的多次革命和许多战役中，意大利的军事力量似乎总是被消灭了，这并不是什么怪事，因为它的旧制度不好，而且从来没有人懂得怎样制定新制度。因此，要使一个新近当权的人能够获得巨大的荣誉，莫过于由他创制新的法律和新的制度。”〔76〕

由于通篇畅言权谋诡计、极言“目的说明手段正当”，向有“《君主论》令基督徒震惊”之说，加之身前宦海浮沉，身后又遭极权主义思想家与统治者的阐发、推崇而形成所谓“马基雅维利主义”，〔77〕马基雅维利及其《君主论》数百年来聚讼纷纭、言人人殊。实际上，只要认真考虑马基雅维利所处的时代与国家，他的思想是不难理解的。冰冷的世界产生更为冰冷的文字。一生痛心疾首于意大利的分崩离析而于强国兴邦身体力行，他的《君主论》显然不是为了进行政治法律理论系统化的体系构造，而首先是解决时代的现实问题。这就说明他已经完全从中世纪基督教神学的阴影下走了出来，完全从人类自身探索政治法律问题。他极力压制了自己有关政治理想状态的一切浪漫情绪，却同时牢牢地抓住了政治现实中最残酷也是最稳定的一面。一方面，“不承认他基本的理想主义倾向，就不能正确评价它的著作的现实主义方面”，〔78〕另一方面，我们纵然可以说：“马基雅维利不具备从内部斗争和悲剧性的牺牲这一角度思考问题的能力”，〔79〕但是，人类政治已有的表现以及可能发生的进一步表现都足以证明：马基雅维利对权术与统治的邪恶的不动声色的描述，对于任何一个珍爱自由、确信道义的人来说都具有无与伦比的警示意义。

---

〔74〕［意］马基雅维利：《君主论》，潘汉典译，商务印书馆1985年版，第57页。

〔75〕Machiavelli, Discourses on the First Decade Titus Livius, p. 316。转引自唐士其：《西方政治思想史》，北京大学出版社2002年版，第182页。

〔76〕［意］马基雅维利：《君主论》，潘汉典译，商务印书馆1985年版，第123页。

〔77〕“马基雅维利主义：通常是指马基雅维利政治学说中最引人注目的方面，往往是断章取义地抽出来的部分内容。按一般的说法，马基雅维利主义意味着在人们追求目的的过程中，不必有道德上的顾忌。或者简明些说，结果决定着方法的正当与否……在当代，这种被概括为无情的强权政治或压倒一切的国家理性意义上的马基雅维利主义曾为民族主义政治家们或多或少地公开接受并付诸实践。意大利共产党人安东尼奥·葛兰西在赞誉马基雅维利对政治的洞察力时，曾把它所说的‘君主’与共产党的作用相提并论。”参见［英］戴维·米勒、韦农·波格丹诺编：《布莱克维尔政治学百科全书》，邓正来等译，中国政法大学出版社1992年版，第436页。

〔78〕［美］F. N. 麦吉尔主编：《世界哲学宝库——世界225篇哲学名著述评》，《世界哲学宝库》编委会译，中国广播电视出版社1991年版，第404页。

〔79〕同上。

三、让·布丹的法律思想

让·布丹(Jean Bodin,1530～1596 年)法国著名政治法律思想家,近代民族国家的拥护者、国家主权学说的奠基人,是继马基雅维利之后最重要的资产阶级早期政治法律理论家。

布丹出生于法国安吉尔省的一个富有贵族家庭。在都罗斯大学法学专业毕业后,留校任教,不久前往巴黎担任律师,1576 年被聘为亨利第三的宫廷法律顾问,后来还当选过省议会议员和全国三级会议第三等级代表。布丹是一个不懂休息和娱乐的人,一生孜孜不倦地致力于学习和研究,他知识渊博,精通天文、地理、物理和医学,掌握希伯来语、希腊语、德语、意大利语等多种语言。代表作:《简明历史认识方法》(1566 年)和《国家六论》(Six Books on Republic,或译《共和六书》,1576 年)。从大的阶段上看,布丹和马基雅维利共处同一历史时代。但是,由于法意两国社会构成和历史发展上的巨大差异,决定了这两位中世纪后期反映资产阶级政治主张的人物各自面对着不同的政治问题和社会现实,而呈现出不同的思想面貌。对于法国的布丹来说,他所面对的不是马基雅维利那种国家统一之前的状态,而是在已有的君主专制政体下,在近代民族国家建立过程中,围绕新的政治统治在道德和政治上权威的确立,法国所经历的来自宗教、封建贵族、市民阶级以及国际关系等诸多领域复杂的矛盾冲突和社会转型。因此,不同于马基雅维利那种"临渊羡鱼"式的激情呼喊,经历着民族国家在语言、宗教、经济、法律诸多方面社会整合的阵痛,布丹把马基雅维利感情化的政治理论带回到理性世界,开始从理论上全面阐述那种为时代所需的系统的国家学说。布丹的传世名著《国家六论》即产生于法国胡格诺战争期间,旨在为国家必须具有的独立的、超越于一切宗教与世俗限制的权力做出理论上的说明和论证。美国政治思想史家丹宁说道:"正如我们已经看到的,马基雅维利在这个方向上走出了几步,布丹完成了这位意大利人所开创的任务。马基雅维利已经充分采用了对历史的研究和对现实的观察方法,但在对这种方法的运用上,他基本上还只是局限于经验主义的范围之内,而他所提出的也只是一些关于政府实际活动的基本原则而不是关于国家的理论。布丹则采用了一种这位佛罗伦萨人所缺少的哲学的方法,同时又没有忽略政治实践的原则,他把它们组织起来并融于一体,从而创造了一种系统的政治科学——国家学(Staatslehre)或者说政治学(politik)。"[80]

(一)国家的起源、目的

接续亚里士多德经验主义传统,布丹认为国家起源于家庭。在他看来,家庭,其构成包括父亲、母亲、子女、仆役以及共有财产,是最自然的共同体和最早的社会单位。国家是在家庭联合基础上形成的。其所以如此,在于家庭本身具有的两个特点:第一,家庭以私有财产权为基础,没有财产权,家庭既不会产生,也无法维持。财产像家庭一样是自然的制度。第二,家庭是自然结合的,子女由父母的血缘关系决定,而不能自由选择。家庭之中,父权不可抗拒,这属于自然法原则的要求。家庭的这两个特征实际上是国家原型的表现。一方面,国家和其他社会团体的起源均与财产相联系,许多家庭为了共同防卫和相互追求利益便逐步建立了村落、组成了城市、组织了种种社团,国家就是所有这些组织的最后联合。另一方面,如同家庭所表现的一样,公民之于国家也不能自由选择,国家之中主权也不可抗拒。因此,家庭是一切

---

〔80〕 W. A. Dunning, A History of Political Theories from Luther to Montesquieu, New York: The Macmillan Company, 1905, pp. 120～121。转引自唐士其:《西方政治思想史》,北京大学出版社 2002 年版,第 208 页。

国家的真正由来。相应地,行会、行政区、公共团体等人类集团也都起源于家庭。它们同国家的区别在于承担特定的部分职能,而不能拥有主权。

在他看来,“国家是若干家庭以及他们的共有物在某种至高无上的主权之下的联合”,〔81〕是“被一个最高主权所支配的团体”。〔82〕布丹坚持认为,在一个国家内只能有一个单一的主权。除了同家庭之中的父权至上进行类比以外,他还进行逻辑上的说明:他说:“正如上帝,这位伟大的主权者不可能再创造出另一个于他同样的上帝,因为他自身就是无限,而根据逻辑不可能存在两个无限。因此我们也可以说,被我们视为上帝在人间的象征的君主,也不可能使任何一个臣民上升到与他同等的地位而不同时损害他的权力。”〔83〕他一方面认为,到国家为止的各种社会组织都是人类社会发展的自然结果;另一方面,他又同时强调,国家的形成过程主要是通过战争和征服而完成的。力量和征服是通常的国家起源的原因,但是,由暴力征服而来的国家仍然是需要经过认证的。如果仅只靠优越的力量,那形成的是强盗团体,而不是国家。事实上,任何健康的人类共同体的根本特征就是一方统治,而其他的服从。因此,只有当主权得到普遍承认的时候,一个国家才算是真正地建立起来。在这里,布丹试图想化解国家起源过程问题上的暴力论与契约论的紧张,为国家或主权的正当性提供支撑。

(二)主权学说

布丹所谓主权,乃是“共同体所有的绝对且永久的权力”,是“凌驾于公民和臣民之上的最高的和绝对的权力”。〔84〕包括八类具体内容:第一,立法权;第二,战争与媾和权;第三,官吏任命权;第四,最高裁判权;第五,赦免权;第六,对一切臣民提出有关忠节服从的权力;第七,铸币权和度量衡的确定权;第八,税收权。这样的主权概念有两个关键属性,一是它的永恒性,二是它的绝对性。在布丹看来,假若国家的最高权力不是永恒的,而只是在有限的时空范围内存在,那么这里就产生一个决定这种最高权力存在与否的更高的权力。从而,这样的主权和它的最高权力的属性就是矛盾的,也就不能被称为主权。因此主权必须是永恒的。与此同时,主权是由一个国家的人民或者贵族赋予他们所选中的任何人的,但是,这种权力一旦给出,便不能再有任何限制和保留,因为　种受到限制的不完全的权力当然不是绝对的权力,从而也就不是主权。“主权性权威和绝对权力的精义就是不经臣民的同意可以颁布对全体臣民都适用的法律”,〔85〕从而主权者既不受自己或其前任创制的法律的约束,也不受被统治者法律实践的约束。即便这些法律与习惯有健全的理性根据,最终还是要由主权者的意志来左右,法律和惯例的强制力都必须以主权者为根据。〔86〕因此从国家内部看,一切权力都是主权的派生物,它们不能等于或超过主权;从国家间关系看,主权也是不受拘束力的权力。

虽然布丹强调主权至高无上的绝对性,可以不受任何约束地制定法律,但确切地说,这里

---

〔81〕 Jean Bodin, Les six Livres de la Republique, Payare: Librairie artheme payard, 1986, Vol. 1, p. 27。转引自唐士其:《西方政治思想史》,北京大学出版社 2002 年版,第 190 页。

〔82〕 转引自张宏生、谷春德主编:《西方法律思想史》,北京大学出版社 1990 年版,第 80 页。

〔83〕 Jean Bodin, Les six Livres de la Republique, Payare: Librairie artheme payard, 1986, Vol. 1, p. 299。转引自唐士其:《西方政治思想史》,北京大学出版社 2002 年版,第 190 页。

〔84〕 [法]让·布丹:《主权论》,李卫海、钱俊文译,北京大学出版社 2008 年版,第 1 页,及注释 2。

〔85〕 同上书,第 60 页。

〔86〕 同上书,第 109 页。

的约束只是指人间的约束。至于上帝的约束,以及"自然法",布丹表示,主权者同样是不能违反的,世俗君主和其他主权者的绝对权力绝不能延伸到神法或自然法的领域里。[87] "正如私人间的合同和协议不能削弱选任官的法令的效力,选任官的敕令也不能削弱习惯的权威,习惯也不能削弱拥有主权的君主的普适性法律的权威,所以主权君主的法律也不能改变或修正神法或自然法"。[88] 因为服从上帝和自然法的统治才是合法的统治,否则一帮强盗是不能称其为国家的。他说:"我们把国家称为合法的统治,目的是把它区别于一帮强盗……尽管这样一帮人看上去似乎也结成了某种联合并且相互间亲密相处,但我们无论如何不能称之为'社会'或者'国家'……因为它所缺乏的是一种和平的社会的根本标志,即根据自然法的合法的统治。"[89] 所以,服从上帝和自然法又是主权者之所以在人间位居至尊地位的原因。所谓:"世界上除上帝之外没有人比主权者更伟大,而且因为主权者就是上帝为了统治人民而创造的他的代理者,所以我们必须尊重与服从它伟大的权威,必须以敬畏之情谈论他。谁要是蔑视主权者便是对上帝本身的不敬,因为主权者正是上帝在人世间的象征。"[90] 在此基础上,布丹还特别强调,基于神法,主权者也不能侵犯他人的财产。他说:"用武力来豪夺他人的财产,这是强盗和窃贼的正义;另外权力的运用不能违背神法。依据神法,上帝曾明确、清楚地告诉我们:夺取别人的财产,甚至觊觎别人的财产都是违法的"。[91]

自然法的内容,布丹认为包括对于个人的生命和财产的保护、维护正义、促进臣民的美德等等。正是从服从上帝和自然法的角度出发,布丹强调国家的目的在于实现一种有德性的公共生活。他承认现实中存在暴君政体,并且明确表示人民有权杀死暴君,以解放自己。在要求君主服从上帝和自然法的同时,布丹也希望君主能够听取来自臣民的意见,认为这种意见能够通过等级会议之类的机构得以表达。

主权一词,Souveraineté,并非布丹所创,但将这个词同国家之成立相关联,在国家范围内赋予其最高的、绝对的地位,这样的主权含义,自布丹始。虽然主权受到来自上帝和自然法的约束,但这样的约束不属于除主权者以外的任何其他人间力量,因此并不妨碍布丹旨在为王权张目而进行的主权绝对至上的理论建构,而这种意义上的主权的确立无疑是民族国家建立过程中的一个重要环节。通过主权概念的全新界定,布丹就实现了政治学研究对象上的整体转变:一个在理论上可以予以明确分析说明的抽象政治实体——国家,作为政治法律思维的核心或基石性范畴而被全新地建立了起来,并在一开始就同君主、教会、贵族领主等传统政治法律关系与政治法律现象相区别。国家无情地超越并取代了它们。

参考文献

1. [意]马西利乌斯:《和平的保卫者》(小卷),殷东水、李安平译,吉林人民出版社 2004 年版。

[87] [法]让·布丹:《主权论》,李卫海、钱俊文译,北京大学出版社 2008 年版,第 45 页。

[88] 同上书,第 73 页。

[89] Jean Bodin, Les six Livres de la Republique, Payare: Librairie artheme payard, 1986, Vol. 1, p. 28。转引自唐士其:《西方政治思想史》,北京大学出版社 2002 年版,第 193 页。

[90] Jean Bodin, Les six Livres de la Republique, Payare: Librairie artheme payard, 1986, Vol. 1, p. 295。转引自唐士其:《西方政治思想史》,北京大学出版社 2002 年版,第 192 页。

[91] [法]让·布丹:《主权论》,李卫海、钱俊文译,北京大学出版社 2008 年版,第 83 页。

2. [意]马基雅维利:《君主论》,潘汉典译,商务印书馆1985年版。
3. [意]马基雅维利:《君主论·论李维》,张妍、胡树仁译,湖南文艺出版社2011年版。
4. [意]马基雅维利:《读懂政治学的第一本书:马基雅弗利政治学全集》,朱华彬、刘岚郝道合译,北京联合出版公司2011年版。
5. [法]让·布丹:《主权论》,李卫海等译,北京大学出版社2008年版。

思考题

1. 马西利乌斯政治法律思想的历史地位。
2. 马基雅维利政治法律思想的主要特点是什么,如何评价之?
3. 布丹主权学说的主要内容和贡献有哪些?

中编 | 近代

第四章　古典自然法学派

第一节　古典自然法学派概述

一、古典自然法学派的产生和发展

古典自然法学派这一概念实际上指的并不是一个统一的派别，而是西方自然法学发展的一个阶段，指的是17~19世纪初西方自由资本主义阶段所产生的一种世俗的自然法学，它是在批判中世纪神学的自然法学的基础上产生的，是资产阶级反封建斗争的产物和锐利武器。中世纪末期，随着资本主义经济的产生和发展，资产阶级作为一支政治势力出现在历史舞台上，由于其政治上的要求日益强烈，所以就爆发了一系列反封建的斗争。如14世纪开始的文艺复兴运动，16世纪初进行的宗教改革，16世纪中叶和17世纪中叶爆发的荷兰和英国的政治革命。在这场斗争的初期，由于资产阶级的力量还不够强大，尚不敢直接冲击中世纪占统治地位的意识形态，即基督教神学，所以还打着宗教的旗号。再加上这一时期里，资产阶级在政治上还不够独立，只能用支持君主建立民族国家的途径为资本主义发展创造条件。所以，在政治法律思想方面研究的重点，是如何加强世俗的君主权力问题。作为其表现的就是马基雅维利的《君主论》和让·布丹的《国家六论》的发表。可是到了17世纪初，这种情况开始发生变化。资产阶级再不能容忍中世纪的基督教神学作为自己的世界观了，而必须创立自己的理论。但是，任何一种新的理论都不是凭空产生的，它必须从已有的思想材料作为出发点。而当时在政治法律思想方面能直接作为出发点的只有自然法学。这时中世纪的自然法学所面临的有两种前途或命运：或者同基督教神学一起被抛弃，或者对其加以改造，使之脱离基督教神学，成为资产阶级革命的武器，而自然法思想中本来是包含着这一革命因素的。资产阶级采取了第二种办法，他们用文艺复兴运动以来已经发展起来的人文主义思想来嫁接自然法学，因而产生了一种新的自然法学。这种新的自然法学是中世纪神学的自然法学的世俗化，在其中代替教条和神权的是人权，代替教会的是国家，代替神意的是人的理性。“以前，经济关系和社会关系是由教会批准的，因此曾被认为是教会和教条创造的，而现在这些关系则被认为是以权利为根据并由国家创造的，由于达到社会规模并且得到充分发展的商品交换产生了（尤其是由于预付和信贷制度）复杂的契约关系，从而要求只能由社会提供的公认的规章即国家规定的法律准则，于是人们认为，这些法律准则不是从经济事实中产生的，而是由国家正式规定的。由于竞争——这个自由商品生产者的基本交往形式——是平等化的最大创造者，因此法律面前的平等便成了资产阶级的决战口号。这个新的上升的阶级反封建主和当时保护他们的君主专制的斗争，像一切阶级斗争那样，应当是政治斗争，是争取占有国家的斗争，应当为了法权要求而进行,——就是这一事实,促进了法学世界观的确立。”[1]

古典自然法学派产生的标志是1625年格老秀斯的《战争与和平法》的发表。26年后,霍布斯出版了《利维坦》。接着在荷兰、英国和德国产生了三个著名代表,即斯宾诺莎、洛克和普芬道夫。再之后,在法国又出现了孟德斯鸠和卢梭,美国则有杰弗逊、潘恩和汉密尔顿等。他们使自然法思想发展为一种系统的理论并广泛传播,成为西方当时占统治地位的法学理论。

古典自然法学的发展可分为三个阶段:创立阶段、发展和传播阶段、应用阶段。

第一个阶段是从17世纪初到17世纪中,即从格老秀斯的《战争与和平法》的出版到霍布斯的《利维坦》问世。在这一阶段里,古典自然法学的主要基本理论虽然已经产生,但尚不完善,有些理论如人民主权理论、法律公意说等尚未产生,而且由于它刚刚从旧的机体中脱胎出来,所以还带有旧的痕迹。如还没有完全否定神与自然法的关系,还拥护封建的君主制度等。

第二个阶段是从17世纪末到18世纪中叶。这是古典自然法学的传播和发展时期,主要标志是在西欧各国都相继出现了一批著名的代表人物和发表了一批不朽之作。如荷兰的斯宾诺莎1670年写了《神学政治论》;1672年德国的普芬道夫发表了《自然法与万国法》;1689年英国的洛克出版了《政府论》;18世纪法国的孟德斯鸠和卢梭又相继发表了《论法的精神》(1748年)和《社会契约论》(1762年)。这一批著作的发表不但使原有的基本理论更加丰富,而且创立和完善了许多新的理论,如天赋人权理论、分权制衡理论、社会契约论和人民主权学说等。

第三个阶段从18世纪末到19世纪初。这是古典自然法学的应用时期,在这个时期里,古典自然法学的理论不但被用于美国的独立战争和法国大革命等实际斗争,而且被用于创立部门法学。

二、古典自然法学的特点和基本理论

古典自然法学的总的特点是以人文主义或人道主义为基础,开始用“人的眼光”来观察政治法律问题。而且,这种人道主义是以个人主义为核心的,它强调个人的权利和自由,主张人人生而自由平等,享有不可剥夺的自然权利,认为国家和法律是通过社会契约而产生的。所以,这一时期的自然法学有以下四个明显的特点:第一,以人作为研究的出发点,以人的理性作为法律的基础和衡量的主要尺度;第二,强调个人的权利,提出了天赋人权理论;第三,对自然法的内容作了详细的论述;第四,把自然法思想与社会契约结合起来。古典自然法学派的基本理论有以下几个:

(一)“三个自然”的理论

“三个自然”即自然状态、自然权利和自然法。这是古典自然法学派所提出的三个假说。他们认为,要研究自然法就必须研究人的本性,而且是未污染的人性,于是假设了一个人类未进入社会之前的状态,即自然状态(The state of nature)或本来的状态。它是与社会状态相对而言的。至于自然状态的具体情况,则由于各个思想家对人的本性有不同的观点,因而是各不相同的。归纳起来有两种描述:主张人性恶的思想家由于认为人人是利己主义者,所以说自然状态是一种互相残杀的战争状态,并且认为这时的人们尚无是非观念。如持此观点的有霍布斯、斯宾诺莎等。主张人性善的思想家们则相反,认为这时的人际关系是友好的,人也是

[1] 《马克思恩格斯全集》(第21卷),人民出版社1972年版,第546页。

有是非观念的，所以自然状态不是一种战争状态，而是和平状态。如洛克、卢梭就持此观点等。显然，他们所讲的自然状态实际上就是一种无法状态和不文明状态，这种状态如果理解为人类的初始状态或原始社会，无疑有合理之处，但把它与社会状态对立起来则是错误的。

自然权利又叫天赋人权(The right of nature)，是人生而就具有的平等的权利，它是与社会权利或法律权利相对而言的。其内容在古典自然法学家那里主要指自由、平等、安全、财产等权利。这是他们从人道主义和个人主义立场上对人的权利的基本要求，也是对封建社会把人不当人的现象的控诉。正因为如此，这一理论具有强烈的革命性，曾成为资产阶级革命的最有力的武器。但是它不懂得人的权利的历史性和社会性，也不懂得权利是与义务相对而言的，更不懂得人们的权利根源于所在社会的经济基础。

在论述自然状态和自然权利的基础上，古典自然法学家们进一步论述了自然法的本质、特点和具体内容。与以往相比，古典自然法学派对自然法的论述有以下特点：第一，他们不再从神、上帝那儿而是从人本身寻找自然法的最终根源。他们认为，人的理性是自然法的基础，自然法就是人的理性所发现的人的通则，或者就是理性本身；第二，他们详细地论述了自然法的具体内容，有的把自然法的原则归纳为四条，有的则归纳为十几条；第三，他们已开始意识到自然法并不是严格意义上的法律，而是道德律。

(二)社会契约论

这是古典自然法学家关于国家和实在法起源的理论假说。这个理论认为，社会状态与自然状态的主要区别就是国家和实在法的产生。它论述了国家和实在法产生的原因和途径。它指出人类之所以要从自然状态转为社会状态，原因主要有二：其一是自然状态不好或有缺陷，人们在这种状态下人身和生命安全没有保障；其二是人类本身有一种自我完善的能力，加上私有制的出现等，使人类的自然状态难以继续。这个理论认为，国家和实在法产生的唯一途径就是社会契约，即全体或广大社会成员感觉到自然状态不好，经过协商达成协议，自愿把自然权利交出来，建立国家和制定法律，以规定人们的行为，保护他们的正当权利，使之不互相侵犯，以维护社会的和平和秩序。社会契约的思想在西方古已有之，但只有到了古典自然法学家时期才发展为一个系统的理论，显然，这是与当时资本主义商品经济的发展密切相关的。这一理论实际上是从商品观念的基础上来解释和论述国家和法律的起源问题的。从国家与法律的产生和商品经济密切相关来说，这一理论无疑有其合理之处，但是，它只是抓住了契约这一商品交换的法律形式，而并未揭示其真实内容，所以并未阐述清国家和法律产生的真实原因与规律。

(三)人民主权说

这是古典自然法学家们关于国家权力归属问题的理论，也是社会契约论的逻辑推理。这一理论产生于古典自然法学发展的中期，是随着其发展的民主倾向而产生的，主要代表是洛克和卢梭。这一理论是现代民治主义的雏形，它用民主的观点来回答国家权力，特别是立法权的归属问题。它认为国家既然起源于社会契约，是由人们的自然权利集中而成的，因此来自人民，也理应归于人民。这意味着法律应由人民制定或认可，人民是国家的真正的主人，国家机关的工作人员只是人民的公仆，其任务就是执行法律，如不称职或滥用职权，人民可以撤换他们。国家的当权者如果以权谋私，用手中的权力压迫和奴役人民，人民可以推翻他们。人民主权思想在西方也是由来已久，但也只有在古典自然法学时期才深入人心并具有系统性和理论性。它为西方现代民治主义奠定了基础。

(四)分权和制衡理论

这是古典自然法学家关于如何掌握和使用国家权力的理论,也是其民主理论的一个组成部分。这个理论是在其发展中期产生的,是古代分权制衡思想的继承和发展,主要代表是洛克、孟德斯鸠和杰弗逊、汉密尔顿。这个理论认为,国家权力由立法、行政和司法三个部分构成,这三个部分应交由三种机关分别掌握,使之成相互对立和牵制之势,这样才能防止权力过于集中时所产生的独裁和专制现象,才能收到相互补救之效。这一理论也有一个发展过程,当洛克最初提出时实际上是两权分立,孟德斯鸠才使其真正成为三权分立学说,而到了杰弗逊、汉密尔顿那里,则结合了美国实行联邦制的实际,在运用这一学说中又有了较大的发展,使之更加完备。分权制衡理论从对国家权力的行使来说,强调国家机关内部的权力平衡和制约,它对于防止专制独裁,实行以法治国,建立高度的民主和完善的法制,无疑较之封建社会的大一统,集国家大权于一人之身,实行人治的情况,明显有合理之处,但它把这种分工说成是分家,主张各自的绝对独立和对立,显然是错误的。

(五)法律公意说

这是古典自然法学家关于实在法本质的理论。这种理论认为,国家所制定的法律应该是全体社会成员公共意志的体现。所以他们说法律是公意的宣告,法律的制定要经过全体社会成员的同意。所谓公意既不是个人意志,也不是个人意志之总和,而是个人意志中的共同部分,它以社会的共同利益为基础。这一理论虽然只是古典自然法学晚期的一种理论,但它的影响是很大的,法国的《人权宣言》中对法律的定义就是按照这一理论界定的。这一理论的出现有很大的意义,它不仅意味着古典自然法学对法律的研究兴趣已转向实在法,而且注意到实在法的非个人随意性。这一理论后来对马克思主义的法律观也有影响,马克思所强调的也是公意,不过是统治阶级的公意。

三、古典自然法学的贡献和局限

(一)古典自然法学的贡献

古典自然法学在西方大约存在了两个世纪,虽然在19世纪中叶之后他被其他法学流派所取代,但它在西方历史上所起的巨大作用却是不容忽视的。这一作用表现在实践和理论两个方面:

从实践上看,它主要起了两种作用:第一,它为资产阶级革命提供了锐利的思想理论武器。资产阶级革命正是在它的鼓舞和指导下掀起了一场又一场的斗争。试想,如果没有自然法思想,没有天赋人权理论,能有美国的独立战争和法国的大革命吗?第二,它为资本主义社会初期的法制建设提供理论指导。18世纪末和19世纪初的世界各资本主义国家的法律,无一不渗透着自然法精神,充满着自然法学的用语。资产阶级法制建设的一系列基本原则,如法律面前人人平等的原则、罪刑法定原则、公开审判原则等,无一不是古典自然法学的产物。

从理论上看,它主要起了三个作用:第一,它使自然法学获得了新生,发展到了一个新的阶段和达到了鼎盛时期。第二,它奠定了现代法学的基础。在此之前,真正独立意义的法学是不存在的。那时的法学不是从属于哲学就是附属于神学,只有这时法学才从中独立出来,并逐渐变为一个门类齐备的社会科学分支学科,而现代法学的基本格局就是由古典自然法学奠定的。第三，古典自然法学对以后的许多法学流派都产生了影响，它们都是以它作为直接出发点的，现代自然法学中的世俗的自然法学更是它的继承和发展，社会法学也不同程度地受到它的影响。

（二）古典自然法学的局限

古典自然法学派作为一个时代的法律思想，也同其他思想一样有其局限性，这突出表现在以下几个方面：首先，它所依赖的理论基础是抽象的人性论。这种理论虽然也讲人的社会性，但他们所理解的社会性只不过是人不同于其他动物的群体性，而不是人一定要生活在特定的社会关系中由之决定其一切的社会历史性。所以，他们不懂得不同社会不同时代的人有不同的特性，而却主张人的本性是始终不变的，并从中得出永恒不变的自然法的结论。这就无法解释历史上的法律制度的不断发展变化。其次，它所使用的研究方法主要是演绎推理和理论假设的方法，因此，他们的理论不是从实际中概括出来的，也经不起实践的检验。所以，当新建立的资本主义社会现实与之严重不符时，其理论本身也就被人们逐渐抛弃了。

参考文献

1.《马克思恩格斯全集》（第 21 卷），人民出版社 1972 年版附录："法学家的社会主义"。
2. 张奚若："自然法观念之演进"，载于吴经熊等编：《法律文选》，中国政法大学出版社 2003 年版。
3. 黄颂：《西方自然法观念研究》，华中师范大学出版社 2005 年版。
4.［德］罗门：《自然法的观念史和哲学》，姚中秋译，上海三联书店 2007 年版。

思考题

1. 古典自然法学与中世纪的自然法学是什么关系？
2. 古典自然法学的主要理论有哪些？它们之间是什么关系？
3. 如何评价古典自然法学？

第二节　格老秀斯的自然法思想

一、生平与著作

1625 年，在荷兰一个名叫胡果·格老秀斯（拉丁文为 Hugo Grotius、荷兰文为 Hugo Groot，1583～1645 年）的人，发表了一本名为《战争与和平法》（英文为 The Law of War and Peace 或 The Rights of War and Peace）的不朽之作。这本著作同时完成了两件伟业：其一，开创了国际公法学；其二，把自然法学推入到一个新的发展阶段，因此，具有划时代的意义。此书问世后受到了世界人民的普遍重视和热烈欢迎，在不到一个半世纪里，刊印 41 版，并被翻译成各种文字和作为大学里的教科书。他个人也因此被誉为"国际法之父"和古典自然法学的创始人。

格老秀斯是荷兰著名的人文主义者和法学家。他出生于德尔佛特城一个富裕律师和议员的家庭。少年时颖慧过人,14 岁入大学,攻读数学、哲学和法学。16 岁随荷兰驻法大使赴法国研读法文,归国后获奥尔良大学法学博士,17 岁任律师,20 岁任官修《荷兰战史》总编辑,24 岁任荷兰律师公会主席,30 岁任鹿特丹市"首相"。1618 年荷兰发生宗教和政治内讧。他因支持的一派的失败而被捕入狱,判为终身监禁。1621 年他越狱逃往法国。1622 年至 1624 年间即完成巨著《战争与和平法》。后来,他认识了瑞典国王并得到其赏识,1634 年起被任命为瑞典驻法大使 11 年。1644 年他被召回瑞典,被任命为国务会议成员。他拒绝定居瑞典,次年悄然离去。在返回巴黎途中乘船遇风暴触礁,他登岸后精疲力竭而死。

格老秀斯奠基性的著作是 1605(1604)年脱稿的《捕获法》(De Jure Praedae Commentarius,1605 年脱稿,1868 年出版),其对后世造成巨大影响的《论海洋自由》(Mare Libervin Sive de Iver Qvod Batavis Competit at Indicanan Commricia, Dissertatio; Commenary on the of Prize and Booty; The Freedom the Sea 1609 年)和《战争与和平法》正是以之为基础的。《论海洋自由》是对该书第十二章的进一步发挥的结果。这一部著作是其站在荷兰的立场对当时与之争夺海洋霸权的西班牙、葡萄牙行为的理论反思和批判,也是对 1604 年荷兰东印度公司在马六甲海峡捕获一艘葡萄牙船只凯瑟琳号正当性的一种辩护。格老修斯还著有《荷兰法律导论》(1619 ~ 1621 年)。

格老秀斯所研究的主要是国际公法,但所使用的却是自然法理论。而且不是当时占统治地位的基督教神学的自然法学,而是经过改造的世俗化了的自然法学。在他之前,虽然有些学者对使节、战争有所论述,但国际法和国际法学基本上处于空白状态。当时欧洲各国的关系极不正常,战火接连不断,常为一些小事就大动干戈,而且打起来之后杀人放火,无所不为,似乎根本无什么法则。他说:"我看到人们为了一些不值得一提的理由或根本没有理由就动武。他们一旦动武,不论神的法律或人的法律尊严都被抛到九霄云外。就好象一经宣战便可以疯狂地从事各种罪恶活动似的"。[2] 他认为这种状况是极不应该的,他要改变这种无法的状态,寻找和树立国与国之间在战争与和平时期应遵循的法律,于是写了《战争与和平法》。

格老秀斯对自然法学的贡献主要表现在两个方面:

第一,是他对中世纪的自然法学进行了彻底地改造,使之非神学化。这又表现在两个方面:其一,他否认自然法与上帝的关系,认为自然法根源于人的本性,连上帝也无法改变。其二,他不再把自然法分为神的自然法即永恒法和人的自然法,而只是分为纯粹的自然法即人类在原始状态的自然法和有限的自然法即人类在社会状态下的自然法。

第二,他把近代自然科学特别是几何学的实证方法引入法学研究,即往往从一些最简单的不证自明的公理出发进行推理,建立起一套有关原理的合理体系,其中包括许多原理、定律、注释和推论等。他明确地指明这一方法的特殊性,他说:"在这部论文里,我们认为用纯理论的探讨方法不如用事实说明的方法较为恰当……我首先注意的就是把那些属于自然法的事物的证明,和人们在不违反自己判断时所不能否认的一些观念相印证。因为只要我们思维正确,自然法的原则是明显而清楚的,几乎就和我们的外部感官所直接感受的东西一样。只要我们的感官情况正常,只要其他必要条件不缺,我们的感觉是不会欺骗我们的。我对于这

---

〔2〕 [英]汉默顿(J. A. Hammerton)编:《西方名著提要》,何宁译,中国青年出版社 1957 年版,第 109 页。

部法规的证明，也抱着同样的态度。”[3]

格老秀斯的法律思想主要有以下三个方面：

二、“法”的概念

格老秀斯在《战争与和平法》一书的论述是从“法”一词的拉丁文 ius 开始的，他认为该词有以下三种用法：

（一）作为“正义”之品德的 ius

他说：“正义是对自己、对他人均有用的品德，因此，正直的人绝不会伤害自己，或其任何伙伴，也不会给自己造成痛苦和忧伤。”[4]而作为一种品德，正义一词的基本含义是“正当”，他说：“就本书而言，正义（right）只不过是指本身是正当的东西。或许正义在否定的意义上使用比在肯定的意义上所表达的含义更明确。所以正义一定不是指不正当。”[5]那么什么是“正当”呢？他认为，人对人而言这就是平等待人。他说：“被准确地称为‘社会善德’的那种正义……与这一社会正义有关的善被称为‘平等’；与之有关的恶被称为‘不平等’。”[6]这表现为人们之间对自然物之占有和使用上要合理（分配正义）和纠正彼此之间的侵害（补偿正义或纠正正义）两个方面。前者如对自然界无主物的占有要遵循先占原则、劳动占有等原则，后者如对侵犯者的惩罚等。

（二）作为具有正义品德之人所享有之“权利”的 ius

他说：“在此意义上，right 一词是指个人所具有的一种道德品性（moral quality），由于具有这种道德品性，正好使他可以拥有某种特殊的权利，或者有权作某种特定的行为。”“这种道德品性，如果没有缺陷的话，就被称之为特权（faculty）；如果是有缺陷的话，则被称作为‘能力’（aptitude）。当我们谈到自然物时，前者正好与‘行为’相对应，后者正好与‘权力’相对应。”[7]

他认为，权利的种类很多，他说：“该权利包括那种对自己所拥有的权力，它被称作‘自由’；权利还包括我们对他人所拥有的权力，如父亲对孩子的权力，主人对奴隶的权力。他同样也包括财产权，他要么是充分的，要么是不充分的。后者是指使用或占有某物的权力，但不享有财产权，或是‘转让’它的权力，或是债权人在债务被偿付之前所保有抵押权。这就是它的第三种意义，意指债权人有权要求清偿到期债务的权力。相应的，债务方就有偿还债务的义务。”[8]这就是说，权利从客体或对象上可分为对物权（对物的占有和使用、支配）和对人权（内又分对自己行为的支配权的自由，和对他人行为的支配的权力）。他进一步指出对他人的权力还可以分为一般权利（fitness）和特殊权利（faculty）。后者即管辖权或主权，它是主权者或执政者对于其领土范围内的物和臣民的监督管理的权力等。他还认为，权利从范围上可分为私权利和公权利。他说：“权利（Right）在严格意义上说来可分为两类，一类是私人的，它是为个人的利益而确立起来的；另一类是公共的，它是涉及国家基于公共利益的理由而对

---

[3] 《西方法律思想史资料选编》，北京大学出版社 1982 年版，第 141～142 页。

[4] [荷]格老秀斯：《捕获法》，张乃根等译，上海人民出版社 2006 年版，第 13 页。

[5] [荷]格老秀斯：《战争与和平法》，何勤华等译，上海人民出版社 2005 年版，第 29 页。

[6] [荷]格老秀斯：《捕获法》，张乃根等译，上海人民出版社 2006 年版，第 19 页。

[7] [荷]格老秀斯：《战争与和平法》，何勤华等译，上海人民出版社 2005 年版，第 30～31 页。

[8] 同上。

个人及其财产权提出的权利性主张。”[9]

(三)作为“责成”具有正义品德之人所应遵守之行为规则或规范的 ius,即“法”

他说:法“从最广泛的意义上讲,它是指责成(obliging)我们作出恰当行为的道德行为规范。我们说的‘责成’我们,因为即使是最好的忠告者或者格言,如果未给我们设定遵守它们的法律义务,都是不能冠之以‘法律’或‘法’的称呼的。至于说到允许性行为,它并不为法律所规定,而法律只是对其表示默认。不过法律却同时禁止任何人妨碍其他人作出为法律所允许的行为。但是正如我们已经指出的:法律迫使我们作出恰当的行为,而不仅仅是正义的行为,因为在此概念下,正如我们已经解释的,法律不仅构成正义,还构成其他美德的实质内容。”[10]这意味着 ius 一词的含义之一的“法”根基于和指向正义品德,并以行为规范的形式指导和约束人们的行为,使之符合正义的品德。

显然,拉丁文 ius(法)一词的三种含义或用法是互相关联的,正义是核心和目标,权利是实质内容,法是外在保障,是为了正义和权利而应负的责任与所受的约束。

三、法本乎自然

我们知道格老秀斯有一句名言:自然法是市民法之母,自然是市民法之祖母。他说:“因为自然法之母就是人性,社会交往的感情就产生于此,并非由于其他的缘故,遵守契约即为民法之母,而自然法又是从契约的约束力所生,因此可以说自然法是民法[11]之祖。有人性然后有自然法,有自然法然后有民法。”[12]那么,他是怎么样得出这一结论呢?

要了解这一结论,首先得了解他关于“自然”、“自然法”和“市民法”几个概念。

“自然”(拉丁文为 naturae,英语为 nature)一词,也可译为“本性”,因而“自然法”就是从事物的本性中产生的法则。在格老秀斯那里最初是与“神”通用的,所指的是事物的本性。他认为任何事物都有其固有的本性,也遵循其本性而运动,因此只有依顺自然(本性)才能求得善。这是大自然的法则,即自然法(拉丁文 ius naturae;英文为 natural law),它就是从事物的本性中产生的法则。他说:“自然法——即由神自创造万物之初,就赋予其灵魂以生生不息之法——是无论何时何地均适用之法,如同神意是永恒不变的。”[13]这是因为,“既然神创造了天地万物并决定了其存在,其每一单独的部分就从神那里获得了某种自然属性,由此,自然之存在将得到维持,并且每一部分都将被指引向自己的善,这个善遵从所谓固有地存在于该部分本源中的基本法律。”[14]

他认为自然法可分为广、狭二义。广义上的自然法或一级自然法适用于一切事物,它使一切事物按照其本性运动,连创造了它们的上帝也不能改变这一点。他说:“自然法是如此不可改变,甚至连上帝自己也不能对它加以任何改变……因为这些事物所表达的意思是如此的明确,以至于不可能有任何其他的理解,否则就会发生矛盾。因而,二加二等于四,而不可能

---

[9]　[荷]格老秀斯:《战争与和平法》,何勤华等译,上海人民出版社 2005 年版,第 31 页。
[10]　同上书,第 31 页。
[11]　拉丁文为 ius civile,英语为 Civil law,应译为市民法或国内法。
[12]　《西方法律思想史资料选编》,北京大学出版社 1982 年版,第 139 页。
[13]　[荷]格老秀斯:《捕获法》,张乃根等译,上海人民出版社 2006 年版,第 39 页。
[14]　同上。

有任何其他之可能。”[15]这种意义上的自然法不仅支配着事物的运动,而且要求我们遵照其本性对待客观事物。格老秀斯认为客观事实划分为两类,即体有形、量有限者和体无形、量无限者,后者如空气、海洋。这些东西原是无主的,都可以为人所用,但由于它们有不同的属性,因而适用不同的原则。如前者可以遵循先占、劳动的等方式占为己有,以私有或公有财产的形式为人所用;而后者由于无法占有,也无须占有,因而适用自由使用原则。如海洋就是如此,海洋之水,广阔无边,其数量无限,不可度量,加上它流动不止,“既不可阻挡,又无法容纳”。所以“按照事物本身的呈现,海洋不能被强加任何隶属状态,因为本质上它应该对所有人开放”;[16]“因此,海洋不能完全专属于任何人,因为自然非但不允许如此,而且要求海洋必须是共有的”。[17]

狭义上的自然法或次级自然法是仅仅适用于理性动物——人类,并与之本性相一致的法则。它要求人们遵循正义原则安排自己的活动,彼此之间平等相处。他说:“自然法是正当理性的命令,它指示任何与合乎本性(即自然——引者注)的理性相一致的行为就是道义上公正的行为,反之就是道义上罪恶的行为。”[18]他说这是因为,人作为一种物,虽然有与其他事物共同的属性,但也有其特有的属性,即社会性和理性。他继承了亚里士多德以来关于人的基本观点,认为人在本性上是一种自觉的和社会的动物,他们需要与别人交往,他们的理性使他们能辨别是非。他说:“人的确是一种动物,然而是一种高等动物,比其他动物彼此之间的差别有许多更大的差别;这种差别从人类的许多独特的行为的迹象显露出来。人类独特的象征之一是要求社会交往的愿望……人类要过与他们理智的特性一致的一种生活方式,他们不是稀里糊涂地度日而是安宁地度日的。”因此,人们要求过一种有秩序的生活,而人类的理性也会告诉他们怎样过这种生活,于是产生自然法。所以,自然法渊源于人的本性。他说:“人类之所以超越一切动物,不仅在于推动社会发展,而且在于有能力判断和鉴别利害关系,计往知来。就人类本性而言,我们可以理解,在权衡利害,作出判断之后,既不为威胁和引诱引入歧途,也不为盲目和轻率的感情冲昏头脑。凡是不合于判断的,也就必然不合于自然法;换言之,也就不合于人类本性。”[19]他认为,人的社会性促使人与别人交往与合作,并由此建立各种社会组织,国家就是其一。“国家是一群自由的人为享受权利和谋求他们共同的利益而结合起来的一个完美的联合体。”[20]这促使遵循正义原则处理彼此之间的关系。由此产生一系列自然法则,如爱惜和保护自己的生命,为此而合理地占有和使用无主物,反抗别人的无理侵犯;也尊重别人对无主物的同样占有和使用;与别人交往中要知恩图报,要贯彻等价交换原则,“他人之物质,不得妄取;误取他人之物者,应该以原物和原物所生之收益归还物主;有约必践;有害必偿;有罪必罚”[21]等。这意味着自然法所涉及的范围已超出自然物,而及于人的意志。他说:“自然法不仅与独立于人类意志之外的那些事物有关,而且也与产生于人类意志的运用的许多事物有关,因而,现在经常被称作‘财产’的东西就是人类意志的产物。”[22]

他认为自然法基于“自然”或事物的本性,对人类来说就是人的道德性,他说:“‘本性’一

〔15〕［荷］格老秀斯:《战争与和平法》,何勤华等中译,上海人民出版社 2005 年版,第 33 页。
〔16〕［荷］格老秀斯:《海洋自由论》,宇川译,上海三联书店 2005 年版,第 30 页。
〔17〕同上书,第 24 页。
〔18〕［荷］格老秀斯:《战争与和平法》,何勤华等译,上海人民出版社 2005 年版,第 32 页。
〔19〕《西方法律思想史资料选编》,北京大学出版社 1982 年版,第 138 页。
〔20〕［荷］格老秀斯:《战争与和平法》,何勤华等译,上海人民出版社 2005 年版,第 38 页。
〔21〕《西方法律思想史资料选编》,北京大学出版社 1982 年版,第 138 页。
〔22〕［荷］格老秀斯:《战争与和平法》,何勤华等译,上海人民出版社 2005 年版,第 33 页。

词可以被看作是道德义务的原始起源”。它是任何种类的人都具有的,正如“《罗马书》第二章第十四节中所说的对所有民族都适用的,即没有法律的外邦人若顺着本性(nature)行法律上的事,则他们虽然没有法律,自己就是自己的法律。”〔23〕

这就是说,自然法根源于人的本性,即社会性和理性,所以社会性、理性是一切法律之母。不过,格老秀斯在强调人的理性对法律的决定作用的同时,还指出上帝的意志和功利对法律的作用。他说:“其次,上帝的自由意志也是产生自然法的渊源,由于我们人类的理性来自上帝的启示,所以不能不服从上帝的命令。所谓自然法,不论是用以维系社会或家族,抑或是用以规定职责,都应归于上帝的意志,因为生于我们内心的信念,实际也就是上帝的意志所在。”〔24〕这就是说理性和上帝的意志是统一的。又说:“但是,自然法是依靠功利得以加强的,因为造物主的意志务使世人脆弱而多欲,非合群不足以图安乐,所以法律的制度无不是由于功利的缘故。以致缔结同盟以合群,订立契约以定分;其始都是根据功利的缘故。”〔25〕但是,他并不同意“功利是正义和法律之母”这一说法,认为这是错误的。由此看来,格老秀斯虽然坚持人的本性是法律的基础这一观点,但是他并未彻底抛弃中世纪自然法学的观点,而且从其承认功利是法律的基础这一点上可以看出,已不同于传统的自然法学,含有实证法学的因素。

格老秀斯认为,人有理性,即有意志,因而产生意志法。他说:“意志法。它是由意志而生的,要么是人类的意志,要么是神的意志。”他把意志法分为人意法和神意法两种,人意法进而分为基于个人意志的个人法或家庭法,和基于共同意志或公意的国家法。国家法又进而分为市民法(ius civile,即国内法)和万民法(ius gentium,即国际法)。他说:“人类法。它要么是指国内法(civil right),要么是指在适用范围上比国内法相对更广泛的法律。国内法是来自国内权力(civil power)的。国内权力就是国家的主权权力……在适用范围上相对狭窄的法律,尽管不是起源于国家权力本身,但仍受它的制约。这种法律是多种多样的,包括父母对孩子的教诲,主人对仆人的吩咐之类等。但是万国法是一种在适用范围更加广泛的法律,其权威来自所有国家,或者至少是许多国家的同意。”〔26〕基于此认识,格老秀斯在《捕获法》中归纳出九个规则和十三条法律〔27〕。显然,前者是人们用于判断某一事物是否为法以及其效力大

---

〔23〕［荷］格老秀斯:《战争与和平法》,何勤华等译,上海人民出版社2005年版,第41页。

〔24〕《西方法律思想史资料选编》,北京大学出版社1982年版,第138页。

〔25〕同上书,第139页。

〔26〕［荷］格老秀斯:《战争与和平法》,何勤华等译,上海人民出版社2005年版,第37～38页。

〔27〕九个规则是:规则1:神意之体现即法;规则2:公意所体现之人类共同同意即为法;规则3:每个人所作的意思表示就是关于他的法律;规则4:国家所示意志即为所有公民之整体的法律;规则5:国家所示意志,即为个体的众公民间关系之法律;规则6:执政官所表示的本人意志,即为整个公民体之法律;规则7:执政官所表示的本人意志,即为个人之公民的法律;规则8:所有国家所表示的意志,即为关于所有国家之法律;规则9:就司法程序而言,被告国或其公民为被告的国家应行使该程序;但若证明该国未履行其司法义务,则原告国或其公民为原告的国家应成为裁判官。十三条法律是:法律1:应当允许保护(人们自己的)生命并避免可能造成其伤害的威胁;法律2:应当允许为自己取得并保有那些对生存有用的东西;法律3:不得伤害他人;法律4:不得侵占他人已占有之物;法律5:恶行必纠;法律6:善行必偿;法律7:公民个人不仅应当不伤害其他公民,而且应当保护他们,既保护作为整体的其他公民,也保护作为个人的其他公民;法律8:公民不仅不应夺取他人占有物,无论是私产还是公产,而且应对这两种对于他人及所有人必不可少的财产有所贡献;法律9:非经司法程序,任何国家或公民不得寻求实施自己权利来针对他人;法律10:执政官在所有事务上均以国家的善为行为准则;法律11:国家应确认执政官的行为均有效;法律12:除通过司法程序外,任何公民均不得寻求实施对其他国家或公民行使其权利;法律13:当［法律］可被同样遵守时,让［所有］法律得到遵守;如不可能,较高等级的法应当优先于较低等级的法。参见《捕获法》,“第二章”及其附录,张乃根等译,上海人民出版社2006年版,第399～400页。

小的准则，后者是这些法律所包含的基本内容。

由此看来，“市民法”或国内法就是意志法，它是有理性和有意志的人为自己所立的法则，这一法则如果只适用于个人或如果说它是个人法，那是因为它来自个人的意志；如果一个国家的所有人或更大范围里适合于许多国家，也就是说如果它是国家法或国际法，那是因为它出自大家或许多国家的协商。显然，在格老秀斯看来，这种法的内容不能有悖于自然法。正因为如此，他得出了自然法乃市民法之母、自然乃市民法之祖母的结论。

四、人的权利及其交往的法则

格老秀斯认为，人类的特殊属性，即理性和社会性，以及由此而具有的道德性，决定了它在自然界的位置和活动的基本原则。这就使他享有合理使用世界上所有物的权利。他说：“从宇宙形成以来，上帝就赐予了全体人类主宰地球上万物的权利……正如查士丁尼所说，所有万物构成了全人类共同的原始财产，就好象整个人类是这一无比巨大的遗产的继承人一样。于是就出现了这种情况：每个人为了自己的使用和消费的目的而依法占有了他所发现的任何东西。”[28] 不过，格老秀斯认为由于自然物是多种多样的，各有不同的属性，因而人对它们使用的方式和享有的权利也有差别。上面我们已指出，他认为自然界物大的可分为两类：一类是体无形、量无限，如空气、海洋，它们无须占有，也无法占有，因而只能为全人类共同使用，并实行使用自由原则，如公海自由原则；另一类是有形、有限可以占有之物，如土地、动植物。它们原是无主的，个人可以合理地占有和使用，并由之产生所有权。其中又可分为动产和不动产。后者如土地；前者如矿藏、野生动植物。不动产应是公有私用，即它们在名义上属于某个集体，该集体的成员可以遵循某一原则在一段时期里使用它们，但不能把它们出售或赠给别人，就像西塞罗所说的“剧院里的所有座位都是共有财产，但每个观众都至少可以暂时主张其所占有的那个座位是属于自己的。”[29] 无主的动产个人可以通过劳动占有，如野生动物通过狩猎而获得。其他的有主的动产不能随意占有，只能在与别人交往中通过交换、受赠和继承的方式占有。这种交往是通过签订契约形式进行的。“契约的发明是为了促进人际有益的交流，它要求一种更加紧密、亲近的联系，而不只是光靠人们的善意来履行他们的义务。”[30] 由此产生一系列交往的正义原则，如不得侵害他人及其财物，必须信守承诺、应知恩图报、有害必偿、有罪必罚等。这样一来，你的占有才是合理的，才能得到别人和社会的认可，因而成为一种权利，即对物的所有权或财产权、物权。而对这种权利的确定和保护又产生了另一种特殊权利，即主权或管辖权。它是社会契约的产物。人们之所以会签订契约组成社会，一方面是因为人的社会本性，另一方面是出于自利的动机，觉得在自然状态下太孤独，难以抵抗强暴，所以在理性的昭示下，自愿订立契约，组成国家。“社会的目的就是要通过整个社团的帮助和利用联合起来的力量来保卫每一成员，使他平安地享受他自己应得的那一份。”[31] 国家享有主权，“所谓主权，就是说它的行为不受另外一个权力的限制，所以它的行为不是其他任何人类意志可以任意视为无效的。”[32] 主权包括制定和执行法律，任命公职人员，

---

〔28〕［荷］格老秀斯：《战争与和平法》，何勤华等译，上海人民出版社 2005 年版，第 122 页。

〔29〕同上。

〔30〕同上书，第 200 页。

〔31〕《西方法律思想史资料选编》，北京大学出版社 1982 年版，第 144 页。

〔32〕同上书，第 145 页。

征收捐税等。市民法就是国家制定的用以管辖其臣民的法律。在主权问题上,格老秀斯主张君主制,反对人民主权论,认为主权如交给人民就会发生滥用权力的情况,从而破坏和平与秩序,使国家无法存在。但他认为,人民在极端的情况下,当国王违反法律和国家利益把国家转让给他国或使之变成另一国的附庸时,可以反抗君主。他说,国王"如果违反了法律和国家利益,人民不但可以用武力反抗他们,而且在必要时还可以处他们以死刑。"[33] 显然,格老秀斯的思想中民主的因素还只是个萌芽。

格老秀斯认为,交往中不遵守上述原则,就会侵犯别人的权利,由此产生矛盾和冲突,即战争,它分公战和私战。前者即国家间的战争,后者即个人之间的战争。他认为私人之间的矛盾和冲突,个人虽然有自卫权,但一般都诉求于公权力,因为公权力之管辖权就是为此而设的,所以这种权利只有在公权力救济不及的情况下才使用。他认为公权力纠正侵权行为的办法就是惩罚。其目的有三:其一是补偿受害者;其二是"矫治"侵犯者;其三是警诫图谋不轨者。[34]

格老秀斯认为,公战或国家之间的战争也应遵循私人交往的原则进行。其发动必须出于自卫,即为了保护本国的正当利益和惩罚侵略者。他说:"战争通常是出来守土而非拓疆。任何背离此项规则的行为都被视为非法。"[35] 由于战争会给人们带来巨大的生命和财产的伤害,所以应尽量用其他办法解决国家之间的矛盾。他说:"有三种方法可供独立的国家选择来解决它们之间有关权利的争端,而不用诉诸武力。第一种方法是协商……另一种方式是将争端提交中立的第三方仲裁(Compromise)……第三种不包含敌意的解决争端的方式是抽签"。[36] 他认为正义战争的发动者享有许多权利,例如消灭侵略者,占有其财产。但其行为也必须有所约束。应尽量减少损失,不伤害无辜,如一般商人、神职人员、妇女和儿童、普通的劳动者;对俘虏的敌军也应宽容和给予人道的待遇。他说:"在争胜时将敌人当成令人尊敬的对手乃是勇气的特征;在征服对手时则人道地对待他们,以减轻战争造成的不幸,并且改善和平的条件和关系。"[37]

可以看出,格老秀斯是从人的本性及其人在自然界的位置来思考人的权利及其相互之间的交往规则的。他把自然法理解为由事物的本性所产生的其正常运动的法则,把人的自然法理解为生活于社会中的理性动物追求善的生活所应当遵循的准则,而把意志法或制定法理解为变为意志的自然法,它是个人意志或共同意志的产物。

可以看出,作为古典自然法学创始人的格老秀斯的自然法观念,已不同于中世纪基督教神学的自然法观念,因为他完全站在世俗的立场和以人为主来思考法律问题,已不再把法的根源最终归之于神的意志。虽然他仍然使用了中世纪基督教神学的自然法学的基本概念,并没有创造一套全新的概念来表达其思想,也没有站在民主共和的立场,仍停留于旧的君主制国家的视野之内。

---

〔33〕《西方法律思想史资料选编》,北京大学出版社 1982 年版,第 144 页。

〔34〕参见[荷]格老秀斯:《战争与和平法》,何勤华等译,上海人民出版社 2005 年版,第 282 页。

〔35〕同上书,第 448 页。

〔36〕同上书,第 337 ~ 338 页。

〔37〕同上书,第 435 页。

参考文献

1. [荷]格老秀斯:《捕获法》,张乃根等译,上海人民出版社 2006 年版。
2. [荷]格老秀斯:《战争与和平法》,何勤华等译,上海人民出版社 2005 年版。
3. [荷]格老秀斯:《海洋自由论》,宇川译,上海三联书店 2005 年版。
4. [丹]孔德森:《自然法与道德哲学——从格老秀斯到苏格兰启蒙运动》,马庆、刘科译,浙江大学出版社 2010 年版。

思考题

1. 格老秀斯是怎么样理解法律的本质的?
2. 格老秀斯是怎么样论述自然法与市民法的关系的?
3. 格老秀斯自然法思想的特点是什么?

第三节 霍布斯的自然法思想

一、生平与著作

17 世纪中叶,在英国资产阶级革命的初期,出现了一位举国震惊的思想家。他既是一个著名的哲学家,把弗兰西斯·培根开创的近代唯物主义哲学系统化了;又是一个著名的政治思想家和法学家,使格老秀斯开始的古典自然法学趋于完善。他从哲学的高度并使用当时最进步的科学方法即几何学方法来论述政治法律问题,发表了一系列著作,1640 年写了《法的原理》(该书 1650 年再版时,分为《人的本性》和《论政治体》两文发表),1642 年出版了《论公民》,1651 年又出版了《利维坦》这部不朽之作,接着在 1655 年和 1658 年又相继写了《论物体》和《论人》,从而完成了他的哲学体系。这个人就是托马斯·霍布斯(Thomas Hobbes,1588～1679 年)。

霍布斯出生于一个贫穷的牧师家庭,母亲只是一个普通的家庭妇女。他早年因母亲病死,父亲犯罪离家出走,他们兄妹四人衣食无着,由其伯父抚养。后来靠社会救济得以读书。他少年时天资聪颖,14 岁已通晓希腊文和拉丁文,15 岁便进入著名的牛津大学学习古典文学 4 年,1607 年毕业后留校讲授逻辑学。次年由牛津大学校长推荐入卡文迪什伯爵家中当家庭教师,并担任过吉·克拉顿爵士大贵族儿子的旅游导师,先后三次访问欧洲大陆各国,结识了伽利略、伽桑狄等许多著名的科学家和哲学家。其间他还担任过弗兰西斯·培根的秘书(1561～1626 年),记录其言行,并把他的著作由拉丁文译为英文。他就这样逐渐跻身于英国上层社会,并成为当时欧洲最渊博的思想家之一。

1640 年英国资产阶级革命爆发,霍布斯是站在新贵族的立场来支持当时正在进行的这场革命的,其态度总的来说是赞成革命,但倾向保守,而这在前后又有变化。在前期,由于他所处的地位和与贵族上层人士的亲密关系,因而对革命中的激进情绪持公开反对态度,曾发表了拥护王权的文章。革命爆发后,因害怕革命,他便和当时的保皇党人逃往法国,并担任了查理二世威尔斯的数学教师达 11 年之久。英国革命取得初步胜利,克伦威尔掌权后,他与王族的关系开始疏远。1651 年的《利维坦》的出版,激怒了流亡的王党分子和法国的天主教会,他被宣布为叛徒,巴黎的警察准备逮捕他。年底他逃回英国,受到克伦威尔的欢迎,邀请他担任行政大臣,他辞绝了,继续从事了著述工作。复辟期间,他又倾向保守,将《利维坦》作了修改,并写了描述英国内战史的书,书名为《狴希莫司》(Bchemoth),借用《圣经》中一种笨拙软弱的怪兽的名字,比喻英国内战。

霍布斯的法哲学思想集中体现在《利维坦》之中,“利维坦”(Leviathan)一词也是借用《圣经》中一种铜头铁臂似如鳄鱼的怪兽的名字,以比喻国家。在该书中,他像亚里士多德一样,首先从构成国家的基本材料即人开始论述,从人的本性中推出自然法,然后再论述国家和实在法产生的必然性、本质等。

霍布斯的法律思想可分为自然法和实在法两个部分。

二、自然法思想

霍布斯是古典自然法学家中最早对自然法思想的三个自然,即自然状态、自然权利和自然法理论,作了较为详尽论述的代表。

(一)自然状态

从人性恶,人人都是利己主义者的基本观点出发,霍布斯对人类的初始状态作了描述。他认为,既然人人都只顾自己不管别人,好猜疑争斗,所以在进入社会状态之前人类社会必然是一种战争状态。他说:“根据这一切,我们就可以显然看出:在没有一个共同权力使大家慑服的时候,人们便处在所谓的战争状态之下。这种战争是每一个人对每个人的战争。”[38] 正因为如此,在自然状态下,人与人之间的关系是“狼与狼的关系”,即一种互相伤害、互相残杀的动物关系;也正因如此,那时人们尚没有是非和正义之类的观念。他说:“这种人人相互为战的战争状态,还会产生一种结果,那便是不可能有任何事情是不公道的。是和非以及公正与不公正的观念在这儿都不能存在。”[39] 霍布斯认为,在自然状态下人类的情况是非常可怜的。这时不仅不可能有农业、航海业和商业,不可能有文学艺术等,而且“最糟糕的是人们不断处于暴力死亡的恐惧和危险中,人的生活孤独、贫困、卑污、残忍而短寿。”[40]

(二)自然权利

霍布斯认为,在自然状态下人们享有一种自由或权利,即用自己的智力和体力去取得和保护自己所需用的东西。他说,自然权利“就是每一个人按照自己所愿意的方式运用自己的力量保全自己的天性——也就是保全自己的生命——的自由。因此,这种自由就是用他自己的判断和理性认为最适合的手段去做任何事情的自由。”[41] 这就是说,自然权利的主要内容是生命和安全。他还认为,这种自然权利在自然状态下是无限的,为了维护自己的生存和抵

---

〔38〕[英]霍布斯:《利维坦》,黎思复等译,商务印书馆 1985 年版,第 94 页。
〔39〕同上书,第 96 页。
〔40〕同上书,第 95 页。
〔41〕同上书,第 97 页。

抗敌人，“每一个人对每一种事物都具有权利，甚至对彼此的身体也是这样。”[42]

（三）自然法

自然状态下，虽然人们享有无所不包的自然权利，但由于人人都享有它，无限制地使用它，可以相互侵害，形成一种战争状态，人们的生命安全毫无保障。人们都想摆脱这种痛苦的状态，自然而然地产生了一种过和平生活的要求。而人是有理智的，其理智也会告诉他们怎样才能过一种和平的生活。霍布斯认为自然法就是由人们的理智所告诉他们的如何获得和平的生活的通则。他说：“自然律是理性所发现的诫条或一般法则。这种诫条或一般法则禁止人们去做损毁自己的生命或剥夺自己生命的手段的事情，并禁止人们不去做自己认为最有利于生命保全的事情。”[43]

霍布斯指出，自然法与自然权利是既有联系又有区别的，它们是一个事物的两个方面，都是为了人们的生存。所不同的是，自然权利所强调的是人们的自由，而自然法所强调的是人们的义务和对人们行为的约束。义务和约束之所以对人们的生存有利，是因为人们的行为如果不受自然法的约束，就会毫无限制地使用自然权利，从而陷入彼此相害的战争状态，即权利毫无保障甚至完全丧失的状态。

霍布斯详细地论述了自然法的具体内容。他把自然法归纳为十七条规则，它们是：（1）求和平而守之；（2）签订契约各放弃无限之自然权利；（3）信守契约；（4）得恩知报；（5）合群；（6）宽宥别人；（7）惩罚应着眼于其改正；（8）尊重别人；（9）平等待人；（10）知足；（11）秉公处理纠纷；（12）不可分之物大家共享之；（13）不可分又不可共享之物以抽签方式轮流使用；（14）给调停者以安全；（15）不自为裁判；（16）公断人不能接受贿赂；（17）报效祖国。霍布斯自己也感到这些自然法规则太琐碎，所以把它们予以简化，最后归纳为基督教的一句道德格言：“己所不欲，勿施于人”。他说：“由于人们之中大部分都忙于糊口，其余的人则因过于疏忽而无法理解以上关于自然法的微妙推演。然而为了使所有的人都无法找到借口起见，这些法则已被精简为一条简易的总则，甚至最平庸的人也能理解，这就是：己所不欲，勿施于人。这条总则说明，认识自然法时所要办到的只是以下一点：当一个人把他人的行为和自己的行为放在天平里加以权衡，发现他人的行为总显得太重时，就要把他人的行为换到另一边，再把自己的行为换到他人行为的位置上去，以便使自己的激情与自重感不在里面增加重量，这时前述的自然法就没有一条在他看来不是十分合理的了。”[44]

霍布斯认为，自然法从严格意义上讲并不是一种法律，而只是道德律。他说：“自然法就是公道、正义、感恩以及根据它们所产生的其他道德……这一切在单纯的自然状况下都不是正式的法律，而只是使人们倾向于和平与服从的品质。”[45]所以，“研究这些自然法的科学是唯一真正的道德哲学。”[46]这就是说，因为自然法的实际内容都是道德诫律，加上它只对人们的内心有约束力，而对外部行为却没有，所以它实际上是道德律而不是法律。霍布斯认为，只是从另外一种意义上，即从自然法是上帝宣布的意义上才是一种法律，因为上帝是万物的最

---

〔42〕［英］霍布斯：《利维坦》，黎思复等译，商务印书馆1985年版，第98页。

〔43〕同上书，第97页。

〔44〕同上书，第120页。

〔45〕同上书，第207页。

〔46〕同上书，第121页。

高统治者。

三、实在法思想

霍布斯认为,人们在自然状态下时生活非常痛苦,生命安全毫无保障,虽然人们的理性使他们认识到自然法,但因为没有权威性机构强制人们遵守它,所以自然法难以发挥作用。而“没有武力,信约便只是一纸空文,完全没有力量使人们得到安全保障。”[47] 为了摆脱自然状态,他认为,唯一的办法就是签订一个社会契约,把每个人的自然权利交出来,以“建立这样一种能抵御外来侵略和制止相互侵害的共同权力,以便保障大家能通过自己的辛劳和土地的丰产为生并生活得很满意”。[48] 这样就把大家的意志集中起来变为一个统一的意志,把全社会的人组成一个集体,形成一个代表他们的人格。“这一人格是大家人人相互订立信约而形成的,其方式就好象是人人都向每一个其他的人说:我承认这个人或这个集体,并放弃我管理自己的权利,把它授予这人或这个集体,但条件是你也把自己的权利拿出来授予他,并以同样的方式承认他的一切行为。这一点办到之后,像这样统一在一个人格之中的一群人就称为国家,在拉丁文中称为城邦。这就是伟大的利维坦(Leviathan)的诞生——用更尊敬的方式来说,这就是活的上帝的诞生。”[49] 他给国家所下的定义是:“这就是一大群人相互订立信约、每人都对它的行为授权,以便使它能按其认为有利于大家的和平与共同防卫的方式运用全体的力量和手段的一个人格。”[50]

霍布斯认为,国家享有广泛而至上的权力,即主权,其中一项就是制定法律,即市民法或民约法。他说:“主权还包括以下的全部权力,即订立规章,使每一个人都知道哪些财物是他所能享有的,哪些行为是他所能做的,其他臣民任何人不得妨害。这种规章就是人们所谓的法度……由此看来,法度既为和平所必需,而又取决于主权,所以它便是主权为了保持公共和平应做的事情。这些有关我的、你的(即私有财产权)以及臣民行为中的善、恶,合法与非法的规章便是市民法,也就是每一个国家各自具有的法律。”[51] 接着他对民约法的性质、特点、作用,以及种类和实施、与自然法的关系等作了论述。

(一)民约法或实在法的定义

霍布斯认为实在法是由社会契约而产生的,所以叫民约法。这种法律对所有的人都有约束力,是作为“一个国家的成员就要有义务服从的法律”,所以它不是建议,而是必须服从的命令。他说:“法律普遍说来都不是建议而是命令,也不是任意一个人对任意另一个人的命令,而是专对原先有义务服从的人发布的那种人的命令;至于国法则只是加上了发布命令的人的名称,这就是国家法人。考虑了以上情形之后,我便对约法提出以下的定义:约法对于每一个臣民说来就是国家以语言、文字或其他充分的意志表示命令他们用来区别是非的法规;也就是用来区别哪些事情与法规相合、哪些事情与法规相违的法规。”[52] 这就是说,实在法是由主权者即国家发布的;其表现形式是语言、文字;它是一种必须服从不能违背的命令,而不

---

〔47〕[英]霍布斯:《利维坦》,黎思复等译,商务印书馆1985年版,第128页。

〔48〕同上书,第131页。

〔49〕同上书,第131~132页。

〔50〕同上书,第132页。

〔51〕同上书,第137~138页。

〔52〕同上书,第205~206页。

是建议；它是人们用以区别是非的行为准则。很明显，霍布斯这一关于实在法的定义，从某些方面揭示了实在法的性质和特点。他对法律本质的基本观点就是认为法律是主权者的命令。这一观点对后世影响很大，是功利主义法学和分析法学关于法律本质理论的基本出发点。不过霍布斯与他们不同，他认为并非一切命令都是法律，而必须是理性的命令，并且是国家的理性。他说："法律决不能违反理性，以及法律之所以成为法律，不在于其文字也就是不在于其每一部分的结构如何，而在于其是否符合于立法者的意向……因此，构成法律的便不是法官的慎虑或低级法官的智慧，而是我们这位人造的人——国家的理性和命令。"〔53〕

（二）实在法与自然法的关系

霍布斯认为，民约法与自然法有着密切的关系，他说："自然法与民约法是互相包容而范围相同的"，"民约法和自然法并不是不同种类的法律，而是法律的不同部分，其中以文字载明的部分称为民约法，而没有载明的部分则称为自然法。"〔54〕二者的区别在于："自然法自宇宙洪荒以来一直是法律，不但称为自然法，而且也称为道德法规"，而民约法不是自然和永久存在的，"是根据具有主权管辖他人的人的意志制定的"；〔55〕自然法不以成文的形式表现，而民约法一定表现为语言、文字等成文形式；自然法对人们行为没有约束力和强制性；而民约法由于是主权者的命令，必须服从。

（三）实在法与正义

像其他古典自然法学一样，霍布斯也把法律与正义联系起来，并且说正义根源于第三条自然法则，即信守契约。但是很明显，他在对此问题的具体论述上与别人有两点不同：其一，他强调的不是自然法与正义的关系，而是正义与实在法的不可分；其二，他用商品观念来理解正义的含义，即把正义理解为信守契约。那么为什么霍布斯把正义与实在法紧密地联系在一起呢？这是因为，霍布斯认为，正义的真实含义是各得其所，而这只有在有了国家和法律，明确了所有权的社会里才有可能。他说："'正义就是将每人自己所有的东西给予自己的恒定意志'。这样说来，没有所有（即没有所有权）的地方就没有不义存在；而强制权力没有建立的地方（也就是没有国家的地方）就没有所有权存在；在那种地方所有的人对一切的东西都具有权利，因之，没有国家存在的地方就没有不义的事情存在。由此看来，正义的性质在于遵守有效的信约，而信约的有效性则要在足以强制人们守约的社会权力建立以后才会开始，所有权也是在这个时候开始。"〔56〕这就是说，霍布斯认为，在自然状态下是无所谓正义不正义的，因为那时还没有你的我的之分，还没有所有权，所以不存在把别人东西占为己有的不正义行为问题。正义只有在社会状态下才产生，这时有了你我之分，这才产生了将每人自己所有的东西给自己的正义问题。霍布斯进一步指出，正义之所以和实在法关系密切，是因为在社会状态下，规定所有权的正是实在法。实在法划定和明确各人所有权的界限，并用国家强力保护所有权，惩罚和纠正侵犯所有权的行为，所以只在有实在法的社会里才会有正义。他说："没有共同权力的地方就没有法律，而没有法律的地方就无所谓不公正。"〔57〕正因为如此，他

---

〔53〕［英］霍布斯：《利维坦》，黎思复等译，商务印书馆 1985 年版，第 209～210 页。
〔54〕同上书，第 207～208 页。
〔55〕同上书，第 221 页。
〔56〕同上书，第 109 页。
〔57〕同上书，第 96 页。

认为从一定意义上说,法律是正义的准则。他说:“法律就是关于正义与不义问题的法规,被认为不义的事情没有一种不是和某些法律相冲突的。”[58]他甚至说,实在法就是正义,没有法律是不正义的。法律只有良与不良之分,而没有公正与不公正的问题。他说:“我所谓的良法不是公正的法律,因为任何法律都不可能是不公正的。”这是因为,“法律是主权当局制定的,这种权力当局所作所为的一切都得到了人民中每一个人的担保和承认。人人都愿意如此的事情就没有人能说是不公正的。国家的法律正像游戏的规则一样,参加的人全都同意的事情对他们每一个人说来都不是不公正的。良法就是**为人民的利益所需而又清晰明确的法律**。”[59]

(四)实在法与自由

在西方近代史上,霍布斯是最先论述法律与自由关系问题的一个思想家,并提出了自由是法律所允许或不干涉之事这一命题。在《利维坦》一书中,他专章论述了法律与自由的关系问题。他首先阐述了自由一词的含义,他指出,“自由一词就其本义说来,指的是没有阻碍的状况。”[60]因此“自由人一词根据这种公认的本义来说,指的是在其力量和智慧能办到的事物中,可以不受阻碍地做他所愿意做的事情的人。”[61]他认为,“畏惧与自由是相容的”,因为人在恐惧之下有选择的自由;“自由与必然是相容的”,因为必然即规律,人按规律办事才有自由。接着他论述了自由与实在法的内在关系。指出真正的自由离不开法律。理由有三:

第一,在无实在法的状态下,即自然状态下时,每个人享有无限的自然权利,必然互相侵害,谈不上什么自由,只有在实在法对人们的行为加以约束和限制之后,人们的安全才有保障,也才能享受法律所保护的自由。

第二,实在法对人们行为的规定和限制是相对的,因此它必然给人们留下自由活动的余地。他说:“世界上没有一个国家能订出足够的法规来规定人们的一切言论和行为,这种事情是不可能办到的;这样就必然会得出一个结论说:在法律未加规定的一切行为中,人们有自由去做自己的理性认为最有利于自己的事情……因此,臣民的自由只有在主权者未对其行为加以规定的事物中才存在,如买卖或其他契约行为的自由,选择自己的住所、饮食、生业,以及按自己认为适宜的方式教育子女的自由等等都是。”[62]

第三,法律的本意和目的并不是要加害于人们,而是要保护和指导人们,使人自由地生活。他说:“法律,作为得到批准的法规,其用处不在于约束人民不做任何自愿行为,而只是指导和维护他们,使之在这种行为中不要由于自己的鲁莽愿望、草率从事或行为不慎而伤害了自己。正如同栽篱笆不是为了阻挡行人,而只是为了使他们往路上走一样。”[63]

(五)法律的种类

霍布斯认为,法律种类的区分并不是固定不变的,往往不同时代有不同的分类,例如古罗马的查士丁尼法典中就把市民法分为七类。他认为这一差别不取决于问题的本质,而取决于著述者的眼界,同时也随个人的方法不同而各异。因此,他也从不同的角度对法律作了分类。

---

〔58〕[英]霍布斯:《利维坦》,黎思复等译,商务印书馆1985年版,第206页。
〔59〕同上书,第270页。
〔60〕同上书,第162页。
〔61〕同上书,第163页。
〔62〕同上书,第164~165页。
〔63〕同上书,第270~271页。

首先,他按照传统方法把法律分为自然法与成文法两大类。成文法又分为人定法和神定法两种。神定法“是通过上帝授权宣布的人向某一个民族或某一些人宣布的法律。”〔64〕在人定法中还有分配法和刑律之别。“分配法是决定臣民权利的法律,向每一个人宣布他取得与保有土地或财物的财产权以及行动的权利或自由所根据的是什么,其内容是对一切臣民讲的。刑律则是宣布对违法者应施加什么惩罚的法律,内容是对被派执行的大臣与官员提出的。”〔65〕

其次,他又根据法律与国家的关系把它们分为基本法与非基本法,“基本法就是取消了以后,国家将像屋基被毁的房屋一样,无法成立并彻底解体的法律……非基本法则是废除之后不会使国家解体的法律。”〔66〕

最后,霍布斯还对法律的制定和实施等作了不少论述。例如,他认为刑罚的目的不是为了报复或发泄怒气,而是纠正犯法者或效尤者,因而刑罚要与罪行相适;再例如,他对法官应具备的品质和条件也作了很多论述,他认为一个良好的法官对“公平要有正确的理解”;“要有藐视身外赘物——利禄的精神”;“在审判中,要能超脱一切爱、恶、惧、怒、同情等感情”;“听审要有耐心,听审时要集中注意力、并且要具有记忆力记住、消化并运用自己所听到的一切。”〔67〕

从上可以看出,霍布斯对古典自然法学的贡献是很大的,他使格老秀斯开创的古典自然法学更加系统化和更具有理论的色彩。这突出地表现在,他第一次详细地论述了自然状态、自然权利和自然法的具体内容,并第一个明确地指出自然法的本质是道德;他用社会契约论阐述了国家和法的起源问题;他对实在法的本质、特点、作用、种类等也作了较多的论述,从而奠定了古典自然法学的基本理论框架。虽然与后来的古典自然法学家相比,霍布斯有更大的保守性和旧的痕迹,如仍坚决拥护君主制,仍承认神定法是法律的一种等,但在基本思想上并没有两样。而且就其理论的系统性和某些观点的深刻性来说,还超过了其他人。

参考文献

1. [英]霍布斯:《利维坦》,黎思复等译,商务印书馆 1985 年版。
2. [英]霍布斯:《论公民》,应星、冯克利译,贵州人民出版社 2003 年版。
3. [英]霍布斯:《哲学学家与英格兰法学家的对话》,姚中秋译,上海三联书店 2006 年版。
4. [英]霍布斯:《法律要义:自然法与民约法》,张书友译,中国法制出版社 2010 年版。
5. [美]列奥·施特劳斯:《霍布斯的政治哲学:基础与起源》,申丹译,译林出版社 2004 年版。
6. [英]奥格肖特:“《利维坦》导读”,应星译,载《思想与社会》(第 3 辑:现代政治与自然),上海人民出版社 2003 年版。
7. 林国荣:“自然法传统中的霍布斯”,载《思想与社会》(第 3 辑:现代政治与自然),上海人民出版社 2003 年版。

思考题

1. 霍布斯是怎样论述三个自然的?

〔64〕 [英]霍布斯:《利维坦》,黎思复等译,商务印书馆 1985 年版,第 222 页。
〔65〕 同上书,第 221 页。
〔66〕 同上书,第 224 ~ 225 页。
〔67〕 同上书,第 220 页。

2. 霍布斯是怎样论述法律与自由的关系的?
3. 霍布斯是怎样论述法律与正义的关系的?
4. 如何评价霍布斯的主权理论?

第四节 洛克的自然法思想

一、生平和著作

约翰·洛克(John Loke,1632~1704年)是英国近代著名的哲学家,西方自由主义的奠基人和古典自然法学派的杰出代表之一。

洛克出生于一个律师家庭,父亲是一个清教徒。英国资产阶级革命爆发后,他父亲站在议会一边,并参加了克伦威尔的护国军。洛克17岁时在议会派控制的威斯敏斯特学校学习。20岁时就读于牛津大学基督教会学院,而当时主持牛津大学的都是些独立派的人物。这样的家庭和就学经历使他深受资产阶级的影响。1660年斯图亚特王朝复辟时,洛克担任牛津大学讲师。1666年洛克结识了爱西莱勋爵,即后来的沙夫特斯贝莱伯爵。沙夫特斯贝莱伯爵是代表资产阶级和新贵族利益的辉格党的创始人和领袖,坚决反对封建复辟,主张公民自由、宗教宽容和君主立宪。洛克和他有着非常密切的关系,1667年以后作为其的医学顾问、家庭教师及秘书长达15年。1681年,沙夫特斯贝莱伯爵因受斯图亚特王朝的迫害而逃亡荷兰。1683年洛克因受牵连也被迫避居荷兰。1688年"光荣革命"的第二年,他和女王玛丽二世一同回到英国。此后,他在新政府中先后担任了上诉法院院长、贸易殖民部部长等重要职务。在以后的日子里,洛克除了担任行政职务外就是著书立说,直到1704年去世。

洛克处于英国资产阶级革命时代,是这一时代后期的主要思想家。他的著作大多是在"光荣革命"后完成的,是对革命时期各种思想观点的清理和理论总结,从而为资产阶级创建新制度进行辩护和提供指导。其主要著作有:《论宗教宽容》(1689年)、《人类理解论》(1690年)、《政府论》(1690年)、《基督教的合理性》(1695年)等。《论宗教宽容》系统地阐述了政教分离和信仰自由的原则。《人类理解论》奠定了洛克在哲学上的地位。在此书中,他继承和发展了培根的唯物主义经验论,提出了著名的"白板说",第一次提出并论证了理性是人自身的产物,是以经验为基础的理智的认识。在洛克的所有著作中,《政府论》的影响最为深远,也是其政治法律思想的代表作,分为上下两篇,分别在1689年和1690年出版。上篇集中批驳了保皇派菲尔麦鼓吹的"君权神授"和"王位世袭"论,下篇则论述了洛克本人的一系列政治法律观点。

二、"三个自然"思想

像霍布斯一样,洛克对自然状态、自然法、自然权利的论述是其法律思想的基础理论。不过,他的观点与霍布斯有明显的差别,如洛克对自然状态的描述就不是战争状态,而是一种自由、平等、和平状态。他说:"那是一种完备无缺的自由状态,他们在自然法的范围内,按照他们认为合适的办法,决定他们的行动和处理他们的财产和人身,而无需得到任何人的许可或听命于任何人的意志”。“这也是一种平等的状态,在这种状态中,一切权力和管辖权都是相互的,没有一个人享有多于别人的权力。极为明显,同种和同等的人们既毫无差别地生来就享有自然的一切同样的有利条件,能够运用相同的身心能力,就应该人人平等,不存在从属或受制关系。”〔68〕

洛克认为,自由不等于放任,是人的行为受理性的指导,这理性就是自然法。他说:“在这种状态中,虽然人具有处理他的人身或财产的无限自由,但是他并没有毁灭自身或他所占有的任何生物的自由”,这是因为“自然状态有一种为人人所应遵守的自然法对它起着支配作用;而理性,也就是自然法,教导着有意遵从理性的全人类:人们既然都是平等和独立的,任何人就不得侵害他人的生命、健康、自由或财产。”〔69〕

这就意味着在自然状态里人们享有一种权利,即自然权利。洛克说:“人类一出生即享有生存权利,因而可以享用肉食和饮料以及自然所供应的以维持他们的生存的其他物品”。〔70〕自然权利包括生存权、自由权、平等权和财产权四种。生存权是社会确认和保障人们生命延续的条件、资格和能力。自由权是指自然状态下除受自然法的约束外不受其他因素约束以及在政治社会中除受立法权的约束外不受其他约束的权利,人人得自由地处置自己的人身、财产和以自己的意志去做不损害他人的任何事情;平等权就是“每一个人对其天然的自由所享有的平等权,不受制于其他任何人的意志或权威”。〔71〕财产权是人们通过劳动而使自然中的物品归个人享有的权利。洛克认为,自然界中的一切物品最初是为人类共同享用的,但由于人们的劳动而使人类的共有物拨归个人享有,他说:“我的劳动使它们脱离原来所处的共同状态,确定了我对于它们的财产权。”就好比“虽然泉源的流水是人人有份的,但是谁能怀疑盛在水壶里的水只属于汲水人的呢?”〔72〕值得注意的是,洛克非常看重财产权,将其视为自然权利的核心,其他权利都是以财产权为基础,人的生存权不过是保障个人的财产不受侵犯,自由权不过是每个人任意处置自己全部财产之权,并且他还以劳动是财产权的原始取得方式,为私有财产神圣不可侵犯作辩护,反复强调“最高权力,未经本人的同意,不能取去任何人的财产的任何部分。”〔73〕

三、国家权力和实在法的产生

洛克认为,自然状态尽管很好,但也有三个缺陷:第一,缺少一种确定的、规定了的、众所周知的法律,以作为大家共同同意和承认的区分是非的标准以及裁判一切纠纷的尺度。因为虽然自然法对于理性动物来说,是明显而又可以理解的,但是有些人由于利害关系而存有偏见或由于对自然法缺乏研究而茫然无知,往往不承认自然法对他们有约束力。第二,缺少一个有权依照既定法律来裁判一切争执的公正的裁判者。因为自然状态中的每个人都是自然法的裁判者和执行者,而自私等情感很容易让人们作出不公的判决。第三,缺少权力来支

〔68〕［英］洛克:《政府论》(下篇),叶启芳、瞿菊农译,商务印书馆1996年版,第5页。
〔69〕同上书,第6页。
〔70〕同上书,第18页。
〔71〕同上书,第34页。
〔72〕同上书,第20页。
〔73〕同上书,第86页。

持正确的判决,使其得到应有的执行。因此,在自然状态下人们的自然权利的实现是有风险的。[74]

由此,洛克引申出了他的社会契约论。洛克认为,克服以上缺陷的办法就是人们互相协议,自愿放弃了裁判和执行自然法的权力,把它们交给社会,由社会委托给立法机关或指定的专门人员按照社会全体成员的共同意志来行使,从而进入了政治社会,成立了国家,设立了政府,产生了公共权力和法律。他说:"如果在自然状态中是如前面所说的那样自由,如果他是他自身和财产的绝对主人,同最尊贵的人平等,而不受任何人的支配,为什么他愿意放弃他的自由呢?为什么他愿意丢弃这个王国,让自己受制于其他任何权力的统辖和控制呢?对于这个问题,显然可以这样回答:虽然他在自然状态中享有那种权利,但是这种享有是很不稳定的,有不断受到别人侵犯的威胁……这就使他愿意放弃一种尽管自由却是充满着恐惧和经常危险的状况;因而他并非毫无理由地设法和甘愿同已经或有意联合起来的其他人们一起加入社会,以互相保护他们的生命、特权和地产,即我们根据一般的名称称之为财产的东西。因此,人们联合成为国家和置身于政府之下的重大的和主要的目的,是保护他们的财产。"[75]"这就是立法权和行政权力的原始权利和这两者之所以产生的缘由,政府和社会本身的起源也在于此。"[76]

四、实在法的本质和种类

洛克对实在法的基本观念是,它是公意的表示,它以公共利益为基础,其目的就是为保证自然权利的充分实现。他指出,立法机关就是"受社会的委任来表达公众意志的。"因此,立法机关一旦为大多数人所建立时,它就使这个意志得到表达,而且还可以说是这一意志的体现。正因为如此,他认为作为公共意志基础的公共利益是法律的基础和目的。他说:"法律除了人民的福利这一最终目的之外,不应再有其他目的","公众利益是检验全部立法的准则和尺度。"[77]

洛克认为法律的本性是通过设立一种赏罚来影响人的行为的一个规则。[78] 他的法律分为三种:神法、民法、舆论法。神法就是上帝给人类确立的法律。民法是犯罪和无罪的法律,是国家制定的支配人民的法律。舆论法是指哲学的关于善行和恶行的法律。

五、法律与自由

马克思、恩格斯指出:"自由思想正是从英国输入法国的,洛克是自由思想的始祖。"[79]洛克不但提出了系统的自由学说,而且将自由与法律紧紧联系起来,阐述了法律与自由的关系,使他的法律思想具有浓厚的自由主义色彩。

洛克认为自由以理性为基础。他说,理性"正是一切自由的基础"。[80] 正因如此,所以对个人来说,自由是随着其理性的成熟而获得的,小孩和精神不健全者就享受不到一个正常的

---

〔74〕 参见[英]洛克:《政府论》(下篇),叶启芳、瞿菊农译,商务印书馆1996年版,第77~78页。

〔75〕 [英]洛克:《政府论》(下篇),叶启芳、瞿菊农译,商务印书馆1996年版,第77页。

〔76〕 同上书,第78页。

〔77〕 [英]洛克:《论宗教宽容》,吴云贵译,商务印书馆1982年版,第25页。

〔78〕 [英]洛克:《人类理解论》,关文运译,商务印书馆1997年版,第328页。

〔79〕 《马克思恩格斯全集》(第7卷),人民出版社1971年版,第249页。

〔80〕 [英]洛克:《人类理解论》(上册),关文运译,商务印书馆1983年版,第236页。

成年人的自由。

自由的主要内容是对财产的自由支配，是财产权。因为它是其他权利的前提和基础。因此，私有财产权神圣不可侵犯。最高统治者未经人民同意不能任意增税；[81]征服者也不应随意侵占被征服者的财产。[82]

社会状态下的自由离不开法律。他说："人的自然自由，就是不受人间任何上级权力的约束，不处在人们的意志或立法权之下，只以自然法作为他的准绳。处在社会中的人的自由，就是除经人们同意在国家内所建立的立法权以外，不受任何意志的统辖或任何法律的约束。"[83]这是因为法律体现理性，"人的自由和依据自己的意志来行动的自由，是以他具有理性为基础的，理性能教导他了解他用以支配自己行动的法律，并使他知道他对自己的自由意志听从到什么程度，"[84]儿童之所以需要父母管教，在于其理性尚未成熟，只有当他达至成年，理性成熟后，才能够理解法律，成为一个自由人，"从而他可以把他的行为限制在那个法律的范围之内。当他达到这一境界时，他可以被认为知道遵循法律的程度和应用自由的程度，从而取得自由"。[85]

在这些论述的基础上，洛克提出了以下著名的论断："法律按其真正的含义而言与其说是限制还不如说是指导一个自由而有智慧的人去追求他的正当利益，它并不在受这法律约束的人们的一般福利范围之外作出规定。假如没有法律他们会更快乐的话，那么法律作为一件无用之物自己就会消灭；而单单为了使我们不致堕下泥坑和悬崖而作的防范，就应称为限制，所以不管会引起人们怎样的误解，法律的目的不是废除或限制自由而是保护和扩大自由。这是因为在一切能够接受法律支配的人类的状态中，哪里没有法律，那里就没有自由。这是因为自由意味着不受他人的束缚和强暴，而哪里没有法律，那里就不能有这种自由。"[86]

六、法治思想

洛克的法治思想是其法律思想的重要组成部分，他提出的法治原则初步奠定了近代资产阶级法治理论的基础。

首先，洛克论述了法治的必然性。他指出，既然国家权力来自人民的自然权利并为了更好地保障它的实现，既然法律体现了人民的公意，那么执政者或政府就必须依法治国。他说："统治者应该以正式公布的和被接受的法律，而不是以临时命令和未定的决议来进行统治"。"政府所有的一切权力，既然只是为社会谋幸福，因而不应该是专断的和凭一时高兴的，而是应该根据既定的公布的法律来行使"。[87]否则，"如果法律不能被执行，那就等于没有法律；而一个没有法律的政府，我以为是一种政治上的不可思议的事情，非人类的能力所能想象，而且是与人类社会格格不入的。"[88]"如果掌握权威的人超越了法律所授予他的权力，利用他所能支

---

[81] [英]洛克：《政府论》（下篇），叶启芳、瞿菊农译，商务印书馆1996年版，第121页。
[82] 同上书，第111页。
[83] 同上书，第16页。
[84] 同上书，第39页。
[85] 同上书，第37页。
[86] 同上书，第35～36页。
[87] 同上书，第86页。
[88] 同上书，第132页。

配的强力强迫臣民接受违法行为,他就不再是一个官长;未经授权的行为可以像以强力侵犯另一个人的权利的人那样遭受反抗”。[89] 因此,执政者不允许有超越法律的特权。“如果掌握权威的人超越了法律所授予他的权力,利用他所能支配的强力强迫臣民接受违法行为,他就不再是一个官长;未经授权的行为可以像以强力侵犯另一个人的权利的人那样遭受反抗”。[90]

其次,洛克认为法治的含义就是普遍守法和严格地平等执法。他说:法治就是“用明确不变的法规来公正地和同等地对待一切当事人;通过那些由社会授权来执行这些法规的人来判断该社会成员之间可能发生的关于任何权利问题的一切争执”。[91] 就是“法律一经制定,任何人也不能凭他自己的权威逃避法律的制裁,也不能以地位优越为借口,放任自己或任何下属胡作非为,而要求免受法律的制裁。公民社会中的任何人都是不能免受它的法律的制裁的。”[92]

最后,洛克认为法治核心就是要反对个人独裁,而要如此就必须使国家的权力形成一个合理的能互相制衡的结构。他说,专断权力是“与社会和政府的目的不相符合的,”“只要有人被认为独揽一切,握有全部立法和执行的权力,那就不存在裁判者;由君主或他的命令所造成的损失或不幸,就无法向公正无私和有权裁判的人提出申诉,通过他的裁决可以期望得到救济和解决。因此,这样一个人,不论使用什么称号——沙皇、大君或叫什么都可以——与其统治下的一切人,如同和其余的人类一样,都是处在自然状态中。”“谁认为绝对权力能纯洁人们的气质和纠正人性的劣根性,只要读一下当代或其他任何时代的历史,就会相信适得其反。”[93] 由此,洛克提出了他的分权制衡理论,开创了一个先河。

洛克将国家权力划分为立法权、执行权和对外权。“立法权指享有权利指导如何运用国家的力量以保障这个社会及其成员的权力,也就是制定法的权力。”[94] 执行权是指“负责执行被制定和继续有效的法律”,包括现代理论中所说的行政权和司法权两权。对外权是指“包括战争与和平、联合与联盟以及同国外的一切人士和社会进行一切事务的权力”。[95]

他认为在这三种权力中,立法权最高,“因为谁能够对另一个人订定法律就必须是在他之上。而且,立法权之所以是社会的立法权,既然是因为它有权为社会的一切部分和每个成员制定法律,制定他们的行动的准则,并在法律被违反时授权加以执行,那么立法权就必须是最高的权力,社会的任何成员或社会的任何部分所有的其他一切权力,都是从它获得和隶属于它的。”[96] 由于立法权最高,便容易使掌握立法权的人想超越法律的限制,企图用立法权谋求私利。因此,立法权应受以下四个方面的限制:第一,立法机关不能把权力转让给其他任何人,因为这是来自于人民的委托的权力。第二,立法机关制定法律时除了为人民谋福利这一最终目的之外,不应再有其他目的。第三,立法机关只能以正式公布的既定的法律来进行统治。第四,未经人民自己或其代表同意,决不应该对人民财产课税和取去任何人的任何财产。[97]

洛克认为,立法、执行和对外权之间应该是相互制衡的关系。首先,执行权和对外权属于

---

[89]　[英]洛克:《政府论》(下篇),叶启芳、瞿菊农译,商务印书馆1996年版,第123页。
[90]　同上书,第123页。
[91]　同上书,第53页。
[92]　同上书,第59页。
[93]　同上书,第55~57页。
[94]　同上书,第89页。
[95]　同上书,第90页。
[96]　同上书,第92页。
[97]　同上书,第88页。

立法权，受立法权支配。其次，立法权受执行权牵制，表现在立法机关不能长设，它的召集、解散以及换届选举的时间、召集和组织由执行权决定；在立法机关没有制定法律的地方，在立法者不能预见的地方，执行权可以自由裁量，但须根据公众福利和利益要求来处理。

可以看出，洛克的主张实际上是两权分立和制衡。因为他虽然将对外权与行政权分开，但是他同时认为这两权是由同一机关来行使的，所以，他实际上承认执行权与对外权是很难分开的。而司法权在他那里尚未明确地提出来。虽然他曾说过，“哪里没有司法来保障人们的权利……那里就肯定不再有政府存在。”[98]

综上所述，洛克在古典自然法学家中处于特殊的地位，是古典自然法学的发展中一个转折点，从此以后这一学说才具有现代自由主义的色彩，才开始创立了一系列新的观念，如人民主权、法律公意、天赋人权、法治和分权制衡等，而后来的美国独立战争和法国大革命正是在这些理论的指导下进行的。

参考文献

1. [美]格瑞特·汤姆森：《洛克》，袁银传、蔡红艳译，中华书局2002年版。
2. [英]洛克：《政府论》(下篇)，叶启芳、瞿菊农译，商务印书馆1996年版。
3. [英]洛克：《人类理解论》，关文运译，商务印书馆1997年版。
4. [英]洛克：《论宗教宽容》，吴云贵译，商务印书馆1982年版。
5. [英]彼得·拉斯莱特：《洛克〈政府论〉导论》，冯克利译，北京三联书店2007年版。
6. [英]洛克：《自然法论文集》，李季璇译，商务印书馆2014年版。

思考题

1. 洛克与霍布斯对自然状态的描述上有什么不同？
2. 洛克是怎样论述人的自由、权利的？
3. 洛克的法治思想及其历史地位。
4. 洛克分权制衡思想及其历史地位。

第五节　斯宾诺莎的自然法思想

一、生平与著作

斯宾诺莎(Baruch Spinoza，1632～1677年)是西方近代著名的唯物主义哲学家和古典自然法学的主要代表。他出生在荷兰一个犹太商人家庭，祖籍西班牙，因种族歧视和宗教迫害逃到荷兰。出生时取名本托·斯宾诺莎(Bente Spinoza)，7岁进入一个犹太人的教会学校，

[98]　[英]洛克：《政府论》(下篇)，叶启芳、瞿菊农译，商务印书馆1996年版，第132页。

又用希伯莱语取了一个名字,叫巴鲁赫・斯宾诺莎(Barude de Spinoza),学习的是希伯莱语和犹太法典。14 岁毕业后又请了一个家庭教师教拉丁文。他兄弟二人,17 岁时因其兄病死,他的父亲要他停止学业回家经商。但他不喜欢商业,所以 20 岁时又进入一个拉丁文学校继续学习,后留校任教。这使他有机会接触和阅读一些著名的哲学家如笛卡尔、卢克莱修、布鲁诺等人的著作和研读自然科学知识。24 岁时因他怀疑灵魂不死和上帝存在,主张思想自由,被犹太教会开除,并驱逐出阿姆斯特丹,移居新教徒聚居之奥微尔开克村,并将自己的名字改为拉丁文 Benedict(us) de Spinoza(别涅狄克特・斯宾诺莎)。此后至死,他以磨光学镜片为生,经济上非常艰难,又处处受到迫害,过着一种颠沛流离的生活,先后流落到来顿、海牙等地。但他毫不气馁,勇敢地追求真理和批判宗教神学,写了大量的著作,主要的有《神、人及其幸福简论》(1658 ~ 1660 年)、《知性改进论》(1661 ~ 1662 年)、《笛卡尔哲学原理》(1663 年)、《神学政治论》(1665 ~ 1670 年)、《伦理学》(1662 ~ 1675 年)《政治论》(1676 年,未完稿)。

斯宾诺莎的哲学在西方近代哲学史上占据重要的一席,恩格斯给予他很高的评价,说他"坚持从世界本身说明世界。"[99] 他认为,世界的本质是"实体","实体"即"自然"或"上帝",它是唯一的,不依赖其他物独立存在,它是万物的本质和万物存在的唯一的原因;它具有广延和思维两个为我们所感知的属性;实体存在的外在形态叫"样式",它表现为各种各样的事物,它们都依照自己的本性或规律运动着,即竭力保存和发展自己。但每个个体要真正做到这一点,就必须与其他个体的运动不发生矛盾。这种境界就叫"善",而这只有有理性的动物——人才能认识和做到。对人来说,要保存自己,就要过一种有道德的生活,而这种生活就是在认识自然的基础上,合理地控制情欲,使之与其他人的追求相一致,使人人都获得利益和幸福。

二、自然状态和自然权利(法)——法律的产生

斯宾诺莎认为,人是大自然的一部分,像大自然的任何事物一样服从统一的自然律或自然法则,这就是每种事物都按照其本性生活,竭力保存和发展自己。他说:"所谓天然的权利与法令,我只是指一些自然律,因为有这些律,我们认为每个个体都为自然所限,在某种方式中生活与活动……每个个体应竭力以保存其自身,不顾一切,只有自己,这就是自然的最高的律法与权利。"[100] 既然如此,那么每个个体有多大的力就有多大的权利。他说:"我把自然权利视为据以产生万物的自然法则或自然规律,亦即自然力本身。因此,整个自然的自然权利,从而每个个体的自然权利,都同他的力量所及范围一样大。所以,一个人按照自己的本性的法则行动就是按最高的自然权利行动,而且,他对自然具有同他的力量一样大的权利。"[101] 这就是说,在自然界,鱼在水中游,鸟在天空飞是它们的权利,大鱼吃小鱼,小鱼吃虾米也是天经地义的,无所谓是与非、善与恶、公平不公平的问题;人和人之间也是这样,每个人只顾自己,不管别人,为了生存,可以互相侵害和欺骗。斯宾诺莎把这种孤立的个人各自奋斗和互相侵害的状态叫人类的自然状态。他认为,在这一状态下,世间的物品没有你我之分,谁能占有或

[99] [德]恩格斯:《自然辩证法》,人民出版社 1971 年版,第 11 页。
[100] [荷]斯宾诺莎:《神学政治论》,温锡增译,商务印书馆 1982 年版,第 212 页。
[101] [荷]斯宾诺莎:《政治论》,冯炳昆译,商务印书馆 1999 年版,第 11 ~ 12 页。

享用就是谁的，因而也没有"所有权"的观念和犯罪的观念。他说："在自然状态下，无所谓人人共同一致承认的善与恶，因为在自然状态下，每一个人皆各自寻求自己的利益，只依照自己的意思，纯以自己的利益为前提，去判断什么是善，什么是恶，并且除了服从自己外，并不受任何法律的约束，服从任何别人。因此在自然状态下，是没有'罪'的观念的……再则，在自然状态里，没有一个人可以经过公共的承认，对于某种物品有何主权，亦没有任何自然物可以说是属于这个人的而非属于那个人的，而乃是一切物属于一切人。所以在自然状态下，给自己之所有以与别人，或夺人之所有归自己的意志，皆无法想象。换言之，在自然状态下，即无所谓公正或不公正，唯有在社会状态下，经过公共的承认，确定了何者属于这人，何者属于那人，才有所谓公正或不公正的观念。"〔102〕

既然如此，人在自然状态下与其他生物毫无区别，是处于生命安全毫无保障的可怜状态。但是，斯宾诺莎认为，人和其他动物有一点不同，这就是人有理性。他认为，世界上的任何事物都具有广延和思维两个属性，人的这两个属性表现为身体和灵魂（思想），不同的是人的思维能力高于其他生物，他能认识周围环境和自己。因此，人能认识这种可怜状态，并且企图摆脱这一状态。人们认识到要改变这一状态就必须对自己的自然权利有所约束，就不能侵犯别人的同样权利，必须与别人和平相处。但斯宾诺莎认为，大部分人并不能真正做到这一点，他们在平时总是感情用事，不能约束自己的欲望。这样，仅凭个人的理性约束和控制其感情是不行的，必须有一种外部的强制力量，这就是国家与法律。他说："若是人生来只听清醒的理智的指挥，社会显然就用不着法律了。教导真正的道德信条就够了……因为大多数人关于欲求和效用的观念是为肉体的本能和情绪所支配，只顾眼前。因此之故，若无政府、武力和法律以约束压抑人的欲望与无节制的冲动，社会是站不住的。"〔103〕又说："任何情感非借一个相反的较强的情感不能克制，……一个人因为害怕一个较大的祸害，可以制止作损害他人的事。就是这个定律便可作为建筑社会的坚实基础，只消社会能将私人各自报复和判断善恶的自然权利，收归公有，由社会自身执行，这样社会就有权力可以规定共同生活的方式，并制定法律，以维持秩序，但法律的有效施行，不能依靠理性，而须凭借刑罚，因为理性不能克制感情。像这样的坚实地建筑在法律上的自我保存的力量上面的社会就叫国家，而在这国家的法律保护着的个人就叫作公民。"〔104〕这就是说，国家和法律的产生是人的本性的必然产物，是理性的要求，是弥补大多数人理性之不足和克制感情的手段，其目的就是为了摆脱痛苦的自然状态。

国家和法律之所以起到这一作用，斯宾诺莎认为这是因为，除了它们是建立在理性认识的基础上外，还因为权利的基础是力量，因而联合起来的力量会使人们享有更多的权利。他说："他们合在一起产生的力量，从而比任何一个单独的人对自然事物有更多的权利；以这种方式联合起来的人愈多，他们共同拥有的权利也就愈多。"〔105〕而国家正是联合起来的人群，这样国家的力量和由此产生的权利——政治权力，就比任何个人的力量更大、权利更多。所以只有它才能正确地划定个人权利的合理界限，才能有效地控制个人的行为，防止彼此互相伤害。他说："所以，我们得出如下结论：只有在人们拥有共同的法律，有力量保卫他们居住和耕种的土地，保护他们自己，排除一切暴力，而且按照全体的共同意志生活下去的情况下，才谈

〔102〕［荷］斯宾诺莎：《伦理学》，贺麟译，商务印书馆1991年版，第200～201页。

〔103〕［荷］斯宾诺莎：《神学政治论》，温锡增译，商务印书馆1982年版，第82页。

〔104〕［荷］斯宾诺莎：《伦理学》，贺麟译，商务印书馆1991年版，第200页。

〔105〕［荷］斯宾诺莎：《政治论》，冯炳昆译，商务印书馆1999年版，第17页。

得上人类固有的自然权利。”[106]

三、法律的本质、特点和种类

上面我们看出,斯宾诺莎从人的本性中推出了法律产生的必然性,那么,法律的本质是什么呢?他的回答是法律是必然或规律的一种。他说:“律这个字,概括地来说,是指个体或一切事物,或属于某类的诸多事物,循一固定的方式而行。这种方式或是由于物理之必然,或是由于人事的命令而成的。由于物理之必然而成的律,是物的性质或物的定义的必然结果。由人的命令成的律,说得更正确一点,应该叫做法令。这种法律是人们为了自己或别人而立的,为的是生活更安全,更方便,或与此类似的理由。”[107]显然,斯宾诺莎是把法律视为规律的一种,只是在产生的方式上它不是出于自然而是由人定的罢了。

所谓物理之必然或自然的法律(权利),上面我们已经论述过,即每一物体都竭力保存和发展自己,不顾一切,只管自己。它适用于自然界万事万物。所谓人为的法律,斯宾诺莎认为,就是人为自己和别人所立的一种固定的生活方式、方案或方策。他说:“详细说来,律是人给自己或别人为某一目的立下的一个方案。”[108]他认为,一般所说的法律就是这一种。他说:“法律一名词主要是用于一些人的威权加之于人的生活方式。”他认为,这类法律又可以分为人的法律和神的法律。前者“我是指生活上的一种方策,使生命与国家皆得安全。”后者“所谓神的法律其唯一的目的是最高的善,换言之,真知上帝和爱上帝。”[109]这里要注意,斯宾诺莎是个自然神论者,而自然神论者实际上是唯物主义的一种,它以自然界万物皆神来否定超自然的神、上帝的存在。因而,斯宾诺莎这里所说以最高的善为目的的神的法律,实际上指的是一种最高的理想的法律,是人完全摆脱情欲只听从理性指导时所能给人立下的最好的生活方案。因为“最高的善是在于智力的完善。”[110]这样看来,斯宾诺莎所说的两种法律,实际上是指现实的法律和理想的法律。前者是现实的人从当时的实际出发所制定的,他适用于行为常常为情感所左右的普通人,而不是智者。其特点在于用刑罚等强制的办法迫使人们照立法者设计的方式而生活,其目的在于控制人的情欲,使其生活更安全、更方便。

四、法律与自由

斯宾诺莎在论述了法律的本质之后,进一步论述了法律对人的自由的作用问题。

(一)什么是自由

在西方自由观的历史中斯宾诺莎对自由的论述占有重要的地位。这就是他第一次把自由与必然联系起来,提出了“自由是被认识的必然”的命题。他说:“凡是仅仅由自身本性的必然性而存在、其行为仅仅由它自身决定的东西叫自由(libera)。反之,凡一物的存在及其行为均按一定的方式为他物所决定,便叫做必然(necessaria)或受制(coata)。”[111]因此,“自由并

---

[106]　[荷]斯宾诺莎:《政治论》,冯炳昆译,商务印书馆1999年版,第18页。

[107]　[荷]斯宾诺莎:《神学政治论》,温锡增译,商务印书馆1982年版,第65页。

[108]　同上书,第66页。

[109]　同上书,第67页。

[110]　同上。

[111]　[荷]斯宾诺莎:《伦理学》,贺麟译,商务印书馆1991年版,第4页。

不排除行动的必然性，反而以这种必然性为前提。”[112]他认为，事物如果认识了自己的本性或必然，并自觉地依照必然而行动就叫自由，否则就叫受制或是必然的奴隶。而他认为只有人有理性，因而只有人有这种能力，而被人认识的必然就是理性知识。他说：“理性的本性……不在于认为事物是偶然的，而在于认为事物是必然的。”[113]所以自由的另一种意义就是人完全按照理性而行动。他说：“自由人，亦即纯依理性的指导而生活的人。”[114]又说：“凡是最有理性和最受理性指导的人，也就是最充分掌握自己权利的人。因此之故，只要是在理性指导下生活的人，我便称他为完全自由的人，因为在那种情况下，他的行动完全取决于可以单独从他自己的本性加以理解的诸种原因，而这些原因必然决定他采取行动。”[115]不过，他并不主张禁欲主义，并不认为自由就是压制或抛弃一切欲望，而是认为使之服从理性的指导。他说：“绝对遵循德性而行，在我看来，不是别的，即是在寻求自己的利益的基础上，以理性为指导，而行动、生活、保持自我的存在。”[116]

（二）法律与自由的关系

遵循对自由的以上几点理解：自由离不开必然和理性，而理性知识就是被认识的必然，斯宾诺莎进一步从两个方面论述了法律与自由的关系。

首先，他论述了法律与自由的一般关系。他认为，自由离不开法律，这是因为法律是以理智为基础的，是有智慧的人所制定的行为准则，他能合理控制人的情感，因而人们遵守法律不会使他变为奴隶，而只会使他成为一个公民。他说：“一个受理性指导的人，遵从公共法令在国家中生活，较之他只服从他自己，在孤独中生活，更为自由。”[117]又说：“在一个国家或一个王国之中，最高的原则是全民的利益，不是统治者的利益，则服从最高统治之权并不使人变为奴隶于其无益，而是使他成为一个公民。因此之故，最自由的国家是其法律建筑在理智之上，这样国中每一分子才能自由，如果他希求自由，就是说，完全听从理智的指导。”这就是说，听从理智的指导和遵守法律与获得自由是统一的，因而，“一个人越听理智的指使——换言之，他越自由，他越始终遵守他的国家的法律，服从他所属的统治权的命令。”[118]但是他指出，并不是所有的国家和法律都能给人以同样的自由。他认为国家的政体有君主制、贵族制和民主制三种国家，只有民主制国家及其法律，最符合人的天性和最能给人以自由。他说：“在所有政体之中，民主政治是最自然，与个人的自由最相合的政体。在民主政治中，没人把他的天赋之权绝对地转付予人，以至于对事务他再不能表示意见。他只是把天赋之权交付给一个社会的大多数。他是那个社会的一分子。这样，所有人仍然是平等的，与他们在自然状态之中无异。”[119]

其次，他进而论述了法律与思想自由的关系。他主张给人的思想以绝对的自由，认为法律不应该，也无法禁止思想自由。其理由主要有以下五点：第一，限制思想自由违反了建立国

---

〔112〕［荷］斯宾诺莎：《政治论》，冯炳昆译，商务印书馆1999年版，第16页。

〔113〕［荷］斯宾诺莎：《伦理学》，贺麟译，商务印书馆1991年版，第83页。

〔114〕同上书，第222页。

〔115〕［荷］斯宾诺莎：《政治论》，冯炳昆译，商务印书馆1999年版，第16页。

〔116〕［荷］斯宾诺莎：《伦理学》，贺麟译，商务印书馆1991年版，第187页。

〔117〕同上书，第226页。

〔118〕［荷］斯宾诺莎：《神学政治论》，温锡增译，商务印书馆1982年版，第218页及注①。

〔119〕同上书，第219页。

家的真正目的。因为“政治的目的绝不是把人从有理性的动物变成畜牲或傀儡,而是使人有保障地发展他们的心身,没有拘束地运用他们的理智;既不表示憎恨、愤怒或欺骗,也不用嫉妒、不公正的眼加以监视。实在说来,政治的真正目的是自由。”[120] 他认为,人们加入社会所放弃的只是“自由行动之权,而不放弃自由思考和判断之权”,所以当权者没有理由对其思想加以限制。第二,限制思想也是不可能的。他说:“人的心是不可能完全由别一个人处置安排的,因为没有人会愿意或被迫把他的天赋的自由思考判断之权转让与人的。因为这个道理,想法子控制人的心的政府,可以说是暴虐的政府……是误用治权与篡夺人民之权。”[121] 第三,限制人的思想自由只会招来反抗、不满,甚至叛乱。他说:“强制言论一致是绝不可能的。因为,统治者越是设法削减言论的自由,人越是顽强地抵抗他们……人们普通的天性是最容易愤慨把他们相信不错的意见定为有罪,愤慨把使人敬上帝爱人的思想定为邪恶;所以他们随时都可以誓不承认法律,阴谋反抗当局,认为有这种目的在心以鼓动叛乱与滋长任何罪恶不是可耻的,倒是光荣的。”第四,提倡思想自由是一种美德,限制思想自由只会使人们说谎。他说:“思想自由是一种美德,不能禁绝”,否则,“其必然的结果会是,人们每天这样想,而那样说,败坏了信义(信义是政治的主要依靠),培养可恨的阿谀与背信,因此产生了诡计,破坏了公道。”[122] 第五,思想自由是科学发展的前提,因此只有提倡思想自由才能发展和繁荣科学和文化艺术。他说:“这种自由对于科学与艺术是绝对必需的,因为若是一个人判断事物不能完全自由,没有拘束,则从事于科学与艺术,就不会有什么创获。”[123]

以上看出,作为一个伟大的哲学家,斯宾诺莎对法律的起源、法律的本质、法律的功能等发表了许多深刻的见解,其思想的特点是把法律与自然界的法则规律联系起来思考,认为人类社会的制定法是人的理性在认识人的本性和规律的基础上,为了共同的生存和福利,为大家所设计的一种生活的方案。作为古典自然法学早期的一个主要代表,他的思想较少封建残余,开始具有民主色彩,在理论上也更为严谨和更加深刻。

参考文献

1. [荷]斯宾诺莎:《神学政治论》,温锡增译,商务印书馆 1982 年版。
2. [荷]斯宾诺莎:《政治论》,冯炳昆译,商务印书馆 1999 年版。
3. [荷]斯宾诺莎:《伦理学》,贺麟译,商务印书馆 1991 年版。

思考题

1. 斯宾诺莎是怎样论述自然权利或自然法的?
2. 斯宾诺莎的法律观有什么特点?
3. 斯宾诺莎是怎样论述法律与自由的关系的?

---

[120] [荷]斯宾诺莎:《神学政治论》,温锡增译,商务印书馆 1982 年版,第 272 页。
[121] 同上书,第 270 页。
[122] 同上书,第 274 ~ 275 页。
[123] 同上书,第 274 页。

第六节　普芬道夫的自然法思想

一、生平与著作

萨缪尔·普芬道夫（Samuel Pufendorf，1632～1694年）是古典自然法学在德国的主要代表，也是著名的历史学家。他出生于德国萨克森州的一个新教牧师家庭，1650年入莱比锡大学学习神学，因感神学枯燥，而转攻法律。1656年他改入耶拿大学结识了当时德国著名的数学家、莱布尼茨的老师魏格尔（Erhard Weigel），在他的影响下普芬道夫逐渐走上了独立的道路，开始尝试用数学原理研究自然法。完成学业后，经人推荐于1658年移居哥本哈根瑞典驻丹麦的大使朱利叶斯家任家庭教师。可是上任不久，由于瑞典和丹麦之间爆发战争。丹麦人将瑞典大使的随员逮捕下狱，普芬道夫也在其列，被关押八个月。其间他为消磨时月，将以前读过的格老秀斯、霍布斯及魏格尔的书融会贯通，建构了一个普遍法学的体系，写成手稿。出狱后他随朱利叶斯家人移居荷兰。他接受了朋友的建议，在1660年将其出版，书名为《普通法理学原理》（Elementa jurisprudentiae universalis libri duo），献给当时地位十分显赫的选帝侯卡尔·路德维格（Karl I Ludwig，英语为Charles I Louis）。路德维格推荐他到海德堡大学任副教授，设了一个新的讲席，即自然法和国际法讲席。1664年，普芬道夫写了《论德国的现状》（De tatu imperii germanici liber unus），化名在日内瓦出版。该书因批判教会引起轩然大波，结果使他失去了教席，不得不于1668年离开海德堡，到了瑞典。1670年，应瑞典国王查尔斯十一世邀请，普芬道夫任教于兰德大学的法学院，教授自然法。兰德时期是他创作的最佳时期。1672年，他用拉丁文撰写和出版了八卷本的《论自然法和万民法》（DJN，De jure naturae et gentıum libri octo）。[124] 1673年，又出版了该书的简写版《自然法观念上的人与公民的责任》（DOH，De Officio Hominis et Civis；On the Duty of Men and Citizen According to Natural Law）。[125] 该两本书出版后受到一些批评，为了回应和澄清其理论，他写了许多文章，于1686年汇集为《斯堪的纳维亚辩论》。在其生命的最后18年里，由于先后担任三个王室的顾问，[126]并为其撰写历史，因而其研究的兴趣也转向政治、宗教历史领域，有许多历史和宗教方面的著作留世，著名的有：《论罗马神圣帝国的历史和政治》（HUP，1679年）、《欧洲现存国家和地区简史》（EZDH，1682年）、《关于市民生活的宗教之本质》（DHR，1687年）等。

普芬道夫是与荷兰的斯宾诺莎和英国的洛克同年生的古典自然法学家，他的理论，由于

---

〔124〕《论自然法和万民法》一书分八卷。第一卷九章，论述人与道德的问题；第二卷六章，论述自然状态和自然法；第三卷九章、第四卷十三章、第五卷十三章，论非国家状态中人的各种关系、交往的方式和义务；第六卷三章，论婚姻与家庭；第七卷九章，论国家；第八卷十二章，论国家对公民的权力和国家间的战争与和平问题。

〔125〕国内现有四种译本：（1）鞠成伟译的商务版的《人和公民的自然法义务》（2009年）；（2）张淑芳译的陕西人民出版社版的《人和公民的义务》（2009年）；（3）支振锋译的北大出版社版的《论人和公民在自然法上的责任》（2010年）；（4）；祝杰、魏洪发译的吉林人民出版社版的《论人和公民的自然法义务》（2011年）。

〔126〕1677年以后，普芬道夫从隆德到了斯德哥尔摩，担任瑞典国王查理十一世的政治顾问；1688年他迁居柏林，任职于普鲁士王室的宫廷历史学家、私人咨询员和司法咨询员，直到去世。

融合了格老秀斯和霍布斯的观点,似乎具有“折中主义”的特点和缺乏原创性。因而过去对他的研究重视不够,评价上也欠公允。实际上他的自然法理论无论是广度上还是深度上都不亚于斯宾诺莎和洛克,在某些方面也很有特色。如他对人的论述中强调人的责任,而不是权利;并把人的责任分为对上帝(自然)、对社会和对国家的三种责任;与此相适应把法区分为神道法、自然法和市民法,以及万民法或国际法等。再如,他把自然法说成就是与人的社会本性适应的法则,国家是由公民组织而成的大型的社会联合体,是一种通过二次社会契约而建立的复合性的道德人等。另外,他对自然状态、社会契约和万民法的论述都很有特色。

二、人、人的责任和自然法

普芬道夫也像其他自然法学一样,对法和国家的论述以人作为出发点。不过由于他认为人作为一个物种的基本特征是社会性,因而他虽然也以国家的存在为标志把人类的历史划分为“自然状态”和公民状态,但对“自然状态”中的人的认识上却有不同,即不再把人理解为孤立的自由自在的个人,而是理解为生活在社会化程度不高的以血缘为纽带的家庭式的社会组织中的一分子。这种人虽然有许多不好的毛病,但能认识社会对他的重要性,能领悟到维持社会生活的法则。而这个法则就是自然法,其真谛就是维护社会生活的正常秩序。

(一)人的“责任”和“法”的概述

1.“责任”和“法”的概念

首先有必要简介一下普芬道夫论述中的两个概念,“责任”(或“义务”)和“法”。因为他的论述是从“责任”或“义务”开始的,而又把“义务”界定为基于“责任”(obligation)的法律规定。他说:“我所用的‘义务’(duty,*officium*)是指:基于责任,人的行为与法律的命令相一致。”[127]那么,什么是“义务”呢?他认为,人的责任或义务是与人的本性相适应的做人的本分,是人基于“对”(是)与“错”(非)或正当与不正当的感悟或判断而向一个合格的人提出的要求,并以一定的惩罚约束其履行义务。他进一步指出,“义务”或“责任”是相对于权利而言的,是对权利的限制和约束,他说:“义务常被看作是权利的镣铐,它约束我们必须为某种行为。也就是说,义务给我们的自由之马安上了马勒子。”[128]他认为,界定义务(duty)所使用的第三个也是最后一个词“责任”(obligation),是以以下两个条件为基础的:存在一个权威者(superior),他有权力执行自己的命令;存在一个臣服者(subject),他有很好的理由服从。这些理由包括:服从是有利的;权威者用意纯良,能够比下属自己更好的照顾他;服从是自愿的。[129] 他说“义务”产生的条件是:“在他之上存在一个权威者;他可以理解既定的规则;他具有采取不同行为倾向的意志能力;如果规则已被权威者颁布,他可以意识到背离规则而行是不正确的。”这个“既定规则就是法律(lex)。法律是一种律令,权威者借助它迫使臣民的行为与他自己的命令(prescript,*praescriptum*)相符合。”“每一部完整的法律都包括两部分:一部分规定什么该做、什么不该做;另一部分规定对忽视律令(percept)或为禁止事项的人的处罚。……所以法律完全的效力在于使人明知权威者想要我们做什么、不做什么,违法者将受

---

[127] [德]塞缪尔·普芬道夫:《人和公民的自然法义务》,鞠成伟译,商务印书馆2009年版,第45页。duty与obligation二词均可译为“责任”或“义务”,duty多指法律上的“义务”,obligation多指道义上的“责任”。

[128] 同上书,第54页。

[129] 参见[德]塞缪尔·普芬道夫:《人和公民的自然法义务》,鞠成伟译,商务印书馆2009年版,第18页。

到的处罚是什么。创设义务——亦即,施加一种内在必要性——的权力和通过惩罚迫使人守法的权力,恰当地属于立法者和受托保护并执行法律的人。"[130]

由此看来,"责任"是用法规定的责令人尽与其本分相适应的道德义务,而"法"就是明确这一义务的权威性规则。

2. 责任和法的种类

普芬道夫认为,作为一个生活于社会中的人,他有关义务或责任的知识来自三个方面,这三种知识使他处理好三种关系,因而面临着三种义务或责任,相适应也有三种法。他说:"很明显,人类关于义务的知识——他可以做什么,因为那是正确的(right, *honestum*);不可以做什么,因为那是错误的(wrong, *turpe*)——有三个来源:理性(reason)、市民法和神的特别启示。从第一个来源产生了人类最普通的义务,特别是那些使他适合与和别人过社会(society, *sociabilis*)生活的义务;从第二个来源产生了居住于特定国家(state, *civitas*)的公民的义务;从第三个来源产生了基督徒的义务。

因此,存在三种不同的律令(disciplines)。第一种是自然法律令,对所有的民族都适用。第二种是各个国家的市民法律令,人类被分成多少个国家它就有或者可能有多少种形式。第三种是神学道德(moral theology),它不同于解说我们的信仰(faith)的神学著作。"[131]

这就是说,人对义务或责任的感知得自三个方面:人的理性之光、市民法和神的特别启示(revelation fo Divinity)。它们表现为三种法或律令(disciplines):适用于全人类的自然法、适用于特定地区或国家的市民法和适用于基督教徒的神道法(moral theology),由此产生了三种责任:作为一般人的社会责任、作为国家公民的责任和作为基督教徒的对上帝的责任。这三种法所管辖的范围和三种责任所追求的目标是不同的,前两种法只着眼于人的现世,所管辖的是人的外部行为,它能使人或者成为一个合格的社会成员或者成为一个合格的公民;后一种法则要求成为一个合格的基督教徒,他追求的是人来世的得救。

普芬道夫还把法分为神法和人法,或自然法和实在法。他说:"根据制定者的不同,可将法律分为神法(divine law)和人法(human law);前者由上帝制定,后者则由人制定。但是如果从是否必要以及是否普遍适用于全人类的角度来看,又可以将法律分为自然法和实在法。自然法(natueral law)是与人的理性能和社会性契合的法律,如果离开了它根本就不可能有善而和平的人类社会存在。因此,可以靠人的天赋理性和反思普遍的人性来探寻并认识它。实在法(positive law)不是从普遍的人性中得出来的,它只是立法者意志的产物。但是,如果它背离了它自身的基本原理并且对它所要服务的特定的人或社会毫无用处,它就不应当被视为法律。"[132]

以上看出,普芬道夫是从人的责任的角度认识"法"的,即把"法"理解为权威者发布的规定人的责任和保障人履行其责任的规则和命令,而人的责任就是由其本性、本职所决定的当为之事。"法"通过明确其责任和约束其违反责任的行为的办法,督促其尽应尽之责任或义务。显然,普芬道夫是从广义上理解"法"的,他不仅包括国家制定法或实在法,而且包括自然法,甚至包括神道法,即基督教的《圣经》,并把后两种法都归源于上帝。这说明他还没有完全摆脱中世纪神学法的影响。

---

[130] [德]塞缪尔·普芬道夫:《人和公民的自然法义务》,鞠成伟译,商务印书馆2009年版,第55、54、56页。

[131] 同上书,第34～35页。

[132] 同上书,第58页。

(二)人的行为和自然法

1. 人的行为

普芬道夫的论述是从人的行为开始。他认为人作为大自然中一个特殊物种,享有统御万物的至尊的地位,与其特有的属性有关,这表现在其行为有三个特点:

其一,理智性或自觉性。他指出,“人的行为”(human action)不是指人的本能活动(facultiesfacultas),而是“由理智(understanding)发起并以意志为指导的动作”。而人的理智使人具有一种理解和判断事物的能力,它叫理解力(intellectus),它能使人知往察来,并进而在内心对其是非做出判断和对自己的行为做出选择。他说,它“使人可以认识他在这个世界上所遇到的纷繁杂多的客体,比较它们,并得出与它们有关的新知识。人也有能力去计划将来的行为,促使自己去实现它们,使它们符合特定的模式和目的,并推导出行为的结果;并且他还能够分清以往的行为是否和规则相符合。”这种心或这种能力叫人的良心(concience)。不过他认为,由于人理解力是有限的,因而其良心往往是模糊的(潜在的或疑惑的),这使他常常不能正确和清楚地做出判断。因而难免会做出错误的选择。〔133〕

其二,是社会性。即人只能生存于社会中,也只有维护社会的稳定才能生活得更好。他说,人离开社会是无法生存的,人的幼年离不开亲人的抚养爱护,成年后离开了社会不仅非常孤独,而且非常可怜,他将“不会说话,赤身裸体,没有生活资源,”因此过一种比动物更可悲的生活,甚至生命也没有安全,会被其他动物吃掉。因此,人必须生长于社会之中,从中获得安全和帮助。他说:“人是一种关心自己的生存、需要,没有同伴的帮助便不能自存,从互助中受益匪浅的动物。”“人类生活中的一切好处都来自于人们的相互帮助”。“为了安全,社会化对他来讲是必要的。也就是和他的同类联合起来,向他们聚拢,这样他们便不会寻找莫须有的罪名加害他,进而变得愿意保护和促进他的利益。”〔134〕

其三,恶劣性和多样性。普芬道夫认为,人的本性中还存在与以上两种属性不相协调的方面,即反社会、反道德的倾向,他说:“人必须被认为是本性(nature)已经败坏(corrupted)并且被邪恶欲望驱动的动物。”〔135〕因为“在人身上还可以发现许多畜类所没有的激情和欲望,比如希求非必需品、贪婪、追求荣誉和高人一等、嫉妒、勾心斗角的纷争”。〔136〕“除了食欲和性欲这些兽类也受其控制的欲望之外,人还受很多兽类所没有的邪恶欲望的驱使。例如,超过自身需求的无法满足的强烈欲望;野心(最可怕的邪念);对侵犯的超强记恨,随时间流逝而逐渐增强的炽热的武力报复欲;变化多端的嗜好;坚持自己观点的倔强。残害同类可以给人带来极大的快感。”〔137〕加上人又是非常个性化的动物,“每个人都有自己的嗜好。人不是被一个简单而统一的欲望,而是被一个复杂、多样化的约见结合体所驱使的”。〔138〕普芬道夫的把这些属性叫腐败的人性或人性的弱点。它表现为“野心、贪婪、不人道、忘恩负义、伪善、嫉妒、傲慢、愤怒、仇恨等等。”〔139〕

---

〔133〕 参见[德]塞缪尔·普芬道夫:《人和公民的自然法义务》,鞠成伟译,商务印书馆2009年版,第45~46页。

〔134〕 [德]塞缪尔·普芬道夫:《人和公民的自然法义务》,鞠成伟译,商务印书馆2009年版,第60~61页。

〔135〕 同上书,第37页。

〔136〕 同上书,第60页。

〔137〕 同上书,第147页。

〔138〕 同上书,第60~61页。

〔139〕 同上书,第174页。

2. 自然法

从上可以看出，人的后一个特点，与上面的两个特性是相悖的，它使人陷入痛苦和不幸之中，而自然法正是为了克服人的弱点，使其更好地过社会生活的法则，其主要的精神就是善待别人和社会，保持社会的和谐统一。它为人的自然之光或本性之光（natural light）所感知。

普芬道夫在分析了人的以上属性的基础上，论述了自然法的本质和必要性。指出自然法是未建立国家之前为人的理智或自然之光所领悟的人的社会生活的法则，它所针对的也是人不健全的理智和欲望所导致的人的违背社会生活原理的“邪恶”行为或人性的弱点所犯的“罪恶”。它规定合格人的社会责任，督促其尽人的一般社会责任，控制违背这一责任的行为。它的基本原理是：成为一个人（自尊、自爱、自卫），并尊重他人为人［不伤害、平等相处和仁爱（乐于相助）］。他指出自然法的本质特点是其社会性，因此可以把它界定为社会性法。他说：“这种社会性（sociality，*socialitas*）法律——教导一个人如何使自己成为人类社会一个有用成员的法律——就是自然法。”“最基本的自然法是：每一个人都应尽其所能地培养和保存社会性。想要达到目的就必须要重视达到目的所必不可少的手段。因此，所有必然和通常会有助于社会性的事项都是自然法所允许的，所有破坏和违反社会性的事项都是自然法所禁止的。”〔140〕

普芬道夫阐述了自然法的六个构成性特征，并与市民法、神法进行对比：第一，自然法所涉及的“那些使他适合于和别人过社会生活”的一系列对任何人都适用的普遍义务；市民法则是特定国家的法律义务；道德神学是特定宗教（比如基督教）的义务。第二，自然法具有正当性是因为经理性证明，它们“对人与人之间社会性的（养成）极其重要”，“社会性……是自然法的基石”；市民法出自主权者的意志；神法则来源于上帝的意志。第三，自然法的发现靠的是人的理性之光或自然之光；而神法的发现靠的则是神的特别启示。第四，自然法的目标是在人类法庭中引导人“成为一个有益于社会的人”，自然法“以人要与他人共度社会生活为前提塑造人”；而神圣法庭之中的神法则以塑造另一世界得救的人为目标管理。第五，自然法管辖的伦理性对象大多仅仅是“人的外在行为”；而神法还支配人的内在思想、意图和欲望。第六，自然法是面对是堕落的人性；而神法则必须既要面对败坏的人性，也要面对未败坏的人性。〔141〕

（三）自然状态

自然法是根据人的社会性和由人的理性所发现的人生之道，目的在于使人尽人的责任，过一种符合其本性的更好的生活，它是通过限制已败坏（corrupted）的人性的种种恶习的途径实现的。不过，普芬道夫认为，这一目的在人类社会的初期或“自然状态”里是难以完全变为现实的。因为一方面，如上所说，人的理性能力是有限的，其内心对许多事物的认识不清楚，因而其是非之心的良心不纯准，难以达到判断是非的作用或做出错误的判断；另一方面，人的意志往往为欲望和激情所驱使，人的自爱也往往走向极端，变为自私，所以就会做出伤害他人的事情来。这意味着自然状态的人，一方面其理智不能清楚准确地理解自然法的内容；另一方面，因为没有政治权力，人处于人人自由平等的状态，所以难以为自然法的实现提供保证，

〔140〕［德］塞缪尔·普芬道夫：《人和公民的自然法义务》，鞠成伟译，商务印书馆2009年版，第61页。

〔141〕参见［德］塞缪尔·普芬道夫：《人和公民的自然法义务》，鞠成伟译，商务印书馆2009年版，第16页，英译本编者导言。

不能准确地惩罚违背自然法的行为。

从这一认识出发,普芬道夫提出了自己对“自然状态”的观点:“自然状态”就是人的自然自由状态。他说:“生活在自然状态中的人们所要服从的最基本的法律就是要服从上帝、对自己负责。从这一意义上讲,自然状态也可以被称为自然自由。自然自由意志,任何人都只处在自己的权利和权力之下,不服从其他任何人的权威(先行行为确认的除外)。这也是人人平等,不存在臣服关系的原因。”〔142〕

首先,“自然状态”不同于动物状态。它存在“最初的小型社会联合”,也存在人们对神的信仰。他说:“从人与上帝的关系来看,在自然状态下,人被造物者上帝放在了比其他动物更为优越的位置之上。正因为如此,人才应该承认并崇拜上帝,敬畏他的工作,过完全不同于动物的生活。所以说自然状态与动物的生活状态是完全不同的。”〔143〕

其次,他不同于国家状态,他说:“自然状态和国家的不同是:在前者,个人靠自己的力量保护自己,在后者,则是依靠全体的力量;在前者,个人的劳动成果无法得到有效的保护,在后者,所有人的劳动成果都可以得到保护;前者受激情的统治,充满了战争恐惧、贫穷、粗俗、孤独、残暴、无知、野蛮,后者受理性的统治,充满了和平、安全、富裕、高尚、合作、温和、开化、仁慈。”〔144〕

这样一来,在普芬道夫看来,人类的“自然状态”就是指国家权力未存在的无政府状态,在这一状态里,人虽然并不是完全处于孤立无援的状态,而是生活于“最初的小型社会联合”之中,但是由于“最初的小型社会联合”之上没有政治权力,所以自然法得不到很好的遵守,它们之间由于人性的腐败会发生矛盾和冲突。使人们的生活处于恐惧、贫穷、粗俗、野蛮之中。另外,普芬道夫在谈到国家之间的关系时,指出这是另一种意义的自然状态,即国家间的自由平等和时有战争的状态,类似于人类社会初期中的个人之间的关系。

(四)人的三种义务或责任

在论述了自然法和自然状态之后,普芬道夫详细论述了一个人应承担的责任,〔145〕他认为一个处于自然状态的人归纳起来有三种责任:

1. 对上帝的义务或责任

即对上帝负责,它要求我们正确地认识上帝,并使自己的行为遵从神意,其中最主要的是信仰上帝的存在和伟大。这一信仰对人类社会是非常重要的,没有对上帝的信仰,人就会无所畏惧和无法无天,“国家的内在团结也将会一直得不到保障”;人与人之间的信任也无法建立;就个人言“没有信仰就不会有良心,他们会常常被躁动的野心和处心积虑的谎言所背叛。”〔146〕

2. 对自己的义务或责任

即对自己负责,把自己变成对社会有用的人。这包括关爱自己的灵魂、肉体(生命、肢体、

---

〔142〕 [德]塞缪尔·普芬道夫:《人和公民的自然法义务》,鞠成伟译,商务印书馆2009年版,第132~133页。

〔143〕 同上书,第131页。

〔144〕 同上书,第133页。

〔145〕 即自然法所要求的合格的人的社会责任,这里应注意的是,他不像其他自然法学家大谈人的权利,而是大谈人的“责任”,虽然责任里包含有权利。

〔146〕 参见[德]塞缪尔·普芬道夫:《人和公民的自然法义务》,鞠成伟译,商务印书馆2009年版,第一卷第四章,第68~69页。

器官)、贞操、财产等。一般情况下自己无权损害自己的生命和肢体,对于侵犯者有权自卫和紧急避险。普芬道夫详细论述了正当防卫和紧急避险的种种情况和应遵循的原则。[147]

对自己负责扩大一点,就是对家庭负责,因为家庭是最原始、也是最基本的社会组织,是"最初的小型社会联合",承担着人种的繁衍和培养的神圣任务。在其中有夫妻、父母与子女、主人与仆人三种关系。

婚姻是夫妻结合的形式,它"是人类繁衍的播种床(seed - bed)",它的首要任务是繁衍和培养后代,而男女媾和所带来的愉悦感则只是对他们的一种奖赏,就像植物的花果对传播花粉和种子的动物是一种奖赏一样。因此那种误认为性的满足是婚姻第一要义的观念是非常错误的,"所以,任何背离此目的的男女媾和都是违背自然法的。因此,应当禁止与异类交合,禁止同性恋,禁止肮脏的性交易,禁止婚外性行为(不管是通奸还是强奸)"。[148]

夫妻之间是一种承担着养育孩子神圣任务的爱情(性的生理和感情)关系,"丈夫的义务是爱、支持、管理和保护自己的妻子。妻子的义务是爱、尊敬自己的丈夫,扶助他,不仅要帮助他养育孩子,还要帮助他料理家务。婚姻关系的亲近性要求双方成为同富贵共患难的伙伴,如果一方遇到了困难,另一方有义务提供帮助。双方还应当保持共同的信念,彼此磨合,保持和谐,尽管女方在这一过程中应更多地谦让。"[149]

父母与子女的关系为亲情所决定,它决定了父母对子女有一种权利,即亲权(paternal power,*pateria potestas*),"它要求孩子们尊重父母的命令并认同这种高于自己的权威。"而这种权利是建立在对其成长负责上。"父母的权威是随着对孩子的承认、抚养、塑造(希望他成为一个有用的社会成员)而建立起来的"。"父母的主要义务是适当地抚养孩子,通过恰当和明智的抚养方式塑造孩子的身心,从而使他们成为人类和政治社会德才兼备的成员:诚实,智慧,秉性优良。父母还应当使子女从事合适的、正当的职业,只要条件和机会允许,应尽量给予并增进他们的财富。""子女的义务是尊重父母。即不仅要在外在行为上尊重,更要发自内心地尊重承认他们是生命和其他利益的源泉;顺从他们;尽最大努力照顾他们,特别是在他们贫穷和年老的时候;在没有得到他们的建议和指导的情况下不做任何重大的决定。最后,要耐心忍受他们的牢骚和缺点。"[150]

主人与仆人的关系中的奴仆(slaves servus)只是指家庭中的仆人,包括奴隶和雇佣。奴隶往往来自战争等,他们是主人的一种具有人的生命的特殊财产,可以作为财产一样处分,但不能危及生命安全,也不能残暴地对待他们,也就是说应给予人道主义待遇,他们的子女地位相同。主人应给他们提供永久性的生活必需品,他们则应听从主人的安排。雇佣者则不同,只是一种合同关系,他们给主人提供某种服务,主人给他们支付相应的报酬。

3. 对他人的义务或责任

普芬道夫用了十章论述了这一问题,探讨了自然状态下人的各种关系、交往的方式和义务。他把这类尽义务的方式归纳为消极的和积极的两类。消极的原则是不侵害别人,积极的原则就是乐于助人。具体说来,首先是互不侵犯彼此的生命、身体、四肢,贞节、自由、财产。这一法则是社会赖以存在的最基本条件。其次,是彼此尊重、诚信、平等相待,"不管是自身天

〔147〕 参见[德]塞缪尔·普芬道夫:《人和公民的自然法义务》,鞠成伟译,商务印书馆2009年版,第一卷第五章。

〔148〕 [德]塞缪尔·普芬道夫:《人和公民的自然法义务》,鞠成伟译,商务印书馆2009年版,第136页。

〔149〕 同上书,第138页。

〔150〕 同上书,第139、142页。

赋不足还是运气不佳,都不能使一个人处于比他人更少地享受普通法(common law)保护的境地。一个人想要从他人那里得到什么,他人在其他条件相同的情况下同样地也可以从他那里得到什么。任何为他人制定的法律(*jus*)也特别适合于他自己遵守。"[151] 最后,是尽人道主义责任,即根据人与人的互惠关系,应乐于助人,知恩图报,惩罚恩将仇报者。[152]

三、国家状态的——公民与市民法

(一)国家的本质及其产生的必要性

从对自然状态的论述中我们得知,虽然社会性是人的本性,人的理智也使人能感悟到社会生活所需要的自然法,但是由于人性中有恶劣的一方面,它使人不可能真正地遵守自然法,加上自然状态所形成的社会组织——家庭——的社会化程度不高,难以满足人在更大程度上的需要,因而也使人难以过一种与其本性相适应的人的生活,这就使人类社会不会停留于自然状态,而向一种组织化或社会化程度更高的阶段发展,这就出现了一种新的联合体,即国家。他谈到这一点时说:"以上我们所讨论的义务和条件(conditions,*status*)已经能够确保几乎所有形式的娱乐和舒适。尽管如此,我们现在必须探讨人类为什么不满足于最初的小型社会联合(associations,*societas*),而要建立被称为国家(states,*civilis*)的大型社会联合。因为正是从这一基础出发我们才能论证伴随政治状态(*status civilis*)而来的那些义务。"他的回答是,只有国家才能弥补自然状态的缺陷,也只有在国家状态下才能造成真正合格的人——政治动物或公民。他说:"自然法教导人们要弃绝所有的伤害行为。但是在自然自由状态下,对自然法的尊重并不能保证生命的绝对安全。在那种状态下可能确实有人具有如此好的品质,即便有不受惩罚作为保障,他也不想伤害他人;有些人会因害怕随之而来的恶果而抑制自己的侵害欲。但是,同样也有很多这样的人:向往预期利益,把法律当做虚无的东西;对自己的实力和狡诈充满自信,认为可以借此抗拒或逃避受害者的报复。任何珍爱自己安全的人都会采取预防措施对抗这种人,而最好的预防措施就是建立国家。仅有人们之间的相互帮助承诺是不够的,除非有某种东西将他们的判断统一起来并可以严格地约束他们的意志,从而维护他们的承诺。"[153] 这是因为,国家是为了更好地保障人尽其人的义务而建立的包含着政治权力的社会系统,这一系统使人们在更大程度上联合为一体,用政治权力统一人们的意志和行动,压制其邪恶行为,使其成为一个公民,从而使人们过一种更具有社会性、也能获得更大利益的生活,进入文明状态。因而"随着国家的建立,秩序开始建立起来,相互侵害从而得以避免。自然而然的后果是人类开始从其同伴那里获得更多的利益好处。例如,他们从孩提时候起便深受众多良好习惯的熏陶,不断发现和培养各种可以使人类生活得到改善的技艺。"[154]

这就是说,国家不仅是一种更大的人的联合体,而且是一种政治联合体,即能以共同的福利为目的而组建的人的联合体。他说:"只有当人们结成意志和力量联合体的时候,众多的个人才变成了一个比其他任何个体都强大的共同体——国家(*civitas*)。"又说:"国家就是一个复合的道德人(composite moral person),他的意志是由某些人的意志调和而成的,因此也被称

---

[151] [德]塞缪尔·普芬道夫:《人和公民的自然法义务》,鞠成伟译,商务印书馆 2009 年版,第 82 页。

[152] 参见[德]塞缪尔·普芬道夫:《人和公民的自然法义务》,鞠成伟译,商务印书馆 2009 年版,第一卷第六章到第十六章。

[153] [德]塞缪尔·普芬道夫:《人和公民的自然法义务》,鞠成伟译,商务印书馆 2009 年版,第 147 ~ 148 页。

[154] 同上书,第 147 页。

作是全体的意志。通过这种方式,他就可以为了公共和平与安全而调动每一个成员的力量和能力。”[155]

(二)国家的产生

普芬道夫说:“要组成一个通常意义上的国家,需要有两重契约和一项法令(decree)。”“首先,处于自然自由状态中的人们在决定组成国家相互约定:要组成一个单一的、永久性的联合体,并让一个共同的领导者来负责共同的安全。换言之,他们想成为同胞。任何人都必须同意这一契约;任何不同意该契约的人将被排除在将要组建的国家之外。”“在这一契约签订之后,还必须有一个确定政府形式的法令。”“具备了确定政府形式的法令之后,还需要第二重契约:任命一个人或一个团体,将初创国家之政府托付给他(他们)。根据这一契约,被任命的人(人们)有义务确保公共安全,而剩下的人则有义务服从被任命的人(人们)。根据这一契约,所有的人都使自己的意志屈从于被任命之人(人们)的意志;同时,还将使用公共力量组织共同防卫的权力移交给了被任命之人(人们)。只有在这一契约按时生效之时,一个完全的、正常的国家才宣告诞生。”[156]这就是说,国家的产生要签两种不同性质的契约,即民约和政约。民约就是民众彼此之间签订的结合为一个共同体的契约,它把分散的个人联为一体,然后签署一道法令确定组建政府的形式,第二种契约是民众与执政者所签的授权契约,这一个契约把国家权力交付给他们。由此产生了主权者与臣民之分,从而才有了国家这一组织的存在。在其中主权者行使国家的权力,臣民服从他们的指挥。显然,普芬道夫的社会契约论带有中世纪政约论的痕迹。

(三)国家的构成

普芬道夫认为,国家是由主权者和公民两部分组成的。

1. 主权者

主权者(superior)就是通过第二个契约被任命为执政者的人,他们或者是一个人、少数人或多数人,从而有君主政体、贵族政体和民主政体之分。普芬道夫倾向于君主政体,主张中央集权制,反对联邦制。[157]

他认为主权者是国家的政治权威(*imperium*),处于至上的地位,甚至高于人类法,具有不可问责性(*an huperunthunos*)和神圣性。因此,公民必须绝对服从。但他允许一种例外的反抗权:“人民可以因自卫而反抗君主极端并且不正义的暴力,”如果成功了,他们可以设立一位新的统治者。[158]

主权者的职责就是人民的安全。他说:“国家的首要目的是:通过相互合作与帮助,使人们免遭损失与伤害”,因而“人民的安全是最高的法律。”为此主权者应向人民颁布规则,使他们知道什么是可以做的,什么是不可以做的,并以惩罚相威胁;还应组建军队,防御外敌入侵;任命一些官员“代表自己从使以下事务:调解公民之间的纠纷;收集邻国的情报;指挥军队;征

---

〔155〕［德］塞缪尔·普芬道夫:《人和公民的自然法义务》,鞠成伟译,商务印书馆2009年版,第150~151页。

〔156〕同上书,第150页。

〔157〕参见［德］塞缪尔·普芬道夫:《人和公民的自然法义务》,鞠成伟译,商务印书馆2009年版。第28页,英译本编者导言。

〔158〕同上。

收和分配国家资源;概言之,照顾国家方方面面的利益。”[159]

普芬道夫认为,主权者在履行职责时要处理好与公民的三个方面的权利的关系,即公民的人身、荣誉和财产三方面的权利。明确在什么情况下才可以干涉和用什么方式干涉这些权利。如对公民使用惩罚只能适用于其有违法犯罪情况时,还必须知道惩罚的目的、种类、适用的对象。再如,对公民的财产,主权者可以用三种方式行使权利:“第一种权利是:主权者可以制定法律要求公民财产权的行使与国家利益相协调;界定所有权的限度和本质、财产转让的方式以及其他相关事项。第二种权利是:主权者可以以税收或贡赋的形式征收公民的一部分财产。”“第三种权利只适用于特殊领域,即在国家出现紧急情况的时候,为应对危机,即使被征财产远远超过了臣民在一般情况下依法应承担的税负数额,主权者也可以将任何臣民的财产收归公用。”[160]

2. 公民

公民(citizens),即第一种契约的签订者。他认为合格的或好的公民应该是以社会利益为重和懂得服从的人。好的公民是在国家的政治生活中养成的。他说:“真正的政治动物,即好公民,是指下述人士:自愿服从掌权者的命令,竭尽全力为公共利益服务,甘愿把自己的利益放在次要位置;将公共利益作为衡量自己利益的标准;能和其他公民和睦相处。”[161]又说:“概言之,一个好公民对国家的义务就是:将国家的安全和稳定作为最大的牵挂;为了保护国家安全,情愿献出自己的生命和财富;奉献出自己所有的智慧和勤劳来为国家增添荣耀,促进其繁荣……公民对其同胞的义务是:与之和平友好地相处;谦恭有礼,乐于助人;不要因顽固和难以相处而引起麻烦;不要觊觎和偷盗他人的财产。”[162]他还论述了特殊的社会成员,如国情咨询家、法官等的特别责任。

(四)国家的法律——市民法

1. 市民法的概念

普芬道夫是从国家法、国内法和实在法的多重含义上使用“市民法”这一概念的。他说:“市民法(civil laws)。市民法是最高政治权威的法令,它规定公民在社会生活中何者当为何者不当为。”“出于主权者意志、调整与公民个体性私权益密切相关之事项的法律就是市民法;”“‘civil’一词主要有两种意义:一是指称法律的权威性;二是指称法律的渊源。从前一种意义上讲,所有可以在法庭上作为裁判依据的法律都可以被称作市民(civil)法,不管它们来源于何处。从后一种意义上讲,那些涉及自然法和神法未定事项的,出于主权者意志、调整与公民个体性私权益密切相关之事项的法律就是市民法。”[163]

2. 市民法的特点和功效

普芬道夫认为市民法之必要在于它能通过制裁迫使人们遵守自然法。他说:“主权者有义务给自然法添加上市民法的效力。因为大多数人品性过于邪恶,无论是遵守自然法所可能获得的明显好处还是对神法的畏惧,都不足以抑制它。所以,主权者可以通过赋予自然法以

---

〔159〕[德]塞缪尔·普芬道夫:《人和公民的自然法义务》,鞠成伟译,商务印书馆2009年版,第153、165、154页。

〔160〕[德]塞缪尔·普芬道夫:《人和公民的自然法义务》,鞠成伟译,商务印书馆2009年版,第179页。

〔161〕参见[德]塞缪尔·普芬道夫:《人和公民的自然法义务》,鞠成伟译,商务印书馆2009年版,第147页。

〔162〕[德]塞缪尔·普芬道夫:《人和公民的自然法义务》,鞠成伟译,商务印书馆2009年版,第188页。

〔163〕同上书,第169页。

市民法的效力来确保社会生活的道德尊严。”“市民法的效力在于给当为或不当为律令添加制裁，或者是确定一个不当为而为、当为而不为之人将面临法庭的制裁。对无附加制裁之自然法的违反超出了人类审判的范围，尽管神圣法仍对其作出惩罚……所以市民法就通过提供救济手段的方式来促进自然法义务的履行。”“市民法还具有澄清自然法的模糊规定的功能。”这就是说，市民法与自然法在精神和内容上是一致的，因此，“只要市民法不是公然地违背神法，公民就应当服从它们。”〔164〕

3. 市民法律的适用

普芬道夫认为，“法律的内容应尽可能地清晰明确。如果法律中确实有不清晰的地方，就必须向立法者或被公开任命、负有依法审判职责的人寻求解释。”而“衡平（equity）是对法律的艺术性解释”，“它是对法律普遍原则适用所带来的不足的纠正，”因为客观世界复杂多样，有些超出了一般的法律规定。另外，法律应允许有例外——特许（dispensation）。它是立法者对某个人法律义务的“特别地豁免”或法外施恩。〔165〕

四、国际法或万民法

普芬道夫对人的责任和法的论述从自然状态到国家状态，再从国内社会推至国际社会。他对国际社会的基本判断是另一种形式的自然状态。友邦可能变成敌人，和平可能变成战争。因此国家之间的关系类似于国家产生之前的人类社会中的家庭和家庭或家长与家长之间的关系，也是一种没有安全、时时会发生战争的状态。因此，一方面国家之间应遵循自然法的基本原则，平等和平相处，但是由于人性的恶劣，所以时常会受到别国的侵略和攻击，这就使战争不可避免。那么怎样改善这一状况和在战争中应如何行动呢？普芬道夫的基本观点是，主权者以外交、联盟、备战和战争的方式保护人民免受外来攻击，没有正当理由不发动战争，战争中应遵循人道主义原则。他说：“从事战争的正当理由是：抵抗不正当攻击，保卫我们的生命和财产；夺回那些本该属于我们而被别人霸占拒绝归还的财产；获取侵害赔偿，确保将来的安全。根据第一种原因而发起的战争是防御性的，其他原因而发动的战争则是进攻性的。”他指出，发动战争应慎重，“一个人不能一觉得自己受到了侵犯就立即诉诸武力，在对错或是非仍不确定的时候更是如此。他应当通过多种方式寻求友好地解决问题的可能性。比如，通过当事人之间的协商，通过仲裁，或抓阄。原告尤其有义务尝试和平方法，因为在任何情况下都存在偏向有权占有的倾向。”“关于在战争中用来对付敌人及其财产的暴力，我们应当区分哪些痛苦是敌人应当遭受的（施加这些痛苦不算违法），哪些痛苦是我们在不违背人道原则的前提下可以施加的……但是，人道主义要求我们，只要有可能，在战争当中，我们对敌方施加的痛苦应当以满足下列需求为限：保卫自己的权利，并确保其在将来不致遭到侵害。”〔166〕他认为，要使国家安全，更根本的在于增强对外的综合国力，包括军事实力，通过强制性的军事训练培养勇气；靠充足的税收修建永久性设施；组织经济和福利政策以增强相对于邻国的综合国力。所以，除了促进“和平的美德”（virtues of peace），主权者还必须培养“战争

〔164〕［德］塞缪尔·普芬道夫：《人和公民的自然法义务》，鞠成伟译，商务印书馆2009年版，第169～170页。

〔165〕同上书，第56页。

〔166〕同上书，第181～182页。

的美德"(virtues of war)。[167]

以上看出,普芬道夫对自然状态、自然法和国家的论述都有过人之处,特别是他不是从权利而是从义务或责任的角度来思考这些问题,所以对问题的认识上不同于其他的自然法学家。这其中最主要的是他抓住了人的社会性,因而把自然法理解为人的社会生活之道,而把国家视为为了满足人的更高程度的社会性所产生的一种能把分散的个人意志和行为为一个统一的意志的人的联合体。当然,普芬道夫的思想中也有一些旧的和消极的东西,如仍把一切归之于上帝,仍欣赏君主政体,并赋予主权者以至上的地位,而人民则完全变为臣民。

参考文献

1. [德]塞缪尔·普芬道夫:《论人与公民在自然法上的责任》,支振锋译,北京大学出版社 2010 年版。
2. [德]塞缪尔·普芬道夫:《自然法与国际法》(第 1 卷),罗国强、刘英译,北京大学出版社 2012 年版。

思考题

1. 普芬道夫是怎样认识人的本性及其责任的?
2. 普芬道夫是怎样论述法与责任的关系的?

第七节　孟德斯鸠的自然法思想

一、生平与著作

孟德斯鸠(Charles louis Montesquieu,1689 ~ 1755 年)是 18 世纪法国的启蒙思想家和古典自然法学派的主要代表之一。

孟德斯鸠出生于法国贵族世家色贡达家族,其家族是法国王室的远房宗亲、查理大帝的后裔。他自幼便受到良好的教育,博学多才,对史学、哲学、法学、社会学以至自然科学都有研究。19 岁获法学学士学位,并从事律师职业。25 岁时担任家乡波尔多郡议会议员。27 岁时继承伯父波尔多议会议长职位和孟德斯鸠男爵称号。后来,由于不满法国专制制度,以 60 万磅卖掉了他的职位,用充足的钱财开始了学术旅游,实地考察欧洲各国的政治法律制度、风土人情和宗教信仰。1729 年至 1731 年在英国考察,对洛克的思想进行了深入研究,并被选为英国皇家学会会员。1746 年当选为德国皇家科学院院士,1755 年在旅途中患病,卒于巴黎,终年 66 岁。

---

[167] 参见[德]塞缪尔·普芬道夫:《人和公民的自然法义务》,鞠成伟译,商务印书馆 2009 年版,第 30 页,英译本编者导言。

孟德斯鸠的学术研究方法近似于亚里士多德，能对法律进行实证的研究和广泛地收集世界各国的法律资料。这就使他的结论建立在比较可靠的资料的基础上。他也以此引以为豪地说："我的原则不是我的成见，而是从事物的性质推演出来的。"〔168〕他一生著述颇丰，政治法律方面的代表作有《波斯人信札》(1721 年)、《罗马盛衰原因论》(1734 年)和《论法的精神》(1748 年)。《波斯人信札》是孟德斯鸠的早期作品，也是其成名作。该书采用书信体小说的形式，借在法国经商的波斯商人之口痛斥法国的封建专制制度，基本奠定了他对政治法律的思想倾向。《罗马盛衰原因论》通过对罗马史料的研究，论证了自由平等是政治法律及社会发展的前提。孟德斯鸠将该书看作是他《论法的精神》的提前发表的绪论。《论法的精神》是孟德斯鸠政治法律理论的最高成就，是他用了二十年时间才完成的鸿篇巨作。全书约 60 万字，除序言外，分为 6 卷 31 章，内容遍涉政治、经济、历史、地理、宗教等各个领域，并以独特的方式研究了法理学、宪法学、刑法学、民法学、国际法学等一系列课题，成为一部独具风格的资产阶级法学百科全书。它的出版轰动了整个欧洲，在不到两年时间里出版了 22 版，被译成多种文字。伏尔泰称之为"理性自由法典"。

二、法的精神和分类

（一）法的精神

对法的精神的探讨是孟德斯鸠全部法律思想的核心和出发点。他对法的认识，一方面继承了自然法学的传统，把法与事物的规律、世界的理性联系起来，他说："有一个根本理性存在，法就是这个根本理性和各种存在物之间的关系，同时也就是存在物彼此之间的关系。"他进一步说："法是由事物的性质产生出来的必然关系。在这个意义上，一切存在物都有它们的法。上帝有他的法；物质世界有它的法；高于人类的'智灵们'有他们的法；兽类有它们的法；人类有他们的法。"〔169〕另一方面，他又说："一般地说，法律，在它支配着地球上所有人民的场合，就是人类的理性；每个国家的政治法规和民事法规应该只是把这种人类理性适用于个别的情况。"〔170〕他认为每个国家有他们不同于其他国家的独特的法，而这种法是由其独特的政治体制，经济结构，居民的生活方式、风俗、习惯和宗教信仰，以及自然环境，如气候、地形地貌，还有与已有的法律、立法者的目的等因素综合决定的。所以他说："这些关系综合起来就构成所谓'法的精神'"。〔171〕显然，他前者所讲的是广义的法，后者所讲的是狭义的法，即每个国家的实在法。〔172〕

孟德斯鸠在论述人类的法律时，特别强调自然环境与实在法的关系，他说："不同气候的不同需要产生了不同的生活方式，不同的生活方式产生了不同种类的法律。"〔173〕又说："快乐的气候产生了坦率的风俗，带来了柔和的法律。"〔174〕

孟德斯鸠在论述人类的法律时，一方面指出它与其他事物的法的共同性，另一方面也指

---

〔168〕 参见[法]孟德斯鸠：《论法的精神》(上册)，张雁深译，商务印书馆 1982 年版，第 37 页，著者原序。

〔169〕 [法]孟德斯鸠：《论法的精神》(上册)，张雁深译，商务印书馆 1982 年版，第 1 页。

〔170〕 同上书，第 6 页。

〔171〕 同上书，第 7 页。

〔172〕 同上书，第 156 页。

〔173〕 同上书，第 235 页。

〔174〕 同上书，第 241 页。

出其特殊性,即它对人类来说只是一种“应该”,而不是“必然”。他说这是因为人有二重性,既是“物理的存在物”,因而必须服从客观规律;又是“智能的存在物”,人有欲望、情感、意志和理性,因而他要独立行动和会犯错误,从而会违反客观规律和国家的法律。[175]

(二)法的分类

孟德斯鸠把法分为三大类:自然法、人为法和神法。

1. 自然法

自然法与人的自然本性和自然状态有关,“自然法就是人在这一状态下所接受的规律”。[176] 他认为,在自然状态下人们都感到软弱、怯懦和自卑,人们首先想到的是如何保存生命、繁衍后代,所以,自然状态中的人们相互畏惧而又相互亲近。自然法就是渊源于人的生命本质,围绕如何保存人的生命而支配人的行为的规则。自然法的原则或主要内容就是四条:和平、寻找食物、人的自然爱慕和愿望过社会生活。

2. 人为法

人为法就是国家的当权者所制定的法。它用以处理社会状态下的三种关系,因而产生了三种法:国际法、政治法和民法。国际法是调整各国相互关系的法律,即调整每个社会间的战争状态,其基本原则是:和平时尽量谋求彼此福利的增进,战时在不损害自身利益范围内尽量减少破坏。政治法是调整统治者和被统治者关系的法律,包括基本法、刑法、警察法等。民法是调整公民之间关系的法律。

3. 神法

神法就是宗教法。孟德斯鸠认为神法与人定法是不同的,人法的性质受到所发生的一切偶然事件的支配,且随着人类意志的转移而变更。宗教法的性质则永远不会改变。人法的制定的目标为“好”,宗教法为“最好”。“好”是有许多种类的;但“最好”则只有一种,所以是不能改变的。另外,宗教法的力量来自人们对它的信仰,而“人为法的力量来自民众对它的畏惧”。[177]

孟德斯鸠认为,人为法的特点之一是,每个国家的法各有其特殊性,不能简单地搬用于其他国家。他说:“人为法的性质是受到所发生的一切偶然事件的支配的,而且是随着人类意志的转移而变更的。”[178] 特点之二是,它借助于国家权力来实施。特点之三是,它往往夹杂有非理性的因素,因而“总是要遇到立法者的感情和成见的”。[179] 因为“大半的立法者,均系见解狭窄的人,他们位居众人之上,他们所参考的,只是他们的成见和幻想。”[180] 甚至有些制定法完全丧失了法的属性,“仅仅是君主反复无常的一时的意欲而已”。

孟德斯鸠认为,不同类别的法律是从不同事物的不同性质产生的,各有不同的作用范围。据此,他反对神法对人事的干涉,主张依自然法、政治法、民法规定的事物不应按神法处理;政治法与民法也各有不同的原则,不能混同,在公民自由问题上适用政治法,在财产问题上适用民法;在婚姻关系上,民法和宗教法各有不同的调整范围。

---

[175] [法]孟德斯鸠:《论法的精神》(上册),张雁深译,商务印书馆 1982 年版,第 3 页。

[176] 同上书,第 4 页。

[177] [法]孟德斯鸠:《论法的精神》(下册),张雁深译,商务印书馆 1982 年版,第 174 页。

[178] 同上书,第 174 页。

[179] 同上书,第 303 页。

[180] [法]孟德斯鸠:《波斯人札记》,罗大纲译,人民文学出版社 1978 年版,第 220~221 页。

三、政体与分权制衡思想

（一）政体思想

孟德斯鸠继承和发展了西方的政体思想，把政体划分为共和政体、君主政体和专制政体三类。共和政体内又分为民主政体和贵族政体。他认为各种政体所遵循的原则是不同的。如民主政体的原则是品德，贵族政体的原则是节制，君主政体的原则是荣誉，专制政体的原则是恐怖。

孟德斯鸠仇视和批判专制政体，认为它类似于野兽的统治，是一个无法律、无规章、由单独一个人按照其反复无常的情绪的统治。认为在这种政体里，人人是奴隶，人人不自由。他喜爱的是英国式的君主立宪政体，说“它的直接目的就是政治自由”。

孟德斯鸠认为政体与法律密切相关，有的政体，如专制政体里法律等于零；其他的政体各有其不同的基本法。如民主政体的基本法是选举法，因为其官员由选举产生；君主政体的基本法是关于门第、身份的法律，因为这种政体的原则是荣誉。另外，不同政体的法律中的不同部分的内容繁简上也各有差异。如君主政体里民法很复杂，因为它不仅必须规定一般的生命财产的事，还要规定对爵位和各种荣誉的取得和继承的事；相反民法在专制政体里则很少。还有表现在各种政体的法律对诉讼的程序、刑罚的轻重上也有区别。如专制政体的刑罚残酷无度等。

（二）分权制衡思想

孟德斯鸠继承和发展了洛克的分权制衡思想，第一个完整地论述了近代西方的三权分立学说，明确地提出了司法权独立的问题。

孟德斯鸠把洛克提出的立法、执行和对外三权划分的理论发展成为立法、行政和司法三权，详细阐述了三权的范围和归属。立法权是制定、修正或废止法律的权力，代表国家的一般意志，应由人民享有，人民则通过自己的立法机关来行使立法权；行政权是决定媾和或宣战、派遣或接受使节、维护公共安全、防御侵略的权力，它执行国家的意志，“应该掌握在国王手中，因为政府的这一部门几乎时时需要急速的行动，所以由一个人管理比由几个人管理好些”；[181] 司法权是惩罚犯罪或裁决私人讼争的权利，具有独立性，应有法院和陪审官行使。

为什么要实行三权分立，孟德斯鸠作了如下解释：因为“一切有权力的人都容易滥用权力，这是万古不易的一条经验。有权力的人们使用权力一直到遇有界限的地方才休止……从事物的性质来说，要防止滥用权力，就必须以权力约束权力。我们可以有一种政制，不强迫任何人去做法律所不强制他做的事，也不禁止任何人去做法律所许可的事。”[182] 所以，“当立法权和行政权集中在同一个人或同一个机关之手，自由便不复存在了。因为人们将要害怕这个国王或者议会制定暴虐的法律，并暴虐地执行这些法律。如果司法权不同立法权和行政权分立，自由也就不存在了。如果司法权同立法权合而为一，则将对公民的生命和自由实行专断的权利，因为法官就是立法者。如果司法权同行政权合而为一，法官便将握有压迫者的力量。如果同一个人或是由重要人物、贵族或平民组成的同一个机关行使这三种权力，即制定法律

---

〔181〕［法］孟德斯鸠：《论法的精神》（上册），张雁深译，商务印书馆1982年版，第160页。

〔182〕同上书，第154页。

权、执行公共决议权和裁判私人犯罪或争讼权,则一切便都完了"。[183]

那么,如何实现三权分立呢?孟德斯鸠对此作了详细的论述。他设计了三权之间相互牵制、制约的机制。即立法权包括两种基本权力,即创制权和反对权。创制权是制定和修改法律的权力,反对权是决定法律是否生效的权力。行使立法权的机关由人民选举的代表组成。代表按地域由居民选出。立法机关应该定期开会,除制定法律、逐年决定国家税收外,还有权监督和审查法律的执行情况。孟德斯鸠强调贵族在立法事务中的作用,认为人民完全不适宜于讨论事情,能力只限于选举代表。他还主张对选举权力要有所限制,社会地位卑微的人没有选举立法机关代表的投票权,认为一个国家里总有一些人以出身、财富或荣誉著称,应该使贵族的立法权力和他们在国家中享有的其他利益成正比例。所以,他主张立法机关分为贵族院和平民院,分别代表贵族和平民。平民院享有创制权,贵族院享有反对权或否决权,使平民和贵族在国家权力体系中保持地位平衡,防止一方侵犯另一方利益。贵族院由世袭产生,平民院由选举产生。掌握行政权的国王或君主必须执行国家的意志,也就是说必须执行法律,并按法律的规定行使行政权力,不能违背法律。国王和君主还有权根据需要规定立法机关会议的召集时间和期限,并有权制止立法机关的越权行为。国王和君主的行政行为,立法机关不得干涉。另外,国王和君主拥有"反对权",行使对立法的否决权。司法权交给法院和陪审官行使,具有独立性。法院在每年一定的时间由人民选出的人员组成。法院不固定,存续期间视需要而定。法官必须按照法律规定的方式行使司法权。在例外情况下,立法机关享有司法权。比如,为了保证显贵的人不受侵害,贵族应该在贵族院受审,而不应该受普通法院的传讯。贵族院还掌握处理上诉案件的权力,以防司法权力过于严峻。为了保护平民,如果因为公务侵犯了平民的权利,由平民院向贵族院提出控告。这样一来,三种权力彼此独立且相互制约。如行政权的行使要服从法律,但国王或君主可以行使对立法的否决权;立法权不能干涉行政权,但同时可以审查、监督国王或君主对法律的执行;司法必须以立法为依据,但在一定条件下可以行使对立法的审查。值得注意的是,孟德斯鸠不但力图使三权在外部的行使上互相制约,他还注意到权力内部的相互制约,例如立法权中创制权和否决权的相互制约。

由此看来,无论从权力的划分上,还是从权力的相互制约上,孟德斯鸠的分权理论比起洛克来说都更合理更为系统。他的分权制衡理论对西方政治法律制度产生了巨大影响。1787年的美国宪法,亦即世界上第一部成文的宪法,就是他的分权理论实际运用的结果。

四、法律与自由

像洛克一样,孟德斯鸠对法与自由的关系也有许多精彩的论述。

孟德斯鸠把自由分为两种,一是哲学上的自由,二是政治上的自由。"所谓哲学上的自由,是要能够行使自己的意志,或者,至少(如果应从所有的体系来说的话)自己相信是在行使自己的意志。政治的自由是要有安全,或者至少自己相信有安全。"[184]

他所关注的主要是政治自由,即社会自由。而"政治自由的关键在于人们有安全,或者人们认为自己享有安全。"[185]他认为政治自由与法律有密切关系,他说:"在民主国家里,人民仿

---

〔183〕[法]孟德斯鸠:《论法的精神》(上册),张雁深译,商务印书馆1982年版,第156页。

〔184〕同上书,第188页。

〔185〕同上。

佛愿意做什么就做什么,这是真的;然而,政治自由并不是愿意做什么就做什么。在一个国家里,也就是说,在一个有法律的社会里,自由仅仅是:一个人能够做他应该做的事,而不被强迫去做他不应该做的事情。"这是因为,这种自由具有社会性,会互相发生冲突,因而需要法律划定其合理的界限。所以"自由是做法律所许可的一切事情的权利;如果一个公民能够做法律所禁止的事情,他就不再有自由了,因为其他的人也同样会有这个权利"。〔186〕

他认为,政治自由与两个方面的法律有关系:

一种是与政体相关的法律,它又有两个方面:其一,是政体的性质相关的法律。他认为只有在宽和的共和政体里才有政治自由。他说:"政治自由只在宽和的政府里存在,不过,它并不是经常存在于政治宽和的国家里,它只在那样的国家的权力不被滥用的时候才存在。"〔187〕其二,是国家权力结构的法律,他认为只有实行三权分立,并由不同的机构和人掌握的国家里,才不会出现个人独裁和才会有政治自由。

另一种是与公民个人相关的法律,主要指刑法。他认为"公民的自由主要靠良好的刑法"。〔188〕这是因为,对公民自由的侵犯主要来自两个方面,一是国家机构的无理干涉,使他受到无理的控告、逮捕,甚至被抄家问斩;二是来自他人的犯罪。所以需要这两方面的法律来规定此事,而刑法(包括刑诉法)正是这类法律。

孟德斯鸠不但从整体上探讨自由与法律的关系,他还注意到具体的自由与法律的关系。例如言论自由,他认为没有言论自由就没有其他自由,没有言论自由就会失去一切自由。所以,法律要特别注重保护言论自由。他说:"要享受自由的话,就应该使每一个人能够想说什么就说什么;要保全自由的话,也应该使每一个人能想说什么就说什么。这个国家的公民可以说或写一切法律所没有明文禁止说或禁止写的东西"。〔189〕

孟德斯鸠作为古典自然法学派中一个有特色的思想家,摈弃了古典自然法学家的形而上学倾向,使用了实证分析和历史比较的研究方法,因而取得了丰富的成果,并对后世法学造成了巨大影响。德国的历史法学派就受其影响,因此,他可以说是历史法学派的先驱。孟德斯鸠又重视法律与社会诸因素关系的研究,因而也可以说他是社会法学派的鼻祖。

参考文献

1. [法]孟德斯鸠:《论法的精神》,张雁深译,商务印书馆 1982 年版。
2. [法]孟德斯鸠:《波斯人信札》,罗大冈译,人民文学出版社 1978 年版。
3. [法]孟德斯鸠:《罗马盛衰原因论》,婉玲译,商务印书馆 1984 年版。
4. [法]路易·戴格拉夫:《孟德斯鸠传》,许明龙等译,商务印书馆 1997 年版。

思考题

1. 孟德斯鸠所说的法律精神是什么?

---

〔186〕[法]孟德斯鸠:《论法的精神》(上册),张雁深译,商务印书馆 1982 年版,第 154 页。
〔187〕同上。
〔188〕同上书,第 188 页。
〔189〕同上书,第 322 页。

2. 孟德斯鸠是怎样论述自由与法律的关系的?
3. 孟德斯鸠的分权制衡思想及其历史地位?

第八节 卢梭的自然法思想

一、生平与著作

让·雅克·卢梭(Jean Jacques Rousseau,1712~1778年)是古典自然法学派后期的主要代表,也是18世纪法国启蒙运动中最激进的代表和法国大革命的思想先驱。

卢梭出身寒微,生于瑞士日内瓦一个钟表匠的家庭,但其大半生是在法国度过的。卢梭在出生9天时就失去了母亲,10岁时父亲又因与人纠纷离家出走,致使卢梭成为孤儿。从此他便开始了寄人篱下和颠沛流离的辛酸生活。他当过学徒、仆人、伙计、家庭教师、乐谱抄写员、出纳员、秘书等。卢梭全靠刻苦自学成为一代宗师。他12岁时学习拉丁文,在华伦夫人家时得以博览群书。1740年,卢梭到里昂司法长官德·马布利家做家庭教师。1742年到巴黎,其才华得到一些贵族夫人的赏识,也逐渐结识了许多启蒙思想家,得以进入上流社会的沙龙。

他与百科全书派的狄德罗过从甚密。1750年在狄德罗被关巴士底狱期间,他每天步行16里去看望,一天在路上他看到一本名为《水星》的杂志上刊登的第戎科学院的征文启事,偶发感想,并与狄德罗交换意见,回到家后即写了"论科学与艺术"一文应征,并获得大奖,遂使他一举成名。该文立意奇特,认为科学和艺术的发展不仅不能促进道德的进步,反而导致道德的堕落。其真正的用意并不是批判科学艺术本身,而是批判科学艺术为权贵所用。这一点没有被人们所觉察,因而引发了一些启蒙学家对文章的猜疑和不满。伏尔泰在给卢梭的赠书回信中说:"从没有人用过这么大的智慧企图把我们变成畜牲,读了您的书,真的令人渴慕用四只脚走路了。"1754年第戎科学院再发出征文启事,他又应征写了《论人类不平等的起源和基础》的长文,深刻而系统地探索了人类社会不平等产生的根源和历史。1756年他开始撰写一部更宏大的系列性学术著作——《政治制度论》,但只写出了一部分,后来感到它所需时间太长就放弃了。只是把其中可独立的部分抽出来命名为《社会契约论》于1762年出版,其余的则付之一炬。此间,卢梭还写了一部论教育的著作——《爱弥儿,或教育论》(1762年)和一些戏剧。卢梭在这些著作中对封建制度的批判,以及他与一些贵族夫人的过分密切关系,招来了法国统治者的严重迫害和亲朋好友的非议,致使他难以在法国存身。《爱弥儿》一书的出版后他遭到通缉,不得不逃亡瑞士,后受哲学家休谟之邀去英国。1767年被赦免后才重新回到巴黎,但仍受到种种的社会非议,过着一种与外界隔绝的日子。为了消除人们对他的种种误解,也为了对自己的一生做一个总结,临终前他写了《忏悔录》(1765~1770年),其文笔之流畅,刻画心理之细腻给读者以强烈的感受,现被作为西方文学名著流传于世。1778年,卢梭于贫病中死于爱尔蒙维尔。

二、人的自由、平等的思想

作为一个长期生活在受压迫的社会下层的人，向往和追求自由平等是卢梭毕生为之奋斗的目标，也是其政治法律思想的核心内容和显著特征之一。

（一）自由

卢梭对自由有独到的见解，其基本观点是，自由是人的本性。他说："自由乃是人性的产物"。[190] 所以，放弃自由不但是对一个人对自己做人资格的否定，同时也是违背人性的不道德行为，"一个人抛弃了自由，便贬低了自己的存在"，[191]"放弃自己的自由，就是放弃自己做人的资格，就是放弃人类的权利，甚至就是放弃自己的义务。对一个放弃了一切的人，是无法加以任何补偿的。这样的一种弃权是不合人性的；而且取消了自己意志的一切自由，也就是取消了自己行为的一切道德性。"[192] 他进一步从人的社会性和人与人的角度来思考自由，指出自由不仅是自己不受制于别人，而且自己也不奴役别人。他的名言是："做了主人的人，就不可能自由"。[193] 他还从自由与法律的关系的角度来思考自由，认为真实的自由与法律不可分，强调遵守法律即自由。他把自由分为自然状态下的自然自由和社会状态下的社会自由。认为前一种自由从表面上看，那时一个人在一个山洞里睡觉，在一棵果树上采果，在一条溪流中饮水，很是无拘无束，自由自在。但是实际上他风餐露宿，遭遇豺狼虎豹的袭击，非常辛苦和危险，所以并不自由。他认为，只有在社会里和在法律下，才会有真正的自由。他说："人是自由的，尽管是屈服于法律之下。这并不指服从某个个人，因为在那种情况下我所服从的就是另一个人的意志了，而是指服从法律，因为这时候我所服从的只不过是既属于我自己所有、也属于任何别人所有的公共意志。一个主人可以允许这一个人而拒绝另一个人；反之，法律则不予以任何考虑，法律的条件对人人都是平等的。因此，就既没有主人，也没有奴隶"。[194]

（二）平等

卢梭认为，没有平等就无所谓自由，要实现人的社会自由，需要实现人们的社会平等。什么是平等？卢梭认为平等并不是绝对的均等，"平等这个名词不是指权力与财富的程度应当绝对相等；而是说，就权力而言，则它应该不能成为任何暴力并且只有凭职务与法律才能加以行使；就财富而言，则没有一个公民可以富得足以购买另一个人，也没有一个公民穷得不得不出卖自身"。[195] 可见，卢梭的平等主要是指人的人格的平等。

卢梭认为，人是生而自由平等的，自然状态下的人就是如此，但现在却"无往不在枷锁之中"。人和人之间充满着不平等，除了贫富的不平等外，还有统治者与被统治者的不平等。所以他写了《论人类不平等的起源和基础》一书来探索这一问题。经过研究，卢梭认为，在自然状态下人们之间虽然存在年龄、体力、生理上的差别，但不存在奴役与被奴役、服从与被服从等任何不平等问题。那么，人类中的不平等是怎样的产生和发展呢？他认为，其内在原因是

---

〔190〕［法］卢梭：《论人类不平等的起源和基础》，李常山译，商务印书馆1982年版，第137页。

〔191〕同上。

〔192〕［法］卢梭：《社会契约论》，何兆武译，商务印书馆1980年版，第16页。

〔193〕同上书，第23页。

〔194〕同上书，第24页注释②。

〔195〕同上书，第69~70页。

因为人有理性,虽然那时它还处于潜伏状态。这一理性使人有一种自我完善的能力,因此,随着人类能力的提高和智慧的增长,如工具和火的使用、农业和冶金业的产生等,使财产上的不平等获得了力量并成长起来。其外的原因是私有财产和私有制产生,人在自我完善中开始占有自然物,从而出现了他们之间的贫富差别。这使人们之间的不平等成为一种现实并逐步扩大和根深蒂固起来。这就像一个狼吃过肉之后不再想吃其他食物一样。这是不平等的第一步。在进一步的发展中,富人为了保护和扩大其财富,就欺骗穷人签订一个社会契约,建立一种政权,使自己成为统治者。这也就使人与人之间的不平等由财富的不平等外又增加了统治者与被统治者的不平等。这是不平等的第二步。此后不平等进一步发展,在统治者中又有上下级之间的差别,最后出现了一个最高权力者,即君主。这就使不平等达到极端的程度,即只有一个人是自由的,其他人都不自由,都处于被压迫、奴役的状态。他认为当时的法国就是这一状态的例证。

那么,怎么样打破这些枷锁,恢复人们自由和平呢?卢梭为此写了《社会契约论》对此作了回答。他认为办法就是重新签订一个社会契约,从真实的个人意志中抽取共同的部分成为公共意志,并把它公之于世,成为法律,以保护大家的公共利益。这样一来,大家只服从法律,不服从任何个人,从而处于一种真正的自由状态。

三、社会契约与人民主权

(一)社会契约

上面谈到,卢梭指出要打破这些枷锁,恢复人们自由和平,就得重新签订一个社会契约并使之成为法律,建立新的政治权力。那么,这是一种什么样的社会契约和社会权力呢?为什么有那么大的神奇力量使人重新获得自由和平等呢?

卢梭说这是"一次全体一致同意"的契约,这个契约把"每个结合者及其自身的一切权利全部转给整个的集体"。[196] 之所以要全部转让,主要有三个原因。其一是只有全部转让,才能使每个人在新的基础上达到平等;其二是只有转让是毫无保留的,每个参加社会契约的人才不会再有什么要求,否则,如果有人保留权利,必然形成不平等;其三是每个人既然全部奉献出自己,也就意味着没有向任何人奉献自己,这也就达到了订立契约的目的,每个人全部交出权利,但在交出权利以后,又只不过是在服从自己本人。总之,"人类由于社会契约而丧失的,乃是他的天然的自由以及对于他所企图和所能得到的一切东西的无限的权利;而他所获得的,乃是社会的自由以及对于他所享有的一切东西的所有权"。[197] 并且,"基本公约并没有摧毁自然的平等,反而是以道德的和法律的平等代替自然所造成的人与人之间的身体上的不平等,从而,人们尽可以在力量上和才智上不平等,但是由于约定并且根据权利,他们却是人人平等的"。[198]

卢梭论述说,订立社会契约的根本目的和任务,就是要"寻求一种结合的形式,使它能够以全部共同的力量来卫护和保障每个结合者的人身和财富,并且由于这一结合而使每一个和全体相联合的个人又只不过是在服从自己本人,并且仍然像以往一样的自由,这就是社会契

---

〔196〕[法]卢梭:《社会契约论》,何兆武译,商务印书馆1980年版,第23页。

〔197〕同上书,第30页。

〔198〕同上书,第34页。

约所要解决的根本问题”。[199] 即订立社会契约的目的就是以更大的力量保护每个人的自由平等权利。

还有，社会契约是人们自由议协的产物，是政治共同体即国家与它的各个成员之间的约定，而不是个人与个人之间、上级与下级之间、统治者与被统治者之间的约定，即国家与个人之间的关系是契约的关系。按照以上标准，执政者若不能保障人民的自由平等，就是对社会契约的违背，人民有权取消契约，甚至可用暴力将自己的权利再夺回来。

可以看出，卢梭的社会契约论非常具有特点，首先，卢梭清楚地认识到所谓自然状态只是推理的出发点而非历史的真实，而推理的基石是人性。这一点使得卢梭的社会契约论与众不同。其次，在社会契约的缔结者问题上，卢梭与格老秀斯和霍布斯不同，这两位并未把君主看作是缔约的一方，他只是从契约中得到利益，而人民丧失权利，换来的是安全。再次，在缔结契约时的转让权利问题上，卢梭与洛克不同，卢梭认为人民将全部权利转让，而洛克认为只是转让了部分权利。这就使卢梭的社会契约论具有鲜明的民主性和激进的反专制色彩。

（二）人民主权

卢梭说，这个社会契约签订的结果就是使分散的个人结合为一个集体，“一个道德的共同体”，“这个由全体个人的结合所形成的公共人格，以前称为城邦，现在则称为共和国或政治体；当它是被动时，它的成员则称它为国家；当它是主动时，就称它为主权者；而以之和它的同类相比较时，则称它为政权。至于结合者，他们的集体就称为人民；个别地，作为主权权威的参与者，就叫作公民，作为国家法律的服从者，就叫作臣民。”[200]

有了国家就产生了国家的权力问题，这种权力就是“主权”。那么，什么是“主权”？它属于谁？又怎么样使用呢？

1. 什么是主权？

卢梭回答到：“主权……不外是公意的运用”。[201] “主权的行为又是什么呢？它并不是上级和下级之间的约定，而是共同体和它的各个成员之间的约定。它是合法的约定，因为它是以社会契约为基础的；它是公平的约定，因为它对一切人都是共同的；它是有益的约定，因为它除了公共的幸福而外没有任何别的目的；它是稳固的约定，因为它有着公共的力量和最高权力作为保障”。[202] 这就是说，主权就是通过签订社会契约产生公意，使之变为法律，并使之落实的权力。从卢梭的相关论述中可以看出，主权的主要内容是立法权，因为主权属于人民的主要表现为人民参与立法活动的权利。至于国家的其他权力，如掌握行政权的政府，在卢梭看来只是主权与主权者个人的公民之间的一个中介或派出机构。

卢梭认为，主权具有以下的特点：

第一，是至上性，也就是说是绝对的、至高无上和神圣不可侵犯的。他说：“正如自然赋予了每个人以超乎于他的各部分肢体之上的绝对权力，社会公约也就赋予了政治体以超乎其各个成员之上的绝对权力。正是这种权力，在受公意所指导时……就获得了主权这个名称”。[203]

---

〔199〕［法］卢梭：《社会契约论》，何兆武译，商务印书馆 1980 年版，第 23 页。

〔200〕同上书，第 25 ~ 26 页。

〔201〕同上书，第 35 页。

〔202〕同上书，第 44 页。

〔203〕同上书，第 41 页。

第二,主权是不可转让、不可分割性。他说:“主权既然不外是公意的运用,所以,就永远不能转让”[204]。“由于主权是不可转让的,同样理由,主权也是不可分割的。因为意志要么是公意,要么不是;它要么是人民共同的意志,要么就只是一部分人的”。[205]

第三,主权具有不可取代性。卢梭说:“主权本质上是由公意所构成的,而意志又是绝不可以代表的:它只能是同一个意志,或者是另一个意志;绝不能有什么中间的东西。因此人民的议员并不是也不可能是人民的代表,他们只不过是人民的办事员罢了;他们并不能作出任何肯定的决定”。[206] 因此,他反对代议制,主张议政合一。

2. 主权属于人民

卢梭认为,主权属于人民,这表现在以下几方面:

第一,立法权属于人民,法律必须是全体一致同意的结果,必须体现公意。

第二,立法机关、政府,只是其派出机关,其工作人员只是“人民”的公仆。他说:“政府就是臣民与主权者之间所建立的一个中间体,以便两者得以互相适合,它负责执行法律并维持社会以及政治的自由。”政府的成员是官吏或执政者,他们只是人民的雇员。他们与人民的关系“那完全是一种委托,是一种任用;在那里,他们仅仅是主权者的官吏,是以主权者的名义在行使主权者所托付给他们的权力,而且只要主权者高兴,就可以限制、改变和收回这种权力。”[207]

第三,立法权属于人民全体,而不属于个人。作为“人民”一分子的个人,在参与政治活动或立法活动时是公民,他虽然享有公民权利,但不享有主权。他不能自行的制定或修改法律,反而必须作为臣民服从法律。作为“立法者”虽然在立法过程中也发挥作用,可以提出草案,但这只是一种立法建议,并不拥有立法权。因为“法律既然结合了意志的普遍性与对象的普遍性,所以一个人,不论他是谁,擅自发号施令就绝不能成为法律;即使是主权者对于某个个别的对象所发出的号令,也绝不能成为一条法律,而只能是一道命令;那不是主权的行为,而只是行政的行为”。[208]

可以看出,卢梭的人民主权理论是很彻底的,不仅主权属于人民,而且人民直接行使权力。主权也只有一个,而不是分为三个部分。

四、法律公意说

法律公意说是卢梭的人民主权理论逻辑推理的必然结论,也是其政治法律思想中最为辉煌的部分之一,它集中表达了卢梭对法律的彻底民主观念。

卢梭对法的认识和论述,也是从“自然法”开始的,不过他在对“自然法”的认识和态度上已不如他之前的自然法学家,因为他只是把“自然法”理解为自然状态下人所遵守的自然法则,所以,这些法则不是以理性而是以感性为基础的。这使他对“自然法”抱着轻视、甚至蔑视的态度,也很少使用“自然法”这一概念。[209]。

[204] [法]卢梭:《社会契约论》,何兆武译,商务印书馆 1980 年版,第 35 页。
[205] 同上书,第 36 ~ 37 页。
[206] 同上书,第 125 页。
[207] 同上书,第 76 ~ 77 页。
[208] 同上书,第 51 页。
[209] 参见[法]卢梭:《论人类不平等的起源和基础》,李常山译,商务印书馆 1982 年版,第 64 ~ 68 页。

这样一来,卢梭对法的论述便集中在实在法上。这些论述分为两个方面,一方面是对已有的和现实法国法的批判;另一方面是对他所理想的法律的论述。那么,什么是他所理想的法律呢?概括起来就是法律是公意的正式表示。他说:“公共的意志就是法律”、“法律乃是公意的行为”、“法律只不过是公意的宣告”。[210] 他进一步说:“法律是全体人民对全体人民的规定”。“当全体人民对全体人民做出规定时……这时人们所规定的事情就是公共的,正如作出规定的意志是公意一样,正是这种行为,我们就称之为法律”。[211] 他从以下几方面系统地阐述了这一观点:

(一)什么是公意?

什么是公意?这是理解卢梭的法律概念的关键。卢梭把人的意志分为个别意志、团体意志、众意和公意四种:个别意志也叫私意,是个人的意志,它总是倾向于偏私;团体意志是社会集团的意志,它是社会部分成员的公共意志;众意或总意是所有社会成员的意志,即个别意志的总和;公意是社会全体成员的共同意志,是去掉了众意中相抵触的部分所剩下的共同部分,它以共同利益为基础。它与其他意志的根本区别就是价值取向上指向公而不是私。

(二)理想的法律为什么就是公意?

公意为什么就是法律的本质?卢梭回答说:其一,这是因为它以公共利益为基础,而公共利益是维持人们之间联系的纽带,是建立社会秩序的基础。“以上所确立的原则之首先的而且最重要的结果,便是唯有公意才能够按照国家创制的目的,即公共福利,来指导国家的各种力量;因为,如果说个别利益的对立使得社会的建立成为必要,那么,就正是这种个别利益的一致才使得社会的建立成为可能。正是这些不同利益的共同点,才形成了社会的联系;如果所有这些利益彼此并不具有某些一致之点的话,那么就没有任何社会可以存在了。”[212]

其二,这是因为,从法律自身来看,公意才具有普遍性、权威性和正义性,才符合法律的属性和目的,也才能得到人们的服从。他说:“我们无需再问应该由谁来制定法律,因为法律是公意的行为;我们……也无须问法律是否会不公正,因为没有人会对自己本人不公正;更无须再问人们既是自由的而又要服从法律,因为法律只不过是我们自己意志的记录”。[213] 而且,“约定的法律把权利和义务结合在一起,并使正义能符合它的目的。”[214] 也就是说,只有体现公意的法律才能做到权利和义务的平等。

(三)公意何以取得

卢梭虽然说,法律来自“一次全体一致同意”的契约,但他也意识到这存在技术上的困难,因而他也承认立法过程中“立法者”的必要性,认为法律的制定最初少不了他们的起草法律的工作,全体一致同意只是用于法律的最后通过时。[215]

卢梭对公意获得的思路是,私、私得公。即从每个人对自己利益的关怀中发现共同的部分,就是公意。这一思路很有启发性,它给私人利益和私人意志以充分的地位,为我们探寻民

[210] [法]卢梭:《社会契约论》,何兆武译,商务印书馆1980年版,第51、118、127页。

[211] 同上书,第50页。

[212] [法]卢梭:《社会契约论》,何兆武译,商务印书馆1980年版,第35页。

[213] 同上书,第50~51页。

[214] 同上书,第36页。

[215] 参见[法]卢梭:《社会契约论》,何兆武译,商务印书馆1980年版,第七章。

意、公意指出了一条切实可行的道路。

(四)法律的特点和种类

1. 法律的特点

卢梭认为,法律的公意性就决定了它的普遍性。这种普遍性表现在两个方面。一是意志的普遍性,即法律必须是全体人民的共同意志,而不是任何个人或集团的意志。在卢梭看来,法律由人民制定,是人民公意的体现,所有人都应服从法律,服从法律即是服从自己。二是对象的普遍性,即法律只能调整全体人民的一般的、抽象的、具有普遍意义的行为,而不是对个别的、具体行为的规定。卢梭说:“我说法律的对象永远是普遍性的,我的意思是指法律只考虑臣民的共同体以及抽象的行为,而绝不考虑个别的人以及个别的行为。因此,法律很可以规定有各种特权,但是它却绝不能把特权赋予某一个人;法律可以把公民划分为若干等级,甚至于规定取得各该等级的权利的种种资格,但是,它却不能指名把某某人列入某个等级之中……总之,一切有关个别对象的职能都丝毫不属于立法权力”。〔216〕

2. 法律的种类

卢梭把法律划分为四种,其划分的标准是看法律规定什么关系。如规定全体对全体的是政治法或根本法,它涉及的是政府的形式;规定个人与个人关系的是民法;规定个人与法律关系的是刑法。另外还有一种舆论法,它是写在人们心中的宪法,表现为风尚和习俗。〔217〕

卢梭的政治法律思想是对洛克一系列理论的进一步发展,使之更加系统和严谨,加上他优美的文笔,因而无论是对当时还是对后来都造成很大的影响,这使他成为西方近代一个不可超越的思想家,虽然对其理论的评价上颇有争议,人们往往把法国大革命中的问题与他的理论联系起来,而在论述其理论时又往往与其低微的出身和怪异的性格挂钩。但是不管怎样,卢梭作为一个伟大的思想家是无法否认的,他的名字也永远活在人们心中。

参考文献

1. [法]卢梭:《论人类不平等的起源和基础》,李常山译,商务印书馆 1982 年版。
2. [法]卢梭:《社会契约论》,何兆武译,商务印书馆 1990 年版。
3. [法]罗曼罗兰:《卢梭的生平和著作》,王子野译,三联书店 1993 年版。
4. [法]卢梭:《政治制度论》,崇明等译,华夏出版社 2013 年版。

思考题

1. 卢梭是怎样论述人类的自由和平等的?
2. 如何评价卢梭的法律公意说?
3. 如何评价卢梭的人民主权学说?

---

〔216〕 [法]卢梭:《社会契约论》,何兆武译,商务印书馆 1980 年版,第 50~51 页。

〔217〕 参见[法]卢梭:《社会契约论》,何兆武译,商务印书馆 1980 年版,第十二章。

第九节　美国独立战争时期的自然法思想

任何一种理论只有在实践中才能产生和发展，也只有在实践中才能显示其力量。古典自然法学的理论在18世纪末、19世纪初被广泛地应用于西方的资产阶级革命中，特别是在英、美、法等国的资产阶级革命和建国初期的法制建设中，并发挥了很大的效用。美国独立战争时期的思想家大部分是自然法学信徒，他们就是用它作为武器进行反抗英国殖民者的斗争的。在斗争中，他们应用并发展了古典自然法学。

一、主要代表及其生平、著作

托马斯·潘恩（Thomas Paine，1737～1809年）是美国独立战争时期著名的政治思想家，激进的资产阶级民主主义者的代表。美国的独立战争可分为三个阶段：1774年前为合法斗争阶段，通过请愿要求英国放松对美国的控制，但承认英在美之统治为合法；1774～1776年间公开举行武装起义，主张建立自治政府，不过仍承认美为英版图的一部分；1776年后要求彻底独立、建立共和国。首先完成这一思想转变并促使广大美国人民实现这一转变的就是潘恩。他于1776年写了一本小册子《常识》，根据历史事实和当时情况，坚决主张以革命手段宣布独立，建立美国人民自己的政府。这本小册子道出了美国人民的心声，风靡一时，传播极广，华盛顿对此书评价极高，指出此著作“实促成思想转迁最有力最有效之刊物”。另有人评论说，“一部《常识》胜过美洲十万革命军”。从此以后，美国革命方迅速发展并取得胜利。潘恩原是英国人，曾任过教师、税官等职。因代表税务人员为增薪而起草、送发请愿书被革职，经富兰克林介绍1774年赴美，先后任《宾夕法尼亚杂志》编辑、大陆会议外交委员会秘书、宾夕法尼亚议会秘书等职。他积极投身于美国人民争取自由的战争。潘恩有句名言：“哪里没有自由，哪里就是我的故乡”。意味着要为世界的自由而斗争。美国独立后，1787年他返回欧洲。在法国大革命时期，他积极参加了反封建专制的斗争，获得法国公民资格，并应邀参加了《人权宣言》的起草工作。1792年发表了《人权论》驳斥英国政客埃德蒙·柏克对法国大革命的攻击。1793年因反对处死路易十六被捕入狱，狱中写成《理性时代》。1802年他回到美国，因不满联邦党人的政策而遭诽谤和攻击。1809年，在贫困中去世。其著作中文译本有《潘恩选集》。

托马斯·杰弗逊（Thomas Jefferson，1743～1826年）是美国独立战争和战后初期杰出的资产阶级政治家和启蒙思想家，美国民主传统的奠基者。他出身于弗吉尼亚州阿尔贝马郡一个种植园家庭，17岁入威廉—玛丽学院学习，接触到欧洲的民主主义思想。毕业后又研修法律5年，取得律师资格。1769年当选为弗吉尼亚州议员开始其政治生涯。在英国与北美殖民地人民矛盾尖锐化后，他组织人民积极投身于抗英斗争，成为该州革命运动的组织者和领导者之一。1775年他代表该州参加第二届大陆会议，并受托起草《独立宣言》，大陆会议后杰弗逊在弗吉尼亚州从事立法改革工作，先后提出了“废除限嗣继承法”、“废除长子继承法”和“宗教自由法案”等反封建法案。1779年他当选为该州州长。1785～1789年，他出任美国驻法公使,1790 年回国后任首届国务卿。从此他与以汉密尔顿为首的联邦党人的反民主思想展开了激烈的斗争。并使国会通过了保障人权的十条修正案,即所谓《人权法案》(1791 年生效)。1791 年他和麦迪逊等人组建共和党(1794 年改称民主共和党)。1796 年当选为副总统。1800~1809 年连任两届美国总统后自动引退,继续为民主政治献力,并创办弗吉尼亚大学。1826 年 7 月 4 日,在《独立宣言》五十周年纪念日溘然长逝。其著作中文有《杰弗逊文选》。

亚历山大·汉密尔顿(Alexander Hamilton,1757~1804 年)是美国建国初期著名的政治思想家,1787 年宪法的主要起草者,联邦党人(即后来的共和党)的创始人之一。1773 年他进入纽约皇家学院学习,开始受启蒙思想的影响。当北美与英国的政治矛盾尖锐时,他萌发了爱国热情,于 1774~1775 年间,连续发表三本小册子,抨击英国的殖民政策,倡导爱国主义,由此崭露头角。独立战争爆发后,他投笔从戎,升任华盛顿参谋部副官。独立战争后,他致力于美国的制宪活动和经济复兴工作,曾任首届财政部长。为了使起草的宪法得以在十三州通过,他和詹姆斯·麦迪逊(1751~1836,第四任美国总统)和约翰·杰伊(1745~1826 年,美国首届司法部长)合作,化名"普布利乌斯"(Publius)写了八十多篇文章在纽约报刊上发表,为起草的宪法辩护,阐述他们的理论。他们自称为联邦党人,后该系列文章汇集出版,亦署名为《联邦党人文集》。1798 年由华盛顿推荐,他担任为督察将军,他维护国家利益,支持政治宿敌杰弗逊当选为总统,从而有效地遏制了野心家伯尔对最高权力的觊觎,但此举也招来杀身大祸。1804 年 1 月 11 日,他死于与伯尔挑起的决斗之中。

二、主要政治法律思想

(一)人权思想

人权思想是美国人民反对英国殖民统治的主要思想武器。美国思想家把洛克等古典自然法学家的有关思想运用于争取独立的斗争中,并结合实际予以发展。其中突出者有潘恩和杰弗逊。他们的人权思想主要有以下几个方面:

第一,人权是天赋的,其主要内容有自由、平等和追求幸福。潘恩说:"所有的人生来就是平等的,并且有平等的天赋权利"。[218] 杰弗逊在《独立宣言》中也写到:"人人生而平等,他们都从他们造物主那里被赋予了某些不可转让的权利,其中包括生命权、自由权和追求幸福的权利。"这里,他结合美国当时的实际,在三项人权中把财产权改为追求幸福的权利。后来他还补充了劳动成果享有权、个人才能发挥权、反抗压迫权和选择职业权等。这就为美国人民反对英国殖民的统治的斗争提供了依据。

第二,一切社会权利和权力均根源和服务于天赋人权,人们参加社会和建立政府的目的是为了更好地享受和保护人权。因为由法律确认和保护的人权更有保障。所以,应该用法律形式保障人权,如果政府不尊重甚至侵犯人民的正当权利,人民就有权推翻它并建立新的政府。这种权利叫革命权。潘恩认为,革命是铲除专制的主要的和唯一的方法。他指出,革命是经常发生的,革命意义很大,没有革命的震荡,人类社会就永远不能向前发展。他认为,"现在是革命的时代","整个欧洲现在可以趁热打铁了。"杰弗逊也指出,社会革命犹如大自然的风暴,其作用甚大,它足以荡涤社会中的污泥浊水。他说:"自由之树必须时常用爱国者和暴

---

[218] [美]潘恩:《潘恩选集》,马清槐等译,商务印书馆 1982 年版,第 141 页。

君的血灌溉。这正如暴风雨是自然界所必需的一样，革命是政治世界所不可少的。”[219]

第三，英国殖民者在北美的统治，是违反建立政府的目的的，美国人民有权予以推翻，建立自己的政府。杰弗逊认为英国殖民者在北美的统治，“就是一部怙恶不悛、倒行逆施的历史”，它毫不尊重美国人民的正当权利，滥施淫威，恶贯满盈。他罗列了其25条罪状以后得出结论说，人民有权利也有义务来推翻这样的政府。潘恩进一步指出，不仅英国殖民者在北美的统治违反人权和不合法，而且英王在英国的统治也是建立在征服的基础上的，是“一个法国的野杂种带了一队武装的土匪登陆，违反当地人民的意愿而自立为英格兰国王。”[220]既然连英王在英国的统治都不合法，那么其在美国的统治更不合法了。这样说来，北美人民起来革命更是正义的了。

（二）人民主权和依法治国

在明确了一切社会权利和权力根源于自然权利的基础上，潘恩等人探讨了国家权力的来源、归属和使用问题。潘恩认为，要保障人们的天赋权利，唯有参加社会，在最初的社会中，人们以诚相待，不需要法律和政府。但后来人们为邪恶感染，忘却了相互间的责任和友情，出现了以强凌弱和犯罪等现象。为了制止这类邪恶现象，才产生了政府和法律。因此，他认为社会和政府的本质是不同的：社会起源于人的社会性，它鼓励人们交往，能积极地增进我们的幸福；而政府产生于我们邪恶，它制造人们之间的差别，惩罚罪恶，消极地增进幸福。正因为如此，“社会在各种情况下都是受人欢迎的。可是政府呢？即使在最好的情况下，也不过是一件免不了的祸害。在其最坏的情况下，就成了不可容忍的祸害。”[221]他进一步说：“这便是政府的起源和兴起；也就是说，这是由于人们德性的软弱无力而采取的治理世界的方式；由此可以看出政府的意图和目的，即自由和安全。”[222]又说：“政府不过是按社会原则办事的全国性社团。”[223]“不过是使社会各部分团结的一个中心”。[224]

潘恩认为，政府的权力来自人民，也属于人民，人民根据共同的利益制定法律，政府只能依照法律管理人民。他说：“主权作为一种权利只能属于国民，而不属于任何个人；一国的国民任何时候都具有不可剥夺的固有权利去废除任何一种它认为不合适的政府，并建立一个符合它的利益、意愿和幸福的政府……每个公民都是主权的一部分，因此不能屈从个人，他只能服从法律。”[225]他还指出，政府和人民的关系只是一种雇佣关系，所以政府官员只是人民的佣人。接着他论述了国家权力的来源和形式问题，他把政府分为三种：第一种是根源于迷信的僧侣控制的政府，即教会政府；第二种是起源于权力的征服者的政府，如英国；第三种是以社会的共同利益和人类的共同权利为根源的理性的政府，即共和制政府。他认为只有第三种即共和制政府才是最好的政府。因为它的宗旨是“增进公众的幸福”，其权力出自人民自愿，在其中人人享有自由平等的权利；法律是国王，即居于最高地位，政府的官员不称职可以通过民主方式更换。他说共和制政府遵循“公利”、“公正”和“代议”三个原则。公利即公共利益，它

---

〔219〕［美］杰弗逊：《杰弗逊文选》，商务印书馆1963年版，第7～8页。

〔220〕［美］潘恩：《潘恩选集》，马清槐等译，商务印书馆1982年版，第15页。

〔221〕［美］潘恩：《潘恩选集》，马清槐等译，商务印书馆1982年版，第3页。

〔222〕同上书，第5页注释③。

〔223〕同上书，第233页。

〔224〕同上书，第246页。

〔225〕同上书，第240～241页。

是政府建立的动机和目标;"公正"即权利平等,它是一切问题的根本;"代议"即由人民选举代表的办法去协商和处理国家事务,它是政府的自然的组织形式。总之,"代议制以社会和文明作为基础,以自然、理性和经验作为指导","代议制集中了社会各部分和整体的利益所必需的知识,它使政治始终处于成熟的状态……它不让知识和权力脱离……免除了一切个人的偶然性。"[226]

(三)分权制衡

在美国建国初期,围绕着政治体制曾展开过一场讨论,在讨论中杰弗逊和汉密尔顿等人发展了洛克、孟德斯鸠以来的分权制衡思想。杰弗逊认为,任何国家权力都不能集中于一个主体,否则会权力膨胀,人民的自由和权利就会被毁灭,暴政就会出现。所以他极力主张分权,不仅中央的立法、行政和司法机关要分权,而且中央要与地方分权,实行联邦制。在论及中央三机关时他说,不能使任何一个机关的权力过大,以至于高于其他权力。议会的权力过大就会产生暴政,因为权力有自我膨胀的性质,对于暴政来说,权力由一人来行使和由 173 人(下议院人数——引者注)行使没有什么区别。行政首脑的权力过大是产生暴政的最大危险,而总统的终身制势必使其权力膨胀。所以,他坚决反对总统终身制,主张一任制,后来才同意最多两任制,并身体力行。由于华盛顿和他的带头,除二战期间罗斯福任期四届外,均未超过两届。1951 年美国才以立法形式确认了这一点。他也反对法官作为一切宪法问题的最后裁判者的观点,认为这十分危险,它会使法院凌驾于议会和总统之上,打破权力平衡,导致民主毁灭,政府解体。杰弗逊还主张地方与中央分权,认为中央权力集中极为有害,这不仅会增加盗窃、投机、掠夺、冗员及钻营的机会,而且高度集中会使权力膨胀,中央政府走向腐败和暴政。因此主张中央与地方分权。他主张中央只负责国防、外交和协调各州关系的任务;各州管公民权利、法律、治安及州行政事务;郡、区管本区的地方事务。这样做便于人民监督,有利于使人民关心国家事务;可以清除庞大官僚机构,防止政府腐化,减少国家开支。

汉密尔顿是站在杰弗逊的对立面来论述分权制衡问题的,在中央和地方的关系上,他反对地方分权,主张中央集权;在中央各机关的关系上,虽然也讲到分权的意义,说"把权力均匀地分配到不同部门,采用立法上的平衡和约束;设立由法官组成的法院……凡此种种,完全是崭新的发现,或者是在现代趋向完善方面取得的主要进步。这些都是手段,而且是有力的手段,通过这些手段,共和政体的优点得以保留,缺点可以减少或避免。"[227] 但是从总的倾向上他是主张合,主张加强行政权力和司法权力,削弱和分散议会权力。他说:"只要各个权力部门在主要方面保持分离,就并不排除为了特定目的予以局部的混合。此种局部混合,在某些情况下,不但并非不当,而且对于各权力部门之间的相互制约甚至还是必要的。"[228] 那么怎么相互制约呢?他认为这就是使行政部门(总统)和司法部门有权否定立法部门的法案,使立法部门有权弹劾行政部门的首脑。与洛克和孟德斯鸠等不同,汉密尔顿认为侵犯个人自由和安全的主要危险来自立法机关,所以他不但不主张加强立法权,而且主张削弱立法权。办法之一是赋予行政首脑和法院以否决法案的权力;之二就是把立法机关划分为两院:参议院和众议院,使一个只有法律的提议权,另一个有表决权。

---

[226] [美]潘恩:《潘恩选集》,马清槐等译,商务印书馆 1982 年版,第 240 ~ 241 页。

[227] [美]汉密尔顿等:《联邦党人文集》,程逢如等译,商务印书馆 1982 年版,第 40 ~ 41 页。

[228] 同上书,第 337 页。

汉密尔顿特别强调加强行政权力。他说:"决定行政管理是否完善的首要因素就是行政部门的强而有力。""精强之政府即完美之政府"。那么怎样才能使之强而有力呢?他说"第一是统一,第二是稳定,第三是充分的法律支持,第四是足够的权力。"他特别强调加强总统个人权力的必要性,说"行政首脑最必要的条件是强而有力,而且……最宜集权于一人……集权于一人最有利于明智审慎。最足以取信于人民,最足以保障人民的权益。统一才有力量……一人行事,在决断、灵活、保密、及时等方面,无不较之多人行事优越得多"。[229] 他甚至主张总统的终身制。

汉密尔顿认为,在三种权力中司法权是最弱的一个,应予扩大,起码应使之保持独立,能以自保,免受其他两个的侵犯。司法独立包括法院独立和法官独立。"法院的完全独立在限权宪法中尤为重要。"因为法院对于宪法和法律有解释权。"所以对宪法以及立法机关制定的任何法律的解释权应属于法院。"[230] 而要做到法院独立,则必须使法官的任职不受立法和行政的影响,能保持独立。这种独立是相当重要的,它对于"保卫宪法与人权具有同样重要意义","法官的独立是保卫社会不受偶发的不良影响的重要因素。"[231] 而要如此,就必须实行法官的终身制,使"合众国任命的一切法官只要行为正当即应继续任职。"[232] 这样才能使法官无后顾之忧,独立地行使自己的职权。

美国独立战争时期的这些政治法律思想,不仅为独立战争提供了思想武器,而且为美国的政治体制奠定了理论基础,它们对于我们认识美国的民主制度提供了一把钥匙。

参考文献

1. [美]潘恩:《潘恩选集》,马清槐等译,商务印书馆 1982 年版。
2. [美]杰弗逊:《杰弗逊文选》,商务印书馆 1963 年版。
3. [美]D. 彼得森编:《杰弗逊集》,刘祚昌等译,三联书店 1993 年版。
4. [美]汉密尔顿等:《联邦党人文集》,程逢如等译,商务印书馆 1982 年版。

思考题

1. 美国独立战争时期法律思想的特点是什么?
2. 美国独立战争时期人权思想的主要内容。
3. 美国独立战争时期分权制衡思想的主要内容。

[229] [美]汉密尔顿等:《联邦党人文集》,程逢如等译,商务印书馆 1982 年版,第 356~357 页。
[230] 同上书,第 392~393 页。
[231] 同上书,第 393 页。
[232] 同上书,第 390 页。

第五章　哲理法学派

第一节　哲理法学派概述

“哲理法学”一词有广狭二义，广义上与“法哲学”相同，指一切从哲理的角度和用哲理的方法研究法律的学派，狭义的仅指其中最具此特点的德国古典哲学家的法律思想和由之产生的新康德主义法学和新黑格尔主义法学。故可分为早期的哲理法学和晚期的哲理法学。我们在这里采用狭义。

一、早期的哲理法学

早期的哲理法学指德国古典哲学家的法律思想，严格地说它不是一个法学流派。德国古典哲学指的是18世纪末和19世纪初在德国由康德所创立的一个影响很大的哲学流派。其主要代表有费希特（1762～1814年）、谢林（1776～1854年）、黑格尔和费尔巴哈（1804～1872年）。这些人不仅是著名的哲学家，构思了自己的哲学体系，而且对政治法律问题发表了许多深刻的看法，甚至有专门的法哲学著作，这一点与以前的许多自然法学家同是伟大的哲学家有相似之处。

德国古典哲学家所处的时代，正值德国资产阶级革命的前夕和法国资产阶级大革命爆发之际。他们站在德国资产阶级的立场上来感受这场大革命，对德国当时经济上落后、政治上四分五裂的局面强烈不满，要求改变现状；对法国的大革命欢欣鼓舞。但由于德国资产阶级的软弱性，所以他们不敢公开地站出来用革命行动推翻德国的封建制度，只能以理论的形式委婉地表达自己的改革要求。马克思形象地把他们的理论称为“法兰西革命的德国理论”。

德国古典哲学家的法律思想是在批判地继承古典自然法学，特别是在卢梭的政治法律思想的基础上发展起来的。卢梭的政治法律思想中有一个重要的命题，即人生而自由，他们以此为出发点来研究人类社会现象，并构思了他们整个社会的政治法律哲学体系。正因为如此，他们的政治法律思想与自然法学有许多相似之处，如研究的仍然是“自然法”或应然法，研究的方法仍然是理性思维的方法，即从人的抽象的本性作为切入点进行假设和逻辑推理。所不同的是，由于他们的研究以人的自由作为出发点和以人的意志作为核心，因而他们对法的本质的认识得出了不同的结论。即把人人自由理解为法追求的根本目标，把意志自由说成是法产生和存在的基础。另外，他们对“自然法”概念的理解上也不同于自然法学家，即不再把自然法视为一种实际上存在的法，而是视为一种应然的法、理想的法或法的原理。他们对自然法学家的许多基本理论，如社会契约论、分权制衡理论等也都有所保留，甚至持批判态度。

二、晚期的哲理法学

晚期的哲理法学指的是在19世纪末由康德和黑格尔哲学的继承者所产生的哲学思潮，如在新康德主义哲学、新黑格尔主义哲学的影响下在法学中所产生的两个法学流派，即新康德主义法学和新黑格尔主义法学。

（一）新康德主义法学（neo-Kantian school of law）

新康德主义法学的突出特点是重视对法律价值问题的研究。不过他们把法律的“价值”主要理解为对法律的评价和法律所追求的价值目标。为此他们区分了法律的概念和法律的理念，说法律的概念就是法律的本质，法律的理念就是法律的价值。他们仍然使用了“自然法”的概念，认为它就是用于评价实在法的标准。关于法律追求的价值目标，其中的有些人认为不是一元的，而是多元的，有正义、社会福利和秩序等。

新康德主义法学的创始人是德国的法学家鲁道夫·施塔姆勒（Stammler Rudolph，1856～1938年），他先后在莱比锡、吉森、哈雷和柏林等大学任教，著有《用唯物论史观看经济与法律》（1889年）、《正当法学说》（1926年）、《法学理论》（1911年）、《法哲学教程》（1922年）、《论正义》（1901年）、《法律与教会》（1919年）等。他的法律思想被称之为“法律批判论”，因为他主张用“批判”的方法对法律进行研究，要从中剔除一切内容，只留下纯粹的形式。他认为法律不表达任何必然的东西，只规定应当的东西；他区分了法的概念（本质）和理念（追求的价值），认为法是不可抗拒的共同意志，是现实中的社会规范的总和；法的理念是正义，它是用以判断法律正当性的标准。由此他引出了“自然法”概念，说它就是衡量法律正义与否的标准。他认为“自然法”的内容归纳起来有两个原则：其一是尊重原则，即个人意志不应该受他人武断意志之支配，对别人必须尊重其为社会一员的资格；其二是参与原则，即任何人不得被武断地摒弃于社会之外，依法剥夺其社会生活利益时，必须无害于其为社会一员之资格。他认为，“自然法”不变的只是其形式，其内容是可变的。提出了“内容可变的自然法”观念。因此，他被有些人认为是新自然法学的先驱。

新康德主义法学主要代表德国有拉德布鲁赫、E. 拉斯克（Lask Emil，1875～1915年），著有《法哲学》（1905年）；意大利有G. 德尔·韦基奥（Giorio Del Vecchio，1878～1970年）等。有些人把凯尔逊也算作新康德主义者。

（二）新黑格尔主义法学（neo Hegelian school of law）

新黑格尔主义法学继承了黑格尔“法是文明现象”的观点，认为法律准则是随着不同时间、地点和文明条件确定的，因此应将法律史与文明史结合起来研究。20世纪30年代，一些新黑格尔主义者发展了黑格尔的国家至上思想，主张国家主义和狭隘的民族主义，被法西斯主义所利用。

新黑格尔主义法学的创始人是德国的J. 柯勒（Joself Kohler，1848～1919年），先后在符茨堡和柏林大学任教，主要著作有《法的起源》（1876年）、《国家与法律生命的开端》（1878年）、《法律的基础》（1884年）、《人类学法学的根本缺陷》（1894～1895年）、《法律史》（1907年）、《法哲学》（1908年）等。他把黑格尔与历史法学的观点结合起来，认为法律是民族文化现象，其任务在于维护和创造其价值。

新黑格尔主义法学主要代表有德国的J. 宾德（Julius Binder，1870～1939年），他起初信奉新康德主义,后改信奉新黑格尔主义,宣扬国家至上和元首至上、民族主义等主张,著有《法哲学》、《法律概念与法律理念》;K. 拉伦茨(Karl Larenz,1903~1993年),著有《法学方法论》;意大利的G. 德尔·韦基奥(前期是新黑格尔主义者);英国的博山克(Bernard Bosanguet,1848~1923年)和布拉德雷(Francis herbert Brandley,1864~1924年)。

参考文献

1. 曹磊:《德国古典哲理法学》,法律出版社2006年版。
2. 卓英子:《新黑格尔主义法学》,法律出版社2006年版。

思考题

1. 哲理法学与古典自然法学的区别是什么?
2. 晚期哲理法学有什么特点?

第二节　康德的法律思想

一、生平与著作

伊曼努尔·康德(Immanuel Kant,1724~1804年)是世界近代著名的哲学家,德国古典哲学的创始人。他出生在东普鲁士的哥尼斯堡一个祖传制革者的家庭,自小聪慧好学,成绩优良。16岁时,他在教会的资助下进入哥尼斯堡大学哲学系学习,1746年毕业后担任过9年的家庭教师,1755年他通过了"形而上学知识的原则"的论文,获得私人讲师职称,之后进入哥尼斯堡王家图书馆任助理馆员达15年,1770年他进入哥尼斯堡大学任教直至1797年辞职。

康德的一生是典型的学者的一生。他体弱多病,终生未娶,也很少离开居所,但他极端勤奋地工作,严格地遵守作息时间,准确到他的邻居以其散步的时间来计时的地步。他知识渊博,几乎熟悉所在时代各种科学的发展,在大学里先后讲授过数学、自然地理学、人类学、自然神学、教育学、宗教哲学、伦理学、物理学、逻辑学等,几乎涵盖当时的各门学科。其思想深邃,多有惊人之见,直至今日仍不乏给人以启迪,但用语艰涩,有一套自己的语词系统,别人很难理解。

康德的学术生涯可分为两个阶段:前期,从1754年到1769年,主要从事自然科学方面的教学与研究,而且提出了许多直到现在仍有价值的理论或观点。最出名的就是他在《宇宙发展史概论》一书中关于太阳系起源的星云假设。恩格斯给予这一假设以很高的评价,认为它在当时占统治地位的"形而上学思维方式上打开了第一个缺口"。后期,即1770年后,他在卢梭关于人的本性是自由的命题的影响下开始研究人类社会,并创立了一套独特的哲学理论。他自豪地说,这一理论在哲学上完成了一场"哥白尼式的革命"。他称这一理论为"先验唯心主义",因为他主张人的知识并不是来自对客观事物的认识,而是来源于先验的感觉和知觉;后人把他的哲学称为“批判哲学”,因为他的哲学著作多以“批判”命名,最著名的是1781年的《纯粹理性批判》、1788年的《实践理性批判》和1790年的《判断力批判》;在哲学史上他被归属于二元论和不可知论,因为他认为有两个彼此无关的世界,即现象界和本体界,而人的认识只能达到前者,至于后者则只能由信仰来把握。他的哲学体系根据研究的对象可分为关于质料的哲学和关于思维形式的哲学,即逻辑学。前者又可以分为关于自然的哲学,即物理学(从知识的来源是经验的还是先验的,又分为自然的经验哲学和自然的形而上学)和关于社会的哲学,即伦理学(也分为来自经验的实用人类学和来自先验的道德形而上学)。

作为一个伟大的哲学家,康德在晚年研究的兴趣转向道德、政治法律和宗教等社会问题,并且提出了自己的独特见解。在这方面发表了许多著作,如1785年的《道德的形而上学基础》,1793年的《在理性范围内的宗教》,1795年的《论永久和平》,1796年的《法的形而上学原理》以及次年出版的《道德的形而上学原理》,1798年的《实用人类学》。

虽然康德一生是在书斋中度过的,未参加过任何政治斗争,也多次辞退了担任普鲁士王国教育大臣的邀请,但他并不是一个不问政治的学究,而是十分关心德国的统一和人类的前途问题。他就人类的历史进行哲学的思考,以理论的形式提出了一套治理德国和拯救人类的伟大设想,是德国资产阶级民主革命的理论家之一。马克思称他的哲学是“法国革命的德国理论”。不足的是他不敢把理论付诸实施,而且就理论本身来说,也不彻底。这反映了德国资产阶级的软弱性和保守性。

二、人的本性与道德律

康德认为,人是二重的存在物,既是大自然的一部分,又是理性的存在物,因而人的行为具有合规律性和合目的性的双重特点。首先,他认为人类是大自然的一部分,因而像自然界的任何事物一样,其活动是有规律的,要服从大自然的普遍规律和目的。他说:“无论人们根据形而上学的观点,对于**意志自由**可以形成怎么样的一种概念,然而它那**表现**,即人类的行为,却正如任何别的自然事件一样,总是为普遍的自然律所决定的。”[1]接着他指出,自然界的一切都是合目的的,这一合目的性,特别通过理性的被创造物,即人类来完成。他说:**“一个被创造物的全部自然禀赋都注定了终究要充分地并且合乎目的地发展出来的。”“这些自然秉赋的宗旨就在于使用人的理性,它们将在人——作为大地之上唯一有理性的被创造物——的身上充分地发展出来,但却只能是在全物种的身上而不是各个人的身上。”**[2]因此,“当每一个人都根据自己的心意并且往往是彼此互相冲突地在追求着自己的目标时,他们却不知不觉地是朝着他们自己所不认识的自然目标作为一个引导而在前进着,是为了推进它而在努力着;而且这个自然的目标即使是为他们所认识,也对他们会是无足轻重的。”[3]这样一来,**“人类的历史大体上可以看作是大自然的一项隐蔽计划的实现”**。[4] 历史是一个合乎规律的、朝着一个目标前进的过程。而历史中的多种多样性、民族、国家、不同的政治派别等等,它们之间的相互关系,包括它们之间的合作(商业)和竞争(战争)都是历史进步所采取的手段,只是相对

〔1〕[德]康德:《历史理性批判文集》,何兆武译,商务印书馆1996年版,第1页。
〔2〕同上书,第3~4页。
〔3〕同上书,第2页。
〔4〕同上书,第15页。

于人类历史的最后目的才有意义。这样,人类的历史过程就是合规律性与合目的性的统一。

康德哲学的二元论特点决定了他把人也看成二重性的存在物,即既是现象世界的存在物,这表现为人有肉体及其由之产生的认识、经验、欲望;又是本体世界的存在物,这表现为人有意志、有信仰和行为的有道德性。因而,人既是个“自然人”,有自然界其他事物,特别是生物同样的本能;又是个“道德人”,能辨别善恶和分别是非;既能从善,也能作恶。

他认为,人的二重性表现在各个方面:就其构成和能力来说,人包括肉体和心灵两个方面。人的心灵具有三种能力:感性、知性和理性。感性以空间、时间的直观形式接受外来的刺激,提供经验的内容或感觉;知性则用量(单一性、多样性、全体性)、质(实在性、否定性、局限性)、关系(实体与偶性、原因与结果、主动与被动)和样式(可能性、存在性、必然性)4 组 12 个范畴把感觉联结成知觉,并把知觉联结成知识的对象和客观事件的系列。理性是心灵的第三种认识能力,也是人所具有的最高的认识能力。理性的功能是对知性所提供的经验材料进行再综合,并企图达到对事物的本质或本体的认识,但这超出了其能力,必会陷入无法解决的矛盾之中。他把这叫理性的“二律背反”,即互相对立的两个结论的并存现象。他还认为,理性有认识(思辨)的理性和行为(实践)的理性两种。实践理性就是通过非认识的或非科学的途径,即信仰的办法来把握本体世界的问题,如事物的本质和规律、上帝的存在、人的自由意志等。这样相对于两个世界,人也有两种把握世界的方式:认识和信仰。认识所面对的是现象世界,信仰所面对的是本体世界,而人把握这个世界的手段就是另一种理性,即实践理性。

人的二重性就其属性来说,人既具有非社会性或个性(ungesellige geselligkeit),又具有社会性或共性。这在心理层面上的表现,就是他既渴望参与社会生活,又渴望保持自己的独立性;在处事上他既首先要考虑对自己是否有利,又不得不考虑会不会被别人所接受;既必须与别人合作,又不希望别人干涉自己的自由。正因为如此,人性中潜藏着三种向善的原始禀赋(anlage)和三种向恶的倾向(propensio)。所谓三种向善的原始禀赋就是:(1)作为一种有生命的存在者,人具有“动物性”的自然禀赋,它可以归结为机械的、无需任何理性的自爱原则,它包括三个方面的内容:自我保存,通过性冲动和照料后代而实现类的繁衍,通过社会化的冲动而实现与别人之间的交往。(2)人作为一种有生命的同时又有理性的存在者,人具有“人性”的自然禀赋,它是一般的自爱,它既是肉体上的,又是精神上的,通过与他人的比较来判断自己幸福与否。(3)作为一种有理性的并且能够承担责任的存在者,人具有“人格”的自然禀赋。它实际上是指人的这样一种能力,即把尊重道德法则看成是足以实现自己意志的动机,这种禀赋也就是存在于我们每个人身上的道德感。但道德感还不是现实的道德本身,人只有当意志在现实中把道德法则作为其行为的唯一动机时,它才不只是一种禀赋,而且是“人格”本身。所谓三种向恶的倾向:一是人在接受准则时意志薄弱,即人性的脆弱;二是将道德动机与非道德动机混为一谈,即不纯粹性;三是接受恶的准则的倾向,即人性和人心的邪恶。[5]

人既然具有二重性,即人既是“自然人”,又是“道德人”,因而人就得服从两种规律,即自然律和道德律。他说:“这样看来,理性存在者必须把自己看作是理智,而不是从低级力量方面,把自己看作是属于感性世界。于是,理性存在者就从两个角度来观察自己和认识自己力量运用的规律,认识他的全部行为。第一,他是感性世界的成员,服从自然法则,是他律的;第

〔5〕 参见李梅:《权利与正义:康德政治哲学研究》,社会科学文献出版社 2000 年版,第 161～163 页。

二,他是理智世界的成员,只服从理性法则,而不受自然和经验的影响。"[6]而康德认为这两种规律对人来说在性质上是不同的,自然律对人来说是外在的,是他律;而道德律是人的实践理性给人立的法,是自律。康德在《实践理性批判》的结论部分的开头有一段广为流传的警句,表明了他对这两种规律的重视和景仰,他说:"有两样东西,我们愈经常愈持久地加以思考,它们就愈使心灵充满始终新鲜不断增长的景仰和敬畏:**在我之上的星空和居我心中的道德法则**。"[7]

康德对人类社会的理解是以"自由"概念为出发点和归宿点的,他认为人的本性是自由,人类的历史也是自由的发展史。他从理论上思考人为什么是自由的和怎么样才能获得自由?因此"自由"这个概念,正如他所指出的,是他的社会理论的"拱心石"。

他认为,人之所以是自由的,这是因为人有理性或人是一种理性的存在物。而人的理性如上已指出的,可分为思辨理性和实践理性。而实践理性也就是意志。他认为意志是这样一种能力,它能够使人超出自然的规定性之上,根据自己的判断去行动。他说:"在自然界中每一种事物都是按照法则起作用,唯独理性存在者有能力按照对法则的观念,即按照原则而行动。这种能力就是意志。"他进而指出,意志的本性是自由。"意志是有生命东西的一种因果性,如若这些东西是有理性的,那么,自由就是这种因果性所固有的性质,它不受外来原因的限制,而独立地起作用;正如自然必然性是一切无理性东西的因果性所固有的性质,它们的活动在外来原因的影响下被规定。"[8]

康德区分了两种意志,一种是与具体行为关联的个人的意志,即 willkür;另一种是实践理性本身或一般的意志,即 wille。前者可翻译为"任性",因为人作为感性世界的成员,其意志是受自然欲望影响的,这意味着这种意志为人所确立的行为准则(德语为 maxime,英语为 maxim,可译为"格准",即自己内心确立的准则)。只是主观的、个人的,并不一定符合道德律。康德指出:"从 wille 中产生出法则,从 willkür 中产生出准则。后者对人来说就构成自由意志(willkür);wille 则仅仅指单纯的法则,既不能说它是自由的,也不能说它是不自由的,因为它与行为没有直接关系,而是为行为的准则提供法则,因为它就是实践理性本身。它是绝对必然的能力,自身不受任何强制。只有 willkür 才可以被称为是自由的。"[9]

这就是说,由于人的二重性,因而理性并不能完全规定个人的意志,其意志还受到感性的影响。因此,具体的人的意志并不完全与实践理性的客观必然性(即道德法则)相符合,它接受道德法则只能是出于主观上的偶然性,作为实践理性的客观规律的道德法则对于这样的意志来说就体现为一种强制性命令,所以叫"道德命令"。道德命令要求行为的主观原则(即准则)无条件地与道德法则相符合,因而它的形式只能是:"要你按照你同时认为也能称为普通法则的准则去行动。"由这一道德法则的公式,康德进一步推论出人是目的的公式和意志自律的公式:"你的行动,要把你自己人身中的人性和其他人身中的人性,在任何时候都同样看作目的,永远不能只看作手段。""作为意志同普遍实践理性相符合的最高条件的意志的第三个实践原理,即所有理性存在者的意志作为普遍立法的意志的观念。"[10]这就是说,道德律对人

---

〔6〕 转引自李梅:《权利与正义:康德政治哲学研究》,社会科学文献出版社 2000 年版,第 157 页。
〔7〕 [德]康德:《实践理性批判》,韩水法译,商务印书馆 1999 年版,第 177 页。
〔8〕 转引自李梅:《权利与正义:康德政治哲学研究》,社会科学文献出版社 2000 年版,第 131 页。
〔9〕 同上书,第 133 页。
〔10〕 同上书,第 129 页。

来说只是一种应然的东西,只是一种无形的命令,其特点是普遍性、目的性和自律性。

康德认为道德律的目的就是人人自由,他说:“自由诚然是道德法则的存在理由(ratio essendi),而道德法则却是自由的认识理由(ratio cognoscendi)……假如没有自由,道德法则就不会在我们内心找到。”〔11〕因而道德律也可以说是自由律,遵守道德律的人也就是自由的人。正因为如此,道德律与人的自由是不矛盾的,或者说道德律是人的自由的根据。因为人遵守自己给自己所立的法,不存在不自由的问题,因为道德律把个人的自由与他人的自由统一起来,能使大家都自由。所以,道德律也可以说就是自由律。另外,道德律的最基本的出发点是把人视为目的,而不是仅仅作为工具,也就是说,充分地尊重人。从这个意义上又可以说道德律是目的律。

康德在道德律的基础上提出了“目的国”的概念。所谓目的国就是由遵守道德律的人所组成的一个人群或一个系统。他说,理性存在者都“遵从这样的法则,他们中的每一个都不应当把自己和他人仅仅当作工具,而应当永远看作自身就是目的。这就产生了由共同的客观法则约束起来的体系,即一个王国。因为这些法则所确切地指向的只是这些存在者之间作为目的而不是作为手段的关系,这个王国可以被称为一个目的国。”〔12〕他认为,在目的国中人人遵守道德律,因而人人自由、独立和平等,他把这种状态又叫伦理上的公民状态。不过康德认为这种状态并不是一种现实,而只是人类要永远追求的理想境界。

三、法的产生、本质及其种类

(一)法的产生

康德认为,人有意志,而意志的本性是自由,但这个自由的实现有一个过程,不同阶段有不同的表现形式。他把人的自由分为三种或把人类的自由划分为三个阶段:野性的自由、法律下的自由(法治国)和道德的自由或真正的自由(目的国)。他指出,人类的自由的最初运用或表现是无限制的对外界财物的占有,它是一种只顾自己或无视他人存在的占有,是只要自己自由而不管别人是否自由的自由。康德称之为“野性的自由”,即被滥用的个人自由。而这样的结果是彼此自由的相互侵犯和冲突,是彼此的不自由,甚至于生命的无保障。这种状态使有理性者的人认识到,必须对个人的无限制的自由有所限制,即必须“放弃他们那野性的自由而到一部合法的宪法里面去寻求平静与安全”。〔13〕而这样就得签订一个社会契约,建立一种社会权力机构,谋求某种秩序。也就是说,摆脱了野蛮状态而进入文明状态,从无政府、无法律的状态进入到有权威、有秩序的状态。而这个状态的理想境界就是以法律为最高权威的公民社会,即法治社会。他说:“唯有在社会里,并且唯有在一个具有高度的自由,因之它的成员之间也就具有彻底的对抗性,但同时这种自由的界限却又具有最精确的规定和保证,从而这一自由便可以与别人的自由共存共处的社会里——唯有在这样一个社会里,大自然的最高目标,亦即她那全部禀赋的发展,才能在人类身上得到实现。”〔14〕这就是说,法是基于人的本性,即自由而产生的,它是为了限制人的野性自由以改变人的实际上的不自由,从而

〔11〕[德]康德:《实践理性批判》,韩水法译,商务印书馆1999年版,第2页注释①。

〔12〕转引自李梅:《权利与正义:康德政治哲学研究》,社会科学文献出版社2000年版,第135~136页。

〔13〕[德]康德:《历史理性批判文集》,何兆武译,商务印书馆1996年版,第12页。

〔14〕同上书,第8页。

使人人在实际上获得自由的需要而产生的。

(二)法的本质和特点

康德认为,法律本质上是道德律,是以外在强制限制个人滥用自由的一种特殊形态的道德律。他指出,从纯粹实践理性产生出来的道德法则可以分为运用于被看成是本体的人的道德法则,和内在于外在地应用于既被看成是现象又被看成是本体的人的道德法则两类。前者是伦理的法则,后者是法律的法则。为了使社会生活成为可能,单单依赖纯粹的道德法则的约束是远远不够的,我们还需要有外在的强制约束人的行为,规范人与人之间的关系,这种具有外在强制的道德律就是法律。他说:"有别于自然法则的自由法则,是**道德**的法则。就这些自由法则仅仅涉及外在的行为和这些行为的合法性而论,它们被称为**法律**的法则。可是,如果它们作为法则,还要求它们本身成为决定我们行为的原则,那么,它又称为**伦理**的法则。如果一种行为与法律的法则一致就是它的**合法性**;如果一种行为与伦理的法则一致就是它的**道德性**。前一种法则所说的自由,仅仅是外在实践的自由;后一种法则所说的自由,指的却是内在的自由,它和意志活动的外部运用一样,都是为理性的法则所决定的。"[15]

康德认为法与道德的区别表现在三个方面:第一,法的管辖范围只及人的外部行为,而道德则深入人心内部,能阻止人的恶念;第二,道德律的遵守完全依赖人的自觉,法的遵守则离不开权威机关的强制;第三,道德是肯定的、推动人们行动,法则是否定的、限制人们行为。

在这个论述的基础上,康德给法下了这样的一个定义:"法律就是那些使任何人有意识的行为按照普遍自由原则确实能与别人有意识的行为相协调的全部条件的综合。"[16]他认为法律的基本含义是权利,因为它能划定不同权利的界限和范围,所以他把法学叫作"权利科学",即关于权利与利益平衡的科学。他认为,权利是自由的重要内涵,权利可分为先天权利或自然权利与后天权利或实在权利。前者是由人的理性所赋予人的、不证自明的,它只是一种理性的假设,后者是由法律所规定和保护的。他认为权利是与义务相对应的。义务也分为先验的义务或内在的义务和法定的义务或外在的义务。内在的义务是最高伦理原则对人的最基本要求。具体表现为三点:其一,为理性目的而生活;其二,不侵害他人;其三,确保个人财物。这显然是古罗马法学家乌尔比安的"正直生活,不害他人,各得其所"的另一种表述。

他还认为,法与正义是统一的。他认为所谓正义或公平,最基本的含义就是行为者按照普遍自由的原则,即依道德律而行动,就是合理地划分各个人的权利,使大家自由,而法律正是实现这一目标的必不可少的手段。

康德还指出了法与公意的关系。他说:"立法权,从它的理性原则来看,只能属于人民的联合意志……只有全体人民联合并集中起来的意志(这就是每一个人为全体决定同一件事,以及全体为每一个人决定同一件事),应该在国家中拥有制定法律的权力。"[17]这就是说,法所表达的只能是公意。

(三)法律的分类

在法学史上,康德第一次从应然的角度理解自然法,并把法律分为应然法和实然法两种。

---

〔15〕[德]康德:《法的形而上学原理》,沈叔平译,商务印书馆1991年版,第14页。
〔16〕《西方法律思想史资料选编》,北京大学出版社1982年版,第309页。
〔17〕[德]康德:《法的形而上学原理》,沈叔平译,商务印书馆1991年版,第140页。

所谓应然法或自然法,它只是法律的抽象的理性本质,是法的原理;实然法即实际上存在的法律。二者的区别在于应然法的强制性可以为先验理性所承认。他说:“那些法律若无外在立法而无强制性的,就叫实在法。”“那些外在的法律,即使没有外在立法,其强制性也可以为先验理性所承认的话,就称为自然法。”[18]但是他不同于自然法学家,否认自然法高于实在法,不承认自然法是实在法的基础。

康德进一步把实在法分为公法和私法两种。所谓私法指涉及个人权利,特别是有关财产权和婚姻的法律。所谓公法指“包括那些需要普遍公布的,为了形成一个法律状态社会的全部的法律。”包括国家法或民族法、国际法、世界法等,它们共同构成未来人类的法律体系。康德认为,国家是由共同的规律或法则结合在一起的人的系统。他说:“凡是具有共同利益的人们生活在一个法律的联合体中,这个组织就叫国家。”[19]因此,国家法就是把这些人结合起来的法则。国际法又叫万民法,是规定国家间关系的法律。他是由相邻国家间签订的条约等组成的。世界法亦称“万民法”,是适用于全人类的普遍性法律,它是为了世界永久和平的目的由国家法和国际法发展而形成的。

康德还对民法和刑法作了论述。他认为,关于财产权的法叫民法,这是最早产生的一种法律。根据先验原则,人的意志是自由的,而自由的第一种表现就是对他物的选择和占有,由此引出“所有权”的概念,这在古代表述为“内在的你的,我的”的观念,但还只是一种潜在的先天权利,一旦诉诸实践,就会出现“外在的你的,我的”的占有行为。而这种占有在开始时是盲目的,只考虑自己,不管别人,从而造成互相占有的混乱局面。为了改变这种状态,于是根据最高理性原则,制定了民法。规定了人人都有占有财产的自由,但又受不侵犯他人法定权利的限制。有了民法后就必然产生刑法,即关于犯罪和施以刑罚的法律。康德是西方近代报复刑法论的倡导者之一。他认为,法律既然是人的行为的普遍规律,是人的自由的条件的总和,是公众的意志,因而违反它就必然侵犯别人的自由,从而违反了理性和正义,因此就必然受到惩罚。刑罚是理性和正义的恢复,并不是把犯罪者当工具,不是为了社会的功利,而是对犯罪的一种报复。因为他侵犯了别人的自由,所以他的自由就应该同等地被剥夺。杀人者被处死,不是因为他的行为对社会有害或具有危险性,而是因为他侵犯了别人的生命,所以他应受到同样的侵犯,即报复。这种报复是同等的,所以他不同意贝卡利亚等人关于废除死刑的主张。

四、法治状态及其世界永久和平

(一)法治状态(公民状态)与自然状态、伦理状态

基于对人类自由的分类,康德把人类社会归纳为三个阶段:自然状态、法治状态(公民状态)与伦理状态。

1. 自然状态

这是个人心理上不受任何限制,实际上处处受限制;人人表面上绝对自由,实际上绝对不自由;人和人之间充满矛盾和冲突的阶段。因此他说:“人与人生活于相互间的和平状态并不是一种自然状态(status naturalis),那倒更是一种战争状态;也就是说,纵使不永远是敌对行为

---

[18] [美]C.摩里斯《伟大的法律哲学家》,商务印书馆1996年版,第240~241页。

[19] 《西方法律思想史资料选编》,北京大学出版社1982年版,第417页。

的爆发，也是不断在受到它的威胁。因此和平状态就必须是**被建立起来的**，因为放弃敌对行为还不是和平状态的保证；并且除非它能被每一个邻人向另一个邻人所提供（然而这是只有在一种**法治**状态之中才可能发生的），否则一个人就可以把自己对之提出这种要求的人当作是敌人。”〔20〕

2. 法治状态

在这一状态下，人在心理上还不感觉到自由，人的行为还要受法律的限制，但在实际上是自由的，因为法律所限制的只是人对自由的滥用，而且法律本身也是自己制定的，所表达的是公意。康德认为，相对于政治上的自然状态来说，这种法律上的公民状态也是“伦理上的自然状态”（ehisch Naturzustand）。这时，人们的行为符合道德要求完全出于外在的强制，法律所强制要求的道德与人的不道德的本性还发生着剧烈的冲突。因此，正如人们应当从自然状态进入公民状态一样，他们也应当从伦理上的自然状态进入到伦理上的公民状态。

然而，这种过渡仅仅靠个人道德努力是无法实现的。他说：“道德上的最高的善，仅仅通过单个的个人为达到他自己的道德完善而进行的努力，是不可能实现的，而是要求把这样的人结合为朝着共同目标的一个整体，结合成由气质善良的人们组成的一个体系，只有在这样的结合中，而且只有通过这样的结合，道德上最高的善才能来临。”〔21〕

3. 伦理状态

这时人人把别人当目的，人人自觉地按照道德律行动，人们组成一个道德共同体——目的国，从而达到伦理上的公民状态，又称为伦理共同体（ehisch gemein wesen），即在地上的上帝之国。

《在理性范围内的宗教》中，康德明确认识到，历史的进步是在两个层次上进行的，一是个人之间关系的社会的外在进步；二是在个人内心发生的道德的进步。第一层次的进步是由政治和法律体系的发展为标志的，第二层次的进步则以伦理和内在的立法为标志。相应于这两种层次进步，就存在两种社会形态：一种是“法律的公民社会”（rechtlichbürgerlicher zustand），在此之下组成社会；另一种是“伦理的公民社会”（ethischbürgerlicher zustand），在这个社会中人们只在非强制性的法律之上，因为这一概念本身就包含着“免于强制的自由。”

伦理共同体与政治、法律上的共同体不同。为了建立一个法律上的主权国家，个人只需要接受一些共同法则，以限制他们的自由，保障他们自己和他人的权利，这可以通过产生一种强制的国家权力来实现。世界范围内的伦理的共同体是以个人有着共同的目标为前提的，在这个共同体中，统治人民的规则不是通过外在的强制，而是通过内在的对道德法则的尊重来实现的。

伦理的公民社会与法律的公民社会的另一个区别是，它的法则的适用范围不同。法律的法则一般在一个主权国家内部有效；而德性的法则适用于整个人类，因而伦理共同体的概念也可以扩大到整个人类。它使人们超越了民族的狭隘界限，组成一个普遍的共同体。〔22〕

（二）初级的法治——法治国

康德认为人类社会的法治状态的实现有一个过程，它要经过一个国家国内的法治到全世

〔20〕［德］康德：《历史理性批判文集》，何兆武译，商务印书馆1996年版，第104～105页。

〔21〕李梅：《权利与正义：康德政治哲学研究》，社会科学文献出版社2000年版，第312页。

〔22〕同上书，第311页。

界的法治的过程。而作为初级的或一个国家的法治有以下的特点：

第一,法律处于至上的地位。他说:“文明社会组织是唯一的法治社会”,〔23〕“最好的社会组织,就是在这个社会内,不是人而是法律行使权利”。〔24〕

第二,法治社会中人与人关系的原则是:自由、平等、独立。他说,公民状态纯然看作是权利状态时,乃是以下列的先天原则为基础的：

其一,“作为**人**的每一个社会成员的**自由**”,即“没有人能强制我按照他的方式(按照他设想的别人的福祉)而可以幸福,而是每一个人都可以按照自己所认为是美好的途径去追求自己的幸福,只要他不伤害别人也根据可能的普遍法则而能与每个人的自由相共处的那种追逐类似目的的自由(也就是别人的权利)”。〔25〕

其二,“作为**臣民**的每一个社会成员与其他成员的**平等**”,“也就是人们按照普遍的自由法则而互相限制的意愿在作用和反作用方面的平等(那就叫公民状态)……所以共同体的一个成员作为同胞臣民,对于另外一个就不能有生来的优先权,而且也没有人可以让自己的后代来世袭自己在共同体中所占有的**地位上**的优先权”。〔26〕

其三,“作为**公民**的每一个共同体成员的**独立**。”〔27〕所谓公民(citoyen),即在共同体的“立法中享有投票权利的人”,而这以他“享有某些**财产**(任何技能、手艺或美术或科学都可以计算在内)可以养活自己”为前提。法治社会的法是公民立的,所表达的是公意。他说:“公共法律,乃是公意的行动……因而任何个别的意志都不能为共同体立法。”〔28〕

第三,法治国家的体制必须是共和制。他说:“唯有**共和的**体制才是完美地符合人类权利的唯一体制”,〔29〕康德不同意把国家政体划分为君主制、贵族制和民主制的传统观念,因为它们都可能转变为专制制度。他认为重要的在于国家的治理方法,在于国家的三种权力(即立法权、执行权和司法权)掌握在人民手中和各种权力彼此分立并形成制衡的局面。他说:“作为一个有道德的人来看待,执行权构成政府。政府向人民、官吏以及最高的国家行政部长们颁布的是命令或法令,而不是法律;因为它们是针对特定事件的决定,而且作为不可改动的决定来发表的……立法权却不应该同时也属于执行人员或管理人员的,因为管理人员作为一个行政官员,应该处于法律的权力之下,必须受立法者最高的控制……立法权或执行权都不应该行使司法职务,只有任命法官作为行使此职务的官员。只有人民才可以审判他们自己,人民在自由选择下选出一些公民来代表他们去做此事,甚至特别去处理每一个司法程序或案件。法院的判决是一种公共的分配正义的特殊法令,该判决由一个法官或法庭以一个宪法规定的执行法律的人员对于作为人民之一的臣民所作的判决……正是由于三种权力的机构——立法、执法、司法——的合作,这个国家才能实现它的自主权。这个自主权体现在依照自由的法则去组织、形成和维持自己的活动……在这个状态中,该国的宪法和权利的原则获得了最高的和谐。”〔30〕

---

〔23〕《西方法律思想史资料选编》,北京大学出版社1982年版,第407页。

〔24〕同上书,第429页。

〔25〕[德]康德:《历史理性批判文集》,何兆武译,商务印书馆1996年版,第182页。

〔26〕同上书,第185页。

〔27〕同上书,第182页。

〔28〕同上书,第187~188页。

〔29〕同上书,第124页。

〔30〕《西方法律思想史资料选编》,北京大学出版社1982年版,第421~422页。

(三)法治世界与永久和平

康德的法治设想非常彻底,他认为法治状态不仅在一个国家内部能够建立,而在世界范围内的产生也具有历史的必然性,因此他进一步提出了建立世界法治和实现永久和平的设想。

1. 产生的必然性

康德认为,人类历史中在一个国家内部曾经出现过的由自然状态发展为法律状态的过程,在世界范围里也会发生。他说:"大自然通过战争、通过极度紧张而永远不松弛的备战活动、通过每个国家因此之故哪怕是在和平时期也终于必定会在其内部深刻感受到的那种缺匮而在进行着起初并不会是完美的种种尝试,然后在经过了许多次的破坏、倾覆甚至是其内部彻底的精疲力竭之后,却终将达到即使是没有如此之多的惨痛经验、理性也会告诉给他们的那种东西,那就是:脱离野蛮人的没有法律的状态而走向各民族的联盟。这时候,每一个国家,纵令是最小的国家也不必靠自身的力量或自己的法令而只须靠这一伟大的**各民族的联盟**(foedus amphictionum),只须靠一种**联合的力量**以及联合意志的合法决议,就可以指望自己的安全和权利了……达到野蛮人刚好是如此之不情愿而被迫达到的同一个结论;那就是:放弃他们那野性的自由而到一部合法的宪法里面去寻求平静与安全。因而所有战争就都是要……建立起国家与国家的新关系的反复尝试,并且是要通过摧毁或者至少是瓦解一切国家来形成新的共同体;然而这些新的共同体,或则是在其自身之内或则是在他们彼此之间,却又变得无法维持,于是就必须再度经受新的类似的革命。直到最后,部分地是由于内部有公民宪法的可能最好的安排,部分地是由于外部有共同的约定和立法,人们才会犹如一架**自动机**那样地建立起能够维持其自身的就像是公民共同体的这样一种状态来。"[31] 即"作为一个基地而使人类物种的全部原始禀赋都将在它那里面得到发展的一种**普遍的世界公民状态**。"[32]

康德认为,战争、各国之间的经济和文化交往,以及人民在政治上的自由和世界上不同国家的公民中不断增长着的道德责任感是促进和平关系确立的重要因素。而在这些要素中,战争的作用具有关键的意义。首先,战争迫使人们分散到地球的每一个角落。其次,如果一个民族没有因为内部的不和建立起某种法律制度,战争也会从外面做到这一点。最后,也是最重要的一点,战争的代价越来越大这一事实,最终与它所寻求的政治目的背道而驰。

促进国与国之间确立和平关系的第二个要素是各国之间的交往,特别是贸易上的交往。随着商业活动的开展,在商业贸易中所形成的一些规范,如自由的、公平的竞争原则,也必然对国家的行为产生影响。而且由于每个国家的利益越来越密切地联系在一起,一个国家的动荡会影响到别国的利益,因此,"其余的这些国家尽管自己并不具有合法的权威,但却由于自己所受的危险的驱使而自愿充当仲裁者。"而战争摧毁了商业,阻碍了国际贸易的发展,因而经济上最发达的国家开始寻求旨在维护安全与稳定的国际政治,这就加入了人们对和平的期望。不仅如此,随着世界经济的发展,战争的手段也在不断升级,武器越来越先进,越来越具有破坏力,战争造成的破坏日益与它所要达到的政治目的背道而驰。终于有一天,战争不再能够作为对外政策的有用的工具。

此外,还有一个因素,这就是世界上不同国家的公民中不断增长着的道德责任感。

---

〔31〕[德]康德:《历史理性批判文集》,何兆武译,商务印书馆 1996 年版,第 11 ~ 13 页。

〔32〕同上书,第 18 页。

他指出,自然为人类规定的目的,即建立以一部完善的宪法为基础的公民社会,在此基础上建立各个国家的联盟,以实现永久和平,这一目的单单靠政治的、法律的手段还是无法实现的。它的完全实现有赖于人的道德的进步。只有在道德完善的基础上,以完善的公民社会为基础的国家联盟才可能同时也是道德的世界,也就是,自由的王国。[33]

2. 产生的途径和阶段

康德认为,世界永久和平的实现有个过程,首先是在局部地区建立国家间的联盟,然后才能建立世界国家。他说,由于国际秩序应当建立在国家和公民同意的基础上,因此首先要实现的维护世界和平的机构,并不是世界国家,而是一种自由国家的和平联盟。这一联盟可以开始于几个国家,然后逐渐扩大。这一联盟并不是要获得什么国家权力,而仅仅是要维护和保障一个国家自己本身的以及还有其他加盟国家的自由,却不因此之故需要它们屈服于公共的法律以及实施法律的权力之下,就像人在自然状态之中那样。

康德认为,要建立和平的联盟要签订一系列条款。其中有先决条款(预备条款)、正式条款等。其先决条款(预备条款)是:(1)"凡缔结和平条约而其中秘密保留有导致未来战争的材料的,均不得视为真正有效。"(2)"没有一个自身独立的国家(无论大小,在这里都一样)可以由于继承、交换、购买或赠送而被另一个国家所取得。"(3)"常备军(miles perpetuus)应该逐渐地全部加以废除。"(4)"任何国债均不得着眼于国家的对外争端加以制定。"(5)"任何国家均不得以武力干涉其他国家的体制和政权。"(6)"任何国家在与其他国家作战时,均不得容许在未来和平中将使双方的互相信任成为不可能的那类敌对行动;例如,其中包括派遣暗杀者(pecussores)、放毒者(venefiei)、破坏降约以及在交战国中教唆叛国投敌(perduellio)等。"[34]其正式条款是:"每个国家的公民体制都应该是共和制。""国际权利应该以自由国家的联盟制度为基础。""世界公民权利将限于以普遍的友好为其条件。"[35]

可以看出,康德是一个伟大的理想主义者,他为人类的未来展现了一个美好的发展前景,他对这一前景的描述现在读来仍给人们以很大的鼓舞。但是从他的论述中,我们也会发现其时代的局限和一些消极的东西。例如,他把公民划分为积极的和消极的,而其划分的标准则是是否拥有独立的财产;又如在其理想的国家中,人们只有言论自由,而且这种自由的行使,还要以对当局的充分尊重为前提。

参考文献

1. [德]康德:《历史理性批判文集》,何兆武译,商务印书馆1996年版。
2. [德]康德:《实践理性批判》,韩水法译,商务印书馆1999年版。
3. [德]康德:《法的形而上学原理》,沈叔平译,商务印书馆1991年版。
4. 牟宗三:《康德的道德哲学》,西北大学出版社2008年版。
5. [英]洛克:《自然法论文集》,李季璇译,商务印书馆2014年版。
6. 李梅:《权利与正义:康德政治哲学研究》,社会科学文献出版社2000年版。
7. 韩水法:"康德的法哲学",载高全喜主编:《西方法政哲学讲演录》,中国人民大学出版社2007年版。

---

[33] 参见李梅:《权利与正义:康德政治哲学研究》,社会科学文献出版社2000年版,第284~287页。
[34] [德]康德:《历史理性批判文集》,何兆武译,商务印书馆1996年版,第98~102页。
[35] 同上书,第105~115页。

思考题

1. 康德是怎么样从人性的角度论述道德和法律的本质的？
2. 康德为什么说法的本质是自由？
3. 康德关于世界永久和平的方案的价值何在？

第三节　黑格尔的法律思想

一、生平和著作

格奥尔格·威廉·弗里德里希·黑格尔(Georg Wilhelm Friedrich Hegel,1770～1831 年)是德国古典哲学的主要代表和近代西方最有影响的哲学家之一。他是一个很有创造性的思想家,构思了一个极具特色的客观唯心主义哲学体系。在这个体系中,他杜撰了一个至高无上的精神实体——“绝对精神(理念)”,推演了它的发展过程,并把整个世界的各种事物说成其是发展过程的表现和结果。该绝对精神在发展中经历了逻辑、自然和精神三个阶段。他认为,在逻辑阶段,绝对精神处于自在自为的状态,它只是以纯粹概念的形式存在,因而其发展表现为一系列的纯粹概念的逻辑推理,其《逻辑学》就是论述这一过程的著作;在经过了一系列的概念推理之后,绝对精神“外化”为自然界的诸种事物,因而进入自然阶段。他的《自然哲学》所论述的就是这一阶段,在这个阶段绝对精神通过物理运动、化学运动和有机运动,从低级向高级不断地发展,最后出现了生命有机体,出现了人。而人是有意识的,因此绝对精神就进入到发展的精神阶段,即由它再回到自身的过程。此阶段又分为主观精神、客观精神和绝对精神三个小阶段。在第一小阶段,绝对精神还只是表现为个人的各种意识,如灵魂、意识和心灵。在第二小阶段它表现为是社会精神或客观精神,它是个人精神中普遍性的东西,个人行为中规律性的东西,因而也就是能使所有人都自由的东西。其中又分抽象法、道德和伦理三个环节。在第三小阶段,绝对精神经过艺术、宗教和哲学三种形式,最后达到它自身。黑格尔的哲学涉及广泛的领域,包含着丰富的内容,并从极高的理论层次以哲学的语言作了系统的论述。恩格斯在谈到这一点时说:“黑格尔的体系包括了以前的任何体系所不可比拟的巨大领域,而且没有妨碍它在这一领域中发展了现在还令人惊奇的丰富思想。精神现象学(……)、逻辑学、自然哲学、精神哲学,而精神哲学又分成各个历史部门来研究,如历史哲学、法哲学、宗教哲学、哲学史、美学等等,——在所有这些不同的历史领域中,黑格尔都力求找出并指出贯穿这些领域的发展线索;同时,因为他不仅是一个富于创造性的天才,而且是一个学识渊博的人物,所以他在每一个领域中都起了划时代的作用。当然,由于‘体系’的需要,他在这里常常不得不求救于强制性的结构……但是这些结构仅仅是他的建筑物的骨架和脚手架;人们只要不是无谓地停留在它们面前,而是深入到大厦里去,那就会发现无数的珍宝,这些珍宝就是在今天也还具有充分的价值。"[36]

黑格尔的一生也像康德一样,是一个典型的学者的一生。他出生在德国斯图加特的一个高级官吏的家庭,自幼受到良好的教育。1793 年他于图宾根神学院毕业后在伯尔尼任私人家庭教师,1801 年起执教于耶拿大学并开始发表著作,其中最有影响的是 1807 年的《精神现象学》一书。1807 年他移居纽伦堡,一度任地方报社的编辑,1808 年起任纽伦堡中学的校长。1816 年秋到海德堡大学任哲学教授,其间由于他的《逻辑学》(1812 ~ 1816 年)和《哲学全书》(1817 年)相继出版,使他在学术界名声大振,1818 年普鲁士政府聘请他为柏林大学的教授,成为普鲁士的"官方哲学家",从此他就一直在柏林大学任教,并在晚年担任过柏林大学的校长。

黑格尔在法学方面批判地继承了康德关于法的本质是自由的思想,也从人的意志本性的角度来阐述这一思想。不过他不再把法理解为道德律的一种特殊形态,而是把道德说成是法发展的一个阶段——个人内心的法。他认为更高意义上的法只有在国家这种最高的伦理组织中才表现出来,因为国家的意志是一种普遍性的意志,即公意,只有它才能把人的行为中的规律性的东西揭示出来。而法就是人的规律或社会的规律。另外,黑格尔对自由的理解上也与康德有所不同,他不再把意志自由说成是一种先验的不证自明的东西,而是认为自由是被认识的必然,它建立在人的理性对规律的正确认识上。黑格尔的法律思想主要反映在其著作《法哲学原理》和《历史哲学》中。

二、法的概念

黑格尔对法的定义是:"任何定在,只要是**自由意志的定在**,就叫作法。所以一般说来,法就是作为理念的自由。"[37] 他进而论述说:"法的基地一般说来是**精神的**东西,它的确定的地位和出发点是**意志**。意志是自由的,所以自由就构成法的实体和规定性。至于法的体系是实现了的自由的王国,是从精神自身产生出来的、作为第二天性的那精神的世界。"[38] 要理解黑格尔的这个定义,首先必须了解他的一个概念和他对意志、自由的论述。

这一个概念就是"理念"(Idee),在黑格尔的哲学里"理念"一词,不同于柏拉图所说的事物的精神原型,也不同于我们一般所说的对事物的本质认识所获得的概念或观念。而是既包括事物的概念,又包括事物的现实或"定在"(Dasein)。他说:"定在与概念、肉体与灵魂的统一便是理念。"这就是说,要研究法,就要对自由的概念和定在进行研究。他说:"法的理念是自由,为了得到真正的理解,必须在法的概念及其定在中来认识法。"[39] 那么什么是法的概念和定在呢? 这就是法与法律,或"自然法"与"实定法"。所谓"自然法",黑格尔解释说是"哲学意义上的法"即法的原理。[40] 所谓"实定法"即实在法。

那么黑格尔为什么说法的理念是自由? 要回答这个问题就必须首先了解他对自由和意志的观点。

黑格尔的自由观概括起来主要是:(1) 自由虽然其本意是自己决定自己,但并不是随心

[36] 《马克思恩格斯选集》(第 4 卷),人民出版社 1972 年版,第 215 页。

[37] [德]黑格尔:《法哲学原理》,范扬等译,商务印书馆 1979 年版,第 36 页。

[38] 同上书,第 10 页。

[39] 同上书,第 1 ~ 2 页。

[40] 同上书,第 6 页。

所欲,即任性,而是自觉地使行为符合规律,因此,自由并不是行为毫无限制,更不是行为超出规律,而只是在正确认识规律的基础上自觉地依照规律办事。他说:“真正的理性的自由概念便包含着被扬弃了的必然性在自身内。”[41]又说:“精神在它的必然性里是自由的,也只有在必然性里才可以寻得它的自由,一如它的必然性只是建筑在它的自由上面……自由也可以是没有必然性的抽象的自由。这种假自由就是任性,因而它就是真自由的反面,是不自觉地被束缚的、主观空想的自由,——仅仅是形式的自由。”[42](2)自由不是纯主观的,不是如斯多葛派哲学家所理解的在摆脱了一切尘世的欲望后所获得的内心的安静,恰恰相反,自由的实现离不开一定的自然环境和社会环境,离不开人的肉体和热情。他说:“自由虽然是一个内在的观念,他所用的手段却是外在的和现象的。”[43]他指出,“自然界是人类在他的自身内能取得自由的第一个立足点,”和“从而表演的场所”[44];“肉体是自由的定在”[45];情欲和热情是自由“所使用的工具和手段”,没有它们自由就会落空。他说:“假如主角方面没有利害关系,什么事情都不能成功;假如把这种对利害关系的关心称为热情……我们简直可以断然声称,假如没有热情,世界上一切伟大的事业都不会成功。”[46]他认为,人类的历史就是自由的发达史,而历史的进步正是在历史人物的热情的推动下向前发展的。(3)自由的基础是意志,而意志的本性是自由。他说:“自由是意志的根本规定,正如重量是物体的根本规定一样。”[47]要进一步理解这一点,我们必须了解他对意志的论述。

黑格尔认为,意志是人所特有的一种精神现象,是思维的继续发展,是人在认识世界的基础上有所欲求,或者说是包含着目的性的思维。而人的自由就表现在这些欲求能变为现实。他认为,人只有在思维中才能获得自由,才存在自由问题。他说:“在思维里,我是自由的,因为我不是在他物中,而纯全保持在我自身中,并且那对我是客观存在的对象也是为我存在的,与我有不可分离的统一。”[48]又说:“人在自己的精神中具有自由作为至高无上的绝对的东西,自由意志是人的概念。自由恰恰就是思维本身;要是抛开思维来谈自由,就不知道自己说的是什么东西。思维的自身统一性就是自由,就是自由意志——即有所意欲的思维,也就是抛弃自己的主观性的欲望,与存在的联系,自我实现,因为我是愿意把作为存在者的我与作为思维者的我等同起来的。意志只有作为思维的意志才是自由的。”[49]不过黑格尔指出,人的欲望有两种,一种是真正的意志或理性的意志,另一种就是“任性”,或者称为“感性意志”或“自然意志”、“外在意志”、“经验意志”。它表现为由外界事物的偶然刺激所产生的一时冲动和愿望,而不是基于熟思远虑的和发自内心的真实意图。他认为,这种意志缺乏真实性,不符合意志的概念或本质,因为真正的意志是自己决定的意志,它是建立在对客观事物和自己需要的充分认识的基础上的。他说:“从嗜欲得来的那些规定,对意志说来乃是不自主的原则,或者说,如果意志采取那些规定作为目的的话,它就是不自主的……但当意志自己决定自己

[41] [德]黑格尔:《小逻辑》,贺麟译,商务印书馆1980年版,第358页。
[42] [德]黑格尔:《哲学史讲演录》(第1卷),贺麟译,商务印书馆1983年版,第31页。
[43] [德]黑格尔:《历史哲学》,王造时译,三联书店1958年版,第58页。
[44] 同上书,第123~124页。
[45] [德]黑格尔:《法哲学原理》,范扬等译,商务印书馆1979年版,第56页。
[46] [德]黑格尔:《历史哲学》,王造时译,三联书店1958年版,第62页。
[47] [德]黑格尔:《法哲学原理》,范扬等译,商务印书馆1979年版,第11页。
[48] [德]黑格尔:《精神现象学》(上卷),贺麟等译,商务印书馆1979年版,第133页。
[49] [德]黑格尔:《哲学史讲演录》(第4卷),贺麟译,商务印书馆1983年版,第234页。

时,它便是自由的。他是自主的、它是绝对自发性、自由的原则。意志的本质是自己决定自己。它只能以它自己的自由作为它的目的。只有当实践理性自己给自己制定规律时,康德才说它是自主的。经验的意志不是自主的,它是为欲望、冲动所决定的。它属于我们的本性,不属于自由的范围。"[50]由此看来,意志与理性、思维、自由有着内在的关系。只有经过理性思维和达到自由的意志才是真正的意志。黑格尔也说:"意志只有作为能思维的理智才是真实的、自由的意志。"[51]

在了解了黑格尔关于自由、意志及其二者关系的论述后,我们再回到他的法的定义。从上面的介绍中我们知道,黑格尔认为,自由是被认识的必然,是以意志为基础的,这意味着并非所有的意志都是法,只有认识了必然的意志才是法。那么,这种意志是一种什么意志呢?黑格尔认为,它就是公意,因为只有公意具有普遍性。他说:"公意、普遍意志即是意志的概念,法律就是基于这种普遍意志的概念而产生的特殊规定。"[52]他指出,这种带有普遍性和规律性的意志只有通过立法的途径才能产生。因此他把立法权定义为:"规定和确立普遍物的权力。"[53]这意味着法与国家有某种内在的关系,也就是说只有国家产生之后才能通过立法的途径寻找到法,也只有在国家里人才有真正的自由。黑格尔指出,个人意志或个人精神是一种主观精神或特殊精神,公共意志或社会精神是一种客观精神,只有它才是法,而这种精神的出现是与国家这种最高的伦理组织联系在一起的。他说:"人类具有的一切价值——一切精神的现实性,都是由国家而有的……只有这样,它才是自觉的;只有这样,它才参加了道德——种种公正的道德的社会与政治生活。因为'真实'的东西是普遍的和主观的'意志'的'统一';而'普遍的东西'要在'国家'里、在它的法律里、在它的普遍的和合理的许多部署里发现……所以,在国家里面,历史的对象就比以前有了更确定的形式;并且,在国家里,'自由'获得了客观性,而且生活在这种客观性的享受中。因为'法律'是'精神'的客观性,乃是精神的意志。只有服从法律,意志才有自由;因为它服从的是它自己——它是独立的,所以它是自由的。当国家或祖国形成一种共同存在的时候;当人类主观的意志服从法律的时候,——'自由'和'必然'间的矛盾便消失了。那种'合理的'东西作为实体的东西,它是必然的;当我们承认它为法律,并且把它当作我们自己存在的实体来服从时,我们就是自由的。于是客观的意志与主观的意志互相调和,从而成为一个相同的纯粹的全体。"[54]这就是说,法不仅是一种公意,而且也是国家意志。他明确地指出,法与国家是灵魂与肉体的关系。不仅如此,黑格尔还从世界历史的角度来理解法,因为"世界历史无非就是'自由'意识的进展。"[55]

黑格尔在把法理解为公意的同时,还把法理解为人的规律,一种被人认识了的必然。他说:"规律分为两种,即自然规律和法律。"[56]又说:"法和伦理以及法和伦理的现实世界是通过思想而被领会的,它们通过思想才取得合理性的形式,即取得普遍性和规定性,这一形式就是规律。"[57]他解释法为什么能给人以自由时说:"太阳和行星都有它们的规律,但是它们不

---

〔50〕［德］黑格尔:《哲学史讲演录》(第4卷),贺麟译,商务印书馆1983年版,第289页。
〔51〕［德］黑格尔:《法哲学原理》,范扬等译,商务印书馆1979年版,第31页。
〔52〕［德］黑格尔:《小逻辑》,贺麟译,商务印书馆1980年版,第333页。
〔53〕［德］黑格尔:《法哲学原理》,范扬等译,商务印书馆1979年版,第286页。
〔54〕［德］黑格尔:《历史哲学》,王造时译,三联书店1958年版,第79页。
〔55〕同上书,第56页。
〔56〕［德］黑格尔:《法哲学原理》,范扬等译,商务印书馆1979年版,序言,第14页。
〔57〕同上书,第7页。

知道这些规律。野蛮人受冲动、风俗、感情等的支配，但是他们没有意识到这一点。由于法被制定为法律而被知道了，于是感觉和私见等一切偶然事物，以及复仇、同情、自私等形式都消失。法就这样地初次达到了它的真实规定性，并获得了它的尊严。”[58]

由此看来，黑格尔不仅把法理解为一种特殊的社会现象，而且把它与人类的本质和整个历史，乃至于与“绝对精神”联系起来思考，由于他认为人的本质是精神或意志，而意志的本性是自由，所以他把法理解为自由意志的定在，人的自由的规律；由于他认为真正的意志是带有普遍性的意志，而这种意志是国家通过立法获得的，因而他认为法是公意或国家意志。

三、法的分类或法的发展

从上面我们对黑格尔关于法的本质的论述的介绍中可以看出，他对“法”的理解上是与一般的理解不同的，是非常宽泛的。他在《法哲学原理》的导论中也指出了这一点。他说：“我们在本书中谈到法的时候，不仅指人们通常对这一名词所了解的，即市民法，而且指道德、伦理和世界史而言；它们之所以同样属于法，是因为概念按照真理而把思想汇集起来的。”[59]这意味着他对法的分类上也与一般不同。

首先，他把法分为“自然法”和“实定法”，并用“法”和“法律”二词以示区别。所谓“实定法”即实际上存在的法，它包括习惯法（主观地和偶然地被知道的法）、判例法（法官立的法）、引证法（法学家著作）、制定法（立法法）；[60]又根据其适用的范围分为国家法（国内法）和国际法。[61]

所谓“自然法”即应然法或法的原理，他又称之为“哲学上的法”。他说：“自然法与实定法的关系正同于《法学阶梯》跟《学说汇纂》的关系。”[62]

由于黑格尔的法律思想继承了自然法学的传统，即把研究的重点不是放在实然法上，而是放在应然法或“自然法”上，而且由于他从人的本性和人类历史的全过程来思考法的问题，所以他对法的分类实际上是从法的发展过程来思考的。因此，他对法的分类最好理解为法的不同发展阶段。而这些阶段从总体上是包容于其“绝对精神（理念）”之中。黑格尔认为“法”是绝对精神发展的第三阶段，即精神阶段的第二小阶段——客观精神或社会精神阶段。而这之中又分为抽象法、道德和伦理三个环节。这三个环节都是一种法或权利，都在不同形式上和阶段上体现自由，一个比一个更具体、更真实、更丰富。下面分别介绍：

（一）抽象法或形式法

这种法就是狭义上的法律，它直接对人的外部行为进行规定，对不符合理性的加以限制。这种法以限制的形式给人以自由，因而人的内心尚未认识到它，甚至于感到法在限制自己的自由。由于在这种法中人所享受的只是形式的自由，或者说人的自由要通过对外物的占有才能实现，所以它叫形式法；又由于在这种法里人人都一般地、自在地享有权利，所以又叫抽象法。黑格尔认为，任何事物都包含概念和定在两个方面。这种法的概念就是“人”或“人格”，

---

〔58〕［德］黑格尔：《法哲学原理》，范扬等译，商务印书馆1979年版，第220页。

〔59〕同上书，第42页。

〔60〕同上书，第218～220页。

〔61〕同上书，第35页。

〔62〕同上书，第5页。

其基本的命令是“成为一个人,并尊重他人为人。”[63]而人的自由活动是离不开一定的物质基础——财产的,因而,这种法的定在或“领域”的第一个环节就是对物的占有或“所有权”。而财物不仅可以占有,而且可以转移和交换,这就进而产生了第二环节——契约。又由于在实际上存在对所有权和契约的不尊重和侵犯,由此产生了第三个环节——不法。黑格尔还进一步把不法分为无犯意的不法、诈欺(以法的名义从事不法活动)和犯罪(公然与法对抗,即严重的违法)三种。由不法他进而引出刑罚。他认为,不法是对法的否定,刑罚是对不法的否定,从而是否定的否定,即法的恢复。他认为刑罚的目的在于实现正义,或者说是“正义的实存形式”。[64] 因为法只有通过对具体违法犯罪行为的处理才能真正显示其存在,也才能显示法的正义性。他认为刑罚的本质是报复,即犯罪者自己的行为反过来惩罚他。他说:“犯罪的扬弃是报复,因为从概念说,报复是对侵害的侵害”,[65]“报复只是指犯罪所采取的形态回头来反对它自己。”[66]因为“刑罚既被包含着犯人自己的法,所以处罚他,正是尊敬他是理性的存在”,“不仅犯罪的本性,而且犯人自己的意志都要求自己所实施的侵害应予扬弃。”[67]他认为作为报复(Vergeltung)的刑罚是与古代的复仇(Rache)有本质区别的。复仇是受害方惩罚加害方,是特殊对特殊,必陷于世仇的“恶无限”之中。报复是不法者自己的行为反过来惩罚他,其形式上是普遍对特殊,即代表法的司法机关对违法者施加惩罚。他还认为,刑罚的量应与其罪相适,“必须根据质和量的差别予以衡量”。刑罚的轻重应由所在的社会形势决定,社会安定时轻,社会动荡时则重。这是因为同一行为在社会安定的情况下对社会所造成的伤害小于社会动荡时期,而且社会必须通过刑罚树立榜样,而刑罚本身是反对犯罪榜样的榜样。“所以严厉的刑罚不是自在自为地不公正的,而是与时代的情况相联系的。”[68]他批判了刑罚的预防说、儆戒说、威吓说、矫正说等理论。

(二)道德或内心的法

如果说在形式法阶段,人还没有感觉到是自由的,也没有认识到法能给人以自由,也就是说还没有达到对法的意识,那么,在道德法阶段则使人达到这一认识,但仅仅是各个人内心的认识,还留在道德领域,所以这种法叫道德法或“主观意志的法”。道德法的概念是善,定在是道德行为,其中包括故意和责任、意图和福利、良心与善三环节。一个人的行为要进行道德评价首先要看他是否出于故意,只有出于故意者才负道德责任;而故意的进一步就是意图或动机,即目的何在。而这个目的只有不仅对自己有利,而且对所有人有利才是有道德价值的,这就是福利或效果;在第三阶段,道德不再是一种手段,自身就是目的,他所追求的不是眼前的福利,而是善。“善就是被实现了的自由,世界的绝对最终目的。”[69]从主观方面看,道德意志已不是表现为故意和良好动机,而是作为具有普遍性和无限性的道德的自我意识或良心。善与恶是对立统一的,恶是善的手段,正是伟大人物恶劣的情欲,即对名利、权力和女色的追求,成为历史发展的杠杆。

---

〔63〕［德］黑格尔:《法哲学原理》,范扬等译,商务印书馆1979年版,第46页。
〔64〕同上书,第103页。
〔65〕同上书,第104页。
〔66〕同上书,第106页。
〔67〕同上书,第103～104页。
〔68〕同上书,第229页。
〔69〕同上书,第132页。

(三)伦理

黑格尔的哲学体系充满着三段论,总是以肯定开始,经过否定,最后以否定之否定结束。对法的发展的论述也是如此,形式法是客观法,道德法是主观法,主客观的统一则产生了一种更高级的法——伦理。“伦理是自由的理念……是成为现存世界和自我意识本性的那种自由的概念”,〔70〕“伦理是在它概念中的意志和单个人的意志即主观意志的统一”。〔71〕 他认为,伦理的发展环节有家庭、市民社会和国家:(1)家庭是最初的伦理,这里伦理以自然的形式,即爱和感觉的形式存在。他认为家庭包括婚姻、家庭财产和子女教育三个环节。黑格尔对婚姻的本质提出了深刻的见解,他认为婚姻不是一般的两性间的肉体关系或感情关系,也不是经济契约关系,而是两性间以爱为内容的伦理关系。他说:“婚姻是具有法的意义的伦理性的爱。”在这种关系中,两个人都舍弃自我,结合为一个统一的人格。他说:“婚姻的客观出发点则是当事人双方同意组成为一个人,同意为那统一体而抛弃自己自然的和单一的人格。在这一意义上,这种统一乃是作茧自缚,其实这正是他们的解放,因为他们在其中获得了自己实体性的自我意识。”〔72〕(2)市民社会是伦理的现象界,是伦理的丧失。这是个个人主义的世界,在其中每个人都是以个人的面目出现,他们带着自己的目的投身于社会之中,别人对他们来说只是手段。“市民社会是中介的基地;在这一基地上,一切癖性、一切禀赋、一切有关出生和幸运的偶然性都自由地活跃着;又在这一基地上一切激情的巨浪,汹涌澎湃,它们仅仅受到向它们放射光芒的理性的节制。”“这里,理念只是作为相对的整体和内在的必然性而存在于这种外界现象的背后。”〔73〕市民社会的三个环节是需要的体系、司法、警察和同业公会。(3)国家是伦理发展的第三阶段,它是“个体独立性和普遍实体性在其中完成巨大统一的那种伦理和精神。因此,国家的法比其他各一个阶段都高,它是在最具体的形态中的自由,”〔74〕是“伦理理念的现实——是作为显示出来的、自知的实体性意志的伦理精神”。〔75〕 国家的权力分为立法权、行政权和王权,它们分别代表普遍、特殊和单一。黑格尔主张实行君主立宪制,给以国王以巨大权力。他认为国家的统一只有通过一个人来实现。他说:“国家人格只有作为一个人,作为君主才是现实的。”〔76〕黑格尔认为,伦理的法包括三个环节:国家法、国际法和世界历史。

四、实定法的制定和实施

(一)实定法的制定

黑格尔把被特定社会的人意识到并被昭示出来和发生效力的法叫法律。他说:“法律是自在地是法的东西而被设定在它的客观定在中,这就是说,为了提供意识,思想就把它明确规定,并作为法的东西和有效的东西予以公布。通过这种规定,法就成为一般的实定法。”〔77〕他

〔70〕 [德]黑格尔:《法哲学原理》,范扬等译,商务印书馆1979年版,第164页。

〔71〕 同上书,第43页。

〔72〕 同上书,第177页。

〔73〕 同上书,第197~198页。

〔74〕 同上书,第43页。

〔75〕 同上书,第253页。

〔76〕 同上书,第296页。

〔77〕 同上书,第218页。

指出,法律的产生和存在是意义重大的。他说:“由于法被制定为法律而被知道了,于是感觉和私见等一切偶然物,以及复仇、同情、自私等形式都消失了。法就这样地初次达到了它的真实规定性,并获得了它的尊严……法必须通过思维而被知道,它必须自身是一个体系,也只有这样它才能在文明民族中发生效力。”〔78〕但正因为生产实定法的工作是由有局限性的人进行的,因而它“也可能有自我意志和其他特殊性等偶然物加入在内”;〔79〕又由于“这些法律既然按当时情况都有其意义和适当性,从而只具有一般历史的价值,所以它们是实定的,因此之故,它们又是暂时性的。”〔80〕这就是说,实定法的内容是历史的具体的,可能会夹杂有与法不符的偶然性因素。

正因为如此,实定法存在“合理性”的评价问题,立法工作必须注意法律内容的普遍性和真实性。他说:“法的东西要成为法律,不仅首先必须获得它的普遍性的形式,而且必须获得它的真实的规定性。所以,想要进行立法,不宜只看到一个环节,即把某物表达为对一切人有效的行为规则,而且要看到比这更重要的、内在而本质的环节,即认识它的被规定了的普遍性中的内容。”〔81〕又说:“因为法律要成为法律,而不成为简单的戒律(……),它的内容就应该是明确的。法律规定得愈明确,其条文就愈容易切实地施行。但是规定得过于详细,也会使法律带有经验的色彩,这样,法律在实际执行过程中就不免被修改,而这就会违背法律的性质。”〔82〕

黑格尔就当时德国历史法学与自然法学关于是否制定民法典的争论中,历史法学反对的理由发表看法。历史法学家反对的理由是,当时德国不具备制定系统的民法典的条件。黑格尔认为,这是不懂得一个普通的道理:一个国家系统法典的产生得有个过程,完备是从不完备开始的。他说:“要求一部完备的法典,即看来绝对完整而毋须作进一步规定的法典……以及借法典不可能修订得那么完整为理由,就主张不该让所谓不完整的东西产生,即不该让它达到现实,以上两种情况都是基于对像私法那样的、有限对象的本性的一种误解,其实,所谓私法的完整性只是永久不断地对完整性的接近而已。”他引用格言“好的最大的敌人是最好”和树木生长的例子来说明这一点。他说,一棵参天树是从种植一棵小树开始的,如果只要大树而不想栽小树,岂不愚蠢!〔83〕

(二)实定法的实施

黑格尔认为,法的定在方面不仅包括法律的制定,而且包括法律的实施。他用哲学的概念来解释立法权和司法权的关系。说立法权属于国家权力的“普遍”方面,司法和行政权属于“特殊”方面。其任务在于使普遍性的法律与特殊的案件结合起来,从而使法律变为现实。其具体任务有二:其一是查清事实;其二是使事件归属于法律之下。他认为,司法活动必须有一定的程序和形式,但它不能成为制造不法的工具。程序的作用在于使当事人有机会主张他们的证明方法和法律理由,并使法官得以洞悉案情。他认为审判应该公开进行,其“根据在于,法院的目的是法,作为一种普遍性,它就应当让普遍的人闻悉其事;其次,通过审判公开,

---

〔78〕［德］黑格尔:《法哲学原理》,范扬等译,商务印书馆1979年版,第220页。

〔79〕同上书,第221页。

〔80〕同上书,第7页。

〔81〕同上书,第218页。

〔82〕同上书,第316～317页。

〔83〕同上书,第225～226页。

公民才能信服法院的判决确实表达了法”。[84]

以上看出，作为一个伟大的哲学家，黑格尔对政治法律问题从哲学的高度发表了许多独特的见解，这些见解在理论的深刻性上大大地超出了一般法学家。但是也不能不指出，作为德国民主革命时期的一个思想家，黑格尔的政治法律思想具有明显的局限性和保守性。这突出地表现在他对君主立宪制的崇拜和对民族国家的敬仰上。

参考文献

1. [德]黑格尔：《法哲学原理》，范扬等译，商务印书馆1979年版。
2. [德]黑格尔：《小逻辑》，贺麟译，商务印书馆1980年版。
3. [德]黑格尔：《精神现象学》(上卷)，贺麟等译，商务印书馆1979年版。
4. [德]黑格尔：《历史哲学》，王造时译，三联书店1958年版。
5. [德]黑格尔：《哲学史讲演录》(第1卷)，贺麟译，商务印书馆1983年版。
6. [德]黑格尔：《哲学史讲演录》(第4卷)，贺麟译，商务印书馆1983年版。
7.《马克思恩格斯选集》(第4卷)，人民出版社1972年版。
8. 高全喜：“黑格尔的法权哲学”，载高全喜主编：《西方法政哲学讲演录》，中国人民大学出版社2007年版。

思考题

1. 黑格尔所说的“法”与一般所说的“法”有何不同？
2. 黑格尔是怎么样论述法与自由的关系的？
3. 黑格尔为什么说国家是“伦理的现实”？
4. 黑格尔是怎么样论述犯罪与刑罚的？
5. 黑格尔是怎样认识婚姻的？

第四节 拉德布鲁赫的法律思想

一、生平与著作

古斯塔夫·拉德布鲁赫(Gustav Radbruch，1878～1949年)是德国著名的法律思想家，新康德主义法学的主要代表。他出生在德国萨克森的一个农民家庭，1898年他在凯特琳中学以全优成绩毕业后，遵照父愿攻读他本无兴趣的法学，先后在慕尼黑大学、莱比锡大学和柏林大学学习，因遇到一位他喜欢的老师、德国著名的刑法学家F. V. 李斯特，才最后坚定了他的学习决心，并一生献身于法学事业。1901年他考上了李斯特的博士生，其学识和人格深深地

[84] [德]黑格尔：《法哲学原理》，范扬等译，商务印书馆1979年版，第232页。

感染了他,成为他终生追求的楷模。后来他在其《刑法学的优雅》一书中专门写了“弗兰克·李斯特——天赋与时势”一文,描绘了这一伟大的刑法学家的肖像。博士毕业后经人介绍,他到新康德主义哲学盛行的海德堡,这使他有机会结识新康德主义的许多人物,特别是法学家施达姆勒,受到其巨大影响,从而奠定了他法学研究的基本方向。1903 年取得大学讲师资格之后,他以私人讲师身份在各校讲授多门法学课程,其中 1910 年出版的《法学导论》是他在这一期间最主要的研究成果,也是他在法学界的一举成名之作。该书以优美的文笔勾画了各种法学和法律的来龙去脉,简要地论述了法律的本质、目的、渊源等问题。它一版再版,并被译成多种文字,被后人认为是其“仅次于《法哲学》之外的最负盛名、最有特色的一部著作”。

1914~1918 年他应征入伍,参加了第一次世界大战。战后,1919 年他到基尔大学任教,主讲刑法和法哲学,并加入了德国社会民主党,开始参加政治活动。1920 年基尔发生卡普暴乱,他因在其中的出色表现而名声大振,被选为该党的国会议员。这在他的一生中是一个重大的插曲,使他暂时离开讲台跻身于政界。在担任两届司法部长和参与了一些立法活动之后,1922 年他又重新返课堂,先后在基尔和海德堡大学任教。

1933 年他因德国纳粹主义者的排斥被解除教职,长达十二年之久。这使他有机会回到他青年时期喜欢的文化领域和对政治法律进行冷静的思考,并完成了两部重要的著作:一部是关于刑法史的,起名为《刑法学的优雅》(1938 年出版);另一部名为《人物与思考》(1945 年出版),是其对文学艺术体验所作的一个概括性总结。他后来在谈起这一遭遇时说:“那些人以为这样对我是以恶相加,而上帝却使之以善相许。”

1945 年 9 月 9 日,第二次世界大战刚刚结束,他就应邀出任海德堡大学的法学院院长。他一方面为恢复和重组该法学院做了大量的工作,另一方面对德国法西斯统治时期的法学理论进行了坚决地批判,并结合法西斯主义统治时期的惨痛教训认真思考了许多法律的根本问题,修改了过去对自然法观念的轻视。1948 年 7 月,在他 70 岁时,辞去了教职。次年 11 月 23 日死于突发的心肌梗死。1950 年他的重要的法学著作《法哲学》得以出版。拉德布鲁赫生前享有许多殊荣,如“国际刑事法学会理事”、“柏林科学院院士”等。

二、拉德布鲁赫法律思想的哲学基础:二元论和相对主义

拉德布鲁赫的法律思想是以他的哲学思想为理论基础的,因此需首先简要介绍一下。他的哲学思想概括起来就是二元论和相对主义。

(一)二元哲学和三种法学

拉德布鲁赫哲学的二元论表现在他继承了休谟、康德以来的关于事物的实然(is)与应然(ought)、事实(fact)与价值(value)的划分,认为人关于事物事实的知识所回答的是事物“是什么(what is)”的知识,价值的知识则回答事物“怎么样(ought to be)”问题,包括是好的还是坏的、是善的还是恶的、是美的还是丑的,也就是说是关于事物的评价问题。他还认为人对事实的知识与价值的知识之间没有内在关系,或者说从对事实的知识中是无法推出价值的知识的。拉德布鲁赫进一步发展了这些思想,认为人对价值的态度归纳起来有四种:(1)价值盲(value - blind)的态度,也就是不问价值的态度。他们只研究事物的事实方面,不对事物进行任何评价。持这一态度的典型是自然科学家,因为他们只研究事物的性质而不关心它有什么价值。这一态度的典型用语是:“这是花,这花是白的。”(2)评价(evaluating)的态度或只关心

价值的态度。也就是说,他们只关注和研究事物的价值方面,逻辑学、伦理学和美学是这一态度的三种表现。这一态度的典型用语是:“这花是美的”;“这是个大坏蛋”;“这一文不值”。(3)与价值有关(value - relating)的态度也就是文化科学的态度。大部分的社会科学如文学、史学、经济学等所持的就是这一态度。(4)克服价值(value - conquering)的态度,或宗教的态度。它要求人们对别人仁慈,而不问其价值和不求回报。他认为,由这四种态度产生了人认识和研究的四个领域:存在(existence)、价值(value)、意义(meaning)和实质(essence)。

他进而认为,由于法是人造物,必然包含着人的目的和追求,因此,法学对法的研究不可能采取价值盲的态度,只能采取价值哲学、文化哲学和宗教哲学三种态度,由此产生法学研究的三个领域和形成法哲学、法律科学和法律教义学。它们分别研究法的应然、实然和终极本质。

(二)相对主义

拉德布鲁赫的哲学在方法论上的显著特点是他的相对主义。所谓相对主义主要表现在两个方面:其一是价值的多元,即认为每一种追求和每一种生活方式都有其合理的方面,因而应该允许人的生活的多元化。他批评那种企图建立单一价值观念和生活方式的主张,认为这就是搞法西斯主义,就是搞独裁统治。其二是对别人的宽容态度。他说:“相对主义就是普遍的宽容,”但这不等于不坚持己见和不进行斗争,恰恰相反,“相对主义既坚持己见,又讲公正对待异见。”因此,“相对主义,同时包含着唤起斗争和提醒尊重,在证实其对手所信奉的观点不可证明时就要对此进行斗争,在表明其对手所信奉的观点不可辩倒时就要对此予以尊重:一方面要做到果敢斗争,另一方面要做到判断宽容和公正——这就是相对主义的品德。”〔85〕他指出之所以如此,是因为宽容的深层是自由和法治。他说:“在相对主义、中立性和宽容思想的背后存在的,是自由的实证价值,是法治国的自由,是作为个性生长之地的自由,是作为文化创造之基础的自由。”〔86〕

三、法所追求的价值目标:正义、效用、秩序及其关系

拉德布鲁赫以价值多元和相对主义为理论基础所建构的法律观的第一个特点就是法律价值的相对论,即认为法律所追求的不是一种价值,而是三种价值:正义、公共利益(功利)(expediency)和秩序,与此相对应的法律具有正义(合道德)性(Grechtigkeit)、合目的性(zweckingkeit)和安定性(Rechtssicherheit; legal certainty)三种属性,认为法就是由(形式上的)正义、(原则上的)法的安定性和(理想的)合目的性的三位一体。〔87〕他说:“公共利益、正义和法的安定性共同宰制着法。”又说:“法的安定性不是法必须实现的唯一的价值,也不是决定性的价值。除了法的安定性之外,还涉及另外两项价值:合目的性与正义。”〔88〕

他认为,正义或合道德性是法的根本属性和追求的最终价值,或者说是法的理念。他说,“法的理念绝不可能区别于正义。”〔89〕法就是实现正义理念的努力,一种为正义服务的制度和

---

〔85〕［德］古斯塔夫·拉德布鲁赫:《法律智慧警句集》,舒国滢译,中国法制出版社 2001 年版,第 21 页。
〔86〕同上书,第 22 页。
〔87〕同上书,第 263 页。
〔88〕同上书,第 17 ~ 18 页。
〔89〕同上书,第 15 页。

规定,因而“只有那些旨在最低限度地为正义服务的东西才是法。”[90]又说:“法只能从伦理的有效性推导出自己的有效性,法的规则之所以有效,是因为它们作为伦理规范而拥有道德之品格。”又说:“道德一方面是法的目的,也正因为如此,另一方面,它又是法的约束性效力的根据”,“法的有效性是建立在道德基础上的,因为法的目的是指向道德目标的。”[91]

但是由于正义太抽象和其完全的实现太困难、太遥远,所以法必须舍远求近,同时追求另一个目标,这就是为大家谋取福利,因而就具有功利的价值目标和合目的性的属性。但法不能归结为为人民谋福利,因为法并不是为人民谋福利的唯一手段,有些法并不是为人民谋福利的。他说:“绝对不是所有‘对人民有利的东西’都是法,而是说凡属法的东西,凡是产生法的安定性和追求正义的东西,最终都是对人民有利的。”[92]而且,由于人们对于福利的理解各不相同,因而意见常常相左。人们的社会生活必须有一个和平安定的秩序,不可能等待争论的结束后再进行制度性安排。这样法律就有了第三个追求的目的和属性,即秩序与安定性。他说:“法的安定性的要求是:在任何一个法的争论中,总要有一个最终的结论,哪怕是这一结论是不切实际的。”又说:“法的安定性要求缘于它的深层需求(如对自然法则之理念的需求):这种需求渴望将现实既定的纷乱纳入秩序之中,渴望对纷乱有事先的防范,并使之在人的控制之内”。“如果说正义理念赋予法具有作为通过普遍规范来解决冲突的本质,那么法的安定性则为法的概念附加了更为宽泛的实证性标志。”[93]

拉德布鲁赫认为,法律的这三个价值目标和属性是互相依赖、缺一不可的,但又往往处于紧张状态。他说:“公共利益、正义和法的安定性共同宰制着法——这种共同宰制不是处在紧张消除的和谐状态,恰恰相反,它们处在生动的紧张关系之中。”他认为,在一般情况下,它们三个的排列顺序是秩序第一,正义次之,公共利益第三,但是在特殊情况下则要突出正义。他说:“正义优先于合目的性。而法的安定性也优先于合目的性。”因此“在这价值序列中,我们把公共利益的合目的性放在最后的位置上。”[94]他说:“实在的、通过命令和权力来保障的法也因而获得优先地位,即使其内容上是不正义的、不合目的性的;除非实在法与正义之矛盾达到如此不能容忍的程度,以至于作为‘非正确法’的法律必须向正义屈服。”[95]又说:“在通常情况下,实在法的效力要通过法的安定性来证立;但在某些例外场合,由于存在极端不公正的法律,也有可能由于这些法律的不公正而必须否定其效力。”[96]“在这里,法的内容之不正确性、其不公正性和不合目的性达到如此的程度,以至于通过实定法的效力来保证的法的安定性价值不能起决定作用。”[97]“一旦实在法的非正义达到这样的程度,即通过实在法保障的、而与非正义相对的法的安定性根本不再起决定作用,在这种情况下不正义的实在法就必须服从正义。”[98]

---

[90] [德]古斯塔夫·拉德布鲁赫:《法律智慧警句集》,舒国滢译,中国法制出版社2001年版,第4~5页。
[91] 同上书,第10~11页。
[92] 同上书,第18页。
[93] 同上书,第17页。
[94] 同上书,第17~18页。
[95] 同上书,第27页。
[96] 同上书,第18页。
[97] 同上书,第25页。
[98] 同上书,第27页。

四、法的概念:法与法律

拉德布鲁赫法律思想二元论的另一个特点是区分了“法”与“法律”两个概念。这特别反映在他后期,于1946年转向自然法观念时所撰写的“法律的不法与超法律的法”一文中。他认为,法与法律或实在法虽然都是为正义服务的一种制度和规定,但二者是有区别的:法是正义本身,而法律只是带有法的性质的纯粹的权力规范。正因为这样,实在法,即法律并不一定都符合法,有良恶之分,需要一个评价其存在正当性的标准,而自然法就是这样的一个标准。那么,什么是自然法呢?他在前期和后期的论述上有所不同。前期他基本上持一种否定和批判态度,曾论及自然法的“不可能性”及其“谬误”,说“自然法思想曾经是一个迷思——但它是一个所能够想象到的最有益处的迷思。”但在1932年写的《法哲学》中已有所改变,认为“没有起码的自然法,法哲学就根本不可能:一个实证的法哲学为了其效用恰恰需要一个超实证的、即自然法的立场。”而在这篇文章里他进一步强调了自然法观念,特别是其中的人权观念对于构思和衡量实在法内容的重要性。他说:“对实在法不仅根据其形式和内容而且根据其效力进行超实证的、或者说自然法的评价,这与法哲学的本质是紧密相联、不可分割的。”〔99〕“国家通过超实在的法,通过自然法,通过自然法的原则,而受自己的实在法的约束,在此基础上实在法本身的效力才能够得到确立。”〔100〕不过他指出,“我们已从相对主义自身推导出绝对的结论,即推导出自然法之历代流传的要求。但与传统的自然法方法论原则不同,我们所能做到的,是建立自然法之客观方面的要求:人权、法治国、分权、人民主权等。自由和平等是不可摧毁的基础,我们可能会远离这样一个基地,但我们必须总是要走回到这个基地。”〔101〕

在这基础上他批判了传统的实证分析法学的法观念,指出它已为法西斯法的现实所否定。说:“法律实证主义,即对权力的盲目崇拜,意味着是现实政治时代、霸权国家时代在法律上的部分反映。”〔102〕“实证主义由于相信‘法律就是法律’,已使德国法律界毫无自卫能力,来抵抗专横的、犯罪内容的法律。在此方面,实证主义根本不可能依靠自己的力量来证立法律的效力了。”〔103〕

五、法的人性类型——法发展的三阶段:民俗法、官吏法和社会法

在拉德布鲁赫的法律思想中还有个值得一提的,是他关于法律与人的本性的历史阶段性的论述,这集中反映在他1927年所写的“法律上的人”一文。在其中他提出一个深刻的见解,即法律是随着人类社会的历史类型的变化而发展的,不同类型的社会有不同类型的人性和对人性的不同观点,因而会产生不同类型的法。他认为,至今的人类历史大体可分为三个阶段,即古代或礼俗社会时代、近代或自由权利时代和现代或社会法时代,由此产生了三种类型的法,即民俗法、官吏法和社会法。下面分别加以介绍:

---

〔99〕[德]古斯塔夫·拉德布鲁赫:《法律智慧警句集》,舒国滢译,中国法制出版社2001年版,第24页。

〔100〕同上书,第25~26页。

〔101〕同上书,第22页。

〔102〕同上书,第24页。

〔103〕同上书,第27页。

(一)古代——礼俗社会(die gemeinschaft)及其民俗法(Volksrecht)

他认为,在古代社会,由于人存在于各种血缘性的社会组织之中,尚未取得身份的自由,所以没有现代人的自由意识和权利意识;加上人的智力还没有发达到能够自觉地制定法律的程度,所以那个时代尚没有制定法,法律只是隐含在风俗习惯之中。他说,如"日耳曼古代社会时期,法、习俗、伦理、宗教是融为一体的,法同时是先民的智慧,民族良知的声音,神的意志,因此它不是通过人类的立法制定的。法的养成是在各种法书(Rechtsbuecher)和智判询答(Weistuemer)中进行的"。[104] 因此,"这样的法律时代呈现在我面前,最有特色而又司空见惯的,是那些渗透着义务、承载着义务的权利,那些满足按照义务要求履行之期待的权利。这些权利应当是安全地起作用的,因此它们以习俗、以宗教为规定的前提,而该宗教是与义务、与人之血脉相系的礼俗社会(die Gemeinschaft)密切相关的。事实上,中世纪的经济制度连同其国家制度,均建立在这些人类的观念之上。"这就是说,在古代社会,还没有现代意义的立法者,因而法律并不是由特定的个人制定出来的,而是在长期的社会实践中逐渐形成的,法律所表达的是无意识的全体人民的共同意志,其表现形式是风俗习惯,它对人们权利的保护是通过对其义务的规定而实现的。这是因为,这个时代的人还没有从血缘共同体,如家庭、部族等中独立出来。他认为,反映这一时期人的本性的最典型的法律制度是中世纪的同业公会制度和采邑制度。他说:"同业公会制度意味着是对信用之垄断权的保障,即尊重同业公会将是一个充分的动力去从事一份体面的工作……采邑制度的本意是指:根据效忠领主的精神,以几乎非控制、非强制的履行条件来赠与最广泛的权利"。[105]

(二)近代——自由权利时代(liberales Zeitalter)和官吏法或制定法

拉德布鲁赫认为,近代社会的法律则是依照另一种人的类型建构的。这种人就是身份上自由的人,特别是"商人"或"经济人"。他说:"文艺复兴、宗教改革、罗马法继受使单个的人脱离了礼俗社会。它们使人脱离社会,不再把义务,而是把引诱单个人的利益作为法(权利)的出发点。这样一种法律上的人的新类型是按照商人的形象来塑造的,它是一种完全的逐利的、精于算计的形象(所谓'有交易,则没了和气')。"[106] 又说:"这是一种不仅非常自私自利,而且在自私自利时又非常精明的人;是只不过追逐自己的正当个人利益的人;是摆脱一切社会联系而只经受法律联系的人,因为只有法律才与正当的个人利益本身息息相关……每个立法者必定是这样塑造他们的法律,把人设想为好象是自私自利的:以至于他毫无情感地追逐自己的利益;在人身上好象是不设定法律限制的,他们如此精明,以至于很快会识辨这一限制的任何漏洞。立法者的法律(……)即使对一个魔鬼的民族也必须是适宜的,只要他们还有理智。"[107]

他认为,这一时代又可以分为两个阶段:警察国家(时期)和启蒙(时期)或自然法时代。他说在前一个阶段里国家对人的理智还有点不放心,因而国家担任警察的角色,充当其臣民"的当然监护人,它将训导臣民抑制他们的意志,训导他们应当如何安排自己的家政"[108]

---

[104] [德]古斯塔夫·拉德布鲁赫:《法律智慧警句集》,舒国滢译,中国法制出版社 2001 年版,第 152 页。

[105] 同上书,第 143 页。

[106] 同上书,第 143～144 页。

[107] 同上书,第 145 页。

[108] 同上书,第 144 页。

他认为,由于这一时代的法律是以自由主义观念作指导的,而自由主义者认为,个人是组成国家的基本单位,每个人生而自由、平等,享有天赋之权利,国家是通过签订社会契约的方法建立的,是为了更好地保护这一权利。因此,这一时代法律的显著特点是突出个人权利,以个人的正当权利作为它的出发点和归宿点。这表现在其所包含的一系列原则,如民法上的契约自由原则、民事程序法中的当事人主义原则等。

他认为,这一时期已产生了立法者,但是由于最初的立法并不是对老百姓的,只是国王向其官吏发布的,所以叫官吏法。这种法律由于主要是由立法者制定的,所以叫制定法(Gesetzesrecht);由于是由立法者(个人)给人格化的唯我主义者(个人)制定的,所以也叫个人法;由于其内容突出个人的权利和自由,所以这个时代叫自由权利的时代;由于这时代的法律是依商人为原型设计的,因此,这时代最具典型的法就是商法。

(三)现代——社会法时代和社会法

拉德布鲁赫认为,权利自由时代的人性观、法律观及其指导下建构的法律,是片面的和不科学的,它把复杂的社会简单化了。它使"一切可能妨碍追逐正当利益的关系,一切在法律之外形成的关系,一切社会的、经济的关系被忽视了,而法律可能性与事实可能性被等量齐观,例如把形式法上的契约自由看作事实上的契约自由。凡全部被视为自私自利之人的、老谋深算之人的、机警灵活之人的和自由思考之人的,也因而恰好被看作是互相平等的。签约者双方相互平等地在法律生活中扮演多重的角色,就像人站在自己的镜像前,他千百次地重复相同的行为,总有一个跟他一模一样的人立在对面,宛若挥之不去的幽灵。"〔109〕又因为这种法律"只是为聪明人立的,根本没有顾及那些慵懒怠惰之人"。他们不懂得组成社会的并不都是商人,而商人也并不是事事清醒的。他说:"人绝不总是能够认识自己的利益或总是能够追求其已经认识到的利益的,人也绝不总是仅仅在根本上受其利益驱动的,——而且当人们对困境茫然无措和轻率放荡这样的情况出现时,一个仅仅为精明的、自由的、自利的人类作出安排的法,必定使人的另一半同种并生的类群陷入灭绝。"〔110〕

他认为,依据这种人性观和法律观所建构的法律制度,必然难以应对复杂的社会需要,因此到了19世纪末以后,法律制度出现了许多新变化,一种新的人性观和法律观也酝酿产生了。它不再把人理解为单个的人,而是理解为社会的人、组织中的人,因而人也不再是只顾自己利益的唯我主义者,而是具有责任心和荣辱感的集体人。他说:"这一新的人类形象,与自由权利时代(liberales Zeitalter)抽象的自由、自利和精明的(人)图式相比,是一种更加接近生活的类型,在此同时考量的是法律(权利)主体的智识的、经济的和社会的实力状态(Machtlage)。自此以后,法律上的人不再是鲁滨逊或亚当,不再是离群索居的孤人,而是一个社会中的人,一个集体人(der Kollektivmensech)。"〔111〕

他指出,这一人性观的转换突出地表现在新出现的劳动法里。他说:"所有这些都特别鲜明地在劳动法中取得了进展,在此意义上,劳动法对社会法律时代起着引领道路的作用,就像商法对自由权利时代所起的作用一样。"〔112〕这是因为劳动法"它与抽象的市民法不一样,其眼

---

〔109〕[德]古斯塔夫·拉德布鲁赫:《法律智慧警句集》,舒国滢译,中国法制出版社2001年版,第146页。
〔110〕同上书,第148页。
〔111〕同上书,第149页。
〔112〕同上书,第149页。

里不是抽象的法律之人(Personen),而是企业主、工人、职员,不只是单个的人,而且也是联合会和企业,不只是自由契约,而且也是艰苦的经济上的实力较量,它们构成了这个所谓的自由契约的背景。它把单个的人看作是联合会的一员,企业的一员,最终也是整个经济和社会的一员,带有一切自我生成的动力,这就是共同体感觉,或至少是放大了的自我主义的动力,我们把它称为有机团结(连带)”。[113] 他进一步指出,这种“共同体感随着我们不断增长的热情而不断延展,严密而符合逻辑地经过社区、经过国家、经过大帝国,一直通达至我们构成其中一员的国际社会。”[114]

他进一步指出,这一转换也反映在公法领域。他说:“公法也已采取了这一新的人之(形象)观念。我们现今正在考虑改变民主的概念:建立在孤立的个人基础上的民主思想将转变为以集体人概念作为出发点的民主思想。在我们看来,民主不再是指‘凡具有人的面孔者,一律平等’,也不再是指它相似的反面,即‘挑选领导人’的最好方法。它对我们意味着——在相关联的意义上——不再是单个人的(简单)相加,而是极为繁复的社会学意义上的整体(社会组织、阶级、政党)。这不仅适用于民主的社会—政治概念,而且适用于民主的法律概念:在比例选举法中这些组织在法律上的重要性被凸显出来了。政党,不久前还隐在幕后,现在作为国家的重要机构登上了国家法和国家法学的大雅之堂。”[115] 这就是说,新的人性观使我们不再是从个人主义的立场理解民主,因而不再把民主只理解为从单个人的意志中寻找共同意志的过程,而是理解为将各种社会组织统合为一个共同体。而在这之中,政党起着关键的作用。因为在现代民主政治和宪政体制中,政治活动主要是通过各个政党之间的竞争进行的,“只有党派拥有物质手段和技术手段,能够推选出候选人”,然后再通过他们执掌国家权力。

他认为,这一变化也必然引发了人们对权利的新理解,即不再把个人权利理解为是至高无上的和不可侵犯的,它已经与义务变得不可分割,已经与义务交织在一起,这使它与礼俗社会的权利很相似。他说:“将法律上的人作为集体人来考虑,不过是说,其最终也是作为人身上的一部分集体气质(kollektives Ethos)来一同考虑的。新的权利伦理化现象的出现,也是带有道德性义务内容的新权利的实现过程:有人说,‘所有权承担着义务’、‘选举权是选举义务’;耶林曾强烈地把为权利而斗争提升为道德义务。随着这种义务逐渐渗透于权利,社会法律时代又重新继受了父权(家长)法律时代的思想:在我们身上显现的每一项权利不过也是一个纯然由全体人民封与的采邑(Leben)。但这个时代区别于父权(家长)制时代,其义务渗透性同时又是一种义务制约性……立法者时刻准备着,对那些没有按照义务性要求来使用其权利的社会组织,撤消其这一被滥用的权利。于是对我们来说,所有的权利都变成了可撤销的权利。”[116]

拉德布鲁赫接着归纳了三种类型的法的变迁过程,认为它们经历了一个肯定、否定、否定之否定的过程。他说:“从极权国家到宪政国家的发展意味着在国家意志中吸收了人民的意志,意味着法重新失去了个性化,而走向趋同化。今天,立法已不再单单建立在人民代表(制度)的基础上,而是建立在全民基础之上的。专家们和利益关系人以愈来愈大的规模在进行着准备,有时是无(组织)形式的,有时甚至采取符合体制(宪法)的形式,如国家经济(专家)

---

〔113〕 [德]古斯塔夫·拉德布鲁赫:《法律智慧警句集》,舒国滢译,中国法制出版社2001年版,第150页。

〔114〕 同上书,第154页。

〔115〕 同上书,第150~151页。

〔116〕 同上书,第151页。

委员会。法律变成了一种新型的民俗法——它不再反映无组织的民族精神的本能意志，而是反映经过组织起来的民族精神的目的意志。故此，历史的进程是从无意识的共同意志，中经有意识的个人意志，再到有意识的作为立法者的共同意志；我们也就作为法律主体的人和作为法律客体的人做了仔细对应的考察。所有的法首先是主观意义和客观意义上的礼俗社会法（Gemeinschaftsrecht），即反映礼俗社会意识的、为礼俗社会之人适用的法；次则为两种意义上的个人法（Individualrecht）即个人立法者为被认为互无关联的个人所订之法；最后又回到另一层概念的礼俗社会法，但这不是父权（家长）制社会的法，而是高度组织起来的社会的法。”[117]

最后要提的是拉德布鲁赫的“五分钟法哲学”一文，该文是1945年他重返教学岗位时为学生写的，也是对他的法哲学思想的一个简洁的介绍和总结，在其中他揭示了人们对法律认识的一个逐渐深化的过程即人们最初接触法律时，只看到法律的强制性，因而把法与力混为一谈，误认为法就是一种强力；进而人们又看到法律的合目的性，即增强公众利益的属性，因而片面地得出结论，说所有对人民有利的都是法；随着认识的进一步深化，人们认识到法与正义的内在关系，这无疑是非常重要的，但忽视了法还有其他的属性和追求的价值；于是人们又发现了法的安定性或确定性，即对和平与秩序的追求；最后，人们意识到在实在法之上还有一种超法律的法，即自然法，它作为衡量的标准，可以帮助我们区分实在法的好坏。

参考文献

1. [德]古斯塔夫·拉德布鲁赫：《法律智慧警句集》，舒国滢译，中国法制出版社2001年版。
2. [德]古斯塔夫·拉德布鲁赫：《法学导论》，米健、朱林译，中国大百科全书出版社1997年版。
3. [德]古斯塔夫·拉德布鲁赫：《法哲学》，王朴译，法律出版社2005年版。
4. 沈宗灵：“拉德布鲁赫的相对主义法学及其后期转变”，载《社会科学战线》1999年第4期。

思考题

1. 拉德布鲁赫是怎样论述法律所追求的价值目标的？
2. 拉德布鲁赫为什么要区分法与法律？
3. 拉德布鲁赫是怎样论述法与人性的关系的？

[117]　[德]古斯塔夫·拉德布鲁赫：《法律智慧警句集》，舒国滢译，中国法制出版社2001年版，第154页。

第六章　历史法学派

第一节　历史法学派概述

一、历史法学派产生与特征

历史法学派(Historical School of Law),是19世纪起源于德国以强调法的历史基础为基本特征的一种法学思潮和流派。该派主张法是历史文化的自发产物,因此极其看重传统和习惯,反对人为地制定法典。该学派是研究法的历史和用历史考证的方法进行研究的一种实证主义法学。这一派法学家大都是罗马法专家,重视对古罗马法文献资料的整理、分析和研究。

历史法学首先产生于德国,这是有其历史根源和社会原因的。19世纪初,德国尚未统一,民族主义文化汹涌澎湃。法国革命对德国的影响重大而复杂。对于是否需要制定一部法国民法典式的德国民法典,人们展开了激烈争论。1814年,海德尔堡大学法学教授,古典自然法学的代表蒂堡(Anton Thibaut,1772～1840年)发表了《论制定全德法典的必要性》的小册子,力主制定法典,以利全德统一。时任柏林大学校长的萨维尼起而反驳,发表《论立法与法学的当代使命》。该书反对在当时制定统一的民法典,认为当时的德国,客观上主观上制定优秀法典的条件并不具备。这场学术论战和萨维尼著作的发表,标志着历史法学正式出现于人类法学的舞台。1815年,萨维尼与艾希霍恩一起创办了《历史法学杂志》,正式宣告该学派的诞生。

如果说17、18世纪是自然法学派的高歌猛进的话,那么19世纪则是历史法学派占主导地位的时期。实际上,历史法学派是作为古典自然法学派的对立物而出现的。作为一个学派,庞德认为它的基本特征有三,首要原则是,"它认为法律是发现的,而不是制定的;这就是说,它是一种关注现代法律中传统因素的理论……第二,历史法学派在存在的整个历史时期内,一直坚持对法律史采用某种唯心主义的解释方法。"萨维尼只是把自然法学说的哲学基础改换成了历史基础而已。"第三,历史法学派所坚持强调的乃是法律规则背后的压力",这与自然法学派和哲理法学派强调正义不同,也与分析法学派强调政治组织社会的力量不同。[1]

二、历史法学的源流和谱系

历史法学派的形成是在19世纪,但政治法律研究中的历史方法则早已有之。在古代,亚里士多德、波利比等,都曾出色地运用过历史分析的方法。罗马五大法学家之一的盖尤斯也

---

〔1〕［美］庞德:《法律史解释》,邓正来译,中国法制出版社2001年版,第23～26页。

认为追溯起源的方法是非常必要的。中世纪末期的法国思想家布丹，也是清醒而明确地运用历史方法于政治学和法学的杰出代表，其人由此而有比较法学、特别是历史法学之父的称号。布丹的同时代人，法国法学家和罗马法学者居雅士，也常常被认为历史法学派的奠基人。无论如何不能忽略的是，孟德斯鸠的理论对于历史法学派的形成更有着直接的影响。

（一）德国历史法学派

历史法学作为学派只是到了18、19世纪之交才首先在德国真正成为现实。德国历史法学派创始人是胡果（Gustav Hugo，1764～1844年），哥廷根大学教授，其主要著作有《作为实定法哲学的自然法》《市民法教科书》《查士丁尼罗马法教科书》等。萨维尼，胡果的学生，是历史法学派在德国最有影响的人物，他系统地论述了德国历史法学派的基本观点。萨维尼的得意门生普赫塔（G. F. Puchta）对其师的事业有所继承，又有新的进展，其著作有《习惯法》等。德国历史法学派作为一个学派，自然有其共性，主要是，对自然法学持反对态度，主张用历史方法研究法律现象，认为法是民族精神的体现，法随民族精神的发展自发形成，法的主要表现形式是习惯等。

狭义上，历史法学仅指德国历史法学，而广义的历史法学派，除了德国历史法学，还包括英国历史法学、美国历史法学和日本历史法学。

德国历史法学派因对到底何者体现德意志民族精神、何者是德国法的历史渊源的问题存在分歧，而分为罗马法支派和日耳曼支派，前者重罗马法，后者重日耳曼习惯法。罗马学派又有分化，一支以温得海德（B. Windscheid，1817～1892年）为代表，重视概念分析。温氏的代表作有《关于前提的罗马法理论》《条件成就的效力》和《潘得克顿教科书》。这一支在研究《学说汇纂》（Pandekten，音译“潘德克顿”）基础上，使概念法学得以充分发展和系统化，由此形成“潘德克顿法学”。温德海德的代表作《潘德克顿教科书》，集德国“潘德克顿”法学大成，它在对所有“潘德克顿”文献进行概括、整理和阐明内容的同时，在各项制度的研究上运用了由概念的形式逻辑操作构成系统的法学方法，并将其推广到整个法学领域。该分支对德国后来的立法实践影响很大，1900年《德国民法典》第一草案（1888年），曾被称为“小温德海得”。另一支以耶林（Rudolph von Jhering，1819～1892年）为首，注意到单纯概念分析的弊端，转而从社会目的视角去分析法律现象，成为社会学法学的先声。

日耳曼支派的特点是注重德国本民族习惯法史料的收集、整理和研究，由艾希霍恩（K. F. Eichhorn，1781～1854年）开创，代表人物有格林（Jacob Grimm，1785～1863年）、祈克（O. F. von Gierke，1841～1921年）等。[2] 日耳曼支派自1830年开始与罗马派决裂，1846年在吕贝克召开的“日耳曼法学家大会”使这种决裂公开化。不过，二者共同点多于分歧，加上罗马派的主流地位，双方后来又合二为一。日耳曼派也赞成罗马派的方法，就是用逻辑的、概念的和体系的手段来研究历史上的法律。但他们坚持认为，既然法是民族精神的体现，那就应该聚焦于体现日耳曼精神的德国的风俗习惯，而不是只盯着罗马法。因此，他们与罗马法学派的争执所在是民族法（Volksrecht）与从国外输入的法学家们的法（Juistenrecht）之争。对日耳曼派法学的总结、整理和定型化做出巨大贡献的是祁克，他的著作内容非常广泛，特别是其中关于法的本质、法和道德的关系以及社会法思想代表了他的历史法学派的基本立场。日耳曼法

---

〔2〕 何勤华：“历史法学派述评”，载许章润主编：《萨维尼与历史法学派》，广西师范大学出版社2004年版。

学派的贡献除促进了商法学和有价证券法学的发展外,还特别为近代提供了社会团体主义的法理念。

(二)其他国家的历史法学

19 世纪中后期,历史法学派传播到其他国家,主要是英国、美国和日本。这些后来的历史法学的观点,与德国历史法学特别是其早期的思想,除了共性之外,还有着较为明显的差异。主要是,吸收了达尔文的进化论,认为法律是一个进化的过程。研究视野扩大到整个世界,比较研究方法被广泛运用,而不是仅仅局限于某一特定民族。

英国的历史法学派的著名代表有梅因、波洛克(Sir Frederick Pollock,1845 ~ 1937 年)、梅特兰(F. William Maitland,1850 ~ 1906 年)、霍兹沃思(Sir William Holdsworth,1871 ~ 1949 年)等。梅特兰撰有《英国圣公会中的罗马教会法》、《英格兰宪政史》。他又和波洛克合著了《爱德华一世以前的英国法律史》(The History of England Law Before The Time of Edward I)。霍兹沃思著有《英国法的历史》(A History of English Law)。

美国历史法学的代表人物是卡特(J. C. Carter,1827 ~ 1903 年),此时已是历史法学派的尾声了。斯宾赛有时也被看作是历史法学派的人物。马克思、恩格斯也被西方一些学者作如是观,如博登海默和瑟亚·P. 辛哈等。日本的穗积陈重(1855 ~ 1926 年)从其法律活动和学说来看,也明显属于历史法学派

三、历史法学评析

(一)历史法学的基本定位

一方面,历史法学派与自然法学派和哲理法学派相对,属于实证主义研究进路。自然法学派和哲理法学派都强调真理的普遍性,相信放之四海而皆准的理性,认为人们可以从给定的前提中演绎出成套的法律规则。另一方面,历史法学派更多强调法与文化相联系的个性,更加重视从经验和传统生发出的习惯的地位。

历史法学派从对法的历史研究出发,更多触及了社会外部因素对法的产生和发展的影响,从而成为法社会学兴起的重要刺激力量。同时,由于德国历史法学派着重于对罗马法概念的分析并力图使之体系化,这又开辟了分析法学的研究方向。

(二)历史法学研究主题和研究方法

历史法学派的研究对象是实在法而非理想法,是历史中的法律而非现在的法,也即历史上的实在法,特别是人类历史上的早期法律和制度;他们尤其喜欢研究法的起源问题。历史法学关注的基本问题有:第一,法律产生和发展的民族和历史基础。他们注重探讨法律和特殊文化的内在关系,关心法的民族性和特殊性。第二,法律起源时的渊源或形式,即习惯法。第三,法律的历史发展,包括法的历史起源,法律发展的模式、性质和机制等。第四,他们还在不同程度上关心和探讨法律的概念体系。

历史法学派首先具有高度实证主义倾向,他们反对只从假设甚至猜测出发的研究路径。实证主义追求使他们往往把自己局限于某一地区或国家历史上的法律制度的研究上,而不去做过于宏大的哲理思考。历史法学派在继承前人历史方法的同时,更加广泛地搜集各国资料,进行纵横比较,从而发现规律性的东西。历史法学派还对历史上的某种法律制度的用语和概念进行整理归纳,通过比较厘清其含义,并且试图把它们连接成一个概念的体系。

(三)历史法学的价值和局限

历史法学的贡献在于:第一,相对于自然法学的虚构和猜测,历史法学派把法律的基础与历史联系起来,更加具有科学性。在哲理法学派和自然法学派之外,丰富了人们对法律的认识方式。第二,在一般性和特殊性的关系方面,历史法学更强调法的特殊性,这与强调法的一般性的法学流派是非常不同的。这种对特殊性的强调,拓宽了人们的视野,同时使人们对法现象的认识更加具体和真实。在历史法学派影响下,人们进一步将社会学、文化学等学科引入法学殿堂,乃至创立法社会学、法文化学、法经济学等学科和流派,丰富了人们认识法律的方法和视角。第三,历史法学派以历史实证的方法,对罗马法和日耳曼法的历史资料予以挖掘和整理,予以分析和研究,这对法学研究和法制实践都具有不可估量的意义。第四,历史法学为近代民法学的进一步发展和发达做出了贡献。历史法学派成员埋头于罗马私法和日耳曼法的研究,创立了一个庞大的民法体系,形成了近代民法学学科。正是由于历史法学派的努力,近代民法学的水准才得以达到相当高度。第五,历史法学派的一些学者从历史考察中,提炼和总结了法律进化的一些带有规律性的模式,这也深化了我们对法律历史的认识。比如梅茵"从身份到契约的"公式,虽然仍然只是一种比较形式化的认识,但却解释了到资本主义社会为止的法律历史的一个重要侧面,有较强的启发意义。

不同国家的不同历史法学家差异甚大,但他们,特别是其中的德国学派,多多少少有一些相似的局限性。第一,历史法学派执于古而忽于今。1897 年,霍姆斯在《法律的道路》中指出,历史法学派的根本错误,在于没有有意识地考察法律法律所体现的社会利益,对法律的改进持一种否定的态度,没有确立起一种有效的适用于现实需要的法律基本观念。[3] 这同时也是说,它们在重视概念分析和历史描述的同时,没有对其置身于其中的社会加以关注。第二,在法律运动中,德国历史法学派对自发的力量强调过头,而对人的自觉活动则重视不够,从而对法律发展途径的判断也有所偏颇,重演进而轻改进和改革。

参考文献

1. 程琥:《历史法学》,法律出版社 2005 年版。
2. 余履雪:《德国历史法学派:方法与传统》,清华大学出版社 2011 年版。
3. 何勤华:"历史法学派述评",载《法制与社会发展》1996 年第 2 期。
4. [德]蒂堡、萨维尼:《论统一民法对于德意志的必要性》,朱虎译,中国法制出版社 2009 年版。

思考题

1. 历史法学派研究的主要问题和方法的特殊性。
2. 历史法学派的贡献和局限。

[3] 参见徐爱国:《破解法学之谜》,学苑出版社 2001 年版,第 168 页。

第二节 萨维尼的法律思想

一、生平著作

弗里德里希·卡尔·冯·萨维尼(Friedrich Carl von Savigny,1779~1861年),是历史上最有影响的法学家之一,早期历史法学的核心人物。他出身名门,家资不菲。父母不幸于1791年和1792年相继去世。年少失怙,萨维尼由其父友人康斯坦丁·冯·诺伊拉特收养,并受到法学启蒙教育。萨维尼1795年开始在马堡大学学习法律,1799年毕业。1800年10月31日,萨维尼取得博士学位,并开始从事刑法学、罗马法、法律史和方法论课程教学。1803年,他出版《论占有权法》一书,一举成名,得以跻身经典法学家之列。1808年开始执教于兰茨胡特大学。1810年在新建的柏林大学任教,之后又长期担任该大学校长。随着拿破仑的失败和爱国主义热情的高涨,德国的一些学者主张回归传统日耳曼法,其代表人物为雷布格。同时,又有不少学者为适应国家统一之需,力图建立统一的民法典,德国自然法学派人物、海德堡大学教授蒂博(A. F. J. Thibaut,1772~1840年)发表了"论德意志统一民法典的必要性"一文,主张在德国制定一部像法国民法典一样的统一民法典。同样声名显赫的法学家萨维尼起而反对,发表了《论立法及法学的当代使命》的小册子,既反对雷布格的复古和倒退倾向,也批判蒂博的盲目和激进。萨维尼认为德国当时尚不具备制定民法典的条件。此为1814年事;次年,萨维尼与艾希霍恩一起创办了《历史法学杂志》,正式宣告了历史法学派的诞生。1842~1848年间,萨维尼被任命为普鲁士国务兼司法大臣。1861年辞世。萨维尼著书立说,聚焦于罗马法,先后发表《中世纪罗马法史》(六卷本,1815-1831年)和《当代罗马法体系》(八卷本,1840~1849年)等著作,影响深远。

萨维尼的法学思想的核心词是民族、历史、罗马法。他认为,法扎根于民族精神之中。他把法纳入文化中来看待,认为法和其他文化现象如语言、建筑等同属于民族精神的有机组成部分,不可分割,从而具有客观性而不可随意创造。法的产生是无声无息的和自发的。法随着民族历史发展而发展,随民族消失其个性而消亡。法是历史性存在,不存在自然法学派所谓的超越时空的永恒规则。萨维尼认为罗马法深深嵌入德国历史和法律之中,成为德意志民族生活和文化密不可分的组成部分,甚至是民族文化的精华,所以他毕生醉心和致力于罗马法研究。

二、法的概念和性质

"在人类信史展开的最为远古的时代,可以看出,法律已然秉有自身确定的特性,其为一定民族所特有,如同其语言、行为方式和基本的社会组织体制(constitution)。不仅如此,凡此现象并非各自孤立存在,它们实际乃为一个独特的民族所特有的根本不可分割的禀赋和取向,而向我们展现出一副特立独行的景貌。将其联结一体的,乃是排除了一切偶然与任意其所由来的意图的这个民族的共同信念,对其内在必然性的共同意识。"[4] 在后期作品《当代罗

[4] [德]萨维尼:《论立法与法学的当代使命》,许章润译,中国法制出版社2001年版,第7页。

马法体系》中,萨维尼的基本看法依然如此。他说,“是在所有具体成员中都共同存在和作用的民族精神产生了实在法”。法的“主体是民族(Volk)。实在法存在于民族的共同意识之中,由此,我们也将实在法称为民族法(Volksrecht)”,“法存在于共同的民族精神中,因此也就存在于总体意志之中,在这一方面,这种总体意志也就是每个个人的意志。”〔5〕

法律也随着民族精神的发展而发展。“此种法律与民族的存在和性格的有机联系,亦同样展现于时代的进步中。这里,再一次地,法律堪与语言相比。对于法律来说,一如语言,并无绝然断裂的时刻;如同民族之存在和性格中的其他一般性取向一般,法律亦同样受制于此运动和发展。此种发展,如同其最为始初的情形,循随同一内在必然规律。法律随着民族的成长而成长,随着民族的壮大而壮大,最后,随着民族对其民族性的丧失而消亡。”〔6〕

可见,法根源于民族精神,体现着民族精神,因此我们为了认识法的性质,就需要理解“民族”和“民族精神”的含义。萨维尼认为,民族就是社会存在的最基本组织形式,它是共同语言和共同信仰的人的联合体,民族以国家作为自己的实存形式。这种精神性的民族共同体的实在形态就是国家。“国家是民族的有机表现形式”;民族也只有在国家中才能获得真正的人格,也就是行为能力。〔7〕民族和国家的关系如此,民族精神又指什么?所谓民族精神(Volksgeist),指由各民族特有的生活环境和生活方式所产生的和表现为风俗习惯、语言文字、文学艺术、组织制度的该民族的共同确信(common conviction),即民族信仰(Volks-glauben)及其潜在的同类意识(kindred consciousness)。民族信仰具有稳定性和客观性,是各民族长期历史发展的产物,不会由人随意改变。法律是其中的制度部分,它是超出个人用于规制个人自由意志的国家意志。“存在某种客观、完全独立、排除任何个人意见的东西,即法律(Gesetz)。”〔8〕

与民族精神相对应而称的人类精神,是由人的道德本质决定的人类的普遍共识。民族精神和人类精神是特殊性和普遍性的关系。人类精神寓于民族精神之中,人类精神只有表现为民族精神才具有真实性。他认为,法的生命力,法的发展正在于两种精神的有机结合中。

三、法的渊源和法典问题

(一)法的渊源及其种类

法律渊源是一个重要的法理学问题,萨维尼给出的法的渊源的定义是,“法的渊源为一般法的产生根据,因此不仅包括法律制度的产生根据,也包括根据法律制度通过抽象而形成的具体法规则的产生根据。”〔9〕法的渊源由此包括三种:习惯法,制定法或立法法,科学法或法学家法。

1. 习惯法

习惯法是自发形成的民族精神的直观显现,是以习惯表现出来的最初形式的法,是由法律关系决定的人行为的必然方式。这一方式行之有效,为人们普遍选择,为社会所认可,从而具有法的效力。萨维尼认为,偶然的选择不断重复,变得越来越自然和合适,在一段时间之

〔5〕［德］萨维尼:《当代罗马法体系》(第一卷),朱虎译,中国法制出版社2010年版,第17、24页。
〔6〕［德］萨维尼:《论立法与法学的当代使命》,许章润译,中国法制出版社2001年版,第9页。
〔7〕［德］萨维尼:《当代罗马法体系》(第一卷),朱虎译,中国法制出版社2010年版,第23~24页。
〔8〕参见《萨维尼法学方法论讲义与格林笔记》,杨代雄译,法律出版社2008年版,第71页。
〔9〕［德］萨维尼:《当代罗马法体系》(第1卷),朱虎译,中国法制出版社2010年版,第15页。

后,这一规则就成为法。它变得比其他规则越来越获得人们的信念。习惯法不仅意味着行为方式的规定,也同时需要民族确信的精神因素。他说,习惯法根源于民族信念,它是实在法产生的标志,“实在法的真正基础在民族的共同意识中享有其存在和现实性。”这种存在通过外在行为而表现出来,“如果它表达于实践(übang)、惯习(Sitte)以及习惯中,那么我们就会认知它;在持续的、长时间的行为方式的相同之中单纯偶然的共同根源,也就是民族信念(Volksglauben)。因此,习惯是实在法的标志而非产生根源。”〔10〕

2. 制定法或立法法

萨维尼说:“通过语言得以表现出来以及通过绝对力量而得以实施的实在法被称为制定法,其制定属于国家最高权力的最为高贵的权利。”它的来源和效力形式就是规则和命令(des Gebots)。制定法由民族精神的真正代表立法者制定,可以使民族法律更加明确,并能补充其不足。

3. 科学法或法学家法

由于社会分化产生出职业法学家阶层。他们成为民族意识在法的方面的代言人,他们不仅对具体案件提出建议,而且将法律实践理论化和系统化,这就产生了一种法的特殊形式;萨维尼称其为科学法(das Wissenschaftliche Recht),它也被别的地方称为法学家法(das Juristenrecht)。〔11〕

(二)法律渊源随历史变化

法的渊源在历史进程中地位并不是固定不变的,而是变化着的。人类社会初期的主要渊源是习惯法。民族精神是通过习惯得以自发表现。随着国家的建立和法学家阶层的形成,制定法的位置越来越上升,并逐渐成为最主要的法律渊源。民族精神自发形成越来越难,所以需要借助法学家和立法者的自觉活动。在这一阶段,萨维尼担心法学家对作为法的真正根源的民族精神的忽视,因为法学家倾向于重视法的普遍性因素,而易于忽视法的特殊性或民族性。如此,法的研究就越来越空洞抽象和形式化,从而失去源头活水。

(三)法典问题

萨维尼认为,立法既可有有害的影响,也可产生有益的影响。制定法的典型形式是法典。萨维尼虽然并不是一概地反对制定法典,但他确实对法典采取了极其审慎的态度。在与自然法学派代表蒂堡的论战中,他说明了当时德国不宜制定统一民法典的理由。

第一,法律不是普遍理性的逻辑推演,也不能凭借意志的力量随意制定。如果不顾历史条件随意立法,很可能是一场灾祸。在此,萨维尼引证培根,培根曾言,倘无迫切需要,则不当立法;即便立法,亦当虑及现实的法律权威……只有在文明和知识已然超越前代的时代,才可操持此业。如果以往时代的作品为当下的无知而遭毁弃,那才真正令人堪悲呢!〔12〕

第二,法典对于一个社会的作用并没有支持者宣称的那么大。他说,“年轻的国族对于他们的法律具有最为清晰的知会和理念,但其法典却病在缺乏语言的逻辑技巧,它们一般均无法将其最佳者表达出来,因此,在其所要调整的问题最具个性时,他们的形象却往往毫无个

---

〔10〕[德]萨维尼:《当代罗马法体系》(第1卷),朱虎译,中国法制出版社2010年版,第33~34页。

〔11〕同上书,第43页。

〔12〕[德]萨维尼:《论立法与法学的当代使命》,许章润译,中国法制出版社2001年版,第17页。

性……另一方面，在所有衰败的时代，几乎一切均告阙如——不仅语言，还有关于法律所要调整的事物的知识。这样，遂出现了一个中间阶段，这一阶段或可被视为文明的顶峰（虽然其他方面并非尽皆如此，但法律确曾如此）。但是，这样一个时代自身并不需要一部法典：正如我们为冬季预先储物，它只是在为更为不幸的后继时代创造一部法典。"[13] 在最适宜制定法典的时代，人们却无力制定法典。一个社会后期制定的法典挽救不了其衰败的命运。一个社会有许多伟大法学家的时候，并不需要法典。他以罗马法为例说，在帕比尼安、乌尔比安和保罗三位最为卓越的法学家既有能力又有权力制定法典时，他们却没有制定法典。查士丁尼法典之制定，恰恰在于罗马和罗马法极度衰败之时。

第三，法典产生需要一定的主客观条件。政治上，法典编纂需要国家的统一。学术上，需要法学资料的积累。主体上，尚需要一批高素质的法学家。德国并不具备这些条件。要制定法典，需要精纯的法学和伟大的法学家。法学家必须具备两种不可或缺的素养，一为历史素养，一为系统眼光；凭前者而确凿把握每一时代与每一法律形式的特性；凭后者，可以在与事物的紧密联系与合作中，省察每一概念和规则。在一个国族范围内前瞻未来中，法学家要有评估时代的能力。基于对当时法学的基本判断，萨维尼认为德国并不具备制定一部优秀法典的能力。

四、法的演化：习惯法、学术法和法典

在法律的演进中，民族精神自然而然地甚至神秘地起着作用，法的演进动力在于民族精神的演进。法就像语言、建筑等一样，是一个民族文化的有机组成部分，只能不知不觉地发生变化，有进化但不能有变革。法律在此作用下，经历了三个阶段：

最初，是从习俗和人民的信念中产生的习惯法，这是第一个阶段。

接着，"法学家们越来越成为一个特殊的阶层；法律完善了这一阶层的语言，使其持取科学的方向，正如法律以前存在于社会意识之中，现在则被交给了法学家，法学家因而在此领域代表着社会。"[14] 经过法学家的整理，形成了学术法，表现在法学家的意识中。这是第二个阶段。在此阶段，萨维尼提出了法的双重生命力的论断，他说："首先，法律是社会存在整体中的一部分，并将始终为其一部分；其次，法律乃是掌握于法学家之手的独立的知识分支。所有后继的各种现象，均可由法律的这两种存在形式间的依存合作关系而获得解释……我们将法律与民族的一般存在间的这种联系称为'政治因素'，而将法律的独特的科学性的存在称为'技术因素'。"[15]

第三个阶段是法典编纂，使习惯法和学术法统一，但萨维尼对于法典编纂多有批评。"法律首先产生于习俗和人民的信仰，其次乃假手于法学——职是之故，法律完全是由沉潜于内、默无言声而孜孜矻矻的伟力，而非制定者的专断意志所孕就的。"[16] 可见，萨维尼既反对意志对法律的任性干扰，也担心人的理性对法律本来状态的过度干预和扭曲。萨维尼同时也不忘提醒，这三个阶段的界限其实只具有相对意义，划出明确界线的想法是不现实的。

---

〔13〕［德］萨维尼：《论立法与法学的当代使命》，许章润译，中国法制出版社 2001 年版，第 20 页。

〔14〕同上书，第 9～10 页。

〔15〕同上书，第 10 页。

〔16〕同上书，第 11 页。

五、法学方法论

近代以来,认识论和方法论成为哲学的焦点,这也深深影响了法学理论。但真正对法学方法进行系统研究和在大学里作为一门课程讲授的,则首推萨维尼。他在马堡大学、兰茨胡特大学和柏林大学开设该门课程达三十多次。其内容只能从其逝世后才出版的格林兄弟的笔记中得以窥见。萨维尼关于法学方法论的研究中,最有特色的是关于法学方法的三个基本原则及其相互关系的观点。

萨维尼认为,首先,法学是一门历史性科学。因为法律是历史地形成的,所以必须客观地考察法律在时间序列中的变化,由此而发现法律的演化动力和演化形式。

其次,法学是一门哲学性的科学。萨维尼所谓之哲学性,实际就是系统性。“提出、界定单一的制度,并按其内在的相互关系,把它们纳入一个体系,这就构成法学家在哲学方面的工作。”[17] 历史法学派对罗马法进行研究时,注重历史性的同时,也十分注重其系统性,通过历史研究而达到对法的体系化把握恰是重要的研究目的。他说:“法学中的系统化研究由来已久……如果此种研究想真正发挥作用,其内在关联(inner Zusammenhang)就必须成为一个统一体。为此,它必须为法学,为整个立法提供一般内容与一般任务,这些一般内容与任务并非偶然获得的。民法和刑法的概念就曾经是这样的一般任务,由此可见,这样一种体系化的法学研究是可能的,而如果存在这样的体系化研究,则法学直接与哲学——它必须通过完备的演绎(Deduktion)来确定一般任务的这个范围——紧密相连,从这个意义上说,法学是一门哲学性的科学。”[18]

最后,法学是历史性科学和哲学性科学的统一。法学的历史性研究和哲学性研究应该由分而到合,但不能过早结合,而应充分地做好分的基础上再做合的工作。在分的基础上达到合,才能对法律的品性有一个完整的理解。他说:“上述第一条原则与第二条原则固然存在差异,但二者都是真实的,因此,应该将其结合起来,法学完整的品性就建立在这个结合的基础上。在语文性解释的过程中被视为单个规则的东西,在体系性研究中必须被作为一个整体加以思考,反过来,法学的体系化观察也应该被分解为若干要素。法学研究自身必须包含注释性研究和哲学性研究的条件。注释与体系性研究首先应该单独进行,不应该过早结合起来,否则就是不成功的结合。”[19]

可见,历史性研究和哲学性研究都是重要的,但只有把二者很好结合起来,才能达到更深刻更全面的认识。而且,这种综合应该又是在分别研究的坚实基础上进行的,否则也无法接触到真实。“历史的观察为系统的观察提供基础。”[20]

六、简评

萨维尼的“民族精神”一词,在法律思想领域里引起过后人无数的争论。无论如何,萨维尼可谓是法律思想史上的巨擘。他的献身精神、高尚道德和终身勤勉都有助于提高法学的学

[17] [德]H.科殷:《法哲学》,林荣远译,华夏出版社2002年版,第32页。
[18] 《萨维尼法学方法论讲义与格林笔记》,杨代雄译,法律出版社2008年版,第74页。
[19] 同上书,第74~75页。
[20] [德]H.科殷:《法哲学》,林荣远译,华夏出版社2002年版,第32页。

术品位和地位。以他为主要代表的学派成功地推迟了德国民法典的制定,为学术准备赢得了充分的时间。他对于历史的尊重,对于民族个性的阐发和褒扬,值得每一个法律人思考。对于民族个性与法律的关系的强调,成为社会法学的一个思想资源。对于罗马法研究的丰富成果本身,就是对私法学的重大贡献。同时,他的精细和严谨也开启了重视概念分析的另一条学术之路。

对于萨维尼的德意志不具备立法能力的观点,黑格尔曾经激愤地指出这是对"这一民族和它的法学界莫大的侮辱"。年轻的马克思也曾经严厉地指责过德国历史法学派,指认它是轻佻的东西和庸俗的怀疑论,是非批判的实证论,否认理性,以昨天的卑鄙行为来为今天的卑鄙行为辩护,在政治立场上代表了封建地主阶级的利益,等等。这些评论值得我们思考。

参考文献

1. [德]萨维尼:《论立法和法学的当代使命》,许章润译,中国法制出版社 2001 年版。
2. [德]萨维尼:《当代罗马法体系》(第 1 卷),朱虎译,中国法制出版社 2010 年版。
3. [德]萨维尼:《论占有》,朱虎等译,法律出版社 2007 年版。
4.《萨维尼法学方法论讲义与格林笔记》,杨代雄译,法律出版社 2008 年版。
5. [德]蒂堡、[德]萨维尼:《论统一民法对于德意志的必要性——蒂堡与萨维尼论战文选》,朱虎译,法律出版社 2009 年版。
6. 许章润主编:《萨维尼与历史发学派》,广西师范大学出版社 2004 年版。
7. 谢鸿飞:"萨维尼的历史法学",载高全喜主编:《从古典思想到现代政制》,法律出版社 2008 年版。
8. 余履雪:《德国历史法学派:方法与传统》,清华大学出版社 2011 年版。

思考题

1. 如何理解萨维尼关于法的起源和法的本质的观点?
2. 萨维尼对西方法律思想史的发展所作的贡献是什么?

第三节 梅因的法律思想

一、梅因生平著述与学术大要

梅因(Henry James Summer Maine,1822～1888 年),英国著名的法律史家和法律思想家,历史法学在英国的主要代表。他 1840～1844 年就学于剑桥大学,1847～1854 年在该校任民法钦定教授,1850 年取得律师资格,1852 年起在四大律师学院担任罗马法和法理学的高级讲师。1862～1869 年,梅因远赴印度,任总督法律顾问,协助编纂印度法典,并担任印度加尔各答大学校长。1869 年归国,担任牛津大学法理学讲座教授。

其大作《古代法》流传甚为广远,此书初版于1861年,约在达尔文《物种起源》之后两年。此著的全名是《古代法,它与古代社会史的联系及其与近代思想的关系》,“这表明它不单纯是一部专门技术性的历史,而是广泛探究社会、历史、思想、文化诸多方面的一部史论,而尤其着重于古代思想与近代思想的关系”。[21] 梅因自己也在该书序中说:“本书的主要目的,在扼要地说明反映于‘古代法’中人类最早的某些观念,并指出这些观念同现代思想的关系”。[22] 梅因尚有《古代法制史》、《古代法律与习惯》等数种著作行世,多为《古代法》的展开,但影响都似不及《古代法》。1885年,所著《民治政府》出版,体现了他保守主义的政治观点。[23]

梅因的历史法学与德国早期历史法学既有明显的继承关系和相同点,也有鲜明的创新和差异点。与德国历史法学派相同,梅因也重视历史方法,重视对古代历史的研究,重视罗马法,重视法与文化的关系,强调习惯法的地位。但同时,梅因与萨维尼有明显的不同。第一,他也重视习惯法,但明确指出习惯法发展为成文法的必要性。第二,他的研究超越了民族的界限,展开了开阔的比较研究,并且努力求同,尽力寻找法的发展的共同趋势和模式。第三,他对于理性在法律发展中的作用给予了更充分的重视。

梅因著作的出现和思想的形成,是与其所处的历史背景密切相关的。其时,资本主义国家进入了广泛的立法时期,英国也迫切需要对其普通法和衡平法进行改革,以适应新时代的新需要。与梅因学说几乎同时,英国出现了功利主义法学和早期分析法学派。这两派都主张对英国法加以改革,但都轻视历史方法,轻视法和传统之间的关系;与他们不同,梅因清醒地看到了法与历史不可分并加以强调,同时他也不忽视立法在英国当时法律改革中的作用。

二、对自然法学的批判

(一)对自然法学派的否定性评价

作为历史法学派的一员,梅因对于自然法学派是持反对态度的,有时甚至到了尖酸刻薄的地步。他认为,自然法把“过去”与“现在”混淆起来了。逻辑上,它意味着曾经一度由自然法支配的一种“自然”状态;但法学专家并不明白地或确信地说到过有这样一个状态存在,这种状态除了偶然在幻想黄金时代的诗歌中能够发现外,的确也绝少为古人们所注意到。自然法从实际效果讲,是属于现代的产物……这种不问过去只向将来寻求完善典型的倾向,由基督教带到这世界上来的,古代文学很少或者没有暗示过这样一种信念,即认为社会进步必然地是从坏到好的……[24]

现代自然法理论所研究的主要问题,已不是自然规律,而是自然状态。如果自然统治在罗马人看来尚有几分真实的话,卢梭的信念则是:一个完美的社会秩序可以求之于单纯的对自然状态的考虑,这一种社会秩序完全同世界的实际情况没有关系,并且完全同世界的实际情况不同。自然法理论建立于其上的这种哲学对于每一个国家中比较不精确的思想家还具有特别的吸引力,并且无疑地是妨碍着应用“历史研究方法”的几乎一切先入之见的、多少是不直接的根源……。[25] 它产生了或强烈地刺激了当时几乎普遍存在的智力上的恶习,如对

---

〔21〕 何兆武:《历史理性批判论集》,清华大学出版社2002年版,第442页。

〔22〕 [英]梅因:《古代法》,沈景一译,商务印书馆1984年版,序。

〔23〕 徐大同主编:《西方政治思想史》(第4卷),天津人民出版社,2006年版,第614页。

〔24〕 [英]梅因:《古代法》,沈景一译,商务印书馆1984年版,第42页。

〔25〕 同上书,第51~52页。

现实法的蔑视，对经验的不耐烦，以及先天的优先于一切其他理性等。这种哲学紧紧地握住了那些比较思想得少、同时又不善于观察的人，它的发展趋势也就比例地成为明显的无政府状态。[26]

如果说因为孟德斯鸠采用了历史研究的方法而得到了梅因的肯定的话，那么梅因对卢梭的批评可能就显得有些不够厚道也有失偏颇了。他说，卢梭是一个不同寻常的人，他没有学识，很少美德，并且也没有十分坚强的个性，但由于一种鲜明的想象力，以及他对于人类的真诚热爱，却使他成为历史上不可磨灭的人物。梅因认为，卢梭社会契约理论中的人，都一律是在一种假设的自然状态中的人，是被剥光了历史特性的人。

（二）自然法学派的正面影响

不过，对于自然法理论的极大的社会影响，梅因并没有充耳不闻。他说，这个理论在哲学上虽然有其缺陷，我们却不能因此而忽视其对于人类的重要性。真的，如果自然法没有成为古代世界中一种普遍的信念，这就很难说明思想的历史、因此也是人类的历史，究竟会朝哪一个方向发展了。[27] 自然法概念在人类的幼年之所以有其价值和作用，是因为它能使人在想象中出现一个完美法律的典型，它并且能够鼓舞起一种要无限地接近它的希望，而在同时，对于还没有适应于这个理论的那些现存法律义务，它又从不使法律实务者或市民加以否认……它在彼时法律生活中的职能，简单讲，是补救性的，而不是革命性或无政府状态的。（这一点，不幸地，恰恰就是现代对于自然法的见解常常不再和古代见解相同的地方。）[28] 梅因认为，从整体来讲，罗马人在法律改进方面，当受到自然法的理论刺激时，就发生惊人迅速的进步。[29] 回过头来看自然法的现代史，我们断然相信他的影响是广泛深入的，但这种影响的是好是坏，则就比较难以坚定地加以肯定。[30] 有一个例子非常明显地说明了自然法理论对现代社会的影响，并且表明这些影响是如何的深而且远。人类根本平等的学理，毫无疑问是来自自然法的一种推定。另一方面，自然法所尽的最伟大的职能是产生了现代国际法和现代战争法……[31]

三、历史的研究方法

梅因是有着清醒的方法论自觉的法律思想家。作为历史法学派在英国的代表，梅因对那种非历史的态度和方法是非常不以为然的。他批评英国的法学家轻视历史，认为自然法理论是粗糙的，是历史研究的劲敌。“凡是似乎可信的和内容丰富的，但却绝对未经证实的各种理论，像自然法或社会契约之类，往往为一般人所爱好，很少有踏实地探究社会和法律的原始历史；这些理论不但使注意力离开了可以发现真理的唯一出处，并且当它们一度被接受和相信了以后，就有可能使法律学以后各阶段都受到其最真实和最大的影响，因而也就模糊了真理。”[32] 梅因还说，“我们没有必要枉费时间，以详细分析这建筑于一个自然状态基础上的政治、艺术、教育、伦理学和社会关系的哲学。这种哲学对于每一个国家中比较不精确的思想家

〔26〕［英］梅因：《古代法》，沈景一译，商务印书馆1984年版，第52页。

〔27〕同上书，第43页。

〔28〕同上书，第44页。

〔29〕同上书，第33页。

〔30〕同上书，第46页。

〔31〕同上书，第55页。

〔32〕同上书，第2页。

还具有特别的吸引力,并且无疑地是妨碍着应用历史研究方法的几乎一切先入之见的多少是不直接的根源……"[33]

从正面来说,"如果我们能通过任何方法,断定法律概念的早期形式,这将对我们有无限的价值。这些基本观念对于法学家,真像原始地壳对于地质学家一样的可贵。这些观念中,可能含有法律在后来可能表现其自己的一切形式。"[34]这里可以说是采用了一种发生学的方法——认为事物的胚芽状态决定了它的发展和成熟形态,成熟形态不过是胚芽形态的扩大。我们又可以注意到,梅因对于科学有着高度的尊重,他有一种想使历史学成为自然科学那样的科学的愿望,这应该是其时风尚的体现吧。他说:"我们的法律科学所以处于这样不能令人满意的状态,主要由于对于这些观念除了最最肤浅的研究之外,采取了一概加以拒绝的草率态度或偏见。在采用观察的方法代替假设法之前,法学家进行调查研究的方法真和物理学与生物学中所用的调查研究方法十分近似。"[35]梅因的科学是很实证的,这恰恰是 19 世纪中期的特征。我们还要注意到,梅因的法制史研究,采用的是比较历史学的方法,这在当时是比较先进的。

四、法律制度的产生和发展

(一)法的发展三阶段或三种历史类型

梅因经过对古代制度的研究,认为法律制度的产生发展要经过由低到高的几个阶段。第一个必经的阶段是荷马诗篇中提到的地美士和地美士第。地美士(Themis)在希腊后期万神庙中是司法女神,地美士的复数形式是地美士第,意指审判的本身,是由神授予法官的。但须明白,地美士第不是法律而是判决。这种判决显然是有浓重的神灵色彩,但它并没有拘束后来案件的效力。情况类似的案件不断出现,就有可能采用彼此近似的审判。由此就有了一种习惯的胚种或者雏形。对于一个在胚胎中的习惯,荷马除了用地美士的称呼,更多的时候则用达克(Dike),其含义明显地介于一个判决和一个习惯或惯例之间。在习惯的时代,法律知识掌握于贵族手中,他们对于决定争议所依据的各项原则具有垄断权。习惯法为一个特权阶级所密藏,这是一个真正的不成文法。法律发展的第三个阶段是法典的阶段。在希腊、在意大利、在西亚的希腊化海岸上,这些法典几乎到处都在同一个时期出现,这是每一个社会相对地进步到类似的情况下出现的。法律被铭刻在石碑上,向人民公布,以代替一个单凭有特权的寡头统治阶级的记忆的惯例。罗马法典就属于这样的法典,这类法典的价值不在于其分类比较匀称或用词比较简洁明了,而在于它们为公众所知,以及它们能使每个人知道应该做些什么和不应该做些什么的知识。在西方世界中每一个国家的平民成分都成功地击溃了寡头政治的垄断,几乎普遍地在"共和政治"史的初期就获得了一个法典。但是在东方,不论由于何种原因,他们编制法典相对地讲要比西方国家迟得多,并且有很不相同的性质。十二铜表法以及类似的法典赋予社会的好处,主要是保护这些社会使它们不受有特权的寡头政治的欺诈,使国家制度不致自发地腐化和败坏。

---

〔33〕[英]梅因:《古代法》,沈景一译,商务印书馆 1984 年版,第 51 页。
〔34〕同上书,第 2 页。
〔35〕同上。

（二）静止社会和进步社会划分的理论

历史对于不同国家的法律史是不公平的。梅因认为，当原始法律一经制成法典，所谓法律自发的发展，便告中止。自此以后，对法律的发展起着影响的，如果确有影响的话，便都是有意的和来自外界的。有了法典就开始了一个新纪元。从此，当我们追溯一下法律变更的经过时，我们就能发现这些变更都是出于一种要求改进的、有意识的愿望，或者无论如何，是出于一种具有一定目的的有意识的愿望，这同原始时代所企求的完全不同。梅因由此提出了他那颇受重视的进步社会和静止社会的划分理论。

在法典时代开始以后，静止社会和进步社会之间的区分就已经开始暴露了。但是进步社会却是极端少数的。这个进步社会在梅因那里其实就是西欧社会。西欧文明在整个世界史中实在是一个罕有的例外，而几乎绝大部分人类，在民事制度因被纳入某种永久记录中而第一次使其具有外表上的完善性时，就绝少有表示要再加以改进的愿望。除了世界上极小部分外，从未发生过一个法律制度的逐渐改良。世界有物质文明，但不是文明发展法律，而是法律限制着文明。

（三）进步社会中法律发展的三种方式

梅因将其笔力主要放在进步社会中所发生的情况。他认为在这些进步社会里，社会的需要和意见常常是或多或少走在法律的前面的。我们可能非常接近地达到它们之间缺口的结合处，但永远存在的趋向是要把这缺口重新打开来。因为法律是稳定的；而我们所谈到的社会是进步的，人民幸福的或大或小，完全决定于缺口缩小的快慢程度。那么如何缩小这缺口，使法律和社会相协调呢？梅因以为，这些媒介手段有三，即“法律拟制”、“衡平”和“立法”。它们的历史顺序就如上述所排列，有时，其中两个在同时进行，也有些法律制度没有受到它们中的这一个或另一个的影响。

法律拟制这一用语，是要用以表示掩盖、或目的在掩盖一条法律规定已经发生变化这事实的任何假定，其时法律的文字并没有被改变，但其运用则已经发生了变化。英国的判例法和罗马的法律答问都是以拟制为基础的。事实上，在这两种情况下，法律都已经完全被变更了；而拟制使它仍旧和改变以前一样。各种不同形式的拟制特别适合于社会的新生时代，是因为它们能满足并不十分缺乏的改进欲望，而同时又可以不触犯始终存在的、对于变更的迷信般的嫌恶。法律适应社会需要的另一个手段是衡平，它的含义，是指同原有民法同时存在的某一些规定，它们建筑在个别原则的基础上，并且由于这些原则所固有的一种无上神圣性，它们竟然可以代替民法。衡平不同于拟制，不同之点在于它能公开地、明白地干涉法律。另外，它又和立法不同，不同之点在于它的权力基础并不建筑在任何外界的人或团体的特权上面，甚至也不建筑在宣布它的官吏的特权上面，而是建筑在它原则的特殊性上面，这些原则，据说是一切法律应该加以遵循的。这种认为有一套原则比普通法律具有更高的神圣性并且可以不经过任何外界团体的同意而主张单独适用的概念，要比法律拟制最初出现时属于进步得多的一个思想阶段。[36]最后一个改进手段是立法，它和衡平也有不同，因为它的权威来自一个外界团体或人。它所以有强制力，与其原则无关。立法在专门术语的意义上与衡平法不同，后者标榜着一种高度的神圣性，这使它们即使没有经过君主或议会的同意，也应该为法院

---

〔36〕［英］梅因：《古代法》，沈景一译，商务印书馆1984年版，第17页。

立即承认。

五、两个著名的命题

梅因有两个非常著名的命题,言简意赅,发人深省,同时也容易引起争议。

(一)从身份到契约的公式及其评析

第一个命题是:所有进步社会的运动,到此为止,是一个"从身份到契约"的运动。

他说:"所有进步社会的运动在有一点上是一致的,即在运动发展的过程中,其特点是家族依附的逐步消灭以及代之而起的个人义务的增长。'个人'不断地代替了'家族',成为民事法律所考虑的单位……我们也不难看到:用以逐步代替源自家族各种权利义务上那种相互关系形式的,究竟是个人与个人之间的什么关系。用以代替的关系就是契约。在以前,人的一切关系都是被概括在家族关系中的,把这种社会状态作为历史上的一个起点,从这一个起点开始,我们似乎是在不断地向着一种新的社会秩序状态移动,在这种新的社会秩序中,所有这些社会关系都是因'个人'的自由合意而产生的。在西欧,向这种方向发展而获得的进步是显著的。"[37]

"身份"这个字可以有效地用来制造一个公式以表示进步的规律,不论其价值如何,但是据我看来,这个规律是可以足够地确定的。在"人法"中所提到的一切形式的"身份"都起源于古代属于"家族"所有的权力和特权,并且在某种程度上,到现在仍旧带有这种色彩。因此,如果我们依照最优秀著者的用法,把"身份"这个名词用来仅仅表示这一些人格状态,并避免把这个名词适用于作为合意的直接或间接结果的那种状态,则我们可以说,所有进步社会的运动,到此为止,是一个"从身分到契约"的运动。[38]

身份是依附而不独立的状态,人的权利义务决定于他的出生使他所处的在社会关系网中的地位。而契约,意味着个人的独立,人可以通过自己的意志,创设和变更自己的地位。

这一公式从一定角度揭示了古代社会向19世纪西方社会转化的规律。这一命题显示了人类积累的文明成果在社会制度和法律关系上的变化。同时,这也是对近代西方社会活力和个人自由之间关联的揭示。但是同时我们不得不说,这种概括具有形式主义的肤浅性。因为,历史进步并没有消除所有的身份,身份也是各种各样的,各种身份在社会交往和社会结构中仍然占据十分重要的地位。而且,社会中各种交往和关系也不能都是契约,都是利益交换和互相利用关系,如果那样,这样的社会一定是单调而可怕的。

(二)古代法中民刑事法律比重是衡量其发达程度的标志

梅因的另一个影响广泛的命题是:大体而论,所有已知的古代法的搜集都有一个共同的特点使它们和成熟的法律学制度显然不同。最显著的差别在于刑法和民法所占的比重。比如,在日耳曼法典中,民事部分法律比刑事部分要狭小得多。具有伟大法律天才和一个温良风俗的社会之产物的十二铜表法,它的民事法律才有些像其现代的先例。在它之中,损害救济方式所占的地位,虽然不是异常巨大,但却是相当大的。[39]

---

〔37〕[英]梅因:《古代法》,沈景一译,商务印书馆1984年版,第96页。

〔38〕同上书,第97页。

〔39〕同上书,第207页。

我们认为,这一命题有其合理性。民刑法律的比重,应该是与该社会的经济发展水平紧密相关的,如果商品经济发达,民法比重自然高些,反之则低些。但如果考虑到人类文化的丰富性和多样性,考虑到人类社会调控方式的多样性,似乎可以把问题看得更复杂一些。

六、对梅因法律思想的简要评论

无疑,作为历史法学派的杰出代表,梅因对于法律思想作出了不同凡响的贡献。梅因的主要工作是追溯罗马的以及日耳曼的、克尔特的、印度的和斯拉夫的法制,把比较方法引入历史研究,从而在历史学中确立了比较历史学和历史法学派的地位。梅因的贡献首先在于方法论的启示。它不同于高歌猛进的自然法思潮,而是要从历史中求证据,要从证据中归纳出结论。它把思维观察的触角伸向在此以前不为人注意的古代法律,搜集了极有价值的资料,得出了引人深思的结论。关于《古代法》,波罗克曾评论道,其书的结论或已过时,但其研究法律的致思取向,却仍强而有力且影响巨大。笔者认为,现在,人们所掌握的历史知识肯定比梅因在世时丰富和深刻了很多,他的一些具体观点可能也会受到质疑,但他的历史意识和方法对我们还是富有启发意义。

与此同时,梅因的思想也有不少值得指摘的地方。比如,他指认欧洲社会的文明相对于其他社会是优越的,这可能是沙文主义的,他对于法律之适合于不同民族的特性也有所忽视。[40] 又如,他认为远古时代法律宗教不可分,但现代人在这个问题上的意见却是不同的。梅因将法律的进展划分作不同的前后相续的阶段,分别是个别的判决——习惯法——法典,但实际进程可能是非常复杂的,而且也未必会遵循如上顺序。梅因的分析,多取材于古代法,视野是宽广的,但他对中世纪的法律史却着墨甚少,以致人们觉得有跳跃之感,从古代一下子跳到了近代,这使得他的一些结论的力度和说服力受到了一定影响。

参考文献

1. [英]梅因:《古代法》,沈景一译,商务印书馆 1995 年版。
2. [英]梅因:《早期制度史讲义》,冯克利等译,复旦大学出版社 2012 年版。

思考题

1. 梅因在哪些方面承继与发展了早期历史法学?
2. 梅因是怎样认识法的起源与发展的?
3. 如何评价梅因关于社会发展是“从身份到契约”的论述?

---

〔40〕 See Surya Prankash Sinha, *Jurisprudence*:*Legal Philosophy*,法律出版社 2004 影印本,p. 215。

第七章　功利主义法学和早期分析法学

第一节　功利主义法学和早期分析法学概述

一、产生的历史背景和思想渊源

功利主义法学(Utilitarianism of Law)和早期分析法学(Analytical school of Law),即功利分析法学,指的是18世纪末到19世纪下半叶以功利主义人性论为本体论和实证主义哲学为方法论,在批判自然法学和吸收中世纪的注释法学和德国的历史法学的基础上于英国产生的一种实证主义法学思潮。这种思潮的代表人物有杰里米·边沁、约翰·斯图亚特·密尔、约翰·奥斯丁等。后来这一思潮传到其他国家,又出现了英国的霍兰德(Thomas Erskine Holland,1835～1926年,1880年著有《法理学的要素》)、马克拜(William Markby,1829～1914年,1905年著有《法律的要素》);新西兰的萨尔蒙德(John Salmond,1862～1924年,1902年著有《法理学》);美国的格雷(John Chipman Gray,1839～1915年,著有《法律的性质和渊源》)、霍菲尔德(Wesley Newcomb Hohfeld,1879～1918年,著有《基本的法律概念》);澳大利亚的佩顿(GeorgWhitecross Paton,1902～1985年,1951年著有《法理学》)等。一般也把德国的概念法学归入早期的分析法学之中。因为它们之间在许多基本观点上是相同的,虽然从历史上看,概念法学并不是受到奥斯丁的影响的结果,恰好相反,奥斯丁早年曾拜萨维尼为师。

这一法学思潮与之前的自然法学相比,从研究的对象、方法,到研究所依据的基本理论上都有巨大差异,即不再研究法的应然或应然的法(自然法),只研究法的实然或实在法(positive law),而且只研究国家制定法的形式,不研究其内容或价值;研究所依据的人的原型不再是理性的人,而是功利性的动物;研究的方法主要是所谓科学的实证方法,即语义分析和逻辑分析的方法。

这一法学思潮之所以会产生是与这一时期的英国乃至西方的历史背景以及相适应的社会思潮、哲学思潮密不可分。

从政治背景来看,这一时期正处于西方各国的资产阶级革命和夺取政权的时期,社会地位的变化,加上残酷的斗争现实,使已居于统治地位的资产阶级中的一部分人,在对现实的看法上发生变化,不再那么讲理想而是追求实惠了,用恩格斯的话形象地说,他们的兴趣由哲学的殿堂转向交易所;把人也不再看得那么好了,而是用功利主义(Utilitarianism)的观念解释现实中人的种种恶习,因而得出了人性恶的结论。在这种情况下,西方伦理学中早已存在的功利主义流行起来,并渗入到各个学科研究领域,因而出现了一些代表人物,如经济学家亚当·

斯密(Aam Smith,1723～1790年,1759年出版《道德情操论》,1776年出版《国富论》)、哲学家法国的爱尔维修(Claude Adrien Helvetius,1715～1771年)和英国的休谟(David Hume,1711～1776年)等。特别是休谟写了一本《人性论》(1739～1740年),系统地阐述了功利主义的人性论,即把人的一切归之于感性,把人说成是基于感觉的"避苦求乐"本性而追求功利的动物。这样一来,功利主义就更加有了市场,许多学科的思想家也就用功利主义解释其学科的问题。法学界在这一影响下,也出现了法学家贝卡利亚(Cesare Banesana Beccaria,1738～1794年,1764年出版《论犯罪与刑罚》)和边沁(1765～1769年出版了《政府片论》,1789年出版《论道德与立法原理导论》)。

对分析法学的产生造成巨大影响的另一思潮是当时新产生的奥古斯特·孔德(Auguste Comte,1798～1857年)的实证主义哲学。[1] 孔德是法国一个著名的思想家,是著名的法国空想社会主义思想家圣西门的学生。他概括了当时科学界,特别是自然科学界使用的观察、实验、数学推演等实证的研究方法,把它概括为实证主义,并上升到哲学的高度研究人类历史,把它分为神学、形而上学和实证三个阶段。说神学阶段人们用神话幻想来解释世界,形而上学阶段用玄想、假设的办法解释世界,实证阶段则用实证科学的办法获得知识。所以,只有实证的方法是科学的。所谓"实证"一词有四层含义:一是与虚幻对立的真实;二是与无用对立的有用;三是与犹疑对立的肯定;四是与模糊对立的精确。所谓实证主义就是与神秘主义和经验主义相区别的科学态度,它不是以抽象推理和感性经验作为判断事物的依据,而是以真实的事实为依据,既肯定过去,又重视现在,既承认精神,又承认物质,在它们的统一中公正地评价,并使观念和运动、进步与秩序得到系统的协调。[2] 显然,奥斯丁正是因为受到了这一哲学的影响,才把法学的研究对象确定为实在法的。

二、早期分析法学研究的基本问题及其法律观

(一)研究的基本问题

功利主义法学和早期分析法学研究的基本问题归纳起来就是国家制定法的形式问题。具体说来有以下几个方面:

1. 实在法的定义和范围

早期分析法学用实证主义态度来界定实在法,把象征性意义的"法"和类似性"法"都排除在外,最后只确定是国家制定法,不包括国际法。对此奥斯丁做了详细地研究和论述。

2. 实在法的构成

早期分析法学注意从逻辑结构上研究实在法,如奥斯丁认为法是由主权、命令和制裁三种要素构成的。

3. 研究实在法的基本概念

早期分析法学特别重视法律的概念研究,对它们进行归类和辨析,如萨尔蒙德对许多法律概念:权力、权利、自由、侵权行为等做了研究,特别是对侵权行为做了深入研究,写有专著,广为流传;又如霍菲尔德对司法中的八个基本概念:权利、特权、权力、豁免、义务、无权利、责任和无能力,进行了仔细的辨析和分类等。

---

[1] 1830～1842年孔德出版了《实证主义哲学教程》(六卷本)。

[2] 参见[法]奥古斯特·孔德:《论实证精神》,黄建华译,商务印书馆1999年版,出版说明。

4. 实在法与道德的区别

由于分析法学把法分为应然法和实在法,认为法学所研究的只是实在法,而应然法在他们的眼里就是自然法或道德律,根据休谟的实然与应然之间不可通约的理论,奥斯丁以来的分析法学家都极力把法律与道德分开,提出法与道德无涉的著名命题,认为法律是一种纯粹的社会控制技术,与道德价值无直接关系。这成为分析法学的一个传统的观点。

5. 国际法的性质

这也是分析法学家所关注的一个问题,因为这个时期国际法作为一个新兴的法学学科正在发展之中。早期分析法学对这一问题的回答是国际法不是法律,而是实在道德,因为它不具备国内法的特点,即没有主权者制定和实施它。

(二)研究中使用的基本方法

由于研究的对象是国家制定法,是法律文本,而且只研究其形式,不研究其内容和价值,因此分析法学家所使用的基本研究方法就是语义分析和逻辑分析。这两种方法分别用于对法律形式的微观研究和宏观体系研究。语义分析是用于研究表现为语言的法律的最小单位的词汇的研究;逻辑分析用于对法律体系结构的研究。这些方法是从中世纪的注释法学的研究方法继承和发展而来的。

(三)法律观及其特点

早期分析法学的法律观可称为法律命令说,即认为法律就是主权者所发布的以制裁为后盾的强制性命令。这是在继承和发展了霍布斯的法律观的基础上提出来的。这一法律观认为法律的本质是命令,特点是强制性,它是根据人的避苦求乐的本性,用施以奖(乐)与罚(苦)的办法引导人们去追求最大多数人的最大幸福的社会安排。

对于早期分析法学的特点,哈特曾作如下的概括:(1)法律是人类的命令;(2)法律和道德之间,即"法律实际上是什么"与"法律应当是什么"之间没有必然的联系;(3)对法律概念的分析是值得研究的,这种研究不同于对法律的产生的原因或者起源的历史研究,不同于对法律和其他社会现象的关系的社会学研究,不同于用道德、社会目标、功能或者其他标准对法律所作的批评或者评价;(4)法律体系是一个封闭的逻辑体系,正确的判决可以从事先确定了的规则中逻辑地推演出来,而无须求助于社会的目标、政策或道德;(5)道德评判和事实陈述不同,它不能通过理性论辩、论证或证明来确立或辩护,而事实陈述则可以这样。[3] 这一概括对于我们认识早期分析法学是有启发性的。

三、早期分析法学的贡献与局限

早期分析法学的最大贡献就是使法学真正获得了独立,这其中首先在于它使法学从神学和哲学中解放了出来,完成了其由哲学向法学的转变,并寻找法学自己的研究对象和方法,创造了分析实证主义的新法学;其次,它也划分了法学与其他社会学科,如伦理学、政治学、社会学的界限,特别是区分了法与道德,使法学研究的对象逐渐予以明确,方法趋于"科学",即在总结历史上的法学方法的基础上创立了语义分析和逻辑分析的研究方法。尽管它对法学的研究对象和方法的认识上尚不太科学、准确。

---

〔3〕 See H. L. A. Hart, Positivism and the Separation of Law and Morals, *Harvard Law Review*(1957~1958), p. 601.

早期分析法学的局限是很明显的，首先是对法的理解上过于狭窄，即把法只是理解为国家制定法，因而对法的本质的认识也非常片面，只抓住了法的外部特征——强制性，因而把法的本质理解为主权者的命令，说法只是一种社会控制技术，与价值无涉。在研究方法上也比较单一，不注意用其他方法，如哲理的、社会调查的方法。现代分析法学的代表哈特曾对早期分析法学的法律观有深刻批判，后面我们会有所介绍。

参考文献

1. [美]霍菲尔德：《基本法律概念》，张书友译，中国法制出版社2009年版。
2. 李桂林、徐爱国：《分析实证主义法学》，武汉大学出版社2000年版。
3. [美]布莱恩·比克斯：《法律实证主义：思想与文本》，陈锐编译，清华大学出版社2008年版。
4. 杨思斌：《功利主义法学》，法律出版社2006年版。

思考题

1. 功利主义法学和早期的分析法学的理论基础是什么？
2. 早期分析法学对法律的本质是怎么认识的？
3. 早期分析法学的贡献和局限。

第二节　边沁的功利主义法学

一、生平与著作

杰里米·边沁（Jeremy Bentham，1748～1832年）是英国著名的法学家、功利主义法学的创始人和18世纪英国法律改革的倡导者。边沁出生于伦敦的一个富裕的托利党律师家庭。边沁天资聪慧，3岁时学习拉丁文，10岁即能写作。11岁离开伦敦，12岁进入牛津大学皇后学院，1763年获得学士学位。他的父亲希望他成为一名律师，于是边沁进入林肯律师学院，并在高等法院法庭中做见习生。但是他后来回到牛津大学听布莱克斯通的法律讲座。边沁说他一边听，“一边发现布莱克斯通自然权利的谬误”。边沁确信“自然权利”的理论是没有任何根据的，实际上自然权利只是“华丽的胡言和夸张的废话”。1766年他获得硕士学位后又回到了伦敦。他试图成为一名律师，但他的个性和气质妨碍他成为一名成功的律师。于是他对法律的运用也就渐渐地不感兴趣了，但是他对法律理论却是非常用功。他对当时英国法律中的缺点印象深刻。于是他开始问自己有没有一个通用的标准来衡量每一条特定的法律的价值。读了休谟的著作后，他认为他找到了他所要求的衡量标准，那就是功利主义原理。休谟提出，道德行为的特征就是产生幸福的倾向；但是人类作为社会动物是从别人的幸福中自己感到快乐的，所以，他们应当不仅以自己的快乐，而且以别人的快乐作为他们行为的目的。边沁把这种理论发展为功利主义的道德体系。然而这种体系当时在他心中还没有具备明晰的形态。

边沁终生未婚。他的父亲给他留下了一笔可观的财富,这可以使他有充裕的财力和时间从事研究和实践。他积极地创办研究机构、刊物和筹办伦敦大学。他所组织的边沁小组聚集了一批知名学者,对后世产生了巨大的影响。边沁勤于写作,在长达半个世纪中,他经常每天写作 8 至 10 小时,每天写的手稿平均有 10 至 15 对开页,著作等身。主要著作有:《政府片论》、《为高利贷辩护》、《道德与立法原理导论》、《议会改革的基本精神》、《监狱论》、《司法证据原理》、《宪法典》、《立法理论》、《论一般法律》等。

边沁即使在他临终之际,也不忘践行他的功利主义原则,对守候他的一位朋友说:"我感到我快要死了,我们要注意是必须减少痛苦到最小的程度。不要任何仆人到房间里来,要让所有的年轻人都走开。他们看到这种情景是很难受的,他们在这里也无济于事。我当然不能单独留在这里,你得留下来看着我,而且只要你一个人看着我。这样就可以使我们的痛苦减少到最低程度。"〔4〕按照他自己的遗愿,边沁的遗体至今仍保存在伦敦大学里。

边沁的兴趣和贡献很广,涉及哲学、伦理学、政治学和法学,但主要的是法学。边沁创立了一种新的法学思潮,即功利主义法学。边沁全部哲学的基础和核心是他的两个原理,即"联想原理"和"最大幸福原理"。〔5〕"联想原理"是西方心理学的一个古老流派"联想主义"的核心思想。它用联想来解释人的内心的各种复杂心理活动,原属于经验主义哲学的一个组成部分。边沁亦把"联想原理"当作心理学的基本原理,他承认观念和语言的联合,还承认观念和观念的联合。依凭这个原理,他给种种精神现象作出决定论的说明。

在国家观上,边沁抛弃了 17、18 世纪以来流行的用自然法和契约论来说明国家起源的理论,认为那是一种虚构、猜测、一种纯粹的逻辑幻想。实际上国家的产生是社会上出现了统治者和被统治者的区分,之所以产生这种区分是人们基于功利原则的考虑,认识到服从一个人或一批人的利益大于不服从,即"不服从的祸害较之服从的祸害更大。"于是人们才结成政治社会,国家得以产生。至于建立国家后,什么样的政治形式最为理想?边沁从他的功利原则出发,认为一种政体的好坏应以能否为最大多数人谋取最大量的快乐为标准。根据这个标准出发,边沁比较了亚里士多德在《政治学》中所考察过的三种政体:君主政体、贵族政体、民主政体。三种政体各有优缺点,"民主政体通常被设计成为最宜于以法律为目标的政府;贵族政体则最宜于创立那些用来达到预定目标的手段;而君主政体则最宜于执行这些手段。"〔6〕比较而言,民主政体是最好的政体。

在法律观上,边沁认为法律是达到功利目标的手段。统治者制定法律应以功利原则为依规。无论什么法律,只要能给人们带来应有的功利,就是良法,否则,就是恶法。法律实施的基础也是功利主义。法律规定的权利以及相应的奖励措施就是要引起人们的功利感,引导人们为之行善。法律规定的义务以及相应的惩罚措施就是将痛苦施加于人,迫使人们不去为恶。总的说来,边沁的功利主义法学具有这样一些特征:(1)他把法学建立在新的伦理基础之上,为个人主义找到物质的根源。(2)他把独立的个人权利与社会上最大多数人的最大幸福相联系,扩大了传统功利学说的适用范围。(3)他认为法律的目的是实现社会功利,实现社会利益的平衡,具有社会法学的倾向。(4)他首创分析实证主义的法学研究方法。(5)他

---

〔4〕［英］边沁:《政府片论》,沈叔平等译,商务印书馆 1995 年版,编者导言第 16 页。

〔5〕［英］罗素:《西方哲学史》(下卷),马元德译,商务印书馆 1976 年版,第 327 页。

〔6〕［英］边沁:《政府片论》,沈叔平等译,商务印书馆 1995 年版,第 175 页。

强调严格的成文立法，反对传统习惯对立法的作用。[7]

二、思想渊源——功利主义伦理学

边沁法律理论的思想渊源主要是功利主义伦理学。功利思想在西方源远流长，对边沁思想产生直接影响的似乎是休谟、贝卡利亚、普利斯特里。边沁曾说，读了休谟的《人性论》后，"好象道德哲学的天平从自己的眼前跌落一样"，他找到了衡量法律价值的标准。对于贝卡利亚，边沁说："我记得非常清楚，最初我是从贝卡利亚论犯罪与刑罚那篇小论文中得到这一原理（计算快乐与幸福的原理）的第一个提示的。由于这一原理，数学计算的精确性、清晰性和肯定性才第一次被引入道德领域。这些领域，就其自身性质来说，一旦弄清楚之后，它和物理学（包括它的最高级部分：数学）同样无可争辩地具有这些性质。"[8]至于普利斯特里的《政府论》，边沁说："由于这个小册子和其中的这句话，我的关于公共道德的和私人道德的原理就确定了。"[9]边沁则把功利思想理论化，并作为其整个思想的理论基础。

在《道德与立法原理》中，边沁开门见山地指出："自然把人类置于两位主公——快乐和痛苦——的主宰之下。只有它们才指示我们应当干什么，决定我们将要干什么。"[10]这两个主宰是人类的本性，人类的基本规律就是"避苦求乐"，这也就是他所谓的"功利原则"。"功利是指任何客体的这么一种性质：由此，它倾向于给利益有关者带来实惠、好处、快乐、利益或幸福（所有这些在此含义相同），或者倾向于防止利益有关者遭受损害、痛苦、祸患或者不幸（这些也含义也相同）；如果利益有关者是一般的共同体，那就是共同体的幸福，如果是一个具体的人，那就是这个人的幸福。"[11]人都是受功利支配的，追求功利就是追求幸福。个人要追求自身的最大幸福；社会或政府应该追求最大多数人的最大幸福。行为的善恶与否应当以行为本身所引起的苦与乐的大小程度来衡量。从人性出发，凡是能够减轻痛苦增加快乐的，在道德上就是善良，在政治上就是优越，在法律上就是权利。

边沁认为功利原则是人类伦理方面不证自明的最高原则，每一个有理智的人都会接受这个原理。他说："它是否能由直接的证据来证明？应当认为不能，因为被用来证明其他每个事物的，其本身无法被证明：证据之链必定有其始端。给予这样的证据既无可能亦无必要。"[12]这个原则狭之作用于个人，广之作用于集团、社会、国家。除此之外，任何所谓的理性道德标准都只是虚构。为了更清楚地说明苦乐问题，边沁不厌其详地对苦乐进行分类和计算，他把苦乐分为简单的苦乐与复杂的苦乐。他说："痛苦和快乐可以有一个总称：兴趣知觉。兴趣知觉有简单和复杂之分。简单的就是不可再分的，复杂的则可分解为若干项简单的。一个复杂的兴趣知觉可以因此按照下列方式组成：（1）只包含种种快乐；（2）只包含种种痛苦；（3）既包含一种或多种快乐，又包含一种或多种痛苦。"[13]简单的快乐分为14种，即感官之乐、财富之乐、技能之乐、和睦之乐、名誉之乐、权势之乐、虔诚之乐、仁慈或善意之乐、作恶或恶意之乐、

---

〔7〕严存生主编：《新编西方法律思想史》，陕西人民教育出版社1996年版，第194页。

〔8〕［英］边沁：《政府片论》，沈叔平等译，商务印书馆1995年版，编者导言第38页。

〔9〕同上书，编者导言第36页。

〔10〕［英］边沁：《道德与立法原理导论》，时殷弘译，商务印书馆2000年版，第57页。

〔11〕同上书，第58页。

〔12〕同上书，第59页。

〔13〕同上书，第90页。

回忆之乐、想象之乐、期望之乐、基于联系之乐、解脱之乐等。简单的痛苦分为12种,即匮乏之苦(包括渴求之苦、失望之苦、遗憾之苦)、感官之苦、棘手之苦、敌意之苦、恶名之苦、虔诚之苦、仁慈之苦、作恶之苦、回忆之苦、想象之苦、期望之苦、基于联系之苦。至于如何估算快乐和痛苦的值,边沁设定了这样两个原则:对一个人自己来说,一项快乐或痛苦本身的值的大小,将依据其强度、其持续时间、其确定性或不确定性、其邻近或偏远以及其丰度[14]和其纯度,[15]对一群人来说,除了考虑到上述6个因素,还要考虑其广度,即其波及的人数。人们就是从这几个方面对苦乐进行计算、评价,一旦感到某行为给他带来的幸福总量超过了痛苦的总量,该行为就会被表示赞同。边沁认为,对于社会、国家来讲,最应该注意的是苦乐作用的范围问题,即某一行为会影响多少人。如果一个行为能引起多数人快乐而只给少数人带来痛苦,该行为就是国家应该做的。总之,边沁的功利主义理论有两个基本原则:其一,个人按功利计算结果而行为;其二,少数人的功利要服从多数人。

三、法律的本质和作用

边沁关于法律的本质和作用的观点散见在他不同时期的不同著作里,有一个历史的发展过程。尽管如此,我们还是可以相对清楚的把握他关于法律本质和作用的观点,因为边沁所有理论的基础是建立在他功利主义原理之上的。

哈特把奥斯丁的理论总结为:"法律命令说"、"应然法律和实然法律的区分"以及"法律和道德的区分"三条。其实,这三条在边沁的著作里都有所体现。早在《政府片论》里,边沁就涉及了"应然法律"和"实然法律"的问题。他说可以把对法律问题发表意见的人分为两类:解释者和评论者。解释者的任务是向我们说明他所认识的法律是什么;评论者的任务则是向我们评述法律应当是怎样的。因此前者的任务主要是叙述或探讨事实;而后者的任务则是探讨理由。解释者在他的范围内所涉及的思维活动只是了解、记忆和判断;而评论者则由于他所评论的事情有时牵涉到那些喜欢与不喜欢的感情问题,所以要和感情打交道。法律是什么,在不同的国家中有差别而且差别很大。然而,法律应该是什么,在所有的国家中却在很大程度上是相同的。因此,解释者永远是这个或那个特定的国家的公民;而评论者则是,或者应当是一个世界公民。一个解释者要说明的是,立法者和他手下的法官已经做了什么;而评论者则建议说,立法者将来应当做些什么。总之,评论者的任务是讲授这门科学。他在一转手之间,就可以通过立法者的实践把这门科学变成一种艺术。[16] 接下来,他进一步解释说解释者的作用可以分成两部分,第一部分是历史,第二部分是单纯的论证。历史的任务就是说明某一国家已往存在过的法律的情况。而我在此所使用的单纯的论证一词,则是指讲述现在的法律情况。在论证方面还有分类、叙述和推断等任务。在法律明确、清晰而肯定的地方,需要的是叙述;而在含糊、隐晦和不肯定的地方,需要的是推断或解释。至于分类,则是将几种实际存在的或假想存在的制度分为不同的几部分,以便做普遍的考察。此外还要确定这几部分出现的次序,并为每一部分取一个名字。论证者最艰巨而又最重要的工作就是分类。[17]

---

〔14〕 即指随同种感觉而来的可能性,亦即乐有乐随之,苦有苦随之。

〔15〕 即指相反感觉不随之而来的可能性,亦即苦不随乐至,乐不随苦至。

〔16〕 [英]边沁:《政府片论》,沈叔平等译,商务印书馆1995年版,第97页。

〔17〕 同上书,第114页。

在《道德与立法原理》最后一章中，边沁提出了区分“立法学”和“法理学”，即批评性的法学和阐释性的法学；这后来被视为分析法学的一个重要标志，即区分“法律应该是什么”和“法律实际上是什么”的问题。

至于“法律命令说”，边沁在《道德与立法原理》最后一章中有一些零星的表述：立法者意志的表达是一个命令，或禁令或一种否定；明确或实质的命令，连同违反它时附带的惩罚，构成一个法律义务；任何法律，当其完整时，要么具有“强制”的性质，要么具有“非强制”的性质。强制的法律是一个命令，一个非强制或一个没有强制的法律，是强制性法律之完全或部分的废除。每一个强制的法律都产生一个“侵犯行为”，即将这种或那种行为变成一种侵犯行为。唯有以此，它才能“强加一个义务”，即它能够“产生强制”；每一个法律是一个命令或其对立物；命令的形式是多样的，以“盗窃”为例，可以有这些表达形式：你不应该盗窃。使无人盗窃。盗窃的人应该受到如此如此的惩罚。如果有人盗窃，他将受到如此如此的惩罚。如果发生盗窃，对此盗窃的惩罚是如此如此的。[18]

边沁在《论一般法律》(Of Law in General)中给法律下了一个内涵十分丰富的定义：“由一个国家内的主权者(sovereign)所创制的，或者所采纳的、用以宣示其意志(volition)的符号(signs)的集合，该等符号是关于某特定的个人或某种特定类型的人们在某个特定的情形(case)中应遵守的行为，而处于该情形中的该等人是或者被推定是受制于主权者的权力；主权者的意志得以实现，要仰赖于对主权者所意图发生的具体事件的预期——如此做出的意志宣示在必要的时候是意志得以实现的手段，并要仰赖于这样的预期，即所宣示的意志对那些行为被规范之人来说，是作为其行为的一种动机而发挥作用。”[19]结合边沁的其他有关论述，可以从以下几个方面分析边沁关于法律的定义：第一，法律是主权者的意志和命令。这种意志通过主权者自己制定法律，或采纳以前主权者的法律和下属权威机关颁布的法律予以表示。主权者可以是一个人或一个大会。主权者的意志是他所在的政治社会全体成员都必须服从的。第二，法律的适用范围，从主体上讲，包括主权者和人民。主权者的权力不是无限制的，必须接受法律的约束。从客体上讲，是作用于人的行为的。法律的适用范围有空间效力范围和时间效力范围。第三，法律关系是人们之间的权利义务关系。有法的存在，才有权利义务的存在。权利有三种：政治权利、法律权利和道德权利。义务也有三种：政治义务、宗教和法律义务以及道德义务。第四，法律的方式有命令性的、禁止性的和允许性的三种表现方式。第五，法律具有强制力，这种强制力的具体表现就是法律规定的刑罚和其他处罚，这是权利的后盾。第六，法律的表达(expression)有完整表达法和不完全表达法。前者是指法律规定十分完整，在适用法律时，如果有不清楚的地方，只作字面解释；后者即法律只作原则性规定，在具体适用时，法官可作自由解释。边沁主张法律规定要完整，反对法官的任意解释。[20]

边沁认为法律的目的是“增进公共幸福”，亦即是他所说的“增进最大多数人的最大幸

---

〔18〕［英］边沁：《道德与立法原理导论》，时殷弘译，商务印书馆2000年版，“末注”。另参见谷春德主编：《西方法律思想史》，中国人民大学出版社2000年版，第188页。

〔19〕［英］边沁：《论一般法律》，毛国权译，上海三联书店2008年版，导言第1页。

〔20〕参见张乃根：《西方法哲学史纲》，中国政法大学出版社1997年版，第187～190页；另参见谷春德主编：《西方法律思想史》，中国人民大学出版社2000年版，第188页。

福”。为达此目的,他为立法设定了四个目标,即“导养生存、达到富裕、促进平等、维持安全”。[21] 其中,他认为生存和富裕这两个目标,每个人自己都会自动调节,法律可以间接发挥作用。他说法律“通过在人们劳动时提供保护,和通过使人们确信他们劳动的果实,法律间接地提供生计。劳动者的安全,劳动成果的安全;这就是法律的好处,这是一种不可估量的好处。”[22] 至于富裕,“似乎是一点一点形成的,是由产生生计的同一原因的不断转动而形成的。”在这一点上,只使用自然的手段就够了,直接使用法律等人为的手段,反而碍手碍脚。[23] 这里,实际上包含着在经济领域自由放任的思想。安全和平等是其中最重要的,是法律要特别发挥作用的地方。“没有法律就没有安全,因而同样不会有富裕,甚至不会有一种稳定的生计。在这样一种状态下,唯一能够存在的平等乃是一种苦难的平等。”[24] 他指出,安全要求对一个人的人身、名誉、财产和地位施以保护,并且使人的预期——即法律本身所产生的预期——得到维护。平等是法律第二要考虑的目标,“只要平等不侵扰安全、不阻挠对法律本身所产生的预期的实现、不扰乱业已确立的秩序,就应当提倡平等”。[25] 即法律面前人人平等,没有高低贵贱之分。应当指出的是边沁的平等不是条件的平等,而是机会的平等。安全同平等相比,安全是第一位的,平等是第二位的,在安全和平等发生冲突时,安全应优先考虑。

边沁在法律的目标里,没有提到自由。实际上,边沁把自由视为安全的一个重要组成部分,但是在有些时候,自由也必须服从对安全的一般考虑,因为,如果不牺牲自由,就无法制定法律。他说:“有一种清晰的自由观念将促使我们把自由看作安全的一个分支。人身自由就是不受某种影响人身的伤害的安全。至于所谓政治自由,则是安全的另一个分支——反对政府大臣们不正义的安全。”[26]

四、法制改革思想

边沁被誉为“英国法律改革之父”,他“首先是一个法律改革家,其次才是一个道德理论家”。[27] 19 世纪的英国被称为法律改革的时代,而“法律改革的时代和边沁的时代是合而为一的”。“在关系人类进步的各个最重要部门的所有改革方面,他都是最为重要的奠基人。在他之前,没有人严肃地思考过要去揭示英国法理学的缺陷。先前的学生们都仅仅限于学习它的原则,以使自己掌握卓越技术性的而人为设计的规则;而先前的著作家们所做的不过是阐释代代相传的理论……他也在用便利标准检测英国法理学所有内容迈出了伟大的第一步,无畏地检查每一部分与其他部分的距离有多远;他更大无畏的方面表现在,甚至去研究,它的最为一致和对称的安排在多大程度上是根据法典应有的原则,——即规则与社会环境、人的需要及促进人类幸福的适应程度设置的。”[28] 爱尔兰的凯利说自由主义政治家和改革派的法

---

[21] 在《立法理论》(The Theory of Legislation)中,边沁将此设定为民法的目的和作用,而在《法律总论》(Of Law in General)中,他又将此设定为整个法律的目的和作用。

[22] [英]边沁:《立法理论》,李贵方等译,中国人民公安大学出版社 2004 年版,第 125 页。

[23] 同上书,第 126 页。

[24] 同上书,第 135 页。

[25] 转引自[美]博登海默:《法理学法律哲学与法律方法》,邓正来译,中国政法大学出版社 1999 年版,第 106 页。另参见[英]边沁:《立法理论》,李贵方等译,中国人民公安大学出版社 2004 年版,第 123 页。

[26] [英]边沁:《立法理论》,李贵方等译,中国人民公安大学出版社 2004 年版,第 121 ~ 122 页。

[27] [英]边沁:《政府片论》,沈叔平等译,商务印书馆 1995 年版,编者导言第 35 页。

[28] 转引自[爱尔兰]凯利:《西方法律思想简史》,王笑红译,法律出版社 2002 年版,第 302 页。

律人布鲁厄姆勋爵如是评价边沁。

在司法方面,边沁对于当时的司法组织和司法程序给予了尖锐的批判,称之已经“腐败透顶”,“充斥着不必要的繁琐程序,对于诉讼当事人来说,这只能导致拖延、筋疲力尽以及(也是最重要的)更大的开支。”[29]因此,在司法制度改革方面,边沁提出了一些重要的民主原则。他主张,在司法审理中,法官不能随意解释法律条文,律师不能担任法官,同时,法官不能包揽全部司法审理权,应允许选民推荐自己的代表参与司法。选民代表享有半司法权,他们不参预裁决,但应参加并监督司法审判的全过程,并可根据实际情况要求法院为贫民免费提供律师与辩护条件,以至要求法官复审案件。边沁还身体力行,为英国的法律改革倾注了满腔热情。他曾草拟过宪法、民法、刑法的改革要点,撰写过关于改进监狱制度的专著,并亲自设计了模范监狱的“环视房”。

在立法方面,他主张对英国的判例法进行改革。这种改革主要集中在两个方面,即改变法律的价值目标和改革法律的形式。在法律价值目标的方面,他力图运用自己检验各种制度的一般标准来加以矫正,这标准就是:为最大多数人创造最大幸福的能力。他不仅从理论方面进行阐述,并身体力行之。他直接投身于当时最激进的社会改良运动,曾出资帮助空想社会主义者欧文建设模范工厂。边沁还十分重视救济穷人、保护儿童、解放妇女、社会教育、卫生环境等社会福利事业。1834 年英国通过世界第一个《济贫法》,1848 年颁布《公共环境卫生法》,1859 年制定《义务教育法》,这些新法的出现和边沁的努力是分不开的。边沁开创西方社会立法与福利国家之先河,他对西方法制的发展无疑起过巨大的推动作用。英国著名法学家梅因对边沁的历史指导作用作了深刻的总结,他说:“过去三年间边沁之所以在英国发生巨大影响,其秘密在于他成功地把一个总目的向人民提出,他给我们一个明白的改良规则。”[30]

在法律的形式方面,他所企望的改革是坚持编制法典。他说编纂理想的法典有两个好处:根据他的意见,一种好处是对法律的研究有帮助;另一种好处是对法律的执行有帮助。第一,关于法律的研究方面,边沁相信法律一旦制成法典之后,就可以使普通人能像律师一样理解法律。任何头脑健全的人都可以理解并记诵法律的条文。第二,关于法律的执行方面,边沁相信法律一旦制成法典之后,就可以确定、迅速而简便地执行。因为当法律的运用变得如此简单时,法官要做的事情就很少了;同时由于每一个人都能处理自己的诉讼案件,律师的事情就会比法官更少。因此,编纂法典可以使所有的人都获得法律的知识,并且使每一个人所受的侵害都得到补救。而理想的法典要满足四个条件:第一,它必须是完整的,也就是说,它必须提出十分充分的整套法律,以致无需用注释或判例的形式加以补充。第二,在叙述其包含的法则时,必须使每一句话都达到最大可能的普遍性。换句话说,它必须可以用最少的法则说明全部的法律。第三,这些法则必须以严格的逻辑顺序叙述出来。最后,第四点是,在叙述这些法则时,必须使用严格一致的术语,给这个作品中可能提到的每件事物以唯一的具有一个准确界定的名词。任何法律的表达方式,如果能满足这些要求,那便是边沁所认为的法典。如果某种法律的阐述不能满足这些要求中的一个条件或多个条件,在边沁的定义下,只

〔29〕 转引自程汉大主编:《英国法制史》,齐鲁书社 2001 年版,第 374 ~ 375 页。

〔30〕 转引自严存生主编:《新编西方法律思想史》,陕西人民教育出版社 1996 年版,第 204 页。

是一个不完整的近似的法典而已。[31]

边沁关于法典编纂的理想虽然没有完全实现,事实上他理想的法典也非人类的理性所能及。但边沁的影响还是显而易见的。从19世纪30年代开始,英国议会陆续通过了一系列改革法案,其中绝大多数是由边沁的门徒按照边沁的思想原则制定的。至于印度19世纪中期开始的法典编纂运动,有很多人认为这与边沁的努力是分不开的。正如梅因指出的:"自边沁时代以来,我不知道哪一项法律改革能不追溯到边沁的影响。"[32]

参考文献

1.[英]边沁:《政府片论》,沈叔平译,商务印书馆1997年版。
2.[英]边沁:《道德与立法原理导论》,时殷弘译,商务印书馆2000年版。
3.[英]边沁:《论一般法律》,毛国权译,上海三联书店2008年版。

思考题

1.边沁是如何论述法律与功利的关系的?
2.边沁是如何论述法律的本质和作用的?

第三节　密尔的功利主义法学

一、生平与著作

约翰·斯图尔特·密尔(John Stuart Mill,旧译穆勒,1806~1873年)在哲学、逻辑、经济学、政治法律思想方面,都有杰出的成就,被称为是"19世纪最赋有才智和性格最宽宏的人物之一"。[33] 他1806年生于(拿破仑战争年代)苏格兰之爱古思(Angus),其父詹姆斯·密尔(James Mill)也是一位著名思想家,在伦理学、哲学、政治学、政治经济学等领域均有所建树,著有《政府论文集》等。老密尔对小密尔的家教严厉,并亲自对他进行文化上的教育,引导小密尔研究18世纪的哲学,哈特莱的心理学和边沁的伦理学,在思想上对小密尔颇有影响。密尔自己说哈特莱的观念联想是他的心理学和同类科目的指导原则,而边沁的功利主义,把他对事物的看法统一起来,确定了他所怀抱的愿望。[34] 小密尔自3岁起就开始学习希腊文、拉丁文,8岁起攻读代数、几何等课程,12岁涉猎亚里士多德等古希腊思想家们的论著,13岁起研读大卫·李嘉图、亚当·斯密等人的政治经济学著作,14岁时,他已具备了比大学毕业生

[31]　[英]边沁:《政府片论》,沈叔平等译,商务印书馆1995年版,编者导言第53~54页。
[32]　转引自程汉大主编:《英国法制史》,齐鲁书社2001年版,第375页。
[33]　英国欧内斯特·马克的评价,转引自严存生主编:《新编西方法律思想史》,陕西人民教育出版社1996年版,第214页。
[34]　参见[美]梯利:《西方哲学史》,葛力译,商务印书馆1995年版,第565页。

还要广博的知识。1823 年进入东印度公司工作，一直到 1858 年该公司被国会撤销为止。1865～1868 年曾一度任下议院议员。密尔的著作主要有《论自由》（On Liberty，1859 年）、《代议制政府》（Considerations on Representative Government，1861 年）、《政治经济学原理》（Principles of Political Economy，1848 年）、《逻辑学体系》（A Syetem of Logic，1843 年）、《功利主义》（Utilitarianism，1863 年）等。

密尔的政治思想是以功利主义为基础的。他在少年时代就接受了功利理论，视其为生活的指路明灯，他说阅读边沁的著作"成为我生活中的一个新时代，也是我思想发展历史的一个转折点"。他以强烈的忠于个人感情，对边沁及老密尔的学派保持着忠诚。1822 年，他组织"功利学社"，以功利作为学社成员的道德原则和政治原则。他发表论文《论边沁》，赞美边沁哲学的长处，为边沁哲学的基本原理辩护。1863 年，他又出版《功利主义》，全面继承和发展了边沁的功利思想，把功利主义推向一个新阶段。并将其作为自己的政治主张的理论基础。在《论自由》里，他说："的确，在一切道德问题上，我最后总是诉诸功利的；但是这里所谓功利必须是最广义的，必须是把人当作前进的存在而以其永久利益为根据的。"〔35〕因此，学习和掌握密尔的政治法律思想，必须从他的功利主义思想出发。

密尔是功利主义法学在边沁之后最为重要的代表人物，他对边沁的功利主义思想作了较为充分的发展。并第一次提出并使用"功利主义"这一概念。在这里，需要指出的是，密尔与边沁不同，他首先是个哲学家、经济学家、政治学家，然后才是法学家。在哲学上，他的"物是感觉的恒久可能性""规律是心理的联想"是我们每一个学习哲学的人所熟知的；在政治方面，他的代议制民主、平等、自由的思想更是我们耳熟能详的；在经济学方面，他的名著《政治经济学原理》是《国富论》以来西方经济学的重要著作之一，长时间中一直被奉为资产阶级经济理论的必读教科书，仅在他生前就重版过六次。

密尔在他的著名论文《功利主义》（Utilitarianism）中以功利的定义为起点试图为功利原则辩护。他的功利定义与边沁是一致的："把功利主义即最大幸福原则当作道德基础的信条主张：行为的正确性与它促进幸福的程度成比例，它的错误性与它产生的幸福的负面成比例。'幸福'指的是快乐，即痛苦的缺失；'不幸福'指的是痛苦，即快乐的缺失。"〔36〕但是密尔对边沁的功利主义也作了较大程度的修正，他解决了功利的质量分析及个人功利与社会功利的关系这两个为边沁所疏漏的问题。以致后人把他的功利理论称为"新功利主义"。他指出边沁的错误在于"把商业领域的事物夸大为人类事物的全部"。〔37〕边沁的快乐只有数量的不同，而没有质量的区别，他说："图钉与诗一样好"，意思是说衡量好的唯一标准是行为能够带来的幸福的数量。边沁甚至提出要制造一种道德温度计来测量幸福或不幸福的度数，亦即幸福与行为的特定种类是没有关系的。密尔则与边沁有所不同，他说："当一个没有得到满足的人好过当一头心满意足的猪"。〔38〕密尔反复说他："宁愿做没有得到满足的苏格拉底，也不愿意做一个心满意足的傻瓜"。一切快乐都可以度量的假设是错误的："人类具有比动物的欲望

---

〔35〕［英］约翰·密尔：《论自由》，程崇华译，商务印书馆 1959 年版，第 11 页。

〔36〕转引自［英］韦恩·莫里森：《法理学——从古希腊到后现代》，李桂林等译，武汉大学出版社 2003 年版，第 211 页。

〔37〕John Mill, *Dissertations and Discussions*, Boston Spencer, 1865, p. 357。转引自严存生主编：《西方法律思想史》，法律出版社 2004 年版，第 247 页。

〔38〕［英］穆勒：《功用主义》，商务印书馆 1962 年版，第 10 页。

更高尚的天赋,一旦意识到这些天赋,人们就不会认为那些不能满足这些天赋的事情是幸福”。[39] 品德高尚的人应该注重对精神方面的追求,而不要陷入物质的斤斤计较之中。在个人与社会的关系方面,他强调社会组织和法律应协调个人利益与他人、社会利益的关系。社会生活对个人而言是必要的,也是自然的,人能认识到自己是社会的一分子;随着社会联想的加强,照顾到他人利益对自己更有利,从而使人们把自己的利益与他人的利益结合起来考虑,形成尊重他人利益的习惯。他说:“人与人组成社会,除了主人与奴隶的关系以外,总须以一切人的利益都要照顾到为立场;根据任何其他立场,这种社会分明是不可能的,只有彼此默契,承认一切人的利益要顾到,才可以有彼此平等的人组成的社会。”[40]

二、自由及其限制

(一)自由的概念

在密尔生活的时代,即19世纪,英国的自由主义思想已经经历了两个发展阶段:政治自由阶段和经济自由阶段。17世纪是政治自由思想占支配地位的时代,当时的英国资产阶级面临的任务反对封建的专制统治以夺取政权,争取政治自由,因此,这一时期思想家们所谈论的自由主要是政治自由,比如洛克。18世纪是英国资本主义迅速发展的时期,资产阶级所面临的主要任务是铲除封建残余在经济领域的影响,发展自由的资本主义经济,因此,这一时期思想家们所谈论的自由主要是经济自由,主张国家实行自由放任的经济政策,不干涉个人的经济活动,如亚当·斯密、大卫·李嘉图等。密尔在新的历史条件下提出社会自由问题。在《论自由》里,他开门见山地说:“这篇论文的主题不是所谓意志自由,不是这个与那被误称为哲学必然性的教义不幸相反的东西。这里所要讨论的乃是公民自由或称社会自由,也就是要探讨社会所能合法施用于个人的权力的性质和限度”。[41]

密尔自由的概念是功利主义的,“唯一实称其名的自由,乃是按照我们自己的道路去追求我们自己的好处的自由,只要我们不试图剥夺他人的这种自由,不试图阻碍他们取得这种自由的努力”。[42] 他把自由划分为三个领域:第一,意识的内向境地自由,主要涉及良心、思想、感想、意见和情操的自由;第二,趣味和志趣的自由,按照自己的性格和意愿做自己想做的事情的自由;第三,个人之间相互联合的自由,人们有自由为着任何无害于他人的目的而彼此联合,只要参加联合的人们是成年,又不是出于被迫或受骗。这三个方面的自由是必不可少,任何一个社会,若是上述这些自由整个说来在那里不受尊重,那就不算自由,不论其政府形式怎样;任何一个社会,若是上述这些自由在那里的存在不是绝对的和没有规限的,那就不算完全自由。

为什么要讨论社会自由问题呢?传统上社会是对抗国家权力的重要力量,但是,社会并非个人的松散联合,它一经形成也有自己的特点。因为政治自由虽然有效地遏制了统治者对个人利益的侵犯,但是,密尔注意到所谓“自治政府”和“人施用于自身的权利”等词句并不表述真实的情况。“运用权力的人民与权力所加的人民并不永是同一的;而所说的自治政府亦

---

〔39〕 转引自[英]韦恩·莫里森:《法理学——从古希腊到后现代》,李桂林等译,武汉大学出版社2003年版,第212页。

〔40〕 [英]穆勒:《功用主义》,商务印书馆1962年版,第79页。

〔41〕 [英]约翰·密尔:《论自由》,程崇华译,商务印书馆1959年版,第1页。

〔42〕 同上书,第13页。

非每人管治自己的政府，而是每人都被所有其余的人管治的政府。”[43] 显然，密尔提及的是民主社会里的“多数暴虐”问题。他说：“当社会本身是暴君时，就是说，当社会作为集体而凌驾于构成它的各别个人时，它的肆虐手段并不限于通过其政治机构而做出的措施。社会能够并且确在执行它自己的诏令。而假如它所颁的诏令是错的而不是对的，或者其内容是它所不应干预的事，那么它就是实行一种社会暴虐；而这种社会暴虐比许多种类的政治压迫还可怕，因为它虽不常以极端性的刑罚为后盾，却使人们有更少的逃避办法，这是由于它透入生活细节更深得多，由于它奴役到灵魂本身。因此，仅只防御官府的暴虐还不够；对于得势舆论和得势感想的暴虐，对于社会要借行政处罚以外的办法来把它自己的观念和行事当作行为准则来强加于所见不同的人，以束缚任何与它的方式不相协调的个性的发展，甚至，假如可能的话，阻止这种个性的形成，从而迫使一切人物都按照它自己的模型来剪裁他们自己的这种趋势—对于这些，也都需要加以防御”。[44] 因此，必须探讨社会所能合法施用于个人的权力的性质和限度。为了说明这个问题，密尔把人的行为分为两部分，一部分行为只涉及本人，一部分行为涉及他人。对于前一种行为，个人不必向社会负责交代，对于后一种行为，个人应当负责交代，并且还应承受或是社会的或是法律的惩罚。社会只有在这种情况发生，才能对个人实施强制。或者是法律，或者是道德。在所谓“群己权界”问题上，密尔划定的原则是人类之所以有理有权可以个别地或者集体地对其中任何分子的行动自由进行干涉，唯一的目的只是自我防卫。对于文明群体中的任一成员，所以能够施用一种权力以反其意志而不失为正当，唯一的目的只是要防止对他人的危害。

（二）思想自由

密尔的《论自由》里重点论述的是思想自由。他说：“人类应当有自由去形成意见并且无保留地发表意见……这个自由若得不到承认，或者若无人不顾禁令而加以力主，那么在人的智性方面并从而也在人的德性方面便有毁灭性的后果。”[45] 也就是说，思想自由包括言论自由和出版自由，人们在思想方面应有绝对的自由。这是因为，第一，限制思想自由不仅压抑了伟大的思想家，而且使广大人民的精神发展受到限制。这是由于被压制的意见可能是正确的，即使假定被压制的意见是绝对错误，压制本身也是一种罪恶。第二，限制思想自由不利于发展真理。这是因为，其一，如果有什么意见被迫缄默，经验所及，这个意见却可能是正确的；其二，即使被缄默的意见是个错误，但他依然可能包含有部分真理，而真理也只有在意见的冲突中才有机会得到补足；其三，即使公认的意见是全部真理，压制不同意见依然会造成理性的萎缩，因此，其四，真理便成了教条。第三，限制思想自由不利于真正战胜异端邪说。只有在自由讨论中才能揭露其错误，让人们了解它的危害性，从而使其失去市场。但是自由并不是毫无限制的。他说“一切意见是应当许其自由发表的，但条件是方式上须有节制，不要越出公平讨论的界限。”[46]

（三）个性自由

在论述了思想自由后，密尔着重论述了另外两种自由即行动自由和结社自由。这两种自

---

〔43〕［英］约翰·密尔：《论自由》，程崇华译，商务印书馆1959年版，第4页。

〔44〕同上书，第4~5页。

〔45〕同上书，第59页。

〔46〕同上书，第56页。

由实际上就是个性自由,个性自由是人类福祉的首要因素。“在并非主要涉及他人的事情上,个性应当维持自己的权利。”[47] 这是因为:(1)人的目的即使其各种能力得到最高度和最调和的发展而达成一个完整一贯的整体需要个性自由。(2)个人自主选择生活方式需要个人自由。人们在理性充分的情况下选择生活方式,有要求按自己的意见去行动的自由。也唯其如此,人的能力才能得到发展,智力和道德的能力只有经过使用才会得到发展。(3)在人类生活中,天才是少数人,但为了他们,却必须保持他们生长的土壤,天才只有在自由的空气里自由地呼吸。(4)幸福、好、快乐是一种自我评价,应允许人们按自己的意见选择生活方式的自由。(5)人类进步的源泉是个性自由。在有个性自由的情况下,有多少个个人就有多少个独立进步的中心。一个民族一旦失去了个性,发展也就停止了。“凡在不以本人自己的性格却以他人的传统或习俗为行为准则的地方那里就缺少着人类幸福的主要因素之一,而所缺少的这个因素也是个人进步和社会进步中颇为主要的因素”。[48] 只有思想的自由而没有将思想、意见付诸实践的自由还是等于没有自由。

当然,行动自由不同于思想自由,它可能涉及他人利害。个人的行为只要不涉及他人的利害,个人有完全的行动自由,不必向社会负责;他人对于这个人的行为不得干涉,至多可以进行忠告、规劝或避而不理。当个人的行为危害到他人的利益时,个人应当接受社会道德或法律的惩罚。社会只有在这个时候,才有对个人的裁判权,也才能对个人施加强制力量。[49] 用道德和法律手段惩罚邪恶行为不是对自由的侵犯,相反是对个人的拯救。

由于密尔对自由问题的卓越的见解,他的法律思想亦被称为“自由主义法学”。密尔的自由理论在西方得到了广泛的赞誉,被称为“英国自由主义的最美丽的花朵”,而《论自由》则是“这朵名花中最美的东西”,是“自由主义的经典声明”。[50] 一般认为他的社会自由理论是从传统的消极自由(be free from)向积极自由(be free to do)转变的桥梁。

三、代议制思想

近代西方对民主理论的证成是从两个进路展开的,其一是以权利为基础论证民主,卢梭是主要代表;其二是以功利为基础论证民主,约翰·密尔是其代表。密尔不诉诸任何先验的、抽象的人权理论,而仅仅求诸于功利,即以民主制度可能产生的有益后果来论证民主制度的优越性。从这个前提出发,他认为政府的根本目的就在于造就更好的人民,进一步讲就是促进人类的进步。而代议制政府是能促进这一目的实现的政府。代议制政体具有其他政权组织方式所无法比拟的优点:

第一,代议制政府不仅是维护秩序的政府,也是最要求进步的政府,因为进步包括秩序,而秩序不包括进步。密尔说,决定政府好坏的要素在于组成社会人们的美德和智慧。因此,能否吸收具有美德和智慧的人来进行政府管理,能否动员社会中的每一成员的智慧和美德对政府施加影响,是判断政府好坏的第一标准;据此,好的政府具有的第二个优点,也是判断政府好坏的第二标准就是它能否促进人民美德和智慧的发展。而代议制政府就是一种既能动

---

〔47〕[英]约翰·密尔:《论自由》,程崇华译,商务印书馆1959年版,第60页。
〔48〕同上书,第56页。
〔49〕同上书,“重印‘论自由’序言”,第3页。
〔50〕转引自吴春华:“密尔政治思想的自由主义特征及其形成”,载《浙江学刊》2002年第3期,第86页。

员和吸收人民的智慧和美德来管理社会公众事务,并监督政府的工作,又能训练和促进人民的智慧和美德的发展。

第二,代议制政府是最高权力属于整个社会的政府形式。英国有句谚语:“假如能保证有一个好的专制君主,君主政体就是最好的政府形式。”他说,这是一个极端有害的见解,古代的一句谚语就是最好的回答:“专制国家里最多只有一个爱国者,就是专制君主自己。”因为,一个人不能为他的国家做任何事情,他就不关心他的国家,在专制状态下,人民是没有任何发言权的。而代议制政府是“主权作为最后手段的最高支配权力属于社会整个集体的那种政府,每个公民不仅对最终的主权的行使有发言权,而且,至少是有时,被要求实际参加政府,亲自担任某种地方或一般的公共职务。”[51] 在这样的政体下,每个公民都是国家的主权者,他必然关心国家的事务并为此贡献自己的智慧和美德。

第三,代议制政府是人民既能“自保”又能“自助”的政府形式。从人性的根本特点出发:人性中有积极的一面,也有消极的一面,有与邪恶斗争的一面,也有容忍邪恶的一面,有向环境屈服的一面,也有克服环境的一面。这样就产生两条福利原则:“第一个原则是,每个人或任何一个人的权利和利益,只有当有关的人或本人能够并习惯于捍卫他们时,才能免于被忽视。第二个原则是,从事于促进普遍繁荣的个人的能力愈大,愈是富于多样性,普遍繁荣就愈达到高度,愈是广泛普及。”把这两个原则进一步具体化,就是:“人们愈具有自保的力量并进行自保,他们就愈能免遭他人的祸害;只有他们愈是自助,依靠他们自己或共同的行动而不仰赖他人,才愈能在同自然斗争中取得高度成功。”[52] 因此,任何政府都不能束缚人民的双手,而代议制政府就是把自由公平地赋予全体人民,使每一个公民既能自保,有能自救。

诚如是说,但代议制是否可能?密尔分析说,一个政治机构并非能够自身起作用,它依赖于人的积极参与,而且必须与这些普通人的现有的素质和能力相适应。因此,政府形式的设计和选择依赖三个条件:第一,为之而建立政体的人民必须自愿地接受或者至少不是不情愿地以至成为不可克服的障碍并且进而反对它的建立;第二,他们必须自愿地并有能力作出维护其存在所必要的行动;第三,他们必须自愿地并有能力完成要求他们能够完成其规定目的的任务。代议制政府下的人民必须具备上述这些积极行动的条件以及自我克制的消极条件。什么地方的人民不具备这样的条件,即第一,人民不愿意接受;第二,他们不愿意或没有能力使代议制免于毁灭而尽必要的努力;第三,他们不愿意或也没有能力完成代议机关责成他们的义务,那就不能选择代议制的政府形式而必须选择其他,而密尔生活的英国具备这样的条件,因此,可以实行代议制政府。

那么,如何实行代议制政府呢?密尔分析说:“代议制政体就是,全体人民或一大部分人民通过由他们定期选出的代表行使最后的控制权,这种权力在每一种政体都必定存在于某个地方。他们必须完全握有这个最后的权力。无论什么时候只要他们高兴,他们就是支配政府一切行动的主人。不需要由宪法本身给他们以这种控制权。”[53] 他认为,作为代议制团体的议会,其主要职能就是掌握并行使这一最后的控制权。它不宜直接管理行政事务,行政权由政府来行使,但其接受议会监督,对议会负责。因此,密尔的代议制是一种分权的代议制。

---

〔51〕 [英]约翰·密尔:《代议制政府》,汪瑄译,商务印书馆 1982 年版,第 43 页。

〔52〕 同上书,第 44 页。

〔53〕 同上书,第 68 页。

当然,代议制民主也有一些缺陷,甚至会产生一些危险。这主要是,第一,随着选举权的扩大,广泛民主参与权的实现,才智低劣的人可能当选为代议机关的成员,这样会降低代议机关的工作效率和决策水平。第二,代议机构为平庸的多数控制,从而产生阶级立法和对个性自由的压制。为此,他还提出了一些具体的建议:其一,限制普选权。任何不会读写,以及不会作普通算术运算的人不能参加选举,对通史以及本国历史和制度的初步知识作为要求一切选民的条件。另外,对选民的财产资格也要限制。鉴于当时穷人太多,密尔又提出,对于接受教会救济者,也要取消其选举资格。依靠社会其他成员维持生活,这人就放弃了在其他方面和别人具有同等权利的要求。其二,主张比例代表制。由于选举权扩大,多数统治可能影响有才能有品德的人进人议会。一选区内使参加竞选的各政党按照它们各自所获选票多寡有比例地分配当选名额,保证优秀个人或少数派代表在任何地方中不会被多数人影响;选民如不愿选举本地区候选人,可用他们的选票帮助全国其他地区候选人当选;一个人的得票达到规定限额就可当选,多余票额可划给不够的人,以防止没有名望的人只因得票多而垄断议席。其三,倡导复票制。他主张受过高等教育者、较有智慧者应给予较多投票权。

参考文献

1.[英]约翰·密尔:《论自由》,程崇华译,商务印书馆1959年版。
2.[英]约翰·密尔:《代议制政府》,汪瑄译,商务印书馆1982年版。

思考题

1. 密尔的自由理论的主要内容及在历史上的地位如何?
2. 密尔是如何展开他的代议制民主的理论的?

第四节　奥斯丁的分析法学

一、生平与著作

约翰·奥斯丁(John Ausitin,1790～1859年)是英国著名的实证主义法学家,早期分析法学派的创始人。拥有“现代英国法理学之父”这一有争议的荣誉,有很多人认为他是法律实证主义的创始人,是他提出了法律命令说,主张法律与道德的分离,认为法理学是研究实在法的科学。但也有人认为这一点不确实,霍布斯就提出过法律命令说,至于法律与道德的分离,法理学与立法学的分立,边沁也阐述过,只不过是边沁的著作出版的比较晚,而致使奥斯丁获此殊荣。但不管怎么说,是奥斯丁第一次使很多人了解了法律实证主义,正如哈特所说:“在他死后几年内,人们开始清楚是他的著作在英国建立了法理学这门学科,而现在也很清楚,奥斯丁对该学科在英国的发展的影响比其他任何学者都大。"[54]而且,其《法理学的范围》是"这些19世纪英美法理学思想的最好的、唯一的表达,此外当代法律实证主义的种种形式都可以被解释为奥斯丁传统的延续"。[55]

约翰·奥斯丁1790年出生于一个商人家庭。1807年至1812年服兵役。后研读法律,并于1818年开始从事律师职业。但个性使然,也由于健康的原因,[56]1825年,放弃律师职业。1826年,值英国伦敦大学(London University)建立,即被任命为该大学的首任法理学教授。同年,赴德国研究法学和法律,并撰写课堂讲义。1828年返回英国,开始在伦敦大学开设法理学系列讲座。但或许由于他的理论过于抽象,显得曲高和寡,听者寥寥。1832年停止在该大学的讲座。1835年辞去法理学教授职位。此后,基本居住国外。其间,1833年,被任命为英国刑事法律委员会(The Criminal Law Commission)成员。1833年至1834年,任英国皇家刑事法律及刑事诉讼法律委员会(The Royal Crimina llaw and Procedure Commission)成员。1834年,在英国法学协会会所(the lnnerTemple)开设法理学讲座。1859年去世。主要著述见于系列讲座之中,有1832年出版的《法理学的范围》(The Province of Jurispredence Determined)和奥斯丁去世后由他夫人整理出版的《法理学讲演录或实在法哲学》(Lectures on Jurispredence or The Philosophy of Positive Law)。[57]

奥斯丁亦深受边沁功利主义思想的影响,他说:功利原则"一方面应该指导我们的行为,另一方面,在一般情况下,实际上也在指导着立法者。功利原则,不论是正确理解的,还是错误理解的,一般总是立法所要考虑的内容。正是由于这一点,如果不将功利原则摆在你们的面前,我就时常无法清晰地准确地说明法律的内容以及要义"。[58]但由于他过分注重法律外在形式的分析研究,所以对功利思想本身没有什么实质性的发展。奥斯丁的贡献在于他以功利主义为基础,运用实证分析的方法,创立了分析法学。[59]奥斯丁的理论按照哈特的概括包含以下三个相互联系的部分:(1)法律命令说,即法律是主权者发布的以制裁为后盾的命令;(2)法律和道德的分离,法理学的任务是研究法律,而不管他道德上的善与恶、好与坏,这也就是后人所说的"恶法亦法"论;(3)法理学的任务之界定,区分"法律的应然"与"法律的实然",将法理学的研究范围限定于"法律的实然"。

---

〔54〕转引自[英]韦恩·莫里森:《法理学——从古希腊到后现代》,李桂林等译,武汉大学出版社2003年版,第230页。

〔55〕[英]韦恩·莫里森:《法理学——从古希腊到后现代》,李桂林等译,武汉大学出版社2003年版,第233页。

〔56〕有人这样评价奥斯丁的性格和健康状况:易紧张、抑郁、唯美主义,健康状况长期不佳。他一生都在病痛和自我不信任中度过。参见Hamburger, Lotte & Joseph, *Troubled Lives: Johnand Sarah Austin*, Toromto Press, 1985。

〔57〕《法理学讲演录或实在法哲学》其中包括《法理学的范围》的六讲内容。因此,由奥斯丁夫人编辑出版的《法理学讲演录或实在法哲学》被视为奥斯丁著作的权威版本。该书分为三卷:第一卷"定义",包括第一至二十七篇讲义,涉及"法理学范围""一般和特殊的法理学""基本概念的分析"三个主要问题,第二卷"与渊源有关的法律,法律开始与结束的方式",包括第二十七至三十九篇讲义,涉及"立法机关制定的成文法""司法机关制定的不成文法"两个主要问题;第三卷"与目标有关的法律,与法律密切相关的主体",包括第四十至五十七篇讲义,涉及"物法""人法",内容极为丰富。诚然,以"的法理学范围"为标题的前六篇讲义集中反映了奥斯丁的实证分析法学思想,但是,奥斯丁研究的问题远远不只是法律的定义。

〔58〕[英]约翰·奥斯丁:《法理学的范围》,刘星译,中国法制出版社2002年版,第75页。

〔59〕尽管这一点,在学术界还有不同的看法。有很多人认为分析法学的原创意识可以在边沁的著述,尤其是1970年出版的边沁的《论一般法律》中发现,甚至在霍布斯的《利维坦》中也可以找到类似的思想。但有一点是可以肯定的,正是奥斯丁的《法理学的范围》使分析法学事实上开始形成。毕竟,众多后来的崇尚分析法学的学者,首先是在《法理学的范围》这一著作中获得分析法学的基本思想的。参见[英]约翰·奥斯丁:《法理学的范围》,刘星译,中国法制出版社2002年版,译者序,第1页。

二、法的本质和结构

(一)法律的概念和分类

鉴于“法律”一词概念使用上的混乱,以及以法为对象的学科与哲学、政治学、伦理学和神学等其他人文社会科学的界限不清,从法律实证主义的基本立场出发,奥斯丁在《法理学的范围》一开始就指出:“准确意义的法具有命令的性质。如果没有命令的性质,无论何种类型的法,自然不是我们所说的准确意义上的法。从广义的角度来看,法包括了准确意义上的法以及并非准确意义上的法。”[60]继之,他把广泛意义上的法划分为四类:

第一类是神法或上帝法(Divine Laws or Law of God)。这种法是上帝以明示或暗示的方法传谕给人类的法律,也可以称为“自然法”,还包括宗教的法规、戒律或命令。为了避免与模糊的“自然法则”(Laws of Nature)相混淆,奥斯丁使用了“神法”或“上帝法”的概念。在具体含义上,他指的是一种功利,即边沁所讲的“避苦求乐”。“上帝法”是准确意义上的法律,而且,在人类的法律体系中具有最高的法律地位,但基于其法律实证主义的基本立场,他不可能对这个问题展开论述。

第二类是实在法(Positive Laws)。实在法是一个主权国家制定出来的法律制度,这是一种严格意义的法,这也是奥斯丁法理学所关注的“法律”。其具体内容就是他的“法律命令说”。

第三类是实在道德(Positive Morality)或称为实在道德规则(Positive Moral Rules)。这是一种外在靠舆论影响、内在靠个人内心修养来维持其效力的法,因而也可以称为道义法。这一类法之所以称为“实在道德”,是因为因其“道德”而区别于实在法,因其“实在”而区别于上帝之法。严格意义的实在道德有三种:一是生活在自然状态下人们所设立的规则,比如生活在自然状态下的人可以发布一项命令性的法律;二是主权设立的规则,但这里主权者不是政治上的优势者,比如一个主权对另一个主权设立的命令性法律,或者一个最高政府对另一个最高政府设立的法律;三是私人设立的规则,但不是实施法律权利的私人设立。比如,父母对子女设定的命令性法律,主人对仆人设定的命令性法律,借出人对借入人设立命令性法律,监护人对被监护人设定的命令性法律。非严格意义法律的实在道德是由“一般观念”设立或设定的法律,也就是说,由任何阶层或任何人类社会的一般观念设定的法律。例如某个职业团体某些成员的一般观念,某城某省居住人们的一般观念,一个民族或独立政治社会的一般观念,由诸个民族形成的较大社会的一般观念。称为“荣誉规则”或“荣誉法则”。比如,存在涉及独立政治社会之间相互关系行为的法律,或者说涉及主权或最高政府之间关系行为的法律。这种由流行于民族之间的观念设立,加诸民族或主权之上的法律,通常被称为“民族法”或“国际法”。

第四类是隐喻性的法或比喻性的法(Laws Metaphorical or figurative, or merely metaphorical or figurative)。是由于人们类比式的修辞活动而与准确意义上的法发生联系的,它完全是非准确意义上的法。奥斯丁称它们是隐喻性的法律。比如说无生命体的运动的一定“法则”;再有,较低级和非理性动物的一定行为决定于一定“法则”;再如,涉及艺术的“规则”,即提供给艺术的参与者的一种指示或样式,这些指示或样式可以指导参与者的行为。奥斯丁

---

〔60〕[英]约翰·奥斯丁:《法理学的范围》,刘星译,中国法制出版社2002年版,第2页。

说，从表面上看，这种隐喻之法与严格意义法的区分是明显的，但在法学家中，两者的互用和混淆经常发生。奥斯丁说，虽然具有相同的名称，但决然不同的对象被混淆了和混乱了。将这些比喻性的法律和命令性严格意义的法律混在一起，是模糊了后者的性质或本质。

其中，奥斯丁关注的是实际存在的由人制定的法，上帝法、实在道德、隐喻性的法或比喻性的法是由于人们较为贴切的或十分牵强的类比式修辞活动而发生联系的或而具有法的称谓的。

（二）实在法的本质、结构和特点

实际存在由人制定的法，亦即实在法（Positive Laws）指的是一种规则，这种规则是政治优势者对政治劣势者制定的规则。这里的政治优势者实际上就是主权者。[61] 因此实在法实质上就是主权者的一种命令。而命令这一术语的准确含义包括："第一，一个理性存在提出的要求或意愿，是另外一个理性存在必须付诸行动和遵守的；第二，在后者没有服从前者的要求的情况下，前者设定的不利后果，会施加于后者；第三，前者提出的要求的表述和宣布，是以文字或其他形式表现出来的。"[62]"命令"、"义务"和"制裁"，是不可分割的相互联系的术语。每个术语就像另外两个术语一样，具有同样的意思，尽管，每个术语是以自己独特的叙述顺序方式，来展示这些意思的。每个术语直接地、而且间接地说明了如下含义："一个人设想的、而且对他人表达或宣布出来的要求，在这一要求没有被服从的情形下，其后伴随了可能施加的不利后果，或者，伴随了可能发生的不利后果"。每个术语，都是这一同样复杂的内涵的表述方式。当我们说一个命令，必然意味着接受命令的义务，而义务的不履行，就必然产生制裁的问题。换句话说，这三个术语的每一个，都在说明同样的含义，尽管如此，其中每一个又都指向了这个含义的不同部分，而且是兼顾其余的。[63]

命令有两种：一种是用来普遍支配或禁止某些种类的行为，或者是用以约束整个社会（起码是约束该社会中某个等级的全体成员）的命令，可以称之为"法律或规则"；另一种是偶然的特殊的不是对某一类行为或不行为具有普遍约束力的命令，暂时称为"偶然的或特殊的命令"。不是所有的命令都能够成为法律，只有前一种的命令才能够成为法律，因为它对行为或不行为具有普遍约束力；后一种命令不能成为法律，因为它对行为或不行为不具有普遍约束力。成为法律的命令无必要由国家立法机关颁布，它可以由主权者授予立法机关的官方机构颁布。

法律是一种命令，但并非所有的命令的都是法律，这是这个命题的逻辑必然，已如前述。法律是一种命令，但也有例外，即不是命令，却是法律。这种情况有：(1)立法机关对实在法的解释。从严格意义上讲，很难将立法机关对法律的解释称为法律，因为它们不改变被统治者的义务，而只是简单地宣布义务是什么，它们是立法权威的解释行为。他们之所以是法律，就在于立法解释实践上具有命令性。像司法解释一样，立法解释经常具有隐蔽性，它往往在解释旧法的名义下创立新法。(2)废除现有法律的法律和免除现有义务的法律。某些法律，

---

〔61〕 当然，奥斯丁对主权有比较详尽的分析，"法是主权者的命令"之主权者也有不同的情况，详细可参阅［英］约翰·奥斯丁：《法理学的范围》，刘星译，中国法制出版社2002年版，第六讲。从法理上讲，主权者不受实在法律的限制，但它对通过功利原则而为人所知的实在道德和上帝的法律负责。

〔62〕 ［英］约翰·奥斯丁：《法理学的范围》，刘星译，中国法制出版社2002年版，第23页。

〔63〕 参见［英］约翰·奥斯丁：《法理学的范围》，刘星译，中国法制出版社2002年版，第24页。

其功能是免去现有法律设立的义务,不是一种命令而是对命令的废除。它们授权或允许与先前的法律相关的人,让他们做或不做先前的法律规定他们应当不做或应当做的事。鉴于这一点,它们常常被称为“许可性法律”,或者更简练地称为“许可”。从非严格或非直接意义上讲,许可性法律经常或总是命令性的,因为被免除法律义务的当事人被恢复了自由或权利,与权利相对应的义务因此而被确立或恢复。(3)不完善的法律和不带义务的法律。在罗马法学家看来,一项不完善的法律具有这样的性质:它要求一项制裁,但没有约束力;宣布一些行为是犯罪,但没有设立与这些不法行为相联系的制裁。制定不完善的法律的人表达了一种希望,但是他们没有强制他人服从其愿望的意图。从严格的意义上看,不要求服从其愿望,希望的表达就不是命令。因此,不完善的法律不是严格意义的法律,而是优势者对劣势者的一种忠告或劝告。

另外,也有两种情况,即表面上没有命令的法律:(1)仅仅设定权利的法律。因为每一个命令都设立义务,所以这种法律不具有命令性。但是奥斯丁说,没有仅仅设定权利的法律,每一个真正包含权利的法律都明确或暗示地对应着一个相关的义务。(2)习惯法。表面上看,习惯法不是优势者对劣势者的命令,它充其量是一种实在道德,习惯是一种实在道德,但习惯法是经政治上的优势者即主权者认可的,因此,就具有了命令的性质。

实际上,一部《法理学的范围》就是阐明“法律”尤其是“实在法”的定义和构成问题。但在这部著作的每一讲中,奥斯丁对法律定义的表达方式都各有侧重,很难说其中哪一个是最准确的法律定义。所以富勒说,研究奥斯丁的法理学,重要的是要了解他得出法律定义的方法和过程,了解具体的定义倒是次要的。[64] 总结奥斯丁关于法律尤其是实在法的概念和构成:第一,“命令”是奥斯丁法律定义的核心,奥斯丁的法律学说也因此被称为“法律命令说”。第二,法律定义的基本因素包括:命令;主权、制裁,即政治优势者与劣势者的关系;由主权命令而产生的义务;对义务不服从者施加的制裁。

三、法理学的对象与范围

受19世纪自然科学的伟大成就的鼓舞,并接受孔德实证主义思想,奥斯丁法律实证主义的表达,充满了19世纪早期滋长起来的对知识的进步力量日益增长的信心。奥斯丁的《法理学的范围》,特别是其中的第三讲的语气,与孔德所表现的对知识发展的自信极为相似。实证主义的基本理想,在于观察、解释、分析和廓清外在的“实际存在”。在法学中,“较为自然地”观察“一个法律的存在”以及“关于法律的学科的存在”,并且,从中去建立“客观的”学术叙事,在19世纪中叶以及下半叶,逐渐成为法学实证主义的一个基本观念。在这样的历史语境中,奥斯丁为自己确立了一项任务——阐明“有关实际存在的由人制定的法的科学”的范围,而且,经过这样的努力,奥斯丁希望在法学实证主义的思潮中,开启分析法学的学术风格。[65]

为之,他区分了法理学和立法学。法理学是一种独立而且自足的关于实在法的理论。“法理学科学(the science of jurisprudence 或简称为法理学)所关注的乃是实在法,或严格意义上的法律,而不考虑这些法律的善或恶。”[66] 法理学研究应首先对全部实在法规进行不断分析、归

---

〔64〕 参见李桂林、徐爱国:《分析实证主义法学》,武汉大学出版社2000年版,第70页。

〔65〕 参见[英]约翰·奥斯丁:《法理学的范围》,刘星译,中国法制出版社2002年版,译者序,第2页。

〔66〕 John Ausitin Lectures on Jurispredence or the Philosophy of Positive Law, John Murray, p. 172.

纳、分类,明确各个概念的定义、界限、特征及概念间的相互关系,然后提取出一般性原则和结论,最后再反过来,运用已经得到的原则和结论对具体实在法规范进行去伪存真的再认识。

立法学(the science of legislation)则是伦理学的一个分支,[67]其作用在于确定衡量实在法的标准以及实在法为得到认可而必须依赖的基本原则。法律与正义有关系,但法律与正义没有必然的关系。他说:"法律的存在是一回事,其优点和缺点是另一回事。法律的存在或不存在是一种探究;它符合不符合某个假定的标准则是另一种探究。"[68]对奥斯丁而言,法律实质上是一种程序,实在法包含有自身的标准,它只要符合主权者、命令、义务、制裁的逻辑结构,它就是法律,至于它的内容正义与否,不影响法律的效力。对它的任何藐视,在法律上绝不能认为是正当的,尽管在纯粹道德的领域,有可能是值得原谅的。

法理学的基本任务就是对从实在法制度中抽象出来的一般概念和原则予以阐释。他说:"我所称之为一般法理学,是指这样一门科学,它所关注的是阐明不同法律制度所共有的一些原则、概念和特点:通过法律制度的分析,我们能够获得这样的认识,即那些较为完善和成熟的制度,由于具有完善性和成熟性,从而也就富有卓越的指导意义"。[69] 为此,他确定法理学的范围或内容可以包括如下六方面:第一,义务、权利、自由、伤害、惩罚、赔偿的概念以及它们的相互关系,它们与法律、主权和政治社会间的各种关系;第二,成文法和不成文法之间在司法实践中或由于理解不当而作出相反解释的情况;第三,权利的特征,权利与最大权利之间的对立及其关系,如财产权与最高主权;第四,权利的特征,进入到所有权领域或主权领域分别对其他权利的限制问题;第五,责任的特征,责任由契约或损害而来,否则就是类推责任;第六,损害与不法行为的特征,即公民的损害进入到犯罪和不法行为的特征。[70]

奥斯丁所开创的分析法学的主要特征在于:(1)分析法学使法学从传统的神学、伦理学、政治学、哲学等其他学科中分离出来,使之成为一门独立的学科;(2)分析法学排斥传统法学中关于自然法等抽象法律的研究,把法学的研究范围严格限定在实在法的范围;(3)分析法学只注重法律形式的研究,排除对法律价值的任何思考,它主要关心四个主要领域的法律分析:第一,法律本身的概念分析;第二,基本术语的定义;第三,基本法律术语之间的相互关系,即所谓法律上的关系;第四,其他非法律的概念以及这些概念与法律概念的区别之分析。[71]

参考文献

1. [英]约翰·奥斯丁:《法理学的范围》,刘星译,中国法制出版社 2002 年版。
2. [英]约翰·奥斯丁:《法学讲演录》,支振锋译,江西教育出版社 2014 年版。
3. [英]尼尔·达克斯伯里等:《法律实证主义:从奥斯丁到哈特》,陈瑞编译,清华大学出版社 2010 年版。

[67] 奥斯丁认为,伦理学可以分为两部分,一部分涉及实在道德,与法理学相似,也不关注实在道德的好或坏,应该称为道德科学。一部分涉及实在法,即通常所说的立法科学或立法学。

[68] John Ausitin Lectures on Jurispredence or the Philosophy of Positive Law, John Murray 1885, p. 214.

[69] 转引自[美]博登海默著:《法理学法律哲学与法律方法》,邓正来译,中国政法大学出版社 1999 年版,第 118 ~ 119 页。

[70] 转引自严存生主编:《西方法律思想史》,法律出版社 2004 年版,第 273 页。

[71] [英]韦恩·莫里森:《法理学——从古希腊到后现代》,李桂林等译,武汉大学出版社 2003 年版,第 222 页。

思考题

1. 奥斯丁是如何分析和使用“法律”这一概念的?
2. 奥斯丁是如何论述法与道德关系的?
3. 奥斯丁的法律命令说的主要点是什么?

下编 | 现代

第八章　社会法学派

第一节　社会法学派概述

社会法学派是西方19世纪末在社会学的影响下和在批判分析法学的基础上所产生的一种实证主义法学思潮，属于功利主义法学中的社会功利派。他们用社会学的理论和方法来认识和研究法律问题，提出了一种与分析法学不同的实在法观念，即“活的法”或“事实上的法”的观念。它自产生后发展很快，并形成了许多支派，成为当代西方最有影响的法学流派之一。

一、社会法学产生、发展的历史背景

社会法学思潮的出现是与19世纪末和20世纪初西方社会的历史现实密切相关的。导致其产生的社会背景主要有两个方面：

第一，是日益突出的社会问题和日益加剧的社会矛盾，促使西方人的价值观念发生了由以个人为本位到以社会为本位的变化和由此产生的法律社会化运动。19世纪中叶，西方主要资本主义国家进入垄断资本主义阶段以后，资本主义社会的固有矛盾逐渐暴露，特别是以个人主义为核心的一套价值观念和与之相配套的自由放任政策所产生的社会恶果也充分显露。这突出地表现在，从资本主义内部来说，频繁爆发的经济危机和大规模爆发的工人运动，以及一些国家走向法西斯主义；从世界范围来看，则发生了一系列的社会主义革命和广大殖民地人民的民族解放运动。这引发了西方有识之士的深思，逐渐认识到绝对的个人主义的危害性。为了减缓经济危机及其所带来的后果，为了减小社会震荡和缓和因贫富悬殊所产生的冲突和矛盾，西方国家在19世纪末起开始干涉经济和进行一系列改善劳动条件、增进社会福利的立法，此即“法律社会化运动”。而这一系列的巨大变化必然促使法律制度的变革，也必然使人们对当时占主导地位的分析法学的一套理论产生怀疑和批判。

第二，是社会学的产生和迅速发展传播。19世纪30年代以后，在西方学术界出现了一种新的学科，即社会学。他是由法国的奥古斯特·孔德(1798～1857年)和英国学者赫伯特·斯宾塞(1820～1903年)创立的。孔德等人提出的社会学理论是一种以实证主义为其哲学基础的唯心主义的社会学理论，其目的是要改进和完善当时的资本主义制度。孔德在1830～1854年间，先后发表了《实证哲学教程》和《实证政治体系》等著作，明确提出了社会学的概念和建立社会学科的纲领。他认为，社会学应该是运用自然科学的方法去研究人类社会的科学，人类应该借助于观察、实验和比较的方法来研究社会问题。他把社会学视为包括一切社会科学的科学。他主张通过实证主义哲学建立知识的秩序来澄清社会的混乱，强调研究人类社会一致协

调的法则,以达到重新组织社会的目标。继孔德之后,斯宾塞力图为社会学的具体化而建立一个理论体系。他接受了当时流行的进化论的影响,用生物学进化论来解释一切自然和社会现象,提出了“社会有机论”。他认为社会进化过程是按照生物学的自由竞争、适者生存的原则自然地逐渐进行的。因此,主张人们要耐心等待社会的自然进化。他还具体分析了家庭、政治、宗教、工业、社会控制等方面的问题。到了 19 世纪 90 年代末和 20 世纪以后,西方社会学家开始抛弃包罗万象的体系的倾向,而试图具体确定这门学科的研究范围和方法。法国的杜尔克姆(1858 ~1917 年)、德国的韦伯(1864 ~ 1920 年)和美国的芝加哥学派等,在这一努力中起了重要作用,使社会学理论有了新的发展。第二次世界大战以后,社会学的传播更为广泛,产生了很多新的学派。如结构—功能主义、行为主义等等,并在社会学体系内部划分出了一般社会学、宗教社会学、道德社会学、犯罪社会学、经济社会学、政治社会学、教育社会学等众多的分支学科。正是西方社会学的迅猛发展和传播,为社会法学提供了一个重要的理论前提和精神动力。

二、社会法学的产生、发展和主要分支派别

社会学派的基本思想虽然在社会学创立时期已有萌芽,孔德和斯宾塞等人已用社会学的观点探讨了法律问题,但是作为一个正式的法学流派则是 19 世纪末的事。一般认为其产生的标志是德国的法学家耶林(1818 ~1892 年)在 1872 年《法律的目的论》的发表,在其中他表达了社会法学的基本观点,即法律的目的是社会利益,法律是人类有意识地创造的以达到一定目的即社会利益的手段。耶林早期属于历史法学派,而历史法学派中的罗马学派中的一些人在研究罗马法中很重视对罗马法概念的研究,后来这一研究走向了极端,产生了其观点与分析法学相似的“概念法学”。他们认为,罗马法体系完美,层次井然,其概念可以组成一个金字塔。进而他们认为只要掌握了这些概念就可以探得罗马法的真谛,能够解决社会生活中的一切法律问题。耶林在研究中逐渐认识到概念法学的片面性,写了“法学的概念天国”一文,予以批判和讽刺。他进而批判了奥斯丁为代表的 19 世纪分析法学派,认为分析法学派不是着眼于法的现实而更多的是法的逻辑,并把法看作是抽象的法规的体系,这种片面性影响了对于法的全面理解,不符合法律的现实。他还批判地修正了 19 世纪功利主义法学的个人功利主义,抛弃了边沁和密尔等人的计算功利的公式和个人主义的功利观,主张把个人目的和社会目的结合起来,认为个人只能通过法律来保障他在社会中法律许可的利益。通过对其他法学派别的批判,耶林提出了关于法律的基本观点。既然法律是通过斗争而产生、存在和发展的,那么,在斗争中强制手段就必不可少;既然法律的目的首先是社会利益而不是个人利益,那么,实现社会利益就成为法律的目的和生命所系。于是,他把法律定义为国家通过外部强制手段保证其实现的社会目的的总和。外部强制手段是法律的形式特征,社会目的即社会利益是法律的实际内容和生命。耶林的思想,在理论上为 20 世纪社会法学的发展确立了方向,在实践上促进了德国统一时期资产阶级立法的发展和成文法典的制定。

如果说耶林只是奠定了社会法学的理论基础,即法律根源于社会利益的话,那么埃利希则直接阐述了社会法学的法律观——“活的法”观念。埃利希(1862 ~1922 年)是奥地利的法学家,他毕业于维也纳大学,曾在维也纳大学和切尔诺维茨大学任教。其主要著作有《法的自由发现和自由法学》(1903 年)、《法律社会学的基本原则》(1913 年)、《法学逻辑》(1918 年)等。他是欧洲自由法运动的倡导者之一。针对分析法学家们的司法行政过程只是机械地适

用法律，因而丝毫无自由裁量权的主张，他认为应该给法官以自由，这不仅包括适用法的自由裁量权，而且包括在法律已经陈旧和明显有缺陷时创制新的法律，即立法的自由。也就是说，法官可以自由地进行判决，自由地发现法律。埃希认为，这并不意味着司法专横，因为自由意味着责任。相反，那种要求法官严格依照已有的法律规则断案倒是使法官将责任转移到他人身上。而法学家自由地发现法律，在赋予法官责任的同时，还能够充分地发展法学家的个性，使其能创造性地运用法律。为了论证“自由法学”的合理性，埃利希提出了“法律发展的重心不在立法，不在法学，也不在司法判决，而却在社会本身”的著名论断。他认为，社会是不断发展的，任何立法所产生的法律总是有缺陷的和总是滞后的。他说：“每一次制定出来的规则，从本质上说，一旦当它被制定出来时，它在实际上就变成陈旧的东西了。”〔1〕这就要求法官在司法判决中不能把眼睛只是瞅着国家制定法。由此，埃利希进一步提出一个观点，即在法律发展过程中，国家和国家立法活动的作用是极其有限的，因而，国家制定法仅仅只是法律中很小的一部分，而社会本身才是法律发展过程中的决定因素，社会秩序本身才是真正的法律。因而，法律并不是国家产生以后才有的，也并非与国家密不可分。在国家存在以前法律就已经存在了，作为社会秩序的法律，是一种实际上的法律或“活的法律”（living law）。他说：这种法律是“支配生活本身的法律，尽管这种法律并不曾被制定为法律条文。”又说：“活的法的科学定义，不限于对法院适用的，供判决之用的规范或对成文法的内容有影响。活的法律知识还具有一种独立的价值，他构成人类社会秩序的基础。”〔2〕这就是说，活的法是社会生活中真正起作用的，能建立社会秩序的东西，甚至于就是社会秩序本身。他认为这种法律存在于社会的各个方面，表现形式很多，有风俗习惯，有社团的规章等。既然如此，在司法活动中，法官当然就不能被法律条文所束缚，当然必须去自由地发现这些“活的法”。而法学的任务，同样在于研究这些“活的法”。埃利希的上述思想，反映了在19世纪和20世纪更替之际，由于社会关系急剧变化而引起的西方社会对更新法学观念和完善法律制度的迫切要求。

社会法学是一个极不统一的法学流派，其内部支派很多。从大的方面可以分为欧洲的社会法学和美洲的社会法学。各又有许多支派。

1. 欧洲的社会法学的主要支派

（1）利益法学。这是从耶林的思想发展而成的支派，创始人是菲利普·赫克（1858～1943年）。他是德国杜宾根大学的教授，主要著作有《法律解释与利益法学》（1914年）、《概念与利益法学》（1932年）、《利益法学》（1933年）、《法哲学和利益法学》（1937年）等。该派因发挥耶林的法律的目的是保护社会利益观点而得名。他们认为，传统的法学如分析法学是一种“概念论”的法学，它实际上假定法律是完整无缺的，因而法官在审理案件时便可以从法律中逻辑地推论出判决。而事实上，法律只是立法者为了解决各种利益之间的冲突而制定出来的一些原则，所以，法官在审理案件时应注意发现其背后冲突的种种利益，特别是社会利益，从而使判决真正地反映立法者的意图。

（2）自由法学。这是1986年德国民法典颁布后在德国等地兴起的“自由法运动”后所产生的一个支派。其创始人是奥地利的埃利希，主要代表有法国的惹尼（Francois Gény，1861～1944年）、德国的坎特罗维奇（Kantorowiz，1877～1940年）等。该派的中心思想是反对“概念

〔1〕张宏生、王林：“艾尔力许的社会法学、自由法学的反动实质”，载《政法研究》1963年第4期。

〔2〕［美］庞德：《法律、道德与正义》，张文伯译，台北监狱印刷厂1959年印，第154页。

法学”的过于拘泥于法律条文而判决的观点,主张给法官以自由,认为法官有创造法律的“自由裁量权”,从而使法律促进各种利益间的“平衡”。它与利益法学的区别只在于它更强调扩大法官的权力。(详见第四节)

(3)社会连带主义法学。是由法国的法学家狄骥依据杜尔克姆的社会学理论所创立的一种社会法学。(详见第五节)

(4)斯堪的纳维亚的现实主义法学,又叫北欧法学或乌普萨拉学派。是20世纪初在瑞典的乌普萨拉大学中产生的一个社会心理学法学分支。其创始人为该大学的A.海耶斯特勒姆(1868～1939年)。代表有A.V.伦德斯泰特(1882～1955年)、K.H.K.乌利沃克鲁纳(1897～1980年)和丹麦的A.N.罗斯(1898～1979年)等。这个学派标榜批判“形而上学”认为分析法学和价值法学都是形而上学。他们不同意分析法学的法律是命令或规范的观点,而认为是一种社会事实,是为社会安全建立起来的以人为齿轮的社会机器,是关于行使武力的规则,是权力的工具;认为社会上的大部分人之所以服从法律,并不是由于强制,而是出于习惯。不过他们认为强制的威胁是保证这种服从的最重要的心理因素。他们也不同意价值法学关于正义等观念,认为根本不能有什么“应有世界”的科学,正义之类的原则完全是幻想。

2.美洲的社会法学的主要支派

(1)实用主义法学。是美国的实用主义哲学与社会法学结合的产物。其创始人是霍姆斯(Oliver Wendell Holmes,1814～1935年),主要代表是庞德(详见第六节)。霍姆斯是美国著名大法官,曾任律师、哈佛大学教授、马萨诸塞州最高法院法官和首席法官,1902年起任美国最高法院法官达30年之久。他与美国实用主义哲学家W.詹姆斯(1842～1910年)、C.S.皮尔斯(1839～1914年)交往甚密,参加他们创办的“形而上学俱乐部”。因此,霍姆斯的法律思想受实用主义哲学的影响很大。其法律预测说就充分地显示了这一点。他说:“法律不是任何别的东西,法律是人们对法院实际上将作什么的预言。”又说:“任何时代法律的本质,大体上都相当于当时认为方便的东西”,“就是它能够产生所预期的效果的程度。”因而,真正的法律不是一般性抽象规则,也不是固定逻辑推理,它是社会的实际,是一系列的事实。法律的标准不是从“天上掉下来的”,而是人们对各种社会价值的选择结果,那些能够促进社会发展的需求经过多数人认可的,就可以成为法律。法律不是固定不变的,它应该在社会进步力量的推动下不断发展、演进。法律的发展不是完全来自历史,也不像分析法学家认为的完全来自自身逻辑的演绎,而主要是来自执法者自身的经验。正因如此,他对分析法学强调逻辑推理而忽视社会实际的倾向予以强烈批判,从而提出了“法律的生命不是逻辑,而是经验”的这一著名命题。霍姆斯的著作有《普通法》(1881年)和《法学论文集》(1920年)。其代表作是《法律的道路》。

(2)美国的现实主义法学,是从实用主义法学中分化出来的一个社会心理学法学分支,他们以霍姆斯的法律预测说和庞德的实在法的第三种含义——司法行政行为为出发点建立其法律观,因而否认立法机关所制定的成文规则是法律,认为它只是一种影响判断结果的客观因素。这一学派特别注意司法行为,尤其是法官的心理活动。其主要代表有弗兰克、卢埃林和卡多佐等。(详见第七节)

(3)行为主义法学(behavioral jurisprudence)。是在行为主义政治学的影响下由现实主义法学分化出的一个支派。其继承了现实主义法学的传统,以法官的行为为研究对象,所不同的是他们用计算机和高等数学为工具,把影响法官行为的各种因素变成数据用计算机对判决结果进行测算。由于它特别强调对法律行为进行量的分析，故又称“计量法学”（Jurimetrics）。其代表有美国的G. 舒伯特［Sehbuert，著有《司法行为的量的分析》《司法政策的制定》（1959）和《最高法官的法律思想、态度和意识形态》（1965）］、R. 劳勒［Lawlor，著有《计算机能作什么：司法判决的分析和预测》（1962）］、D. 达勒斯基［Daneilsk，著有《比较司法行为》（1969）］等。

（4）法人类学（详见第八节）。

此外美国法学家布莱克［Donald. J. Black，先后执教于哈佛、耶鲁和弗吉尼亚大学，著有《法律的运作行为》（1976）］的法行为学、美国加利福尼亚大学伯克利分校的法学家诺内特［P. Nonet 著有《转变中的法律与社会》（与塞尔兹尼克合著）］和塞尔兹尼克这［P. Selznick 著有《法、社会及其产业正义》）的法律社会学、德国法学家卢曼（Niklas Luhmamnn，著有《社会分化》（1982）、《法律社会学理论》（1985）］的系统论法学和新产生的经济分析法学（详见第十二章第二节）等都可以视为社会法学的支派。

三、社会法学研究的基本问题和基本方法

（一）研究的基本问题

社会法学研究的基本问题，归纳起来有三个方面：

1. 实际上的法

社会法学与以往的法学的一个主要区别就是提出了一种新的法观念，这种法观念概括起来就是活的法（living law）观念。这种观念认为，真实的法不是像分析法学家所说的那种由立法机关制定的和以成文的形式所表现出来的规则，而是社会生活中被人们遵守的能产生社会秩序的东西，甚至就是社会秩序本身。“活的法”又叫“行为中的法”（law in Action）（庞德语）、“自由法”（坎特罗维奇语）和“事实上的法”（law as Fact）（奥里夫克罗纳语）是相对于“纸上的法”（law in the paper）、“本本上的法”（law in Books）而言的。它包括许多的内容，如社会的风俗习惯、法律人对法的解释和论述、各种社会组织的规章制度等。

社会法学重视事实上的法还表现在关于法律的构成上批判分析法学家关于规则是法的唯一构成要素和法是规则的体系的观点，他们认为法作为实现正义的活工具，要适应复杂而不断变化的社会需要是不可能只是由规则构成的。可以看出，社会法学家在研究法时不是把目光对准立法机关及其由其所制定的成文法，而是转向司法机关及其活动，甚至于转向社会的风俗习惯、各种非政府组织及其规章制度、法学家的科研活动及其成果。也就是说，由于他们认为法律在本质上是社会秩序，因而他们并不重视形之于文字的法律，而是在社会生活中实际上对建立秩序起作用的各种东西。它包括的范围很广，大量的是非政府组织中通行的准则，即我们一般所说的民间法，它们往往与其他社会规则交织在一起，按分析法学的观点来说，还是一种不成型的法或萌芽状态的法。

2. 法的运行和实效

由于社会法学家把研究的注意力从立法转向了司法，加上他们强调法与社会的关联，所以他们很重视法的实现问题，即法的实际运行的过程、程度和结果，这就构成了他们研究的第二个方面，即法的事实方面。它包括两个方面：

第一，是法律的实际运行问题，包括运行的过程及其规律，影响法律运行及其结果的各种因素等。

第二,是法律在社会中的实际目的和效果。社会法学家重视法律的实际还表现在,他们特别重视法律实际上对社会所产生的效果。庞德在谈到这一点时指出,社会法学"研究法律制度、法律律令和法律准则所具有的实际的社会效果","研究使法律律令具有实效的手段"。[3] 的确如此,社会法学家是很重视这些问题的研究的,这表现在四个方面:其一,他们很重视法律的目的的研究;其二,他们很重视法律的实际社会效果,或者说他们重视的是法律的"实"而不是"名";其三,社会法学家还重视对法律实现手段的研究,这突出表现在他们对法律与政治权力关系的论述中;其四,社会法学家还很重视法律在社会中实现程度即法律效率的研究。

3. 法与社会的实际关系

社会法学以"社会"命名,不仅因为他们用社会学的观点和方法研究法律现象,而且在于他们特别强调法与社会的关系,认为法扎根于社会,因而与社会有着密不可分的关系。

社会法学家认为法扎根于社会,与社会中的各种事物都有密切关系,这突出表现在他们强调法与社会利益和法与文化的关系两个方面:

第一,社会法学家强调法与社会利益的关系,认为法根源于社会冲突,其深层次的原因在于人们之间存在利益差别。因而他们研究和区分了各种利益,认为法律就是为了协调各种利益的冲突,而协调的基础就是社会利益。所以法律的目的就是增加社会利益,并在这个前提下满足各种利益的要求。

第二,他们在强调法与利益关系的同时也指出法与文化观念之间的内在关系。他认为法律与文化密不可分,必须在社会文化中来研究法律。原因是人是一种文化的动物,人类生活在一起会有共同的价值规律,以及表达和维持这种价值观念的社会规范,法律就是这种社会规范的一种。因此,它必然体现和维护这些基本价值观念,并随之发展而变化。所以,要研究法律就不能离开它所产生的社会文化背景。[4]

(二)研究的基本方法

社会法学的研究方法总的说来属于实证主义之中的社会实证调查研究的方法,内可分田野调查和社会分析两种,前者为到社会中搜集第一手有关资料,后者是对这些资料进行整理和分析。分析又有结构分析、功能分析、角色分析、心理分析、阶级分析等。不同的社会法学流派在研究对象和方法上又有差别,如美国的现实主义法学侧重于用心理学的方法研究法官的行为;法人类学研究的是有原始痕迹的民族或部落,用的文化人类学的方法等。

四、社会法学的特点和地位

社会法学派作为一个法学派别,主要有三个特征:第一,从法学研究的方法来看,他们注重用社会学的观点和方法研究法律,主张研究法律与其他社会因素的相互作用,特别是法律在社会生活中的作用,法律的社会目的和社会效果;他们把各种社会学的方法引入法学如社会调查的方法、心理分析的方法、行为分析的方法等。第二,从价值取向上看,社会法学强调社会利益的重要性,他们认为,好的法律就是能充分为社会服务的法律。法律的实际作用比抽象的法定内容更重要。法律必须依靠社会,适应社会的需要,并根据满足这种需要的程度

---

〔3〕 [美]罗斯柯·庞德:《法理学》(第1卷),邓正来译,中国政法大学出版社2004年版,第356~358页。

〔4〕 参见霍贝尔:《原始人的法》,严存生等译,贵州人民出版社1992年版,第13~14页。

来判断法律的好坏。社会法学派强调法律不仅关心个人利益，更要关心集体的社会利益。对于个人自由，除非是作为更大的社会安全和社会自由的一部分，法律不能予以保护。第三，社会法学家对法律的看法上有两个特点：其一，是他们把侧重点从国家转向社会，因而轻视国家制定法或成文法，而重视非成文法或民间法；其二，他们对法律的理解从各方面都扩大了，如在形式上不再仅仅是成文法，而且有习惯法、判例法等；构成上不再仅仅是规则，而且还有原则和政策等。这就大大地突破了传统的对法律的看法，提出了与传统的法观念不同的法观念。

社会法学理论的出现和发展对现代西方法学的发展具有重要意义。作为在19世纪占统治地位的分析法学的对立面，它使法学家对法律的研究由静态研究变为动态研究，在继续研究“法律是什么”的同时，更加注重从法律条文到现实的转变过程和法律的实际社会效果。在法学研究范围上，它开辟了一系列新的研究领域，开阔了法学研究的视野。从研究方法上看，它吸收了19世纪中期以来一系列科学进步的成果，把社会学、心理学、生物学、数学和其他学科的研究方法引入法学研究，开拓了人类思考法律和法学问题的思路。社会法学派提出的一些新的命题，促进了法学观念的进步和更新。当然，任何法学流派和法学理论都是特定时代和特定社会的产物，因而会有时代的局限性。社会法学理论同样如此。我们在研究社会法学理论时尤其要注意这一点。

参考文献

1. 孙文恺：《社会学法学》，法律出版社2005年版。
2. 朱景文：《现代西方法社会学》，法律出版社1994年版。
3. 石泰峰：《西方法律社会学》，中共中央党校函授学院1995年版。

思考题

1. 社会法学产生的历史背景是什么？
2. 社会法学的法律观的核心是什么？
3. 社会法学的价值何在？
4. 社会法学派研究的基本问题和方法的特别之处何在？

第二节　马克斯·韦伯的法律思想

一、生平与著作

马克斯·韦伯（Max Weber，1864～1920年）是现代西方著名的社会学家，他思想深刻，知识渊博，对法律问题也有专门论述，称之“法律社会学”，广泛地论述了法律，特别是法的合法性、合理性等问题，影响深远。他生于德国图林根的埃尔福特。他的一生可分为两个阶段，早年攻读法学，也以法学为业，先后就读于海德堡大学（1882年）、柏林大学（1884年）攻读法学,获法学博士学位和开业律师资格,1891 年获得德国大学教师的资格,在柏林大学讲授罗马法和商法。1893 年获得柏林大学商法和德意志法教授的资格,开始了他的学术生涯。但随后,韦伯的学术兴趣有所扩大,面向广泛的社会问题。1894 年,他受聘出任弗莱堡大学政治经济学教授,1896 年,又受聘为海德堡大学政治经济学教授。1918 年他被聘为维也纳大学政治经济学教授,1919 年,又出任慕尼黑大学经济学和社会学教授。

1897 年开始,韦伯患上了神经官能症,辞去了教职,研究也一时中断,直到 1904 年,他的病情有了好转,又开始了研究,撰写出版社了《新教伦理和资本主义精神》(1904 ~ 1906 年)等为代表的关于资本主义精神的著作,引起了很大的反响。1909 年,韦伯又参与了创立德国社会学学会的工作,出任《社会经济学大系》一书的主编,拟定了《大系》一书的卷次目录。该书共分九卷,其中第三卷题为“经济与社会”,又分为“经济、社会制度和权力”与“经济的和社会的政治体系及其理念的发展”两部分,韦伯自己承担了前一部分的撰写任务。1911 年,韦伯开始了宗教社会学的研究,着手《世界宗教的经济伦理》一书的写作。至 1915 年出版了该书的《导论》及《儒教与道教》,1916 年至 1919 年间,陆续出版了《印度教与佛教》《古代犹太教》。这些内容加上《新教伦理与资本主义精神》一书,又合编为《宗教社会学论集》,这是前三卷,原计划还有第四卷关于基督教和伊斯兰教部分,但未及着手即病故。

1914 年至 1915 年底,第一次世界大战爆发,韦伯以预备役军官的身份参加了战地医院的工作。战争结束后,他在学术研究的同时,也关注着战争的进展,参与许多政治活动,讨论德国的内外政策、宪法的修订等问题。1918 年他加入了德国民主党,参加国民议会选举,德国战败后韦伯是前往凡尔赛的德国议和使团成员,后又参加了魏玛宪法的起草工作。1918 年他被聘为维也纳大学政治经济学教授,1919 年,又出任慕尼黑大学经济学和社会学教授。同年在慕尼黑大学作了《以学术为业》和《以政治为业》两个著名演讲。1920 年,继续《经济和社会》一书的写作,完成了开头的几章。同年 6 月,因患肺炎在慕尼黑去世。他未完成的《经济和社会》一书,由其夫人整理后于 1922 年出版。

韦伯作为著名的社会学家,虽然一生研究的范围很广,几乎各个方面均有著述,但可以看出,他与法学有着特殊的关系,这不仅表现在他一生中由法学起家,而且由于法律在社会中的特殊地位,使他对任何社会问题的研究都离不开对法律的关注。因而在他的著作中,不仅对法律的论述甚多,而且有以“法律社会学”为名的专著部分。这使他对法律问题形成比较系统的观点,而且对许多法律问题的研究是开西方之先河的。

二、人类社会与法

韦伯认为法是一种由专门机构维持的强制性的社会秩序,它是社会秩序的一部分,既有相对的独立性,又与其他社会秩序有密切关系,因此,他是把法放到社会的运动与发展中来论述的,所以要了解他的法律观,必须对其社会观有所了解。

(一)人类社会

韦伯在研究社会时,在方法论上有两个特点:

其一,是科学主义态度。韦伯研究人类社会的态度和方法,完全迎合了当时西方的科学主义思潮，试图用当时对“科学”[5]一词的狭义理解，来建构他的社会理论，这一理论只研究事实不研究价值；只解释不评价，所以称之为“诠释社会学”，他的主要目的，在了解及解释个人的社会行为之意义，而在这研究中持“价值中立”或客观主义的态度。

其二，在分析人的行为和社会秩序时引进了两个分析工具：合法性与合理性。他认可的观点，即人的行为的特点是目的性，但并不是任何目的都是正当的，只有与别人的目的并容，只有能增进社会的共同利益的目的才是正当的。一个社会秩序的建立和维持，必须得到大多数社会成员的认可和信仰，这一信仰就是政治合法性，它是一个社会秩序的底线，不具有合法性的社会秩序，就难以维持和继续。合理性是一个社会秩序的上线。什么是合理性？他说：“这只意味着，在任何时候人如果想知道或相信某些东西，他就能学到这些东西。就是说，原则上这里没有神秘的、不可计算的力量在起作用，原则上人可以通过计算支配一切事物。这就意味着世界是祛除巫魅的。人不必再像野蛮人那样相信有这种神秘的力量存在，不再诉诸巫术手段去支配或祈求神灵。技术手段和计算可以为人效力。这就是理智化的要义。”[6]

他把合理性内又分实质合理性（德文为 legitimitat；英文为 legitimacy or substantive rationality）和形式合理性（德文为 legatiat；英文为 legality or formal rationality）两种。前者又叫价值合理性和信仰合理性，指的是一种信仰、理想或一种价值目标的合理性。如“四海之内皆兄弟”、“人人幸福”、“权利义务平等”之类。后者又叫工具合理性、目的合理性或逻辑形式主义，指的是一种纯形式的、客观的、不包含任何价值判断的，而只从形式上、程序上和逻辑上追求的合理性。它主要表现为手段和程序的可计算性、形式的合逻辑性。他说：“当目的、手段和与之伴随的后果一起被合理性地加以考虑和估量时，行动就是工具合理性的。这包括合理性地考虑针对目的而选择的手段、目的对伴随结果的关系，最后合理性地考虑各种不同可能目的的相对重要性。”[7]不过他对实质合理性总体上是持一种否定态度，认为那是根本不可能实现的，并且它与形式合理性是互相冲突的，即实质合理性意味着形式不合理性。所以他只强调和主要论述形式的合理性。

（二）人的行为和社会类型

据以上思路，韦伯把人的行为和社会秩序作了如下的分类：

1. 人格魅力（Chrismatic——卡里玛）型统治或“卡里斯马”型统治

它是“［建立在］非凡的献身于一个人以及由他所默示和创立的制度的神圣性，或者英雄气概，或者楷模样板之上”。这种统治是由有非凡的才能和人格魅力的人，即英雄、领袖人物所建立的统治。他们以其特有的才能和人格取得众人的信任和支持，从而建立和维持一种社会秩序，在这种秩序里，他们享有至上的权威地位，赢得了许多人的追随和忠诚，因而能用其见识协调和安排社会的秩序。韦伯认为这种类型的社会，无论是从实质上还是形式上都是非

---

[5] 狭义的“科学”只研究“事实”不研究“价值”，而且只用实证的方法——用观察、实验的方法搜集资料，用逻辑和数学的方法归纳整理这些资料，然后得出描述性结论——进行研究。他们认为“价值”是主观的因人而异的东西，不具有客观性和统一性，是无法进行“科学”研究的，因而研究者也不应把它带人研究之中，否则就难以得出“科学”的结论。

[6] ［德］马克斯·韦伯：《社会学文选》，第153页，转引自苏国勋：《理性化及其限制》，上海人民出版社1988年版，第87页。

[7] ［德］马克斯·韦伯：《经济与社会》，第26页，转引自苏国勋：《理性化及其限制》，上海人民出版社1988年版，第93页。

理性的,也无法可言,是一种最纯粹的人治社会。

2. 传统型统治

即指“建立在一般的相信历来适用的传统的神圣性和由传统授命实施权威的统治者的合法性上”。“如果一种统治的合法性是建立在遗传下来的(‘历来就存在的’)制度和统治权力的神圣的基础之上,并且也被相信是这样的,那么这种统治就是传统型的。”韦伯认为,古代的封建社会的家族式统治基本上属于这种统治。这种统治具有实质合理性,但其法律形式尚未理性化,法律的地位也不高,仍属于人治社会。

3. 法理型统治

即现代的法治社会,它依据形式合理性的一套法律规则由职业化的法律人来实行统治,这种统治中降低或排除个人因素在统治中的地位,即仅仅靠训练有素的法律人通过执行一套逻辑严谨的规则的办法来治理。“建立在相信统治者的章程所规定的制度和指令权利的合法性上,他们是合法授命进行统治的”。[8] 但他认为,这三种类型都是理想的纯粹类型,在历史中它们往往交织在一起的,但现代社会是合法型统治获得巨大发展的时代。传统型统治,最适合小范围的统治,例如一个家族。当它放大到全社会中,它的种种缺陷也会被放大,比如权利义务的不明确、特权阶级的产生并提出权利要求等。魅力型统治会产生超凡的力量,但它的缺陷在于难以持续,因为独特的超凡品格是难以继承的。合法型统治讲究的是预定规则,通过逻辑技术加以适用而实现的统治,因而是一种注重形式的类型。其实体内容的标准并不固定,可以适应多种不同的内容标准。这种统治类型符合资本主义经济可精确计算、结果可预期的需求在现代社会的发展趋势。

(三)法

1. 法和法律秩序

韦伯是从社会秩序[9]的角度来认识法律的,他说法律作为一种社会秩序只是社会秩序的一个构成部分,它表现为特定的机构制定和执行规则的活动,他说:“任何法,按其本质都是一些抽象的、一般是有意制订成章程的规则的总体,司法就是把这些规则应用于具体的个案,行政管理就是在法律规则限制之内,并且根据一些得到团体制度许可的、甚至没有违迕团体制度的、可以普遍标明的原则,合理地维护团体制度所规定的利益。”[10] 这意味着法律秩序就是有规律地制定和执行这些规则的活动,即立法、行政、司法机关有规律的活动。韦伯认为,法律秩序的特点就在于其强制是通过一套专门的机构来进行的。他说:“法律,如果在外在方面,它的适用能通过(有形的和心理的)强制机会保证的话,即通过一个专门为此设立的人的班子采取行动强制遵守,或者在违反时加以惩罚,实现这种强制”。“‘法’这个概念(……),有一个强制班子的存在是决定性的”。[11] 在这一秩序中,“存在一个人或者若干个人,他们旨在贯彻制度,准备采用专门为此所规定的强制手段(法律强制)”,这种“强制手段就是有关的

[8] 均见[德]马克斯·韦伯:《经济与社会》(上卷),林荣远译,商务印书馆1997年版,第241页。

[9] “在秩序由强制力(物理的或心理的)的可能性为外部保障时,该秩序将称为法律”。“法律的概念被限定为依靠实施官员的秩序。”参见[德]马克斯·韦伯:《论经济与社会中的法律》,张乃根译,中国大百科全书出版社1998年版,第7、8页。

[10] [德]马克斯·韦伯:《经济与社会》(上卷),林荣远译,商务印书馆1997年版,第243页。

[11] 同上书,第64~65页。

共同体化的'法的制度'"。[12] 韦伯认为,只有在这一点上,我们才能把法律与习惯、惯例区分开来。[13]

韦伯认为,法律作为一种社会秩序与其他社会秩序之间有错综复杂的关系,其存在和发展受到政治、经济、宗教等因素的影响,也制约着它们的存在和发展,但法律制度有自己的独立性,其存在和发展直接由法律内在(intrajuristic)的条件所控制,即法律人借由其职业影响法律之形成。所以并不为政治、经济、宗教所决定,只是在发展的某一方面受到它们中某一因素的间接影响。所以,他不完全赞同马克思的经济决定论。他在《经济与社会》中详细地论述了法律与政治、经济、宗教之间的关系。

2. 法的历史类型

韦伯根据其合理性的概念,把法律的发展分为四个类型:第一,由法律先知传达神启法律阶段,即形式不理性之法律(formal irrational);第二,由法律贤达宣布法律阶段,即实质不理性之法律(substantive irrational);第三,由世俗或宗教的权威强加法律于民阶段,即实质理性之法律(substantive rational);第四,由专业法学家精心制定系统法律阶段,即形式理性之法律(formal rational)。他说:"法和法律过程的一般发展是从通过'法的先知们'进行魅力型的法的默示,到由法的名士豪绅们经验的立法和司法(保留派、法学家的立法和先例立法),进而到由世俗的最高统治权和神权统治的权力进行强加的法律,最后由受过法律教育的人(专业法学家)进行系统的制订法的章程和进行专业的、在文献和形式逻辑培训的基础上进行的'法律维护'。"[14] 显然,这四种类型的法实际上是法发展的四个历史阶段,因而也就意味着法的发展经历了一个从非理性到有理性,从实质理性到形式理性的过程。

三、法的合法性与合理性

(一)法的合法性

西方关于法的"合法性"问题,明确地提出来和作了比较多的论述的,首先是马克斯·韦伯。他的论述是从合法性的一般概念开始的。他认为任何一种政治统治都要尽力设法把自己标榜为是"合法的",都要唤起人们对其统治的"合法性"的信仰。他说:"一切经验表明,没有任何一种统治自愿地满足于仅仅以物质的动机或者仅仅以情绪的动机,或者仅仅以价值合乎理性的动机,作为其继续存在的机会。毋宁说,任何统治都企图唤起并维持对它的'合法性'的信仰。"[15] 这是因为,"任何一种真正的统治关系都包含着最低限度的服从愿望,即从服从中获取(外在的和内在的)利益。"[16] 这就是说,"合法性"统治的观念意味着内心的服从,而且这种服从不是仅仅出于经济利益的考虑,也不是仅仅因为感情或理想的认同,更不是仅仅基于对强力的害怕。他认为"合法性"意味着统治的有效性,"换言之,即统治者要求官员服从,以及二者要求被统治者服从"。他进而说:"当然,一种统治的'合法性',也只能被看作是在相当程度上为此保持和得到实际对待的机会。这远不是说,对一种统治的任何服从,首先(或者哪怕是仅仅往往)以这种合法性的信仰为取向。顺从可能是个人或整个群体纯粹

---

〔12〕[德]马克斯·韦伯:《经济与社会》(上卷),林荣远译,商务印书馆1997年版,第347页。

〔13〕参见[德]马克斯·韦伯:《论经济与社会中的法律》,张乃根译,中国大百科全书出版社1998年版,第二章。

〔14〕[德]马克斯·韦伯:《经济与社会》(下卷),林荣远译,商务印书馆1997年版,第201页。

〔15〕同上书,第239页。

〔16〕同上书,第238页。

出自机会主义的原因,是一种虚情假意的奉承,也可能出自自己的物质利益而实际上言听计从,也可能由于个人的软弱和束手无策,不可避免地加以忍受。然而这不是对一种统治分类的准则,而是,它的固有合法性要求按其种类'适用',巩固它的持久存在,并参与决定所选择的统治手段的种类。"[17] 他认为,这种合法统治是与国家和法律联系在一起的,他说:"在现在实际条件下,政治行为的特殊合法性信念会达到这一点:只有'国家'才能够通过命令和允许的方式,'合法地'行使任何向其他共同体可实施的强制力。就这种强制力的威慑力及其实施而言,完全成熟的政治共同体已经形成了一套适用特定'合法性'的决疑规则。这种规则体系构成了'法律秩序',并且,政治共同体被视为这种法律秩序的唯一制定者,因为在现代,这种共同体已经掌握以强制力为后盾的适用这些规则的垄断权。"[18]

马克斯·韦伯认为,合法性问题指的实际上是"制度"的"适用"问题。他说:"行为,尤其是社会关系,而且特别是一种社会关系,可能以参加者的一种合法制度存在观念为取向。这种事情真正发生的机会应该称之为制度的'适用'。"[19] 他认为"一种制度的合法性可以通过下述情况得到保证:一、纯粹内在的,即(1)纯粹情绪的:通过感情的奉献;(2)价值合理性的:通过信仰的绝对适用作为最后的、负有义务的价值(习俗的、美学的或其他价值)的表现;(3)宗教的:通过信仰对救赎物的占有取决于对制度的遵守。二、也(或者仅仅)通过期望出现别的外在的结果,即通过利害关系;然而也通过特别形式的期望。"[20]"合法的适用可能由于行为者归功于一种制度:a)基于传统:过去一直存在的事物的适用;b)基于情绪的(尤其是感情的)信仰:新的启示或榜样的适用;c)基于价值合理性的信仰:被认为是绝对有效的推断的适用;d)基于现行的章程,对其合法性的信仰。这种合法性[(d)]可能[被参加者们]感到是合法适用的:(甲)基于有关人员对这种合法性达成的协议;(乙)基于强令(根据一种被认为合法适用的人对人的统治)和服从。"[21] 所谓强令即"任何不是通过所有参加者个人自由的协议产生的制度",包括少数服从多数的制度。[22]

在对一般"合法性"概念论述的基础上,韦伯还就合法性标准的历史性作了论述,他认为它在不同的时期和不同的学派那里是有差别的。他概括和具体分析了自然法学和历史法学的有关思想,他认为自然法学是以"自然法"与"制定法"的关系谈论这一问题的,并把自然法作为评价制定法合法性的标准。他说:"'自然法'是独立于整个成文法的、而且与之相比效果更为突出的准则的总和,它们所具有的威严不是出于任意专断、为所欲为制订的章程,而是相反,章程的使人承担义务的力量是由它们给予合法化的。也就是说,是这样的一些准则,它们不是依仗渊源于某个合法的立法者,而是依仗纯粹内在固有的品质而成为合法的:一种法的合法性的特殊而且唯一始终一贯的形式,而且即使宗教的默示和传统及其体现者权威的神圣性正在丧失,这种形式也能依旧存在。因此,自然法是革命创造的秩序之特殊的合法性形式。"[23] 而自然法又有分理性主义与非理性主义两类。而理性主义的自然法公理中的一个基

---

〔17〕[德]马克斯·韦伯:《经济与社会》(上卷),林荣远译,商务印书馆1998年版,第240页。

〔18〕[德]马克斯·韦伯:《论经济与社会中的法律》,张乃根译,中国大百科全书出版社1998年版,第342页。

〔19〕[德]马克斯·韦伯:《经济与社会》(上卷),林荣远译,商务印书馆1998年版,第61~62页。

〔20〕同上书,第64页。

〔21〕同上书,第66~67页。

〔22〕同上书,第79页。

〔23〕同上书,第188~189页。

本公理是人人生而俱有一种自然权利,并把国家的产生解释为社会契约的结果。这样在他们看来,“一切合法的法都是建立在章程的基础上的,而章程又总是最终建立在理性的协议基础之上的;或者是现实的,建立在自由的个人一种真正的原始契约之上,它也调节着未来新的、制定为章程的法的产生方式;或者是在精神的意义上即只有法的内容与一种理智的、通过自由的协议制订为章程制度的概念不相抵触时,它才是合法的。”〔24〕这就是说,自然法学家把“自然法”作为实在法或制定法的标准,而“自然法”实际上是一套特殊的价值观念,这样一来,自然法作为衡量实在法的合法性的标准,虽然也包含着形式性的,但更多的是实质性的。他说:“成文法在自然法里的合法性,可能或者更多地与形式的条件相联系,或者更多地与实质的条件相联系。差别只是程度的不同,因为不可能存在一种完全纯粹形式的自然法:它必须与内容空洞的、十分一般的、法学的概念相吻合。”〔25〕这就是说,他认为自然法学的合法性标准虽然有的侧重于形式,有的侧重于实质,但不可能是纯粹形式的。

(二)法的合理性

西方首先论述法的合理性者是马克斯·韦伯。前面已经指出,他只肯定形式合理性,并把资本主义社会的法律作为形式合理性的法的典型。韦伯在论述这种法律为什么是形式的法时说:“法律是‘形式的’,是指在实体和程序两个方面只有具有确凿的一般性质的事实才被加以考虑。这种形式主义又可分为两种:具有像感觉资料那样能被感知到的有形性,才可能是法律与之有关事物的特征。这种坚持事实外部特征的做法,譬如用特定词语表达,在文件上签署姓名,表示固定意义的特殊象征性行为,都体现了极其严格的法律形式主义;另一种类型的形式主义法律表现为通过从逻辑上分析意义来揭示与法律相关事实的特征,以及被明确界定的法律概念是以高度抽象的法规形式构成的和应用的。”〔26〕

韦伯认为这种形式法具有以下四个特点:(1)它是由一套形式化的、意义明确的法律条文组成,而不是由宗教命令、伦理规范和风俗习惯构成。而要如此,它的产生是由代议制的立法机关依据法律程序自觉制定的。(2)这些法规条文已经被体系化了。这“表征着一切经过分析得出的法律判断的统合,这些法律判断以统合的方式构成逻辑清晰的、内在一贯的、至少在理论上是非常严密的法规体系。显而易见,一切可以想见的实际情况都必须逻辑上被包含在其中,以免它们的秩序缺乏有效的保证。”从而它“能够像技术合理性的机器一样运行。这就保证了个人和群体在这一体系内获得相对最大限度的自由,并且极大地提高了预言他们行为的法律后果的可能性。程序变成了以固定的不可逾越的‘游戏规则’为限制的、特殊类型的和平竞争。”〔27〕(3)构成这些法规的法律概念是语义明确的和能经得起逻辑分析的。(4)这些法规能“理智地加以控制”,摆脱了神秘的方法和手段,如宗教仪式、巫术方法等。

另外韦伯还指出,这种法律还有实体法与程序法、法律问题和法律事实、立法工作和司法工作分开等特点。由此看来,韦伯所说的形式合理性法,指的是由现代的立法机关以严格的

---

〔24〕[德]马克斯·韦伯:《经济与社会》(下卷),林荣远译,商务印书馆1998年版,第190页。

〔25〕同上。

〔26〕[德]韦伯:《经济与社会》,第656~657页。转引自苏国勋:《理性化及其限制》,上海人民出版社1988年版,第221页。

〔27〕[德]韦伯:《经济与社会》,第656、881页。转引自苏国勋:《理性化及其限制》,上海人民出版社1988年版,第220、223页。

程序制定,又由专门的司法机关予以适用的、一套逻辑上严谨的、可为人操作的和由明确的规则所组成的法规体系。它像一个结构合理的精密机器一样,能准确地预测人的行为,解决一切社会纠纷。

伯尔曼在概括韦伯的这一思想时说:“以‘形式合理’(formal rationality)为特征的法律的理想类型是这样一种类型:其中法律表现为一种逻辑一致的抽象规则的结构,根据这种结构,能够认定案件和问题中的有效事实并解决这些案件和问题。”“在法律中,形式合理表示通过逻辑概括和解释的过程对抽象规则的系统阐述和适用;它强调的是通过逻辑的方法搜集全部法律上具有效力的规则并使之合理化,再把它们铸造成内部一致的复杂的法律命题。相比之下,实质合理突出的方面不是符合逻辑的一致性,而是符合道德考虑、功效、便利和公共政策。”〔28〕

我国学者苏国勋先生在概括其形式合理性法的思想时也指出:“所谓形式法律,是指来源于罗马法中的形式主义审判原则的法律体系,它是由一整套形式化的、意义明确的法规条文组成的。它把每个诉讼当事人都以形式上的‘法人’对待并使之在法律上具有平等地位,它只依据法律条文对确凿无疑的法律事实做出解释和判定,而不考虑其他伦理的、政治的、经济的实质正义原则,同时还要排除一切宗教仪式、情感的和巫术的因素。”〔29〕

以上看出,马克斯·韦伯真正认可的是形式合理性的法,而这种合理性不仅不是实现实质合理性的手段,而且是与之对立的。它具体表现为一个逻辑上合理的法律规则体系。显然,这一观点与当时欧洲占主导地位的概念论的法律观是一致的,也反映了资本主义社会法律的根本特点。

参考文献

1. [德]马克斯·韦伯:《经济与社会》(上卷),林荣远译,商务印书馆1998年版。
2. [德]马克斯·韦伯:《论经济与社会中的法律》,张乃根译,中国大百科全书出版社1998年版。
3. [美]莱因哈特·本迪克斯:《马克斯·韦伯思想肖像》,刘北成等译,上海人民出版社2002年版。
4. [德]迪尔克·克斯勒:《马克斯·韦伯的生平、著述及影响》,郭锋译,法律出版社2002年版。
5. 郑戈:“韦伯论西方法律的独特性”,载《思想与社会》(第1辑),上海人民出版社2001年版。
6. 吴庚:“韦伯的政治理论及其哲学基础”,载《政治理论与法学方法》,中国人民大学出版社2007年版。

思考题

1. 韦伯是怎样认识法律的本质的?
2. 韦伯对法律的发展是如何论述的?
3. 韦伯是如何论述法的合法性和合理性的?

---

〔28〕 [美]伯尔曼:《法律与革命》,贺卫方等译,中国大百科全书出版社1993年版,第653~654页。
〔29〕 苏国勋:《理性化及其限制》,上海人民出版社1988年版,第154页。

第三节　耶林的法律思想

一、生平与著作

鲁道夫·冯·耶林(Rudolf von Jhering,1818～1892年),德国著名法学家,利益法学、法社会学先驱。耶林1818年8月22日出生于德国北部奥里希的一个法学世家。1840年在柏林大学师从萨维尼的学生霍梅尔(Homeyer)攻读学位,其间听过萨维尼的讲座,1842年取得博士学位。1843年在柏林大学任编外讲师,讲授罗马法原理,其间发表《法律人之历史学派》等文章,并结集出版了《罗马法论文集》。1845年在巴塞尔大学任罗马法教授,时年27岁。1845～1851年间,先后任教于巴塞尔大学(1845年)、罗斯托克大学(1846年)、基尔大学(1849年)。1852～1868年在吉森大学任教授,其间出版了《不同发展阶段的罗马法精神》(耶林将此书题献给概念法学家普赫塔),并于1861至1866年在《普鲁士法院报》发表了6封关于当代法学的"匿名密笺"(Vertraulichen Briefe eines Unbekannten)。1868～1872年任职于奥地利维也纳大学,1868年10月16日发表了在维也纳大学的就职演讲《法学是一门科学吗?》,1872年3月11日在维也纳法学家协会发表了告别演讲《为权利而斗争》。1872年回到德国后在哥廷根大学任教授。1877～1883年出版了《法之目的》。1884年出版了《法学中的亦庄亦谐》(Scherz und Ernst in der Jurisprudenz),包括四部分内容:《匿名密笺》;《一个罗马法学者的闲谈》;《法学的概念天国》;《重返尘世》。1884年3月12日在维也纳法学家协会发表了演讲《法权感的产生》(Über die Entstehung des Rechtsgefühls)。1886年出版了《日常生活的法学》(Die jurisprudenz des täglichen Lebens)。1889年出版了《占有意思》(Der Besitzwille)。1892年9月17日卒于哥廷根,享年74岁。

耶林是继萨维尼之后德国最有影响的法学家。其学术生涯最重大的事件,莫过于从概念法学向利益法学的"转变"(bekehrung),在方法论上,其前期可谓"建构方法时期"(1842～1858年),后期可谓"目的方法时期"(1858年之后)。美国法学家庞德曾评论说,现代法学有三个重要特征肇端于耶林的学说:第一,对概念法学的批判;第二,转移法学研究者的视点,由研究法律之性质转向侧重研究法律之鹄的,由研究作为手段之权利转向侧重研究作为目的之利益;第三,司法行政理论。庞德尤其强调第二个特征对现代法学发展的重大作用,"即此一着,耶林实能于法学上别开一新生面,而开辟一新天地。"[30] 耶林的这一转变,开启了法学研究的社会学新方向,对后来李斯特(Liszt)的刑事社会学和赫克(Heck)的利益法学产生了重要影响。[31]

二、法权概念

耶林认为,法权(recht)概念是一个"目的与手段"或"客观意义与主体意义"的双重复合

---

〔30〕［美］庞德:《庞德法学文述》,雷宾南译,中国政法大学出版社2005年版,第20页。

〔31〕［德］格尔德·克莱因海尔、杨·施罗德主编:《九百年来德意志及欧洲法学家》,许兰译,法律出版社2005年版,第227、11、230页。

体。法权一方面包含着目的与手段的对立;另一方面又是客观意义的法和主体意义的权利的统一。他说:“法权的概念是一个实践的概念,即一个目的概念,但是,每个目的概念据其本性,是在双重意义上形成的,因为它包含着目的与手段的对立。”[32] 他又说:“recht 这个词是在双重意义上被使用的,即客观意义和主体意义。客观意义的法,是由国家执行的法律规则的总和,即生活的制定法秩序,主体意义的权利是抽象规则具体化为个人的具体权利。”[33]

在萨维尼看来,法的发展如同语言或艺术的发展是民族精神气质的徐徐展露,其发展是无需斗争的。然而,作为目的概念的法的发展却是不同的,耶林指出:“作为目的概念的法(recht),置身于人的目的、志向、利益的混乱喧闹之中,它必须不停地摸索和探求,以寻找正确的道路,在发现了正确的道路时,必须斗争和运用暴力,以实际踏上这条道路……因而,在此一意义上,我们必须断然驳斥在法律与语言和艺术之间的类似性……”[34] 耶林认为,斗争是目的法学的应有之义:“世界上一切法权是经由斗争而获得的,每一项既存的法律规则(Rechtssatz)必定只是从对抗它的人手中夺取的。每一项权利,无论是民众的还是个人的,都是以坚持不懈地准备自己去主张它为前提。这种法权不是逻辑的,而是一个力的概念。正义环绕着它,正义一手提着天平,以此去衡量法权,一手握着干戈,用以去维护法权。没有天平的干戈,是法权的赤裸裸的暴力,没有干戈的天平,是法权的软弱无能。两者休戚与共,只有正义用来操持干戈的力量,不亚于她用来执掌天平的技艺时,一种完满的法权状态(Rechtszustand)才存在。”[35]

在法权概念的这一复合体中,耶林特别强调法的主体意义或具体权利的实现。他说,犹如血液从心脏到心脏循环一样,具体的权利不仅仅从抽象的法中获得生命和力量,而且它也还给抽象的法以生命和力量,客观意义的法的发育和成长必须体现在主体意义的权利的实现当中。[36] 一个从未享用过的,或失去实行机会的法律规范,无权称为法律规范,当单个的个人没有实现其主体意义的权利时,客观意义的法不过是一张仅存于纸上而不能兑现的空头支票而已。[37] 正是在这个意义上,耶林的法权观可谓一种权利的法权观。

三、对概念法学的批判

正如前面所提到的,耶林前期津津乐道的概念法学,后来却受到自己的严厉批判。这一批判,在 1858 年由“一物二卖”问题所引发,经 1865 年《不同发展阶段的罗马法精神》(第 4 卷,Geist Ⅲ 1)及其后 4 版,再经 1868 年 10 月 16 日的《法学是一门科学吗》和 1872 年 3 月 11 日的《为权利而斗争》这两篇演讲,终于在 1877 年《法之目的》后达到高潮。[38]

---

[32] [德]鲁道夫·冯·耶林:《为权利而斗争》,郑永流译,法律出版社 2007 年版,第 1 页。

[33] 同上书,第 87 页。

[34] 同上书,第 6 ~ 7 页。

[35] 同上书,第 2 页。

[36] 同上书,第 28 页。

[37] 同上书,第 25、30 ~ 31、62 页。

[38] 哈特说:“人类的法律创制者,不可能掌握关于未来所有可能情形的全部知识。这就意味着,所有法律规则和法律概念都是‘开放的’,当面临一个不曾预料到的案子时,我们必须做出一个新的选择,并以此改进我们的法律概念,使它们更符合社会所预期的目的。所有这些道理耶林完全明白,他嘲弄为未来所有诉讼决定的每个判决理由提供详尽规则的想法,这种嘲弄在《法的目的》(Zweck in Recht)一书中尤为激烈。”参见[英]哈特:“耶林的概念天国与现代分析法学”,陈林林译,载邓正来主编:《西方法律哲学家研究年刊》2006 年卷(总第 1 卷),北京大学出版社 2006 年版,第 7 页。

在《不同发展阶段的罗马法精神》(第4卷,Geist Ⅲ 1)中,耶林即明确提出:"生活并非为了概念的缘故,应该说,概念是为生活的缘故而存在。并非逻辑所设定的事物,而是生活、交易、法感所设定的事物,才必须发生,无论其在逻辑上具有必然性,或者在逻辑上不可能。"[39]体系不是先验给定的,"生活、交易、法感"是体系建构的主导力量。然而,正如前面所提到的,耶林的这一自我批判,并不意味着他对概念或逻辑价值的彻底否定,概念虽然不是"财富"本身,但它至少可以充当有用的"货币"。这一观点,在《不同发展阶段的罗马法精神》(第3卷,1883年版,Geist Ⅱ 2,4. aufl. 1883)的一则注脚中被概括为简练的公式:"法学原则上可以沿着法律理性(ratio iuris)一路展开,直到效益(utilitas)出来挡住其通路并且提出抗告"。[40]

在《法学是一门科学吗》这篇演讲中,耶林一方面批评迷信制定法的实证法学家——"将其自身以及其思想、感受,托付给贫乏、死板的制定法,而成为法律机器中一块无意识的、无感情的零件";[41]另一方面批评迷恋概念的理论家——"使自己深入钻研到概念中,并且不断发现更为细致的区分……那些被推向极端的区分,是如此尖锐,以致它们无法在个案中获得落实;这样的区分其实是对生活的诅咒。"[42]

在《法之目的》中,其开篇题词即云:"目的者,全法律之创造者也"(Der Zweck ist der Schopfer des ganzen Rechts)。[43] 他指出,法学不是数学,在法学中,目的思考(而不是数学计算)才是决定性的,而"目的"的主体是社会,所以"社会"是真正的立法者。[44]

相对而言,在《法学的概念天国》中,这一批判则显得更为感性,然而却更加深切、系统一些,例如(1)在"建构器"面前,看到那些法学上最基本的概念——例如合同、直接代理等——竟在逻辑上被归为荒谬,耶林感到忧虑;(2)在"法律史学院",看到那些来自历史现实条件下的鲜活的法律规则,竟被精灵们的纯粹文字学方法弄得"驴唇不对马嘴",耶林感到失望;(3)在"解剖病理学概念室",看到那些在法律史上最富创造力的概念——例如埋藏物、时效取得、债的让与、悬赏广告等——却被作为畸形病态概念无情地解剖,耶林感到厌烦。最后,当精灵要他进行概念天国的考试登记时,他毅然表示了拒绝:"你们的天国并不是特别吸引我……我宁愿去另一个天国,"即实践者的天国——那里充满着生活的气息。[45] 应该说,这种文学性的甚至带有戏谑性的批判是刻骨铭心的。

耶林在"概念天国"里的这一痛彻批判,哈特曾作了五点概括:概念法学(1)过度关注抽象的法律概念,不考虑它们在现实生活中适用的条件;(2)在利用和发展概念时,无视必须要考虑的社会利益和个人利益,以及其他实践问题;(3)确信能区分某一法律规则或概念的本

---

〔39〕 转引自[德]鲁道夫·冯·耶林著,[德]奥科·贝伦茨编注:《法学是一门科学吗》,李君韬译,法律出版社2010年版,第76页注释(96)。

〔40〕 转引自[德]鲁道夫·冯·耶林著,[德]奥科·贝伦茨编注:《法学是一门科学吗》,李君韬译,法律出版社2010年版,第146页。

〔41〕 [德]鲁道夫·冯·耶林著,[德]奥科·贝伦茨编注:《法学是一门科学吗》,李君韬译,法律出版社2010年版,第46~47页。

〔42〕 同上书,第75~77页。

〔43〕 转引自[德]拉德布鲁赫:《法律哲学概论》,徐苏中译,中国政法大学出版社2007年版,第18页。

〔44〕 转引自[德]阿图尔·考夫曼、温弗里德·哈斯默尔主编:《当代法哲学和法律理论导论》,郑永流译,法律出版社2002年版,第166页。

〔45〕 [德]耶林:《法学的概念天国》,中国法制出版社2009年版,第95、103页。

质和法律后果;(4)无视法律的目标,并拒绝追问法律目的问题;(5)法律科学在概念和方法上对数学进行错误的模仿,以至于所有法律推理都变成了纯粹的数学计算。[46]

正如美国法学家庞德曾说的,对概念法学的批判以及研究视点向利益方向的转移,是耶林法学思想最重要的贡献。然而,必须指出,从概念法学到利益法学,或从建构方法到目的方法的转变,并非是耶林对后一要素的首先发现以及对前一要素的简单置换,而是后者在新的起点上对前者的包容和限缩。德国学者奥科·贝伦茨说:"耶林的贡献也许并非如人们所想的,在于发现私法蕴含一目的论",而且,"我们也不能说,耶林提升了对现实性的觉察……"对于"目的"或"人类生活"现实的关注,至少萨维尼先行于他……"耶林的贡献在于每当在共同生活中的正义需求明显可见时,他在这样的情况下,每每为自己的时代提出了对形式主义(形式主义原本是为了保障自由)进行限缩之主张,并且大幅提升了对于此种需要的敏感度。""耶林的贡献就在于,他使得严格或者纯粹法概念所表彰的法律之严格性,获得舒缓。""耶林的思想贡献特别表现于:他将古典罗马法的法学思考与现代立法国家的诫命思考(Gebotsdenken)联系在一起,并且将其铺陈为法学思考的两个层次。"——即"在制度中进行思考"和"命令式的诫命思考"。[47] 这样看来,耶林的法学,毋宁说是一种综合法学,用他自己的话说:"法学就是在法律事物(Dinge des Rechts)中的科学意识。"这种意识,在法教义学的面向上,作为被立法者给定的法律秩序,它遵循实践中的"目的"思考;在法律史的面向上,作为在历史中形成的制度秩序,它注重在即有制度体系内进行"逻辑"演绎;而在法哲学的面向上,作为对人类伦理生活的终极表述,它还包含着良知、特别是作为"法权感"的专业直觉。[48]

四、法权感

耶林所谓"法权感"(Rechtsgefühl)——也被译作是非感、正义感、权利感、法律情感、正确情感等,是耶林思想"转向"后经常使用的一个概念。在耶林看来,法权——无论在在客观还是主体意义上——都必须通过斗争,才能维护其自身的存在和发展。在客观意义这一方向上,斗争意味着——在抽象法的形成和发展中——火与血的浇灌;[49] 而在主体意义这一方向上,斗争意味着——在具体权利实现过程中——实际的抗争。[50] 因此,相应地说,耶林的"法权感"概念,也有两种意义:一种是客观意义的"法感",另一种是主体意义的"法感"。前者是指法律形成和发展中的"法感",也可谓客观"法感";后者是指具体权利实现过程中的"法感",也可谓主观"法感"。

---

〔46〕[德]鲁道夫·耶林:《法学的概念天国》,译者前言,柯伟才、于庆生译,中国法制出版社 2009 年版,第 26~27 页。

〔47〕[德]鲁道夫·冯·耶林著,[德]奥科·贝伦茨编注:《法学是一门科学吗》,李君韬译,法律出版社 2010 年版,第 149、172 页。

〔48〕同上书,第 86 页。

〔49〕就像尼采说的,诸如债、良知等概念所构成的道德世界,其开端——例如债权人对不能还债的债务人施以极刑的那种道德激情——就如同世界上所有伟大事物的开端一样,"是彻底而长期用血来浇灌的。"转引自[德]鲁道夫·耶林:《法学是一门科学吗?》,李君韬译,法律出版社 2010 年版,第 188 页注(86)。耶林也说:"法律史必须记载下的一切丰功伟绩是:奴隶制和农奴制的废除、土地财产自由、经营自由,如此等等,所有这一切,只有必须经过最激烈的、常常是持续几百年的斗争才能赢得;在这条法律走过的路上,不难见血流成河,到处是被蹂躏的法律。"[德]鲁道夫·耶林:《为权利而斗争》,郑永流译,法律出版社 2007 年版,第 6 页。

〔50〕[德]鲁道夫·冯·耶林:《为权利而斗争》,郑永流译,法律出版社 2007 年版,第 3~4 页。

(一)客观"法感"

客观"法感"是"寓居在人类胸膛之中"的"人类性情",是法的最终泉源。在法的各个部门,都可以看到这种客观"法感"的表现,尤其是在惩罚的领域;因此,刑法是最富"法感"的部门。耶林说:"刑法是法律的面孔,反映着所有民众的个性、思想、性情、热情、文明或者野蛮程度。一句话,刑法体现了法律的灵魂——刑法是民众本身。"[51]

(二)主观"法感"

耶林所谓"法感",更多是指主观"法感"——即在具体权利实现中的情感——用来抵制当时法学的两个片面倾向:一是法官适用法律时的"涵摄机器"倾向;一是权利主体面对侵权时的庸俗"物质主义"倾向。对法官而言——"法感"是要他抛弃对制定法的迷信,避免"将其自身以及其思想、感受,托付给贫乏、死板的制定法",避免沦为"法律机器中一块无意识的、无感情的零件"。[52] 耶林说:"法官经常不得不对某项法律命题进行实际适用,而且还会得出一项连他自己都想控诉的结论……然而,倘若他心中的感受,还没有灭绝,那么他就会在其法感为对抗这样的命题而凸显出来的对立见解中,看到对法律命题进行重新审视的契机。"[53]——这是法官对正义的义务感。而对普通民众而言——"法感"则是要他抛弃肤浅的物质利益算计,避免陷入人格上麻木、懒散的庸俗"物质主义"——这是受害人对其权利提出主张的义务感。在这里,无论对法官还是普通民众,"法感"都是义务感,且与其人格紧密相关;因此,主观"法感",亦可谓人格上的"义务感"。

从本源来说,耶林认为,"法权感"不时天赋的、先验的,不是人性这一伟大母亲之乳汁——只要我们本能地张嘴吸吮即可汲取其中的正义;"法权感"也不是自然预栽的树苗——只要哲学园丁辛勤浇灌就可长成道德的大树。无论是个人还是民族,"法权感"都源自经验,在生活中诞生,在历史中完善,就像人发明了蒸汽机、发报机一样,人也构造了法权和其中的道德原则。[54] 当然,这种构造的过程,不仅是空间维度上一砖一瓦的搭建,还是时间维度上风风雨雨的塑造。正是在这个意义上,"法权感",在具有不同历史及其不同发展阶段的民族那里、在具有不同经历或不同职业背景的个人那里,呈现着无限的丰富性。

以上看出,耶林是从概念法学内部杀出来的一个社会法学家,正因如此,他对概念法学的批判是切中要害的,对社会法学的创立也是贡献很大的,首创了许多新观念,从而打破了概念法学的一统天下,开创了一种法学研究的新领域。

参考文献

1. [德]鲁道夫·冯·耶林:《为权利而斗争》,郑永流译,法律出版社 2007 年版。
2. [德]鲁道夫·冯·耶林:《法学的概念天国》,柯伟才等译,中国法制出版社 2009 年版。
3. [德]鲁道夫·冯·耶林:《罗马私法中的过错要素》,柯伟才译,中国法制出版社 2009 年版。

---

〔51〕[德]鲁道夫·冯·耶林:《罗马私法中的过错要素》,柯伟才译,中国法制出版社 2009 年版,第 3 ~ 4 页。

〔52〕[德]鲁道夫·冯·耶林著,[德]奥科·贝伦茨编注:《法学是一门科学吗》,李君韬译,法律出版社 2010 年版,第 46 ~ 47 页。

〔53〕[德]鲁道夫·耶林:《法学是一门科学吗?》,李君韬译,法律出版社 2010 年版,第 80 ~ 81 页。

〔54〕[德]鲁道夫·冯·耶林:"法权感的产生",王洪亮译,载《比较法研究》2002 年第 3 期。

4. [德]鲁道夫·冯·耶林:《法学是一门科学吗?》,李君韬译,法律出版社 2010 年版。
5. [德]米夏埃尔—马廷内克:《鲁道夫·冯·耶林:生平与作品》,田士永译,载郑永流主编:《法哲学与法社会学论丛》(2005 年卷·总第 8 卷),北京大学出版社 2005 年版。
6. 吴从周:《概念法学、利益法学与价值法学》,中国法制出版社 2011 年版。

思考题

1. 为什么说耶林是利益法学或法社会学的先驱?
2. 耶林是如何批判概念法学的?
3. 耶林的法权及法权感的概念有何特点?

第四节　埃利希的活的法理论

一、生平和著作

尤根·埃利希(Eugen Ehrlich,1862 ~ 1922 年),欧洲社会学法学和自由法学的创始人之一,生于奥地利布科维纳省(Bukowina)省会切尔诺维茨(Czernowitz)的一个犹太人律师家庭。1886 年他在维也纳大学获得法学博士学位。1894 年,他任维也纳大学私法讲师,主讲罗马法,并兼任律师工作。1897 年起在切尔诺维茨大学担任罗马法教授直至 1922 年去世。在此期间,1906 年担任该大学的校长。埃利希终身未娶。

他的主要著作有《法律的自由发现和自由法学》(Freie Rechts findung und freie Rechtswisaenschaft,1903 年)、《法律社会学的基本原理》(德文为 Grundlegung der Soziologie des Rechts;英语译为 *Fundamental Principles of the Sociology of Law*,1913 年)和《法律逻辑》(德文为 Die juristsche Loguk;英语译为 Juristische Logik,1918 年)等。埃利希的理论主要体现在《法律社会学的基本原理》一书中,该书是现代法社会学理论的第一部系统论述,这使他因此而赢得"欧洲法社会学之父"的声誉。在该书的前言部分埃利希说:"人们常说著书应采取这样的方式,即该书的内容可以用一个句子来概括。若将此检验标准适用于本书,则本书可用下面这句来概括:不论是现在还是其他任何时候,法律发展的重心不在立法、法学,也不在司法裁决,而在社会本身。或许,这句话涵括对法律社会学基本原理做出阐释的每一次尝试的主旨。"的确是如此,当我们读了该书之后,得出的结论和留下最深刻的印象,也正是这一观点,或者说该书正是这一观点的展开或对这一观点的充分论证。显然,这一观点也恰好是我们理解埃利希社会法学理论的一把钥匙。埃利希在该书中所表达的法社会学思想主要有以下几方面。

二、社会、社会规范和法律

埃利希是从人类社会的深处来探索法律的基础的。他认为,人类社会是由各种联合体组成的。他说:“人类社会是彼此具有相互关系的人类联合体的总和。”[55]在这些联合体中有“基本的(原生性的)[the primitive(genetic)]联全体”,如家庭、氏族、部族等;有派生的或非基本的联合体,如公社、国家、宗教团体、社团,政党、社会行业团体、社交俱乐部、农业经济联合体、商店、工厂、合作型社团和职业会员联合体等。前者由其出生所决定,人不能自由选择,后者出于自愿。他认为维系社会联合体的是社会规范,而法律就是其中最重要的一种。他认为法律规范在原始社会就存在,不过,那时的法律与其他规范尚混在一起。

埃利希指出,法律扎根于社会之中,并随着社会,特别是其中的经济的发展而发展。他说:“因为法律是一个社会联合体的内部规则,它的内容取决于这些联合体结构的绝对必要性与经营经济企业的方式。社会和经济的每一次变化都会导致法律的变化,如果社会和经济的变化不导致相应的法律变化,它们就不可能改变社会的法律基础。”[56]因此,“在任何地方,重心都在于联合体为其自身所创造的秩序中,国家与社会中的生活依赖于联合体的秩序,而不是依赖于源自国家和社会的秩序。”[57]他接着说:“然而,基本的社会机构、各种各样的法律联合体,特别是婚姻、家庭、宗族、社区、行会、支配和占有关系、继承以及法律行为,它们要么是整个儿独立于国家,要么是很大程度上独立于国家。因此法律发展的重心从无法追忆的远古时代起就不是存在于国家的行为之中,而是内存于社会本身,因而现在必须在后者中探寻。这不仅可以适用于法律机构,也同样适用于裁判规范。从远古时代起,大量的裁判规范就已经通过科学和司法从社会机构中提取出来,或者由那些机构自由创造出来;国家的立法通常也只能通过追随社会机构以及模仿科学模式或司法模式的方式发现裁判规范。”[58]

可以看出,埃利希是从社会,特别是社会联合体的秩序的角度来思考法律问题的,他认为法律在本质上就是社会联合体的内部秩序,因而这种秩序的形成离不开法律,它们需要法律规范明确规定联合体成员的地位和职责。只有这样,联合体内部事务的秩序才能形成和维持。因而我们在研究法律时,必须研究人类社会的结构,特别是其中的联合体,从中发现法律存在和发展的真正根基。

三、法律事实(rechtserzeufenden Tatsachen;the facts of law)、法律规范(the norms of law)和法律命题(the legal proposition)

为了进一步阐述法扎根于社会的思想,埃利希接着论述了法律中的三种要素:法律事实、法律规范和法律命题及其相互关系。他指出作为法律主要表现的法律规范和由法学家从中抽象出来的法律命题均基于法律事实,是适应法律事实的需要和为了更好地处理法律事实。那么什么是法律事实、法律规范和法律命题呢?

埃利希认为,法律事实就是法律赖以产生和需要面对的社会存在,具体说来就是各种社会联合体及其内部的秩序,以及有悖于此秩序的法律性质的社会纠纷。他说:“今天,‘事实问题’有两个截然不同的含义。一方面,它指由惯例、条例、契约、继承及其遗嘱而缔建的人类生活关系的内部秩序。另一方面,它指对这种内部关系的违反,这将导致民事诉讼或刑事诉

---

[55] [奥]尤根·埃利希:《法社会学基本原理》,叶名怡、袁震译,九州出版社2007年版,第53页。
[56] [奥]尤根·埃利希:《法社会学基本原理》,叶名怡、袁震译,九州出版社2007年版,第109页。
[57] 同上书,第249页。
[58] 同上书,第863页。

讼的启动。但第一种意义上的'事实问题'是第二种'事实问题'的组成部分。"[59]

埃利希认为,法律规范是对典型法律事实的法律确认,是落实到实践中的法律命令。法律命题是法学家从法律事实和法律规范中提炼出的法的概念、原则和原理,是对法律规范中的普遍性内容抽象的结果,并用科学的语言予以明确表达。他指出,法律规范和法律命题是法学家、法官劳动的结果。他们从许多法律事实中寻找带有普遍性和典型性的事例,"予以一般化和化而为一"(universalized and reduced to unity),从而发现法律规范和进而抽象出法律命题。他说:"法律命题是由法学家主要基于从法院的裁决中发现的裁判规范而创设的。当法官给出裁决理由时,他就通过拘束未来案例的形式表达了裁判规范"。[60] 这意味着法学家,包括法官,在法律规范和法律命题的产生中起着关键的作用。

这样看来,法学家在创制法律方面是有作为的,但是应该认识到这一作为是极其有限的,他们只能发现和表述法律,而不能创造法律。他说:"法学家从社会关系中提炼出法律;因此法学家法不能超越作为法学家法来源的社会关系。因此,所有真正的法学家法限于那些与作为法学家创造法律之服务对象的关系相联系的人和物。"[61]"一种强烈的信念:法官和法学家有资格去创立现存法律之制度的基础,但不是动摇它或以他物来取代它。"[62]"科学仅仅能够知道实然并且不能够把握应然,因此科学不创造任何规范,而仅仅研究、表述和教授规范,这大概是一个基本真理。"[63]

四、区分两种法律规范:组织规范与裁判规范、社会法与国家法

为了进一步阐述法律扎根于社会的原理,埃利希区分了两种法律规范,即为大众所遵守的一般行为规则和为司法活动所遵循的特殊行为规则或裁判规范(the norms for decision);和作为法律主体的"活的法"(lebendes Recht;living law)或"社会法"(gesellschaftliches Recht;the social law)和由之派生的国家法(the law created by the State)。

他首先批判了当时的一种法观念,即法就是由国家制定的和由司法机关用于裁决社会纠纷的规则的法观念。他认为,对法的这个认识是非常片面的,因为从法学的角度言,法是一种行为规则,而行为规则种类很多,有适合于普通老百姓一般活动的行为规则,有适合于法官的裁判活动的规则。二者虽然都是法律,但是两种不同性质的法律。

他指出,二者的区别在于:第一,作用的对象不同,一般规则为广大民众所遵守,裁判规范为法官所遵守。第二,作用的性质或功能不同,一般行为规则针对广大民众的日常生活,作用在于这一生活秩序的正常运转,裁判规范所针对的是少数违反一般规则的人,是司法者用于处理违规者的规则,作用在于纠正少数人的违规行为。第三,作用的方式不同,一般规则无须特殊的、有形的强制,裁判规范则依赖于此。第四,二者的地位和性质不同,一般法律规则是法律规范的主体和根本,是第一级规范或组织规范,裁判规范是由其派生和为其服务的,是一种次级规范。第五,产生和表现的方式不同,即一般规范主要由联合体自发形成,裁判规范则多由人制定产生。正因为如此,前者主要表现为习惯,后者则表现为制定法。

---

[59] [奥]尤根·埃利希:《法社会学基本原理》,叶名怡、袁震译,九州出版社2007年版,第779页。

[60] 同上书,第381~383页。

[61] 同上书,第411页。

[62] 同上书,第398页。

[63] 同上书,第387页。

通过以上分析和比较，埃利希得出结论，法官适用的裁判规范并不是法律的本源和主体，真正的法律是规制联合体内部秩序和由其自发产生的一级规范，而不是仅适用于司法活动的次级规范或裁判规范。所以仅以之为对象来思考法律的本质是片面的。

其次，埃利希接批判了另一种法观念，即认为法律与国家有着必然的关系，因此，法根源于国家，所有的法律都是由国家制定的，都是国家法的观念。他认为这一认识也是非常片面的。这是因为：国家最初作为一种军事性的组织法只是社会联合体的一种，虽然它后来增加了许多功能，负责联络和协调各种社会组织的活动，因而国家法能制约其他社会组织的内部规范，但国家法毕竟只是整体的法的一部分，而且是极小的和派生的部分，它无法囊括所有的法律。

这样一来，国家法只是法律的一种和一部分，虽然在现代社会里它是法律中的不可忽视的一部分。但是，国家对法律的发展所起的作用是有限的，因为基于社会联合体内部秩序的法律并不是由国家所能随意改变的。所以，"国家以制定法的形式颁布的法律是唯一法律的时代从来没有过。"〔64〕"因此，法律由国家创制的观念经受不住历史分析的检验。"〔65〕

最后，制定法也不是国家法产生的唯一办法。首先，他指出制定法与国家法是有区别的。因为制定法的形式很多，如契约、规章制度等。其次，他指出，制定法也不是国家法产生的唯一办法。他说："另一方面，国家法的形成不仅可以采取制定法的形式，也可以采取行政规章或治安条例、地方执法官法和法官法的形式。"〔66〕

由此他得出的结论是：制定法不能与国家法画等号。所以，"当一部制定法颁布时，它绝对不是'国家的意志'"。〔67〕"法律必须由国家创制不是法律概念中的本质因素，它也构不成法院或其他裁决机构裁决的基础，它也不是裁决必然产生的法律强制的基础。"〔68〕

五、法律规则的特点，法律规范与其他社会规范的关系

埃利希还从法律规则的特点以及法律规范与其他社会规范的关系方面论述了法扎根于社会的原理。他批判了当时流行的关于法律规则特点的一些观点。如认为法律规则具有强制性、法律规范是他律的观点等。他认为这些看法并不科学、不准确，或者说过于浮泛。

首先，关于法律的强制性问题，他指出，"强制"一词在内容上很丰富，有由各种社会关系所产的约束力的无形强制和由通过制裁、刑罚等进行的有形强制，因此应具体分析。他认为一般的强制并非是法律规范所独有的属性，特殊的强制也并非所有法律规范都具有，而只为其中的裁判规范所独有。

其次，关于法律的他律性问题也是如此。他认为法律与所有社会规范一样，既是自律，又是他律。他说："无论如何，任何人都不能说法律和道德的区别就在于——如今人们经常有此误解——法律是他律的，道德是自律的；法律是外部强加给人的，道德来自人的内心。所有的规范作为行为规范——在这里只把它们如此看待——同时是自律的也是他律的。它们是他律的，因为它们产生自联合体；它们是自律的，因为它们的基础是组成联合体的个人的态度。

〔64〕［奥］尤根·埃利希：《法社会学基本原理》，叶名怡、袁震译，九州出版社2007年版，第29页。
〔65〕同上书，第347页。
〔66〕同上书，第289页。
〔67〕同上书，第317页。
〔68〕同上书，第45页。

规范是自律的,这另外一层意义是:只有当服从规范是源于一种由该规范所形成的确信时,这种服从才被认为具有完整的价值。"[69]

最后,埃利希认为,法律规范与其他社会规范是互相关联、相辅相成的。他说:"法律在本质属性上也似乎与其他社会规范相关联,即与宗教规范、道德规范、伦理习俗规范、礼仪规范、言行得体规范、礼节规范和时尚规范相关联"。[70] "一般说来,道德、伦理习俗、礼仪等非法律规范如此容易地转变为法律规范,以至于大多数情况下,那样的区别完全是不可能的。"[71] 正因如此,它们作用上相辅相成。他说:"现在,我们必须指出那些迄今较少被考虑的非法律性规范对联合体内部规整形成的重要性。那种法律制度完全以法律规范为基础的陈述并不正确。道德、宗教、伦理习俗、礼仪、言行得体,甚至是礼节和时尚都不仅仅处理非法律关系;它们也常常影响法律领域。没有任何一个法律上的联合体能完全依靠法律规范的方式来维持它的存在;法律规范一直都需要能强化和弥补它们效力的非法律规范的协助。缺少上述所提及的每一种社会规范的合作,任何东西都不能提供社会机制运转的完整图景。"[72] 也正因为如此,一个共同体内部秩序的形成要依赖各种社会规范,"没有一个国家、政府,在任何时候都可能完全依靠法律进行统治。"[73]

正因为如此,要区别法律规范与其他社会规范,虽然在科学上是困难的,但在心理上是可以做到的。他说:"虽然在法律规范和其他类型规范之间划出合乎科学的精确性的界限是困难的,但实践中,这一困难极少存在。通常,任何人都会毫不犹豫地指出一个给定的规范是法律规范还是宗教、伦理、习俗、道德、礼仪、言行得体、时尚或者礼节规范。这一事实必须作为讨论的基础。关于法律规范和非法律规范之间的区别问题不是一个社会科学问题,而是一个社会心理学问题。各种不同类型的规范释放出不同类型的感情暗示,而且我们对不同类型规范的违反也会做出不同的感情反应。比如对违反法律的反应是产生对抗情绪,对违反道德准则的反应是愤慨,对下流行为的反应是厌恶,对言行不得体的反应是不赞成,对冒犯礼节的反应是产生可笑之感,最后,时尚的追随者轻视那些未能和他保持同一高度的人,对他们会产生一种挑剔感。专门对应于法律规范的是这样一种反应——欧陆共同法学家为此创造了一个术语——必然之念。这是人们能够识别法律规范的典型特征。"[74] 他接着说:"因此,法律社会学不能像迄今流行的法学那样以一个简单公式来表述法律和道德的区别。只有全面研究——那些目前甚至尚未搜集到的——心理和社会事实,才能清楚地说明这一难题。虽然我们充分意识到了面对目前这种法学状况不得不抱有的极度谨慎,但我们现在或许还是可以认定,法律具有如下本质特征。法律规范所调整一个事项,它至少在其发源之群体的观念中具有极大的重要性,具有最根本的意义。受法律命题支配的个体行为不可能很重要,例如有关食品的制定法、或者涉及防火或防止家畜传染病的制定法之下的个体行为,但是,我们必须始终考虑到,如果对这些制定法的违反呈现出一种群体现象的规模则会导致何种结果。只有一些不是很重要的事项才由其他社会规范调整……另一方面,与其他的规范相比,法律规范总

〔69〕 [奥]尤根·埃利希:《法社会学基本原理》,叶名怡、袁震译,九州出版社2007年版,第361页。

〔70〕 同上书,第151页。

〔71〕 同上书,第275页。

〔72〕 同上书,第115页。

〔73〕 同上。

〔74〕 同上书,第275页。

是用清晰而明确的术语表述。从而,法律给了那些以法律规范为基础的联合体以特定的稳定性,然而,不以法律规范为基础的联合体,例如政党、宗教团体、亲戚群体、社会关系,除非它们都采取了法律形式,否则它们都具有松散性和缺乏稳定性的特征。一旦道德规范、伦理习俗规范、礼仪规范丧失了它们的普遍特征,并且也用明确的术语表述,对社会法律秩序具有根本性意义,则它们也经常可以变为法律规范。”〔75〕

以上看出,埃利希认为法律规范来自社会的法律事实,是基于社会联合体建立秩序的需要,而这一秩序的产生需要各种社会规范的共同作用,因而作为社会规范之一的法律规范必然与其他社会规范互相关联。

六、法学家、法学家法(Juristenrecht)与法律的自由发现(Freie Rechts findung)

在上面的论述中我们已经指出,埃利希认为,法学家在法律的发现和创制中处于举足轻重的地位。因为他们既是次级的法,即作为法律规范和法律命题的法的创造者,又是活的法的发现者。既然如此,那么,作为法学家一部分的法官在司法活动中的角色,就不是如概念法学家所描绘的那种法律的“自动售货机”,而是起着发现和创制法律规范的重要作用。基于此,他提出了“法律的自由发现”的著名命题。所谓“法律的自由发现”指的是法官在司法活动中如果遇到已有的法律规范未作明确规定的事项,就应当本着正义精神和遵循创制法律规范的正确途径去寻找新的法律规范,以补充已有的法律规范。

那么,法学家、法官在司法活动中是如何“自由发现”法律呢?埃利希认为除了使用上述“经一般化与化而为一”的技术外,更重要地是要深刻理解和把握正义精神。那么什么是正义呢?埃利希站在社会功利主义的立场对其作了解释。他认为,正义是人们对“社会普遍存在的利益”(the interests that flourish in society)的一种认识和坚持。他说:“社会中普遍存在的利益会导致某些倾向,这些倾向最终会影响到那些甚至没有卷入这些冲突利益之中的人。依据正义裁判的法官遵循着支配他自己的倾向。因此,正义并不是源自个人,而是产生于社会。”〔76〕

他认为,“法学的功能首先是记录社会中存在的正义倾向,并且确定它们是什么、来自何处和将导向何方”;〔77〕法学家的任务就是发现和向社会宣告这一倾向。他说“正义——尽管它是社会力量的结果——需要一个预言者来宣告它”,〔78〕法学家正承担着这一角色。他认为法学家宣告的正义的形式就是创制法律命题。他说:“如果存在正义的法律——或更确切地说存在正义的法律命题——这样的东西,那么,它们就是能够推动人类奔向未来发展的力量。”〔79〕

他还认为,“经一般化与化而为一”的技术必须在正义精神的指引下使用。他说:“权力的分配、普遍利益的观念以及正义的倾向,都能指令他要对那些内容予以一般化和化而为一”。〔80〕

这就是说,法官在司法活动中不是一个机器,而是一个有能动性的为正义精神所驱动的

---

〔75〕［奥］尤根·埃利希:《法社会学基本原理》,叶名怡、袁震译,九州出版社2007年版,第361~363页。

〔76〕同上书,第437页。

〔77〕同上书,第439页。

〔78〕同上书,第451~453页。

〔79〕同上书,第443页。

〔80〕同上书,第461页。

人,他享有与其角色相适应的自由裁量权,因而他不仅是法律规则的适用者,而且是法律规则的解释者和发现者,还是法律命题的提出者。或者说,他不仅是司法者,而且也是立法者,虽然它只能为具体案件立法。

由法学家、法官所创制的法叫“法学家法”。它以司法判决、法学著作的形式而存在,它是国家制定法的基础。

埃利希认为,由法学家、法官所创制的法是通过审理具体的社会纠纷进行的。法学家在这一活动中所要解决的是法律事实与规范、概念的矛盾。他认为,社会在变化,语义在变迁,已有的法律规范和法律命题必然也随之发展,法学家所承担的就是不断地创造新的法律规范和法律命题以适应已发展变化的社会。

埃利希认为,法学家要承担这一任务,必须认真地观察社会,时刻把握社会变化的脉搏,只要如此,他是可以有所作为的,是可以早于别人为法学的发展做出贡献的。但能否如此,关键还在于社会条件是否具备,这就像历史上的科学发明一样,一旦社会产生某种需要而且具备了相应的条件之后,就会有相应的发明产生。

七、活的法与法律社会学

在以上论述的基础上,埃利希提出了他对法的新观念以及与之相适应的新法学,即活的法观念和法律社会学。

(一)活的法(lebendens Rechts;living law)观念

从上面埃利希对法律的种种论述中我们已经清楚地意识到,他不同意当时占主导地位的概念法学的法观念,因为这种法观念把法理解为由国家制定的成文规则和由法学家所创造的一套法的概念、原理。他认为这不仅没有抓住法的根本和主体,而且颠倒了法与社会的关系。因为最根本的法、最主要的法存在于社会之中,是社会各种联合体的内部秩序,而国家法不过是在这种法的基础上所产生的并服务于维护这些秩序的裁判规范或次级法律,至于法学家所“创造”的法的概念和原理或法律命题,更不是法律的主体部分,实际上是法学家观察和研究不断发展的社会联合体的内部秩序的形成和维护过程或法律事实中,在总结和归纳普遍性的因素的基础上提炼出来的并用“科学语言”对法律的一种表述。他认为作为法律的组成部分的法律规范和法律命题是随着社会的发展,特别是法律事实的新变化而不断发展的。所以,任何一个时代、一个国家或地区的法学家都必须不断地对社会进行观察,对法律事实进行提炼,这样才能提出符合其时代和地区的法概念和法原理。

埃利希的活的法观念包括以下几个方面:

其一,活的法是相对于纸面的法而言的,指实际上有效的法律。他说:“活法不是法院裁决案件时会认为此部分具有拘束力的文件的内容,而仅仅是当事人在生活中实际遵守的部分……因此,法理学的社会学学派用来检测法律命题和法律文件的标准是现实生活。它也必须观察法院执行之法与活法之间的差异。文件全部有效的内容是法院执行的法律(即裁判规范),因为,在当事人诉诸民事诉讼的场合,裁决关键取决于它;但是仅就当事人习惯坚持的部分而言,那是活法,即使当事人并不愿意冒诉讼的危险。”[81] 埃利希指出,纸上的法律与实

---

[81] [奥]尤根·埃利希:《法社会学基本原理》,叶名怡、袁震译,九州出版社2007年版,第1087~1089页。

际生活中的法律是两回事。他以《奥地利民法典》中关于婚姻财产共有的规定为例，指出实际上的情况"与《奥地利民法典》中规定的财产权共有制度没有丝毫相同之处，后者的规定从未得到过适用，因为它们总是被正式缔结的婚约排除。"〔82〕

其二，活的法来源于社会生活本身，就是社会联合体的内部秩序。他说："人类联合体的内部秩序不但在最初是法律的基本形式，而且到目前为止也是如此。"〔83〕"活法必须在婚姻契约、购销契约、社会联合体章程以及商号章程中寻求，而不是在法典的条款中寻求。在所有的这些契约中，除了仅适用于特别交易的个别内容外，还存在典型的、反复出现的内容。该典型内容基本上是文件中最重要的东西。"〔84〕

其三，活的法像社会生活一样是丰富多彩和日新月异的。他说，每一个联合体都有自己的内部秩序，因而有自己特有的活的法。这样一来，社会上的活的法就不可能是统一的，而必然是千差万别的，虽然它们之间有共同之处。他说："每个联合体都相当独立地创立自身的秩序，并且每个联合体均不受其他联合体中为了处理相同的关系而存在的规则的拘束。如果相同类型的联合体的规则彼此差异极小，这肯定是因为它们的生活条件具有相似性；这经常也是移植的结果，但这绝非是从外部以某种特定的方式给他们规定的统一秩序的结果。用德国的学术话语来说就是，这些联合体中很可能存在一般法（allgemeines Recht），而不是共同法（gemeines Recht）。"〔85〕另外，由于社会生活日新月异的，因此，活的法也像一条溪水那样流动不息。他说："因此，所有法律的发展都以社会发展为基础，社会发展存在于人们以及他们的关系随着时间的推移而发生的变化。其他的人们将生活并存在于其他的法律关系中，而且既然法律关系很大程度上基于法律行为，则新的法律行为将会随着时间的推移而出现，旧的法律行为将会消失。新的联合体将会形成，新型契约将会被缔结，新型遗嘱声明将会作出。所有的这些在法律文件的内容中必定有明显体现。"〔86〕"法律的所有历史发展均基于如下事实：任何特定时代人们及其相互关系具有鲜明的特性，以至于他们只是在那个特定的时代里呈现当时的那种状态，他们也因此会随着时间的推移而发生永不停歇的变化。"〔87〕所以，各地区和各时代的活的法是有区别的，不可能互相取代。

其四，活的法是联合体内部自发产生的，因此，人们只能"发现"而不能创制它们。在这一点它们不同于由法学家发明和创造的属于裁判规范的法学家法。他谈到法学家法的重要形式之一的法律命题时说："法律习俗的起源与法律命题的起源是两个十分不同的东西；前者从社会中发生，或者按照他们的术语说是在民众意识，并在行为规则中变得显明或者按照他们的术语说是在习用；而法律命题是由法学家创造的。"〔88〕由此他得出进一步的结论：活的法的知识只能从对社会的具体观察中获得。他说："我们有关这种法律的知识首先来源于现代法律文件，其次来源于对生活、商业、习惯、管理、所有联合体的直接观察，这种直接观察不仅是对那些法律已经认可的事项，而且也是对那些被法律忽略和遗漏的事项，甚至对那些实际

〔82〕［奥］尤根·埃利希：《法社会学基本原理》，叶名怡、袁震译，九州出版社2007年版，第1071页。
〔83〕同上书，第77页。
〔84〕同上书，第1081页。
〔85〕同上书，第59页。
〔86〕同上书，第877页。
〔87〕同上书，第869页。
〔88〕同上书，第1025页。

上遭到法律反对的事项进行观察。"[89]

其五,活的法是法律的主体部分,他说:"更大一块的法律生活,在远离国家、国家裁决机构和国家法的领域内运行。"[90]不但是主体部分,而且也是基础部分,其他法律都缘它而生,都是它的派生物。他说:"只有在这些规则的基础上,法院适用的裁判规范与迄今唯一吸引法学家注意的制定法条款才会产生。绝大多数司法裁决基于法院认定存在的具体惯例、占有关系、契约、联合体章程以及遗嘱的处分。"[91]

(二)法律社会学

埃利希认为,最早产生的法学是实用法学,其主要的功能是发现社会法和将它们塑造为裁判规范。他说:"实用法学并非源于依技术法则适用现行法的需要,而是源自塑造一个法律制度从而使其变得实际可行的需要。作为行为规则的法律与社会秩序意义上的法律,确实像社会自身一样古老,但是,法律从未以那种可立即作为裁判规范适用的方式自然地产生,法律也不能满足可能发生的所有诉讼的裁断需要。于是,法学家最早的功能就是将社会法塑造为裁判规范,此外,就是发现裁断法律争议所必需的规范。"[92]又说,实用法学"是使法律促进日常生活之法律需要的艺术……此技术只有两个分支很重要。它们是:首先,司法技术,它产生自裁断法律争议的需要;其次,Kautelarjurisprudenz,即草拟法律文件的艺术。"[93]后来理论法学产生了,因而法学增加了新的功能,这就是:"对现行法的认识.,对日益发展的人性和对越来越复杂的人类关系更深刻的洞察;以满足目前需要的法律命题阐述现行法的能力;在实践需要时找出恰当解决办法、并利用法律知识解决实践问题的能力……因此,从历史角度来说,法学包含所有的下列部分:法律的知识、法律的适用和法律的创制,并且本质上,这对于今天而言也是正确的。"[94]

他认为法社会学属于理论法学,它具有如下几个特点:它研究的对象和侧重点是法律事实,即不断发展变化的社会现实,而不是已有的法律规范和法律命题。法社会学家认为:"每个联合体都相当独立地创立自身的秩序,并且每个联合体均不受其他联合体中为了处理相同的关系而存在的规则的拘束。"[95]而且认为,这种秩序并不是一成不变的,而是随着社会的发展而发展,所以是一种动态的秩序。"因此,法律社会学不是从古代的风俗习惯中提取素材,而是从社会和经济的历史中提取素材。"[96]正因为如此,法社会学所研究成果主要是事实问题,而不是法律问题。他说:"久远年代的法学家只探究事实问题,因为不存在任何法律上成型的裁判规范。他为裁判案件所需的法律由习俗、证人以及书面文件提供。所有的这些都是事实问题。源于裁决的有关事实问题的原则,在获得认可和一般化之后,成为第一批法律规定。自那以后,每天都有新的法律规定加入到已经存在的法律规定中。这种情况一直持续到今天。尽管法典的一段在每一个司法裁决中都被引用,但事实上,数量更多的司法裁决并非

---

〔89〕 [奥]尤根·埃利希:《法社会学基本原理》,叶名怡、袁震译,九州出版社2007年版,第1077~1079页。
〔90〕 同上书,第351页。
〔91〕 同上书,第1095页。
〔92〕 同上书,第537页。
〔93〕 同上书,第535页。
〔94〕 同上书,第537~539页。
〔95〕 同上书,第59页。
〔96〕 同上书,第1043页。

是基于法律问题、而是基于事实问题作出的。”[97]

他指出，法社会学并不拒绝研究已有的法律文献，显然它们对我们认识法律有参考价值，但它们毕竟只是对过去法律的一种概括、一种文字记录，而不是社会生活中的法律本身。所以“法律文件并不能让一个人获得对过去法律的完美图景。”[98]“实证法远远没有给出生活中实际发生情形的图景”。否则，“如果法学仅仅提出制定法规定了什么，而没有指出实际上发生了什么，则科学实现其作为法律与权利理论之功能的状况也是十分糟糕的。”[99]所以，我们的研究不能以它们为限，只能以它们作为一种中介。

他认为法律社会学研究研究的基本方法是观察。他说：“社会学——包括法律社会学——也必须是一门观察的科学。”[100]为此，“我们仅需要睁开眼睛，竖起耳朵，以便了解到对我们这个时代的法律而言所有重要东西。”[101]这是因为，“我们有关这种法律的知识首先来源于现代法律文件，其次来源于对生活、商业、习惯、管理、所有联合体的直接观察，这种直接观察不仅是对那些法律已经认可的事项，而且也是对那些被法律忽略和遗漏的事项，甚至对那些实际上遭到法律反对的事项进行观察。”[102]这更在于法律就存在于社会之中，而社会生活是千差万别和日新月异的，法律是它们中具有普遍性和典型性的东西。法律规范和法律命题就是从中提炼出来的。因此，“除了睁开眼睛，通过细心观察生活、访寻民众并记录下他们的回答之外，别无他途。”[103]怎样观察，观察什么，他认为要观察具体的人和事，“这样，法律社会学必须从探明活法开始。它的注意力将主要指向具体的、而非抽象的东西。我们能够观察到的只会是具体的东西……但是只有具体的惯例、支配关系、法律关系、契约、联合体章程、遗嘱的财产处分才会产生人们据以调整他们行为的规则。并且只有在这些规则的基础上，法院适用的裁判规范与迄今唯一吸引法学家注意的制定法条款才会产生。绝大多数司法裁决基于法院认定存在的具体惯例、占有关系、契约、联合体章程以及遗嘱的处分。”[104]当然，要真正地做到这一点是很困难的，但却是必要的。因为只有如此，才能获得活的法知识。他说：“确实，让一名法学家通过实际观察、而不是通过法典的条款或浩繁的法律文书了解活法，其实是给他提出一条严苛的要求；但那不可避免，以这种方法获得的结果将是最佳的。”[105]

综上所述，埃利希在《法社会学基本原理》一书中围绕着在前言中所提出的“法律发展的重心不在立法、法学，也不在司法裁决，而在社会本身”的主题，系统地阐述了其“法律社会学”基本原理，特别是其中的“活的法”观念。这一观念从社会自身寻找法律的根源，认为法律是社会上早已存在和不断发展中的各种联合体建立秩序的需要而产生的，国家就是这样的一种联合体，即许多联合体为了防御外敌和对外扩张而建立的军事联盟，这一联盟后来演化为一种能承担管理社会公共事务职能的“社会机构”的联合体。它不仅维持其内部的秩序，而且通过处理各种社会纠纷的办法来影响其所管辖下的联合体的秩序。因此，就产生了一种

---

[97]　[奥]尤根·埃利希：《法社会学基本原理》，叶名怡、袁震译，九州出版社2007年版，第781页。
[98]　同上书，第1041页。
[99]　同上书，第1075页。
[100]　同上书，第1037页。
[101]　同上书，第1069页。
[102]　同上书，第1077页。
[103]　同上书，第1089页。
[104]　同上书，第1095页。
[105]　同上书，第1089页。

特殊的法律规范,即裁判规范,它是国家法的主要部分。显然,它是适应社会中各种联合体建立统一秩序的需要而产生的,是以维护各种联合体已有的内部秩序的法律为基础的。埃利希指出,裁判规范的产生得力于法学家的辛勤劳动,是他们通过观察各种社会联合体的内部秩序和各种社会纠纷中所获得的,是从中概括和提炼具有普遍性和典型性的法律事实的结果。从此出发,他合理地解释了国家法的性质、来源和地位,也指明了法学家,包括法官,如何认识、研究和应对法律。它告诉我们,国家法只是法律的一部分,大部分的国家法只是一种纸上的东西,在实际上并不起作用,真正起作用的是"活的法",即社会生活中实际上有效的法律,因此我们认识和研究法律的重点是它们;它还告诉我们,"活的法"像社会一样是充满活力的,是不断发展的,因此,我们对它们的认识和研究永无休止之日。伟大的法学家应及时地把住其跳动的脉搏,不断地观察和研究它们。它告诉我们,法律的主体存在于社会之中,因此我们要认识和研究法律,最根本的就是要认识和研究社会联合体的内部秩序;它也告诉我们,在法律的产生中,特别是其中的法律规范和法律命题,虽然法学家是有所作为的,但其作用是有限的,他们的自由只在于"发现"和用科学的语言表达,而不是其他;它还告诉我们,法律的"发现",基础不在于"立法"而在于"司法",即对具体社会纠纷的裁决。因为,只有在积累和研究了大量社会纠纷之后,才能"发现"其中的法律和提炼出科学的法律规范与法律命题。所以,把国家机构和法律工作者截然地划分为"立法机关"、立法者和"司法机关"、司法者,并把他们的活动命之为"法律的创制"和"法律的适用"是不科学的。由此产生的"三权分立"观念也是如此。它还为我们揭示了法律规则与其他社会规则之间的联系,告诉我们法律规则不是孤立存在的,而是人类行为规则的有机构成部分,因而都能对维护联合体的内部秩序发挥着作用。所不同的是,法律规则涉及的事物更重要和内容更明确罢了!

参考文献

1. [奥]尤根·埃利希:《法社会学基本原理》,叶名怡、袁震译,九州出版社2007年版。
2. [奥]欧根·埃利希:《法社会学原理》,舒国滢译,中国大百科全书出版社2009年版。

思考题

1. 自由法学产生的背景及其历史意义。
2. 埃利希为什么说法律的重心在社会?
3. 埃利希是怎样论述法律的本质和结构的?
4. 埃利希是怎样论述法律社会学的?

第五节　狄骥的社会连带主义法学

一、生平和著作

莱昂·狄骥(Léon Duguit,1859~1928年),法国公法学家,社会连带主义法学的创始人。

他1859年出生于法国夷龙省里蓬县。1882年在法国波尔多大学获法学博士学位,并获得大学教师资格。1892年升法学院宪法学教授。1919年出任法学院院长,直到逝世。狄骥的法律思想的理论来源主要是法国著名的社会学家涂尔干(Emile Durkheim,1858~1917年,又译杜尔海姆或迪尔凯姆)。涂尔干在其《社会分工论》(1893年)一书中提出了一个基本观点,即社会以人与人之间的连带关系为基础。狄骥把这个观点引入法学,认为社会的基本事实是连带关系,法律就是基于这一事实和为了维护社会连带关系而存在的。故其法学被称为社会连带主义法学,在宪法和行政法领域,也称为"波尔多学派"。狄骥的法学介乎于自然法学与社会法学之间,带有明显的自然法学倾向。他仍然以人的社会本性作为研究的出发点,也仍然把法律视为人的规律,只是由于人的自觉性,因而其对人来说只是一种"应该",故改名为"社会规范"或"客观法",因为它是客观存在的,不是由人制定的。

狄骥的主要著作有:《公法研究》(1903年)、《宪法论》(1911年)、《从拿破仑法典以来的私法的变迁》(1912年)、《公法的变迁》(1913年)、《法律与国家》(分两部分,分别出版于1917年和1918年)。其中,《宪法论》是狄骥最有代表性的著作,集中阐述了他对法、国家的一般理论问题的基本观点。该书1911年开始出第一版,共两卷。1921年开始出第二版,共五卷。1927年开始出第三版,由于狄骥的去世,只出了三卷。

二、人与社会连带关系

(一)人是一种自觉的和社会的存在

狄骥对人的观点继承了自然法学的传统,即认为人是社会的和自觉的存在物。首先,他指出了人的社会性。他说:"人从本性上是一种社会的存在,他的行为只是在它成为社会行为的范围内才有价值。"[106] 其次,他指出了人的自觉性。他说:"人的行为不像我们从物质事实中所感到的那样是彼此连续相互引起的一种盲目的不自觉的力量的产物。这些行为都是为目的自觉所限制的产物,都是在这个或那个的方向依照一种自觉进行选择而产生某种数量的动力的自觉的产物。"[107] 他进一步概括说:总之,"人是一种自觉的和社会的存在","首先,人是一种对自己的行为具有自觉的客体;其次,人是一种不孤独生活并且必须和同类始终一起在社会中生活的实体。"[108]

(二)社会连带关系及其种类

狄骥认为,人的社会性主要表现在人和人之间必须交往并结成一种不可分割的关系,即社会连带关系。他说:"人们相互有连带关系,即他们有共同的需要,只能共同地加以满足;他们有不同的才能和需要,只能通过相互服务才能使自己得到满足。"[109] 连带关系越增强,社会纽带越坚固,个人活动就越自由。

他根据涂尔干的理论把这一关系分为同求的和分工的两种。他说:"人们有共同的需要,这种需要只能通过共同的生活来获得满足。人们为实现他们的共同需要而作出了一种相互的援助,而这种共同需要的实现是通过其共同事业而贡献自己同样的能力来完成的。这就构

---

〔106〕[法]狄骥:《宪法论》(第一卷),钱克新译,商务印书馆1959年版,第13页。
〔107〕同上书,第52页。
〔108〕同上书,第49页。
〔109〕转引自沈宗灵:《现代西方法理学》,北京大学出版社1997年版,第252页。

成社会生活的第一要素,形成涂尔干所称的同求的连带关系或机械的连带关系。”“在另一方面,人们有不同的能力和不同的需要。他们通过一种交换的服务来保证这些需要的满足,每个人贡献出自己固有的能力来满足他人的需要,并由此从他人手中带来一种服务的报酬。这样便在人类社会中产生一种广泛的分工,这种分工主要是构成社会的团结。按照涂尔干的术语来说,这就是经常分工的连带关系或有机的连带关系。”〔110〕狄骥强调坚持社会连带关系是一种事实,这是客观的、实证主义的态度,也就是科学的态度,我们必须从这一事实出发。

(三)人的两种意识

狄骥认为,这两种社会连带关系为人们所认识,因而产生两种自觉意识或感觉,即社交的感觉和公平的感觉。“社交的感觉是人群在一定时期内组成的社会集团,如组成部落、家族、城市或民族所存在的感觉。”〔111〕公平的感觉,即正义斗争的感觉或个人自由的感觉。〔112〕作为一个人,既具有社会性,又具有个性,对个性的认识和尊重,使一个人感到他在社会中享受到应有的待遇,得其所哉,感到自由。他沿袭了亚里士多德的正义论,公平的感觉又分为赏罚的公平和交换的公平。〔113〕

他进一步指出,由此使人具有二重性,即社会性和个性。他说:“人类既有社会性,又有个人性;他因此由两种感觉所支配和控制。”〔114〕

三、社会规范与法

(一)社会规范就是社会的规律或纪律

狄骥认为,有社会必有其规律、纪律,也即社会规范。他说:“肯定人是一种社会的存在,生活在社会之中,而且只能生活在社会之中,这就同时肯定了有一种社会规律的存在。”〔115〕不过,他认为由于人是有意识的,所以这一规律对人来说只是“应该”,故称之为“社会规范”。他说:“组成社会的个人只有适合社会存在的规律,才能使社会存在下去。由于这些个人都是自觉的,而且要求某些为目的所限定的事物,社会的规律才必须并且只能对他们意志的对象和限定此对象的目的作出规则。这就是我们为什么可以称这种社会规律为一种社会的规范或规则的根由。”〔116〕

他指出,社会规范调节人们的行为,使人们的行为有规律。“社会规范不外是社会事实固有的规律,这种规律肯定集团中的全体成员所必须采取的积极的或消极的行为,以便集团和它所组成的个人得以生存和发展,而违反这种规律就要被迫引起一种反应,反应是与控制集团生活的规律有自然联系的一种集团的行为。”〔117〕

(二)社会规范的种类

狄骥认为,社会规范有道德规范、经济规范和法律规范。

---

〔110〕［法］狄骥:《宪法论》(第一卷),钱克新译,商务印书馆1959年版,第63～64页。

〔111〕同上书,第85页。

〔112〕同上书,第88页。

〔113〕同上书,第89页。

〔114〕同上书,第91页。

〔115〕同上书,第50页。

〔116〕同上书,第52页。

〔117〕同上书,第61页。

所谓经济规范,是指经济活动中的社会规范,涉及财富的生产、流通和消费行为,违反了它会引起反常的经济现象,如生产过剩、物价上涨、工业危机等等。

所谓道德规范,是关乎人们日常生活中的风俗习惯的社会规范,违反了它,就要引起一种自发的、在某种程度上坚强而确定的社会反应,如冷遇、讽刺、谴责、批评等。[118]

所谓法律规范,是指当被违反时会引起强烈的社会反应并需要以公共权力制止之的社会规范。它是社会规范的最高部分,由前两种规范转化而成。他说:“法律规则不过是社交和公平双重感觉的作用下用社会强制来制裁的道德规范或经济规范。”[119]又说:“一种经济规则或道德规则当它在组成一定社会集团的每个成员的自主意识上充满了这种想法,认为集团本身或在集团中握有最大强力的人们为制止这种规则遭受违犯得以出面干预时便成为法律规范。”[120]又说:“这三个部分是依照一种上升的等级累积下来的,它们是相互贯穿的,而各个部分的领域则按时间和空间,可以不断地发生变化……而法律规范则构成社会规范的最高部分。”[121]

他认为,经济规范和道德规范转化的条件是:(1)社会连带关系遭到严重破坏,社会的大多数人意识到或感觉到必须用强制力量对之加以制裁,即双重的感觉的产生和存在。他说:“法是由社会需要的感觉和公平的感觉同时所引起的个人自觉意识的一种自发的产物。”又说:“社交的感觉和公平的感觉,这便是两种要素,它们在思想上、在一定时间内有助于形成自觉意识,认定某一种规则是一个法律规范。”[122](2)强制组织或公共权力的产生和存在。他认为这种组织不一定是国家,也可以是氏族、家族。他说:“一种法律规则可以是先于国家并不在国家之外存在的。”[123]这就是说,当社会的大多数人意识到某种行为已用其他办法难以控制,必须借助于公共权力时,法律规范就会产生。

(三)客观法与实在法

狄骥认为,作为社会规范之一的法律规范的存在是客观的,所以叫“客观法”(objective law)。他说:“客观法是整个人类社会所固有的;只要人类社会存在,客观法就存在;而且同时这种客观法和社会内部所发生的分化完全没有关系……社会的概念就含有法的概念;我们不可能想象有一种没有法的人类团体……”。[124] 客观法的特点在于它不是人有意识而形成的,也不依靠于外在的强力,而是在于内心的精神强制。他说:“法律规则没有实质强制所形成的直接制裁,仍然可以存在。法律规则不是只用实质强制来作制裁,而且也是用一种纯粹心理的强制来取得保障的规则。”[125]

与客观法相对应的是实在法,其中有制定法、判例法、习惯法等。狄骥认为,实在法不是法的本体,而只是它的一种表现形式。他说:“实在的法律只能被了解为表示法律规则的一种方式。立法者并不创造法律,只是确认法律;而实在的法律只能就其适合这种规则的范围来

---

[118] 参见[法]狄骥:《宪法论》(第一卷),钱克新译,商务印书馆1959年版,第66~67页。
[119] 同上书,第111页。
[120] 同上书,第69页。
[121] 同上书,第66页。
[122] 同上书,第85页。
[123] 同上书,第71页。
[124] 同上书,第381页。
[125] 同上书,第508页。

强加于人。服从法律不是因为法律本身是个法律,而只是因为法律是表示了一种法律规范或实施一种法律规范。"[126] 狄骥并不否定立法的作用,认为它可以加速人们对客观法的认识。他说:"现实的立法者如果不能由他所颁布而本身尚未构成法律规范的一项规则制成为一种法律规范,他如果不能把与人们自觉意识、自发创造出来的规范无关的建设规则强加于人,但是他却能以十分有效的方式来帮助加速这种创造。"[127] 但他认为立法所产生的法律必须符合客观法才能真正发生效力。

他认为,客观法的表现形式除了成文法外还有习惯法和判例法。他说:"习惯并不创造规范;它只是创造为规范作制裁时所采用的方法。""习惯是取得这种规范的一种适当手段;它是证明客观法的一种适当手段,再也不是其他的东西。"[128] 法院作出的判例法也是一样。"法院只能发现和指出规范的规则;它们不能创造这种规则而这种规则的发生效力是由于它的本身。""审判员只是解释者,他们诚然揭示了一种法律规则,但这种规则存在于他们之前,而且也是强加于他们的。"当然,审判员也能促进法律规范的被发现。"审判员判决也往往加速并完成正在社会集团的自觉意识上所要执行的修改。审判员可能是鼓励者和先驱者,但他们却永远不可能是创造者。"[129]

与此相一致,统治者的意志、命令并不都是法律,只有在它符合客观法时才是。"统治者像其他自然人一样,都是个人;因此他们同各该集团的一切成员一样都应服从这个集团的客观法。"这一客观法"对富人或穷人,对地位高的或低微的,对强者和弱者,对统治者和被统治者全体一律平等待遇。"[130]

(四)客观法与国家

狄骥对国家的认识有二:其一,国家是执行客观法的一种组织。国家的职责不是行使主权,而是履行公务,即执行客观法。因此,他建议用"公务概念代替公共权力的概念","用公务自愿集团的观念代替主权的权力观念"。[131] 其二,国家是贫富分化的结果。他说:"在称为国家的一切社会集团中,不论是最原始的还是最简单的,还是最文明和最复杂的,永远可以看到一个一致的事实:比他人强大的个人企图并且能够把自己的意志强加于他人。这些集团不管是否有固定的领土,是否为其他集团所承认,这些集团也不管是否都有一种相同的或不同的组织结构,这都是无关重要的,事实在那里总是相同的:强者把自己的意志强加于弱者。"[132] 这就是说,国家可以是没有领土、主权和特殊的组织机构,而只是执行客观法的机构。他认为国家的目的有三:一是维护本身的存在;二是执行客观法;三是促进文化,即发展公共福利、精神和道德文明。显然,狄骥对国家的性质的观点是矛盾的,难以解释控制国家的强者怎么能压抑其私欲而公正地执行客观法。

(五)法律与权利

狄骥改变和批判了以往关于权利与法律关系的看法,即法律是个人的自然权利通过社会

---

[126] [法]狄骥:《宪法论》(第一卷),钱克新译,商务印书馆 1959 年版,第 126 页。
[127] 同上书,第 128 页。
[128] 同上书,第 114 页。
[129] 同上书,第 122 ~ 121 页。
[130] 同上书,第 479 页。
[131] 同上书,第 8 页。
[132] 同上书,第 467 页。

契约转化成的国家权力派生出来的一种东西,是先有权利后有法律。他认为这完全是一种假设、一种形而上学的虚构。他说:“肯定人是自由这种学说可能是一种宗教信仰的行为,一种哲学信仰,一种祈求,一种愿望,一种幻想;但科学上的肯定则完全没有。”〔133〕

他指出其错误在于:首先是以孤立的个人为出发点的,这不符合人的社会本性。其次,人既然是社会的,因此不可能有离开社会的天赋权利,就社会权利和义务来说,是后者先于前者。他说:“人们不是生来有自由和平等的权利的,但他们生来都是集体的一个成员,并且由于这个事实他们服从维持和发展集体生活的一切义务。”〔134〕另外,“人们绝不是平等的,在实际上他们彼此有基本的不同,而社会越加文明,这种歧异就越加明显。”〔135〕再次,这种学说承认自然法这种客观法的存在,却把它建立在主观权利的基础上。最后,这种理论应用到国际上,主权的主张必然引起侵略和战争。

四、社会连带关系与国际法

狄骥认为,社会连带关系不仅存在于一个集团内部的成员之间,而且存在于不同集团的成员之间,因此,就会产生一种“社会际的法律规范”。他说:“正如一切社会集团会有构成内部客观法的一种纪律一样,当连带关系的约束在归属于不同集团的个人之间形成时,一个社会际的集团也会有一种社会际的纪律,这种社会际的纪律便恰恰正是社会际的法,正是现代国际法的胚胎。”〔136〕

狄骥指出,这种社会际的法律规范也像国内的客观法一样,是客观存在的,也产生于两种感觉,不过叫“社会际感觉”。他说:“社会际的法是建立在与社会内部的法同一的基础上,并且也持有同一的连带关系。于是在事实上,在归属于这些不同集团的人群之中形成了一种真正的法律自觉意识,这种自觉意识认为社会集团的人必须依据某种规则来相互发生作用;因此,如果这种规则被违犯的话,在归属于一切集团的个人群众之中便将产生一种反应,对违犯者实行有效地制裁。这就是国际法律规范。”〔137〕

狄骥认为,他对国际法的这一观点解决了法学界关于国际法是法律还是道德的长期争论〔138〕。

以上看出,狄骥是一个有学识的法学家,他提出了许多新的见解,如对法律客观性的强调,对社会规范及其与法律关系的论述,都给人以深刻的启迪。

参考文献

1. [法]莱昂·狄骥:《宪法论》(第1卷),钱克新译,商务印书馆1959年版。
2. [法]莱昂·狄骥:《公法的变迁、法律与国家》,冷静译,郑戈校,辽海出版社、春风文艺出版社1999年版。

〔133〕 [法]狄骥:《宪法论》(第1卷),钱克新译,商务印书馆1959年版,第14页。
〔134〕 同上书,第153页。
〔135〕 同上。
〔136〕 同上书,第137页。
〔137〕 同上书,第138页。
〔138〕 同上书,第140页。

3. [法]莱昂·狄骥:《宪法学教程》,王文利等译,辽海出版社、春风文艺出版社1999年版。

思考题

1. 狄骥所说的客观法是什么?
2. 狄骥是如何论述法律与其他社会规范的关系的?
3. 如何评价狄骥关于权利和义务的观点?

第六节　庞德的实用主义法学

一、生平与著作

罗斯柯·庞德(Roscoe Pound,1870~1964年)是美国社会法学的主要代表,20世纪上半叶西方最有影响的法学家之一。他出生在美国内布拉斯加州林肯城一个法官家庭,早年先就学于内布拉斯加州大学学植物学并获得博士学位,后进哈佛大学学法律,1890年毕业后一方面在内布拉斯加州大学任教,一方面当律师,后来任内布拉斯加州高等法院上诉委员会委员(1904~1907年),1907年他来到芝加哥州,先任教于西北大学,1910年转到哈佛大学,1916年后任哈佛大学法学院长达20年。辞职后获得"巡回教授"职务。1947年退休后曾来我国任国民政府司法行政部和教育部顾问等职,还兼任过印度加尔各答大学教授。

庞德的学识很渊博,他在总结当时西方各法学流派的研究成果的基础上认真思考了一系列重大的法哲学问题,如法律的本质和构成、法律与道德的关系、法律历史的解释等,并做出了自己的回答,其中的许多观点直到今天仍给人以深刻的启迪。他著作等身,专著有24部,论文287篇。主要的有《法学肄言》(1899年)、《社会学法学的范围和目的》(1911~1912年)、《普通法精神》(1921年)、《法哲学导论》(1922年第1版,1954年重新修订)、《法律史解释》(1923年)、《法律与道德》(1924年)、《社会法理学论略》(1926年)、《美国刑法》(1930年)、《我的法哲学》(1941年)、《通过法律的社会控制·法律的任务》(1942~1944年)。1959年他的五卷本的《法理学》巨著出版,这是他在晚年对自己的研究成果进行反思的基础上予以系统化的阐述。

二、法的概念和构成

庞德对法的研究是从英语law一词开始的,经过研究,他认为law一词有三种用法:其一是自然科学家用于指事物的规律或定律,如万有引力定律;其二是法哲学家所说的"自然法",它或者指"由哲学的伦理学的法律研究所发现之原理",或者指社会中"约束行为及调节人类相互关系的基本原则",或者指在国家里"规定义务与权利的法律之基础";其三即一般通常所说的所谓法律或实在法。[139] 庞德认为,真正的法律是英语law一词的第三种用法,即

[139] [美]庞德:《法学肄言》,雷沛鸿译,商务印书馆1934年版,第15页。

实在法。

接着,庞德就实在法(positive law)一词的含义进行了剖析。他认为,“实在法”一词又有三种用法:第一种就是“法学家们现在所称的法律秩序——即通过有系统地、有秩序地使用政治组织社会的强力来调整关系和安排行为的制度。”第二种是“一批据以作出司法或行政决定的权威性资料、根据或指示。”第三种是司法或行政过程,是“公务上所做的一切事情”。

庞德对第二种意义上的法律进行了详细地论述,认为它包含着复杂的结构。他说:“这种意义上的法律包括各种法令、技术和理想即按照权威性的传统理想由一种权威性技术加以发展和适用的一批权威性法令。”所谓权威性理想,指“一定时间和地点的社会秩序的图画”,是“关于那个社会秩序是什么以及社会控制的目的是什么的法律传统,这是解释和适用法令的背景”;所谓权威性技术,“是发展和适用法令的技术、法律工作者的业务艺术”,例如“大陆法学家从立法机关的法令来进行类推论证”的技术;所谓法令“是由各种规则、原则、说明概念的法令和规定标准的法令组成的。”“一项规则是对一个确定的具体事实状态予以确定的具体后果的法令”;“一个原则是一种用来进行法律论证的权威性出发点”;“一个概念是一种可以容纳各种情况的权威性范畴,因而当人们把这些情况放进适当的框子里时,一系列的规则、原则和标准就都可以适用了”;“一个标准是法律所规定的一种行为尺度”,如公路上的车的合理速度之类。[140]

我们可以用下表归纳以上庞德对法律的构成要素的论述:

- 法律(positive law)
  - 法律秩序
  - 权威性资料
    - 律令(precept)
      - 规则(rule)
      - 原则(principle)
      - 概念(concept)
      - 标准(standard)
    - 技术
    - 理想
  - 司法、行政过程

三、法律的功能——社会控制工程

庞德认为,上面所说的三种意义的法律都使用同一个名称,显然造成了很多混乱。而要消除这一混乱,就得用一个能把三者统一起来的概念,即社会控制工程(social control engineering)。他说:“这三种意义的法律可以统一起来的话,那就是用社会控制的观念来加以统一。我们可以设想一种制度,它是依照在司法和行政过程中使用的权威性法令来实施的高度专门形式的社会控制。”[141]这就是说,他认为社会控制工程既包括作为秩序的法律,又包括作为权威性资料和司法行政过程的法律。这是因为法律秩序是社会控制的过程和结果,权威性资料是控制的依据和标准,司法和行政过程是社会控制活动的主要内容。他说:“法律秩序是一种有序化或条理化(ordering)的过程,它部分是由司法而实现的,部分是通过行政机构而实

---

〔140〕 [美]庞德:《通过法律的社会控制·法律的任务》,沈宗灵、董世忠译,商务印书馆1984年版,第22~25页。

〔141〕 同上书,第22页。

现的,还有一部分是通过为人们提供以法律命令的形式的指导而实现的——法律命令为人们提供了一种避免冲突或使冲突减至最低限度的指南。司法、行政、立法和法学等方面的活动,都旨在调整各种关系和协调人们之间彼此重叠的权利主张,都旨在规定每个人可以安全地坚持自己的权利的范围来保障各种利益,而且也都旨在发现那些能够在使更多的权利主张或要求得到满足的同时牺牲更少权利主张或要求的手段。上述活动综合在一起便构成法律秩序。法律秩序乃是社会控制过程(the process of social control)的一个方面……法律乃是一种知识和经验的组合体,而社会工程的上述活动就是在法律的支持下展开的。法律不只是一种规则。的确,法律拥有一系列有关行为和审判的规则、原则、概念和标准,但是它还有使行为规则和审判规则得以适用、发展和变得有效的法律学说、职业思想模式和职业裁决技术。与工程师的公式一样,它们代表了经验、科学对这种经验的阐释的逻辑发展,但是也代表了人们在用一种表达的手段认识新方法并系统阐释它们的要求的过程所具有的创造性的技术。"[142]

要进一步理解庞德的这一思想首先得了解他关于人性和社会控制的理论。庞德认为,人是一种二重的存在物,即既有"自我主张的侵略本性",这一本性使他只顾自己,不管别人,而且往往为了自己的利益去攻击和侵犯别人;又有"互相合作的社会本性",这一本性使他能与别人联合起来与自然和坏人斗争。"社会生活乃是人们原有的各种矛盾的本能斗争,也就是'侵略'本能和'社会'本能的斗争。"显然,人的"侵略"本性导致了彼此之间的矛盾和冲突,他对人类的存在和发展是不利的,因此必须对其进行社会控制,而人类历史上逐渐形成了种种社会控制的手段,如宗教、道德等。它们从不同的领域和用不同的方法限制个人的行为,调节个人与他人、社会的关系,从而使个人的自由与人类的文明和进步共同发展。法律也是这种社会控制的手段之一,而且随着历史的发展,它越来越成为最主要的社会控制手段。他说:"法律的目的就在于维持人们之间一个理想关系……这关系是指和平与秩序,是安定的社会现状的维持,是自由,是最大限度的个人自由,适宜于整个世界机会的开发,最大限度的经济生产(……),是人类控制其外在与物质的自然之最大发展,这控制只有对内在及人类本性予以最大控制了,才有可能——换言之,这便是文化。"又说:"法律所尝试的,在于如何协调关系与端正行为,使人们在文明社会里,得以高度效率,实现期望的计划,而把冲突与浪费减至极度。"[143]

那么,法律为什么能达到这一目的呢?他说这是因为法律作为一种行为准则,第一,它所表达的是一个社会"权威性的价值准则",是人类经验和理性的结晶,"法律记录着为理性所发展的经验和为被经验所考验过的理性这样一种教导传统。"[144]因此能得到人们的普遍认可;第二,它所凭借的是社会权力,因而能对人的行为施加更大的影响。不过庞德认为,法律并不等于权力,他只是凭借权力,而且这还包括对权力的控制。他说:"今天许多人都说法律乃是权力,而我们却总是认为法律是对权力的一种控制。社会控制是需要权力的——它需要用其他人的压力来影响人们行动的那种权力。作为社会控制的一种高度专门形式的法律秩序,是建筑在政治组织社会的权力之上的。但是法律绝不是权力,他只是把权力的行使加以组织和系统化起来,并使权力成为有效地维护和促进文明的东西。"[145]

---

[142] [美]庞德:《法律史解释》,邓正来译,中国法制出版社2002年版,第231~232页。
[143] [美]庞德:《法律、道德与正义》,张文伯译,台北监狱印刷厂1959年印,第129页。
[144] [美]庞德:《通过法律的社会控制·法律的任务》,沈宗灵、董世忠译,商务印书馆1984年版,第27页。
[145] 同上书,第26页。

由此看来，庞德接受了当时刚刚产生的控制论和系统论的思想，试图用社会控制工程的观念来解释法律现象。

四、法的价值——法律乃实现正义的工具

庞德对法律的看法还接受了古罗马法学家乌尔比安关于“法律乃善良公正之术，法学乃正与不正的学问”的命题，他说：“法律是一个司直（administration of justice）的工具，因之，法学尽可以看作直道的科学（Science of justice）。”又说：“法律的终局（end of law）是在于司理直道（administration of justice）。”[146]不过，庞德对正义的理解不同于自然法学，即他不是从抽象的理性中寻找正义的根源，也不是把正义理解为永远不能实现的理想境界，而是解释为所在社会所能企求的和谐的人际关系。它把人们之间的矛盾和冲突减少到最低限度，使之达到最大程度的统一。而这种正义是通过法律实现的，也是法律所追求的目的。他说：“司法的实际目的是在于调节人与人相互关系，及人与社会或国家相互关系，庶几彼此不至互相轧轹，而得社会道德心之所赞同。故法律之用心，实欲尽其力之所能达到，与社会程度之所企及，以实现理论工作者的之直道。”[147]他以只有一个电影院的偏僻小镇放映新来的一部片子的头场演出为例，说要想使放映活动不发生拥挤场面，能够安全而有效地进行，显然需要一个维持秩序的警察，而法律对社会所起的就是警察的作用。而维持秩序所获得的安全和效率就是法律所追求的目的，也就是放映活动所需要的和能达到的正义。

那么，法律是如何作到这一点呢？庞德认为，法律能正确地划定引起矛盾和冲突的各种利益的合理界限，协调它们之间的关系，解决它们之间的冲突。他认为，利益是人的欲望，是“人（无论是个人还是在群体或团体活关系中的人）努力满足的一种要求或欲求或预期”。[148]他认为权利只是利益的一种表现。他把利益划分为三类 11 种：

（一）个人利益（individual interests）

即直接涉及个人生活并以个人生活名义提出的主张、要求或愿望。其中包括：

第一，“人格利益”即涉及个人精神方面的主张或要求。内又包括：其一，个人身体和健康方面的利益；其二，个人意志的自由行使，不受强制或欺骗；其三，个人的荣誉和名声；其四，个人隐私和宗教感情；其五，信仰和言论自由。

第二，“家庭关系利益”。包括：父母亲的利益；子女的利益；配偶的利益。

第三，“物质利益”。即个人在经济生活方面的主张。包括：其一，对有形财产的主张；其二，企业自由和契约自由；其三，对约定利益的主张，即对约定履行钱款的主张；其四，外人不得干预自己与他人之间经济利益关系的主张。

（二）公共利益（public interests）

这是指“涉及政治组织社会的生活并以政治组织社会名义提出的主张、要求或愿意。”其中包括：

第一，“国家作为法人的利益”。包括：其一，国家的人格利益，如国家人格的完整、行动

---

〔146〕［美］庞德：《法学肄言》，雷沛鸿译，商务印书馆 1934 年版，第 3、9 页。

〔147〕同上书，第 10 页。

〔148〕参见［美］庞德：《法理学》，廖德宇译，法律出版社 2007 年版，第三卷第十四章。

自由、荣誉和尊严;其二,国家的物质利益。即作为一个社团它对所占有的财产的主张。

第二,“作为社会利益捍卫者利益”。

(三)社会利益(social interests)

这是指“涉及文明社会的社会生活并以这种生活的名义提出的主张、要求或愿意。”包括:

第一,“一般安全利益”。即以社会名义并通过社会集团所提出的主张。包括:其一,不受外部和内部侵犯的安全;其二,社会的保健;其三,社会的和平与秩序;其四,法律行为的安全,包括契约的执行;其五,保护财产权利。

第二,“社会组织安全利益”。即各种社会组织的安全要求。包括:其一,家庭的安全;其二,宗教组织的安全;其三,政治组织的安全;其四,经济组织的安全。

第三,“一般道德的利益”。即文明社会道德方面的基本要求。如诚实信用、不乱伦、禁止色情艺术等。

第四,“保护社会资源的利益”。包括自然资源和人力资源。

第五,“一般进步的利益”。即文明社会的进步要求,包括经济进步、政治进步和文化进步。

第六,“个人生活方面的利益”。即文明社会要求每个人都能过一种与当时的社会标准相配的生活。包括:其一,个人自我主张的利益;其二,个人机会的利益;其三,个人生活条件的利益等。

可以看出,庞德是很重视利益问题的,并做出了深刻而详细的论述,之所以如此,是因为他认为,法律的根本目的就在于确认和协调各种利益,使它们之间的矛盾和冲突减至最低限度,从而使每种利益得到最大限度的实现。庞德认为,好的法律就在于能迅速地确定所在社会的各种利益,明确其范围,划定其合理界限和在社会中的位置,从而确定对其是否保护、保护的范围和顺序,进而促进或限制某种利益,协调各种利益之间的关系,从而达到防止和减少矛盾和冲突,促进社会进步和发展的目的。他认为,在社会的某一时期,各种利益的地位和顺序是不同的,那么用什么标准来衡量它们的先后顺序呢?这就是法律的价值(取向)问题。他认为,不同历史时期这一标准或取向是不同的,如原先强调了秩序的重要,后来又强调个人的绝对自由和权利至上,如今则重视社会的利益。那么怎么样去发现这些标准呢?庞德认为有三种方法:

第一种是经验论的方法,即“从经验中去寻找某种能在丝毫无损于整个利益方案的条件下使各种冲突的和重叠的利益得到调整,并同时给予这种经验以合理发展的方法。”[149]

第二种是理性论的方法,即“关于一定时间和地点的文明的法律假说来进行评价”,这种假设是对经验不足的弥补,它往往是对新出现的社会问题的理性回答,以作为解决问题和制定新法律的出发点。他认为就当今文明社会而言可以提出五个假设:一是他人不会故意侵犯自己;二是人们会出于有益的目的使用自己掌握的财产;三是人们在交往中会彼此信守承诺;四是人们会谨慎从事,以免给他人造成伤害;五是人们会对自己拥有的有危险的东西加以控制。[150]

---

〔149〕 [美]庞德:《通过法律的社会控制·法律的任务》,沈宗灵、董世忠译,商务印书馆1984年版,第60页。

〔150〕 同上书,第60~61页。

第三种是权威论的方法，即以某一权威所构思的理想的社会秩序的图画或一个地区或民族长期积淀下来的“关于秩序从而也是法律秩序的一种公认的、传统的权威性观念”为依据来确立衡量的标准。

庞德认为在这三种方法中，他最赞赏的是经验论的方法，“即通过经验来发现并通过理性来发展调整关系和安排行为的各种方式，使其在最小的阻碍和浪费的情况下给予整个利益方案一最大的效果。”[151]

可以看出，庞德是从实用主义哲学的立场来思考法律的价值标准的，因为并不想寻找一种永恒不变的自然法，而只是寻找仅仅适用于特定时空的实用的自然法。在寻找中所使用的也不再是理性的方法，而更多的是经验的方法。

五、法的历史发展——法与道德

庞德对法律与道德的关系问题进行了认真地研究，他在总结各法学派别的有关论述的基础上，联系法律发展的历史，用动态的观点阐述了二者的关系。认为法律是发展变化的，法律与道德的关系也经历了不断变化的过程。庞德认为，人类社会的法律经历了原始法、严格法、衡平法或自然法、成熟法、社会化法和世界法几个阶段，不同阶段法律与道德有不同的关系。

在法律发展的早期或萌芽时期，法律和其他社会控制手段尚未分离，“宗教、法律以及道德都是在一种简单的社会节制中混同为一。”这从古希腊的现在被译为“法律”的 vópos 一词就可以看出来，因为在古希腊 vópos 一词所指包括伦理的风俗、人类观念中的律例、法律的规则，以至社会制裁的全体，甚至于包括烹调法、园艺法之类。[152] 他认为，古代社会最早的一批习惯性法典，如《汉穆拉比法典》《十二铜表法》等是这种法律的代表。这时的法律的特征是：(1)被害人得以补偿的不是对他的伤害，而是因伤害产生的复仇意愿；(2)审理的方式不是理性，而是机械的；(3)法律的范围极其有限，既无原则也无一般概念；(4)法律的主体不是个人而是血亲集团。

在第二个时期，国家或政治结合成的社会明确地出现，法律亦从其他社会规范中分化出来，法律是自足的，道德被漠视。不过这一时期的法律条规是粗略而严格的。“法律是一种补偿制度，其内容大都是程序性的，规定着一种硬性而严密的程式”。[153] 古罗马前 4 世纪的法和英国 13 世纪的普通法就属于这种性质的法律。这种法律的特点是：(1)形式主义；(2)硬性和不变性，即法律被认为神圣不变的；(3)严格要求履行义务，不允许有任何例外；(4)法律不考虑道德因素；(5)权利和义务仅限于具有法律资格的人，妇女、未成年人、奴隶等被严格地加以限制。

在第三个时期，法律的发展主要由于同化及援引来自法律制度的资料或法律之外的资料所促成，司法者用衡平的方法解决所遇到的疑难问题，他们以内心的道德观念审视法律问题，因而不少道德的观念从外面注入法律，甚至于成为比法律规定更权威的东西。这一时期的一个显著特点是，法律必须在任何方面与道德相吻合。[154] 属于这种法律的有公元前后的古罗

[151] [美]庞德：《通过法律的社会控制·法律的任务》，沈宗灵、董世忠译，商务印书馆 1984 年版，第 71 页。

[152] [美]庞德：《法律、道德与正义》，张文伯译，台北监狱印刷厂 1959 年印，第 20 页。

[153] 同上书，第 21 页。

[154] 同上书，第 23 页。

马法、17~18世纪自然法观念占主导地位的英国和欧亚大陆法。这时法律的特点是:(1)法律与道德一致;(2)司法中依靠理性而不是专门的规则;(3)法律上的人格扩大到所有的人。

在第四个时期,19世纪下半叶在经历了长期的用衡平的方法不断吸收道德的观念之后,很多道德的或衡平的观念已变为固定的法律条文,即已被法律化,法律与道德又一次分离。不过这一次分离是相对的,是有分有合。二者的联系表现在立法和司法两个方面:在立法中法律必须以道德为基础,因为立法的过程实际上是把立法者内心的道德观念外化为法律规则;在司法中二者有四个连接点,即"司法造法;法律解释;适用法律,特别是关于法律标准的适用;以及司法的自由裁量。"这意味着"在司法程序中,道德只有其补充法律的功能"。〔155〕这一时期法律强调个人权利至上,强调个人的自由和平等。

在第五个时期,法律的重点从个人利益开始转向社会利益,因而对个人的自由,如处分权、契约自由加以限制,对责任的追究上不再坚持过错责任原则,法律越来越注意保护公共利益。在其后期,他还提出了法律发展的第六个阶段,即"世界法"阶段,在1947所写的"新的万民法"一文中,他主张建立"一个世界范围的法律秩序",它是国际法发展的第二个阶段,即不仅为了维护世界和平,而且为了促进人类的普遍幸福。

六、法律社会学的产生及其研究纲要

庞德的法律思想明显带有综合法学的性质,这不仅表现在他认真地研究了当时西方各法学流派,广泛地吸收了他们的合理性因素,而且表现在他对以往的社会法学也进行了认真地总结,分析了其发展的历程和归纳其研究的纲领。

他认为,社会法学是随着西方社会的发展而发展的,大体上经历了四个时期:(1)机械时期。19世纪上半叶之前,是社会法学的初创阶段,也是机械唯物主义占统治地位的时期,因而用机械的观点研究社会的法现象;(2)生物时期。1859年达尔文提出了生物进化论并很快流行起来,因而又用进化论的观点解释社会法律问题,斯宾塞的《社会学原理》就是这一观点的代表作;(3)心理时期。19世纪末心理学产生并流行起来,他们又用心理学的观点和方法研究社会法律问题;(4)联合时期。进入20世纪后,社会法学各派认识到单一的方法是不行的,把各种方法结合起来,因而出现了联合的趋势。

那么这一时期的社会法学有哪些共同特点呢?庞德认为归纳起来有以下八点,并称之为社会法学的纲领:第一,注意研究法律制度和法律学说的实际效果;第二,为立法所进行的准备工作,应包括对所立法律作社会学的研究;第三,要研究使法律生效的手段;第四,在研究法律时,既对司法、行政和立法进行心理学的研究,又对理想的哲理进行研究;第五,对法制史进行社会学研究,也就是说,不仅要对法律制度和法律学说如何演变和发展进行研究,而且要对它们产生了什么社会效果和如何产生这些效果进行研究;第六,承认对法律规则分别情况加以适用的重要性,即力求对各个案件都能正当、合理地解决,为此,需要研究不同情况的法律制度,包括对司法过程和行政过程关系的研究;第七,注重对普通法系国家的司法部作用的研究;第八,"最后,鉴于前面几点出只是涉及某些手段,社会法学的使命是使我们为了实现法律秩序的目的而进行的努力能够获得更加理想的效果。"〔156〕

---

〔155〕[美]庞德:《法律、道德与正义》,张文伯译,台北监狱印刷厂1959年印,第30页。

〔156〕参见[美]庞德:《法理学》(第1卷),俞丽雪译,法律出版社2007年版,第285~292页。

参考文献

1. [美]庞德:《法学肄言》,雷沛鸿译,商务印书馆1934年版。
2. [美]庞德:《通过法律的社会控制·法律的任务》,沈宗灵、董世忠译,商务印书馆1984年版。
3. [美]庞德:《法律史解释》,邓正来译,中国法制出版社2002年版。
4. [美]庞德:《法律、道德与正义》,张文伯译,台北监狱印刷厂1959年印。
5. [美]庞德:《法理学》(第1~2卷),邓正来译,中国政法大学出版社2004年版;《法理学》(第1~4卷),俞丽雪、封丽霞、廖德宇、王保民等译,法律出版社2007年版。

思考题

1. 庞德是怎么样论述法律的构成的?
2. 庞德为什么说法律是一种社会控制工程?
3. 庞德是怎么样论述利益与法律的关系的?
4. 庞德是怎么样论述道德与法律的关系的?

第七节 美国的现实主义法学

一、美国现实主义法学概述

美国现实主义法学(legal realism)是由美国的实用主义法学分化出来的一个法学分支。美国实用主义法学创始人霍姆斯认为法律只是当事人或其律师对将来判决的预测,其主要代表庞德在讲到实在法的意义时说法律就是司法行政过程。美国现实主义法学正是在这些观点的基础上发展起来的一股法学思潮,这一思潮的主要代表人物有:

奥利弗·温德尔·霍姆斯(Oliver Wendll Holmes 1841~1935年),1882年起先后任哈佛大学教授、马萨诸塞州最高法院法官,1902年起任美国联邦最高法院的大法官。他著有《普通法》(1881年),留有许多论文、讲演,著名的是"法律之路"(1897年)。

本杰明·内森·卡多佐(Benjamin N. Cardozo,1870~1938年),他1913年任纽约最高法院法官,1926年升为首席法官,1932年霍姆斯退休后他继任为联邦最高法院大法官。卡多佐的著作多集中在司法实践领域,其主要有《司法过程的性质》(1921年)、《法律的生长》(1924年)、《法律与文学》(1931年)、《司法过程中的悖论》(1928年)、《卡多佐文选》(1947年)等。

杰罗姆·弗兰克(Jerome New Frank,1889~1957年),美国杰出的法学家、法官,曾任美国农业调查局总顾问和铁路重组复兴金融公司特别顾问,美国联邦第二巡回法院法官。弗兰克一生中发表了许多颇有影响的论著,其中较著名的有《法律与现代精神》(1930年)、《假如人是天使》(1942年)、《命运与自由》(1945年)、《初审法院——美国司法中的神话与现实》(1949年)、《无罪》(与其女巴巴拉·弗兰克合著,1957年)等。

卡尔·N.卢埃林(Karl N. Llewellyn,1893~1962年)是一位与霍姆斯、庞德齐名的法哲学家。他曾任教于耶鲁法学院、哥伦比亚大学法学院,1951 年,转为芝加哥大学法学院教授,直至 1962 年 2 月去世。他的著作主要有《棘丛——法律及其研究》(1930 年)、《在美国的判例法制度》(1933 年)、《普通法传统》(1960 年)和 1928 ~ 1960 年的论文集《法理学:理论与实践中的现实主义》(1962 年)。

美国现实主义法学是与其普通法传统相一致的,在一定意义上可以说是对这一传统中的法律现实的一种理论概括。因为这一传统的法律是通过司法活动而不是立法活动产生的。这一法律观的总的特点是否定国家制定法的权威性,聚焦于司法过程,因而把法律理解为官员们解决社会纠纷的过程及其得出的判决;否认法律的确定性;贬低逻辑推理在司法活动中的作用,强调经验的决定意义;认为法律来自社会和生活,主张法在事中,法就是事之理。这些观点和论述,对于我们认识司法活动和判例法是有很大的启迪意义的。

二、美国现实主义法学家的主要观点

(一)法律就是司法行政行为及其结果

现实主义法学家对法律的认识是与分析法学截然不同的,即否认国家制定法的权威性,否认作为规则体系的法律的存在,认为真正的法律是司法活动过程及其结果。如霍姆斯在谈到法律时说:“倘若你们想了解法律,而不是别的什么,你们得以一个坏人的眼光看待它,坏人仅仅关心根据这一法律知识做出预计的具体后果,这不像好人在模模糊糊的良心约束之下,要为他的行为找寻根据,无论这些根据在法律之内还是之外。”[157] 这一论说被称为法律“预测说”,即认为法律就是“坏人”对其案件结果的法律预测。这一观点的继承者弗兰克进一步加以发挥,他说:“就任何具体情况而论,法律或者是:(1)实际的法律,即关于这一情况已作出的判决;或者是(2)大概的法律,即关于一个判决的预测。”[158] 他进一步说:“无论是法官陈述的规则还是其他人陈述的规则,无论是制定法中的规则、司法意见中的规则还是博学作者的教材中规则,它们都不是法律,而仅仅是法官在制定所审案件的法律时所诉诸的某些渊源……由此,法律由判决而非规则组成。假如是这样的话,每当法官判决案件时他就是制定法律。”[159] 格雷在其《法律的性质和渊源》一书中对法的定义更加清楚地概括了这一点。他说:“我所认同的真实观点是,法律就是法官所宣布的东西;制定法、先例、博学专家的意见、习惯和道德都只是法律的渊源。”[160]

卢埃林也从这一角度来认识法律,把法律概括为官员们为解决社会纠纷所作的事。他说:“那些负责做这种事的人,无论是法官、警长、书记官、监察人员或律师,都是官员。这些官员关于纠纷所做的事,在我看来就是法律本身。”[161]

现实主义法学家对法律的这一认识,一般被称为“规则怀疑论”或法律判决说。这一认识虽然有其合理的方面,但显然是片面的。因为它否认了“规则”这一法律的主要表现方式的客观存在,把法律只是说成与社会纠纷相联系的偶然存在,从而就否定了法律存在普遍性

---

〔157〕 [美]《法律的道路》,转引自斯蒂文·J. 伯顿主编:《法律的道路及其影响》,张芝梅、陈绪刚译,北京大学出版社 2005 年版,中译本附录,第 418 页。

〔158〕 沈宗灵:《现代化西方法理学》,北京大学出版社 1997 年版,第 335 页。

〔159〕 Frank, *Law and the Modern Mind*(1930)127 ~ 128。转引自陈金钊等主编:《法律方法》(第 12 卷),第 69 页。

〔160〕 转引自[美]本杰明·卡多佐:《司法过程的性质》,苏力译,商务印书馆 1998 年版,第 78 页。

〔161〕 沈宗灵:《现代化西方法理学》,北京大学出版社 1997 年版,第 314 页。

和客观性,也就否认了法律对社会生活的指导意义。

（二）判决所依据的“事实”只是法官的内心猜想

现实主义法学家不仅质疑法律规则的地位和意义,而且进一步质疑作为判决依据的客观事实。在某些现实主义法学家看来,判决所依据的不是客观事实而是主观事实,即被法官所认定的事实。弗兰克说,“事实F是什么？它是在森塞博与斯马特之间实际发生的事吗？大部分显然不是。他最多不过是初审法院——初审法官或陪审团——认为发生过的事。”[162]他论证说,法官不是案件事实的当事人,他对事实的认识只能通过对当事人的叙述、证人的证言和证据的审视中间接获得,因而只能“仅仅是关于实际事实的猜测”。这意味着作为判决依据的“事实”并不是客观上曾发生的纠纷的实际,而只是司法人员内心对该事实的一种认定,而不同的司法人员由于种种原因,最后认定的事实会是有差异的。这就是说,这样的“事实”是多样的,带有某种主观性。他详细论述了导致“主观性”的种类原因。既然如此,那么,得出的裁决也是有差别的。应该认为,他对审判事实的论述是颇有新意的,它改变了对“法律事实”的传统认识,揭示了事实认识上的重要性、艰巨性和主观性。感到不足的是,他未能就客观事实与主观事实之间的关系,以及对主观事实的判断标准作进一步的论述。

（三）司法过程的性质和规律

现实主义法学家基于以上对规则和事实的认识,因而他们极力反对分析法学家对司法过程的三段论法律推理概括,即法官从已确定的法律规则和案件的客观事实出发,就必然能得出唯一正确的判决。用公式表达就是:“R（Rule,法律规则）× F（Fact,事实）= D（Decision,判决）”。他们认为,由于R和F这两个假设根本不存在,所以这是不真实的。真实的情况是,具有个性的法官作为主体,接收客观来的各种信息和刺激,进行加工,然后得出判决。用公式表达就是:S（Stimulus,刺激）× P（Personality,个性）= D（Decision,判决）。

卡多佐在《司法过程的性质》中详细谈论了其对司法过程的总结。他认为司法决定是一个“化合物”,整个司法过程就是一个“酿造化合物”的过程,而法官作为“化学师”或“酿造师”插手了这一酿造过程——可供法官利用的资源有先例、逻辑、习惯、社会福利、个人的或共同的正义和道德标准等,“日复一日,以不同的比例,所有这些成分被投入法院的锅炉中,酿造成这种奇怪的化合物。”[163]当然,这一酿造过程并不是随意进行的,法官们是在“一些原则”的指导下,选择要输入的成分及其比例。指导法官作出判决的是“原则”,发现、创造、适用这些原则的路线和途径是司法方法——类推的规则或哲学的方法、进化的方法、传统的方法和社会学的方法。

他认为,审判活动最重要的是对事实的认识,司法过程不是先有法律,后有判决,恰恰相反,是先有对事实的认识,然后产生对其性质的判断和解决此纠纷方法的决策,即找到该案件的法律。所以是先有判决,后有法律。他进一步区分了一般案件和疑难案件,认为在审理普通案件时,最后作为判决的法律可以从已有的规范性法律文件中找到,因而在写判决理由时会用它来为自己判决的正当性论证。这类似于挑选彩色扑克牌游戏。他说:“这是一个寻求和比

---

〔162〕［美］杰罗姆·弗兰克:《初审法院——美国司法中的神话与现实》,赵承寿译,中国政法大学出版社2007年版,第17页。

〔163〕［美］本杰明·卡多佐:《司法过程的性质》,苏力译,商务印书馆1998年版,第2页。

较的过程……他们对自己职责的理解就是,将自己手上的案件的色彩与摊在他们桌上的许多样品案件的色彩加以对比,色彩最接近的样品案件提供了可适用的原则。"[164] 至于疑难案件法官则完全在没有任何规则的情况下解决纠纷,他必须像立法者一样,为该案件立法。[165] 因此,司法的过程也就是创造新法的过程。

(四)主张法律的不确定性(indeterminacy)

基于以上对法律的认识,现实主义法学家也极力反对分析法学家关于法律具有确定性的观点,认为在判决得出之前,法律是什么,法律在那儿,都是不确定的。因而,霍姆斯说:"确定性一般说是一个幻想"。[166] 弗兰克说是一个"基本法律神话"。卢埃林也对法律的确定性提出怀疑。他认为,美国法没有像英国法那样成文法部分与日俱增,并且美国判例法的特点在于它并非严格地遵循先例,由此遂产生了"法律不确定性"问题;在司法过程中,法官的"个性"起着很大的作用,这构成了法律的不确定因素;此外,社会是在不断变化的,现实中几乎不存在将现成的、不变的规则通过演绎适用于具体案件的法律确定性,"在任何本身不断变化的社会中,法律的不确定性难以避免。"[167]

他们的观点概括起来主要有以下几点:

其一,如前所述,如果法律就是判决。那么,一个案件在判断得出之前,是不存在一个确定的法律的,至于那些由立法机关所制定出来的规范性法律文件,对法官来说只是一种权威性的参考文献。弗兰克正是这样认识的,所以他讽刺那些宣扬法律确定性的观点是一个"基本法律神话"。他还从心理学的角度分析了这个神话形成的原因和过程,指出这一神话是由一种"父权情结"产生的,是一种儿童的心理状态。

其二,他们进一步论述说,不仅法律不确定,而且作为判决依据的"事实"也是不确定的。因为这一"事实"并不是曾经发生的客观情况,而只是法官对这一情况的内心认定,由于不同的法官的素质和个性,因而会有不同的内心认定。

其三,审判活动是一个法官不断接受和加工各种客观信息的过程,影响审判结果的有许多不确定因素,包括客观的和主观的,如客观的法官的一顿不愉快的早餐,法官的不同性格和爱好,都会影响判决的结果。

基于以上三点,他们认为只有在审判终结时,适用于这个案件的法律才能最后确定下来,在此之前要对它进行预测是很困难的。

(五)"法律的生命不在逻辑,而在经验"

"法律的生命不在逻辑,而在经验"。霍姆斯在《普通法》一书的开头的这一名言既是对哈佛大学法学院长兰德尔为代表的分析法学的司法观的一个有力批判,也是阐述了美国现实主义法学对法官素质的一个基本观点,即在司法活动中经验比逻辑更重要。他论述说,这是因为:

其一,法律蕴含着一个民族、甚至人类的智慧和经验,因此不可能仅仅用逻辑的办法来理

---

[164] 参见[美]本杰明·卡多佐:《司法过程的性质》,苏力译,商务印书馆1998年版,第9页。

[165] 同上书,第4~7页。

[166] [美]霍姆斯:"法律的道路",载斯蒂文·J.伯顿主编:《法律的道路及其影响》,张芝梅、陈绪刚译,北京大学出版社2005年版,中译本附录,第424页。

[167] [美]卢埃林:《在美国的判例法制度》,第48页。转引自张乃根:《西方法哲学史纲》,中国政法大学出版社1993年版,第316页。

解和适用它们。他说:“法律蕴含着一个国家数个世纪发展的故事,我们不能像对待仅仅包含定理和推论的数学教科书一样对待它。”因此,在理解和执行法律时,“一个时代人们感受到的需求、主流道德和政治理论、对公共政策的直觉——无论是公开宣布的还是下意识的,甚至是法官与其同胞们共有的偏见,在决定赖以治理人们的规则方面的作用都比三段论推理大得多。”〔168〕所以,只有生活于一个国家并对其生活的各个方面有深切感受和丰富经验的人,才能真正地理解和准确地把握该国家的法律。

其二,形之于文字的法律条文,只是对以往社会规律的简单地抽象和概括,难以包容该社会丰富多彩的内容和已经发生的变化,所以仅仅依靠它们是无法解决复杂多变的社会实际的。这意味着法律推理并不是从概念到概念的逻辑推理,而是加进法官的经验和智慧。他说:“法律由那些有能力、有经验的人执行……他们知道不能因为三段论而牺牲锐敏的感觉。”〔169〕

霍姆斯强调经验在司法中的意义,并不意味着他否认了理性和逻辑的作用。他指出理性思维是法律人培养中最为关注的,如“律师受到的训练就是在逻辑上的训练。类推、区分和演绎的诸过程正是律师们最为熟悉的。司法判决所使用的语言主要是逻辑语言。”〔170〕他认为逻辑是迎合人们追求法律的普遍性和确定性而产生的一种东西,虽然普遍性和确定性的法律只是一种幻想,但它的存在有其合理性,因为逻辑的方法的确能解决简单的案件,因为法学研究和对世界上的任何事物的研究一样,都要探求事物之间的逻辑和规律。这样才能把对法律的认识凝结为知识传授和交流。〔171〕

霍姆斯之后的其他学者也坚持了这一观点,如弗兰克认为,结论是靠法官的“预感”产生的,而预感是由各种刺激与法官个性相加产生的。所谓外界刺激,即审理案件时所接受的各种信息和所遇到的各种事情;所谓法官的个性指的是法官的素质、性情、偏好和习惯等。法官的个性和所有作为外界刺激的偶然因素决定了法官对事实的认定和判断。弗兰克说:“既然初审法官从事的并不完全是一项逻辑的工作,那么努力迫使他们将其‘直觉’、无言的理性挤压进逻辑的语言形式必然会使它们扭曲变形。”〔172〕弗兰克还从心理学立场观察审判过程,指出法官并不是依“三段论”的演绎推理方式进行审判,而是采用了一个相反的“逆向过程”:首先是先入为主地形成一个模糊的结论或猜测,然后从此出发去寻找能够证实这个猜测或结论的资料;模糊的结论或猜测来自法官的“预感”,而“预感”则形成于法官基于其个性——性格、爱好、偏见、习性、情感等——对规则、先例、事实等外部客观条件和环境的主观反应。

卢埃林也强调法官的预感和个性对判决的决定性作用,认为法官在制作判决时是依靠他的预感。在他看来,对一个患有消化不良的法官来说,一顿令人不快的早餐就可能在制作判决的时候起着决定性的作用,使案件产生不同后果。他认为在法官的思维中概念和规则都是不可或缺的,只不过它们不是理解法律和做出判决的唯一依据,甚至很多情境下不是主要依据。他主张,规则是不会消亡的,也是不可替代的,只是它作为手段和工具应当与立法目的、

---

〔168〕［美］霍姆斯:《普通法》,冉昊、姚中秋译,中国政法大学出版社2006年版,第1页。

〔169〕［美］斯蒂文·J.伯顿主编:《法律的道路及其影响》,张芝梅、陈绪刚译,北京大学出版社2005年版,中译本附录,第124页。

〔170〕［美］霍姆斯:《法律的道路》,转引自斯蒂文·J.伯顿主编:《法律的道路及其影响》,张芝梅、陈绪刚译,北京大学出版社2005年版,中译本附录,第424页。

〔171〕参见［美］斯蒂文·J.伯顿主编:《法律的道路及其影响》,张芝梅、陈绪刚译,北京大学出版社2005年版,中译本附录,第424页。

〔172〕［美］弗兰克:“道之以乐”,载许章润编:《哈佛法律评论》,法律出版社2011年版,第165页。

行为及实践紧密结合起来;法律概念亦不可缺,它是必要的法律思维工具,只是须谨防概念的僵化,并且运用法律概念对法律现象进行分类时要诉诸实践检验。[173]

卡多佐也指出,“法律产生于存在于事物之间的事实的一些关系。和这些关系一样,自然的法律也处于永恒不断的新生之中。我们不再必须从理性推演出来的文本或体系之中,而是从社会效用中,从某些后果会追随某些假定而来的必然性中寻找法律的渊源……规制的含义体现在……社会生活的迫切需要之中。这里有发现法律含义的最强可能性。同样,当需要填补法律的空白之际,我们应当向它寻求解决办法的对象并不是逻辑演绎,而更多是社会需要。”在遇到疑难案件时,“当需要填补法律的空白之际,我们应当向它寻求解决办法的对象并不是逻辑演绎,而更多的是社会需要。”他进一步指出,这时“他们必须像立法者那样从经验、研究和反思中获取他们的知识;简言之,就是从生活本身获取。”[174]

从以上论述中可以看出,现实主义法学家们认为,法律扎根于社会生活,并随之不断发展,成文的法律规则只是对过去社会生活的一种概括,因此他对法官的审判活动虽然有某种指导意义,即法官可以用逻辑推理的办法得出对一般案件的处理意见,但遇到疑难案件时,它就失去指导意义或就无能为力了,而必须依靠法官在研究案件事实的基础上,依靠其对人生和社会的深切体验来得出解决的办法。而且,由于作为规则的法律只是些抽象的原则,因而只是在一般案件里也必须依靠法官对人生和社会的深切体验来选择和正确理解法律条文,而不是一个简单地三段论推理过程就能正确使用法律的。总之,司法过程绝对不是一个逻辑思维的过程,它夹杂许多的因素,理性的和非理性的,主观的和客观的,是这许多因素综合作用的过程,其中有理性的思考,有直觉,有经验,一个个登台亮相,而其中经验起着关键的和根本的作用。

参考文献

1. [美]霍姆斯:《普通法》,冉昊、姚中秋译,中国政法大学出版社 2006 年版。
2. [美]斯蒂文·J. 伯顿主编:《法律的道路及其影响》,张芝梅、陈绪刚译,北京大学出版社 2005 年版。
3. [美]约翰·奇普曼·格雷:《法律的性质与渊源》,马驰译,中国政法大学出版社 2012 年版。
4. [美]本杰明·卡多佐:《司法过程的性质》,苏力译,商务印书馆 1998 年版。
5. [美]本杰明·卡多佐:《法律的生长》,刘培峰、刘骁军译,贵州人民出版社 2003 年版。
6. [美]卡尔·N. 卢埃林:《普通法传统》,陈绪纲等译,中国政法大学出版社 2002 年版。
7. [美]杰罗姆·弗兰克:《初审法院——美国司法中的神话与现实》,赵承寿译,中国政法大学出版社 2007 年版。
8. 冯玉军选编:《美国法律思想经典》,法律出版社 2008 年版。
9. 付池斌:《现实主义法学》,法律出版社 2005 年版。
10. 马聪:《霍姆斯现实主义法学思想研究》,人民出版社 2009 年版。

思考题

1. 美国现实主义法学家对法律是怎样理解的?

---

[173] 参见[美]卢埃林:“现实主义法理学——引领未来”,朱文博译,载冯玉军选编:《美国法律思想经典》,法律出版社 2008 年版,第 94 ~ 97 页。考虑到普通法的判例法传统,卢埃林的观点至多可说是较为“激进”,而谈不上所谓的“极端”。

[174] [美]卡多佐:《司法过程的性质》,苏力译,商务印书馆 1998 年版,第 75 ~ 76、70 页。

2. 美国现实主义法学家是怎样认识法律的确定性的？
3. 美国现实主义法学家是怎样看待作为判决依据的法律事实的？
4. 美国现实主义法学家是怎样概括司法过程的性质和规律的？
5. 美国现实主义法学家是怎样论述司法中的逻辑和经验的关系的？

第八节　霍贝尔的法人类学

一、法人类学简介

法人类学又称人类学法学或法民族学，是人类学与社会法学结合的产物。西方的人类学分体质人类学和文化人类学，它们分别研究人类的物质构成和早期的文化现象。文化人类学在发展中吸收了社会学的田园调查研究方法，而法人类学就是它们用这种方法研究世界近现代保留原始痕迹比较多的民族和部落的法律现象所形成的一个社会法学的分支学派。西方研究人类社会初期的法律现象始于19世纪中叶，最早的一批研究成果如1861年出版的巴霍芬（J. J. Bachofen）的《母权制》、梅因（H. Maine）的《古代法》，1877年摩尔根（L. H. Morgan）的《古代社会》等。德国的波斯特（A. H. Post）、科勒（J. Kohler）亚当（L. Adam）和图恩瓦尔德（R. Thurnwald，1869～1954年）也在很早就关注早期人类社会法律资料的收集和整理，并把这一研究命名为“法律民族学”。法人类学正式产生于20世纪初叶，它以马利诺夫斯基（B. K. Malinowski，1884～1942年）1926年的《原始社会的犯罪与习惯》一书的出版为标志。在此之前，西方学者一般认为法律产生于奴隶社会，原始社会没有法律，只有习惯。马利诺夫斯基是英国著名的人类学中的功能主义创始人，1915～1918年间他到西太平洋新几内亚所罗门海的一个叫特罗布里恩的小群岛进行调查，和当地土著民族一道生活，采用“参与观察”的方法，长期对这个岛上的美拉尼西亚人的风俗习惯进行研究。回国后他发表了一系列著作，《原始社会的犯罪与习惯》就是其中之一。在其中他认为，在原始人中也存在一些类似于现代社会的刑法、民法之类的具有特别制裁的命令性、强制性的规则，并称它们为“最低意义的法律”，因而他认为那种认为原始社会只有习惯而无法律的观点是错误的。由此开始，西方兴起了研究“原始人”的法律现象的热潮，许多人类学家纷纷到世界各地保留原始痕迹比较多的民族和部落去调查，因而相继发表了一批研究成果，主要的有：E. S. 哈特兰德的《原始法》（1924年），J. H. 德兰伯格（Driberg）的《东非的原始法》（1928年），R. S. 拉特雷《阿散蒂法和政体》，A. R. 拉德克利夫·布朗的《非洲的政治制度》（1949年）、卢埃林、霍贝尔的《晒延方式》（1941年）、巴顿（R. F. Barton）的《伊富高法》（1919年）、《日照中天》（1930年）和《卡林加人》（1949年）、A. S. 戴蒙德（A. S. Diamond）的《原始法》（1935年）、K. 伯特基—史密斯（Birket－Smith）《爱斯基摩人》（1936年），彼德·弗兰切纳（Freuchen，Peter）的《极地冒险》（1935年）等。

二、霍贝尔的法人类学

（一）霍贝尔及其《原始人的法》

埃德蒙·霍贝尔（Adamson Hoebl 1906～1993年）是美国著名的法人类学家，1934年在哥伦比亚大学获得哲学博士学位后，先后执教于犹他大学、密执安大学、明尼苏达大学阿波利斯分校。曾兼任美国民族学会会长和美国人类学协会主席。其著作主要的有《晒延人方式》《原始世界的人们》《印度尼西亚的阿达特法》《科曼契人》和《原始人的法》。《原始人的法》出版于1954年，是他对西方法人类学研究成果的概括和总结，其中在概要地介绍各个法人类学家对当时保留原始痕迹比较多的七个民族或部落的研究成果的基础上，系统地论述了法人类学的观点和研究方法。此书出版后立即以其翔实的资料和深刻的见解引起人们的注意，影响很大，评价很高，被誉为是"对原始法进行总检讨的最佳作品"，先后被译成各种文字，最早的中文版也于1992年由贵州人民出版社出版。

（二）法人类学的方法

霍贝尔在《原始人的法》中专章论述了法人类学的方法，他在批判自然法学和分析法学方法的基础上对法人类学的研究方法进行了概括和总结，指出"人类学对法律的研究完全是行为主义的和经验主义的"，认为其方法概括起来就是"参与观察"，即作为所调查对象的一员加入其中，在共同生活中进行观察，以获得所需要的资料。他认为这一方法归纳起来有三种或三个发展阶段。他说："人类学在研究法律时主要使用了三种方法：第一，是在观念中构成能正确引导和控制人们行为的准则；第二，是对实际进行描述，并依据实际存在的行为探究其模型；第三，是研究故事、争端、冤情和纠纷的实例，考察它们的性质及其发生的原因和过程，如果可能的话，还要考察动机和结果。"〔175〕第一种方法，即观念的方法为早期的人类学家所采用，如德国早期的人类学家波斯特和科勒就采用此方法，他们事先拟定了一个调查表，送到德国各殖民地的官员和传教士那里，委托他们进行调查。而这个调查表是根据他们所熟悉的西方的法律制度和观念为标准拟定的。霍贝尔认为，这一方法虽然不失为一种有价值的方法，但由于它先入为主，且用现代西方的法律观念来审视完全不同的非西方的法律文化，显然是难以搜集到所调查对象全面而客观的资料的。第二种方法，即纯客观地描述的方法，虽然克服了观念方法的缺陷，事先不带任何框框，没有调查表，依靠长期的连续的客观观察的笔记进行研究。然而由于调查者的时间和所能观察到的方面有限，在调查中又只侧重于实体法，不重视程序法的研究，不懂得法律深藏于程序的夹缝里，因而没有抓住重点，即没有认真地搜集和研究案例，所以也难以取得好的调查效果。由此产生了第三种方法，即案例的方法。相对于前两种方法，"这是一种科学的方法，从特殊到普遍，又从普遍到特殊来进行考察。"〔176〕他主要抓住案例即社会纠纷事件来研究，从中寻找该社会的法律。因为法律是适应社会的权益冲突而产生的，其目的就在于消除混乱和减少冲突，"法律是在烦恼和预料到的困境中发展成熟的。他的存在是为了引导人的行为，使其权益的冲突不致发展为严重的碰撞。实际上，真正的法律准则只是在大的诉讼争执中才能得到检验，否则难以确定在其中哪种假定的规则实际上占有优势。"总之，"疑难案件直接帮助我们了解法律现象。虽然……并不是所有疑难案件都具有法律意义，但所有法律意义上的案例都是疑难案件。"〔177〕由此霍贝尔认为"案例的方法并不是一个完美无缺的方法，但它对取得正确的原始资料来说，还是一个较有创造性的和

---

〔175〕［美］霍贝尔：《原始人的法》，严存生等译，贵州人民出版社1992年版，第26页。

〔176〕同上书，第31页。

〔177〕同上书，第32页。

实用性的方法。”[178]既然第三种方法不是唯一科学的方法，因此就应把以上三种方法结合起来。他说：“研究法律的任何方法，不论是原始的还是文明社会的法律，必须是折中的和综合的。”[179]霍贝尔还就使用法人类学方法中一些技术性问题作了论述。例如，在调查时要尊重被调查群体的生活方式和风俗习惯；要在其中认真地挑选有威望者作为担保人和调查对象，因为只有他们了解到真实的情况；要熟练地掌握所调查群体的语言文字，以便于沟通和更准确地理解他们的话语等。

（三）法人类学的基本观点

霍贝尔在《原始人的法》中从以下几个方面介绍了法人类学的基本观点：

1. 法律与社会文化的内在关系

作为文化人类学的法人类学特别强调法律与文化的关系，或者说从文化的角度来认识法律现象。他们认为法律与文化密不可分，必须从社会文化中来研究法律。霍贝尔借用 S. P. 辛普森、鲁恩·菲尔德在“法律与社会科学”一文对法律的看法来概括法人类学对法律与文化关系的基本看法：“从人类学的角度看，法律只是我们文化的一个因素，它运用组织化的社会集团的力量来调整个人及团体的行为，防止、纠正并惩罚任何偏离社会规范的情况。”[180]由此，他强调不能离开社会文化来研究法律，说：“法律是无法从全部人类行为方式中截然分割开来的”，“因此，我们需要首先仔细地俯视和勾画社会和文化，以便发现法律在整个结构中的位置。我们必须先对社会运转有所认识，然后才有可能对何为法律以及法律如何运转有一个完整的认识。”[181]那么，什么是文化呢？为什么说法律与文化不可分呢？他认为，文化是人类特有的一种东西。人类与动物的区别在于人能学习，而“通过学习得来的行为在集团中就是文化。我们所说的文化是一个社会的成员表现和分享的，后天得到的行为方式的完整一致的总和。”[182]他进一步指出，行为方式的完整一致性是通过不断地社会选择得来的。而同一个社会里人们的选择不是随意的，“总有某些选择的标准左右或影响着选择。这些广泛总结出来的标准掌握在一个社会的成员手中，作为衡量事物的本质和何为可取与不可取的尺度。我们宁可称这些标准为‘公规’（postulates）。哲学家和社会学家通常称之为‘价值’（valucs）。莫里斯·奥普勒教授建议我们称之为‘文化主题’（cultural themes）因为社会成员通常接受这些主张，视之为不正自命的真理。而且作真理使用，用这些主张进行推理。”[183]他认为，一个社会的基本“公规”会保持某种程度的连续性和统一性，虽然它会随着社会的发展而更新。这样，在一个社会里对于同样的刺激，人们之间的反应具有相当的同一性。那些反复出现的方式就称之为习惯。由于这一方式的出现并不具有必然性，只是一种平均数和只是一种应该，所以又叫社会规范。规范“只是在一定情况下发生的最大值”，而“绝大多数规范都是以一定的报赏和惩罚为手段的”。法律就是这种社会规范的一种，它“包括一系列特别区分的社会规范，通过运用法律的约束力予以维持。整个运转着的约束规范组成了社会的控制系

---

〔178〕［美］霍贝尔：《原始人的法》，严存生等译，贵州人民出版社 1992 年版，第 39 页。

〔179〕同上书，第 26 页。

〔180〕同上书，第 4 页。

〔181〕同上书，第 5 页。

〔182〕同上书，第 7 页。

〔183〕同上书，第 12 页。

统。而法律只是作为一个工序或一个因素。法律规范如同其他社会规范一样,是选择的产物。"[184]它的"一个主要功能就是作为一个社会选择的规范,用它来保持法律制度与建立在其中的社会文化与基本公规的一致。"[185]这就是说,法律是一个社会基本"价值(观念)"产生出来的一种社会规范,因此,它必然体现和维护这些基本价值观念,并随之发展而变化。因此,要研究法律就不能离开它所产生的社会文化背景。

2. 法律的本质与构成

霍贝尔清楚地意识到他所研究的原始社会的"法律"是与现代社会的法律有着巨大的区别,是一种不同意义上的法律,所以他一开始就把法律区分为三种。他说:"我们所说的法律行为的领域,如果出现在尚无文字的人类文化中,我们就称之为原始法律;如果在刚刚跨进文明门槛的古代社会中被人们发现,就称之为古代法律;而当我们从经过文明发展的社会结构找到它,就称之为现代法律。"他指出,他在研究中所关注的不是它们之间的差异,而是它们中的共同因素。他说:"但是,不论各种法律制度的内容和其独特的原动力如何,它们必定有某些相同的因素。因此我们需要首先勾画出这些基本要素。"[186]经过研究,他认为所有的法律包含着三方面的要素或特性。这就是特殊的强力(privileged force)、官吏的权力(official authority)和规律性(regularity)。所谓特殊的强力,即由社会承认的强制性的物质力量。它是法律被遵守的物质后盾,但从它是由社会承认这一点来说,他不同于歹徒所实施的强制,甚至不同于由父母所实施的物质强制。他说:"法律强制的基本特征是物质力量适用上的一般社会承认,它或者以武力威胁的方式,或者说事实上由特权部分为合法的理由,以合法的方式和在合法的时间内适用。"[187]所谓官吏的权力,即实施法律的权威机构和人员。它是法律"一般地或特殊地被承认的正确执行物质强制的因素,是社会权力的构成部分。"所谓规律性,指的法律内容的科学性或正确性。在此基础上,霍贝尔给法律下了如下的定义:"这样的社会规范就是法律规范,即如果对它置之不理或违反时,照例就会受到拥有社会承认的、可以这样行为的特权人物或集团,以运用物质力量相威胁或事实上加以运用。"[188]可以看出,在霍贝尔看来,法律不以国家的存在为前提,在国家产生之前和在国家之外,只要存在以被社会承认的和由社会权力实施的社会规范,它就是法律。

3. 法律的功能

霍贝尔认为,"法执行着维护最简单的社会之外的所有社会的秩序的基本功能。"这种功能具体表现在四个方面:(1)它确定社会成员之间的关系,明确其活动的合理界限,"以便至少维护社会内个人和集团的活动之间的最低限度的统一。"(2)它规定为了维持秩序而使用强力的机关和办法,防止权力的被滥用。"这是权力的分配和决定谁来行使为社会所承认的作为特权的物质强制,并挑选最有效的物质制裁形式以达到法律所服务的社会目的。"[189](3)处理疑难案件和清除社会的渣滓。"这个功能就是审判案件,制止或制裁违法行为,以及调整争端之间的关系,以使社会生活重新回到原来的轨道上来。这种法律的工作常常被喻为

---

[184] [美]霍贝尔:《原始人的法》,严存生等译,贵州人民出版社 1992 年版,第 13 ~ 14 页。
[185] 同上书,第 14 ~ 15 页。
[186] 同上书,第 4 ~ 5 页。
[187] 同上书,第 24 页。
[188] 同上书,第 25 页。
[189] 同上书,第 244 页。

医生的工作。它本质上是家庭医生式的工作,目的在于使社会处在正常状态之下……它是要清理所有的社会渣滓(有时是大的犯罪),从而使社会日益建立起良好的正常关系。"[190] (4)促进和维护新秩序的建立。即"在生活条件变化时,重新规定个人和集团之间的关系,以适应维持秩序之需要。"[191] 他认为由于社会是发展变化的,因而法律不仅要维持已有的秩序,而且要创建新的秩序。他说:"实际上法律是一个动态的过程,在其中没有哪一种解决问题的方法可以永世长存。因此法律的第四个功能就是,关系的重新规定和期望的重新定向。"[192] 他认为这一功能表现在新旧社会交替之际,这时新的观念和新的态度会逐渐或突然地产生,而"复杂的案件会在新观念的不断渗透下大量产生",等待着法律去解决。这时,"法律代表社会以将来的眼光来处理急迫的案件。当新问题出现时,就通过法律制定新的规则",从而使问题"迅速而有效地得以解决,使社会的基本价值通过法律得以实现而免遭被毁灭。"[193] 霍贝尔认为,法律的这一功能意义极大,"它以其全力保持现行法律的足够的灵活性,以使社会组织发展留有余地,同时,也能够保持法律的韧性以免其失去其约束力。"[194]

4. 法律与宗教

原始社会人们的世界观在本质上是宗教的世界观,这决定了它必然严重影响那时的价值观念和社会规范,包括法律。这突出表现在当时的价值观念中宗教观念占据特殊地位,在解决社会纠纷时神职人员担当着重要的角色,和在诉讼程序有浓厚的宗教色彩。因此,在研究原始社会的政治法律制度时,不能不研究法律与宗教的关系。霍贝尔在《原始人的法》中也对此问题予以很大的关注。他认为在原始社会里法律与宗教、巫术虽然密不可分,但并没有内在的关系,严格说来二者是有本质区别的。他以当时颇有影响的所谓"法律起源于宗教的理论"作为研究的出发点。这个理论有些人认为是梅因提出的,他认为这是一个误解,实际上梅因在《古代法》一书中并没有提出这一"理论",他只是强调"在原始社会里宗教与法律交织难解的情况",而且在后面的论述中已"放弃了这一观点,明确地表明这一观点毫无意思"。梅因指出,虽然多数刑法渊源于宗教,但"在原始社会中占主导地位的私法,几乎从来没有支持过宗教戒律。"[195] 霍贝尔以大量的原始社会的实例验证了这一观点。在对他所掌握的原始民族的材料进行认真地分析之后他说:"事实表明,尽管复杂的宗教观念产生在先,并在原始社会中就已存在,但法律起源于宗教这一简单的观念,却是非常幼稚的。当然,每一个民族都有自己的宗教观念,这种观念会影响到法律的发展……但它们都有自己的各自范围,宗教一般所涉及的是人与超自然的关系,法律涉及的是人与人的关系。宗教既不包括所有的生活,也不包括法律。"[196]

在谈了法律与宗教的本质区别之后,霍贝尔也论述了在原始社会法律与宗教的联系。它表现在:(1)当时的法律在内容上不能有悖于宗教观念。如在阿散蒂每一法律的规定,至少在名义上,要与宗教信仰保持一致;(2)法律的执行者或机构往往凭借宗教的权威,因而执法

---

[190] [美]霍贝尔:《原始人的法》,严存生等译,贵州人民出版社1992年版,第248页。
[191] 同上书,第244页。
[192] 同上书,第249页。
[193] 同上书,第250页。
[194] 同上书,第251页。
[195] 同上书,第228~229页。
[196] 同上书,第235页。

者又往往是神的代理人,一身而二任;(3)法律往往要借助于宗教的手段解决法律上的难题。如在遇到一时难以查清的事实问题时,往往用占卜、发誓和神裁等超自然的方式;(4)宗教也依赖于法律,如在爱斯基摩人那里"当宗教准则失去效力,戒律被忽视时,作为最后凭借手段的法律,起着一定的作用。"总之,在原始社会里法律与宗教有比较密切的关系,二者互相依赖、互相渗透,作为原始宗教主要形式的"魔术和巫术是执行法律的强有力的手段",而法律也是宗教的最后凭借。

在论述了法律与宗教的一般关系之后,他还就法律与巫术的关系作了探讨。他认为巫术是魔术的一种,是一种骗财害人的坏魔术。他说:"巫术是坏魔法的使用。它有多种形式,但全都在没有正当理由时选一个受骗者杀死或使之生病。"[197] 正因为如此,法律与巫术的关系不同于与宗教或一般魔术的关系。二者在本质上是对立的,是此消彼长的。"如果一套完整的法律制度还未公开制定出来,那么,隐藏着的巫术必然会跳出来。"因此,"巫术是一种隐患,法律是巫术的天然敌人,所以要用法律来战胜巫术,使之逐渐枯萎和减少。"[198]

5. 法律的历史发展及其趋势

霍贝尔在《原始人的法》一书中的最后一章对人类社会法律制度的发展规律作了探索,并描绘了这一发展的图景。首先,他指出,法律是进化的,虽然其发展的道路不是笔直的,每一民族或国家的法律在发展中各有其特殊性,并不经历相同的阶段和道路,但是仍有规律可循。他说:"我们可以通过比较和与现已知道的早期的人类社会的遗迹的因果关系,来归纳出早期人类社会可能存在的社会制度的大体特征……这样我们就能够对从原始时代到现在的法律形态的发展趋势的主要路线描绘出一个大概的草图。"[199] 其次,由于他认为法律是社会控制的一种工具,因而他进而认为随着人际关系的复杂化和矛盾冲突的日益增加,社会对法律的需要也就越来越大。他说:"人类越文明,对法的需要就越大,人类创造的法律就越多。"接着,他就人类社会的法律的产生和发展的大体进程作了探讨,根据一个社会占支配地位的获食方式他把人类的历史划分为渔猎文化、农业文化和机械文化等几个发展阶段,并分别对每个阶段的法律作了论述。

在论述人类的渔猎文化时,他又进而把它区分为初级的渔猎文化和高级的渔猎文化两个小阶段。他认为爱斯基摩人等属于第一阶段,而印第安人属于第二阶段。他认为,在人类初级阶段法律是很少的,可以说几乎不需要法律,所以与现代相比,"总是显得处于无法状态"。那时主要的社会组织是氏族公社,其内部"是极其民主的,近乎于一种无任何政府管理系统的状态。""因此,没有暴力机关,和审判机关。他们不公开选举自己的官吏,他们的领导者是通过跟随者的默认产生的"。内部事务的"最后决定是经过所有男子的讨论和取得一致意见以后才作出的。"各部落之间几乎不交往。每个部落"总是在自己清楚的领域内活动,他们的结合是平等的,是以亲属关系和领域同盟为根据的。"[200] 因此,社会纠纷很少,不同部落之间的伤害事件主要是通过血亲复仇的办法解决的,难以解决时才用格斗的形式,"来平衡和解决他们之间的纠纷"。不过,格斗不同于血亲复仇,其目的已"不是力求惩罚干坏事的人,而是阻止复仇"的无限发展。

---

[197] [美]霍贝尔:《原始人的法》,严存生等译,贵州人民出版社 1992 年版,第 240 页。

[198] 同上书,第 243 页。

[199] 同上书,第 259 页。

[200] 同上书,第 261～262 页。

他认为,在进入渔猎文化的高级阶段以后,由于人口的密度增加,“一个地区的群体会更加紧密地联合起来,组成一个更高级的群体组织”,因而也就出现了“更高一级的部落的政治结构”,也就产生了统一的首领并有继承的倾向。但首领“几乎没有什么政治权力,无权控制部落的财产和成员的生存权”,他“只是部落的一员,他在所有事务中起着顾问作用。”因而首领尚未制度化,未变为专门的政治权力。霍贝尔说,这个阶段法律仍然不发达,私法还未产生。“因为财产利益还没有复杂到足以引起作为经济权力的各种所有权的冲突情况。”这时,“每一个普通案件并不需要通过公共的司法权威来体现公平正义,而是由自己来决定案件的公平正义。”只是在特殊的情况下,公意才以“某种权力的面目出现而对诉讼的人的行为产生影响。”所以,社会纠纷的解决,总体上仍是“诉诸武力和通过自相残杀的战争状态来解决。”所不同的产生了赔偿制度,即“由加害一方支付一定的生活品作为赔偿,赔偿的数额同对方的肉体和精神创伤相等。”〔201〕

霍贝尔认为,农业文化在法律的发展中有着特殊作用,“真正严密的法律是随着农业部落的发展而发展起来的”。其原因在于,“农业经济出现以后能够维持较大数量的人口生存在单个的公社以内。更重要的是许多公社之间加强团结,从而保持平衡。”〔202〕这就使人际关系复杂化,加之农业劳动中土地的固定使用,产生了动产和不动产,从而产生了相应的人的法律。这使实体法变得越来越重要。“这也迫使存在于社会之中的司法机构越来越健全,越来越专门化了。”〔203〕因此,在这个时期里产生了许多法律,如人法、物法,公法也开始萌芽。而其中最值得一提的是,“首领关系的制度化,这意味着作为官吏的首领的权力的固定化。”〔204〕而且,这时的首领已不同以前,他们具有立法、执法等职能。而“首领的立法意义就在于把个人的规则,通过适用变为公众的法规,统治者的统治秩序经过法律规范的系统化,变成氏族的法规或部落的法则。”〔205〕

霍贝尔认为,城市的产生和发展进一步促进了法律的发展。“因为城市化的变革分解了亲属纽带的力量,这种情况就产生了一种需要,即用集中系统的法律手段控制和影响来自不同地方、不同民族,具有不同经历习惯和基本要求的在许多点上有冲突的一大批综合到一块的人群。城市的生活使法律得到迅速的发展。”〔206〕

在论述了法律发展的历程之后,霍贝尔还就法律的发展趋势作了展望。他认为世界上各国的法律正在朝着一体化的方向发展,而今天的国际法,“仅仅是世界范围的原始法”。〔207〕因为今天在各国之间,“武力和武力威胁仍然在决定着国际行动中起着极其重要的作用。这同它在氏族社会是一样的。”他认为,人类要生存和发展,就必须改变这一情况,“今天和明天摆在我们面前的课题是,如果亚公社、民族或城市要幸存下去,那么新的法律制度就必须被创造出来。”〔208〕人类正在进行这一努力,联合国的产生及其所制定的一系列法律,标志着人类在这一道路上“已迈出了新的步伐”,现在需要迈出第二步,也是更重要的一步,这就是“对当代世

〔201〕［美］霍贝尔:《原始人的法》,严存生等译,贵州人民出版社 1992 年版,第 276 ~ 277 页。

〔202〕同上书,第 283 页。

〔203〕同上书,第 284 页。

〔204〕同上书,第 288 页。

〔205〕同上书,第 289 页。

〔206〕同上书,第 295 页。

〔207〕同上书,第 297 页。

〔208〕同上书,第 298 页。

界的主要的法律制度进行深入地分析,以便寻找隐藏在各国法律后面的被人们感知的基本原理。在这些认识问题被解决之后,接着就需要许多聪明的有才智的人分别到全世界的最少二十四个不同的地区,去调查研究法律的各种社会联系。”然后创制统一的世界法。他最后说:“如果实现世界法的使命落到了我们的时代,在法律历史上,我们将为自己有幸遇到这样一个伟大的立法活动而感到无比荣幸。”〔209〕

参考文献

1. [美]霍贝尔:《原始人的法》,严存生等译,法律出版社 2006 年版。
2. [英]马利诺夫斯基:《原始社会的犯罪与习惯》,原江译,云南人民出版社 2002 年版。
3. 张冠梓:《法人类学:名家与名著》,山东人民出版社 2011 年版。

思考题

1. 法人类学的性质和研究方法的特点。
2. 霍贝尔对法律的本质和特点是怎么样论述的?
3. 霍贝尔是怎么样论述法律的历史发展的?

〔209〕 [美]霍贝尔:《原始人的法》,严存生等译,贵州人民出版社 1992 年版,第 299 页。

第九章　现代分析法学

第一节　现代分析法学概述

一、产生的历史背景

现代分析法学也称为新分析法学，包括20世纪凯尔森、哈特、拉兹和麦考密克等分析法学家的理论，以及新产生的一些代表人物，如约翰·加德纳、布莱恩·比克斯[1]等，这之中包括英国分析法学和欧洲大陆分析法学这样两个相对独立的进路：在20世纪上半期的英国，奥斯丁的理论在各大学的法理学中占据了主导地位。第二次世界大战之后，哈特理论批判性地继承了奥斯丁的分析法学传统，建立了自己的理论体系。1970年以后，拉兹和麦考密克也在此传统的环境下成长起来，继承并发展了哈特的理论；除了英国分析法学传统以外，汉斯·凯尔森（1881～1973年）的纯粹法学则属于大陆法系的分析法学传统。凯尔森原籍奥地利，一战期间担任维也纳大学教授，晚年定居在美国。其纯粹法学的产生和发展独立于奥斯丁，据凯尔森的说法，他是在不知晓奥斯丁的情况下建立其纯粹法学的。从1911年开始，在其后60余年的学术生涯中，他始终笔耕不辍，不断地发展和完善其纯粹法学理论。

分析法学在20世纪以新分析法学的面貌踞于西方法哲学众多学派之中，具有重要地位。这种局面的形成主要是因为在多种因素的促动下，分析法学家在吸纳了边沁、奥斯丁理论基本立场的基础上又进行了理论上的创新，使分析法学得到了很大发展。其原因主要体现在以下几个方面：

第一，第二次世界大战以及战后的反思。从古希腊起，自然法思想在西方一直长盛不衰，其批判反思精神推动着西方社会政治与法律制度的发展与完善。分析法学在法律与道德的关系问题上，坚持法律与道德的分离，将法律评价拒斥在法理学研究范围之外。在二战之后对纳粹暴行及其引发的灾难的反思浪潮中，分析法学受到牵连。虽然法西斯的暴行并不是以分析法学为理论基础的，但奥斯丁将法律定义成“主权者的命令”，却使分析法学在法律价值的批判与反思上无能为力。战后联邦德国最高法院在判决中指出，如果国家发布的命令是完全应受谴责的而且其不合理性已达到令人难以容忍的程度，那么抵制执行这些命令的权利在某些情形下可以转变为一种不遵守这些命令的法律义务。因此，分析法学必须有所创新。

第二，对分析法学局限性的反思。边沁、奥斯丁和凯尔森把法律主要看成是权力、强制和

---

[1] 前者为牛津大学法理学教授，后者为美国明尼苏达大学教授，著有《法理学——理论与遇境》、《法律、语言与法律的确定性》等。

制裁,这包括了某些真理性认识:法律使某些行为成为强制性的义务,限制了人们在社会生活安排与计划中的行为选择的范围;强制、制裁是法律之实施所不可缺少的要素。但是,20世纪政治与社会的发展表明,奥斯丁的法律命令说不能满足民主政治与法治的要求,权利保障和权力控制的观念在奥斯丁的法律概念中得不到解释。此时,法律不仅给人们设定义务,而且还授予人们以权利;它不仅规定制裁和强制,而且也为人们的生活提供便利,为他们的生活计划提供保障;法律不是权力的产物,而是权力的来源与依据。分析法学需要一个新起点以克服奥斯丁法律观的局限性。

第三,西方法哲学各派别的相互影响。西方法哲学在20世纪进入了一个多元化的时代,社会学法学、现实主义法学、自然法学、分析法学彼此竞争,在相互的批判之中又在某些方面取长补短,都有所变化、有所发展。例如社会学法学、现实主义法学肯定了分析法学"法律与道德之分"的立场,都把它看成是一个天然的出发点。同时,它们又反对分析法学只重本本上的法、忽视社会现实的研究进路,强调法律与社会的互动、研究社会因素对法律的影响,坚决反对闭门造车式的立法和司法活动。现实主义法学将研究重点转向司法审判,使人们认识到司法判决不是逻辑运算的结果,社会政策、法官的道德立场、法官个人的偏好都对司法审判活动产生着重要影响。另外,新自然法学的复兴促使人们思考法律中的价值因素,重视道德对法律的影响和作用。现代分析法学回应了这些批评,哈特、拉兹和麦考密克等人的理论都非常深入地研究了法律与道德之间的紧密联系,以分析法学的立场研究司法审判和司法推理过程,研究法律的作用和价值问题。

二、法律观以及方法论特点

现代分析法学学者众多,各自的理论观点也相差较大,但他们共享着某些基本立场。这些基本立场构成了新分析法学法律观的核心,也是它与其他法哲学学派的分水岭,其中主要有以下三点:第一,法律与道德的分离。换言之,法律与道德之间不存在必然联系,法律的存在和效力不取决于它们是否符合任何特定的道德价值。从否定的维度来看,不能以符合某种道德准则与否作为判断某种法律制度是否具有法律效力的标准;从肯定的角度来讲,法律的存在与效力只能以可客观确证的事实作为判断标准。第二,法律是一个相对独立的体系,其内容与范围可以与政治系统区别开来,与其他社会规范系统区别开来。由此,法律推理具有相对自治性,不需要求助于道德或其他社会规范。第三,法律的概念分析和结构分析不同于社会学研究,不同于历史学的研究,也不同于价值评价,规则和规则之间的联系是理解法律性质的关键。

现代分析法学的方法论主要具有以下几个方面的特点:

第一,坚持实证主义哲学观。实证主义哲学观应用于法哲学领域的产物是法律实证主义。它拒斥形而上学,坚称以实证的事实和知识作为研究对象,力图使法理学成为一般性的科学,追求可以公度的法学知识。

第二,坚持以实在法作为研究对象。实在法就是实际存在的法律,它具备一定的形式特征,其存在与效力、内容与范围可以经由某种客观而明确的标准加以确认和验证。确认实在法的存在与范围的标准构成了分析法学各派别的核心内容,也是它们各自的理论特色所在。凯尔森的"基本规范"、哈特和拉兹的"承认规则"的主要功能就是确认法律体系的存在与范围,而且"基本规范"和"承认规则"也成为凯尔森、哈特理论的核心,也是法律体系的基础。

第三,坚持法律与道德的分离。这既是分析法学的法律观,也是其方法论。法律与道德之间具有紧密联系,但二者之间不存在必然联系。“法律反映或符合一定道德要求,尽管事实如此,然而不是一个必然的真理。”[2]

法律并不必然地符合某种道德价值或正义原则,因此也不能断言某种不符合道德或正义标准的法律不是法律。这是因为,法律实证主义者大多持价值相对论的立场,价值评价与判断属于个人价值评价的范畴,不能获得理性论据的论证,也不具备客观真理性和普适性。

第四,坚持分析的方法。尽管分析法学不断吸收新的方法,但是,分析方法一直是分析法学的传统方法。总的来讲,其分析方法包括三方面的内容:实证分析、逻辑分析、语义分析。实证分析即从整体中分解出部分,从表象中抽象出内在的规定性,从而认识实在法的普遍属性。逻辑分析即通过法律概念、法律规则的逻辑联系,以认识法律体系的性质和结构,以及法律推理的机制。语义分析就是通过分析语言的要素、结构、语源和语境等要素,消除语言意义的模糊不清,使语言的意义精确化、明晰化。这三种方法往往被现代分析法学结合起来加以使用。

参考文献

1. [英]尼尔·达克斯伯等:《法律实证主义:从奥斯丁到哈特》,陈锐编译,清华大学出版社 2010 年版。
2. [美]布莱恩·比克斯等:《法律实证主义:思想与文本》,陈锐译,清华大学出版社 2008 年版。

思考题

1. 现代分析法学的特点及其产生的原因是什么?
2. 现代分析法学的方法论有哪些特色?

第二节　凯尔森的纯粹法学

一、生平与著作

汉斯·凯尔森(Hans Kelsen,1881～1973 年)是 20 世纪西方法学界著名法学家。其原籍是奥地利,生于布拉格,1911 年在维也纳大学任教,1920 年参与奥地利共和国宪法的起草工作,1920 年至 1930 年任奥地利最高宪法法院法官,1930 年至 1933 年在科隆大学任教。1940 年移居美国,后加入美国籍。到美国之后,他受庞德之聘,在哈佛大学主持“霍姆斯讲座”,接着在加利福尼亚大学任教。在长达六十余年的学术生涯中,他始终笔耕不辍,以其博学和睿智勤奋地探索着法学、政治学、哲学等学科的前沿领域,以纯粹法学(pure theory of law)和国

[2] [英]哈特:《法律的概念》,张文显等译,中国大百科全书出版社 1996 年版,第 160 页。

际法理论享誉世界。美国法学家庞德在1934年称凯尔森"无疑是当代的主要法学家",新分析法学派的代表人物哈特在20世纪60年代初也盛赞他为"当代最令人鼓舞的分析法学家"。

凯尔森的纯粹法学备受西方法学界的关注,颇有影响。他在纯粹法学方面著述颇丰,包括《纯粹法学》(1934年,德文第1版,1960年,德文第2版,英译本于1967年出版)、《法与国家的一般理论》(1945年,英文版),以及《规范的一般理论》(1979年,德文版,英译本于1991年出版)。在这些著作中,他坚持了纯粹法学的基本立场,并不断地发展和完善其理论学说。

二、纯粹法学的对象、性质和方法

凯尔森早在1911年任教于维也纳大学之时就提出了纯粹法学的基本思想,1934年正式出版《纯粹法学》一书。他的目标是在传统自然法学以及当时流行于欧美的社会学法学之间寻求"第三条道路",创立一种新的法学派别。他在对自然法学和法律社会学的批判之中阐述了纯粹法学的研究对象、性质和方法。

(一)作为纯粹法学研究对象的法律和法律规范

纯粹法学的研究对象是实在法(positive law)。凯尔森认为实在法是一个规范体系,因此,法律规范也是纯粹法学的研究对象,给出法律和法律规范的定义成为纯粹法学的首要任务。

凯尔森对法律给出了一个经典的、带有规范法学特色的定义。法律是"人的行为的一种秩序(order)。一种'秩序'是许多规则的一个体系(system)。法并不是像有时所说的一个规则,它是具有那种我们理解为体系的统一性的一系列规则。如果我们将注意力局限于个别的孤立的规则,那就不可能了解法的性质。"[3]这一定义是纯粹法学的最重要理论观点之一,由此,"法律是由法律规范(规则)构成的"、"法律是一种规范体系(规则体系)"成为20世纪分析法学的基本观点,也是其最重要的理论贡献之一。

另外,凯尔森也定义说:法律是一种"人的行为的强制性规范秩序"。这一定义包括几重含义。首先,法律是一种人类行为的秩序,以人的行为作为调整对象。其次,法律是一种强制秩序,对那些有害于社会的行为或事件,法律规定要以强制的措施作出反应。尽管各种社会规范都有强制性,但法律的强制是社会有组织的制裁,与道德、宗教和其他社会规范的强制方式具有重要差别。不具备强制性的法律不能称其为法律,以强制的办法作为威胁,去劝导从事社会所盼望的行为、以强制的办法执行、去惩罚社会所不喜欢的行为,这是法律作为一种特殊的社会技术的显著特征。最后,法律是一种规范秩序,它授权官员适用法律,使他们的行为具有合法依据,这一点特征使得法律区别于强盗的命令:强盗的命令没有得到任何法律的授权因而是犯罪,而立法机关、执法机关和司法机关的行为得到了法律的授权,是合法行为,其决定具有法律效力。

凯尔森也给法律规范下了一个定义。他说:"法律规范是意志行为的客观意义(objective meaning)。"[4]一方面,法律规范是某个人或机构的意志的产物,是由意志行为(willing act)创造出来的。意志行为以发出意志者的优势地位为条件,以他人行为为其指向,以要求他人作出一定行为或不作出一定行为为其内容。意志行为区别于思维行为,前者会产生命令或规

---

〔3〕［奥］凯尔森:《法与国家的一般理论》,沈宗灵译,中国大百科全书出版社1996年版,第3页。

〔4〕Kelsen, *Pure Theory of Law*, University of California Press, 1967, p. 5.

范，而后者只能产生理论和思想。另一方面，并不是任何意志行为发出的命令都能成为法律规范，只有其意义能够成为客观意义的意志行为才能产生法律规范，这样的意志行为的客观意义就是法律规范。只有当一个意志行为得到其他法律规范的授权时，它才具有合法的地位，其意义才能成为法律规范。法律规范作为意志行为的产物，它因合法意志行为的创造而产生，因被合法意志行为的废除而终止存在。

（二）纯粹法学的性质

凯尔森试图把纯粹法学构建成一门规范性的法律科学，简称为规范法学。他指出，"纯粹法学是实在法的一般理论。它是一种关于一般实在法的理论，而不是对特殊国内法律规范或国际法规范的解释；但它提供了一种解释的理论。"

纯粹法学的性质首先体现在它所追求的"纯粹性"。"纯粹性"的意思是，它以实在法为研究对象，把非法律的因素排除在法学的研究范围之外。一方面，它把法律与道德相分离，使法学区别于伦理学、正义哲学和政治哲学。另一方面，它将社会因素和心理因素排除在其研究范围之外，使法学区别于关于社会事实的研究，区别于社会学和心理学研究。

凯尔森像其他实证主义法学家一样，试图建立一门法律科学。他把纯粹法学的目的唯一地设定为认识和描述其实在法，把它的任务设定为回答"法律是什么"和"法律如何成为法律"这样的问题，而不去回答"法律应当怎样"的问题。纯粹法学研究的"法的实然"，而不研究"法的应然"。在这一点上，纯粹法学与一切政治理论、正义理论和自然法学说都不同，"法律问题，作为一个科学问题，是社会技术问题，而不是一个道德问题"。〔5〕自然法学将法律与道德或正义等同起来，这很容易使法学沦为意识形态，变成某种社会秩序的辩护工具。纯粹法学反对将法律和正义混为一谈，不是反对法律应是正义的要求，而是说，纯粹法学不能回答某一法律是否合乎正义以及正义究竟包括什么要素的问题。"何为正义"之类的问题是根本不能科学地加以回答的。正义的标准问题是伦理学或道德哲学研究的范围，应该被排除在科学的法理学的研究范围之外。

在正义问题上，凯尔森持"正义相对论"。"自古以来，什么是正义这一问题是永远存在的。为了正义的问题，不知有多少人流了宝贵的鲜血与痛苦的眼泪，不知有多少杰出的思想家，从柏拉图到康德，绞尽了脑汁；可是现在和过去一样，问题依然没有得到解决。"〔6〕正义问题之所以没有得到解决，是因为正义是一种主观的价值判断，是主观的、相对的，不存在客观的、绝对的正义标准。正义原则无法通过事实而加以证实，关于正义问题的价值判断受到感情因素的支配。在衡量社会制度的正义性方面，获得所有社会成员认可的制度是不存在的，因为每个人对幸福的理解都彼此之间存有天壤之别，无神论者和基督徒、集体主义者和个人主义者的幸福观是完全不同的。在两种相互矛盾的价值判断之间作出理性的评判和选择，是不可能的，"非常不同的和相互矛盾的价值判断是可能的"。〔7〕因此，涉及价值判断的问题是由个人的价值观、情绪和意志来决定的，价值判断是主观的、相对的和有条件的。凯尔森否认具有普适性的价值观或正义观的存在，但并不否认正义问题的存在。他只是认为每个人都可能有自己的价值观，绝对不存在如自然法学说所主张的作为评价实在法好坏的客观正义标准。

---

〔5〕［奥］凯尔森：《法与国家的一般理论》，沈宗灵译，中国大百科全书出版社 1996 年版，第 6 页。

〔6〕［奥］凯尔逊："什么是正义?"，载《现代外国哲学社会科学文摘》1961 年第 8 期。

〔7〕Kelsen, *What is Justice*, p. 7.

与此同时，纯粹法学与法律社会学也截然不同。尽管19世纪末20世纪初兴起的法律社会学也以建立法律科学为目标，拒斥形而上学，但它将法律归约为创法、执法和守法之中的社会事实、心理事实，以社会行为和社会心理作为研究对象，从而以自然科学的社会调查、行为和行为心理观察作为自己的研究对象。例如，社会学法学研究是什么致使立法者发布某些规范不发布另一些规范，立法行为产生了哪些社会效果。又如，它研究经济事实或宗教观念影响立法者和法官的行为的机制，研究人们服从或不服从法律的动机。凯尔森认为，法律社会学在方法论上与自然科学的因果联系方法无异，在学科性质上与自然科学也没有太大差别。纯粹法学在自然法学和社会学法学之外，开辟另一种新的法学研究进路，以实在法律规范作为研究对象。一方面，它像法律社会学一样以价值中立的立场和态度研究法律；另一方面，它以规范所独有的内部联系方式来描述法律规范，使它自己成为一种规范科学，而不是像法律社会学研究社会行为和社会心理。

凯尔森的性质还体现在它所追求的“一般性”，试图建立“关于实在法的一般理论”。他认为，纯粹法学的一般性表现在两个方面。第一，纯粹法学不是关于某个或某些法律体系的理论，而是关于古往今来一切法律体系的理论，其理论、观点和方法适用于一切法律体系。因为，纯粹法超越了各个国家不同的政治制度、风俗、文化，不去研究法律的具体内容，而是研究一切法律体系共同的因素，即法律的概念和结构特征。第二，纯粹法学试图成为所有其他法学分支的基础，成为“一般法理学”。它不像民法、刑法和其他法学分支那样研究任何一种具体的部门法，但是，它研究的是一切法学学科都要面对的最基本的问题：法学为什么能够成为一门科学，或者说，法律科学是如何可能的。〔8〕

（三）纯粹法学的方法论

纯粹法学的方法论基础之一是“is”与“ought”的两分。凯尔森坚持认为，两者之间存在一条不可逾越的鸿沟。法律属于“ought”领域，各种社会事实和心理事实属于“is”领域。纯粹法学以法律和法律规范为研究对象，而不是以事实为研究对象。

这一方法论构成了纯粹法学的逻辑基础。既然法律和法律规范属于规范领域，那么，其效力依据就只能是规范，而不能是事实。实在法律规范之所以具有法律效力，是因为其创造得到了更高的法律规范的授予，“一个规范的客观效力不来自事实行为，而是来自给这个事实行为授权的规范”。〔9〕 例如，当法官面对着当事人对其判断的效力理由的追问时，他可以说，判决是根据某部议会制定法做出的。当人们进一步探问议会制定法为什么有效力时，议会就会说，该制定法之所以有效力是因为它是议会根据现行宪法制定出来的。当人们继续追问为什么现行宪法具有法律效力、应当得到人们的服从的时候，可以把它具有法律效力的原因归结于历史上的第一部宪法。坚持“规范的效力理由一定是另一个更高的规范”这一原则，理论上的逻辑结果就是：在历史上第一部宪法之上一定还有一个更高的规范授权了该宪法的创造。这一超越于宪法之上的更高规范就是法律体系的“基本规范”，这是纯粹法学的理论核心。“is”和“ought”的两分以及相应的事实与规范的两分最终引致了基本规范，而基本规范理论是凯尔森纯粹法理论的核心。

---

〔8〕［奥］凯尔森：《法与国家的一般理论》，沈宗灵译，中国大百科全书出版社1996年版，第478页。

〔9〕Kelsen, *Pure Theory of Law*, p. 193。凯尔森指出：“一个规范效力的理由始终是一个规范，而不是一个事实。”参见［奥］凯尔森：《法与国家的一般理论》，沈宗灵译，中国大百科全书出版社1996年版，第125页。

三、作为等级秩序的法律

法律是一种规范体系,这是现代分析法学的重要命题,这一思想发端于凯尔森。凯尔森认为,法律体系是一种等级规范秩序。

法律体系不是由单个规范组成的,它是由具有体系统一性的众多规范构成的。法律体系中的规范之间都具有一种有机联系,它们通过法律规范的效力理由联结为一个整体。每一个规范的效力理由都来自于一个更高的规范。上级规范的授权成为下级规范效力的理由。一个规范的创立是由另一个规范决定的,下级规范的创立是由上级规范所决定,而后者的创立方式则进一步由更高的规范所决定。这种后退或回溯不能是无限的,最终只能终止于某一点,即达到一个最高的规范,这个规范就是凯尔森理论的核心和基石,即“基本规范”。法律规范在其适用与创造上存在这种动态的授权关系,所以,“法律体系不是相同层次的并列规范的体系,而是不同层次的法律规范的等级……基本规范是规范效力的最高理由,(这些规范)一个根据另一个被创造,因而形成等级结构的法律秩序”。[10]

具体来讲,法律秩序是由个别规范、一般规范、宪法和基本规范构成的等级体系。

第一,宪法。“由于预定了基础规范,宪法是国内法中的最高一级”。宪法可能是成文宪法也可能是不成文宪法。例如,英国没有成文宪法,没有被称为宪法的正式文件,但其法律秩序中仍然具有以制定法和习惯法形式存在的宪法。

第二,在宪法基础上制定的一般规范。一般规范可以体现在制定法或习惯法之中。

第三,个别规范。法律适用机关依法适用法律,它们在将一般规范适用于具体案件的同时也创造个别规范。司法判决是法律适用和创造整个链条中的一个层次,从宪法开始,到立法和习惯,再到司法判决,以司法判决的执行而告终结。在法律的整个运行过程中,司法判决具有重要地位,“制定法和习惯法……只有通过司法判决及其执行才趋于结束。法律由此继续不断地重新创造着自己的这一过程,从一般与抽象走向个别与具体。它是一个不断增加个别化和具体化的过程”。[11]

第四,私法行为与契约。私法行为是个人由法律秩序授权在法律上调整某些关系的行为。它在当事人之间产生了法律义务和权利,是一种创造规范的行为。私法行为所创造的法律规范不是独立的,只有在与规范制裁的一般法律规范的联系之中才有意义。当法院在确认了私法行为所创立的规范的效力、违约行为的事实以及赔偿非法造成损害的义务之后,就会作责令赔偿的判决。

四、法律和国家的同一性

现代政治科学和法学的基石之一是国家与法律的二元论,而凯尔森对此持否定态度。他认为,这一理论只是一种政治意识形态:把国家表达成一种不同于法律的人格存在,为的是法律能够证明国家的政治性,即国家创制了法律,国家又把自身置于法律之下。只有把法律描述成与国家的原本性质即与权力相对立的,与国家完全不同的东西,才能证成国家。“这样,

---

〔10〕 Hans Kelsen, *Pure Theory of Law*, University of California Press, 1967, pp. 221 – 222.

〔11〕 [奥]凯尔森:《法与国家的一般理论》,沈宗灵译,中国大百科全书出版社 1996 年版,第 152 页。

国家就从一个赤裸裸的权力事实转换成了一个受法律统治的共同体(法治国)”。[12]

要想摆脱法律与国家关系认识的意识形态、形而上学和神秘论,只能放弃上述观念,坚持法律与国家的同一性观点。其含义是,国家只是一个法律现象、一个法人、一个共同体。“国家是由国内(不同于国际的)法律秩序创造的共同体。国家作为法人是这一共同体或构成这一共同体的国内法律秩序的人格化。”从法学观点上讲,作为政治组织的国家本身就是一种法律秩序。反过来,并不是每个法律秩序都是一个国家。初民社会的前国家法律秩序、超国家法律秩序或国际法律秩序都不能代表国家。国家是一个相对集权的法律秩序:它必须有一些组织机构,必须按权力分工的原则建立一些机关,创立和适用构成法律秩序的法律规范,它必须展示出一定程度的集中化。

如果把国家看成是共同体,那么它只能是由规范秩序构成的。在传统理论看来,国家是由三个要素组成的,即人民、领土和由一个独立政府行使的国家主权。但凯尔森认为,这三个要素只能被理解成一个法律秩序的效力和效力的若干维度。[13] 国家的人民就是国内法律秩序的属人效力范围,除了法律之外,没有其他原因能够把一些在语言、种族、宗教上彼此区别并存在利益冲突的人们聚合在一起。与此相似,国家的领土则是国内法律秩序的属地效力范围,国家在一定时间的存在无非就是国内法律秩序的时间范围。国家的主权则是一个国内法律秩序的效力的表现。国家主权由政府来行使,政府与受治者之间的关系与其他权力关系的不同源自于一个事实:政府是受法律规制的,这意味着,有资格以国家政府成员名义行使政府权力的人是因为受到法律秩序的授权来行使这种权力,创制和适用法律规范。在政治理论上所主张的国家的独立,也只是说,国家不受其他国家法律秩序的约束;如果说国内法律秩序还要臣属于其他法律秩序的话,那就只能是国际法律秩序。

五、国内法与国际法的一元论

(一)国际法的性质及其构成

与奥斯丁把国际法视为国际道德不同,凯尔森认为国际法也是法。国际法像国内法一样规定了对国际不法行为的制裁,其特有的制裁手段是报复和战争。国际法上的制裁在内容上与国内法的制裁没有什么不同。然而,凯尔森也提出,国际法只能算是一种初级法律秩序,与初民社会即无国家的社会的法律极为相像,这主要因为国际法没有设立负责国际法规范的创制与适用的专门机关:国际法规范主要是由习惯和条约创立出来的,而不是由特别的立法机构创制的,因而还处于分散状态;没有专门机构负责国际法规范的适用,在国家受到侵犯时主要由受侵犯的国家决定国际法不法行为的存在,作为初民社会法律特征的自助手段,在国际法中仍然是主要手段。

国际法的等级体系。国际法的规范分为三个等级。最高一级是习惯性国际法。其中,“信约必须遵守”,它本身是由习惯性国际法创立的国际法规范,它授权国家用条约来调整相互关系。第二等级是国际条约所建立的国际法,除了特例之外,它不适用于所有国家,只对两个国家或国家集团有效力,因而不具备一般国际法的性质,属于特别国际法。这样,由习惯创立的一般国际法与由条约创立的特别国际法是上下级的等级关系。第三等级是国际法院和

[12] Hans Kelsen, *Pure Theory of Law*, University of California Press, 1967, p. 285.

[13] Ibid., p. 287.

国际组织所创立的国际法规范。除了以上三个等级的国际法规范之外，国际法规范秩序中还存在一个国际法基本规范，它把由国家间相互行为构成的习惯设定为一种国际法的创立事实，并赋予由国际习惯创立的国际习惯法（即一般国际法）以法律效力。

（二）国际法与国内法的统一

凯尔森把他的纯粹法学理论方法应用于国际法学领域，提出了国际法和国内法的一元论思想。他说："我们能够把国际法连同国内法律秩序理解为由规范构成的单一体系，正如我们习惯于认为国内法律秩序是一个整体一样。"[14]

如果国际法和国内法要被认为是同时有效力的规范秩序，就应该把两者理解成一个单一的体系。从逻辑上讲，可以采用两种不同的方式理解它们的统一。一种方式是将其中之一隶属于另一个：要么是将国内法隶属于国际法，即"国际法优先论"；要么是将国际法隶属于国内法，即"国内法优先论"。在这两种情况下，两者中居于更高一级的秩序包含一个规范，它授权并决定了另一个法律秩序的创造。此时，两个法律秩序都统一于上级法律秩序的基本规范。另一种方式是把两者看成是并列的秩序，也就是说它们的效力范围是彼此独立的。此时，它们两者都有一个共同的更高的第三种秩序，这第三种秩序的基本规范代表了包括国际法律秩序和国内法律秩序的规范在内的一切规范的效力理由。这第三种法律秩序显然不存在，是不正确的。反过来，第一种方式中的国内法优先论代表了一种主观论哲学，坚持这一立场的国家将其本国看成是法律世界的中心，而不是将其他国家看成是与本国平等的主体，这将会导致国家之间的冲突。所以，凯尔森对国内法优先论持否定态度，而主张国际法优先论。依此，国际法律秩序和各国国内法律秩序一起组成了一个普遍法律秩序，其中国际法凌驾于所有国家法律秩序之上，各国国内法律秩序都从国际法律秩序那里取得其效力，国内法就成了国际法的一个组成部分。此时，所有国家国际法律秩序中都处于平等地位。只有国际法优先论才能使一切国家平等的观念得以保持。[15]

凯尔森把国际法优先论同国际主义与和平主义的主张联系起来。在国内法和国际法哪一方优先的问题上，选择者受到伦理和政治的偏向的指导。"一个抱有民族主义与帝国主义政治态度的人，将自然地倾向于接受国内法的首要地位的假设。一个对国际主义与和平主义抱有同情的人，将倾向于接受国际法的首要地位的假设。"[16]然而，凯尔森的这一理论在逻辑上会导致法学领域的世界主义倾向，实际上在实践之中也会产生这一结果。如果一味地坚持国际法优先，强求各国服从国际法律秩序，就会为霸权主义、超级大国干涉他国内政打开方便之门，为它们的对外扩张政策提供借口。这可能是凯尔森在提出这一理论时没有预料到的。

参考文献

1.［奥］凯尔森：《纯粹法学》，刘燕谷译，中华文化服务社 1943 年版；［奥］凯尔森：《纯粹法学》，雷崧生译，台湾司法行政部 1957 年版。
2.［奥］凯尔森：《纯粹法理论》，张书友译，中国法制出版社 2008 年版。

〔14〕 Hans Kelsen, *Pure Theory of Law*, University of California Press, 1967, p. 328.
〔15〕［奥］凯尔森：《法与国家的一般理论》，沈宗灵译，中国大百科全书出版社 1996 年版，第 423 页。
〔16〕 同上书，第 424 页。

3.[奥]凯尔森:《法律与国家》,雷嵩生译,台湾中正书局1970年版。
4.[奥]凯尔森:《法与国家的一般理论》,沈宗灵译,中国大百科全书出版社1996年版。
5.[奥]凯尔森:《共产主义的法律理论》,王名扬译,中国法制出版社2004年版。
6.[奥]凯尔森:《国际法原理》,王铁崖译,华夏出版社1989年版。
7.梁晓俭:《凯尔森法律效力论研究——基于法学方法论的视角》,山东人民出版社2005年版。
8.李旭东:《法律科学导论——凯尔森纯粹法学理论之重述》,山东人民出版社2015年版。

思考题

1.凯尔森为什么把他的学说叫纯粹法学?
2.凯尔森是如何认识法律的?
3.凯尔森是如何论述法律的结构的?
4.试述凯尔森关于国家与法律、国内法与国际法关系的一元论思想。

第三节 哈特的现代分析法学

一、生平与著作

哈特(Herbert Lionel Adolphus Hart,1907~1992年)是英国法理学家,新分析法学创始人。他1932年至1940年任英国出庭律师(barrister),第二次世界大战期间在英军情报机关服役,战后接受牛津大学的邀请任哲学研究员和导师。1952年升任该校法理学讲座教授,直至1969年辞职,1978年退休。主要著作有《法律的概念》(1961年)、《法律、自由和道德》(1968年)、《惩罚与责任》(1968年)、《法律中的因果论》(1953年,与A. M.奥诺雷合著)、《法理学和哲学论文集》(1983年)等。

二、哈特与战后西方三次法学论战

哈特是分析法学家,但他对现代西方法哲学的发展产生了全局性影响。第二次世界大战后新分析法学的产生和繁荣、自然法学的复兴、从更高程度上讲现代西方法哲学的繁荣,都与哈特密切相关。由哈特参与的三次法学论争已被载入西方法学的史册。这三次论争分别是哈特/富勒论战、德富林/哈特论战和德沃金/哈特论战。

(一)哈特与富勒论战

第一次论战是哈特与美国法理学家富勒长达十几年的论战。1957年4月,哈特在哈佛大学演讲时作了一个题为"实证主义和法律与道德之分"的报告,为法律实证主义辩护并对富勒等法学家对析法学传统的批判进行作出回应。针对哈特的演讲,哈佛大学法理学教授富勒撰写了《实证主义和对法律的忠诚——答哈特教授》,批判分析实证主义传统,主张法律和道德、实然法和应然法不可分离。1958年《哈佛法律评论》在同一期上发表了哈特和富勒的这两篇长文。哈特教授于1961年出版了《法律的概念》一书,系统阐述了自己的观点并回应富勒教授的批评；富勒教授则于1964年出版了《法律的道德性》一书，详细阐述了自己的观点并批评哈特主张的法律与道德分离论。哈特教授1965年撰写了对《法律的道德性》一书的书评，富勒在1969年《法律的道德性》再版时又增加了新作“对批判者的答复”以回应哈特的批评。哈特在1983年《法理学和哲学论文集》和1985年再版的《法律中的因果关系》两书的前言中，仍然坚持其基本观点，但也承认了其早期某些观点的错误。在这次持续多年的论战中，西方著名的法学家都直接或间接地加入论战的行列，起始于哈特与富勒的论战发展为整个法学界的论战。1966年11月美国法学家萨默斯发表了“新分析法学家”一文，他在其中声称，以哈特为首的新分析法学家正式产生了。自然法学也在这次论争中得以复兴和发展。

（二）哈特与德富林论战

第二次论战是哈特与英国法官德富林的论战。这次论战的起因是英国议会的“同性恋犯罪和卖淫调查委员会报告”。在英国，同性恋和卖淫一直被认为是犯罪行为。但在20世纪50年代初期，同性恋和卖淫的伦理和法律问题引起了社会的公开争论，1954年英国议会决定组成以议员沃尔芬登为首的“同性恋犯罪和卖淫调查委员会”（简称沃尔芬登委员会，Wolfenden Committee）去研究这两种行为是否应作为犯罪处罚，并就此提出法律改革意见。1957年9月，该委员会向议会提交了《委员会关于同性恋罪错和卖淫问题的报告》（即《沃尔芬登报告》），建议取消对有关成年人私下自愿同性恋和卖淫行为的刑事制裁。该报告认为，法律的功能主要是维护公共秩序、保护人民免受侵害；如果成年人是私下而且自愿地进行同性恋或卖淫行为，就不存在侵害公共秩序的问题，法律就不应当加以惩罚。法律必须留下不予介入的私人道德和不道德的领域，应当给予个人就私人道德问题作出选择和行动的自由，干预公民私人生活或试图强制推行某些特殊的行为模式对于实现法律的目的而言并非必要。这份报告立即受到法官德富林的批评，他于1959年3月在英国科学院所作的报告“道德和刑法”中，以“道德规范的强制执行”为题，批评了《沃尔芬登报告》的观点。其核心观点是：社会是一个道德共同体，社会的共同道德观念或道德规范对维护社会的存在来讲是极为重要的，一旦作为社会纽带的共同道德被废弛，社会就会崩溃。因此，通过法律强制推行这些道德观念的理由很简单，那就是，法律应该维护对社会的存在来讲非常重要的东西。德富林法官认为，不道德的行为与叛国罪极为相似。镇压这些不道德的行为就像镇压叛国行为一样，是法律的职责之所在。与此相反，哈特赞同《沃尔芬登报告》的建议，他在多个场合发表演讲和论文，对德富林法官的观点进行批判。他认为，一个社会现有道德的变化并不必然威胁社会的存在，断言公共道德的任何变化都会危害社会的存在是很荒谬的。他主张，应在公共道德和私人道德之间划出一定的界限，反对法律不适当地干预私人的道德生活。由于这场争论也涉及政治与法律制度的基本理论问题，事关重大，所以引起了许多法学家和其他领域知名人士的参与，其影响很快就越出了英国国界，推动了西方法哲学研究的深化。值得提出的是，哈特的观点后来成为主流，曾对英美20世纪50年代和60年代同性恋和卖淫行为的非罪化立法趋向产生了极大影响，德富林法官本人也在1965年公开登报声明放弃自己先前的保守立场。

（三）哈特与德沃金论战

第三次论战是德沃金与哈特论战。20世纪60年代中期，美国耶鲁大学法学教授德沃金对英美传统法学观点进行了批判，他一方面批判美国的实用主义法学，另一方面则攻击法律实证主义。在法律实证主义这一方面，德沃金将以哈特为代表的现代法律实证主义归结为

"规则论"模式,即把法律视为第一性义务规则和第二性授权规则组成的规则体系。德沃金对哈特规则论模式持否定态度,他提出原则、政策也是法律的构成要素。在出现了现有规则没有提供解决办法的疑难案件的情况下,法官必须从规则背后的原则、政策之中寻求正确判决,此时法官并不享有自由裁量权。哈特的规则论模式赋予法官以自由裁量权,违反了民主政治的原理。可以认为,德沃金的一系列论著主要是针对哈特的理论而阐发的,促进了西方新一代法哲学家如拉兹、麦考密克等人的成长。

总之,哈特在第二次世界大战之后西方法哲学发展过程中发挥了极为重要的作用,在二十年左右时间里他都处于西方法哲学舞台的中心。1977 年哈特 70 寿辰之际,英美著名法理学教授编辑论文集《法、道德和社会》,以示祝贺。论文集高度评价了哈特的成就,认为是他使得法哲学走出了 20 世纪 50 年代以前的萧条,走入了新的繁荣时期。"哈特的工作奠定了当代英语国家和其他国家法哲学的基础。他在牛津和其他地方的教导,鼓舞了大批年轻的哲学家满怀大丰收的合理期望转向法理学","哈特为 20 世纪的法哲学做出了边沁为 18 世纪的法理学所做的贡献"。[17] 德沃金评价说:哈特所阐述的法哲学观点"透彻而精辟","在法哲学的几乎任何一处,建设性的思想必须从考虑他的观点开始"。[18]

哈特于 1961 年发表的《法律的概念》是新分析法学形成的标志。在这本短小、简练和富于思辨的著作中,哈特提出了著名的"法律规则说",评析了现代西方法哲学的主要代表性学说的理论。该著作是当代不可多得的法理学权威著作。

三、对法律命令说的批判

从圣·奥古斯丁开始,法律思想家们就试图将法律与强盗的命令区分开来。神学自然法和古典自然法从理性、正义和天赋人权等角度提出了自己的答案。分析法学从边沁和奥斯丁开始就拒斥自然法,反对法理学评价法律的好坏,法理学的任务被限定为研究实在法。法律是主权者的命令,而所谓主权者则是在独立政治社会中享有大众的习惯性服从且不习惯性地服从任何其他人的个人或团体。这样,奥斯丁就采用命令和习惯这些简明的术语对法律概念进行最清晰、最彻底的分析。

哈特认为,奥斯丁在其《法理学的范围》之中定义法律的方式存在严重不足。普遍地、习惯性地服从于以威胁为后盾的一般命令,这种法律图式不足以描述法律的稳定性和连续性特征。"主权者的命令"这一模式使法律的概念过于简化,可以被看成是"强盗命令"模式的放大。在强盗抢银行的情形下,强盗持枪,命令银行职员:"把钱交出来,要不我就开枪了!"这种情形的特点是:说话者为了确保自己的意愿得到服从,威胁要做某种足以令正常人认为有害或讨厌的事情,从而让银行职员感觉到拒不交钱是不适宜的。虽然这一情形具备了命令、威胁、服从等要素,但与法律的特征相去甚远。

法律与"强盗的命令"两者之间的差异体现在以下几个方面:

第一,法律具有持久的或持续的特征,而强盗的命令却不能被某些人群反复持久地遵循。

---

[17] Law, Morality and Society—*Essays in Honour of H. L. A.* Hart (Hacks & Raz ed.), Clarendon Press, 1977, pp. 1 – 2。转引自张文显:《20 世纪西方法哲思潮研究》,法律出版社 1996 年版,第 93 页。

[18] R. Dworkin, *Taking Rights Seriously* (*revised edition*), Harvard University Press, 1978, p. 16。转引自张文显:《20 世纪西方法哲思潮研究》,法律出版社 1996 年版,第 93 页。

在法律管辖的范围内,人们对法律的服从不仅体现在命令公布之初,而且在它被撤销或废止之前的整个持续期间里都是如此。

第二,法律命令说不能体现法律的连续性特征。哈特设想有这样一个国家,国君一世在其统治期间受到其臣民的习惯性服从,并由此形成了本国的法律。国君一世死后,继位的国君二世在即位之初还没有得到该国国民的习惯性服从。依奥斯丁的学说,在国君二世即位之初该国不存在法律,只有在他得到一定时期的服从之后才能说其臣民形成服从的习惯。但在此阶段到来之前,将有一段空位期,在这个空位期任何法律都不存在。由此可见,奥斯丁的理论会产生与常识相悖的结论。

第三,法律命令说不能反映法律的多样性。以威胁为后盾、受到普遍服从支持的一般命令与现代刑事法规相似,但与其他种类的法律不相符合。在现代社会中,规定有效合同、遗嘱或婚约之订立方式的法律规则,与以威胁为后盾的命令相比没有任何共同之处:这些法律并不强加责任和义务,只是设定了某些条件和程序,以利于人们商定彼此之间的权利和义务,便利人们实现他们的愿望。在签订合同和订立遗嘱时,人们可以按合同法和遗嘱法的规定去做,此时,他们所订立的合同或遗嘱就是有效的法律文件。当然,人们也可以不按规定去做,但他们所订立的文件就不是有效的合同或遗嘱。此时,"文件无效"与奥斯丁所说的"制裁"在性质上具有根本的不同。

第四,奥斯丁的法律命令说与"主权者受到法律的限制"这一法治观念相悖。按照法律命令说,主权者是不受限制的,它受到其臣民的习惯性服从但不习惯性地服从他人。哈特认为,这种理论的可取之处在于:它能够解释简单君主社会的一些法律现象;它将法律与道德、习惯等其他社会规则区别开来,使我们能更好地认识一个完整独立的法律制度。但是,只要深入考察政治和法律制度,我们就会发现,一切政治上和法律上的权力都是受限的。任何人、任何团体都不可能处于主权者地位而不受到法律的限制,这种限制在近代以降表现为对立法权的宪法性限制,这是授予立法权的规则的组成部分。法律与命令的不同体现在:法律"不仅仅适用于别人,也同样适用于制定它的人们"。[19]

哈特批判奥斯丁法律命令说的目的,是为了从失败中学习。在哈特看来,从奥斯丁的理论与事实不符之处可以看出奥斯丁学说的失败之处、失败的原因以及为了获得更为正确的理解而需要做哪些改进。他总结说:奥斯丁的法律命令说是一个失败的记录,"失败的根本原因在于:该理论由以建构起来的那些因素,即命令、服从、习惯和威胁的概念,没有包括也不可能由它们的结合产生出规则的观念,而缺少这一观念,我们就没有指望去阐明哪怕是最基本形式的法律"。[20]

四、作为规则体系的法律

规则的概念是法理学的关键,"法律是第一性规则与第二性规则的结合"是哈特法律分析理论的中心。他认为,任何国家的法律都是由两类法律规则构成的。一类规则被称为第一性规则,它们为人们设定义务,要求人们做或不做某种行为,不管他们愿意与否。另一类规则被称为第二性规则,它们规定人们可以通过做某种事情或表达某种意思,引入新的第一性规

---

〔19〕［英］哈特:《法律的概念》,张文显等译,中国大百科全书出版社 1996 年版,第 77 页。
〔20〕同上书,第 82 页。

则,废除或修改原有的主要规则,或者以各种方式决定它们的作用范围或控制其实施。哈特在这里所讲的第一性和第二性主要是指二者的相互关系,并不是指第二性规则的地位低于第一性规则。第一性规则是设定义务的规则,它在维持社会秩序之中具有重要作用。任何社会,不论是原始的还是现代的,其社会结构必须受到第一性义务规则的支持。反过来讲,在现代社会结构中,任何法律体系都不能只包含第一性的义务规则,它们必定还要包含第二性规则。

哈特采用以下方法说明第一性规则与第二性规则产生和演变的过程。人类社会的法律经历了一个由简单到复杂、从粗糙到精致的发展过程。最初的社会调整系统并不复杂,只包括第一性义务规则。这种社会调整系统具有明显的缺陷。第一,不确定性。前法律社会的规则构成不了一个体系,而只是一批单独的标准,没有共同的权威标准来精确地确定该社会有效规则的范围。第二,静态性。即在这样一个社会中,没有适当的手段帮助人们有意识地通过清除旧规则或引进新规则而使规则适应正在变化的情况,该社会中的法律是静态的。第三,用以维护这些规则的社会压力的无效性,在该社会中缺少一个权威机关最终地、权威性地决定规则是否被违反,并对违反规则的行为施以制裁。这样,在缺乏官方的救济机制的情况下,人们往往会求助于自力救济,从而危及社会秩序与安全。正是由于上述三个缺陷,哈特将这样的社会称为前法律世界。

要从前法律世界走向法律世界,就要克服前法律世界中的上述三个缺陷,其方法就是针对每一种缺陷分别增加一种补救。“针对每一个缺陷所实行的补救办法本身,都可以认为是从前法律世界进入法律世界的一步。因为每一种补救都随之带来了贯通于法律的因素;这三种补救合起来无疑足以使第一性规则体制转换为无可争议的法律制度。”〔21〕针对三种缺陷所增加的三种第二性规则分别是承认规则、改变规则和审判规则。第一性义务规则与第二性的承认规则、改变规则和审判规则一起构成了法律世界的法律规则体系。

引入承认规则是为了克服前法律世界的第一性规则体制的不确定性,其主要功能是确认具有某些特征因而成为社会中的所有成员都应当遵循、有社会压力支持的那些第一性规则。承认规则通过某种权威的方式标明第一性规则的共同特征,从而使社会群体中的每个成员都能够明白该社会第一性规则的范围。

引入改变规则是为了克服第一性规则体制的静态性,它的最最简单的形式是授权群体或个人为其成员的行为引入新的第一性规则或废除原有的第一性规则。改变规则授权国家机关以立法权力,制定新法、废除旧法;它也授权私人签订合同、订立遗嘱、转让财产,约定彼此之间的权利和义务,改变自己的法律地位。改变规则使法律规则体系得以适应社会生活的变化,通过制定新的法律而调整新产生的社会关系。同时,它也通过授予私人权利以改变他们的法律地位而为社会成员提供了便利,使他们能够根据自己的意愿计划和安排自己的生活。这样,第一性规则体制中规则种类的单一性和功能的单一性得到了根本改观:法律不仅设定义务,而且也授予权利;不仅起到强制作用,而且也为人们的生活计划与安排提供便利。

引入审判规则的目的是克服第一性规则体制下分散的社会压力的无效性。审判规则的功能是授权个人或机关对特定情况下第一性义务规则是否已经被违反就作出何种制裁作出权威性决定。审判规则是授权规则,它授予权利而不设定义务。审判规则界定了诸如法官、

〔21〕[英]哈特:《法律的概念》,张文显等译,中国大百科全书出版社1996年版,第95页。

法院、审判权和审判之类的法律概念。它授予被称为“法官”的人以审判权,既设定审判机关的权限,也规定审判程序。

在上述三种第二性规则中,承认规则具有特殊地位。“承认规则被接受并被用于确认主要的义务规则”,构成了法律体系的基础。正如哈特所言:“一个法律制度的基础不在于对法律上不受限制的主权者的普遍服从习惯,而在于有一个最终的承认规则,它为确认该制度的有效规则提供了权威标准。”〔22〕承认规则在哈特理论中的地位正如基本规范在凯尔森纯粹法学的地位一样,是法律体系的基础。

承认规则是法律体系中其他一切规则的效力标准。承认规则使我们可能确认某个规则是否符合作为一条法律规则所应符合的条件,因而使“我们有了法律效力观念的胚芽”。〔23〕每一实在法体系都要有一个标准来确定该制度所包含的规则的范围,即确认哪些规则是法律规则,哪些不是法律规则。既然分析法学以实在法为研究对象,它就必须提出确定实在法范围的标准。按照拉兹在《法律体系的概念》中的分析,哈特之前的分析法学家都提出了自己的承认规则:“主权者的命令”是奥斯丁理论中的“承认规则”;“基本规范”是凯尔森纯粹法理论中的承认规则。哈特的承认规则也构成了“有效力的法律”的检验标准。“说某一规则是有效力的,就是承认它通过了承认规则所提供的一切检验,因而承认它为该法律制度的一个规则。我们的确可以简单地说,某一特定规则是有效力的这种陈述意味着它符合承认规则所提供的一切标准。”〔24〕承认规则是法律体系的最终规则,其他规则的效力取决于对承认规则所设定的检验标准的符合。承认规则本身不存在效力问题,承认规则是一种事实,它不需要求助于其他规则的承认,其效力不取决于对其他更高规则的符合。

一般地讲,承认规则的存在及其内容可以通过法官和官员对待一些规则的态度来加以确定。例如,英国法律体系的承认规则可以概括成如果一个规则是由一个特定机关颁布的,或者是长期习惯性实践确认的,或者是由法院判决所包含的,那么它就可以成为法律的渊源;这几个不同渊源之间存在一种等级排序以解决可能产生的规则冲突,即通常是习惯或判例从属于制定法,制定法是法律的最优越的渊源。在大陆法系国家,制定法是主要的甚至是唯一的法律渊源,其法律体系的承认规则就确认宪法、法律和法规等作为法律渊源,其中成文宪法具有最高形式。承认规则存在于任何一个国家的法律体系之中,但其表现形式却不一样。就大部分情况而言,承认规则没有被陈述出来,而是要通过法官或其他官员的行为表现出来。如果他们在适用法律时从内在态度上觉得自己有义务适用某一规则,那么,这种做法及其内在的态度表明,这一规则就是有效力的法律规则。

五、法律与道德

哈特坚持分析法学在法律与道德关系问题上的基本立场,坚持法律与道德的分离,认为法律与道德之间存在紧密联系但不存在必然联系。

(一)法律与道德的区别

哈特研究了法律与道德的区别。他指出道德具有四个特征。第一,重要性。法律与道德

---

〔22〕［英］哈特:《法律的概念》,张文显等译,中国大百科全书出版社1996年版,第256页。

〔23〕同上书,第96页。

〔24〕同上书,第104页。

两者相比,法律的重要性处于相对的低位。第二,非有意改变性。法律的引入、改变或废止可以有意识地进行,而道德却不能有意地引入、改变或撤销。立法者可以通过法律禁止某种行为从而使得某种道德观念发生变化,但道德往往是根深蒂固的,试图改变道德观念的法律上的努力往往会失败。第三,道德罪过的故意性。在道德领域,“我无能为力”总是一个辩解的理由。当一个人的行为触犯了道德规则或原则时,如果他能够成功地证实他这样做是无意识的并证实他已经尽己所能来防止该行为的发生,该行为者就可以被免除道德责任。在法律中情况则不是如此,主观上的“非故意”往往不能作为免责的理由,而且在某些领域还会强调“严格责任”。第四,道德强制的形式。法律强制的典型形式是体罚或不幸后果的威胁。道德强制的形式不同,唤起人们对道德规则的尊重,对规则所要求的行为的强烈提示,呼唤良知,对过错和悔恨作用的依靠,这些都是用以维护道德的典型的和最突出的强制形式。不是以这些方式来维护的标准在社会和个人生活中不可能具有道德义务特有的地位。

(二)最低限度内容的自然法

在坚持法律与道德的分离的同时,哈特的理论表现了向自然法靠拢的倾向。这体现在其“最低限度内容的自然法”理论之中。他认为,人类生活在一起的目的是生存下去,而不是为了使人类社会成为一个自杀的俱乐部。由于人性和人的生存目的,必定有一些得到普遍认可的行为规则,它们构成了一切社会的法律和道德的共同因素。没有这样一个内容,法律和道德就无法促进人们在互相结合中所抱有的最低限度的生存目的。这些共同的行为准则就是最低限度内容的自然法。

具体地讲,自然法的最低限度内容蕴含于人类的生存目的和以下五个基本事实之中,它们犹如五个公理,不可否认。

第一,人的脆弱性。人是血肉之躯,在遭到肉体攻击的情况下易受到伤害。在社会生活中限制使用暴力杀人或者施加肉体伤害,这构成了一切社会中法律和道德的共同要求。

第二,大体上的平等。任何一个人都不会比其他人强大到这样的程度,以至于没有合作还能持久地统治别人或使他人服从。这一事实使人们明白,必须有一种相互克制和妥协的制度,它是法律和道德两种义务的基础。

第三,有限的利他主义。人既不是恶魔也不是天使。人的利他主义的范围是有限的并且是间歇性的,而侵犯倾向却是时常存在的,如果不加限制,就足以导致社会生活的毁灭。这就使法律和道德既有必要也有可能。

第四,有限的资源。人类所需的食品、服装、住所不是无限丰富、唾手可得的。这一资源有限的事实使得社会需要某种最低限度的财产权制度以及要求尊重这种制度的规则。

第五,有限的理解力和意志力。人们具备了解和把握长期利益的认知能力、克制自己的行为的意志力。所有人都倾向于首先考虑他们自己的眼前利益,因而在没有负责惩戒的专门机关和专门性制度时,许多人就会受其内在倾向的支配。因此,人类社会需要某种强制的制度,以促成人们在一个强制性制度中的自愿合作。

哈特指出,法律和道德共享着最低限度的自然法,它们是以人类的自然目的和自然事实为基础的并获得普遍认可的行为原则。最低限度的自然法内容包括禁止用暴力杀人或施加肉体伤害的规则,要求相互克制和妥协的规则,保护财产权利(包括占有权、转让权、交换权或处分财产的权利)的规则,镇压盗窃、诈骗的规则等。它们既是人类社会必须遵循的道德原则,也是需要由国家强力保证实施的法律原则。

六、对形式主义和规则怀疑主义的批判

在法律规则的确定性与不确定性问题以及法律解释问题上,哈特进行着两个方面的论争。他反对法律形式主义的概念天国的幻想,指出这是不可能的,在某些情况下也是不可欲的;同时,他也反对现实主义法学,认为法律现实主义完全否定法律规则的作用的立场。反过来,哈特既正视法律现实主义关于法律不确定的观点,也从不同角度坚持法律形式主义所倡导的法律规范性立场。

哈特承认,由于以下若干方面的原因,法律不可能并且在很多情况下也不应该是一个在语义上、逻辑上封闭的体系。

第一,立法者知识的有限性。概念法学或者形式主义一直抱有这样的观念:一条规则应该详尽无遗,以使它是否适用于特定案件的问题得到事先确定,使法官在适用该规则时不需要进行判断和选择。但这一观念是行不通的,因为人的理性是有限的,立法者难以摆脱一种困境:一是立法者对于事实的相对无知,二是对目的的相对模糊。这样,在立法时我们就不可能在以一般语言表达的规则之中对现在和未来世界上可能出现的事情都作出精确的规定。但是,"人类立法者根本不可能有关于未来可能产生的各种情况的所有结合方式的知识"。〔25〕

第二,用以表达规则的一般语言所具有的空缺结构(open texture)。规则是用语言来表达的,无论是制定法规则还是判例法规则,在适用于具体案件中的时候可能会发生不确定的情况。哈特提出,"任何选择用来传递行为标准的工具——判例或立法,无论它是怎样顺利地适用于大多数普通案件,都会在某一点上发生适用上的问题,将表现出不确定性;它们将具有人们称之为空缺结构的特征"。〔26〕 语言空缺结构的结果是,在涉及概念意义边缘区域的情况下规则的含义是不确定的,此时,对于某个法律规则能够涵盖哪些案件、某一案件应该适用哪一规则的问题,答案是不确定的。

第三,现代立法技术都重视在法律中预留一定的自由裁量空间,留待精明的官员在未来社会出现纠纷时做出选择。社会是不断发展变化的,社会目的也是发展变化的,法律作为一种目的性事业必须要在适用之中考虑社会目标。即使在立法技术上可以实现立法语言的精确性,也没有必要处处如此。例如,立法机关可能要求企业满足一定的要求:"负责公平的价格"或"提供安全的工作体系"。在这里,"公平价格"和"安全工作体系"所预留的不确定空间,需要执法机关通过制定法规具体规定特定企业中的"公平价格"或"安全体系"的具体标准。这种立法技术为法官和其他官员行使自由裁量和发展法律预留了合理空间。

与此同时,他反对现实主义法学的规则怀疑论。他在承认法律规则在其意义的边缘地带存在不确定性的情况下,坚持法律的规范性,强调法律规则的一般适用是有相当确定性的。在哈特看来,"法律不过是由法院的判决或对法院判决的预测构成的"这一现实主义断言是站不住脚的。在一切法律现象中,法律的生命体现在它对法官或官员决定制作的限制和指引,如果法院的判决就是法律,那就可能出现一种极端的局面:法院视法律如无物,任意裁决而不受其约束。法律制度的存在意味着该制度中的大多数法官遵循着法律规则所确定的标

---

〔25〕 [英]哈特:《法律的概念》,张文显等译,中国大百科全书出版社 1996 年版,第 128 页。

〔26〕 同上书,第 127 页。

准,从而使法律规则指引人们的行为成为可能。“在任何时刻,法官甚至最高法院的法官都是规则制度的组成部分,该制度的规则在内核上明确得足以为正确的司法判决提供标准。这些标准被法院当作是他们在行使权力、做出在该制度内不可能受到质疑的决定时,不能随意摈弃的东西”,“法院把法律规则不是作为预测,而是作为判决中必须遵循的标准,法律规则虽有空缺结构,却是明确得足以限制(不排除)法院的自由裁量。”[27]

参考文献

1. [英]哈特:《法律的概念》,张文显等译,中国大百科全书出版社1996年版;[英]哈特:《法律的概念》,许家馨、李冠宜译,法律出版社2006年版。
2. [英]哈特:《法理学与法哲学论文集》,支振锋译,法律出版社2005年版。
3. [英]哈特:《法律、自由和道德》,支振锋译,法律出版社2006年版。
4. [英]哈特:《刑罚与责任》,王勇、张志铭、方蕾译,华夏出版社1989年版。
5. [英]妮古拉·莱西:《哈特的一生:噩梦与美梦》,谌洪果译,法律出版社2006年版。
6. 支振锋:《驯化法律——哈特的法律规则理论》,清华大学出版社2009年版。

思考题

1. 哈特的广、狭二义的法律概念是什么?
2. 哈特是怎样论述法律与道德的区别的?
3. 哈特的“法律是第一性规则与第二性规则的结合”理论的主要内容是什么?
4. 哈特的“承认规则”是什么?它在规则体系中有什么作用?

第四节 拉兹的现代分析法学

一、生平和著作

约瑟夫·拉兹(Joseph Raz,1939—)是英国牛津大学研究员,第二次世界大战后以哈特为首的新分析法学的代表人物之一。他是英籍以色列人,1963年毕业于希伯来大学,获法学硕士学位,1967年获牛津大学哲学(法哲学方向)博士学位。1972年以后在牛津大学柏里奥尔学院法律系任研究员,1985年起任牛津大学法哲学教授。

拉兹的法哲学理论主要体现在他的三部著作中。这三部著作分别是:《法律体系的概念》(The Concept of a Legal System)(1970年)、《实践理性和规范》(Practical Reason and Norms)(1972年)和《法律的权威,法律与道德论文集》(The Authority of Law, Essays on Law and Moral)(1979年)。《法律体系的概念》是在他的博士论文的基础上写成的,拉兹在这本

[27] [英]哈特:《法律的概念》,张文显等译,中国大百科全书出版社1996年版,第144、146页。

著作中对奥斯丁、凯尔森和哈特等分析法学家的理论作了系统梳理，并系统阐述了自己在法律体系的存在、确认、结构、内容等问题上的理论观点。该著作在拉兹的法学思想和分析法学的发展中占有重要地位。在《法律的权威，法律与道德论文集》中拉兹全面阐述了他在法律与道德的关系、法律的社会作用、法律的价值、法治等问题上的看法，大大拓宽了分析法学的研究领域。

拉兹是当代"多产的和最有思想的法哲学家之一"，是"实证主义法哲学最杰出的、最有经验的阐述者"。他在法哲学的广泛主题上都做出深入探究，在法律体系、法律权威、法的作用和法律推理等领域的研究具有很高建树，受到广泛重视。

二、法律的体系分析

（一）法律体系的概念

在传统法理学观念中，要理解"法律"（the law）的含义，关键就是要定义单个法律（a law）的性质。[28] 但拉兹认为，法律体系的概念是单个法律（a law）的任何充足定义的先决条件，只有站在体系的高度研究法律（laws）之间的联系才能认识法律（the law）的性质。凯尔森和哈特在这方面已有建树，但拉兹理论成就仍然引人注目。

拉兹所研究的"法律体系"（a legal system）与我国法理学通常研究的"法律体系"概念有很大差异。通常，法律体系被认为是"以特定形式结构化并且彼此相互联系的法律规范"，[29] 还有的学者认为是指"一国在一定时期的全部现行法律规范，按照一定准则和原则，划分为各个部分而形成的内部和谐一致的统一体"，[30] 在这里，法律体系主要关系到部门法的分类。与此不同，拉兹法律体系理论是要建立一种新的概念性工具以利于我们更好地理解法律的性质。在他看来，法律体系（a legal system）的概念与法律（the law）的概念是一致的，只是前者更突出了法律的体系化特征。这样，"法律体系"就成了法哲学的基本概念，对它的认识涉及法哲学的基本问题，其中包括法律体系的存在问题、确认问题、结构问题、内容问题。任何分析法学派都要认真面对这四个问题，任何严肃的、综合性法哲学理论实际上都是在从不同角度回答这些问题。下面主要围绕前三个方面来介绍拉兹的法律体系理论。

（二）法律体系的存在问题和确认问题

法律体系的存在问题是指判断一个法律体系存在并具有效力的标准是什么的问题。法律体系的确认问题是指某一条法律属于哪一个法律体系？某一法律体系是由哪些法律构成的？只有确定了法律体系的成员资格标准，才能确定其内容范围。

拉兹认为，关于法律是否存在、关于什么是法律或不是法律的讨论只能归于社会事实即社会渊源的判断。一种法哲学理论，只有当它对法律的内容及其存在的检验仅仅依赖于人类行为的事实，而这些人类行为事实又能够以价值中立的术语加以描述、不求助于道德加以适用的时候，它才是可接受的。因此，他将法律体系存在和确认的检验归于三个基本要素：功效（efficacy）、制度特性（institutional character）和渊源（sources）。功效标准是指，某一法律体系

---

〔28〕 拉兹使用与凯尔森的"法律规范"、哈特的"法律规则"不同的术语来表征法律（法律体系）的最基本构成单位。这不只是术语上的差异。按照他的法律个别化原则，法律体系包括规范性法律和非规范性法律两类法律（laws）。

〔29〕［俄］B. B. 拉扎列夫：《法与国家的一般理论》，黄良平、丁文琪译，法律出版社1998年版，第156页。

〔30〕 李龙主编：《法理学》，武汉大学出版社1996年版，第323页。

只有得到普遍的遵守,并且至少得到部分人(特定共同体中的人们)的承认,才可以被称作有效的法律。制度特性是指一个规范体系如果要成为一个法律体系,就必须有相应的机构来负责调整适用规则时所产生的纠纷。而且,只有在它声称在某个社会中具有至高无上的地位,具有使所有其他制度合法化的权威时,它才能被认为是一个法律体系。渊源论是指法律的存在与确认必须由某些社会事实即社会渊源加以确定。社会渊源不是一个单一的行为,如立法机关的立法行为、法官的创法行为,而是各种行为和社会事实的总和。拉兹认为,社会渊源符合人们通常对法律的理解,符合我们的常识。人们一般认为,当法律为某个特定案件提供了解决办法时,法官就可以适用现有的法律、使用法律技能来解决社会纠纷,此时不涉及道德问题。如果法律没有提供解决办法,那么,法律在这个问题上就存在空缺,法官可以发展、创设新的根据,此时,他自然会借助于法律之外的其他考虑,如道德价值、社会目标等。

法律体系的存在和确认之检验要解决两方面的问题。其一,法律体系的范围,从静态上研究法律体系在某个时候包括哪些法律。其二,法律体系的延续,即从动态上考察,如果一个国家发生政权更迭,那么就要对前一法律体系的法律与后一法律体系的法律加以识别。为此,需要从三个方面解决法律体系的确认问题:法律的存在与功效;创制新法与适用现存法律区分;法律与国家的关系。

在解决法律(法律体系)的存在问题与确认问题方面,奥斯丁和凯尔森以立法作为判断的标准,主权者的创法行为、创法过程中的授权构成了法律的效力依据,也构成了某个规则是否属于某个法律体系的确认标准。拉兹与哈特相似,他把法律适用机关的确认作为解决法律存在与确认问题的关键,即主要适法机关对某一规则的承认是法律体系存在与确认的判断标准。

"主要法律适用机关"是一个重要概念。在每一法律体系中,主要适法机关是该法律体系存在的基本前提,这也是法律的制度特性的重要体现。"一种主要的法律适用机关(简称主要机关)是这样一个机关,它被授权决定在一个特定条件下使用武力究竟是允许的还是被禁止的。"〔31〕而且,它负责承认那些允许在执行制裁时使用武力的法律和禁止使用武力的法律属于同一个法律体系。此外,它负有职责承认其他适用法律或创制法律机关的存在,判断它们的行为是否具有效力,以及调整它们行为的法律的效力。总之,主要法律适用机关直接地或间接地、明确地或者暗示地确认一个临时性法律体系的全部法律。可以说:一个临时性法律体系的确认标准就是:由主要适法机关确认的法律,以及由主要适法机关创制的法律构成了一个法律体系;由主要法律机关确认或创制的法律属于该主要适法机关所属的法律体系。

上面讨论的是临时性法律体系的成员资格判断标准,所得出的标准没有完全解决法律体系的确认问题。解决确认问题必须从法律与国家的关系入手,原因有二。其一,法律体系的延续性涉及法律与国家的关系。一个法律体系终结并由另一个法律体系取而代之,这会表现为承认规则的变化。国家政权发生更迭之后,该国法律体系的最终承认性法律会发生变化,法律体系也会相应地发生变迁。其二,法律体系的范围必须在法律与国家、法律与政治系统和社会系统的关系之中来加以界定。在司法实践中,法院不仅适用法律,而且还适用私人合同、民间协会的内部规章、国际条约,在国际私法案件中还适用其他国家的法律。这些规则都

---

〔31〕［英］约瑟夫·拉兹:《法律体系的概念》,吴玉章译,中国法制出版社2003年版,第231页。

不是本国法律。要彻底解决确认问题(成员资格问题),必须考虑法律与国家的关系。法律是国家这一政治系统的组成部分,而国家又是更为广泛的社会系统的子系统。社会系统除法律之外,还有道德、宗教这些非法律性规范。法律体系范围的确认需要将法律体系从政治系统和社会系统的其他规范中区分出来。具体地讲就是:(1)区分属于法律体系的政治规范和不属于法律体系的政治规范;(2)区分法律规范和社会规范;(3)区分法律和同一社会中其他子系统的规范;(4)区分某一法律体系和其他国家的法律体系中与之共存的法律规范。[32] 对第一个问题的判别标准是,只有法院确认并适用的规范才是法律;政治系统中那些既不是法院惯例也不是法院应当适用的规范的政治规范,就不是法律体系的组成部分。拉兹认为,对其他三个问题的回答也是相似的。私人合同、民间协会的内部规则、国际条约等规范都不是本国法律。尽管法院有义务适用这些规范,但是,对本国法律体系来讲,它们不是法律规范。国家强力的支撑是国内法的特征,但国家还维护和支持其他形式的社会组织形式,支持私人和民间社团的合同、协议、规则和习惯。混淆法律规则与法律承认和执行的其他规则之间的界限,会导致对法律的性质和国家的性质的误解。

(三)法律的分类与法律体系的结构

法律体系的结构问题是指,所有法律体系是否具有某种共同的结构?在一个法律体系内部,法律(laws)之间是不是具有某些反复出现的关系模式?

法律体系结构的分析可以从动态和静态两个方面入手。凯尔森采用了动态分析的方法,以法律规范之间的动态授权关系作为法律规范之间联系的方式,法律体系的结构被认为是一种动态的等级结构。拉兹采用的则是静态分析方法,注重分析法律体系的基本构成单位在类型和功能上的差异,以它们之间的功能联系作为结构分析的切入点。

法律体系的结构依赖于考察的角度和分析的方法。其中,主要取决于划分法律体系的基本单位的标准,以及法律基本单位之间的联系方式。前者被称为法律个别化理论,后者被称为法律结构理论。拉兹将法律体系划分为许多相对独立的法律(laws),法律体系就是由诸多法律构成的有机整体。[33] 拉兹的个别化理论和法律体系结构理论的要点包括以下几条:

第一,每一法律体系都包含义务性法律,每一法律体系都包括规定制裁的法律。与此相应,每个法律体系中都存在义务性法律与规定制裁的法律之间的惩罚性关系,惩罚性关系是法律体系的内在关系。[34]

第二,每一法律体系都有授予立法性权力的法律。相应地,每个法律体系中都有生成关系,即授予立法权力的法律与通过行使立法权力而制定的其他法律之间的关系。

第三,每一法律体系都有授予调整性权力的法律。授予调整性权利的法律的功能是调整法律的适用,设立适用法律的机关。因此,每一法律体系中都会存在法律之间的规定性关系,这是一种存在于授予调整性权力的法律与它们要加以规范的义务性法律之间的关系,前者规定了违反义务性法律的具体后果。[35]

---

〔32〕 [英]约瑟夫·拉兹:《法律的权威》,朱峰译,法律出版社2005年版,第88页。

〔33〕 在拉兹的法律理论中,法律(laws)与法律规则(legal rules)基本上是等同的,但与法律规范(legal norms)相区别。在法律体系中,不仅有规范性法律,而且有非规范性法律。见本节以下的有关论述。

〔34〕 [英]约瑟夫·拉兹:《法律体系的概念》,吴玉章译,中国法制出版社2003年版,第185~186页。

〔35〕 同上书,第195~196页。

第四,在每一法律体系中都包含有规范性法律和非规范性法律,前者设定权利和义务,而后者则不设定权利和义务。规范性法律与非规范性法律之间存在内在联系。后者之所以能够被称为法律,是因为它们影响着设定权利和义务的法律的存在和适用的方式。[36]

由上可见,拉兹突破了"法律是由法律规范构成的"这一传统观念。法律的强制性并不意味着每一个法律都必须规定制裁,法律的规范性不意味着每一基本单位都必须是规范。同时,拉兹也继承了分析法学的传统观念,认为法律所设定的义务必须有规定制裁的法律作保障,对违反法律规定的行为规定相应的制裁措施正是保证法律得到实施的制度性保障。虽然制裁并不是单个法律的必备要素,但是对法律体系而言,设定义务的法律必须有相应的规定制裁的法律与之相联系。"要理解某些类型的法律,就需要了解它们之间的内部联系。而且,这些法律的类属性来自于它们与其他法律之间的共同性。因此,分析法律体系的结构对于界定'法律'来说是不可缺少的。"[37]

三、法律的功能

拉兹对法律功能问题的研究,对我国法理学产生了广泛影响。他在这个问题上的研究,是分析法学更加重视的法律与社会间的紧密关系的体现。他认为,法律的功能分为规范功能和社会功能,法律都具有规范功能和社会功能。

(一)法律的规范功能

法律的规范功能源于其规范性,法律指引人们的行为,是评价行为合法性的公共标准。法律的社会功能源于其发生社会影响的能力。法律的规范作用是法律实现其社会作用的手段。

法律指引人们行为的方式是为法律所调整的社会行为规定各种法律后果。法律的指引功能可以分为两种:一是确定性指引,它是通过设定义务的规范来实现的,这些规范的目的是促使人们不要违反法律规定;二是不确定性指引,它是通过授予权利的规范来实现的,这类规范的目的是鼓励人们作某种行为。

(二)法律的社会功能

法律的社会功能早就引起了政治学家和社会学家的重视,他们一直以来就力图阐述法律与其他社会规则和社会制度之间的关系。但是,拉兹认为,在他之前法哲学学者还没有对这一问题进行系统的研究,尽管他们也发表过一些观点。

研究法律的社会功能是分析法学阐明法律体系性质的组成部分。法律作为一个由众多法律构成的体系,其社会功能不是单个法律来实现的,而是由诸多法律(laws)所确立和规制的法律制度(legal institutions)来达成的。各种最常见的法律制度,如银行制度、所有权制度、有限公司制度、婚姻制度等分别承担并完成着各自的社会作用。而且,一个法律制度经常会完成若干种社会作用。

拉兹提出,法律的社会功能可以分为直接功能和间接功能。直接功能是由法律的遵守和

---

〔36〕 在我国某些法理学著作中,拉兹所称的非规范性法律被称为技术性规范。参见李龙主编:《法理学》,武汉大学出版社1998年版,第82页。

〔37〕 [英]约瑟夫·拉兹:《法律体系的概念》,吴玉章译,中国法制出版社2003年版,第203页。

适用所确保完成的功能。间接功能体现在人们行为的态度、情感、意见和风尚之中,它并非法律的遵守或法律的适用本身,而是法律试图获得的结果。

1. 直接社会功能

法律的直接功能又分为主要功能和次要功能。主要功能具有外向性,意在影响社会大众,它是人们设立法律的原因和理由。次要功能主要体现在维护法律制度,即法律本身会规定法律变更和执行的程序、规定法律制度存在与运作的机制。次要功能有助于法律主要功能的实现。

法律的主要功能是包括以下四点。(1)防止不可欲的行为和保障可欲的行为。这主要是由刑法和侵权法达成的,例如禁止杀人、攻击、非法拘禁、诽谤,从事危险活动的人负有适当注意的义务以避免对他人合法权利的侵犯。这是法律的最基本的社会作用。(2)为私人生活计划提供便利。私法的主要部分以及刑法和侵权法的很大部分都与这一功能有关。大多数私法制度,例如合同、私人财产、婚姻等都服务于这一目的,它们服务于私人目的,旨在增进个人利益。同时,如果没有履行合同、尊重财产权的义务,任何授予权利的法律都没有意义,保障义务履行的侵权法和刑法在达成这一功能中的作用不可低估。(3)提供服务和福利分配。法律规定政府负有抵御外敌、提供教育和卫生服务、道路建设和维护、社会保障等职责。这正是法律提供社会服务和福利的体现。这一作用在现代尤其明显且更加重要,但这一功能自古以来就存在而并非产生于现代。(4)解决未规定的争端。法律调整法院的运作,使法院在解决争端的过程中发挥着主要功能和次要功能。在法律没有规定的争端中,法律为解决该争端设定了程序,此时法律执行的是主要功能。当法律为那些法律有规定的纠纷设定解决纠纷的程序时,法律就是在执行次要功能。

法律的次要功能涉及法律体系本身的运行。次要功能包括两种,即决定改变法律的程序和调整法律适用机关的运作。通过设立改变法律的机关和程序,法律对其创制和改变作了强行规定,例如制宪团体、议会、地方权力机关、行政立法、习惯、司法创法、独立公共机构制定的规章等。法律调整其自身的适用是通过设置并调整法院、法庭、警察和监狱等各种执行和管理机构等来完成的。它要对这些机构的维持所必需的财政支持、人事任免等事项作出安排,这主要是公法的职能,在这方面授予权力和施加义务的法律都很重要。

法院在所有法律体系中都占据着重要地位。它在解决未规定的争端中完成着主要功能,同时对两种次要功能的实现也不可或缺。法院既适用法律也创造法律,特别是在法律没有规定的案件中,法官要创制新的法律。"在许多社会,法律在法律机关中享有最高的威望。它们更为直接地关系着公众的法律意识和法治观。于是,它们在增进人们的法律信仰和法律价值观方面发挥着至关重要的作用。"[38]

2. 间接社会作用

法律在完成间接社会作用时需要依赖非法律的因素,尤其是对法律的一般态度、法律与社会规范和社会制度的相互作用。法律的间接社会作用很多,而且在性质、范围、重要性方面差异很大,例如,加强或弱化给予某些道德价值的尊重,有助于创造和维持社会分层,有助于培养公民参与国家政治生活的意识,有些法律还赋予某些阶级或阶层以特权以加强他们的地位。法律的间接作用并不是相对来讲不重要的法律副产品,其实它们具有独立价值,是法律的社会功能重要部分。有时候,法律的间接作用反而会成为创法者创造法律的主要动因。

---

〔38〕［英］约瑟夫·拉兹:《法律的权威》,朱峰译,法律出版社2005年版,第153~154页。

拉兹的上述分类,具有明显的分析色彩。在此,法律的社会作用与法律体系的内容没有关系,而是作为一种规范系统的法律一般具备的。

四、形式法治论

(一)法治原则

法治理论是拉兹的法律理论的重要部分。他倡导的是一种形式主义法治观,反对赋予法治以任何实质价值内涵。"不能将它与民主、平等(法律或其他面前的平等)、人权(尊重人或尊重人的尊严等)等价值相混淆。"[39]一个不民主的法律体系可能比更开明的西方民主法律体系更符合法治的要求,尽管这并不是说前者好于后者。从肯定的角度来看,法治服务于法律的基本功能,即指引人的行为。法律只有在能有效地指引人的行为的条件下才能够发挥其社会作用,法治的积极意义在于它能促使法律完成指引人的行为这一基本功能。为此,法治含义可以总结为:特别法的制定应当受到公开且相对稳定的一般规则的指引;如果法律要得到遵守,它应当有指引其主体行为的能力。其中,前者与政府行为有关,要求政府创制特别法的行为受到一般法的指引;后者是对法律本身的要求。

拉兹主张的法治概念是"一个形式的概念",既不涉及立法者的宗旨,也不涉及法律内容之正义与否。尽管如此,并非所有法律都能达到或很好地达到这一要求,法律如果要满足上述条件,就必须符合拉兹所提出的法治原则。拉兹提出了八条法治原则。第一,所有法律都应该是适用于未来的、公开的、稳定的和明确的。第二,法律应当相对稳定。第三,特别法(尤其是法律命令)应受到公开的、稳定的、明确的、一般规则的指导。第四,司法独立应有保证。第五,自然正义的原则必须遵守公开的和公正的听证、没有偏见等原则,对正确适用法律和法律指引行为的能力,是必不可少的。第六,法院应对其他原则的实施有审查权。第七,法院应该是容易为人所接近的,久拖不决、费用昂贵会使最开明的法律也成为死的文字,破坏人们用法律有效地指引自己行为的能力。第八,不应容许预防犯罪的机构利用自由裁量权来歪曲法律,法院、警察和公诉机关的行为都可能破坏法律。

上述八条原则,可以分为两类:第一条到第三条要求法律应该能够有效地指引人们的行为;第四条到第八条是对审判制度的要求,它们是为了确保实施法律的机关不丧失指引能力,确保它能够监督对法治的符合、对偏离法治的案件提供有效的补救措施。

(二)法治的价值

法治的价值在于它能够有利于法律实现其社会功能,而不是它符合或有利于促进某些道德价值。法治的价值体现在以下三个方面:

第一,法治往往是与专横直接对立的。专横的权力比法治要广一些,有些专制规则与法治相容,统治者可以制定基于胡思乱想与私利的一般规则而不违反法治。尽管如此,法治是与许多专横权力相对立的,服从于法治的政府可以避免追溯既往地、秘密地改变法律以服从于它自己的目的。特别是在法律适用领域,法治能够排除任何专制,法院被要求只服从于法律、遵循严格的法律程序。

第二,法治有助于保障人们选择自己的生活方式、确定长期生活目标并朝自己的生活目

---

〔39〕［英］约瑟夫·拉兹:《法律的权威》,朱峰译,法律出版社 2005 年版,第 184 页。

标努力。法律创制的基础之一是私人的自律,这是个人生活计划的基础,也是法律对个人自由的保护方面的价值。

第三,法治对于尊重人的尊严是必不可少的。尊重人的尊严意味着把人作为能够计划自己未来的主体来对待。每个人在计划未来的过程中所体现的性格和能力各有不同,但法律应该尊重每个人的自主性,尊重他们规划与控制自己生活的权利。人能够在其未来的生活安排中实行一定程度的自治,法律应当把人作为有理性的、自治的人来对待。

在拉兹看来,各种法律制度对法治的符合只是程度上的差别,完全符合则是不可能的,希望最大限度地符合法治也是不可取的。虽然法治社会要求政府官员服从法律,但行政自由裁量权是必不可少的。在现代社会中,存在某种受控的行政自由裁量比没有这种自由裁量要好。一般地讲,对法治的普遍符合是极为可贵的,但是,人们不应该盲目地信赖或者主张法治。法治只不过是法律的众多价值之一,为了实现法治而一味地牺牲其他价值是不应该的。

(三)法治及其本质

从表面上看,拉兹提出的法治原则与富勒提出的法治原则都强调了对法律的形式要求,二者颇为相似,但两人提出的法治原则的基调是不同的。富勒认为,他提出的法治原则是"法律的内在道德",只有符合这些要求的法律才是真正的法律。程序自然法与实体自然法是相互联系的,程序自然法是实体自然法在形式上的体现,符合程序正义有利于实现实体正义。与此相反,拉兹坚决反对富勒的法治观。不符合法治原则的法律同样也是法律,法治只要求法律能够指引人们的行为、能够有效地实现它所希望达到的社会目标。"法治是一种理念:法律应当遵守的一种标准,但是,法律可能(并且有时)的确彻底而系统地违背这一标准。"[40]法治是法律的一个价值,但并不是法律必备的价值。当法治与其他价值相冲突之时,应该对它们作综合权衡,必要时可以舍法治而迁就其他价值。

在拉兹看来,法治只是一种消极价值。法律不可避免地会产生专横的权力,法治只不过是用来尽量减小专横所带来的危险。法律可能是不稳定的、含糊的、追溯既往的,它可能会侵犯人们的尊严,对法律提出法治要求的主要目的就是防止这种危险。有的学者认为,法治对于保证法律要实现的目的来讲是必需的,这种看法是不全面的。法律的目的可以分为直接目的和间接目的两种类型。直接目的可以通过符合法律得到实现,例如,法律禁止政府在雇用职员过程中持种族偏见,其直接目的是要确立种族平等;间接目的则是法律通过守法或知法所想要达到的进一步效果,例如,前述禁止雇用职员时持种族偏见的法律,其间接目的可能是在该国家内改善种族关系,制止罢工威胁,或者遏制政府民意信任度的降低。符合法治对于实现法律的直接目的是必不可少的,但是却不能保证达到法律的间接目的。如果要使法律的直接目的不致遭到挫败,就必须要求它能够指引人们的行为。法律符合法治的程度越大,就越有利于实现其直接目的。拉兹认为,法治不包含实质性的道德价值要求,法治可能服务于好的目的,也可能服务于坏的目的。不论法律所要达到的目的是什么,法治都可以使它更好地达到它所想要实现的目的。例如,刀可能会利于人也可能伤人,但是刀刃的锋利是刀的一种优点。法治在两种意义上体现出其消极意义,即对法治的符合除了防恶之外不产生善;法治避免的恶本身就是法律造成的。

---

〔40〕［英］约瑟夫·拉兹:《法律的权威》,朱峰译,法律出版社2005年版,第194页。

显然,拉兹的法治观念是其工具主义法律观的结果。因为任何工具,如果它不具备完成其功能的最低限度的能力,它就不能算是一件工具。法律要成为好的法律,就必须能够指引行为。符合法治原则能使法律能更有效地指引人们的行为。因此,拉兹认为,不能对法治寄予过高的期待,不能因为法治具有某些价值而夸大法治的重要性。

参考文献

1. [英]约瑟夫·拉兹:《法律的权威:法律与道德论文集》,朱峰译,法律出版社2005年版。
2. [英]约瑟夫·拉兹:《法律体系的概念》,吴玉章译,中国法制出版社2003年版。
3. [英]约瑟夫·拉兹:《法律理性与规范》,朱学平译,中国法制出版社2011年版。
4. [英]约瑟夫·拉兹:《自由的道德》,孙晓春等译,吉林人民出版社2006年版。
5. 陈瑞编译:《作为实践理性的法律——约瑟夫·拉兹的法哲学思想》,清华大学出版社2011年版。

思考题

1. 拉兹的法律体系理论的基本框架是什么?
2. 拉兹认为法律具有哪些社会功能?
3. 试比较拉兹与富勒法治原则的异同。
4. 简述拉兹的法律个别化原则和结构理论。

第五节　分析实证主义制度法学

一、制度法学的创立过程

制度法学(Institutional Theory of Law)产生于20世纪60~80年代,是尼尔·麦考密克(Neil MacCormick,1941~2009年)和奥塔·魏因贝格尔(Ota Weinberger,1919~2009年)分别在两个不同国家、不同语言中创立的。麦考密克出生于苏格兰,曾在牛津大学师从哈特,从1972年起担任英国爱丁堡大学法学院教授,是当代与拉兹齐名的分析法学家。魏因贝格尔生于前捷克斯洛伐克,1968年逃亡到奥地利,从1972年起担任喀尔佛郎占斯大学法哲学研究所教授。

两位法学家在彼此并不相识的情况下分别提出了制度法学的基本理论观点,但他们的思路和理论结论基本上是一致的。1969年,魏因贝格尔发表了论文"作为思想与现实的规范",首次提出了制度法学的基本观点。四年后,麦考密克在完全不知晓魏因贝格尔所取得的成果的情况下发表了《作为制度事实的法律》,他使用了"制度事实"一词,借此所阐述的观点与魏因贝格尔极为相似。1979年,魏因贝格尔也不约而同地使用了"制度事实"这一概念并把它作为自己学说的基础。此后,这两位学者才相识并相知,并于1985年合作出版了《法的理论——法律实证主义的新态度》一书。

二、超越实证主义与自然法

制度法学自称为“制度实证主义”，属于分析法学阵营。它坚持分析法学的基本立场，赞赏“法律的存在是一回事；它的功过是另一回事”这一名言，认为自然法学对任何不道德的法律制度的批判不过是对业已存在的法律的抱怨。邪恶的法律仍然是法律。麦考密克和魏因贝格尔提出了判断某一法哲学派别是否属于分析法学阵营的评判标准。如果一种法律理论要被认为属于分析法学，它就必须主张：(1)法律的存在不取决于它们是否符合对所有法律制度普遍适用的任何特定的道德标准；(2)法律的存在有赖于它们是由社会中的人们的决定创立的。法律的存在与范围的确认，从否定的角度来看，不能依赖于自然法或任何声称具有普适性的道德准则；从肯定的角度来看，就是法律具有社会渊源，并且是由社会渊源来唯一地决定法律存在与否。

制度法学的特点体现在它主张“超越实证主义与自然法学”。亦即，突破实证主义和自然法学的传统对立局面，将两者的某些因素纳入到制度法学之中。首先，制度法学吸取了社会学法学的因素，把事实看成是法律的构成因素，使其成为“规范主义的现实主义发展”。制度法学像凯尔森一样认为，法律属于“应当”领域。与此同时，它在某些方面也不赞同凯尔森的观点，认为法律不是纯粹规范的集合，法律与事实之间具有紧密关系。法律的存在表现为两种形态，一是思想客体的形态，二是现实实体的形态。当法律作为思想客体的形态存在时只是可能的法律；只有在它实际影响人们的行为、作为人们行动准则体系的一部分而起作用之时，它才是真实的。制度法学关注在社会实践过程中产生影响的法律，关心实践论证中的法律而不是纸上的法律。

其次，制度法学也吸取了自然法学的某些因素，承认制度道德是法律的组成部分。分析法学一直受到自然法学的一项指责，即轻视或者低估与法律规则相并存的原则及其他标准在法律中的作用。在德沃金对哈特的批判中这一点表现得非常突出。为了回应自然法学的责难、顺应法哲学的发展，制度法学才作了这一转变。制度法学承认法律与道德之间存在紧密联系，而且把原则和价值以及随之而来的论证等因素包括在制度法学的研究范围之内。法律不仅包括法律规则，而且包括法律价值、法律目的和选择标准。法律原则就是法律所包含的道德价值的集中体现，是法律规则与价值的汇合点。在这一点上，它确实超越了凯尔森、哈特和拉兹的分析法学的传统理论观点。但是，制度法学与德沃金的学说在本质上是不同的，这集中体现在制度法学的“制度道德”这一概念上。在德沃金的理论中，原则是背景道德，例如，里格斯诉帕尔玛案(Riggs v. Palmer)的判决所采用的“任何人都不都得从其错误行为中得利”被认为是道德原则；而制度法学则认为这一原则已经不再是纯粹的道德原则了，它已经成为美国普通法的组成部分，是“制度化的道德”，即“制度道德”。制度道德是“眼前文明社会的政治——法律制度的道德。即是说，它是这样一套道德理论和原则，这些理论和原则最适合现实存在的制度，而给关于个人应当如何在有组织的社会中生活的理想的或基本的观点带来的牺牲最小。”[41] 通过这一概念，制度法学实现了分析法学的一次重要转变，认为法律原则与法律规则一样重要。法律包含某些制度化的道德原则，而制度道德就是通过实践转化而来的制度化道德。

---

〔41〕［英］麦考密克、［捷］魏因贝格尔：《制度法论》，周叶谦译，中国政法大学出版社1994年版，第218～219页。

制度法学坚持法理学的价值中立性,但认为法理学并不是价值无涉的。法理学的研究对象即实在法本身就不是价值无涉的。规范与价值之间存在紧密联系。制度法学承认规范与价值之间的必要联系,但这并不影响其中立性:虽然每一个法律体系都浸润着价值,但法学家是以解释学研究者的态度来研究法律,他们摆脱了法律制度管辖之下的行为人的立场,致力于解释行为人的态度。“我们认识到社会团体中人们遵守的规则与他们根据他们认为的价值而采取的态度之间有紧密的联系。但我们本人不一定赞同这些价值。”〔42〕

总之,制度法学作为分析法学的一个分支,它通过吸收社会学法学和自然法学的合理因素实现了“超越实证主义和自然法”的初衷。制度法学承认:“作为社会制度的法律制度并不把它们规定的‘应当是这样’说成是专横意志的产物,而说成是有道德基础和社会功能的事物”,“……法律不单纯由权力构成,而是建立在对社会起作用的和被社会成员认为公正的基础之上。”〔43〕制度法学的这一自我表白阐明了其基本立场。

三、作为特殊类型制度事实的法律

制度法学将法律的性质概括为“制度事实”,从本体论上回答了法律是什么。“制度事实”是制度法学的基础性概念,这一概念来源于英国语言哲学家安斯库姆和美国语言哲学家塞尔的理论之中。他们认为世界上有两类事实,即“原始事实”和“制度事实”。原始事实存在于时空之中,体现为物质世界的有形客体,人的感官能够观察到其存在;其存在不依赖于人类的意志、人类传统或人类的努力。与此相反,制度事实是与人类的意志和人类活动密不可分的,表现在人类实践活动及其结果上。

法律是不是一种事实,对此问题存在理论争议。中国法学界传统上往往将法律看成一种精神的东西,是上层建筑,受制于社会的经济基础。制度法学与此不同,它认为法律也是一种事实,是一种不同于原始事实的制度事实。合同、婚姻、条约和国际机构、各种游戏和竞赛活动等都是制度事实,它们具有不同于原始事实的特殊存在形式。它们是与规则紧密相连的,规则是制度的核心,无规则无以成其为制度。同时,制度也是现实客体,具有其现实存在。包括法律制度在内的制度事实,其现实存在表现在三个方面。第一,规则存在于人类的意识之中,使人们有了认为应当如何行为或不作为的意识,使人们认为有义务遵守习惯、法律和其他规范。第二,规则构成了人们的行为动机,不论出于自愿、被迫或者模仿等原因,规则将会成为人们的行为模式。第三,规则的适用对人类行为产生不同后果,符合规则的行为产生积极后果,违反规则的行为带来消极后果,对人们的心理和行为产生影响,而心理现象和外部行为都是可观察的事实。所以,正如魏因贝格尔所说:“制度事实——如法律制度——是以某种特殊方式出现的复杂的事实:它们是具有重要意义的规范的构成物,而且与此同时,它们也作为社会现实的因素存在。只有当它们被理解为规范的精神构成物而且同时被认为是社会现实的组成部分时,它们才能得到承认。”〔44〕制度事实将社会事实与规则两者结合在一起,它的存在不仅取决于实际上发生了什么或出现了什么事件,而且也取决于适用于这些行为或事件的规则。只有遵循规则所规定的行为模式,具体行为或具体事件才能造就特定的制度事实;否

---

〔42〕［英］麦考密克、［捷］魏因贝格尔:《制度法论》,周叶谦译,中国政法大学出版社1994年版,第165页。

〔43〕同上书,第146、147页。

〔44〕同上书,第136页。

则,这一行为或事实就不具有它所希望的现实规定性。

就法律而言,"合同"、"遗嘱"、"所有权"、"婚姻"等法律制度是普遍存在的。这些法律制度不仅表现在法律文本中,而且也隐含于人的活动之中。例如,保险合同的订立,在一系列特定行为之后,当事人都知道这些行为的意思是什么(根据规则订立合同)、其结果是什么(合同的成立以及在特定事件发生之后依据保险合同将会产生某种约定的后果)、合同的无效和终止的条件是什么。这些活动是根据法律规范的指引进行的,法律规范赋予这些行为以规范意义。法律规范与行为或事实的共同作用便产生了一项法律制度的实例。

毫无疑问,法律的基本单元是法律规范,但由法律规范在功能上的相互联系所组成的最小功能单位是法律制度。人的行为总是以规范为参照和依据,但是从行为的意义上讲,它们总是为着一定目的展开的,受到由一系列功能上相互联系的法律规范所构成的法律制度的调整。法律制度是以行为目的和规范的功能联系为依据的,例如,合同、婚姻、保险等概念所代表的制度莫不如此。

制度法学所使用的法律制度概念有其特定的含义。"'法律制度'这一术语……应该被理解为意味着一些由成套的创制规则、结果规则和终止规则调整的法律概念,调整的结果是这些概念的实例被适当地说成是存在一段时间,从一项创制的行为或事件发生之时起,直到一项终止的行为或事件发生时止。"[45]法学中的一些法律概念(如所有权、信托、证据、法人、婚姻、破产宣告等等)都表征着某些法律制度,每一法律制度都是由一系列创制规则、结果规则和终止规则构成的,这些规则规定了与这些概念相对应的"制度的具体实例"在法定事实或事实成就之时会经历产生、变更和消灭的过程。创制规则的含义是指每个法律概念所代表的法律制度都会规定,当出现某种行为或事件时,就会产生某个合同、遗嘱、所有权、信托等。换句话说,法律规定了创制具体合同、遗嘱、所有权、信托等"有关制度的具体实例"的条件。例如,合同制度的创制规则规定:当两个或两个以上的人达成某种协议时,一项有效的合同便在他们之间出现。结果规则是指与法律概念相对应的法律制度会规定,当某个制度的具体实例被创制出来之后,将会产生权利和义务上的一整套后果。合同制度中的结果规则会规定:"如果一个合同存在,那么……"。终止规则是指与上述法律概念相关的法律制度都会包括一套规则,规定当某种行为或事件出现时,该制度的实例就会终止。例如,合同制度必须规定,在何种条件下存在于两方之间的合同被废除。法律上的权利和义务都是由于合同、所有权、法人、婚姻等法律制度的存在而产生,其中任何一项制度的存在都是某种行为或事件发生而导致的。

四、制度道德论

制度道德的概念先前已在德沃金的理论中出现过。哈特认为,法律是由规则构成,在某些案件中法律存有漏洞,法官在处理案件时享有自由裁量权。德沃金以原则论反对这种观点。他认为,没有可适用的规则并不意味着法律存在漏洞,法官在缺乏可适用的规则时应该求助于原则。人们在法律上享有不可忽视的权利,它隐含于原则之中。原则是法律赖以产生和存在的政治道德的集中体现,是法律的构成要素。

如何回应德沃金对分析法学的批评是分析法学面对的挑战。制度法学没有采用教条式的批判方法,而是吸取了德沃金理论中的某些因素并作了改造,将它纳入分析法学的框架。

---

〔45〕［英］麦考密克、［捷］魏因贝格尔:《制度法论》,周叶谦译,中国政法大学出版社1994年版,第136页。

制度法学承认法律原则是法律的组成部分,但它坚持认为法律原则并不像德沃金所说的那样是法律之外的背景道德或者政治道德:法律原则本身是已经被法律内化了的制度道德和制度权利。法律不仅包括法律规则,还包括价值、目的和选择标准。德沃金界定说:“制度道德是眼前文明社会的政治—法律制度的道德。即是说,它是这样一套道德理论和原则,这些理论和原则最适合于现实存在的制度,而给关于个人应当如何在有组织的社会中生活的理想的或基本的观点带来牺牲最小。”[46] 在麦考密克看来,“制度道德”的定义必定以存在一种既不依赖于背景道德,也不依赖于制度道德的制度为前提,只有在存在制度的前提条件下,才能通过某些程序从背景道德之中得出适合于这一制度的原则。

人类社会的某些道德观念和习俗之所以能够成为法律制度中的道德,是因为实践理性的作用。在有组织的社会中,人们对于自己权利的主张、对某些道德原则的坚持之所以能够转变成一种制度道德、转化成以法律强制力为保障的社会共同道德标准,是因为辩论和合意的作用。在社会中,人们必须有某种形式的社会合作,必须维持一定程度的社会秩序。社会秩序的产生不能完全靠武力和强制,必须在平等的辩论和讨论中取得意见的一致。法律的制定同样如此。法律体现何种价值观,这应该取决于社会成员的同意。正是辩论和合意才使制度道德和行为规则合法化,成为指引和评价社会成员行为的公共尺度。法律的制度道德是实践理性的结果,是人们在社会实践中形成的,成为人们解决实践问题时所考虑的重要理由。通过合意形成的制度道德是对于当前的有组织的社会最好的道德,它有利于社会成员的合作,使人们在社会生活中的摩擦最小化。

五、分析—辩证的正义观

麦考密克和魏因贝格尔对正义问题也持非唯知论的立场。正义问题上的非唯知论,其核心含义在于认为正义问题不是一个认知问题。正义准则的确定必然涉及人的主观态度,所以,任何实质性正义原则都缺乏客观可证实性。“没有人能够客观地和确定地知道什么是正义,正义也得不到证明”。[47]

制度法学研究了传统的正义理论,认为它们各自都有其缺陷,是不可接受的。例如,各种纯粹形式上的正义原则(例如同等情况同等对待)从定义上讲就是空洞且没有价值的,它们不能区分公正与不公正。再者,基于自然法信念所提出的先验性实质正义原则在科学上不能接受的假设,在关于正义的推理中几乎没有什么用处。另外,功利主义标准本身并不是正义理论,因为其衡量问题的标准多数情况下是经济效益的问题而不是正义的问题。从这种意义上讲,任何试图以直觉、宗教信仰、先验假设为基础确定正义原则的理论都只不过是主观价值的表达。法理学对正义问题的探究,不应该像古典自然法学或者罗尔斯的正义论一样试图使自己的理论变成研究理想社会模式的理论,这样的努力也只能是徒劳的。

制度法学把自己的正义论称为“分析—辩证的正义论”,或者简称为辩证的正义论。[48] 与传统的正义理论不同,分析—辩证的正义论并不试图提出自己的正义原则并论证其合理性。它着重考察正义在指导人类行为中的作用,研究正义是如何制约个人的社会活动的,重

---

〔46〕［英］麦考密克、［捷］魏因贝格尔:《制度法论》,周叶谦译,中国政法大学出版社 1994 年版,第 218～219 页。

〔47〕同上书,第 250 页。

〔48〕同上书,第 174 页。

点研究正义理想在实践推理之中的作用，把正义看成是实践推理众多考量的因素之一。人们在行为决策过程中需要加以分析的信息包括事实信息和实践信息。其中，实践信息的核心是行为目的、效用、规范、思想观念以及正义理想等。人是有理性的，其行为必然会受规范、思想观念以及正义理想等因素的影响；同时，每个人都不是被动地接受他人的评价态度，所有的人和社会团体都持他们自己在直觉上认为有效的正义观。我们不能先验地确定何种正义理想具有正当性。一切正义理论和正义原则都需要经受合理性论证的检验。

非唯知论立场的核心是，每一合理性论证都会涉入与评价态度有关的论据。在实践推理中，推理者只有在对某种行为及其后果的评价态度的基础上才能对该行为是否可取进行评价性推断。与态度相关的论据首先来源于直觉，人们往往会直觉地假定关于正义的信念，然后借助于罗尔斯式的“反思性平衡”加以检验或修正：他们检验各种直觉的正义观念之间的一致性，并展示和评价这些观念所主张的行为模式的实践结果。反思性平衡的结果，可能放弃最初的正义主张并提出解决问题的新办法，也可能使通过直觉获得的正义信念得到证成。

分析—辩证的正义论否认普适性实质正义原则的存在，但它认为有关正义的合理论证是可能的，人们完全可以就行为的合理性论证达成一致意见。人类的实践活动是极其复杂的，受到行为的目标、规范和价值等诸多因素的影响。目标、规范和价值等因素的共同作用限制了可接受的行为方案的范围，由此，行为方案的评价以及最终的决定不是任意的、纯粹主观的过程。人的行为决定应该是在效用上、道德上和法律上可以接受的东西。其中，虽然在正义与效用二者之间不存在罗尔斯所说的绝对先定的优先次序，然而，最低限度的形式正义要求（即形式上的平等）和审判中对案件事实的正确认定，具有绝对的优先性，不应该因追求效用而被忽略或牺牲。

分析—辩证的正义论认为，实践推理具有一定的形式性，因为，人们在决定自己的行动时，不仅要确认行动是那些以特定的目的体系和行动者的相对评价为基础的决定和选择的产物，而且要考虑规范和规范性规则作为行动的决定因素，规范体系影响着人们的行动，使它具有一致性。与此同时，实践推理也是辩证的，不是一个线性的链条：从提出假定开始，通过逻辑演绎，得出一个论点。实质性实践推理正是辩证推理的例子。实践推理在特定条件下的演绎推理是具有形式性的，但从全局上讲是辩证的，在行动方案选择中会涉及不同原则。往往需要在相互竞争甚至相互冲突的原则之间做出选择，在选择中需要更高层次的合理性论证，通过更高序列的选择原则来解决低序列原则之间的冲突。

参考文献

1. [英]麦考密克、[捷]魏因贝格尔：《制度法论》，周叶谦译，中国政法大学出版社 1994 年版。
2. [英]麦考密克：《法律推理与法律理论》，姜锋译，法律出版社 2005 年版。

思考题

1. 在何种意义上说制度法学超越了实证主义和自然法？
2. 如何理解制度法学所说的“法律是一种制度事实”？
3. 制度法学是如何论述法律制度的构成的？
4. 试述在制度法学中“制度道德”概念的含义和意义。

第十章　现代自然法学

第一节　现代自然法学概述

一、自然法学复兴的历史背景

西方的自然法观念曾经是长期占主导地位的法观念，这一观念于19世纪初遭到新产生的实证主义法学的激烈批判以后，逐渐受到冷遇，有些人似乎认为自然法观念已经是一种过时的东西应予以抛弃。但是在19世纪末20世纪初，西方的一些法学家又开始重视和研究起自然法观念了，而且这一势头来得很猛，很快自然法观念又被人们接受，并且不久又成为西方最有影响的法律思潮之一。自然法理论在沉寂了半个世纪之后为什么又神奇般地复活了？

究其原因，从自然法观念本身来说，包含有许多合理的东西，或者说它并不像批判者所说的那样是一种什么纯粹的虚构和不堪一击的东西，因而它能在西方历史上主导几千年，一时的批判只能使它的地位暂时受到影响，而不能使它销声匿迹。所以当社会的发展对它产生需要时，它就会像春天的种子一样迅速地萌芽发展起来。那么，19世纪末到20世纪初西方的社会历史发展对自然法学的东山再起提出些什么需要呢？我们认为主要有两点：

第一，是西方进入帝国主义阶段以来出现了许多新情况，需要人们做出新的价值判断，和从法律上作出新的规定，而当时占主导地位的分析法学是反对法学介入价值领域和作出价值判断的。这意味着只是刻意追求法律形式的合理性的分析法学不能满足社会发展的新需要。而我们知道，当社会发展到一个新的阶段和涌现了大量的新问题时，首先要解决的是对新的现象的性质和价值作出判断，而不是其他，这时对已有的法律制度只是进行形式的改造和修修补补是无济于事的。显然，擅长于价值问题研究的自然法学更适合于承担这一角色。

第二，这一时期西方的一些国家在发展中误入歧途，即出现了法西斯主义的倾向，它们在国内制定了一系列的反人道主义的政策和法律，在国外不断地发动侵略战争，使人类陷入灾难和痛苦之中。这一趋势虽然因二次大战的胜利得到遏制，但要从理论上批判法西斯主义的法律制度和所犯的罪行，仅仅从程序和形式上思考问题的分析法学是无能为力的，而以二元法律观为特点的自然法学的传统是对现实的法律持批判态度，并为这一批判从价值上树立了一个普遍有效的标准，即理性和正义。显然，在对法西斯主义的法律制度及其罪行的批判中，自然法学是更适合的理论武器。正因为如此，在二战后于纽伦堡和东京所进行的对法西斯罪犯的审判中，被更多引用的是自然法的观念和原则。

由此看来，19世纪末20世纪初自然法学在西方重新活跃起来，并得到迅速发展成为当代最有影响的法律思潮，不是偶然的。

二、现代自然法学复兴的过程和主要代表

严格地说,所谓西方现代的自然法学是被“复兴”的,这一说法并不准确,因为在基督教神学领域托马斯·阿奎那的学说一直是被尊重的。只是在1879年罗马天主教皇利奥13世明确宣布它是罗马教廷的最高思想权威之后,在基督教范围内又掀起了一个研究阿奎那学说的新高潮。由此而来在基督教神学范围内相继出现了自然法学的许多代表。如20世纪初,法国的夏蒙(J. Charmont,1859～1922年,在1910年出版了《自然法的复兴》一书)、马里旦、罗门(Herich Rommen,1897～?);瑞士的卡特莱恩(1845～1931年);奥地利的麦斯纳(Johanner Messner,1891～?,其代表著是1949年出版的《自然法》);比利时的达班(Jean Dabin,1889～?,著有《实在法制度哲学》、《法学总论》、《民法研究成果》);意大利的登特列夫(A. P. d' Entréves,1902～1985年,著有《自然法——法哲学导论》);英国的菲尼斯;另外还有新教的布伦纳(Eminl Brunner,1889～1966年)和团体法学的奥里沃(1856～1929年)和勒纳尔(1956～1944年)等。

自然法观念在非神学领域的复兴开始于19世纪末,那时已有一些法学家重提自然法观念并对它进行了新的解释,虽然他们并不是典型的自然法学家。例如德国的新康德主义法学的创始人斯达姆勒提出了“内容可变的自然法”的观念;具有很浓的自由法学色彩的法国的惹尼(Francois Geny,1861～1944年)也提出了类似的观念。当代西方世俗的自然法学发展的高潮开始于20世纪中叶,其主要的代表有美国的富勒、罗尔斯和德沃金。他们从非神学的角度对自然法观念或自然法学关注的某些问题作了许多新的探索。

三、现代自然法学的特点

与传统的自然法学相比,现代自然法学有如下几个特点:

第一,对“自然法”概念作了新的理解和应用,即不再把它理解为是一种与实在法并行的一种法律,而是更多理解为隐蔽在其背后的能对其制定和实施起指导作用的法的观念,即一种“高级的法”、理想的法或法的一种基本属性和追求的更加深层次的目标。例如富勒不再把自然法理解为一种单独存在的法律,而是理解为法律所追求的实体性道德目标和其在外在形式和程序上所必须具备的道德属性。再如,麦斯纳不再把自然法理解为一种道德性的法,因而把它与“自然道德”区分开来,认为它是一种现实的法,具有法的基本属性和特点。

第二,对“自然法”的属性作了新的概括和论述,特别是强调了自然法的可变性和相对性。例如,斯达姆勒的“内容可变的自然法”观念认为,自然法不变的是其形式,而其内容是随着客观情况不断更新的,是日新月异的;再如,马里旦的“认识论的自然法”观念也承认自然法的可变性,并试图用人的认识的相对性来解释其产生的原因。

第三,对自然法作了新的分类。如马里旦划定分为本体论的自然法和认识论自然法,富勒则划分为实体自然法和程序自然法。

第四,注意吸收和借鉴其他法学流派的观点和方法。例如新的自然法学家普遍不再像过去那样强调个人的绝对价值,而是像社会法学那样关注社会和集体,强调个人离不开社会和集体。布伦纳指出个人和共同体的关系不是平等的,个人永远服从共同体;麦斯那也说,自然道德法只能在社会和民族范围内得到承认。

参考文献

1. 鄂振辉:《自然法学》,法律出版社 2005 年版,第七、八章。
2. 阎章荣、陈洪涛:《神学主义法学》,法律出版社 2008 年版。

思考题

1. 新自然法学复兴的社会历史背景是什么?
2. 新自然法学的特点及其主要代表?

第二节 马里旦的新托马斯主义法学

一、生平和著作

雅克·马里旦(Jacques Maritain,1882~1973 年)是法国著名的新托马斯主义哲学家,也是新托马斯主义法学的主要代表。他早年就读于巴黎大学并信奉伯格森的生命哲学,1906 年改信天主教,并潜心于经院哲学的研究。1907~1908 年到德国海德堡师从杜里舒,研究生物学和新生机论哲学。回国后主持编辑《实践生活辞典》3 年。1914 年起出任巴黎天主教神学院的现代哲学教授。1945~1948 年担任过法国驻梵蒂冈大使。1948 年移居美国,在美国普林斯顿等大学任哲学教授,直至 1956 年退休。他也曾在多伦多大学、哥伦比亚大学、芝加哥大学兼任教授,还参加过《世界人权宣言》的起草工作和担任过联合国教科文组织刊行的《人权的历史》的编辑工作。

马里旦的研究范围很广,涉及哲学、伦理学、美学、教育学、政治学、法学等方面。其法律思想的代表作是 1951 年出版的《人和国家》。这本书集中了马里旦 1949 年在美国芝加哥大学为华尔格里恩研究美国制度基金讲座所作的六次演说的讲稿,也集中了马里旦的"多年深思熟虑"的法律观点。马里旦的其他著作如《哲学导论》、《宗教和文化》、《现代世界中的自由》、《真正的人道主义》、《论历史哲学》、《美国回顾》中等也有其政治法律观的零碎表述。

马里旦的自然法思想继承了托马斯·阿奎那的衣钵,但吸收了现代社会资产阶级的一些时髦词语和观念,并进行了神学的改造和注释,因而对自然法及其属性作了新的解释,对人权、主权等问题也发表了不同于前人的观点。

二、人和国家

(一)神学化的人道主义、人格主义

马里旦的政治法律思想继承了托马斯·阿奎那的衣钵,这也表现在方法论上能及时地吸收所在时代的新观念和新理论,进行神学的改造,使之成为一种有时代特色的基督教神学理论的组成部分。这首先表现在他把近现代西方资产阶级最流行的人道主义理论中的人格、人

道、人权这些时髦词汇加以吸收，进行神学的解释，从而改造成为神学的人道主义或人格主义。在进行论述时，他也与托马斯·阿奎那相同，以人的双重性作为出发点，说人既是肉体的人，又是人格的人，因而应受到尊重，具有精神上的超存在。不过他解释说，这是因为人与上帝有联系。这就是说，人的人格来自上帝。

马里旦认为，人的双重性，特别是后一本性使人倾向于过社会的生活，从而使人成为一种政治社会的动物和建立政治社会组织，因为只有在政治社会里人的本性才能完善，人格才能得到尊重和使大家过一种幸福的生活，特别是精神上的优良生活。这意味着社会以人格为基础，是人格的集合体。也意味着它是多元的，是通过每个人的自由发展来维持的，所以是一种多元自律的共同体。这就是说，人有人格，原因在于人有智慧，根源在于人与上帝有直接联系；社会是人、人格的集合体，只有在其中人的人格才能得到充分地发展和受到尊重，因为它允许个人的自由发展。但是，由于人格来自上帝，上帝作为人和自然法的原则、目的和本源，也是政治社会和权力的本源。所以，自由和博爱的潮流来自神的福音，正义和美德由福音批准，人的尊重由福音宣告。这意味着每个人只有成为基督教徒后其人格才会真正地受到尊重。由此看来，他表面上讲尊重人格，实际上要尊重神格，宣扬一种神学化人道主义或人格主义。

（二）人权及其种类

马里旦是当代西方人权理论的一个权威，因而在人权问题上也有许多新的东西。这突出表现在以下几方面：

他强调人权要以自然法为基础，因而不认识自然法就不可能彻底了解人权。他说："人权的哲学基础是自然法。"又说："如果我们没有一个十分足够的自然法观念，我们如何能了解人权呢？那个规定我们最基本义务并从而使每项法律具有拘束力的同一自然法，就是把我们的基本权利指定给我们的那个法律。"〔1〕

他对人权作了多种划分：首先，把它划分为绝对不能转让的和基本不能转让的。前者如生存权、追求幸福的权利，它不受政治体的限制；后者如集会结社自由、言论自由等。其次，又把它们区分为享有的和行使的，说人权的不可转让指的是人权的享有，并不是说其行使不受任何限制。为了共同的福利，权利的行使必须服从正义在每一场合下所规定的条件和限制。〔2〕

他还把人权划分为"新"与"旧"，他说这是因为人对人权的认识有一个过程。马里旦列举了下列七种"新权利"：(1)工作和自由选择工作的权利；(2)自由组成职业集团或工会的权利；(3)工人分担和积极参与经济生活责任的权利；(4)经济集团(工会和工作团体)和其他社会团体的自由和自主的权利；(5)取得公平工资的权利；(6)取得救济、失业保险、疾病津贴和社会保险的权利；(7)根据社会团体的可能条件，免费分享文明的基本物质和精神福利的权利。马里旦指出，上述这些权利在19世纪或者是更早以前是闻所未闻的，它们的出现冲击着人们的权利观念，触动了观念层次的权利分划的变更，而有些旧的权利必然与之发生抵触。马里旦认为新、旧两种权利的矛盾是可以调和的，1948年联合国通过的《世界人权宣言》则是这种调和的典范。另外，他还把权利分为自然法所规定的权利和由实在法、国际法所规定的

---

〔1〕［法］马里旦：《人和国家》，霍宗彦译，商务印书馆1964年版，第76页。

〔2〕同上书，第95页。

权利等。马里旦认为,免于匮乏的自由和免于恐惧的自由都属于国际法规定的权利;至于选举权则属于实在法规定的范围,因为这种权利涉及人的自治的自然权利在民主社会中如何适用的问题。[3]

(三)人民和国家

马里旦认为,人所组成的社会(组织)种类很多:有政治性的如国家;有经济性的如工厂、商店;还有工会、科协之类的组织。它们不同于共同体,与人的理性精神密切相关,是理性和道德的产物,有明确的规章制度和公认的权威。而共同体由社会自发产生,是历史和遗传的产物,是自然的创作,与生物的现实有关。其种类有种族共同体的民族,阶级共同体,语言文字共同体等。因此,国家与民族不是一个东西,"民族国家"是一个错误的概念。它把两个不同的东西硬拉在一起。

马里旦提出一种工具主义的国家观。他认为,国家是由人民建立起来的,不是由民族建立的。人民是一群人,是在公正的法律下,通过相互的友谊,为人生的共同福利而联合起来的人群。国家是他们为了实现这目的而建立的政治组织。他说:"国家只是政治体中特别与维持法律、促进公共福利和公共秩序以及管理公共事务有关的那一部分。"[4]因此,"人民高于国家,人民不是为国家服务的,国家是为人民服务的。"[5]国家的目的在于人民的福利,统治者的权威来自人民,人民控制着国家和它的行政官吏,国家和所有的政府官员都向人民负责。他认为在国家中民主政体是最好的,民主政体就是"民有、民治、民享"的政府。

马里旦在国家问题上坚持了托马斯·阿奎那的观点,强调国家权力最后来自上帝,而人民只是其中的中介,并进而得出教会高于国家的结论。他说:首先这是因为,人的真正幸福在来世,而教会正是这样的组织;还因为教会"是一个扩展到全世界的绝对普遍的王国——高于政治体和每一个政治体。"由此他确立了三个永恒的原则:(1)教会的教导、传道和礼拜的自由、福音自由、圣经的自由的神圣不可侵犯性;(2)教会高于国家的优越地位;(3)教会和国家间必须合作。

马里旦在国家问题上的另一特点就是批判原有的主权观念,认为它是一种错误的和有害的观念。他说:"政治哲学一定要摆脱主权这一词以及主权这一概念。"[6]他考察了历史上的主权这一概念提出的过程和它的原意,特别是让·布丹、霍布斯和卢梭的主权理论,认为他们所说的"主权"有两种含义:"第一,一种享有最高独立性和最高权力的权利,这种权利是一种自然的和不可让与的权利;第二,一种享有某种独立性和某种权力的权利,这种独立性和权力在这个固有的范围内是绝对的或超越地最高,它和主权者所统治的整体是分开的,因此主权者对这整体的独立性和他统治这一整体权力来说是最高的。"[7]

他认为,无论是政治社会、国家还是人民都不拥有这种意义上的权力。就政治社会而言,它确实拥有一种完全自主的权利,因而包含着第一个要素,但并不包含第二个要素,因为它并不和本身分开,并从高于它本身的地位来治理它。就国家而言,则完全不能运用主权观念,因

---

〔3〕[法]马里旦:《人和国家》,霍宗彦译,商务印书馆1964年版,第100页。
〔4〕同上书,第15页。
〔5〕同上书,第27页。
〔6〕同上书,第30页。
〔7〕同上书,第37~38页。

为它是政治社会的一部分和一个工具性的机构,所以它没有对整体的最高独立性或统治整体的最高权利。它只是对受它的法律支配的政治社会的其他部分具有最高独立性的权力,它仅享有依靠政治社会为自己规定的基本结构或政治体制而由政治社会归属于国家的那种相对的独立性和权力,但国家对这种权力的使用仍受政治社会的控制。就国家对外活动而言,由于它代表政治社会并在后者的控制之下,才在国际共同体方面享有一种最高独立性的权利,但这也只是在相对意义上说才是最高的。因此,无论是主权的第一种因素,即对最高独立性和最高权力的一种自然的和不可让与的权利,或第二个因素,即这种独立性和权力的绝对的和超越的最高性质,都不属于国家。他认为承认国家主权观念在实际中是非常有害的。他会导致三个严重后果:第一,承认对外主权就意味着每一个国家在国际事务中享有绝对独立性,结果就不能想象会接受任何国际法的约束或加入一个更大的世界社会;第二,承认对内主权,则意味着国家对社会和对人民有绝对的统治权,必然导致极权主义;第三,主权的绝对性会使它不受人民的监督和控制,而这是与民主观念相矛盾的。

马里旦在此基础上提出了他的世界政府的方案。他说在当今社会人类面临着两重选择:或者是永久和平,或者是全部毁灭。而为了维持持久和平,就必须废除国家主权,建立"世界政府"。它是这样一个最高机构:首先,它是一个"不受任何权力但被赋予确实无疑的道义权威的新的最高机构"。它的"职能将只是一种伦理和政治智慧的职能",它的名称可以叫"世界理事会";其次,它的"最高咨询理事会"的成员将根据某些公正的分配方法,从世界各民族中挑选出来,并将由一切民族的人民从每个国家的最高组织和政府提出的人选中直接选举产生;最后,它的成员一旦被选出后就丧失本国的国籍,并授予世界公民籍,以便不受任何国家政府的影响,完全自由地行使他们的精神职责。他认为,为了确保世界的持久和平,建立世界政府,还需要把天主教的原则推广到全世界,按照天主教会的面貌改造社会,进而建立一个超民族、超国家的"世界天主教帝国"。[8]

三、自然法及其要素

自然法的观点是马里旦的法律思想的核心内容。它主要包括以下几方面:

首先,他批判了古典自然法学的理论,认为他们歪曲了自然法的真义,使之"变形"。马里旦指出,自然法是维系人类社会数千年的正义观念,在当今世界自然法被人们遗忘了是人类的不幸。马里旦认为,真正的自然观念不在启蒙思想家那里,而是在托马斯·阿奎那里及其之前的思想家那里。相反,启蒙思想家对自然法观念进行了肆意的歪曲和和理性主义的改造,结果使上帝只成了自然、理性和自然法这三位一体的、自存的绝对物的一个外加的担保者,因而即使上帝并不存在,这个绝对物仍然支配着人们。所以最后,人类意志或人类自由在事实上代替上帝成为自然法的最高来源和起因。这样,自然法的本意被17、18世纪那些自然法论者篡改了,由于动摇了上帝这个最不可动摇的权威和基石,所以自然法一旦不再作为激进的革命派蛊惑人心的口号之后,它便没有人理睬了。这就是说在马里旦看来,天主教神学的自然法理论才是自然法的正宗。马里旦给自己确定的理论责任,就是恢复和发扬神学的自然法理论传统。

马里旦指出,现代社会存在一个不可否定的事实,人们虽然受制于布局得当的成文法,但

---

〔8〕[法]马里旦:《人和国家》,霍宗彦译,商务印书馆1964年版,第192~194页。

这种法律只能约束人们的一定行为,而不能对人的良知、人的精神与感情活动产生制约作用。人类有它自身的弱点,它在服从人类法之外还要服从一项更完好的戒律,这就是自然法。自然法是上帝默许的、不成文的、永恒不变的法律。自然法的永恒奠基于它的两个基本因素:

(一)"本体论的要素"

马里旦认为,任何一种事物都有本身的自然法则,这是本性的要求,而人的自然法则是人类理性的体现。人在理性的指导下使自己的行为同其他人"合拍","正是靠着人性的力量,才有这样一种秩序或安排,它们是人的理性所能发现的,并且人的意志为了要使它自己同人类基本的和必然的目的合拍,就一定要按照它们而行动,不成文法或自然法就不外乎是这样"。[9] 马里旦认为,"每一种存在都有其本身的自然法,正如它有它自己的本质一样。凡由人类勤劳所创造的任何一类东西,如我刚才所举的弦乐器,都有它自己的自然法,即它发生作用的常态,也就是为了它的特殊构造,它要求用来发生作用,使它'应该'被使用的那种正当方式"。[10] 马里旦还认为,人的自然法就是道德法则,对于道德的法则人们服从或者不服从都是自由的,不是必然的。因为人的行为并不归结为宇宙的一般秩序或特殊秩序。但是,他又强调在自然法的第一要素中,就本体论方面看,自然法是有关人的行为的理想秩序,是合适和不合适行动、正当和不正当行为的一条分水岭,它依靠着人的本性或本质以及根源于这种本性或本质的不变的必然性。马里旦认为,社会变迁,大自然沧海变桑田,唯有人性是不可改变的,自然法的本质就来源于这种不变的人性,是人的本质要求规则化。例如禁止随便杀人这是自然法上的一项箴规,因为人性首先所要求的和普遍的目的就是自我保存,人是有生存权利的,自然法则是这种"天然权利"的定型化,而且它是万古不移的。

(二)"认识论的要素"

他认为,自然法虽然是绝对的,存在于事物的本性之中,但由于人的认识能力有限,因而不同时代的人所能获得的自然法的知识却是相对的。这就叫自然法的认识论要素。马里旦说:"人们对自然法的知识是随着人的道德良知的发展而一点一点增加的。人的道德良知起初处于朦胧状态,人类学家告诉我们,人的道德良知最初是在那种部落生活结构里以及在那种半觉醒的幻影之中形成的。这仅仅证明人类不成文法的知识曾经历了比某些哲学家或神学家所相信的更加不同的形式和阶段。我们自己的道德良知对这一成文法的知识无疑地还是不完备的,而且可能只要人类存在,它将继续发展并继续变得更加精密。只有等福音渗入到人体的最深之处,自然法才会开花并达到完善的境地。"[11]

马里旦认为,自然法是处理必然地同"行善避恶"这一原则相联系的权利和义务的准则,它是实在法甚至万民法、国际法的精髓,是历久不衰、永世生效的部分。马里旦说,实在法是指在特定社会集团中有效的一套法律,它显然是低于自然法的。而万民法、国际法也和实在法一样,它们是通过理性的判断就能产生和就能推行的,其内容是暂时的,适用面是有限的。自然法却是一种无限的定则,一切法的内容最终源出于此。

另外实在法、万民法、国际法之间总是存在一种价值冲突,它们中间也需要协调。自然法

---

〔9〕［法］马里旦:《人和国家》,霍宗彦译,商务印书馆1964年版,第80页。

〔10〕同上书,第81~82页。

〔11〕同上书,第85~86页。

则是其中权威性极弱的标准，一切法律问题，最终要运用自然法原则来衡量和解决。

以上看出，马里旦的政治法律思想是“现代化”的基督教神学的自然法思想。

参考文献

1. [法]马里旦:《人和国家》，霍宗彦译，商务印书馆 1964 年版。

2. [法]马里旦:《自然法：理论与实践的反思》，鞠成伟译，中国法制出版社 2009 年版。

思考题

1. 新、老托马斯主法学的联系与区别是什么?

2. 马里旦是怎样论述人权的?

3. 马里旦是怎样论述自然法的认识论要素的?

第三节　朗·富勒的新自然法学

一、生平与著作

朗·富勒(Lon Fuller，1902～1978 年)是 20 世纪美国著名新自然法学的主要代表之一。他 1902 年 7 月 15 日出生于美国得克萨斯州的赫尔福德。17 岁起他先后就读于加州大学、斯坦福大学，1926 年获法律博士(JD)学位。毕业后为俄勒冈大学法学院的助理教授，1928 年，他调往伊利诺伊大学法学院，并在那里任教至 1931 年，其间他在《伊利诺伊法律评论》上连续发表了三篇关于法律虚构(拟制)的论文。这使 28 岁的他在美国法学界崭露头角。1931 年至 1939 年，富勒任教于杜克大学法学院。在此期间，他发表了“美国法律现实主义”一文，批判了法律现实主义，此论文获得美国哲学协会 1935 年度的菲利普斯奖。1939 年到 1940 年期间，富勒作为访问教授任教于哈佛大学法学院，在该学年结束之前，他便被聘为该学院的终身教授，并在那里度过了此后三十余年的学术生涯。1972 年 7 月 1 日，富勒从哈佛大学退休，1978 年 4 月 8 日逝世。

富勒的代表作是《法律的道德性》(*The Morality fo Law*，1964 年初版，1969 年再版时，加入了第五章)。它是富勒与著名的分析法学家哈特的一场论战的产物。1957 年 4 月，哈特应邀在哈佛大学作了一个题为《实证主义和法与道德的分离》的讲演，阐述其对法与道德关系的观点，富勒听后有感，写了《实证主义和忠于法律——答哈特教授》(*Positivism and Fidelity to Law—A Reply to Professor Hart*，Haevaed Law Review，1958.)一文反驳哈特的观点，这两篇文章后来同时刊载于《哈佛法律评论》第 71 卷上，由此引发了二人就法与道德关系的十多年的论战。其间，哈特于 1961 年出版了《法律的概念》一书，系统阐述自己的观点，富勒也于 1964 年出版了《法律的道德性》一书，予以回应。之后二人又补充发表了一些文章。

富勒的学识渊博，涉猎广泛，除法理学外，他对合同法、刑法、劳工法也多有见地。他的著作很多,如《法律在探讨自己》(*The Law is Quest of Itself*, Chicago: The Eoundation Press, 1940年)、《法理学》(*The Problems of Jurisprudence: A Selection of Readings Supplemented by Constants Prepared by Editor*, edited, Brooklyn: She Foundation Press, 1949 年)、《法律的虚构(拟制)》(*Legal Fictions*. California: Stanford University Press, 1967 年)、《社会秩序的原理》(*The Principles of Social Order*, ed. by Kenneth I. Winston, Duke University Press, 1981 年)等。

二、人性、道德及其社会秩序

(一)人及其道德

像任何法哲学家一样,富勒对法律的思考也以其对人性的认识作为出发点。他说:"对法律的道德性之要求的遵循可以服务于更为广泛的人生目标。这一要点来自于法律的内在道德中所蕴含的对于人的理解。"他说他之所以把法律定义为"使人的行为服从于规则之治的事业",这是因为"信奉这样一种观念,即:人是或者能够变成一个负责的理性行动主体,能够理解和遵循规则,并且能够对自己的过错负责。"[12]

那么,富勒是如何认识人的本性呢? 概括起来就是,人之所以不同于和高于其他动物就在于人的行为有社会性和理性,以及由此产生的道德性。在谈到社会性时他说:"人作为一种政治动物不得不在同他人分享的生活当中寻求善的生活方式。如果我们同我们所传承的语言、思想和艺术遗产之间的联系被切断,任何人都无法期盼超越于纯粹的动物性存在之上的东西。"[13]这就是说,社会性使人生活于群体之中,这使人们能通过交往弥补彼此之间的不足和创造出丰富多彩的文化。他认为这其中最主要的是交流。"人之所以能够生存到现在,是因为他的交流能力……是因为他能够获取和交流知识,也因为他能够有意识地、精心谋划地促成与其他人的通力合作。如果,在将来,人能够克服自己的自我毁灭能力而存活下来,这也必定是因为他能够与自己的同类进行交流并且达成相互理解。"[14]他进一步指出,"交流不只是一种生存的手段(a means of staying alive)。它是一种生存的方式(it way of being alive)。正是通过交流,我们得以继承过去的人类努力的成就。"[15]

他认为人的理性使人认识到这一点的重要性,并使他们在交往中彼此尊重和对自己的行为负责,这就使人的行为具有目的性和道德性。目的性表现在人的行为不是盲目的,总是要追求某种目标,追求"善"(good),特别是"良好的生活"(satisfactory life)。道德性表现为人会对自己的行为负责,会重视别人对自己的看法,会遵守公认的道德准则。

(二)道德的种类

富勒认为,人的道德有高下和程度之分,可分为愿望的道德(morality of aspiration)和义务的道德(morality of duty)。后者是一个社会里做人所应遵守的最低限度的道德,前者是一个成功者所应追求的道德,其最高的目标就是正义或所谓"实质性自然法",其主要的内容就是保持和扩大人们之间的交往及其由此所产生的人类的文化。他说:"如果说愿望的道德是以人类所能达致的最高境界作为出发点的话,那么,义务的道德则是从最低点出发。它确立

---

〔12〕[美]富勒:《法律的道德性》,郑戈译,商务印书馆 2005 年版,第 188 页。

〔13〕同上书,第 16 页。

〔14〕同上书,第 214 页。

〔15〕同上书,第 215 页。

了使有序社会成为可能或者使有序社会得以达致其特定目标的那些基本规则。它是旧约和十诫的道德。它的表达方式通常是'你不得…… ',有时候也可能是'你应当……'。它不会因人们没有抓住充分实现其潜能的机会而责备他们。相反,它会因为人们未能遵从社会生活的基本要求而责备他们。"[16]他认为,这两种道德的区分是相对的,他说:"当我们考虑各种类型的道德问题的时候。我们可以很方便地设想出某种刻度或标尺,它的最低起点是社会生活的最明显要求,向上逐渐延伸到人类愿望所能企及的最高境界。在这一标尺上有一个看不见的指针,它标志着一条分界线——在这里,义务的压力消失,而追求卓越的挑战开始发挥作用。"[17]富勒认为,义务的道德与法律最为类似,愿望的道德则与美学最为类似。他说:"如果我们要寻找人类研究领域之间的亲缘关系的话,法律便是义务的道德最近的表亲,而美学则是愿望的道德最近的亲属。"[18]他指出,法律的内容基本上与义务的道德相同,区别只在于法律的规定更明确、更具体。

(三)社会秩序

富勒认为,人类社会的存在和发展离不开一定的秩序。他把社会秩序界定为"我对那一术语的使用推广至包括规则、程序以及制度——简言之,是指使人们彼此之间的关系受制于正式调控的所有方式,而不论是通过同意、习惯或者命令"。[19] 他认为社会秩序有两种,即由上面所加给的秩序和在同一水平线通过相互调整所获得的秩序。也就是说,一种是不平等主体之间所建立的社会秩序,它是由通过社会中的上层人或统治者向下层人或被统治者发布命令的形式所建立的;另一种是平等主体通过交往而自发形成的社会秩序,它是通过大家对自发形成的交往规则的遵守而形成的。富勒认为社会秩序有良、恶之分,他所赞赏的是后一种。富勒一生中就是在探索这一"良好的社会秩序"(eunomics)的原理。富勒认为,这一秩序是"自治秩序"(autonomous order)或"自生自发秩序"(spontaneous order),它是经由观念的自由竞争所产生的秩序,它诉诸每一个个体认识自己的特定计划正当性的能力。他又认为,这种秩序是建立在人的行为受制于规则或对法律的普遍遵守上。他说:"法律可以说代表普遍秩序,而良好的秩序是指这样的法律,它必须回应正义、道德或者人们认为应当是什么的要求。"[20]

三、法和法治的概念

(一)法律

什么是法律?当时在西方时行的有几种回答,典型的有霍尔姆斯的预测说、庞德的社会控制工程说、弗里德曼的公共秩序存在说、霍贝尔的强力威胁说、凯尔逊等人的权力规范等级体系说、戴雪的国会主权说等。富勒在逐一地分析和批判这些理论的基础上提出了其著名的"事业说"。他说:"我所写下的这些文字中唯一称得上是一个法律定义的表述便是:法律是

---

〔16〕 [美]富勒:《法律的道德性》,郑戈译,商务印书馆 2005 年版,第 8 页。

〔17〕 同上书,第 12 页。

〔18〕 同上书,第 19 页。

〔19〕 Lon. L. Euller, *Human Purpose and Natural Law*, The Journal of Philosophy, 1956, p. 704。转引自邹立君:《良好秩序观的建构:朗·富勒法律理论的研究》,法律出版社 2007 年版,第 64 页。

〔20〕 [美]富勒:"实证主义和忠于法律——答哈特教授",何作译,载 http://article. chinalawinfo. com/article/user/article_display. asp? ArticleID = 2465。以下引文未注者均引自该文。

使人类行为服从于规则之治的事业(the enterprise of subjecting human conduct to the governace of rules)。与多数现代法律理论不同,这种观点将法律视为一项活动,并且把一套法律体系看成是一种有目的的持续努力的产物。"[21]他是在分析和批判实证主义的法观念的基础上阐述这一法律观的。他说:"我坚持认为法律应当被视为一项有目的的事业,其成功取决于那些从事这项事业的人们的能量、见识、智力和良知,也正是出于这种依赖性,它注定永远无法完全实现其目标。与此相反的观点认为,法律被视为社会权威或社会力量的表现事实,对它的研究应当关注于它是什么、已经做了些什么,而不应侧重于它试图做什么或正在变成什么。"[22]

与实证主义的法观念相比,富勒的法律观主要阐述了以下观点:

第一,法律不仅仅是一种手段,它也包含着目的,是目的与手段的统一体,因为它寄托着人们对美好秩序的追求,因为它是适用于具有道德性人类社会的。他说,我"把法律理解为一种目的性事业而非实现某一外在目的的手段,而不像庞德那样把法律理解为一种社会控制的工具等。"[23]又说:"我所认为的法律制度的目的是一种很有分寸的、理智的目的,那就是:使人类行为服从于一般性规则的指导和控制。"[24]为此,富勒强调说,如果我们不能理解法律规则所要实现的目的,就无法理解法律规则本身。

第二,法律不仅仅是个规则的体系,而且是一种活动的过程,虽然这一过程是围绕着规则的制定和落实展开的。他说:"与多数现代法律理论不同,这种观点将法律视为一项活动,并且把一套法律体系看成是一种有目的的持续努力的产物。"[25]富勒将法律看作是一个人们不断努力实现某种价值的过程,是一个不同的法律主体参与到不同的法律制度中实现某个目的的行动过程。因此,在富勒看来,法律并不是像哈特所认识的那样,是"在那儿"的客观存在,而是一个"半存在"(half exist),是一个未完成的东西。[26] 基于此,富勒认为法律规则是多元的,它不局限于国家制定的成文规则,而是包括教会法、行政规章等。他说:"维持一套法律体系之完整性所涉及的那些问题不仅突出体现在州法和国法之中,而且影响着教会、俱乐部、大学和工会等社团组织的内部章程。因此,我宣布,就我的分析之目的而言,这些组织的内部章程也是'法律'。"[27]

第三,法律不是由上面加之于社会的,不是"一种单向度的权威投射,发端于一个权威源泉而强加到公民身上",[28]而是上下之间互动的产物和过程。他说:"一套法律系统的运作有赖于立法者与守法者之间的一项合作努力——一种有效的、负责任的互动。"[29]因而,作为事业的法律,不是当权者的单一行动,也不"只在两条或三条战线上展开,而是在成千上万条战线上展开。那些起草和执行规则来规制俱乐部、教会、学校、工会、行业组织、农产品集市以及

〔21〕[美]富勒:《法律的道德性》,郑戈译,商务印书馆2005年版,第124页。
〔22〕同上书,第169页。
〔23〕同上书,第35页。
〔24〕同上书,第170~171页。
〔25〕同上书,第124页。
〔26〕同上书,第143页。
〔27〕同上书,第227页。
〔28〕同上书,第221页。
〔29〕同上书,第253页。

许多其他形式的人类组织内部事务的人们都在从事着这项事业。"〔30〕

富勒还从理论上深挖了实证主义法律观的错误，认为这是因为他们：

其一，把法律视为孤立的东西，不懂得法律存在于社会之中，不懂得立法者不可能超出其具体的社会角色。他说："实证主义者不承认在一个法律系统的运作中存在一个真正可以被称作'社会维度'（social dimension）的层面。实证主义者眼中只看到法律被立法者颁布出来的那个瞬间以及法律对其适用对象产生影响的那个瞬间。他看不到立法者与公民之间发生互动的过程，而且，由于这一疏忽，他也无法看到：在立法者与公民之间营造出有效的互动是法律本身的一项基本要素。"〔31〕

其二，不懂得目的与手段的辩证关系。他说："新分析法学派……更加基本的缺陷在于它们对目的和手段之间关系的歪曲……即：手段仅仅关乎便利，我们无法针对它们做出具有一般意义的分析。它使我们忘记：在一套法律体系中，以及在更加广泛的社会制度形式中，从一个角度来看是手段的因素在另一视角中每每呈现为目的，而手段和目的处在普遍、深入的互动关系之中。"〔32〕

其三，从更深层次讲，是因为他们割裂了实然与应然的关系，荒诞地认为对法律的研究只应限于"实然"，"应然"与之没有什么关系，或者说从"实然"中是推不出"应然"的。所以他们只问法律是什么，而不问法律为什么和怎么样。这是"因为他们的核心信念仍然是这样一个命题：'实然的'法律（1aw as it is）明显有别于应然的法律（1aw as it ought to be）。"〔33〕可是，情况恰恰相反，"实然"和"应然"是不可分割的，因为我们只有知道某一法律规则是为什么而制定的，我们才能知道它是什么，才能理解它的内容和更准确地执行它。

富勒认为，各种法律都是手段和目的、价值和事实的统一。而且价值和事实不是两种不同的东西，而是一个整体的两个方面。研究法律如果只知道法律是什么，而不知道法律为什么，就好比一部独轮手推车，其上面空空如也，它可能很容易被人向着任何方向推走，而不能按照自己的意志行走。他认为法律并不是一块石头那样的自然物，它包含有人的目的，因此一种法律如果不能达到它的目标，它就不是真正的法律。法律也不是一个坚硬的东西，它有许多空隙，其中有许多不完全的和正在形成的东西，法律必须随着社会的发展而变革。实证主义法学只是面向过去，它在本质上是一种关于先前存在的法律的理论，不能为法律的变革提供任何帮助。〔34〕

伯尔曼对富勒的这个定义给予很高的评价说："这个定义适当地强调法律活动高于法律规则……这个事业的目的不仅仅是公正地制定和适用规则，而且也包括其他的管理方式……它的目的不仅仅在于管理；它是一种促进自愿协议的事业。"〔35〕他进一步发挥说："法律不是作为一种规则，而是作为一个过程和一种事业，在这种过程和事业中，规则只有在制度、程序、价值

---

〔30〕［美］富勒：《法律的道德性》，郑戈译，商务印书馆2005年版，第146页。

〔31〕同上书，第223页。

〔32〕同上书，第228页。

〔33〕同上书，第220页。

〔34〕Robert Summers Professor Fuller' s Jurisprudence and American' s Dominant Philosophy of Law, *Havard Law Reviw*, 1978, pp. 438 – 440。参见邹立君：《良好秩序观屿建构：朗·富勒法律理论的研究》，法律出版社2007年版，第72～73页。

〔35〕［美］伯尔曼：《法律与革命》，贺卫方等译，中国大百科全书出版社1993年版，第5页。

和思想方式的具体关系中才有意义。”[36]

(二)法治

富勒对法治的认识与对法律的认识基本是一致的,即二者都是使人的行为服从于规则治理的事业。所不同的是在谈到法治时他强调了以下几点:

第一,法治社会对事情的处理必须以事先公布的明确规定为准则。他说:“法治的精髓在于,在对公民采取行动的时候(比如将其投入监狱或者宣布他据以主张其财产权的一份契据无效),政府将忠实地适用规则,这些规则是作为公民应当遵循、并且对他的权利和义务有决定作用的规则而事先公布的。如果法治不意味着这个,它就没有什么意思。”[37]因此,“法治要求政府同时需要依照第二种‘内在标准’(internal standard)来向公民正当化它的行动。这种标准要求,在法律所覆盖的整个领域当中,政府对公民作出的行动必须符合政府自己先前宣布的一般性规则(也就是得到这些规则的授权或确认)。因此,一个合法的政府可以说是借助它自己的立法权来对自己的行为完成了一项内部确认。”[38]所以,“法治之基本原则——一个法律权力部门对公民作出的行为必须通过被带入到一套事先公布的一般性规则的约束范围之内而获得正当性。”[39]

第二,法治社会里的政府不是人民的老爷,而只是法律规则的维护者。他说:“与管理不同,法律并不是一项指导他人如何去完成一位上级所安排的任务的事务,而基本上是一项为公民彼此之间的交往行动提供一套健全而稳定的框架的事务,政府在其中的角色只是作为一个维护这套系统之完整性的卫士。”[40]

第三,执法部门对事情的处理必须遵循一视同仁原则,特别是执政者要带头遵守法律。他说:“在法治原则之下,对公民行为的控制不是通过就事论事的指令、而是借助体现类似案件会得到类似处理这一原则的一般性规则来实现的。”[41]富勒在论述法律的内在道德时对法律提出八项要求,把它们统称为法律的“合法性”原则或法治原则,其中特别指出第八项原则,即“官方行为与公开规则之间的一致性”,说这是法治的关键。

四、法律与道德的关系——法律的道德性

在上面我们已经指出,富勒认为人类社会要建立秩序,特别是良好的秩序离不开规则,而任何规则都与所在社会人们的道德有关,都包含着道德,法律规则就是义务的道德的派生物,是义务的道德的法律化。正因为如此,富勒认为,法律离不开道德和具有道德性,并认为不具有道德性的法律就不再具有法律的权威或效力。他说:“法律即使仅仅被看作是秩序,也包含着它固有的道德性。如果我们要创设一种被称为法律的东西,即便是恶法,这种秩序的道德性也必须得到尊重。”这是因为,“法律作为值的人们效忠的某种东西,它一定表达了某种人类的成就;它不可能是权力的简单命令,或者是在国家官员的行为中才能辨识出来可以重复的行为模式。我们对人类法律的尊敬肯定会不同于我们对万有引力这一法则的尊敬。如果

---

[36] [美]伯尔曼:《法律与革命》,贺卫方等译,中国大百科全书出版社1993年版,第13页。

[37] [美]富勒:《法律的道德性》,郑戈译,商务印书馆2005年版,第242页。

[38] 同上书,第244页。

[39] 同上书,第248页。

[40] 同上书,第253页。

[41] 同上书,第244页。

法律(即使是恶法)要求我们要予以尊敬,那么这种法律一定表达了某种人类努力的一般方向,这种方向是我们可以理解和描述的,并且是我们在原则上可以赞同的,即使在某些时候对我们来说似乎丧失了自己的特征。"[42]

富勒指出,法律离不开道德或法律具有道德性表现在两个方面:

首先,法律必须以最高的道德——正义,作为其追求的实体目标。他把这称之为法律的外在道德(external morality)或实体自然法(substantive natural law)。他认为所谓正义就是保持和发展人们之间的交往,以便继承以往人类的成就,丰富后代的生活,扩大自己生活的界限。他说:"因此,如果有人要求我指出可以被称为实质性自然法的那种东西——大写的自然法——的无可争议的核心原则,我会说它存在于这样一项命令当中:开放、维持并保护交流渠道的完整性,借此人们可以彼此表达人们的所见、所感、所想。"[43]富勒认为,法律的外在道德作为法律制度争取的实体目标不是单一的,而是多元的。除了正义外还有效率、反种族歧视、人本身及自由、经济资源的分配、政治和经济制度的设计等之间的关系。因此,人们在制定至善的法律制度时所追求的实体目标也必然是一个具有丰富内容的综合概念。

其次,表现在法律自身的制定和实施,以及其内容和形式必须符合道德的要求,它涉及的是法律的解释和执行方式问题,即一种特殊的、扩大意义上的程序问题。他把此称为法律的内在道德(Inner morality)或程序自然法(procedural natural law)。他说:"法律应当被视为一种帮助人们过满意的共同生活的设施(facility)。如果这种设施要服务于它旨在为之服务的受益人,他们就必须善用它。但是,那些其任务在于设计和安装这种设施本身的人负有一项更重的责任,那就是在一开始的时候就把工作做好。我试图用'法律的内在道德'这一术语来描述的正是这项繁重而且往往十分复杂的任务。"[44]"我所尝试做到的是辨清和阐明一种特殊类型的人类活动所遵循的自然法,这种活动被我描述为'使人类行为服从于规则之治的事业'。这些自然法同任何'至上的、孕育万物的普遍存在'都没有关系。它们同'避孕措施是对上帝律法的违反'这样的主张也没有任何关联。它们无论从起源还是从应用上讲都是人间的。它们不是'更高的'法则;如果要找一种与海拔相关的比喻来形容它们的话,它们毋宁说是'更低的'法则。它们像是木匠的自然法则,或至少像是一位想使自己所建造的房子经久耐用并服务于居住者之目的的木匠师傅所尊重的法则。"[45]"从这个意义上讲,我所称的法律的内在道德乃是一种程序版的自然法(Procedural version of natural law);虽然,为了避免误会,'程序'这个词应当被赋予一种特殊的以及扩展的意义,以便使它包括像官方行动与公布的法律之间的实质性一致这样的含义。不过,'程序'这个词从总体上说非常适当地显示出我们在这里所关注的不是法律规则的实体目标,而是一些建构和管理规范人类行为的规则系统的方式,这些方式使得这种规则系统不仅有效,而且保持着作为规则所应具备的品质。"[46]

如果说外在道德追求的是实质正义的话,那么内在道德所追求的则是形式正义。又由于它所涉及的主要是法治问题,所以又叫法治原则。富勒把它归纳为八个:(1)法律的适用的

---

〔42〕[美]富勒:"实证主义和忠于法律——答哈特教授",何作译,载 http://article.chinalawinfo.com/article/user/article_display.asp? ArticleID=2465。

〔43〕[美]富勒:《法律的道德性》,郑戈译,商务印书馆2005年版,第215页。

〔44〕同上书,第257页。

〔45〕同上书,第113页。

〔46〕同上书,第113~114页。

普遍性(它包括人的行为有章可循和同样情况同样处理);(2)法律的公开性,即法律必须公布,因为只有这样才能使大家知晓法律和批评、监督法律;(3)法律的非溯及力,即法律只面向未来,不面向过去;(4)法律的明确性;(5)法律的一致性,即法律自身应避免互相矛盾;(6)法律的可行性,即法律不应要求人们作无法实现的事情;(7)法律的稳定性,即法律不能朝令夕改;(8)官方行为与法律的一致性。〔47〕 富勒认为在这八个原则中,从法治的角度来说,最重要的是第八个原则,他要求立法者和执法者严格执法,自己首先带头遵守法律,用法律约束自己的行为,只有这样才可能真正作到坚持依法办事。富勒所概括的这些法治原则对后来的学者影响很大,菲尼斯、拉兹等人所归纳的法治原则明显地参考了他的论述。

富勒认为,法律的外在道德与内在道德是有联系和互相影响、互相作用的。其中一方的败坏就会引起另一方的败坏。如立法者出于卑鄙的目的立法,就不可能制定出一个公开的表达明确的法规;反之,如果法律表达不清楚或互相矛盾,也难以使法律在执行中达到它的目的,势必影响它的外在道德。富勒认为,法律的内在道德虽然只是程序性的东西,但它们也能决定法律的性质,他说:"法律的内在道德虽然多是程序性要求,但从总体上决定着法的性质或权威性、合法性,也就是说不具有这些属性的法律,就不是好法,甚至于不是法律。"〔48〕 他还以"雷克斯王的寓言"形象化地说明这一道理。这个国王无知而狂妄自大,企图给他的国家制定一部十全十美的法典,但由于他对法律的无知,所以屡犯错误和屡遭挫折,最后以失败告终,郁闷而死。其犯的错误归纳起来有 8 个,即违反上述的法律的 8 个属性或法治的 8 原则。〔49〕

富勒还从其他方面论述了法律与道德不可分的关系。如他批判了实证主义法学家把法律仅仅视为工具的观点。认为法律不仅仅是工具或手段,而且应是手段和目的的综合体。因为没有纯粹的工具或目的,目的是离不开手段的,手段也是不能没有目的的。它们是互相影响和互相作用的。因为一定的目的决定了使用什么手段,而手段也影响目的的选择过程。任何一个目的在提出之前和确定之后,都要对其实现的手段,即对可行性进行验证,而这种手段的性质和代价必然影响目的的确定。这一过程是目的和手段的同时考量,直到找到与目的相统一的手段,才能最后确定或放弃某一目的。所以,法律制度及其运行过程不能仅仅视为手段,因为它部分地决定人们的活动,并帮助形成人们的整个生活方式。如由法律定型或规定结构的某一经济制度,不仅用来满足人们的各种欲望和要求,而且能形成自己特定形式的各种欲望和要求。这里目标就是法律的道德性(外在道德)。

再例如,法律的适用不仅依赖于强力,而且依赖于人们内心的自觉。几乎所有的实证主义法学家都强调法律的强制性,都认为法律的实施离不开强制。富勒认为,无论是西方民主国家还是极权主义国家,这都是不全面和不真实的。在任何国家,人们承认法律的权威和遵守法律,并不仅仅是因为害怕受到惩罚,而更重要的是因为认识到一种具有权威性的组织体系是必要的和正当的,是良好的生活不可缺少的。他认为,单纯的强制只能使人们在十分钟内服从它,不可能长久。所以正确的观念不是强力支持法律,而是法律支持强力,是因为法律有道德性,才使人们愿意服从它。

---

〔47〕 参见[美]富勒:《法律的道德性》,郑戈译,商务印书馆 2005 年版,第 2 章。

〔48〕 同上书,第 123 页。

〔49〕 同上书,第 2 章。

五、法律解释

富勒认为法律解释在法律的内在道德问题中占有特别的位置，因此对其作了专门的论述。他说："解释问题在法律的内在道德中占据着一个敏感的核心位置。它比任何其他问题都更能体现出维持合法性这一任务的合作性质。"[50]

像上述对法律的论述一样，富勒也是在对实证主义，特别是哈特的法律解释理论的批判中阐明其对法律解释的看法的。

首先，他认为哈特像所有的实证主义法学一样，把法律解释只是看成司法中偶然才用的一种方法，而且认为它如同图书管理员将一本新书归类上架那么的简单。他说："哈特教授在他的有关解释的整个讨论中，似乎假定有一种编目程序（cataloguing procedure）。法官面临一个新问题就像一个图书馆馆员决定一本新书放在哪一书架上"。但实际的情况并非如此，"司法过程还有编目程序之外的含义，法官不能在给案例作出适合的归类之后就撒手不管。如果你愿意的话，法官还不得不作出更多的事情以解决案件。"[51]

其次，富勒指出，哈特把"解释"只理解为对成文法规则词义的解释，认为"解释的任务就是决定法律规则中单个词语的含义"，而且，他用语言学中的语词结构理论阐述法律解释问题。他说任何语词都有着"核心"和"边缘"的结构。其词义"核心"部分清楚，"边缘"部分模糊。一般案件的解决适用于其"核心"，非常清楚，不用解释；特殊案件的解决适用于"边缘"部分，才需要解释。富勒批判说，首先，任何词汇其含义只有在特定的语境里才能确定，否则是无法确定的。他说："在每一种语境中，词语都有一个仅仅适合该语境的含义"，因此，"解释的要求是如此的取决于语境，以至于典型案例只能起到揭示一般性原则的作用，而无法表达出将这些原则适用于特定法律部门所涉及的细微变化。"[52]他批评说哈特"他的理论之最明显的缺点在于假定解释问题主要依靠单个词语的含义。"因为"在有关成文法的情形中，我们通常不是确定单的词语的含义，而是文本中的一个句子、一个段落、或者一整页或者更多篇幅的含义。"[53]他们不懂得法律解释不同于对上级命令的理解，其目的不是为了准确地执行命令，而是要公正地解决社会生活中的纠纷。他说："一项好的裁决应当具有两项相互关联的品质：对系统结构的尊重以及对社会背景的理解。现在我想指出，这些必要条件也适用于对成文法的解释。的确，如果将一部制定法设想为类似于一项军事命令，旨在控制那些没有机会了解宏观战略的人们的行动，那么，解释者的任务当然就是尽可能地揣度最高指挥部的意图。相反，如果法律的功能在于营造一种公民之间的有序互动，并且为自我导向的行为提供可靠的路标，那么，问题就会呈现出不同的面向，统辖文字解释的原则就不会被视为完全不同于适用于对互动行为之解释的那些原则。尤其值得强调的是，对系统结构的尊重以及理解情势需要的能力都应当被视为明智的成文法解释的必要条件。"[54]"显然，为了获致一种满意的纠纷解决方案，仲裁员必须能够认识到并理解包含在现行惯例中的隐含意义；如果他缺乏设

---

〔50〕［美］富勒：《法律的道德性》，郑戈译，商务印书馆2005年版，第259页。

〔51〕同上书，第260页。

〔52〕同上书，第107页。

〔53〕［美］富勒："实证主义与忠实于法律：答哈特教授"，何作译，载 http://article. chinalawinfo. com/article/user/article_display. asp? ArticleID = 2465。

〔54〕［美］富勒：《法律的道德性》，郑戈译，商务印书馆2005年版，第264页。

身处地地设想他正在解释的人们之间过去的交往行动模式的想象力,他的裁决就不可能做到公正和妥当。"[55] 因此,"解释问题的正确解决方案依赖于语境……那些解释法律的人(在这种案件中实际上包括法官和陪审团),如果想要把工作做好的话,就必须将自己放到被告当时所处的情境之中,并且追问:我们能够合理地期待一个身处如此情境的人作出什么样的举动。对生存之道的理解,同情的能力,以及一种对何种规则能够为行动提供可行指导的感悟,都是作出正确决策的必要条件。"[56]

基于以上认识,富勒主张一种"目的性"的解释理论,他说:"法律解释所关注的核心是法律的目的和结构,而非法律的词语"。因此,他认为法律解释所追求的"不在于'逻辑上的'一致性,而在于所谓的'目的兼容性'"[57] 这一目的不限于制定某一法律规则时的目的及其历史背景,也不局限于现在的实际需要,而是"使人的行为服从规则治理的事业"这一根本目的。

综上所述,富勒认为人的本性,即社会性和理性以及由之产生的道德性,使人趋向于良好的生活,而这种生活只有在良好的社会秩序里才能获得,它有赖于良好的社会规则,或者说只有把人的行为纳入良好规则的范围内才能达到这一目的。他认为法律就是这种意义上的社会规则,它是适应人建立一种良好的社会秩序的需要而产生的,所以法律就是"使人的行为服从规则治理的事业"。他认为,要如此,法律必须具有道德性,这表现在内在和外在两个方面,从而有"法律的内在道德"和"法律的外在道德"。后者是法律所追求的价值目标——正义,前者是法律在从事这一追求时自身所应具有的品行,富勒把它们归纳为八个方面,认为只有同时具备这八种品格的社会规则才具有正当性、法律的权威性或合法性,才配称之为"法律"。它不仅仅是一个规则的体系,而且是追求"规则治理的事业"的活动和过程,参与这一事业的不仅仅有执政者,而且有广大民众。值得注意的是,富勒是在批判以哈特为代表的实证主义法的法律观的过程中阐述这些观点的,他还用一系列寓言故事形象地说明这些观点。[58]

富勒在西方现代自然法学中有着特殊的地位,他开辟了自然法学研究的新领域,即从程序的角度研究自然法,并把"自然法"概念转换为"法律的道德性"。自然法学在传统上重视法律的道义基础,强调法律的基本内容必须符合人类社会的公认道德观念,法律必须以道德的最高境界——正义为追求的目标。这些观念在19世纪以后,由于商品经济席卷全球,功利主义成为一种时髦,受到了很大的冲击,甚至难以生存。这就使一些自然法学家不得不有所改变,"内容可变的自然法"、"认识论意义上的自然法"观念就是这一改变的产物。但是显然,它们仍然在法律的内容上做文章,这只能对气势汹汹的实证主义法学家的攻击予以临时招架。只有富勒改变了这一被动局面,对实证主义法学发动了主动性攻击,全面地剖析了其理论,并提出了自然法学的新概念,亮出了自然法学的新武器,开拓了自然法学研究的新领域。

---

〔55〕［美］富勒:《法律的道德性》,郑戈译,商务印书馆2005年版,第253页。

〔56〕同上书,第264页。

〔57〕同上书,第263页。

〔58〕他编造的寓言故事除上面所举的"雷克斯王的寓言"外,还有荒岛的寓言,它告诉我们人的本性使人在自然状态下趋于组织起来和建立相互信赖的统一体;告密者寓言,它告诉我们什么样的"法",如法西斯式的"法"已不是法律;木匠的寓言,它告诉我们他所主张的是一种什么性质的自然法;水官的寓言,它告诉我们真正的法律规则是以社会的需要和民众间的互惠为基础的,是无须强制的;洞穴探险者寓言告诉我们普通人类社会的法律不适用于特殊的情况下的人群等。参见郑戈:"富勒的寓言",载高全喜主编:《从古典思想到现代政制》,法律出版社2008年版。

参考文献

1. [美]富勒:《法律的道德性》,郑戈译,商务印书馆2005年版。
2. 强世功:《法律的现代性剧场:哈特与富勒论战》,法律出版社2006年版。
3. 邹立君:《良好秩序观的建构:朗·富勒法律理论的研究》,法律出版社2007年版。

思考题

1. 如何理解富勒的法律观?
2. 如何理解"内在道德"的内涵及其理论价值?
3. 简述富勒法律观的认识论基础。
4. 富勒认为法律与社会是何种关系。

第四节 罗尔斯的新自然法学

一、生平和著作

约翰·罗尔斯(John Rawls,1921~2002年)是当代西方著名的政治哲学家和新自然法学的主要代表之一。他出生在美国马里兰州的巴尔的摩,早年就学于普林斯顿大学学习哲学,1943年毕业后应征入伍,1946年退役后重返普林斯顿大学攻读硕士学位,其间他因获得一项奖学金曾到康乃尔大学学习一年。1950年在取得博士学位后他留在普林斯顿大学从事教学和研究工作,1952~1953年他申请到了富布莱特基金后以高级访问学者的身份到英国牛津基督教会学院学习和研究,其间认识了许多重要的哲学家和法学家,如哈特等。从牛津返回美国后,他在康奈尔大学谋得一个助理教授职位,并于1956年取得副教授终身职位。1959年,他受邀到哈佛大学任访问教职一年,然后到麻省理工学院任终身制哲学教授,1962年再到哈佛大学任教,直到1991年退休。

罗尔斯以提出一种新的正义理论而闻名于世,其成名作就是1971年初出版的《正义论》。这本著作的问世在西方学术界引起了轰动,掀起了研究罗尔斯及其正义问题的高潮。大多数学者给予这本著作以高度评价,但也有的提出批评和质疑。这促使罗尔斯对正义问题的进一步思考,在后来几十年的教学和研究中,他为了不断地发展和完善自己的理论,回应同仁们的质疑,他又相继于1993出版了《政治自由主义》(1996年作了修订)、1999年出版了《万民法》、2000年出版了《道德哲学史讲义》。为了弥补《正义论》的不足和修正其中的一些错误,也为了更准确地表述自己的观点和把后来发表的一系列论文与之整合为一个统一的体系,2001年他出版了《作为公平的正义——正义新论》。它是罗尔斯在哈佛大学所开的政治哲学课的讲稿,经多次修改,逐渐完善,但一直没有定稿,因晚年罗尔斯身体欠佳,已不可能将其完成,故由塔夫茨大学的爱林·凯利(Erin Kelly)教授编辑出版。

罗尔斯作为当代西方著名的政治哲学家其贡献不仅在于恢复和更加系统地阐述了传统的正义观念,而且在于把西方政治哲学的研究推向新的阶段。自启蒙时代以来,西方的政治哲学家最重视研究的政治价值有两个:自由和平等。西方资产阶级革命推翻了封建制度,建立了西方民主制度,其目的就是为了实现这两个价值。因而这一时期的著名的政治哲学家,如霍布斯、洛克、卢梭、约翰·密尔都对自由和平等作了很多的研究。但由于古典自由主义者认为,在自由和平等这两种政治价值中,自由的价值更为重要;两种价值在实践中往往是冲突的,在冲突时应以自由优先;自由问题必须解决也能够加以解决,而平等问题则是无法解决的。因而,罗尔斯之前的思想家更重视自由问题的研究,并提出了比较系统的理论和一套能操作的制度设计。约翰·密尔的《论自由》和《代议制政府》可以说是这些研究成果的总结和概括。罗尔斯则把这一认识向前推进了一步,他认为,自由和平等都是最重要的政治价值,而且二者有一种内在的联系,没有平等的自由只是一种形式的自由,因此二者必须联系起来解决,仅仅解决自由问题是不够的。虽则平等的问题更难解决一点,但它同自由一样,不仅是必须解决的,而且也是能够解决的。他认为正义的含义更多的是指平等,因此他的正义理论就是要解决平等问题。其《正义论》、《政治自由主义》和《万民法》就是解决平等问题的理论阐述和制度设想。应该指出的是,由于罗尔斯是一个政治自由主义者,所以他的一套设想是以西方的政治自由主义为出发点和归宿的。

二、正义的概念:作为公平的正义

罗尔斯的正义理论最显著特点是提出了"作为公平的正义"的概念。那么什么是"作为公平的正义"?罗尔斯指出,由于他的正义理论属于政治哲学,而不是伦理学或道德哲学。因而,他的正义理论讨论的不是个人的品德问题,而是社会的基本结构和基本制度及其建立的基本原则。他说:"对我们来说,正义的主要问题是社会的基本结构,或更准确地说,是社会主要制度分配基本权利和义务,决定由社会合作产生的利益之划分的方式。所谓主要制度,我的理解是政治结构和主要的经济和社会安排……一个社会体系的正义,本质上依赖于如何分配基本的权利义务,依赖于在社会的不同阶层中存在的经济机会和社会条件。"[59]这就是说,正义实质上是一种社会合理地确立各种权利义务的原则,他主要体现于社会的政治制度中。正因为这种正义是针对社会的基本结构而言的,因此社会结构的不同范围就有不同的正义。有直接应用于基本结构内部的各机构和团体的局部正义,有应用于社会基本结构自身或一个国家的国内正义,有应用于全世界的全球正义。

罗尔斯认为,制度之正义是比个人品德之正义更重要和更根本的东西,因此,首先要解决的是社会制度是否正义?然后才能决定个人须承担的义务和责任,离开制度来谈个人道德修养的完善,甚至对个人提出严格的道德要求,往往造成人的虚伪和盲从。

罗尔斯指出,他所说的"作为公平的正义"(justice as fairness)不同于一般的正义,这突出地表现在以下三点:

第一点,它"是为一个民主社会而构思出来的。他的原则试图回答这个问题:一旦我们将民主社会视为一种自由和平等公民之间的社会合作的公平体系,那么对它而言最适合的原则

〔59〕[美]罗尔斯:《正义论》,何怀宏等译,中国社会科学出版社 1988 年版,第 5 页。

是什么？”[60]“第二点是，作为公平的正义将社会的基本结构当作政治正义的主题，也就是说，将它的主要政治制度和社会制度以及它们如何融为一个统一的合作体系当作政治正义的主题。”[61]“第三点是，作为公平的正义是一种政治自由主义；它试图表达出一种具有重大意义的（道德）价值的家族（family），而这些价值是特别应用于基本结构之政治制度和社会制度的。它按照政治关系的某些具体特征来解释这些价值，而这种政治关系与其他一些关系是不同的，如团体关系、家庭关系和个人关系。”[62]其之所以如此，首先在于“它是社会基本结构内部的一种人际关系（relationship of person），对于这种基本结构，我们只能生而入其中，死而出其外”；其次也是因为“政治权力永远是由国家及其强制机构所使用的强制性权力，但是在一个立宪政体中，政治权力同时也是为一个集体（collective body）的自由和平等的公民的权力”。这样，政治权力就是公民的权力，是他们作为自由和平等的公民强加给他们自己和互相加以使用的权力。另外，政治自由主义是基于两个事实：其一是理论多元论的事实，即它允许各种各样的哲学、宗教信仰的存在，而且还是以其存在为前提和为其更好地存在服务的；其二是政治权力被认为是作为一个集体的自由和平等的公民的权力。罗尔斯认为这决定了其政体是民主政体和其政治权力的使命是合法的。[63]

罗尔斯还从“正义”概念的基本含义以及正义与“善”和“正当”的关系上作了论述。他认为，正义的基本含义是平等，是正当，因而正义原则在更广泛的意义上即是平等原则，是正当原则，正义在某种意义上是正当的一个子系统，或者说是应用于社会制度时的正当。正当是与“善”密切相关的一个概念。“善”是某事物符合于已有的正当原则相一致的生活方式。所以正当优于“善”，是衡量“善”的标准。[64] 他认为正义要消灭社会制度所造成的不平等。一般地说，产生人们之间不平等的原因主要有二：其一是社会的和文化的原因，人们在家庭出身、周围环境、教育条件等方面有很大的差别，致使有的人在能力和品德上比别人高；其二是自然的原因，人们生来有不同的天赋，这包括种类和程度的差异。罗尔斯认为，正义所能解决的不平等只能是前者，至于后者则是正义所不应关注也是它无能为力的。例如在两个男士竞争一个漂亮的女士的过程中，身体魁梧和相貌英俊者获胜，这一事实对于因身体条件差而在竞争中失败的男士来说，只能说是一个不幸，不存在不公平的问题。这意味着正义所要解决的只是尽力消除产生差别的社会和文化原因，使那些有同等自然禀赋和同样意愿的人有同样的机会和成功前景，而不论他们的社会地位和家庭出身是什么。

三、社会正义原则产生的条件和途径

罗尔斯认为，社会对正义的需要和产生正义原则的可能在于以下几个前提：（1）这个社会的成员是自由和平等的、有理性的、正式的和完全合作的成员；（2）他们愿意联合起来建立一个公平的合作体系；（3）已有的社会是一个秩序良好的社会。所谓秩序良好的社会指的是：其一，每个人都接受相同的政治正义观念；其二，每个人都相信即将建立的社会合作体系能满足这一正义观念；其三，每个人都具有一种正义感，它能使他们理解和应用为公众承认的

---

〔60〕［美］罗尔斯：《作为公平的正义——正义新论》，姚大志译，上海三联书店2002年版，第65～66页。

〔61〕同上书，第66页。

〔62〕同上书，第66～67页。

〔63〕同上书，第65～66页。

〔64〕［美］罗尔斯：《正义论》，何怀宏等译，中国社会科学出版社1988年版，第28页。

正义原则。

那么,怎样为这样一个社会寻找到真正的正义观念或正义原则呢?罗尔斯认为,这必须借助于“原初状态”(original position)和“无知之幕”(veil of ignorance)这两个观念和假设。他说:“在作为公平的正义中,平等的原初状态相应于社会契约论中的自然状态……这种状态的基本特征是:没有一个人知道他在社会中的地位——无论是阶级地位还是社会出身,也没有人知道他在先天的资质、能力、智力、体力等方面的运气。我甚至假定各方并不知道他们特定的善的观念或他们特定的心理倾向。正义原则是在一种无知之幕(veil of ignorance)后被选定的,这可以保障任何人在原则的选择中都不会因自然的机遇或社会环境中的偶然因素得益或受害。”[65]这就是说,他认为只有在原始的平等中,即任何人无任何优势也对自己一无所知的平等中,他们才会通过签订社会契约的办法寻找共同合作的正义原则。因为如果他们对自己的利益和地位有充足的信息和自信心,是不可能真正地尊重别人和诚恳地寻找彼此能接受的合作原则的,只有地位平等者和毫无私心者,才能使他们的活动排除了自私的目的和取消了谈判的筹码,从而找到真正的正义原则。他说:“原初状态建立了一种处境,而这种处境对所有的自由和平等、具有适当信息和合理行为的当事人所达成的协议都是公平的。这样,任何由这些作为公民代表的当事人所达的成协议都是公平的。既然这种协议的内容是关于基本结构之正义原则的,所以这种原初状态中的协议规定了自由和平等的公民进行社会合作的公平条款,从而其名称是,作为公平的正义。”[66]不过罗尔斯并不认为历史上曾有过这一事实,他明确地指出,原初状态只是一种代表设置(device of representation)或者是为了公众澄清的目的而进行的思想试验(thought - experiment)。

应该指出的是,在后期的研究中,虽然罗尔斯仍然坚持“原初状态”和“无知之幕”这两个观念和假设,但已更多地从虚拟中回到现实,探讨如今在理论多元的民主社会里,有理性的人们为了建立一个合作的体系在已寻找到正义的原则的基础上如何进一步制定大家共同遵守的宪法和法律的问题。为此他提出了“公共理性”和“重叠共识”的概念。在《政治自由主义》一书中他探讨了在社会成员的思想价值观念存在异质的多元民主社会中如何保持统一和稳定的问题,他认为在自由的人民(即每个社会成员享有充分而平等的自由)国家的法律,特别是宪法,是以这种国家的人民的“公共理性”为基础的,是在充分协商的过程中所达成的“共识”和所确立的原则,即由重叠性的“公共理性”所作出的决定。

所谓“公共理性”是与“私人理性”或“个人理性”相对应的,它“是一种政治观念,并属于政治的范畴。它的内容由满足互惠原则的一系列正义的(自由)政治总念所给定。它并不侵凌宗教信仰和律令,只要其符合于根本的宪法自由,包括宗教自由和良心自由。”[67]这就是说,“公共理性”不是用于私人事务方面的理性,而是用于政治事务的理性,它关乎的是不同的人如何和谐地生活在一起,组成一个统一的社会的问题,是要为这些情趣不同而又居住在一起的人们制定一个公平相处的总原则和设计一套合理的社会制度。

那么,这些持有不同的价值观念的人们能达成上述共识吗?又是怎样取得这一共识呢?罗尔斯认为是可以的,为此他提出了“重叠共识”的概念。“重叠共识”是作为理性者的社会

---

〔65〕[美]罗尔斯:《正义论》,何怀宏等译,中国社会科学出版社1988年版,第10页。

〔66〕[美]罗尔斯:《作为公平的正义——正义新论》,姚大志译,上海三联书店2002年版,第27页。

〔67〕[美]罗尔斯:《政治自由主义》,万俊人译,译林出版社2000年版,第188页。

所有成员为了共同的目的，在审慎思考和平等协商的基础上对政治正义所达成的共识，是每个社会成员对政治事务思考结果中的重叠部分。由此而来的政治正义观念不能以任何完备性道德学说为理论基础，恰恰相反，它是建立在多种完备性学说的重叠共识之基础上。

所谓“完备性学说”(comprehensive doctrine)，按照罗尔斯的解释，该词是指那些具有完整理论的构成(包括某种形而上学本体论和世界观)和独立学术品位与影响的学说系统，而不只是刻画其综合全面性。[68] 罗尔斯认为，合理完备性学说是现代市民社会的“背景文化”或“日常生活文化”，而非“政治文化”本身。“政治文化”是现代民主社会的基础，它涉及的是政体、制度、结构或组织等。在“政治文化”的背后，隐含着“一种民主思想的传统”，它“被视为是一种隐含地为人们所共享的理念和原则的根基(fund)。”[69] 而政治文化的三个普遍事实是：(1)“理论多元论的事实”；(2)“压迫的事实”(the fact of oppression)；(3)“……一种持久而安全的民主政体，即一个不被分裂成互相竞争的学说自认的和敌对性阶层的民主政体，必须获得他在政治上积极参与的公民(……)的实质意愿性支持。”[70]

在《万民法》一书中，罗尔斯还把这一思想推及国际社会的“万民法”，不同的只是后者的范围更大一些，主体也不再是个人，而是人民，因此它不是个人的公共理性的重叠共识，而是不同人民的公共理性的重叠共识。他说：“我区分了自由人民的公共理性和人民社会的公共理性。前者是国内社会的平等公民讨论宪法根本(constitutional essentials)及关系到其政府的基本正义事务时的公共理性；后者则是自由平等的自由人民之彼此关系时的公共理性。具有政治总念、原则、理想和准则的万民法，便是后一种公共理性的内容。”[71]

可以看出，罗尔斯后期在政治正义观念和原则的产生方式上实际已经修改了早先带有幻想色彩的原始的社会契约的假设，提出了比较务实的理性协商办法。它不再把人们设想为对自己毫无所知的傻瓜，而是有自己的追求和信仰的理性自由人，这种人承认和尊重别人的存在，充分地认识到共同生活在一起的人所组成的社会的稳定和秩序的重要性，也认识到这种状态的建立和维持必须以共同的政治正义观念为前提，因此，他们能审慎地进行思考和平心静气地与别人交换意见，从而能求同存异，在排除各种分歧后达成共识。罗尔斯所说的政治正义观念具有三个特征：第一，它所指的是现代立宪民主社会，它是为这种社会的基本结构创设的，用以调节该社会的主要政治制度、社会制度和经济制度；第二，它表现为一种独立的政治观念，对它的接受并不以某种统一和完备性学说为前提；第三，它的内容是借助于公共政治文化中的基本理念来表达的。这种理念分别是作为公平合作系统的社会理念、作为平等个人的公民理念和由政治正义观念指导的秩序良好社会的理念。

四、正义二原则

罗尔斯的正义理论中最核心的部分是他所提出的著名的正义二原则，而这两个原则经过了反复的思考和多次的修改，最后在《作为公平的正义——正义新论》中表述如下：“(1)每一个人对于一种平等的基本自由之完全适当体制(scheme)都拥有相同的不可剥夺的权利，而这

〔68〕［美］罗尔斯：《政治自由主义》，万俊人译，译林出版社2000年版，第577页。

〔69〕同上书，第583页。

〔70〕同上书，第37～39页。

〔71〕［美］罗尔斯：《万民法》，张晓辉等译，吉林人民出版社2001年版，第59页。

种体制与适于所有人的同样自由体制是相容的;(2)社会和经济的不平等应该满足两个条件:第一,他们所从属的公职和职位应该在公平的机会平等条件下对所有人开放;第二,它们应该有利于社会之最不利成员的最大利益(差别原则)。"[72]

这两个原则,第一个简称为平等的自由原则,强调的是对社会的基本自由每个人都能够平等地享有。这些自由大致的说来"有政治上的自由(选举和被选举担任公职的权利)及言论和集会自由;良心的自由和思想的自由;个人的自由和保障个人财产的权利;依法不受随意逮捕和剥夺财产的自由。"[73]他认为,这些自由对每个人来说都是非常重要的。如平等的政治自由和思想自由能使公民在评价社会基本结构及其社会政策之正义性时发展和运用这些能力;良心自由和结社自由能够使公民在形成、修正和理性地追求他们的善理念时发展和运用他们的道德能力。

第二个原则分为两部分:第一部分简称为机会平等原则。它要求社会的各种机会对所有人开放,让他们平等地竞争,从而使那些有同等自然禀赋和同样愿意的人有同样的机会和成功前景。第二部分简称为差别原则(difference principle)。罗尔斯强调正义意味着平等,但他并不否认差别的存在,而这些差别势必使不同的人会有不同的成功前景。这一原则所讨论的是,什么样的不平等是秩序良好的社会所能容许的?他告诉我们,当某一差别的存在有利于最不利者的最大利益时,它就是可以容许的。也就是说,在社会政策的制定中差别的存在不仅不应建立在对社会中处于最不利地位的人的损害上,而且应建立在能给他们带来最大好处上。所谓处于最不利地位的人主要是指社会中财富和收入最少的人。

罗尔斯还论述了几个原则之间的关系。他认为第一个原则优于第二个原则,而第二个原则中的两个小原则中,机会平等原则也优于差别原则。这意味着第一个原则是使用第二个原则的前提或背景。这是因为第一个原则所解决的主要是宪政实质问题,而这个问题显然处于首要的地位。罗尔斯认为,正义原则是按照四个阶段的顺序来加以接受和应用的。在第一个阶段,当事人在无知之幕的后面接受了正义原则。第二阶段是立宪大会阶段,人们按照正义原则制定宪法。这时对人们的限制会越来越少,他们对信息的掌握也会逐渐增多。第三个阶段是按照宪法所容许的和正义原则所要求和准许的那样来制定法律的立法阶段,最后是应用的阶段,在这个阶段中法则为行政人员所运用,也普遍地为公民所遵守,而宪法和法律则由司法人员来加以解释。他认为,第一原则应用于立宪大会阶段,它对宪法的内容产生影响;而第二原则应用于立法阶段,它对所有各类社会和经济的立法以及由此而产生的各种各样的问题都具有重大的影响。

他进一步指出,两个原则的区别不是因为一个所表达的是政治性的价值,另一个所表达的是经济性的价值。而在于以下四点:"(1)两个正义原则在其应用中分别适用于不同的阶段,并对应用于基本结构的两种不同功能;(2)解决宪政实质问题是更为迫切的任务;(3)识别这些宪政实质是否得到实现,这是比较容易的;(4)关于这些宪政实质应该是什么,这个问题看来有可能达成意见一致,当然这种一致不是指每一个细节,而是指大概要点。"[74]

---

〔72〕[美]罗尔斯:《作为公平的正义——正义新论》,姚大志译,上海三联书店 2002 年版,第 70 页。

〔73〕[美]罗尔斯:《正义论》,何怀宏等译,中国社会科学出版社 1988 年版,第 57 页。

〔74〕[美]罗尔斯:《作为公平的正义——正义新论》,姚大志译,上海三联书店 2002 年版,第 78 页。

五、正义的种类

罗尔斯还在综合历史上有关对正义分类的论述的基础上把正义区分为实质正义、形式正义和程序正义。

（一）实质正义

所谓实质正义是涉及社会和个人怎样对待和处理有关人们的实体权利和义务的制度安排和态度，其中又分为社会正义和个人正义。社会正义中他着重谈了政治正义和分配正义问题。

1. 政治正义或宪法正义

宪法正义是关乎宪法的制定程序和内容的正义，它包括两个方面："首先，正义的宪法应是一种满足平等自由要求的正义程序；第二，正义的宪法应该是这样构成即在所有可行的正义安排中，它比任何其他安排更可能产生一种正义的和有效的立法制度。"〔75〕他认为其第一方面集中体现为"参与原则"。他说："当平等的自由原则被运用到由宪法所规定的政治程序中时，我将把平等的自由原则看成是（平等的）参与原则。参与原则要求所有的公民都应当有平等的权利参与制定公民将要服从的法律的立宪过程和决定其结果。"〔76〕原因是"既然宪法是社会结构的基础，并且是用来调整和控制其他制度的最后的规范体系，那么每个人便都有同样的途径进入宪法所建立的政治程序中。"〔77〕因此，他说："我认为宪法必须采取一些措施来提高所有成员参与政治的平等权利的价值。宪法必须确保一种参与、影响政治过程的公平机会。"〔78〕这包括"所有公民至少在形式上应有进入公职的平等途径。"〔79〕不过，罗尔斯指出："参与政治生活并不使个人成为他自己的主人，倒不如说给了他在决定如何安排基本社会条件下和其他人同等的发言权。参与政治生活也不满足那种想控制他人的野心，因为每个人都被要求按照所有人都承认为正义的东西来克制自己的主张。"〔80〕

2. 分配正义

罗尔斯说："在作为公平的正义中，分配正义（distributivc justice）的问题永远是这样的：基本结构的制度作为一种统一的制度体系应该如何加以调整，以使一种公平的、有效的和富有生命力的社会合作体系能够得以维持、世代相继？与其相对照的是另外一个问题，即如果将一批既定的商品在众多个人中间进行分配或配给，而我们知道这些人具有不同的需要、欲望和偏爱，并且他们在生产这些商品时也没有进行任何形式的合作。"〔81〕他赞成前一种意义上的分配正义而反对后一种意义上的分配正义，并把它称为配给正义，认为它不符合其正义的理念的。他说："我们拒绝配给正义的观念，因为它与作为公平的正义据以组成一个整体的基本理念是不相容的，而这个理念就是，社会永远作为一个合作体系的理念。公民们被视为从事合作，以生产出社会资源，而对这些社会资源，他们提出自己的要求。在秩序良好的社会

---

〔75〕［美］罗尔斯：《正义论》，何怀宏等译，中国社会科学出版社 1988 年版，第 211 页。

〔76〕同上。

〔77〕同上书，第 217 页。

〔78〕同上书，第 214 页。

〔79〕同上书，第 213 页。

〔80〕同上书，第 223 页。

〔81〕［美］罗尔斯：《作为公平的正义——正义新论》，姚大志译，上海三联书店 2002 年版，第 80 页。

中,平等的基本自由,(以及它们的公平价值)和公平的机会平等这两者都得到保证,而收入和财富的分配则表明我们可以称之为纯粹背景程序正义(pure background procedural justice)的东西。也就是说,基本结构被如此安排,以至于当每一个人都遵照公共承认的合作规则,并履行这些规则所规定的各项条款的时候,由此产生的具体商品分配就可以被接受为正义的(或至少不是不正义的),而无论这些分配的结果是什么。"[82]这就是说,作为公平的正义所考虑的是制度安排的公平问题,它所要解决的只是社会中的基本自由的分配中的程序公平问题,不参与产品的具体分配或配给。显然,罗尔斯在《作为公平的正义——正义新论》中对分配正义的这一新的表述,是对诺齐克批判的一个回应。因为诺齐克在其《无政府、国家和乌托邦》一书中曾严厉批评了分配正义这一概念,认为在如今社会实际的情况是,社会资源已被统统占领,或者说财富都是有主的,存在的只是这一占领是否公平,不存在重新分配的问题。所以他主张以"持有正义"概念取代分配正义这一概念。而衡量这一正义的标准是,财富的持有者如果所持有物原来是自然物,他对此物的占有必须是已通过自己的劳动增加了此物的价值;如果此物是非自然物,他则必须是通过合法的交换或继承才能持有。

3. 个人正义——职责及其良心拒绝和非暴力反抗

个人正义——职责。这是在正义二原则的基础上或在正义的社会中对作为一个正义的或有道德的人的要求,是"适用于个人的公平原则",它"要求一个人履行一个制度的规范所确定的他的职责。"[83]他认为所谓职责(obligation)是由正义制度对个人提出的正义要求,说:"由公平原则指定的要求就是职责。"[84]罗尔斯认为,职责产生的条件是:这一制度是正义的或能满足正义二原则的要求;个人自愿地接受这一安排的利益或利用它提供的机会促进他的利益。他认为,职责不同于一般的道德要求:它是出于自愿;其内容由制度或实践确定;它归之于特定的个人。[85]

良心拒绝和非暴力反抗。这是一种特殊的个人正义,一种在特殊的情况下,即社会整个的制度是正义的但在某些法律制度中出现了不正义时个人应如何对待的问题。问题的提出是,不正义的法律存在,已超出了应该服从的限度,怎么办?罗尔斯认为,一般来说,一种法律是应该服从的,即使它存在不正义的现象。他说:"一般来说,正如一种现存宪法所规定的立法的合法性并不构成承认它的充足理由一样,一个法律的不正义也不是不服从它的充足理由。当社会基本结构由现状判断是相对正义时,只要不正义的法律不超出某种限度,我们就要承认它们具有约束性。"[86]从这点来看,我们有一种礼貌的自然义务,即不把社会安排的缺陷当作不遵守它们的现成借口,也不利用规则中的漏洞来促进我们的利益。但是如果超出了这一限度,如果发生了对正义的严重侵犯,我们就再没有服从它们的义务,而且我们有一种责任来改变它。其方式就是良心拒绝(conscientious refusal)和非暴力反抗(civil disobedience)。

所谓"良心拒绝就是或多或少地不服从直接法令或行政命令。"他是一种个人的而不是一种如非暴力反抗那样的诉诸多数人正义感的请愿形式,而且是一种公开的拒绝,不是一种如良心的规避那样的隐蔽拒绝。典型的例子就是美国越战期间一些人因战争的不正义而拒

---

〔82〕[美]罗尔斯:《作为公平的正义——正义新论》,姚大志译,上海三联书店2002年版,第81页。

〔83〕[美]罗尔斯:《正义论》,何怀宏等译,中国社会科学出版社1988年版,第106页。

〔84〕同上书,第107页。

〔85〕同上书,第107~108页。

〔86〕同上书,第339页。

绝服兵役。

所谓非暴力反抗是“一种诉诸共同体的正义感的政治行为”;[87]是“一种发生在公众讲坛上的、表达深刻的和认真的政治信念的正式请愿”;[88]是“一种公开的、非暴力的、既是按照良心又是政治性的对抗法律的行为,其目的通常是为了使政府的法律或政策发生一种改变”;[89]“是在忠诚于法律的范围内(虽然是在外围的边缘上)表达对法律的不服从。虽然反抗者侵犯了某个法律,但是这个行动是公开的、和平的性质和一种承担行动的合法结果的意愿表达了对法律的忠诚。这种对法律的忠诚有助于向多数人证实非暴力反抗行为在政治上确实是认真的、真诚的,证实它确实是打算诉诸公共的正义感。”[90]他认为,非暴力反抗适用于多少是正义的民主国家,是对那些承认并接受这一宪法的合法性的公民而言的。对象限于实质性的和明显的不正义,尤其是那些阻碍清除其他不正义的不正义。而且行动者对政治多数的正常呼吁已经真诚地做过,但没有取得效果,法律纠正手段业已证明无效。他认为,非暴力反抗的使用要掌握分寸,必须得到合理地组织,不能导致对法律和宪法的破坏之类的不幸后果。罗尔斯认为,非暴力反抗对于民主社会来说是必不可少的形式,它“有助于维持和加强正义制度”,它“被用来禁止对正义的偏离,并在偏离时纠正它们”,[91]它是“维持一种正义宪法稳定性的最终手段”。[92]

(二)形式正义——法治

罗尔斯认为,形式正义就是“作为规则的正义”或法治。它是对实质正义的落实中的正义,是对实质正义所要求人们的规定严格地贯彻执行。由于这时的实质正义已具体化为一套法律制度,所以形式正义就体现为对这些法律制度的严格执行。而严格地依法办事就是法治。他说:“形式正义的观念和有规则的、公平的行政管理的公共规则被运用到法律制度中时,它们就是法治。”其特点是从形式上严格地贯彻执行已有的法律制度,而不管其性质和内容。他说:“这种对法律和制度的公正一致的管理,不管它们的实质性质原则是什么,我们可以把它们称之为形式的正义。如果我们认为正义总是表示着某种平等,那么形式的正义就意味着它要求:法律和制度方面的管理平等地(即以同样的方式)适用于那些属于它们规定的阶层的人们。正像西季维克强调的,这种平等就隐含在一种法或制度的概念自身之中,只要它被看作一个普遍规范的体系。就是对原则的坚持,或像有些人所说的,是对体系的服从。”[93]

罗尔斯认为作为形式正义的法治包括以下四个方面的原则:

第一,“应当意味着能够”,即可行性原则。它包括三个方面的具体内容:首先法律所要求或禁止的应该与人们合理的期望相一致;起码法律的制定者自己真诚地相信法律规定的是人们能做得到的;法律应该把执行的不可行看成是一种防卫或至少作为一种缓行的情况。

第二,类似情况类似处理的原则,即一视同仁或一致性原则。

---

[87] [美]罗尔斯:《正义论》,何怀宏等译,中国社会科学出版社1988年版,第360页。

[88] 同上书,第355页。

[89] 同上书,第353页。

[90] 同上书,第355页。

[91] 同上书,第372页。

[92] 同上书,第373页。

[93] 同上书,第54页。

第三,法无明文不为罪的原则。它要求法律为人们所知晓并被公开地宣传,而且它的含义得到清楚的规定;法令在陈述和意向两方面都是普遍的,不能被当作损害某些可能被明确点名(褫夺公民权利)的个人的一个手段;至少对较严重的犯法行为应有严格的解释;在量刑时不追溯被治罪者的既往过错。

第四,一些规定自然正义的准则,即在司法中所应遵守的不证自明的公理。例如法官必须是独立的、公正的,而且不能判决他自己的案子;各种审判必须是公平的、公开的,不能因公众的吵闹而带有偏见等。[94]

(三)程序正义

所谓程序正义,顾名思义即活动过程的正义问题。罗尔斯认为这种正义有三种:一种是完善的程序正义,它有两个特征:首先是对什么是公平的分配有一个独立的标准,一个脱离随后要进行的程序来确定并先于它的标准;其次设计一种保证达到预期结果的程序是有可能的。其典型的例子是切蛋糕。如果我们忽略技术上困难的话,可以设计这样一个程序——切蛋糕者最后拿蛋糕。它就能保证蛋糕分配的公平。第二种是不完善的程序正义,即有衡量结果是否公正的标准,但没有完全保障其实现的程序。最典型的例子是审判程序,它无论如何也不可能保障不出现差错。第三种是纯粹的程序正义。它只存在程序自身的正义问题,无所谓结果的公平与否问题。“纯粹的程序正义的一个明显特征是:决定正当结果的程序必须实际地被执行,因为在这种情形中没有任何独立的、参照它可知道一个确定的结果是否正义的标准。”[95]典型的例子是赌博和前面所说的程序意义的分配正义。

六、“万民法”或国际法的设想

罗尔斯在论述其国内政治自由主义理想的基础上,还把这一设想推向全世界,提出了类似于康德的永久和平的建立世界政治自由主义理想秩序的方案。他在晚年写了《万民法》一书来阐述这一设想。其中最主要的办法是借助和改造了西方原有的“万民法”概念。在他那儿:

第一,“万民法”不是指一种实际存在的法律,更不是指一种由世界政府实施的全人类通行的法律,而只是理解为各种法中共同的原则或精神。他说:“我使用‘万民法’一词,系指运用于国际法与实践之原则与准则中规定权利和正义的一种特殊政治总念。”“‘万民法’一词源于传统的 ius gentium,而 ium gentium intra se 一词则通常指各民族的共同法律……但我并不用‘万民法’一词于这种意思,而是指规制人民相互间政治关系的特殊政治原则”。[96]因此,他的万民法观念并不主张一种世界政府或世界国家,只是主张一种自由人民的联盟。他说:“首先我会假设,只为自由民主社会制定万民法的结果,将会是采取某些人民间平等之众所周知的原则。我假定,这些原则也会为人民间各种形式的联合体与联盟提供空间,但并不肯定一个世界国家。”[97]

第二,这些原则或精神是基于西方政治自由主义的基本观念,即人人自由、平等、独立,人

---

〔94〕［美］罗尔斯:《正义论》,何怀宏等译,中国社会科学出版社 1988 年版,第 226~229 页。

〔95〕同上书,第 81~82 页。

〔96〕［美］罗尔斯:《万民法》,张晓辉等译,吉林人民出版社 2001 年版,第 3 页及注释①。

〔97〕同上书,第 38 页。

具有理性和道德性,因而能与其他人合作共处,组成良好秩序的社会。因而,万民法允许不同文化传统和宗教信仰的人民同时并存。他说:"在合理正义的国内社会,这种历史条件包括了合理多元主义(reasonable pluralism)的事实。在人民社会中,合理多元主义相应于合理人民当中的多样性,他们在宗教和非宗教方面都具有不同的思想文化与传统。甚至两批或更多的人民都奉行自由宪政体制,他们的宪政主义总念也不免出现差异,表现为形形色色的自由主义。一种(合理的)万民法,必须能够为各种合理的人民所接受;它必须在他们中间保持公平,必须在形成其合作的更大框架方面具有效力。"〔98〕

第三,它是自由宪政的国家处理人际关系的原则扩大到国际社会的结果。他说:"万民法是一组政治概念,具有权利、正义与普遍善的原则,这些原则是自由主义的正义观念的全部内容,万民法因扩展及适应国际法而引出,它提供国际法判断所应参照的概念和原则。"〔99〕

第四,它也像国内的宪法一样,是以"公共理性"或"重叠共识"为基础的,或者说它是理性的人民为组织一个良好的国际社会秩序,在充分协商的基础上所确立的原则。罗尔斯认为,万民法是"公共理性"适用于自由的人民社会的结果。他说:"万民法乃是国内体制的正义自由总念,扩展到人民社会中去。我区分了自由人民的公共理性和人民社会的公共理性。前者是国内社会的平等公民讨论宪法根本(constitutional essentials)及关系到其政府的基本正义事务时的公共理性;后者则是自由平等的自由人民之彼此关系时的公共理性。具有政治总念、原则、理想和准则的万民法,便是后一种公共理性的内容。"〔100〕这就是说,万民法是基于人民之间的公共理性而产生的或者说是人民之间的公共理性的内容。当然,人民之间的公共理性是要通过人民的代表的协调产生的。而作为人民的代表则必须具备如下条件:一是合理而公平地处于自由平等地位;二是理性的人民;三是要对恰当的主题进行审慎的思考,在此一情形当中,所思考的便是万民法的内容;四是他们的审思依据了正当的理由(由无知之幕进行了限制);五是最后,万民法原则的选择是基于人民的根本利益。〔101〕

第五,罗尔斯认为万民法包括以下八个原则:一是各人民或民族(由它们的政府所组织)是自由且独立的,并且它们的自由独立得到其他民族的尊重。二是各人民或民族是平等的,是达成它们自身的一致的各派别。三是各人民或民族都有自卫权而无战争权。四是各人民或民族负有互不干涉的义务。五是各人民或民族必须遵守协议和约定。六是在战争中(假定是为了自卫),各人民或民族必须遵守特别指明的对战争行为的限制。七是各人民或民族都要尊重人权。八是各人民或民族有义务帮助其他生活在不利条件下的人民。〔102〕

值得一提的是,他在这里不再用"国家"(states)而是用"人民"(peoples)这个概念。他认为"人民"不同于国家,它能将其"基本利益限于合理性要求的范围以内",能"坚决接受并奉行正义的万民法"。因而,"自由人民有其权利和正义的总念准许的根本利益。他们寻求保护自己的领土,保证人民的安全,保持他们的自由政治制度及其市民社会的自由权与自由文化。除了这些权利,自由人民还要尽力为所有自己的公民与所有其他人民保障合理的正义;

---

〔98〕［美］罗尔斯:《万民法》,张晓辉等译,吉林人民出版社2001年版,第12页。

〔99〕汪晖、陈燕谷主编:《文化与公共性》,三联书店1998年版,第384页。

〔100〕［美］A.麦金太尔:《谁之正义?谁之合理性?》,万俊人译,当代中国出版社1996年版,第59页。

〔101〕［美］罗尔斯:《万民法》,张晓辉等译,吉林人民出版社2001年版,第36页。

〔102〕同上书,第40页;汪晖、陈燕谷主编:《文化与公共性》,三联书店1998年版,第388页。

自由人民能与其他同样坚持正义、保持和平的人民共生共存。”[103]

罗尔斯把国际社会的成员分为合理自由的人民(reasonable liberal peoples)、合宜的人民(decent peoples)、法外国家(outlaw states)、负担不利条件的社会(societies burdened by unfavorable conditions)和仁慈专制主义社会(benevolent absolutisms)五类。而后四类合称非自由的人民。

罗尔斯这种划定是基于他对合理性、合宜性和理性概念的严格区分。他“把‘理性(的)’看成是具有按照普遍理性原则而行动的品性;把‘合理(的)’看成是人们理智地追求生活目的的品性;两者间并无逻辑蕴涵关系。”而“合宜性乃是与合理性同样的规范观点,虽然其程度较弱(换言之,它所涵盖的领域较合理性为小)”。[104]

因此,所谓合理自由的人民指在内部实行宪政民主制度,其成员享有充分的自由和具有道德性的社会。他说:“合理的人民有着两个特征:首先,他们准备在平等的人们之间达成社会合作的公平条款,而如若其他人遵守这些条款时,他们也会这样做,即便这会对他们有所不利;其次,合理的人们承认并接受判断的负担的后果,这会导致民主社会中合理宽容的观念。最后我们也谈及合法性法律的观念,合理的人民理解,它适用于政治权威的普遍结构。他们知道,政治生活里的完全一致几乎不可能达到,所以为达成决定,合理的民主宪法必须包含着多数或其他多元投票程序。”[105]

所谓合宜的人民,指实行协商等级制度,因而每个个体并不独立和自由,但公民在政治决策中扮演实质性角色的社会。他说:“其基本制度满足政治权利与正义的某种特定条件(包括公民在政治决策中扮演实质性角色的权利,虽然要通过联合体与集团才能实现),并引导公民尊重人民社会合理而正义的法则。”[106]因而,“合宜的社会没有侵略性,仅仅因自卫而参加战争。是正义的公共善总念把人权分配给所有的成员;它的基本结构包含着合宜的协商等级制度,它保护人权以及其他权利,确保在协商体系下面,社会中所有的集团都能得到选举产生的团体合宜的代表。最后,必须真诚且绝非不合理地相信管理法律体系的法官及其他官员,在这一体系中,法律真正得到正义的公共善观念的指导。”[107]

所谓法外国家则指对内不尊重人权,对外不遵守国际法的基本原则实施侵略和扩张的国家。而负担不利条件的社会或承受负担的社会指“虽然不事侵略扩张,却缺乏政治及文化传统,缺乏人力资本和技巧,而且往往缺乏组织良好所必要的物资与技术资源。”[108]所谓仁慈专制主义社会,虽能尊重人权,但由于其成员在政治决策中被剥夺了有意义的角色,所以这种社会组织不良好。[109]

第六,罗尔斯认为,万民法是自由的人民经过民主的程序,由其公共理性中产生的,其适用不限于自由的人民,也可以适用于非自由的人民。他把这称为宽容。他说:“将万民法扩展到非自由人民,其主要的工作之一,是确定自由人民将在何种程度上宽容非自由人民。在这

---

[103] [美]罗尔斯:《万民法》,张晓辉等译,吉林人民出版社 2001 年版,第 31 ~ 32 页。
[104] 同上书,第 71 页。
[105] 同上书,第 190 页。
[106] 同上书,第 3 页注释②。
[107] 同上书,第 93 ~ 94 页。
[108] 同上书,第 113 页。
[109] 同上书,第 4 页。

里，所谓宽容不仅意味着抑止行使政治制裁，——包括军事、经济或外交制裁——使某人民改变其行动方式。宽容也意味着承认这些非自由社会为平等参与人民社会合格的成员，他们有其权利和责任，包括公民义务要求他们为其他人民提供其行为适于人民社会的公共理性。”〔110〕但是他认为，对于法外国家决不能采取宽容态度，而是要给予制裁，以迫使它们逐渐成为自由的人民社会。他说：“事实上会有许多不同种类的组织受制于万民法的裁断，用于规制它们之间的合作，履行某种其所承认的义务。这些组织里，有一些(诸如联合国被理想地构想的)被授权为组织良好人民的社会表达对别国非正义国内制度的谴责，表达对侵犯人权的明显情形的谴责。在严重的情况下，它们会试图用经济制裁甚至军事干涉，去纠正这些错误。”〔111〕

以上看出，罗尔斯对正义问题，特别是制度正义问题作了详细而系统的论述，因而其正义理论所涉及的方面和深刻的程度为大家所公认，并得到高度的评价。但是我们也看到，其正义理论是以当今西方占主导地位的政治自由主义为基础的，因而其理论可以说是西方政治自由主义正义观的系统表述。正因为如此，再加上其理论在价值取向上倾向于平等，他的正义理论发表后受到了来自各方面的批判。主要的有上面提到的诺齐克对其以平等为价值取向和分配正义概念的批判，〔112〕有麦金太尔对其只强调制度之正义而忽视品德之正义的批判等。〔113〕

参考文献

1. [美]罗尔斯：《正义论》，何怀宏等译，中国社会科学出版社 1988 年版。
2. [美]罗尔斯：《作为公平的正义——正义新论》，姚大志译，上海三联书店 2002 年版。
3. [美]罗尔斯：《政治自由主义》，万俊人译，译林出版社 2000 年版。
4. [美]罗尔斯：《万民法》，张晓辉等译，吉林人民出版社 2001 年版。

思考题

1. 罗尔斯的正义论的历史地位。
2. 罗尔斯对正义是怎样分类的？
3. 怎样认识罗尔斯的正义二原则？
4. 罗尔斯对法治是怎样论述的？

---

〔110〕 [美]罗尔斯：《万民法》，张晓辉等译，吉林人民出版社 2001 年版，第 63 页。
〔111〕 同上书，第 39 页。
〔112〕 参见[美]诺齐克：《无政府、国家与乌托邦》，姚大志译，中国社会科学出版社 1995 年版、2008 年版。
〔113〕 参见[美]A. 麦金太尔：《谁之正义？谁之合理性？》，万俊人译，当代中国出版社 1996 年版；[美]A. 麦金太尔：《德性之后》，龚群译，中国社会科学出版社 1995 年版。

第五节 德沃金的新自然法学

一、生平和著作

罗纳德·德沃金(Ronald Dworkin,1931.12~2013.2)是20世纪70年代以来美国最为重要、最有影响的法哲学家及宪法学家。1931年12月11日,德沃金出生于美国马萨诸塞州伍斯特市。他先后毕业于哈佛大学(1953年获文学学士,1957年获法学硕士)和牛津大学(1955年获文学学士);1957年至1958年担任美国联邦最高法院法官汉德(Learned Hand)的助理,汉德法官对他评价极高:"在我的全部法律助理当中,要数德沃金最为聪明";1957年至1961年德沃金在华尔街的律师事务所工作,但他觉得自己并不适合从事律师这种职业;1962年到1969年,德沃金在耶鲁大学法学院执教。故,1962年是德沃金走上学术之路的开端。

1968年是德沃金学术事业的一个重大转折点。当时只有36岁的他接替了哈特教授的职位,成为西方世界地位显赫的牛津大学法理学讲座教授。在这个众人仰慕的职位上,德沃金一直工作到1998年,由此奠定了他在西方法理学界无人撼动的地位。1975年,德沃金谢绝了哈佛大学抛出的橄榄枝,转而来到名气不大的纽约大学(New York University)担任了萨默尔(Frank Henry Sommer)法律与哲学教授,同时他还兼任伦敦大学学院(University College London)边沁法理学教授(Jeremy Bentham Professor)。

德沃金的代表作有:《认真对待权利》(*Taking Rights Seriously*,1977年)、《原则问题》(*A Matter of Principle*,1985年)、《法律帝国》(*Law's Empire*,1986年)、《人生的疆界》(*Life's Dominion:An Argument About Abortion,Euthanasia,and Individual Freedom*,1993年)、《自由的法:对美国宪法的道德解读》(*Freedom's Law:The Moral Reading of the American Constitution*,1996年)和《至上的美德:平等的理论与实践》(*Sovereign Virtue:The Theory and Practice of Equality*,2000年)等。这六部著作恰好"建构了一个完美的法律人形象,即认真对待权利,严肃原则问题;出入法律帝国,逍遥人生疆界;心系自由律令,胸怀至上美德。"[114] 此外,德沃金的著作还有《身披法袍的正义》(*Justice in Robes*,2006年)、《民主是可能的吗?新型政治辩论的诸原则》(*Is Democracy Possible Here? Principles for a New Political Debate. Princeton*,2006年)、《最高法院的阵形——最高法院中的新右翼集团》(*The Supreme Court Phalanx:The Court's New Right - Wing Bloc*,2008年)、《刺猬的正义》(*Justice for Hedgehogs*,2011年)、《没有上帝的宗教》(*Religion without God*,2013年)。[115]

德沃金一生最重要的著作共有十五本,其中,《认真对待权利》和《法律帝国》以及《刺猬的正义》(Justice for Hedgehogs)(2011年)三本书最为著名。[116]

---

[114] 张国清:"法学家应当如何思维?"(中文版译者序),载[美]罗纳德·德沃金:《原则问题》,张国清译,江苏人民出版社2005年版,第1页。

[115] Lewis A. Kornhauser,Ronald M. Dworkin,*New York University Law Review*,Volume 89,April 2014,Number 1.

[116] Jeremy Waldron,The Enrichment of Jurisprudence,*New York University Law Review*,Volume 89,April 2014,Number 1.

《认真对待权利》是一本关于权利和原则的论文集,也是德沃金的成名作。它收录了作者自1966 年至1977 年12 年间发表的13 篇重要论文,以“权利论”(right thesis)为核心,呼吁“政府必须不仅关怀和尊重人民,而且要平等地关怀和尊重人民”,被西方学界称为“自 H. L. A. 哈特的《法律的概念》以来法理学领域最重要的著作。”[117] 另有人还将此书与罗尔斯(John Rawls,1921 ~2002 年)的《正义论》(*A Theory of Justice*,1971 年)以及诺齐克(Robert Nozick,1938 ~ 2002 年)的《无政府、国家与乌托邦》(*Anarchy*,*State*,*and Utopia*, 1974 年)一起,誉为“三部美国七十年代自由主义的经典之作”。

《法律帝国》是德沃金第一部自成体系的法理学专著,它是作者对其 1977 年到 1986 年的又一个 10 年法律思想的总结,该书以“建设性解释”(constructive interpretation)和“整体性法律”(law as integrity)两个概念为核心,形成了整体性法学的完整框架,指出“法律的帝国并非由疆界、权力或程序界定,而是由态度界定”。

《刺猬的正义》(Justice for Hedgehogs)一书出版于 2011 年。这不仅是德沃金最后的著作之一,也是一部集大成的著作。该书集中论述了法律与道德关系,肯定了统一价值的意义,提供了一个综合的法律和政治理论。

综上,在西方学界,德沃金是一位自由主义学者,他强力主张法律应该建立在道德融贯性基础上。德沃金的法学观可概括为权利论法学或权利和原则法学、自由主义法学、道德和政治法学,价值论法学。如果把德沃金的学说称之为一种整体性法学,也许能更为准确地体现其法律思想的本质。德沃金毕生致力于促进法律的权利、平等、正义或者法律与道德的融合研究,用其昔日“论敌”哈特的话讲,德沃金的理论标志着一个新的法理学时代的开始。

德沃金一直也是美国最有名和引证率最高的法学家之一。2007 年,德沃金因其卓越的学术成就获得挪威议会颁发的“霍尔堡国际纪念奖”,学术委员会对他的评价是:德沃金致力于发展一套“具有原创性与高度影响力,将法律奠基于道德之上的理论。这套理论具备将抽象的哲学观念和论证与日常具体的法律、道德和政治关怀相结合的独特能力”。但是,德沃金的自我评价却是这样的。在德沃金离世的两年前,他在接受《卫报》采访时说,他不知道如何去判断自己这一生,“当我还是一个华尔街的律师,我意识到我不想要这样的生活,所以我离开了,选择了让我感到充实的职业,思考、争辩那些艰难的、重要的和值得的事情,我一直为做到这一点而努力”。[118]

二、整体性的法律概念

德沃金倡导的整体性法律或法律的整体性(law as integrity)理论,实际上是在借鉴各学派主张的合理成分的基础上,创造性地提出的一种新的法学理论范式。[119] 可以说,整体性法律是他的法律思想的核心。其实,他的权利论、原则论、政治和道德论、解释论及宪法论等思想,不外乎都是这个核心的展开和深入。

什么是整体性?(1)从实质内容看,整体性是指一个与公平、正义等价值观念既有联系,又有区别的“政治道德”原则或“独特的政治理想”。德沃金说:“我通过鉴别并研究作为普通

---

[117] [美]罗纳德·德沃金:《认真对待权利》,信春鹰、吴玉章译,中国大百科全书出版社 1998 年版,“封底评语”。

[118] 以上参见李红勃:“德沃金:为了法理学的一生”,载《中国社会科学报》2013 年 3 月 6 日,第 B03 版。

[119] 吕世伦:“论德沃金的‘整体性法律’理论”,载《山东社会科学》2006 年第 7 期。

政治的一种明确美德的整体性去论证这种正当理由的主张,整体性位于公平和正义这两个更为人们熟悉的美德的旁边,有时还会与它们发生冲突。"[120](2)从外在形式看,整体性表现为政治、法律和道德的有机统一。如法律整体性的形式是:法律不仅包括规则,而且还包括原则和政策。

整体性使政治需要和个人需要协调一致,使公民的政治生活和道德生活融为一体。具体到法律上,就是使法律与道德、应然与实然相统一。例如,当公民与邻居的利益发生冲突而须决定如何解决时,整体性要求公民理解正义的共同规划,而公民们由于他们具有公民身份,因而双方都要受到这种共同规划的约束。[121]

作为一种独特的政治理想的政治整体性,其包括两个原则:(1)立法上的整体性原则。它要求立法者设法使整个法律在道德方面取得一致,即"努力保护每个人的道德和政治权利,以便公共标准能够表达正义和公平的一致性观念和做法";[122](2)司法上的整体性原则。它要求每个法官在判案时尽可能使法律与道德趋于一致。这种"整体性"是一种"内在的、参与者"的角度,它是对实证主义法学、自然法学及功利主义法学"外在的、旁观者"的角度的否定和超越。

德沃金以在英国发生的麦克劳克林一案(Mcloughlin case)(1981年)为例,具体说明了何为法律上的整体性原则?案情为:1973年10月19日下午4时左右,在英格兰发生了一起车祸,原告麦克劳克林夫人的丈夫及其四个孩子受重伤并被送往医院进行抢救、治疗。原告在事发当天下午6时左右闻讯后,即刻赶赴医院探望。在医院里,当原告得知其一个女儿已经死亡,且受重伤的丈夫和其他三个孩子仍未脱离危险时,身心遭受沉重打击。之后,原告以肇事司机以及其他相关责任人为被告,以精神蒙受巨大创伤为由,遂向法院起诉,请求给予精神损害赔偿。

一审法院受理此案后,以原告所受精神损害发生在医院而非先例中所称的事故现场为由驳回其诉讼请求。原告不服,提起上诉,但英国上诉法院却依据该院所谓的"政策",驳回了其上诉请求并维持原判。此项"政策"认为"承认扩大责任范围而将不在事故现场的亲属所受的损害也包括在内,那就会给整个社会带来各种不利的后果。它将促使造成更多的精神损害赔偿诉讼,这就会增加法院积压案件的问题。它将给那些实际上并未遭受严重精神损害但却能找到医生出具损害证明的人们提供欺骗要求的新的可乘之机"。[123]

原告麦克劳克林夫人并没泄气,她又一次上诉于英国最高法院,即英国上议院。上议院最终以不能因公共政策(即社会利益)的需要而拒绝个人应享有的权利为由,支持原告的诉讼请求,并撤销了原审法院的判决。

在该案的审判中,三级法院的意见为何截然不同?根本在于它们对待法律的立场或态度迥异,一、二审法院只把法律视为规则或政策,以功利主义原则为指导,只注重抽象的社会利益或集体目标的保护。故势必死守先例原则。而上议院以具体的个人利益为重,把法律作为"整体"看待,即构成法律的不仅有规则和政策,而且还有原则。故灵活变通了先例原则。

德沃金分析认为,如果赫拉克勒斯[124]法官接受法律的整体性观点,就会支持麦克劳克林

---

[120]　[美]德沃金:《法律帝国》,李常青译,中国大百科全书出版社1996年版,第365页。

[121]　同上书,第170页。

[122]　张乃根:《西方法哲学史纲》,中国政法大学出版社2002年版,第505页。

[123]　[美]德沃金:《法律帝国》,李常青译,中国大百科全书出版社1996年版,第25页。

[124]　赫拉克勒斯(Hercules)原意指希腊神话中宙斯之子,又称大力神。德沃金在《法律帝国》中以此作为其理想中的完美的、永存的、具有超人智慧的法官代称。

夫人的诉讼请求。他会基于以下理由作出判决：(1)任何因他人疏忽行为受到身体或精神损害的人都有要求赔偿的道德权利；(2)任何人都有得到平等关怀和尊重的权利。[125]

总之，在二战后自然法学、分析法学、社会法学三大流派的斗争和趋同过程中，德沃金的整体性法律理论，远胜于各种具有"综合性"法学倾向的诸派别。进而言之，他的整体性法学理论范式的贡献在于，试图把价值、规范、事实三大法律因素协调起来，这是解决现代西方法律传统危机的一种伟大的尝试。[126]

三、法律的灵魂：权利

"权利论"是整体性法律的灵魂所在，换言之，权利，准确点说，个人权利是整体性法律的内在和奋斗目标。德沃金在《认真对待权利》一书的"中文版序言"中指出："这些论文提供了一幅英美法上的自由的、以权利为基础的理论的综合图画，我把这一理论称为'权利论'。"[127]值得指出的是，德沃金的"权利论"在本质上是一种自由主义的法律学说，即关于个人权利的传统思想。他主张个人权利不仅是指法律上规定的权利，而且是指道德上的权利。

（一）以"平等"概念为核心的自由主义理论是德沃金"权利论"的理论基础

第一，德沃金的"权利论"是对20世纪60年代复杂动荡的美国社会状况反思的结果。20世纪60年代是一个被称为"造反的时代"。以黑人民权运动为先导，以高校学生为主体的校园民主运动、反对越南战争的和平运动、女权运动、环保运动、嬉皮士反主流文化运动等汇聚成汹涌澎湃的社会抗议浪潮。在这股强大的社会抗议浪潮的扫荡下，西方的法律传统陷入深深的危机。自17世纪资产阶级革命以来所建立起的以"平等"、"自由"为特征，以保障"个人权利"为宗旨的自由主义传统受到普遍的怀疑和指责。"自由主义和个人至上的理念、制度被国家职能的扩大所销蚀，西方法律传统的土壤被人类社会在20世纪的发展冲刷得日益稀薄。"[128]德沃金提出"权利论"的目的正是为了捍卫"自由主义"的传统，"恢复自由主义的地位，重新唤起人们对自由主义的热情和信任"。[129]

第二，德沃金的"权利论"是在对英美国家长期"占支配地位"的法律实证主义和功利主义法学的批判之中形成的。因为，无论法律实证主义，还是功利主义法学（包括以"社会利益"为中心的社会学法学）都对个人权利予以排斥。前者不承认个人权利可能存在于立法或司法判决之外，而后者则认为除非立法在实际上不为公众福利服务，个人就没有反对立法决定的权利。德沃金认为，"当由于某种原因，一个集体的目标不足以证明可以否认个人希望什么，享有什么和做什么时，不足以证明可以强加于个人某些损失或损害时，个人便享有权利"。[130]

第三，德沃金选择了"平等"作为其"权利论"的基石。他认为较之自由，平等是更根本的价值追求。因为，平等是目的，是自由主义的原动力，而自由作为实现目的的必要条件时才有意义，捍卫自由主义就是捍卫平等。[131]

---

[125] 张乃根：《西方法哲学史纲》，中国政法大学出版社2002年版，第505～507页。

[126] 吕世伦："论德沃金的'整体性法律'理论"，载《山东社会科学》2006年第7期。

[127] [美]罗纳德·德沃金：《认真对待权利》，信春鹰、吴玉章译，中国大百科全书出版社1998年版，第2页。

[128] 信春鹰："后现代法学：为法治探索未来"，载朱景文主编：《当代西方后现代法学》，法律出版社2002年版，第26页。

[129] 吕世伦主编：《现代西方法学流派》（上卷），中国大百科全书出版社2000年版，第112页。

[130] [美]罗纳德·德沃金：《认真对待权利》，信春鹰、吴玉章译，中国大百科全书出版社1998年版，第6页。

[131] 吕世伦主编：《现代西方法学流派》（上卷），中国大百科全书出版社2000年版，第113页。

(二)“平等关怀与尊重的权利”是德沃金“权利论”的核心内容

德沃金认为在所有个人权利中,最重要的是“平等关怀与尊重的权利”。他所指的“平等”是一种“独立意义”上的平等,即每一个公民都有得到政府平等关怀和尊重的权利,也即对于每一个公民来说,无论他们关于优越或美好的生活的看法有什么不同,他们都应当是平等的,政府不能以他们的地位的高低和财产的多寡来划分等级,也不能以社会公认的道德标准来区分高下。平等不仅是经济权利的基础,而且是政治权利的基础。他说“政府必须以关怀和尊重的态度对待其统治下的人民。所谓关怀是指将人民当作会遭受痛苦和挫折的人;所谓尊重是指将人民看作是能够根据自然的生活观念行动的人。政府不仅要关怀和尊重人民,而且要平等地关怀和尊重。这意味着政府绝不能以某些公民更值得关心而有权获得更多的理由来分配各种利益或机会;绝不能以某团体中某些公民的美好生活概念比他人优越或高贵而限制自由”。[132]

概括地讲,“平等关怀与尊重的权利”包含两层含义:(1)公民有受到平等对待的权利,即像他人享有或被给予的一样,同样地分享利益和机会。例如,在选举的投票权问题上,必须坚持每人一票的原则。(2)公民作为平等的人被对待的权利。这种权利不是指平等地分享同一种利益和机会,而是指在如何分配利益和机会的政治决定中,受到平等的关心和尊重的权利。总之,德沃金通过“平等关怀和尊重的权利”对个人利益和一般利益进行了“选择和折中”,从而使个人权利和一般利益实现了有机统一,最终为功利主义的“一般利益”找到了个人主义的出发点。

(三)“认真看待权利”是德沃金“权利论”的关键

德沃金指出“平等关怀与尊重的权利”是一项基本的、抽象的权利。它在实际生活中,不可能全部得到实现。为了进一步阐明这个问题,他把权利划分为两种:

1. 潜在的权利(background rights)

它是指人们保留的那样一些要求,尽管这些要求也具有某些理论上的合理性,但其并未被特定的制度所承认,因而也就不受特定制度的保护。例如,废除财产制度、彻底推翻现行制度的要求就属于此类。

2. 制度的权利

它是指被特定的制度所承认而加以保护的权利。例如,言论自由就属此类权利。德沃金对权利的这种分类,意在强调应注重制度的权利。“因为它代表了多数人对尊重少数人的尊严和平等的许诺。”[133]只有制度的权利才既为公民实际拥有,也为特定制度或其代表——政府所保护,这些权利恰恰是个人要求和社会需要的汇合点。

制度的权利能否实现取决于两方面的因素:一是政府对于公民权利保护的态度;二是公民的自我保护意识,即公民应具有一种自我保护的权利。当政府在政治决定上对公民采取抬一种、压一种的态度时,公民反对政府就是合理的。例如,公民的言论自由、宗教信仰自由的权利受到侵犯时,公民就有权利反抗政府。可见,政府的态度是制度的权利能否实现的关键。正因为这样,政府必须认真地看待权利。这首先意味着国会、最高法院等机构在正式宣告承

---

〔132〕 吕世伦主编:《现代西方法学流派》(上卷),中国大百科全书出版社2000年版,第118页。

〔133〕 [美]罗纳德·德沃金:《认真对待权利》,信春鹰、吴玉章译,中国大百科全书出版社1998年版,第269页。

认道德上的权利在法律上的范围时，就必须审慎从事。

要做到认真看待权利，还必须牢记两个基本的信念：一是人类的尊严；二是关于政治上的平等。德沃金认为，侵犯一个相对重要的权利是一个极其严重的问题，它意味着把一个人不当人或者对他的关注不及他人，严重背离了“平等关怀与尊重的权利”。他要求政府以审慎的态度认真地对待权利：审时度势，找准制度与权利的结合部并加以认真对待，实现权利的现实性和制度的合理性，从而使法律能够区别于“有秩序的野蛮状态”，最终才能重建人们对法律制度乃至整个社会制度的信任和尊重。

四、法律的构成形式：规则、原则和政策

德沃金指出，构成法律的不仅有规则，还有原则和政策。他这种所谓的“法律构成论”正是整体性法律的外在表现。换言之，规则、原则和政策的有机统一就是整体性法律的形式。“法律构成论”以“平等关怀与尊重的权利”为理论根基，它强调了两方面的内容：其一，原则具有法律约束力；其二，司法中原则优于政策。

（一）关于原则和规则

德沃金认为，除了确定的法律规则外，原则也同样具有法律约束力。这是在对哈特法律实证主义的“规则论”的批判中提出的。他说，实证主义只以单一的规则模式为标准，导致人们忽略了那些非规则标准（即道德标准）的重要作用。“我称之为‘原则’的是：应予遵守的准则，并不是因为它将促进或者保证被认为合乎需要的经济、政治或者社会情势，而是因为它是正义、公平的要求，或者其他道德方面的要求。”〔134〕也即原则就是正义、公平的体现，就是道德准则。“原则不由立法创造，它有时表现在法律序言中，有时表现在司法判决中，往往没有明确的陈述方式，他是从宪法精神、法规、判例以及道德和政治理论中推导出来的。”〔135〕

德沃金以1889年纽约州法院关于里格斯诉帕尔默一案（Riggs v. Palmer）为例，论证了规则与原则的不同。案情是：1882年，被告帕尔默是其祖父所立遗嘱指定的遗产继承人，后来由于祖父再婚，他担心遗嘱被变更。故将其祖父毒死。案发后，被告被控犯有谋杀罪，并被判处10年监禁。被告祖父的两位女儿向法院起诉请求继承遗产。对此，纽约州法院的法官们犯难了。因为，纽约州的遗嘱法并没有明确规定，如果遗嘱所指定的继承人杀害了立遗嘱人时，其是否还能享有继承权。也就是说，按照纽约州的法律规定，被告仍享有继承权。这就出现一个悖论，若完全根据规则，杀人犯便成了合法的遗产继承人。这也等于说，法律在鼓励人们通过非法手段获取遗产。

德沃金分析指出，问题的关键不是要求根据正义的利益修改遗嘱法，而是如何进行解释。最终，厄尔法官的观点取得了胜利，帕尔默被剥夺了继承权。他论证道：“在任何地方，法律都尊重下述原则，即任何人不得从其错误行为中获得利益。”〔136〕在此案中，厄尔法官显然不是根据规则，而是按照其创立的原则判决的。

德沃金进一步说，如果承认法律包括原则，那么，哈特的第二个信条，即关于司法自由裁量权的观点就不能成立。在这里，德沃金把司法自由裁量权分为两大类，即弱的意义上的自

---

〔134〕吕世伦主编：《现代西方法学流派》（上卷），中国大百科全书出版社2000年版，第122页。

〔135〕同上书。

〔136〕［美］罗纳德·德沃金：《法律帝国》，李常青译，中国大百科全书出版社1998年版，第18页。

由裁量权和强的意义上的自由裁量权。“强自由裁量权是指官员不受某个权威确定的、先前存在的标准的约束。弱自由裁量权是指当标准不能以机械的方式适用时，就有必要思考和评价在新案件中该标准意味着什么。”[137]他反对的只是强的意义上的自由裁量权。因为，假如这种强的自由裁量权成立，就等于承认法官可以不受法律原则的约束而随心所欲地判案。

(二)关于原则和政策

德沃金在论证了原则和规则的不同之后，又进一步分析了原则和政策的区别。这是针对功利主义法学和经济分析法学而提出的。因为，功利主义法学只把一般福利和集体目标(即政策)作为立法的唯一标准；而经济分析法学也只强调经济效率，用“效率”代替正义。这二者都以牺牲个人权利为代价。德沃金区分原则和政策的目的在于，强调原则优于政策，也即司法必须着眼于对个人权利的保护。

德沃金指出，“政策是综合性的，是指促进或保护整个社会的某种集体目标的一种政治决定。例如，对飞机制造商提供津贴是旨在加强国防的一项政策。原则是分配性的，是指尊重和保障个人(或由若干人组成的集团)权利的一种政治决定。例如，支持反种族歧视法，主张少数民族享有平等的权利，就是一项权利”。[138]

首先，功利主义法学只强调政策而抹杀了原则。德沃金说，在立法中，兼顾政策和原则两个方面是必要的。但是，集体目标不能被作为立法的唯一标准，更不能为了实现某个政策性的目标而牺牲个人权利，这是“平等关怀与尊重权利”的必然要求。而司法以直接保护个人权利为己任，更需要特别强调对个人权利的保障，这与立法有着显著的差异。因此，在司法中，尤其在疑难案件的审判中，法官必须以原则而非政策为判案根据。原因在于，若按照政策判案，就不能遵循英美法中“同样情况同样对待”的公平原则，个人权利就得不到保障。因为，“政策是根据政治、经济、社会形势的具体情况，为达到某个目标、完成某项任务而制定的，灵活性较强，随形势的变化而变化”。[139] 另外，从长远角度看，依据政策审理案件，会严重损害法律的稳定性和权威性。

其次，经济分析法学是一种“劫贫济富”的理论。经济分析法学代表人物波斯纳(Richard A. Posner)把法律的最高价值归结为“效率”(efficiency)，对此，德沃金进行了尖锐的批判。“因为社会进步的指标不仅仅指财富，还应包括道德、正义和公平，而那种认为司法应将权利给予能够最有效益地运用权利、创造更多财富的一方的理论，严重损害了人所享有的‘作为平等的人被看待’的权利，而把人视为经济效益的附属品。”[140]他进一步指出，在一个民主的社会里，司法应当以原则而不是以政策为根据，个人权利永远大于经济效率。

总而言之，德沃金之所以把原则和政策纳入法律的范畴，其目的在于使“平等关怀与尊重的权利”由理想转变为现实的法律制度，并以此来改造或替代长期“占支配地位”的实证主义及功利主义的法学。

五、法律的方法：建设性解释

“建设性解释”(constructive interpretation)是整体性法律的实现方法。德沃金说：“接受

---

〔137〕［英］韦恩·莫里森：《法理学》，李桂林、李清伟、侯健、郑云瑞译，武汉大学出版社 2003 年版，第 451 页。

〔138〕沈宗灵：《现代西方法理学》，北京大学出版社 1992 年版，第 132 页。

〔139〕吕世伦主编：《现代西方法学流派》(上卷)，中国大百科全书出版社 2000 年版，第 127 页。

〔140〕同上书，第 128 页。

整体性阐释理想的法官力图在关于公民权利和义务的某种前后一致的原则中,找到对其社会的政治结构和法律学说的最合理的建设性阐释,以此去判决疑难案件。"[141]

(一)法律是一种阐释性的概念

德沃金有一个著名的论断:"法律帝国并非由疆界、权力或程序界定,而是由态度界定。"[142]在此,他把法律比作这个帝国的首都,把法官当作帝国的王子。他深信通过对法律的解释完全可以实现整体性法律的宏伟理想。因此,他说,"法律是一种阐释性的概念。法官们应以阐释其他法官判断什么是法律的实践,确定什么是法律"。[143]

德沃金进一步概括了人们对法律解释的看法,提出有三种法律观:(1)因袭主义(conventionalism),它主张最好的解释就是法官发现和执行特定的惯例;(2)实用主义(pragmatism),它主张法官仿佛是一个对美好未来有憧憬之心的独立的建筑师,他们可以不顾原则一致性而行事;(3)法律的整体性(law as integrity),它主张法律是将回顾与展望的因素结合在一起的解释性的判断。德沃金反对前两种观点,认为因袭主义把法律仅仅看成昔日的惯例,只知道往后看却忘掉了道德和理想;而实用主义只顾眼前利益,在一味追求未来结果的同时,否定了真实的、非策略性的权利。他说,只有第三种观点才是对律师、法学教师和法官实际上做的和大体上讲的事情的最好解释。[144]

(二)"建设性阐释"是德沃金法律解释理论的根本属性

德沃金指出:"法律的观念是建设性的:它以阐释性的精神,旨在使原则高于实践,以指明通往更美好未来的最佳道路。"[145]建设性解释的特点在于:

第一,建设性解释不同于对话性解释和科学性解释,它从"内在参与者"的角度出发,在解释时,不再以作者为中心,而十分突出解释的目的、解释者和文本之间的双向良性互动。

第二,建设性解释也并非完全受制于解释者的主观价值或道德判断,更重要的还要受到法律的整体性制约与限制,[146]也即它追求的是法律文本和解释者的相互交融。

在建设性解释之下,法律与道德、现实与理想、部分与整体、文本与读者以及法官与法学家都有机地融为一体。因此,德沃金说:"在法理学与判案或法律实践的任何其他方面之间,不能划出一条固定不变的界线。"[147]

总之,从权利命题到法律解释是德沃金法学理论的一次重大转变。这时,权利命题已被纳入到法律解释的理论场域。权利命题本身也就成了有待解释的对象了。[148] 这种转变不是偶然的,它有着深刻的社会背景。20 世纪 70 年代末以来,美国社会趋于稳定,但经济分析法学和批判法学却异军突起,并掀起了一场强大的学术运动。这场运动很快从右翼和左翼形成对传统自由主义法学的围剿之势,对此,德沃金以在 20 世纪 80 年代正在流行的哲学解释学

---

[141] [美]德沃金:《法律帝国》,李常青译,中国大百科全书出版社 1996 年版,第 227 页。
[142] 同上书,第 367 页。
[143] 同上书,第 364 页。
[144] 沈宗灵:《现代西方法理学》,北京大学出版社 1992 年版,第 137 页。
[145] [美]德沃金:《法律帝国》,李常青译,中国大百科全书出版社 1996 年版,第 367 页。
[146] 焦宝乾:"德沃金的司法自由裁量权理论与中国实践",载张文显、李步云主编:《法理学论丛》(第 3 卷),法律出版社 2002 年版,第 491 页。
[147] [美]德沃金:《法律帝国》,李常青译,中国大百科全书出版社 1996 年版,第 83 页。
[148] 焦宝乾:"德沃金的司法自由裁量权理论与中国实践",载张文显、李步云主编:《法理学论丛》(第 3 卷),法律出版社 2002 年版,第 487 页。

为工具,构建出其建设性解释法律的理论,又一次投入到捍卫自由主义法学的战斗之中。可见,德沃金的学说并非闭门造车,其所有观点几乎都是对美国当时的重大政治、法律和道德问题的具体回答,[149]这也是其理论生命力旺盛的根源所在。

综上,德沃金以拯救者自居,把法律当作一项道德性的事业,他最大的贡献在于维护了西方自由主义的法律传统及其道德信念。但是,世上没有绝对完美的理论,正如波斯纳所言,也许根本就没有什么解释的公式,没有什么解释的方法。换言之,德沃金并没有一把解决法律和道德两难的万能钥匙。因为,由于解释的不确定性,法律被界定得越宽,"法治"就越不确定。[150]

参考文献

1. [美]罗纳德·德沃金:《认真对待权利》,信春鹰、吴玉章译,中国大百科全书出版社1998年版、上海三联书店2008年版。
2. [美]罗纳德·德沃金:《法律帝国》,李常青译,中国大百科全书出版社1996年版。
3. [美]罗纳德·德沃金:《自由的法:对美国宪法的道德解读》,刘丽君译,上海人民出版社2001年版。
4. [美]罗纳德·德沃金:《原则问题》,张国清译,江苏人民出版社2005年版。
5. [美]罗纳德·德沃金:《身披法袍的正义》,周林刚、翟志勇译,北京大学出版社2010年版。
6. [美]罗纳德·德沃金:《至上的美德》,冯克利译,江苏人民出版社2003年版。
7. 李晓峰:《美国当代著名法学家德沃金法律思想研究》,人民法院出版社2005年版。

思考题

1. 德沃金的法律"整体性"的含义是什么?
2. 德沃金的新"权利论"的主要内容是什么?
3. 德沃金是怎样论述法律的结构的?
4. 如何理解德沃金的法律是一个解释性概念?

第六节　菲尼斯的新自然法学

一、生平和著作

约翰·菲尼斯(John Finnis,1940~)是英国牛津大学的法理学讲席教授和研究员,是继马里旦之后基督教神学的自然法思想的又一个主要代表。他出生于澳大利亚的阿德来德(Adelaide)。他在1961年获得澳大利亚阿德来德大学的LL. B.学位,1962年进入牛津大学的大学学院,1965年获得哲学博士学位。之后留任牛津大学大学学院,主要教授法哲学、法

[149] 李晓峰:《美国当代著名法学家德沃金法律思想研究》,人民法院出版社2005年版,第10页。
[150] [美]波斯纳:《法理学问题》,苏力译,中国政法大学出版社2002年版,第375~376页。

理学与政治理论以及宪法。1989 年起菲尼斯就任牛津大学法律与法哲学教授。1995 年他加入美国圣母大学法学院与圣母大学伦敦法律中心，并担任圣母大学 Biolchini 法律讲座教授。

菲尼斯是哈特的学生，有着分析法学的学术背景，这使他的自然法理论一方面继承了西方自然法学，特别是托马斯主义法学的传统，关注法律、自然法的本体论研究；另一方面又吸收分析法学的研究方法，重视逻辑的严谨和概念的分析，这使他的自然理论更为精细和系统，神学色彩也较淡，与天主教宗教神学保持着一定的距离。菲尼斯代表作是 1980 年出版的《自然法与自然权利》（*Natural law and Natural Rights*, Oxford: Clarendon Press, 1980）在该书中，他将法哲学与伦理学、社会学、政治学等结合在一起，对自然法的基础、目标、原则以及与自然权利、实在法的关系等作了系统论述。他认为人类像自然界的任何事物一样都在追求与其本性相一致的"善"，人类作为一种群体性动物，所特有的本性是理性或智性，因此所追求的"善"就与理性或智性相关，是在人的行为或实践中运用理性或智性求得的，并与之相一致。自然法就是与人的本性相一致的人们和谐相处的法则，就是"规范人类生活和人类共同体的实践理性原则。"[151] 其基础是实践理性或实践理智性，其基本的原则是正义，即遵照正义原则去追求幸福；而这一目的的实现离不开法律，但作为一种制度，法律又有其缺陷，如何认识和弥补之，值得研究，该书就是论述这一问题。他说，人类社会存在"某些人类的善（human goods），只有通过人类的法律制度以及只有这些制度方能满足的实践理性要求才能实现。本书旨在确定这些福祉以及实践理性（practical reasonableness）必要条件，从而表现这些制度为什么以便在什么条件下才能得以正当化，并指出它们（经常存在的）不足之处。"[152] 该书出版后在西方学界评价很高，认为"该书是对自然法的权威性在表述，并为研究者提供了当代法律、道德和政治哲学中心问题的透彻背景。"[153] 菲尼斯的著述很多，著名的还有 1983 年出版的《伦理学的基石》等。

二、自然法与自然权利

（一）自然法

什么是自然法？菲尼斯认为，自然法是从人的本性中产生的，是关于人类自身的体验，而不是从关于人性的形而上学命题和自然法的概念中通过逻辑推理得出的。人作为政治的动物，他们所追求的是人类的"善"或共同幸福。自然法就是关于人类幸福的基本原则。它包括三个方面：人类追求幸福的基本形式、实践理性的基本的方法论要求和一般性的道德标准。

菲尼斯认为，人类幸福的基本内容或自然法所追求的基本价值或基本"善"包括：（1）生命——人处于自主状态下的各种活力，包括肉体的健全和为实现这一价值的各种需要，如吃饭、穿衣、睡觉和繁殖后代。（2）知识——对真理的追求。（3）娱乐（play）——活动的娱乐性。（4）审美体验（aesthetic experience）——在评价事物之后所产生对其形式的内心体验。（5）社交（友谊）——其低级程度上表现为能与别人和睦相处，高级的则表现为建立友谊，它是人们交往的一种具有道德价值的高级形式。（6）实践理性——"就是能让自己的智慧对其

---

〔151〕［英］菲尼斯：《自然法与自然权利》，董娇娇等译，中国政法大学出版社 2005 年版，第 223 页。

〔152〕同上书，第 3 页。

〔153〕参见张乃根：《西方法哲学史纲》，中国政法大学出版社 2002 年版，第 17 章第 3 节，第 458 页。

行和生活方式的选择以及性格的形成等问题产生有效影响(在行为中产生的实践推理方面)。"[154]它是被运用于活动的智慧或理智地进行活动,是人们在运用自己的智慧在选择一定的行为、生活方式和形成个性过程中发挥作用的基本善。它意味着一个人可以寻求一种理智的、合理的秩序,并贯穿于自己的实践中去。这种秩序具有内在性(企求和平安宁)和外在性(实现自己的评判价值)。它是一种包括自由、理性诚实和可靠性的复杂的价值形式。(7)宗教——建立人与神、宇宙的和谐。他认为这些"善"之间是一种并列关系,不存在谁从属谁的问题,它们对于人类来说都是获得幸福不可缺少的基本条件,因此称为人类生活的基本"善"。虽然对个人来说某种环境里所追求的可能侧重于某一种,有轻重之分。[155]

菲尼斯认为,要追求这些"善"就得运用实践理性,或者说实践理性是实现这些追求的基础和方法,自然法就是在运用实践理性中求得的。而要合理地运用实践理性就得遵循以下的原则。作为方法论的实践理性包括以下几方面:(1)生活计划的内在一致性;(2)不要偏爱某一项价值;(3)不要偏爱某些人;(4)对生活应持超然态度,包括自己及时从所遇到的曲折中解脱出来和对别人的事不要干涉;(5)在狂热与冷淡之间保持平衡,即不要狂热地追求某种价值而绝对地拒绝另一种价值,而应富有生机地创造性地去寻求更好的生活方式;(6)在理性范围内适当地考虑效益,即不能只问动机而不考虑行为的效果;(7)在每个行为中尊重每一项价值,不能为了一种价值而损害另一种价值,如不能为了营救人质而杀死无辜者;(8)共同幸福;(9)服从自己的良心。[156]

菲尼斯认为,以上几点,归结起来就是行为的道德性,其核心就是要符合"正义"。他说,"正义的要求——实践理性要求得总和","正义的要求是实践理性,即人们爱好和促进其所有共同体的共同的善,基本要求的具体内涵。"正义包括三个要素或含义:(1)"以他人为向导性",即正义处理人际关系;(2)它侧重处理彼此之间的权利和义务关系,尽各自对社会应尽的义务;(3)其关键是掌握平等或合比例性原则。在这里,平等不是意味着平均,而是相称或平衡。[157]

菲尼斯根据亚里士多德关于正义的论述,也把正义分为分配正义和纠正正义。分配正义是实践理性对特定的人的要求,其基本要求是平等,它需要解决社会中各种资源、机会、利益、角色、责任、税收、负担和个人对福利的要求的合理分配问题。在这其中要考虑需要、功效、能力、美德和贡献,以及分配中社会事业的成本和损失等因素。他认为分配正义是允许私有制度存在的,因为它体现了社会中个人自治幸福和实践证明它比公有制更有效益,纠正正义是纠正或补救个人交往或公共生活中的不平等现象。[158]

应该指出的是,菲尼斯在对自然法的解释上仍然没有忘记把它与"上帝"联系起来,坚持认为它来自上帝,是对"永恒法"的一种参与,因为人的实践理性是神的理性的一部分,不具有至上性。他说:"因此,实践理性不必被认为最终是一种自我完善的形式。那不是它的最终意义。另一方面,它的要求也不是纯粹的绝对命令;它们从可以提供给他们的最基本的解释中得到实际力量——它们是参与上帝游戏所需要的。"[159]所不同的是,他在对上帝的理解上,

---

〔154〕[英]菲尼斯:《自然法与自然权利》,董娇娇等译,中国政法大学出版社2005年版,第74页。
〔155〕同上书,第4章第2节,第72~75页。
〔156〕同上书,第5章,第84~103页。
〔157〕同上书,第7章,第132~134页。
〔158〕同上书,第7章,第135~148页。
〔159〕同上书,第322页。

不再把它理解为人格化的具体的神,而是理解为自然秩序产生的最终原因。他说:"'上帝'是一个负有多样化联想的术语。"[160]是"理解或思想的至高对象"[161],是"处于一个上升序列的诸多更高者中的一个更高者,"[162]"上帝是一个不受限制的、'绝对的'价值,而与上帝的和谐('宗教')是一个基本的人类价值。"[163]这就是说,人作为大自然中一种特殊的即具有理性的物种,使他们能理性地思考和安排自己的行为,过一种符合其本性——具有道德性和正义性——的生活,而自然法就是由人的理性所发现的能使人类幸福的交往原则。

(二)自然权利

对自然权利的论述也是是菲尼斯自然法理论中的一个重要组成部分。他对权利概念进行了逻辑和历史的分析,指出权利意味着某种要求,它是与义务相对应的,也与正义有某种内在关系,因为权利的实现为正义的实现准备了条件,在欧洲文化的典型语言中"权利"一词来源于拉丁文的正义一词jus;权利还与人类的普遍幸福或"善"有着内在关系,因为权利的行使离不开人类的"普遍的福利"。

菲尼斯认为,权利分自然权利和法律权利。自然权利是一种道德性权利,也就是一般所说的人权,它是法律权利的基础。

三、实在法与法治

(一)实在法的概念

菲尼斯认为,实在法是一种带有强制性的权威性规则。他给法律下了一个很长的定义:"'法律'这个术语一直是以一种核心含义来使用的,基本上用于指那些根据整体性法律规则而制定的规则,由一个'完美'共同体确定的、有效的权威(其本身是通过法律规则来确定的,并在标准意义上构成一个制度)所制定的规则且该规则被依据有规则导向性的制裁制度规定的制裁所支持,根据一种方式和形式,这些规则和制度的总和自身能借助具体化、恣意性最小化,以及维持不同法律主体之间——既在法律主体之间又在这些法律主体与合法化的权力机构——的互惠性特质的这些特征去适应共同善,合理地引导这些规则和制度的总和去解决共同体内为了其共同善的任何协调性问题(以及认可、容忍、调整或推翻来自其他任何制度或规范性渊源的协调方法)。"[164]这就是说,法律是由一定权力和有效的机关制定的具有强制性的规则,其作用在于促进社会的共同幸福,解决社会合作问题,保持法律主体、权威机关之间的合作关系。

他解释说,权威意味着某种排斥。他分析了权威性规则的产生及其性质,指出最初的权威性规则是社会共同体中的大多数成员约定成俗的习惯。它无须权威性机关制定,其权威性建立在共同善的基础上,但它不具有强制性,只具有"指导性"。法律作为一种权威性规则与其不同的是具有强制性,它表现为对违反者的制裁。他认为,不具有强制性的法律不是真正的法律,如自然法就"仅仅是类比意义上的法律。"[165]他认为,除了强制性外,实在法还有明确具体的分类;对适用时效明确;它不仅调整规则的创立、执行,而且调整个人修改这些规则的

---

[160] [英]菲尼斯:《自然法与自然权利》,董娇娇等译,中国政法大学出版社2005年版,第307页。

[161] 同上书,第311页。

[162] 同上书,第318页。

[163] 同上书,第322页。

[164] 同上书,第220页。

[165] 同上书,第223页。

适用条件;它有一套能使之得到不断地加强、补充和完善的技术。

(二)法治

菲尼斯认为,处于良好状态的法律就是法治。他说:“通常对那种法律体系合法完备的事态所赋予的名称就是‘法治(the Rule of Law)’……法治,是法律体系的具体优点……”这种法律具有以下八个特征:(1)法律规则应是可预见的、不溯及既往的;(2)法律规则应是可遵守的;(3)法律规则应是已公布的;(4)法律规则应是明确的;(5)法律规则之间应是互相一致的;(6)法律规则应是稳定的;(7)适用于有限情况下的命令应在已公布的、明确的、稳定的和比较一般的规则的指导下制定;(8)有权以官员资格制定、执行和适用规则的人,首先自己应遵守规则,其次要真正一贯地符合法律精神地执行法律。[166] 显然,菲尼斯所提出的这八点受富勒有关论述的影响很大。

(三)实在法与自然法的关系

菲尼斯认为,实在法是由自然法派生的,也就是说,特定社会制定的法律与永久性的实践理性的原则有着某种关系,例如有关惩罚谋杀的法律规定就反映了实践理性的基本要求,即不得杀害无辜。自然法派生实在法的形式或途径有两种:其一是立法机关按照实践理性的要求制定各种法律文本;其二是执法者或立法者根据法治原则对法律文本进行解释。

实在法存在不存在正义与非正义的区分?如何区分?非正义的法律是不是就不是法或者说就没有法的效力?菲尼斯对这些问题的回答,一方面继承了自然法学家的传统观点,但另一方面他并没有完全否认非正义的法律的法的效力。他认为非正义的法律表现在以下几个方面:其一,立法和司法的目的不是为了人类的共同幸福,而是为了一部分人的私利;其二,法律的基本规定违反分权原则、法治原则和正义的程序原则。他认为不正义的法律的法的效力表现在立法机关和司法机关事实上承认它,如法院以之为根据做出了判决或议长宣告其具有法律效力。他甚至认为,服从这些法律是一种义务,为的是尊重整个法律制度。[167]

以上看出,菲尼斯虽然没有与托马斯主义决裂,但不再从基督教教义中,而是从人的自然本性,特别是实践理性中寻找自然法的根源,加上他注意概念的清晰和逻辑的严谨,这就使他对自然法问题的探索更加客观和深刻,从而能在现代自然法学家中独树一帜。

参考文献

1. [英]菲尼斯:《自然法与自然权利》,董娇娇等译,中国政法大学出版社2005年版。
2. [英]菲尼斯:《自然法理论》,吴彦译,商务印书馆2016年版。
3. 吴一裕:《菲尼斯新自然法理论研究》,法律出版社2009年版。

思考题

1. 菲尼斯所讲的自然法与实践理性是什么关系?
2. 菲尼斯是怎样认识自然法与实在法的关系的?

---

[166] [英]菲尼斯:《自然法与自然权利》,董娇娇等译,中国政法大学出版社2005年版,第10章第4节,第216页。
[167] 同上书,第12章。

第十一章　其他法学流派

第一节　其他法学流派概述

一、当代西方非主流法学流派概况

当代西方的法律思想是非常丰富和非常复杂的，其派别很多，在前面的几章里，我们比较系统地介绍了其中三个主要的法学流派，显然，通过它们还难以全面地了解当代西方法律思想的概貌，尽管它们是当代西方法律思想的主流。因为进入20世纪以来，西方法律思想的发展进入活跃阶段，新产生的流派很多，虽然有些流派是从这三个流派分化出来的，但大多数是反主流的，或者是在综合这三派思想的基础上产生的。这就使我们有必要单列一章，就像有些国家在政府中设一个"不管部"，把上三章无法包容的当代西方法学流派作一些介绍，以起拾遗补阙之效。

我们这里所讲的西方的其他法学流派，指的是除自然法学、分析法学和社会法学之外的法学流派。它们大都是新出现的法学流派，或是法学新发展的结果。而法学的发展虽然从更根本上说是由于社会的变化，即由于社会的发展向法学提出了一系列新问题，需要思想家从法律的角度来回答，由他们根据社会的需要对各种制度提出一些新的运作理念和变革的新设想；但是从直接的意义上讲，影响法学的发展的主要是新出现的社会思潮，特别是哲学思潮的影响。而我们知道，进入19世纪中叶以后，西方资本主义社会的发展进入帝国主义阶段，在这一阶段里，一方面是资本主义走向全球并导致世界经济和科技的迅速扩展，也使世界范围内人类的各种文化能直接进行交流，尽管在初期它是在枪炮的逼迫下进行的；另一方面是这时资本主义制度的矛盾已充分暴露，资本主义国家内部、资本主义国家之间，以及资本主义国家与世界上的其他国家之间的矛盾和斗争日趋尖锐和复杂，它们使新建立的资本主义制度问题丛生，如日趋激烈的国内阶级斗争和后来发生的世界范围内的社会主义革命，频繁发生的并且周期越来越短的全球性的经济危机和接连爆发的世界大战等。这就是说，一方面是资本主义的全球性的胜利，另一方面是它给人类所带来的巨大灾难和已经显示出来的衰败景象。这些情况引起人们的深思，而这一深思不仅是对原有的价值观念的反思和批判，而且由于这时已有大量的非西方文化作为参照，因而思考的结论就不可能再像过去那样相对地一致，而是五花八门，极不统一。因此，进入这一时期之后，西方的思想界非常活跃，产生了种类繁多的理论和学说，而且很多理论是以批判传统的西方理论为特点的。最典型的就是各种各样的"非理性主义"哲学，如基尔凯戈尔、海德格尔、雅·胡克、罗蒂、奎因的实用主义哲学；胡塞尔、舍勒的现象学；马里旦的新托马斯主义；列维—斯特劳斯、路易·阿尔杜塞、拉康、福柯、德里达、利奥塔的结构主义;穆尼埃的人格主义;培里的新实在论等。另外新产生的许多哲学,如各种各样的语言哲学、解释哲学、新自由主义,还有各种各样的自然科学哲学。这些新产生的哲学,特别是非主流的哲学,不可能不对法学产生影响。这一影响表现两个方面:其一就是改变了西方主流法学的发展方向和特点;其二就是在西方产生了许多与主流法学情趣不同的新的法学流派。而这些流派大都是在这些哲学的直接影响下产生的,或者说是这些哲学在法学上的应用的结果。这些流派从影响其产生的主要原因上大体上可分三部分:

其一,是由法学自身中产生出来的,但不是由三大法学流派中的某一派中独自分化出来的,而是在吸收和综合自然法学、分析法学和社会法学的基础上产生的综合性的法学。如美国法学家霍尔创立的统一或整体法学;由丹麦法学家斯蒂根·乔根森创立的多元论法学。

其二,是受法学之外的哲学或其他社会思潮的直接影响下产生的流派。如在存在主义哲学影响下产生的存在主义法学;由以新自由主义哲学为指导而产生的新自由主义法学;由20世纪60~70年代西方的社会政治运动影响下产生的批判法学和由它进一步分化出来的女权主义法学和种族批判法学等。

其三,是法学与其他学科联姻而产生的学派。如由经济学引入法学而产生的经济分析法学、由法律与文学结合或从文学角度分析法律问题所产生的文学分析法学、由政治学中的政策学角度思考法律问题而产生的法律政策学、由修辞学角度分析法律问题而产生的法律修辞学,和将符号学引入法学而产生的符号法学等。

对于这些新的法学流派,本教材想用两种办法介绍:比较重要或资料掌握比较多的将列专节,余者只在此作一些简介:

(一)多元论法学

多元论法学的创始人是丹麦奥胡斯大学教授斯蒂根·乔根森(Stig Jogenson,1927~　),他著有《法与社会》(1971)和《多元论法学》(1982)。他偶然在美国法哲学家富力克斯·科恩一篇文章的启发下,接受了相对论的一个观点:认识依赖于洞察力和受到冲击,并以此开始法律史和科学史的比较研究。在研究中他发现法律文化具有相对性即不同的法律文化依赖于不同的民族和文化;不同部门的法律有不同的功能。由此他得出结论:法律是一种相对的和多元的现象,既可以理解为规范和事实,又可以理解为一种实用的指导社会的发明,一种生活条件的反映,一种宗教的、道德的或政治的命令,还可以理解为实际行为或法官行为的前提等。

(二)文化分析法学

"法律与文学"是现在我国一些学者对法学与文学结合所产的一个交叉科学的称呼,我们觉得参照"经济分析法学"这一学派名称在我国的演变过程叫"文学分析法学"似乎更好些。这一流派所关注的是:文学中的法律问题;法律、文学与解释学、语言学、修辞学等,这主要是将文学批评、解释学应用于法律领域;法律、文学与正义、伦理、惩戒、压迫等,这侧重于对法律、文学的背景分析;法律对民间文学作品的保护和管制。因之,法律与文学运动的基本观点大致包括:文学与法律都依赖于语言文字,并都涉及解释、叙事、阅读、书写、表达等,因而二者有着密切关系,都是语言、故事、人类经验的交汇之所,作为特定世界文化的话语共同体的语言可以把二者统一起来;可以将文学带到对法律和秩序的属性、正义与非正义、法律的人文背景的研究,文学研究有助于法律伦理属性的研究,文学思想与实践为法律中的人文主题提供了洞见;运用文学视角,法律和判断可以得到更好的分析等。其中可分为:(1)文学中的法律(law - in - literature)。它源于“文学法学”(literary jurisprudence)的著名方法,即研究文学经典中的法律问题。他们把文学看成是发现法律价值、意义和修辞的媒介,认为文学名著有助于理解一般性的法律问题,如复仇、罪、罚等;因而它们也是律师和法官的良好课程。(2)作为文学的法律(law - as - literature)。它视法律为另一种可以被解释的故事,主张运用更为广泛的文学批评方法和理论来分析法律文本、考察法律样式和法律修辞学的属性。文学分析法学的主要代表有怀特(James B. White)、佛格森(Robert Ferguson)、威斯伯格(Richard Weisberg)、托马斯(Brook Thomas)、费什(Sanley Fish)和魏斯特(Robin West)等人。怀特的著作有:《法律想象:法律思想和表述的属性研究》《当词语失去其意义时:语言、特色和共同体的构成及重构》(1984年)、《海格里斯的弓:法律修辞学和诗学文本集》(1985年)等;佛格森著有《美国文化中的法律与文学》(1984年);威斯伯格著有《词语的失败:现代小说中作为主人公的律师》(1984年);托马斯著有《对法律和文学的诘问》(1987年);费什著有《做自然而生的事情:变迁、修辞学以及文学与法律研究中的理论实践》(1989年);魏斯特著有《叙事、权威与法律》(1993年)。

(三)法律政策学

法律政策学是二战以来在西方法理学中用政策的观点和方法来研究法律现象,特别是政策对法律,包括立法和司法过程的影响的一种新的流派,它是法学与政治学、政策科学互相渗透的产物。其创始人是美国的H. D. 拉斯韦尔(Harold Lasswell)和M. 麦克道格(Myres McDougal)。其代表作是《自由社会中的法哲学:法律、科学和政策研究》(1994年)。他们认为,法律是权力价值的一种形式,“是社会中权力决策的总和”,“是一种权威性决定的过程”。

(四)法律修辞学

其代表是比利时哲学家佩雷尔曼(Chaim Perelman,1912~1984年),主要著作有《正义观念和辩论》(1963年)、《正义》(1967年)、《新修辞学》(1980年)、《正义、法律和辩论——道德和法律推理论文集》(1980年)。他在批判当时西方流行的修辞学的形式主义倾向的基础上创立了“新修辞学”,主要是把价值因素引进修辞学,并用之认真分析了正义问题,归纳了历史上对正义的种种观点,企图从中寻找共同之点,建立一种新的正义观。

(五)符号法学

产生于20世纪80年代,开创人是卡林诺维斯基(G. Kalinowski)、格雷马斯(A. J. Greimas)、兰多维斯基(E. Landowski)、阿尔努依德(A. J. Arnaud)。主要的代表有英国的杰克森(B. S. Jackson),美国的柯文尔森(R. Kevelson)。他们认为法律现象是一种符号,法律活动是一个符号传递的过程,法律的概念和理论也是一种符号,立法者的活动是一种符号运作的过程,法官的审判活动也是个识别符号的过程。

二、当代西方非主流法学流派的总的特点

当代西方非主流法学与主流法学相比,有什么特点呢?我们认为比较明显的有:

第一,反主流性,即它们大都对主流法学,特别是传统法学的理论和观点持一种全盘的批判和否定的态度,或者说它们要对传统法学的基本理论框架予以“解构”使其变为一堆建筑

垃圾。这突出地表现在批判法学、女权主义法学、种族批判法学等学派的研究倾向上。它们对当代西方的各种法学理论从基本观点到研究方法都加以批判,认为它们犯了客观主义和形式主义的错误。

第二,非理性主义倾向,即它们大都从非理性主义哲学作为指导来思考法律问题,如不再把法律视为理性活动的产物,因而不再认为法律是通过立法的途径由社会精英们刻意设计的和其主要表现形式是成文制定法,而是认为它来自他来自社会个体间的自发性活动,其表现形式是群众性的风俗习惯;它们也不再强调法律的普遍性、确定性、统一性和永恒性,而是强调法律的特殊性、非确定性、多元性、暂时性;它们否认法律有什么统一的本质和目的,而是认为它只是特定时间和地点人们解决纠纷和进行利益平衡的一种办法。

第三,研究视野和方法上的开放性,即它们对法律的研究不再局限于"法律"自身,而是到"非法律的领域"或从其他的角度来思考法律现象,因而往往主张法学要通过与其他学科结合或向其他学科渗透的办法来发展。这突出表现在经济分析法学、文学分析法学等流派中。他们甚至否认法学的独立性,宣扬用其他科学取代法学。

参考文献

1. 高中:《后现代法学思潮》,法律出版社2005年版。
2. 朱景文主编:《当代西方后现代法学》,法律出版社2002年版。
3. 冯俊等:《后现代主义哲学讲演录》,商务印书馆2005年版。

思考题

1. 当代西方法学发展有些什么新流派和新动向?
2. 如何认识当代西方法学出现的新动向?

第二节　哈耶克的自由主义法律思想

一、西方自由主义简介

自由主义是当代西方占主导地位的一种政治思潮,它是自由主义在政治领域的一种表现。自由主义是西方由来已久的一种社会思潮,其核心观点是主张个人的权利至上。它可分广狭二义:极端的自由主义与无政府主义基本同义,即主张个人的绝对自由,反对对个人自由的任何限制,特别是来自国家和政府的限制;保守的自由主义承认国家和政府存在的必要性,但认为它根源于个人权利,因而服从于和服务于个人自由,其目的在于为个人自由的实现创造条件。这种自由主义按照哈耶克的观点又分为两种:一种叫理性主义或建构论的自由主义,它崇拜人的理性,认为自由的实现主要通过发挥人的理性的作用,特别是精英人物的理性的办法,由他们设计一种合理的社会制度和法律制度来实现。也就是说,自由的实现依赖于国家和政府的积极干预,而不是消极放任。它主要流行于欧亚大陆,笛卡尔、伏尔泰、卢梭是其代表。另一种叫经验主义或渐进的、进化论的自由主义,它贬低理性而崇尚经验,认为自由主要得之于经验的积累,而不是理性的建构,它虽然承认自由的实现离不开国家和法律,但主张把国家和政府的权力限制在最低限度,认为它所担任的只是"守夜人"的角色,因而它对个人的活动采取自由放任政策,并不要求有统一的目的和方式,只是在一个人的自由侵犯了别人的同样自由时,国家和政府才加以干预和协调。这种自由主义又分为古典自由主义和现代自由主义。古典自由主义在英国的主要代表是洛克、休谟、亚当·斯密、约翰·密尔、斯宾塞,其政治领域的代表是英国的辉格党和后来的自由党。在欧亚大陆,法国有贡斯当、基佐和托克维尔;在德国有哲学家康德、政治家洪堡和诗人席勒。西方现代自由主义的代表很多,如英国的阿克顿、伯林,美国的诺齐克、罗尔斯等。哈耶克就是其中最具代表性的思想家之一。经验主义或渐进的、进化论的自由主义的主要特点有三:其一,崇尚经验而贬低理性,不认为理性有那么大的作用,特别是不承认理性有重新安排整个社会秩序的功能,认为这超出了理性的能力;其二,主张消极自由,认为个人自由的获得主要不是依赖于国家和政府的积极安排,而在于其将国家对个人的限制减至最低限度;其三,主张价值多元、互相尊重和彼此理解宽容。[1]

二、哈耶克的法律思想

(一)生平与著作

F. A. 哈耶克(F. A. Hayek,1899~1992年)是当代西方自由主义的一个主要代表和理论权威,他出生在奥地利的维也纳,早年在维也纳文法学校学习,第一次世界大战期间曾作为奥匈帝国的炮兵军官赴意大利参战,战后1918年入维也纳大学学习法律和经济学,就学于奥地利经济学派创始人之一的维塞尔(F. V. Wieser)门下,并于1921年和1923年分别获得博士学位。1921年他受维塞尔推荐开始在"审计局"工作。1923年3月他到美国游学一年。

1924年春回国后又回"审计局"工作。1927年在维塞尔的支持下建立了"奥地利经济周刊研究所",他任所长。其研究成果引起了英国学者Robbins的注意,邀请他到伦敦经济学院做了一个系列讲座,讲座非常成功。这使他后来成了伦敦经济学院Tooke讲座的教授,并于1938年加入英国国籍。哈耶克是一个彻底的自由主义者。这突出地表现在他对市场经济的极端推崇和对计划经济的坚决反对上,他与凯恩斯在理论上的争论和对社会主义计划经济的攻击则清楚地表明了他的这一立场。他认为自由以市场经济为基础,而计划经济必然导致极权主义。1944年出版的《通往奴役之路》一书集中地表达了他的这一立场。此书的出版不仅惊动了经济学界,而且引起了国际社会的广泛的关注。1946年应邀到美国作为期五周的巡回演讲。1950年10月,他作为社会和道德科学教授正式执教于芝加哥大学。1954年他获得"古德汉姆"(Guggenheim)基金会的一份资助,使他和妻子在纪念约翰·密尔当年获得灵感写《论自由》一百年的日子,有机会用七个月的时间沿着原路线,穿越意大利、希腊的路程旅游一趟。不同的是,他并没有产生什么灵感,而且他还顺便访问了埃及,作了关于《法治的政治理想》的系列报告。不过在1955年回芝加哥的途中,他却明确地形成了其巨著《自由秩序原理》一书的写作计划。此书于1960年2月正式面世。它及其后来1973~1979年相继出版

---

[1] 参见《公共论丛:自由主义与当代世界》,三联书店2000年版。

的《法律、立法和自由》系统地阐述了哈耶克对他所理想的社会,即自由主义的基本原理。1961～1962年冬,他接受了德国弗兰堡大学的邀请,到该大学任教授。这一邀请附带一个他退休后生活的安排,使他除1969～1977年在萨尔茨堡有一段不愉快的插曲外,能有个安详的晚年。

哈耶克知识渊博,研究的领域很广,涉及经济学、政治学、法学、心理学,而且多有建树。他作为一个经济学家,坚持了经济自由主义的基本立场,批判了当时一度占主导地位的凯恩斯的经济理论。1974年他和冈纳·缪尔达尔(Cunnar Myrdal)共同获得诺贝尔经济学奖。他后期的研究兴趣转向了政治法律领域,提出了一套颇具特色的自由观和法律观,出版了一系列著作,除了上面已提到的两本外,还有《个人主义与经济秩序》(1945年)、《致命的自负》(1988年)等。他关注人类社会发展中的普遍性的急迫问题,并主张不同学科的各国科学家共同加以研讨。1947年他发起成立了"朝圣山学社",并担任主席至1960年。

(二)理性观和知识论

由于哈耶克的整个理论是与他对人,特别是关于理性和知识的理论为基础的,所以我们得首先介绍他这一方面的论述,即他的知识论,其次介绍他的自由观、法律观,然后才能理解他对自由与法律、法治的关系的观点。

哈耶克对理性和知识的观点概括起来有以下几点:

1. 人的理性有限或"理性不及的"(non－rational)

哈耶克继承和发挥了西方历史上关于人的理性的基本观念,即人是有理性的,理性是伟大的,但人的理性是有限的。理性有限表现在以下几个方面:

首先,是认识的范围有限。任何人的认识都只能及于自己生活于其中的狭小领域,对于其他广大的领域他是没有能力认识的,或者说处于无知的状态,是"根本无知"(radical ignorance)、或"必然的无知"(necessary ignorance)。他说:"每个社会成员都只能拥有为所有社会成员所掌握的知识中的一小部分,从而每个社会成员对社会运行所依凭的大多数事实也处于无知的状态。"[2]而且随着科学的发展,公认的无知的范围会扩大,或者说,我们知道的愈多,感触到的无知愈广泛。他说:"由于我们关于自然的知识的增长会恒久地向我们展现新的无知领域,所以我们依据这种知识而建构起来的文明亦会复杂和繁复,而这也当然会对我们在智识上理解和领悟周遭世界时造成新的障碍。人类的知识愈多,那么每一个个人对文明运行所依凭的事实亦就一定知之愈少。知识的分工特性(division of knowledge),当会扩大个人的必然无知的范围,亦即使个人对这种知识中的大部分知识必然处于无知的状态。"[3]而且"随着科学的发展,公认的无知的范围亦会扩大"。这意味着,人们更多的不是靠理性而是依靠经验生活,起码是处于不清醒认识的状态。他说:"那种认为我们行动的有效性完全或主要依赖于那种我们能够以文字的方式加以陈述并因此而能够构成三段论推理之明确的知识的看法,显然与事实不相符合。毋庸置疑,许多社会制度都是我们成功追求我们有意识的目标所不可或缺的条件,然而这些制度事实却是那些既不是被发明出来的也不是为了实现任何这类目的而被遵循的习俗、习惯或惯例所形成的结果。在我们生活其间的社会中,我们之所以能够成功地对我们自己做出调适,而且我们的行动也之所以有良好的机会实现我们所指向的目标,

---

〔2〕［英］哈耶克:《法律、立法与自由》(第1卷),邓正来等译,中国大百科全书出版社2000年版,第11页。

〔3〕［英］哈耶克:《自由秩序原理》(上),邓正来译,三联书店1997年版,第25页。

不仅是因为我们的同胞受着已知的目的的支配，或者受着手段与目的之间已知的关系的支配，而且是因为他们也受着这样一些规则的约束——而对这些规则所具有的目的或起源，我们常常是不知道的，甚至对这些规则存在，我们也常常是不意识的。人不仅是一种追求目的（purpose - seeking）的动物，而且在很大程度上也是一种遵循规则（rule - following）的动物。人之所以获得成功，并不是因为他知道他为什么应当遵守那些实际上所遵守的规则，甚至更不是因为他们有能力把所有这些规则形诸于文字，而是因为他们的思维和行动接受这些规则的调整——这些规则是在他们生活于其间的社会中经由一种选择过程而演化出来的，从而也是世世代代的经验的产物。"〔4〕

其次，能力有限。人的认识能力，特别是理性认识能力是非常有限的，任何人都没有总汇、概括所有知识的能力。他说："我们没有能力把嵌于社会秩序之中的所有资料或数据都收集起来，并把它们拼凑成一个可探知的整体。"

再次，不可能由理性安排整个社会的活动，也不可能由理性创造社会的规则。他说："任何个人心智，从而任何一项接受刻意指导的行动，都不可能通盘考虑到所有的特定事实；尽管这些事实是一些人所知道的，但是作为一个整体，这些事实又是任何特定的个人所不知道的。"〔5〕"因此，与其说是心智创造了规则，不如说心智是由行动规则构成的，这种规则的复合体并不是由心智创造的，但却支配着个人的行动，因为个人按照这些规则行动，证明要比与其竞争的个人或群体行动更为成功。"〔6〕

他认为，理性有限，不等于不要或蔑视理性。恰好相反，要珍视理性，充分地发挥理性的作用。他说："毋庸置疑，理性乃是人类所拥有的最珍贵的禀赋。我们的论辩只是旨在表明理性并非万能，而且那种认为理性能够成为其自身的主宰并能控制其自身的发展的信念，却有可能摧毁理性。我们所努力为之的乃是对理性的捍卫，以防理性被那些并不知道理性得以有效发挥作用且得以持续发展的条件的人滥用。这就要求我们真正地做到明智地运用理性，而且为了做到这一点，我们必须维护那个不受控制的、理性不及的领域；这是一个不可或缺的领域，因为正是这个领域，才是理性据以发展的和据以有效发挥作用的唯一环境……我们所主张的并不是要废弃理性，而是要对理性得到控制的领域进行理性的思考。"〔7〕

那么，怎么样正确地对待理性呢？这就是对理性所能控制的范围进行理性的思考，明确其作用的范围和功能。他说："为了尽可能有效地运用理性，要求人们拥有这样两个洞见：一是对有意识理性的力量所具有的限度的洞见；二是对我们从自己并不意识的过程所获致的助益的洞见……理性的使命之一，就是确定理性控制的范围或限度，或者要确定理性应当在多大程度上依赖于它所不能完全控制的其他力量。"〔8〕又说："理性永远只能在与那种特定的且理性不及的驱动力相结合的情况下，才能够决定人们的所作所为，再者它的功能从根本上说也是对情绪的约束，或对其他因素所驱使的行动方向上的把关……理性仅仅是一种戒规，亦即对成功行动之可能的限度所达致的一种洞见，因此它往往只是告诉我们何者不能做。这种

〔4〕［英］哈耶克：《法律、立法与自由》（第1卷），邓正来等译，中国大百科全书出版社2000年版，第7页。
〔5〕同上书，第12～13页。
〔6〕同上书，第16页。
〔7〕［英］哈耶克：《自由秩序原理》（上），邓正来译，三联书店1997年版，第80～82页。
〔8〕［英］哈耶克：《法律、立法与自由》（第1卷），邓正来等译，中国大百科全书出版社2000年版，第33页。

戒规之所以是必要的,完全是因为我们的智识无力把握实在的全部复杂性所致。"[9]

由此来看,哈耶克对理性的认识是:一方面,理性伟大,理性重要,因而要珍视理性和善待理性,这就是对理性进行理性的思考,要明确理性的功能和作用的范围;另一方面,人的理性是有限的,人的活动的成功主要是基于历史留传下来的经验,而不是靠理性,因此不要给理性加上它无力承担的任务,更不要希图用理性建构人类社会秩序。理性只能在极小的时间、空间里和极小的程度上控制人的活动。

2. 人的知识是以分散的个人的知识而存在,而且主要的是默会知识

在理性有限的理性观的基础上,哈耶克提出了对知识的理论。其主要观点如下:

其一,知识只能作为个人知识存在,而这些知识是他的特定生活环境的结果。他说:"首先,事实上,人的心智本身就是人生活成长于其间的文明的产物,而且人的心智对于构成其自身的大部分经验并不意识——这些经验通过将人的心智融合于文明之构成要素的习惯、习气、语言和道德信念之中而对它发生影响。因此,我们可以更进一步指出,任何为个人心智有意识把握的知识,都只是特定时间有助于其行动成功的知识的一小部分。如果我们对他人所拥有的知识在多大程度上构成了我们成功地实现我们个人目标的基本条件这个问题进行反思,那么我们就会发现,我们对于我们行动的结果所赖于为基础的环境极其无知,而且这种无知的程度甚至会使我们自己感到惊诧。知识只会作为个人的知识而存在。所谓整个社会的知识,只是一种比喻而已。所有个人知识(the knowledge of all the individuals)的总和,绝不是作为一种整合过的整体知识(an integrated whole)而存在的。这种所有个人的知识的确存在,但却是以分散的、不完全的、有时甚至是彼此冲突的信念的形式散存于个人之间的……"[10]正因为如此,任何人都没有能力把这些知识总汇起来。这样,每个人在私域之外,在个人的知识之外,都处于无知的状态。

其二,知识可分为明确知识和默会知识两种。所谓明确知识(conscious and explicit knowledge),又叫理性知识(rational knowledge),指被意识到的、被阐明的和能被传授、传播的知识,"亦即能使我们陈述此事或它事为何的知识"。如科学知识(scientific knowledge)、专家知识(expert knowledge)。[11] 所谓默会知识(tacit knowledge),即通过其生活的环境(社会制度、家庭)和生活的实践,不知不觉中逐渐获得的,无须明言阐释的个人特有的(不可明确传播的)知识。由此他进一步解释人为什么会是无知的和怎么样正确理解这种无知。他说,由于我们的知识在很大程度上是默会知识,由于我们知道的要比我们能陈述的多,而且由于调整我们行为和感觉的社会行为规则以及那些支配我们遵守规则的规则归根到底都出于阐述不及的状态,所以在某些情势下,我们就可能只拥有极为有限的知识,甚至没有知识,也就是说我们有可能是无知的。[12]

以上看出,由于哈耶克认为人的理性能力有限,所以得出了人在广大的领域是无知的和人的知识只能是分散的个人知识的结论,并且进而提出人的知识大量的是默会知识的观点。

---

〔9〕[英]哈耶克:《法律、立法与自由》(第1卷),邓正来等译,中国大百科全书出版社2000年版,第37页。

〔10〕[英]哈耶克:《自由秩序原理》(上),邓正来译,三联书店1997年版,第22页。

〔11〕同上书,第23~24页。

〔12〕邓正来:《自由与秩序》,江西教育出版社1999年版,第114页。

（三）法律观

哈耶克提出了一种与传统的法律观完全不同的新的法律观，他从维护社会秩序的社会规则的角度理解法律，而且这种社会秩序和社会规则是社会自发产生的，因此，他把传统意义上的通过立法途径产生的“法律”不再称为法律，而称为“立法”，以与之区别。

1. 社会秩序与社会规则

哈耶克认为，“社会秩序”这个概念是秩序乃是指各要素间的一种正常关系，一种过程的常规性。他说“那种抽象秩序，并不是一种特定的事态，而是一种过程的常规性（the regularity of a process）。”〔13〕这就是说，就社会而言，秩序特指人的行为符合社会规则，因而表现出一致性和可预测性。

哈耶克把社会秩序分为两种，即自发生成的秩序和人为组织的秩序。前者又叫“自生自发的秩序”（spontaneous order）、“自我生成的秩序”（self－generating order）、“自我组织的秩序”（self－organizing order）或“人的合作的扩展秩序”（extended order of human cooperation）等。后者又叫“组织”（organization）或者“人造的秩序”（a make order）。为了进一步区分二者，20世纪60年代以后他开始采用两个希腊术语以强调它们之间的区别。他用cosmos（即“内部秩序”）这个术语来指称自生自发的社会秩序，其特征是这个秩序不具有一种共同的目的，所具有的只是每个人的目的；然而，那种以确定或实现具体目的为特征的组织形式，哈耶克则把它称之为taxis（即“外部秩序”）。〔14〕 他说：“所谓的自组织系统或自我生成系统（self－organizing or self－generating systems）的秩序……有别于一种由某人通过把一系列要素各置其位且指导或控制其运动的方式而确立起来的秩序……实际上，有好几个术语可以被用来分别指称这两种秩序。我们把‘人造的秩序’称之为一种源于外部的秩序或安排……也可以称之为一种建构（a construction）或一种人为的秩序……甚至还可被称为一个组织。另一方面，我们把‘增长的秩序’称之为一种自我生成或源于内部的秩序。古希腊人……有独特且不同的单个术语来分别指称这两种秩序，即用taxis（外部秩序）来指称人造的秩序，例如一种战争秩序，而用kosmos（内部秩序）来指称增长的秩序，其原意是指‘一个城邦或一个共同体中的正当秩序’。”〔15〕他认为“这种人造的秩序是相对简单的，换言之，这种秩序只具有该秩序的创造者所能审视且把握的那种较低级的复杂程度；它们……往往是具体的；最后，由于这种人造的秩序是刻意创造出来的，所以它们始终是（或一度是）服务于该秩序的创造者的目的的……自生自发秩序的复杂程度并不至于人之心智所能把握的程度。”〔16〕他进而指出，“自发社会秩序立基于下述‘两个规则’：第一种是先天的、遗传继承的关于人的行为的普遍规则，它们形成于人种的生物进化的过程；第二种是习得的、文化传承的关于人的行为的规则……先天的行为规则可以被认为在时间和空间上具有高度的一致性；也正是在这个意义上，‘人性’可以被视为同质的……文化规则表现得极为多变，而且正是这些规则的可变性，说明了社会秩序的多样性。”〔17〕

〔13〕［英］哈耶克：《法律、立法与自由》（第1卷），邓正来等译，中国大百科全书出版社2000年版，第179页。

〔14〕同上书，“代译序”，第6～7页。

〔15〕同上书，第55～56页。

〔16〕同上书，第57～58页。

〔17〕邓正来：《自由与秩序》，江西教育出版社1999年版，第38页。

这就是说,内部秩序具有以下几个特点:(1)目的多元,也就是说,没有一个共同的目的,而是每个人有自己的目的;(2)相对复杂,非个人心智所能把握;(3)其产生非由某人刻意建构,而是来自个人间的互动;(4)它立足于两种规则,即一种是先天的人性的同质性,另一种是习得的,它根源于文化的差异性和秩序的多样性。与此相反,外部秩序的特点是:(1)目的一元,即有一个共同的目的;(2)它不是自发形成的,而是来自外部的安排,即人的有意安排;(3)相对简单,能为创造者所认识和控制。

他认为,人类社会的秩序从总的性质上说是第一种秩序,第二种秩序是辅助性的和局部性的,这是因为人的理性有限和能力有限,任何人都不具有社会秩序的知识和控制发展的能力。

社会秩序是遵循社会规则的结果,那么什么是社会规则呢?哈耶克对规则也作了新的解释。他说:"我们在这种场合所使用的规则的概念并不意指这些规则是以明确阐述的('形诸于文字的')形式而存在的,而只意味着人们有可能发现个人在行动中事实上所遵循的规则。为了强调这一点,我们偶尔也采用'常规性'(regularity)的说法……"[18]又说:"人类社会的确存在这样一些规则,它们不仅承担着一种为维续某种群体所必需的功能,而且也得到有效的传播和实施,尽管它们从来就不是'发明出来的',从来就没有形诸于文字,也从来不具有一种为任何人所知的'目的'。此一意义上的规则,意味着以某种特定的方式作为或不作为的偏好或倾向,它呈现于我们所谓的惯例或习俗中;因此,这样的规则乃是行为的决定因素之一,然而需要指出的是,这种规则未必呈现于每个单项行动之中,而只是得到阐明而且能够经由语言而传播的规则,也只是那个支配人(作为一个社会存在)之行动的整个规则的一部分"。[19]

他进一步指出:"支配人之行为并使人之行为变得明智的这些规则有两种属性:……第一个属性乃是它们在个人的行动中为行动者所遵循,但又不是以阐明的('形诸于文字的')形式为行动者所知道……第二个属性是,这种规则之所以渐渐为人们所遵循,乃是因为它们实际上给予了那些遵循它们的群体以更优势的力量,而不是因为这些结果先已为那些受这些规则指导的行动者所知道。"[20]"有关行为的比较研究已为人们揭示和廓清法律进化的问题奠定了十分重要的基础,其要点可以表述如下:首先……早在行为规则被人们用文字加以表述以前,个人就已经学会了遵循(并实施)这些规则;其次,这些规则之所以能够渐渐形成,乃是因为它们使整个群体的活动构成一种秩序;尽管这种秩序是个人行动之常规性的结果,但是我们还是必须把它与其所遵循的那些规则明确地区别开来,因为正是这种作为结果的行动秩序所具有的功效,将决定那些遵循某种行为规则的群体是否胜出而存续下去。"[21]

这就是说,哈耶克所说的规则,不同于我们一般所说的行为规则,即由特定者所制定的形之于文字的关于行为模式的明确规定,而只是行为的常规性或有规律性,它常常表现为习俗或惯例,它是在个人的互动中逐渐形成的,实际上被人们所遵守并能因此获得成功。

与两种社会秩序相适应有两种社会规则,即"内部规则"(nomos)和"外部规则"(thesis)。由于哈耶克把社会规则就叫作"法律"(Law),所以也就是有两种"法律"。Nomos 和 thesis 是哈耶克借用的两个希腊术语,前者又叫"正当行为规则"、"一般行为规则"、"自由的法律"、

〔18〕［英］哈耶克:《法律、立法与自由》(第1卷),邓正来等译,中国大百科全书出版社2000年版,第63页。
〔19〕同上书,第118~119页。
〔20〕同上书,第17~18页。
〔21〕同上书,第116页。

“私法”;后者又叫“立法”、“公法”。邓正来先生在概括哈耶克所说的这两种规则的含义时说:“所谓内部规则,乃是指社会在长期的文化进化过程中形成的规则,亦即哈耶克所谓的严格意义上的法律;它们是指那些‘在它们所描述的客观情势中用于无数未来事例和平等适用于所有人的普遍的正当行为规则,而不论个人在一特定情形中遵循此一规则会导致的结果。’……外部规则‘乃意指那种只适用于特定人或服务于统治者的目的的规则……’它与前者的区别,‘一是这种外部规则设定了以命令的方式把特定任务、目标或职能赋予该组织中的个人的预设;二是大多数外部规则只能由依附具体命令而适用于那些仅承担了特定的任务或职责的个人或服务于组织之治理者的目的。’”〔22〕

2. 法律的概念和种类

(1)法律的概念

哈耶克认为当前被称为“法律”的东西有两种,一种是真正的法律,即实质性法律或叫“内部规则”,它是社会自发生成的;另一种是“制定法”(statute law),又叫“外部规则”,它是由立法机关制定,所以又叫“立法”。他认为后一种所谓的“法律”,其大部分其实并不是法律,而是国家对其官员所发布的命令。他说:“所谓唯一的法律,也就是法律人的法律(lawyer law),古希腊人的 nomos 和古罗马人的 ius(这在欧洲的其他语言中则被称为 droit,Recht,或 diritto,而与 Loi Gesetz 或 Legge 相区别);与这种唯一的法律构成对照的,则是……那些构成立法机构核心关注点的政府组织规则。”〔23〕

他接着分析了“法律”一词的两种用法。指出,“就当下的情形而言,立法机构以适当形式赞成通过的任何文件,都被称为‘法’。但是,在这些仅具有该词形式意义的法律中,只有一些法律——就今天看来,通常只有极小的一部分法律——是调整私人间或私人与国家间的‘实质性’法律(substantive or material law)。绝大部分这类所谓的‘法律’,毋宁是国家对其官员所发布的命令,其所关注的主要问题也是他们领导政府的方式以及他们所能运用的手段。”〔24〕所以他同意一些学者的观点,建议把这种“法律”叫“依附法”(para - law),甚或“次级法”(sub - law)。这就是说,他认为第二种“法律”其实不是真正的法律。为了进一步说明这一观点,他还就第二种“法律”的产生和目的分析了它与第一种的区别。指出:“统治者建立组织的目的乃是为了维护社会秩序和抵御外敌,……随着这种组织变得越来越不同于那种包含了所有公民私人活动的更具包容性的社会,它也就要求拥有它自己的独立规则,并用它来确立它自己的结构、目标和职能……政府机器所需要的就是组织规则;它们的目的有如下述:一、实现特定的目的;二、对那些规定了应当完成某事或应当实现特定的结果的肯定性命令(positive order)进行补充;三、为实现这些目的而建立各种使政府得以有效运转的机构。”〔25〕所以他说:“在我看来,把这种法律称为政府规则或政府细则(the regulations or by - laws of government)可能更为恰当。”〔26〕

他指出第一种法律与第二种法律的区别除了产生的方式不同外,还有许多特点。他说:“生成于司法过程之中的正当行为规则……与……由权力机构制定的组织规则(rules of or-

---

〔22〕 邓正来:“社会秩序规则二元观”,载《北大法律评论》(第2卷第2辑),法律出版社2000年版,第419~422页。
〔23〕 [英]哈耶克:《法律、立法与自由》(第1卷),邓正来等译,中国大百科全书出版社2000年版,第153页。
〔24〕 [英]哈耶克:《自由秩序原理》(上),邓正来译,三联书店1997年版,第263页。
〔25〕 [英]哈耶克:《法律、立法与自由》(第1卷),邓正来等译,中国大百科全书出版社2000年版,第198~199页。
〔26〕 同上书,第210页。

ganization)之间的区别,表现为这样的事实,即前者源出于并非人之创造的自生自发秩序的情势,而后者则有助于刻意建构一个为具体目的服务的组织。"[27] 又说:内部规则"它们在调整人与人之间的涉他性活动中所具有的否定性、目的独立性和抽象性,便是'那些构成自生自发秩序之基础的正当行为规则的特征。"他指出,"内部规则的主要功能乃在于明确个人行为的确获保障的领域:告诉每个人何者规定是他所能信赖的,何种物质性东西或服务是他可以用来实现他的目的的及他所具有的行动范围是什么。"[28]

由此来看,哈耶克所说的"法律"并不是我们通常所说的法律,即国家的制定法,而是自然形成的并被人们普遍遵守的社会习俗和惯例。这与自然法学和历史法学家所说的"自然法"意义相近。

(2)法律的种类

他认为真正的法律或内部规则包括明确阐明的规则(articulated rules)和尚未阐明的规则(unarticulated rules)两种。"所谓'未阐明的规则'……乃是指一种描述性的规则,亦即并未用语言或文字予以表达的惯常行为的模式,而'阐明的规则'则是形式化了的规范性质的规则,它们不仅描述行为,而且还经由确立适当标准的方式支配行为。"[29] 他还认为,人类社会的规则大量的是未阐明的规则,阐明的规则虽然有其优越性,但永远不可能完全取代未阐明的规则。他说:"因此,这些未阐明的规则(the unarticulated rules)总是要比文字程式所能表达的东西包含有或多或少的内容。另一方面,阐明规则的努力也常常会因'直觉的'知识无法为某一特定问题提供一个明确答案而成为必要。因此,阐明规则的过程有时也会在实际上(尽管是非意图的)生产出新的规则。但是,阐明的规则(the articulated rules)却不会因此而完全替代未阐明的规则,而只能在一个尚未阐明的规则的框架内发挥作用并得到理解……那些阐明规则的人所做的不过是发现和表达业已存在的规则,而且他们也只有权如此行事。"[30]

3. 法律的功能

哈耶克在谈到法律的功能时说:"法律所提供的只是一些人们依据它们就可能从特定的事实中确认出某些特定的东西究竟属于何人的规则。法律所关注的并不是特定的东西归属于那个特定的人究竟是谁,而是使人们有可能确认出由个人在法律规则划定的限度内的行动所决定的那些边界,但是值得指出的是,有关这些边界的特定内容则是由诸多其他情势决定的……法律规则的目的,只是为了通过划定大边界而尽可能地防阻不同个人间的行动发生互相干涉或干扰;它们仅凭自己的力量并不能够确定、从而也不可能关注不同的个人所会得到的结果究竟是什么。"[31] 又说:"因此,就目的的一般意义而言,法律并不是实现任何特定的单个目的的一种手段,而只是成功追求大多数目的的一个条件。在所有服务于多种目的(multi-purpose)的工具当中,法律很可能是继语言之后又一个有助益于实现种类最为繁多的目的的工具,法律肯定不是为了实现某一已知的目的而创制出来的,而毋宁是因为它能够使那些

---

[27] [英]哈耶克:《法律、立法与自由》(第1卷),邓正来等译,中国大百科全书出版社2000年版,第189页。
[28] 邓正来:"社会秩序规则二元观",载《北大法律评论》(第2卷第2辑),法律出版社2000年版,第428页。
[29] 同上书,第430页。
[30] [英]哈耶克:《法律、立法与自由》(第1卷),邓正来等译,中国大百科全书出版社2000年版,第122页。
[31] 同上书,第170~171页。

依据它们而行事的人更为有效地追求他们各自的目的而逐渐发展起来的。”[32]又接着说:“法律之所以要确使每个个人都拥有一个他能够决定自己行动的公知的领域,其目的乃在于使个人能够充分地运用他的知识,尤其是他关于特定时空下的情形的具体知识,而这些知识往往是他所独有的……事实上,个人根据共同的规则进行的合作,乃是基于知识的某种分工(a sort of division of knowledge),亦即个人自己的具体知识和法律提供的一般性知识的分工,前者是指合作者个人必须考虑他的特殊情形,后者则指法律确使个人的行动符合于他们所在社会的某些一般性或恒久的特性。”[33]“在一种社会秩序中,每个人所应对的特定情势乃是那些为他所知道的情势。但是只有当个人所遵循的那些会产生一种整体秩序的规则的时候,个人对特定情势所作的应对才会产生一种整体秩序……换句话说,为了确使某种明确的整体秩序得以形成,个人对他们周围的各种事情所做的调适或应对就必须具有相似性……一个社会中的所有人都会遵循某项规则,其原因是他们的环境以相同的方式展示于他们;他们也会自发遵循一些规则,这是因为这些规则构成了他们共同的文化传统的一部分;但是人们还会被迫遵守另外一些规则,因为,尽管无视这些规则可能会符合每个个人的利益,然而只有在这些规则为人们普遍遵守的时候,他们的行动得以成功所依凭的整体秩序才会得以产生。”[34]这就是说,法律的功能是使社会形成秩序,这是因为它能划定个人活动的大体范围,即“私域”,防止彼此之间的侵扰,从而获得最大限度的自由。

以上看出,哈耶克认为人类社会的秩序是在长期的发展中自发生成的,而这种秩序的产生依赖于社会规则,它是在个人之间的互动中逐渐形成的,是社会内部自己产生的,所以叫“内部规则”,其表现的主要形式是习俗和惯例。这种规则就是法律,而且是真正的法律。至于立法机关所制定的“法律”,如果它与“内部规则”相符的话,则只是“阐明的规则”,否则,则不具有法律的性质,只是一种“政府组织规则”。他认为“阐明的规则”虽然在法律中占有很重要的地位,但它只是法律中的极少部分。他认为大部分法律不是通过立法途径产生的,而是通过司法活动形成的。

(四)法律与自由、法治

哈耶克的政治理想是要建立一个自由秩序的社会,而这种理想社会的建立有赖于法律,所以这一社会也是一种法律秩序,即法治的社会。

1. 自由一词的词源和词义

他首先对“自由”这个概念的词源进行了考证,指出其希腊文为 elentheres,拉丁文为 liber,其原意是指与奴隶相区别的受保护的地位或身份。他说:“‘自由原本指自由人或自由生产者的地位或身份,与奴隶状态适成对照。’从语义学上看,‘自由的’的条顿词根似乎描述的是共同体中受保护的成员的地位……同样,拉丁文自由(liber)和希腊文自由(eleutheros),似乎亦都源出于意指部落氏族成员的词语。”[35]

接着,他提出自己对自由的新理解,认为“自由”应理解为一种社会秩序,一种对个人最小强制的状态。他说:“本书乃是对一种人的状态(condition)的探究;在此状态中,一些人对

---

[32] [英]哈耶克:《法律、立法与自由》(第1卷),邓正来等译,中国大百科全书出版社2000年版,第176页。

[33] [英]哈耶克:《自由秩序原理》(上),邓正来译,三联书店1997年版,第195~196页。

[34] [英]哈耶克:《法律、立法与自由》(第1卷),邓正来等译,中国大百科全书出版社2000年版,第65~66页。

[35] [英]哈耶克:《自由秩序原理》(上),邓正来译,三联书店1997年版,第319页注释⑤。

另一些人所施以的强制(coercion),在社会中被减至最小可能之程度。在本书中,我们将把此一状态称之为自由(liberty or freedom)……意指的乃是一种社会生活中人可能希望尽力趋近但却很难期望完全实现的状态。因此自由政策(a policy of freedom)的使命就必须是将强制或其恶果减至最低程度,纵使不能将其完全消灭……自由意味始终存在一个按其自己的决定和计划行事的可能性……就此意义言,'自由'仅指人与他人间的关系,对自由的侵犯亦仅来自人的强制。"[36]又说:"对自由的主张,从终极的角度来看,实是对一系列原则的主张,也是对集体行动中权宜性措施的反对;一如我们所见,这等于说,只有法官而不是行政人员可以命令采取强制性措施。19世纪自由主义的一位知识界领袖贡斯当(Benjiamin Constant),就曾把自由主义描写成'一系列原则的体系'(systeme de principes),我们可以说他把握住了这个问题的实质。自由是一种体系,在此一体系中,所有政府行动都受原则指导;但除此之外,自由还是一种理想,此一理想如果本身不被作为一种支配所有具体立法法规的最高原则来接受,就不能得到维续……一个自由的社会所能提供的种种许诺,对于特定的个人而言,始终只能是各种机遇而非种种确定性,只能是种种机会而非种种明确的赐物,此为一不争之事实;因此,如果自由不被视作最高原则,那么自由所提供的种种允诺,就必定会因其性质的缘故而被证明为致命的弱弊,并使自由渐渐丢失。"[37]他进一步说:"一种允许所有人运用自己的知识去实现自己的目的且只受普遍适用的正当行为规则(rule of just conduct)的约束的自由状态,有可能为他们实现他们自己的目的提供最佳的条件;此一命题还认为,只有权力当局,包括人民之多数的权力当局,在行使强制性权力的方面受社会共同体所信奉的一般性原则限制的时候,这样一种系统才有可能得到实现并得以维续……在自由的状态下,每个人都能运用自己的知识去实现自己的目的……。"[38]这就是说,自由既是一种理想,又是一种现实,作为理想,它是对一系列原则的主张;作为一种现实,它是一种最少强制而且这种强制为国家所垄断的状态,是"每个人能运用自己的知识实现其目的且只受普遍适用的正当行为规则(rule of just conduct)的约束的自由状态"。

那么,什么是强制呢?他认为"所谓'强制',我们意指一人的环境为他人所控制,以至于为了避免更大的危害,他被迫不能按自己的一贯计划行事,而只能服从于强制者的目的。"他认为强制是一种不可避免的恶。说:"强制之所以是一种恶,完全是因为它据此把人视为一无力思想和不能评估之人,实际上把人彻底沦为实现他人目的的工具……然而,强制不能完全避免,因为防止强制的方法只有依凭威胁使用强制之一途(the therat of coercion)。自由社会处理此一问题的方法,是将行使强制之垄断权赋予国家,并全力把国家对这项权力使用限制在下述场合,即它被要求制止私人采取强制行为的场合……一个政府为了达致上述目的而必须使用强制,应减至最小限度,而且应通过众所周知的一般性规则对其加以限制的方法而尽可能地减少这种强制的危害,以至于在大多数情势中,个人永不致遭受强制,除非他已将自己置于他知道会被强制的境况之中。"[39]这意味着,强制只适用于人际关系,指一个人的环境为他人所控制,不能按自己的意愿行动,自由是排斥强制的,但自由状态并不是完全没有强制,只是要求强制权为国家所垄断,并减少至最低程度。他进一步指出,自由不同于"自由权

---

〔36〕［英］哈耶克:《自由秩序原理》(上),邓正来译,三联书店1997年版,第3~5页。

〔37〕同上书,第79~80页。

〔38〕［英］哈耶克:《法律、立法与自由》(第1卷),邓正来等译,中国大百科全书出版社2000年版,第86~87页。

〔39〕［英］哈耶克:《自由秩序原理》(上),邓正来译,三联书店1997年版,第16~17页。

项”，他说：“只有当自由缺失时，‘自由权项’（liberties）才会凸显，因为‘自由权项’乃是指某些群体及个人在其他人或群体多少不自由的时候仍可能获致的具体的特权或豁免。”〔40〕

概括哈耶克以上对自由的论述，其主要观点有以下几点：（1）自由意味始终存在一个按其自己的决定和计划行事的可能性；（2）自由所涉及的是人与人的一种关系，这种关系里人的行为只服从社会规则，或由社会规则调整；（3）在这种关系中，强制被减少到最少的程度，而且强制权只由国家行使，国家的使命是维护社会规则，这就意味着只有在维护规则时才能实施强制；（4）自由离不开知识。在自由的状态下，每个人都能运用自己的知识去实现自己的目的；（5）自由不同于自由权项，后者产生于自由缺失时。

2. 自由的价值

在对自由的词义论述的基础上，他进一步论述了自由社会的特征和价值。他说：“一个自由社会的本质在于，一个人的价值和报酬，并不取决于他所拥有的抽象能力，而取决于他能否成功地将这种抽象的能力转换成对其他有能力做出回报的人有用的具体的服务。自由的主要目的在于，向个人提供机会和动因，以使个人所具有的知识得到最大限度的使用……一个自由社会之所以能发展得比其他社会更繁荣，也是因为它为人们能够做出这种贡献提供了最大限度的机会。”〔41〕而自由社会的特征之一就是目标开放或多元，这样的好处就是为未来的发展提供了更多的选择机会。他说：“自由社会的特征之一是，人的目标是开放的，而且能够不断产生人们为之努力的新目标；尽管这些新目标一开始只是少数人的目的，然而随着时间的推移，它们会逐渐成为大多数人的目的。”〔42〕他进一步指出：“自由的价值主要在于它为并非出自设计的发展提供了机会，而且一个自由社会之所以能够发挥其有助益的作用，在很大程度上也取决于自由发展起来的种种制度的存在。如果对于业已发展起来的种种制度没有真正的尊重，对于习惯、习俗以及‘所有那些产生于悠久传统和习惯做法的保障自由的措施’缺乏真正的尊重，那么就很可能永远不会存有什么真正地对自由的信奉，也肯定不会为建设一自由社会的成功努力。”〔43〕

这就是说，自由社会由于目标开放和目的多元，因而它不但不会压制个人的积极性和创造性，而且向个人提供机会和动因，以使个人所具有的知识得到最大限度的使用，这样一来不仅必然带来社会的繁荣，而且为其未来的发展提供了多种可选择的模式。

3. 自由的领域：私域和公域

要进一步理解哈耶克的自由观还必须了解他关于人的生活的两个领域的划分。哈耶克把个人的生活分为“私域”（又译为“个人空间”）和“公域”两个领域。认为在私域中他享有绝对的自由，而在公域里只要他遵守规则他就不应受到强制，所以也是自由的，但这种自由是相对的。他说：“个人是否自由，并不取决于他可选择的范围大小，而取决于他能否期望按其现有的意图形成自己的行动途径，或取决于他人是否有权操纵各种条件以使他按照他人的意志而非行动者本人的意志行事。因此，自由预设了个人具有某种确获保障的私域（some assured private sphere），并预设了他的生活环境中存有一系列情形是他人所不能干涉的。”〔44〕又

---

〔40〕［英］哈耶克：《自由秩序原理》（上），邓正来译，三联书店 1997 年版，第 14 页。

〔41〕同上书，第 95 ~ 97 页。

〔42〕同上书，第 36 ~ 37 页。

〔43〕同上书，第 70 ~ 71 页。

〔44〕同上书，第 6 页。

说:“区别一个自由社会与一个不自由社会的标准乃是,在自由的社会中,每个个人都拥有一个明确区别于公共领域(public sphere)的确获承认的私域,而且在此一私域中,个人财产不能被政府或他人差来差去,而只能被期望服从那些平等适用于所有人的规则。”[45]“在自由的统治下,一切未被法律所限制的行动,均属于个人的自由领域。”[46]不过他认为“私域”并非绝不能侵犯的,但这只有在特殊情况下,而且侵犯时要遵循“无正当补偿便不能剥夺”的原则。他说:“一个自由的社会的最基本的原则有时也不得不做出暂时的牺牲……我们需要进一步考虑的并不是那些通过中止人身保护状态(habeas corpus)或宣布戒严状态(a state of siege)以暂时取消某些公民自由(civil liberties)的必要性问题,而是个人或群体的特定权利偶尔因公共利益而须加以干涉的某些条件……‘无正当补偿便不能剥夺’(no expropriation without just compensation)的原则,在任何实行法治的地方都得到承认……只有在公共利益明显大于个人因正常期望受挫而蒙受损害的情形中,才能允许对私域以上述必要的干预……综而言之,如果要对一正常的规则施例外,那么相关的公共利益必须是显见的,且在实质上大于其所导致的损失。”[47]这就是说,“私域”就是绝对的个人自由的领域,在这个领域里个人可以运用他的知识自由地追求他的目的,一般不受公共权力的侵犯,除非确系特殊需要,但也需遵守“无正当补偿便不能剥夺”的原则。

4. 自由与责任、组织、平等、民主

论述了自由的本质、特点和价值的基础上,他还就自由与责任、组织、平等、民主等的关系做了论述。

(1)自由与责任

他认为自由与责任在本质上是统一的。他说:“一个自由的社会很可能会比其他任何形式的社会更要求做到下述两点:一是人的行动应当为责任所引导,而这种责任范围上远远大于法律所强设的义务范围;二是一般性舆论应当赞赏并弘扬责任的观念,亦即个人应当被视为对其努力的成败负有责任的观念。”[48]他进一步指出:“自由不仅意味着个人拥有选择的机会并承受选择的重负,而且意味着他必须承担其行为的后果,接受对其行为的赞扬或谴责。自由与责任(responsibility)实不可分。”[49]又说:“如果我们假定人具有理性而赋予其自由,那么我们也必须使他们对其决策的后果承担责任而肯定他们一如具有理性的人那样去行事……自由与责任的这种关联性或互补性,意味着对自由的主张只能适用于那些被认为具有责任能力的人。”[50]这就是说,只有有责任能力和责任感的人才配享有自由。

(2)自由与组织

关于自由与组织的关系,他说:“主张自由的论辩,并不是一种反对组织的论辩(因为组织乃是人之理性所能运用的最强有力的手段之一),但却是一种反对所有排他性组织、特权组织和垄断性组织的观点,亦是一种反对所有运用强制力量阻止他人尝试进步的论辩……只有当组织是自愿的并扎根于自由的领域的时候,它们才可能产生助益和具有效率,而且组织如

---

〔45〕［英］哈耶克:《自由秩序原理》(上),邓正来译,三联书店1997年版,第264页。

〔46〕同上书,第273~274页。

〔47〕同上书,第275~276页。

〔48〕同上书,第89页。

〔49〕同上书,第83页。

〔50〕同上书,第90页。

果不调整自身以适应其观念中并未虑及的情势，那么它就只有失败。将整个社会都纳入根据一项统一计划构建起来的并受这种计划指导的一个单一组织系统中，无疑会扼杀那些型构个人心智的种种力量，甚至还会扼杀那些计划出这些组织的个人心智。”〔51〕这就是说，他认为人为的组织是与自由相悖的，只有自生自发的组织才是自由所需要的。

（3）自由与平等

在论述到自由与平等的关系时说：“自由不仅与任何其他种类的平等毫无关系，而且还必然会在许多方面产生不平等。这是个人自由的必然结果，也是证明个人自由为正当的部分理由如果个人自由的结果没有显示某些生活方式比其他生活方式更成功，那么个人自由的主张亦就丧失了大部分根据……要求法律面前人人平等的实质恰恰是，尽管人们在事实上存在差异，但他们却应当得到平等的待遇。”〔52〕又说：“从人们存在很大差异这一事实出发，我们便可以认为，如果给他们以平等的待遇，其结果就一定是他们实际地位的不平等。而且，将他们置于平等地位的唯一方法也只能是给予他们以差别的待遇。因此法律面前人人平等与物质的不平等不仅不同，而且不彼此相冲突；我们只能实现其中的一种平等，而不能兼得二者。自由所要求的法律面前人人平等会导致物质的不平等。”〔53〕这就是说，自由只要求法律面前的平等，并不要求实际上的平等，相反他允许存在差别，还要保护这一差别。

（4）自由与民主

在谈到自由与民主的关系时他说：“‘民主’一词的含义……如果……做严格的限制，并只用它来指称一种统治方式—例如多数的统治（majority rule），那么它所指的问题就显得不同于自由主义者所指的问题了。自由主义乃是一种法律应当如何的原则，而民主则是一种关于确定法律内容的方式的原则。‘只有为多数所接受者，才应当在事实上成为法律’，这一点在自由主义看来是可欲的，但是它并不认为这种法律因此就必然是善法（good law）。诚然，自由主义接受多数统治方式，但只是将其视为一种决策的方式，而不是一种确定决策应当为何的权威根据……自由主义是关注民主须从其间做出选择的统治范围及统治目的的诸原则之一，但是民主，作为一种方法，却并不涉及统治目的的问题。”〔54〕“不论赞成民主的理由多么充分，民主本身并不是一种终极的价值或绝对的价值（an ultimate or absolute value），而且对它的评断也必须根据其所达致的成就来进行。民主很可能是实现某些目的的最佳方法，但其本身却不是目的。尽管在明显要求采取集体行动的场合，人们有很充分的理由采取民主的决策方法，但是扩展集体控制的范围是否可欲的问题，却必须根据其他的判准而非多数统治这种民主原则来加以判断。”〔55〕这就是说，民主与自由之间没有必然关系，民主只是多数决策的方式，虽然这种方式是比较可取的方式，但并不能因此说这种方式所产生的决策都能获得自由。

可以看出，哈耶克的自由观是以个人为出发点的，而且只限于人与人的关系，这样一来，他对自由的理解必然是排除他人的强制。所谓强制他理解为一个人的环境为他人所控制，不能按自己的意愿行动，但由于人类社会秩序的建立和维持又少不了强制，所以他所说的自由

〔51〕［英］哈耶克：《自由秩序原理》（上），邓正来译，三联书店1997年版，第38～39页。

〔52〕同上书，第102～103页。

〔53〕同上书，第104～105页。

〔54〕同上书，第126～127页。

〔55〕同上书，第129页。

就要求强制权为国家所垄断,并减少至最低程度。他的这种自由的取得,不完全依赖于理性和知识,也与民主政治、民族独立、社会公平没有必然的关系。也就是说,一个人在愚昧无知、感情用事、贫病交加的情况下仍然可能是自由的,专制制度和异族入侵的情况下也可能是自由的,只要他没有受到强制。

5. 自由与法治

(1)"法治"词源和词义

首先,哈耶克追溯了"法治"一词在西方的产生和发展过程。指出"对于这个问题的回答,可以从伊丽莎白时代借之于古希腊的一术语中见到,但是后来,这个术语却不再为人们所使用了,此即 isonomia('伊索诺米')。英国人在 16 世纪末从意大利直接引入了该术语,意指'法律平等适用于各种人等';稍后翻译 Livy 著作的学者以英语 isonomy 形式替之,意指法律对所有人平等适用以及行政官员也负有重任的状况。直至最后为'法律面前人人平等'(equality before the law)、'法律之治'(government of law)或'法治'(rule of law)等术语取而代之。"〔56〕

接着,他阐明了自己对"法治"的基本观点,不过哈耶克的法治观前期和后期是有巨大变化的。前期他对法治的定义带有分析法学法治观的明显痕迹。即认为法治就是指政府在一切行动中都受到事前规定并宣布的规则的约束。他说:"最能清楚地将一个自由国家的状态和一个专制政府统治下的国家的状态区分开来的,莫过于……被称为法治的这一伟大原则。撇开所有的技术细节不论,法治的意思就是指政府在一切行动中都受到事前规定并宣布的规则的约束——这种规则使得一个人有可能十分肯定地预见到当局在某一情况中会怎样使用它的强制权力,和根据对此的了解计划它自己的个人事务。虽然因为立法者以及那些受委托执行法律的人都是不可能不犯错误的人,从而这个理想也永远不可能达到尽善尽美的地步,但是法治的基本观点是很清楚的即留给执掌强制权力的执行情况机构的行动自由,应当减少到最低程度。虽则每一条法律,通过变动的人们可能用以追求其目的的手段而在一定程度上限制了个人的自由,但是在法治之下,却防止了政府采取特别的行动来破坏个人的努力。"〔57〕又说:"因此,法治就含有限制立法范围的意思,它把这个范围限于公认为形式法律的那种一般规则,而排除那种直接针对特定的人或者使任何人为了这种差别待遇的目的而使用政府的强制权力的立法。它的意思不是指每件事都由法律规定,而是指政府的强制权力只能在事先由法律规定的那些情况下,并按照预先知道的方式被行使。"〔58〕这一思想在《自由秩序原理》一书中做了更明确的阐述:"由于法治意味着政府除非实行众所周知的规则以外不得对个人实施强制,所以它构成了对政府的一切权力的限制,这当然包括对立法机构的权力的限制。法治是这样一种原则,它关注法律应当是什么,亦即关注具体法律所应当拥有的一般属性……当然,法治也完全以形式合法性为前提,但仅此并不能涵括法治的全部意义;如果一项法律赋予政府以按其意志行事的无限权力,那么在这个意义上讲,政府的所有行为在形式上就都是合法的,但是这一定不是法治原则下的合法。因此,法治的含义也不止于宪政,因为它还要求所有的法律符合一定的原则。从法治乃是对一切立法的限制这个事实出发,其逻辑结果便是法治本身是一种绝对不同于立法者所制定之法律那种意义上的法……法治(the rule

---

〔56〕［英］哈耶克:《自由秩序原理》(上),邓正来译,三联书店 1997 年版,第 206 页。

〔57〕［英］哈耶克:《通往奴役之路》,王明毅等译,中国社会科学出版社 1997 年版,第 73 ~ 74 页。

〔58〕同上书,第 83 页。

of law)因此不是一种关注法律是什么的规则(a rule of the law),而是一种关注法律应当是什么的规则,亦即一种‘元法律原则’(a meta－legal doctrine,亦可转译为‘超法律原则’)或一种政治理想。然而需要指出的是,法治只有在立法者认为受其约束的时候才是有效的。在民主制度中,这意味着除非法治业已构成了此社会共同体之道德传统的一部分(亦即那种为多数所信奉且毫无疑问地接受的共同理想),否则它就不会普遍有效。”〔59〕

关于哈耶克的法治观的变化,邓正来先生在“社会秩序规则二元观——哈耶克法律理论研究”一文中曾有论述,他说:“关于哈耶克的法治观问题,极为繁复,其间至少经历了从1960年《自由秩序原理》一书中所确立的形式原则和‘法典法’法治观向此后所谓的形式与实质相结合的一般性原则和‘普通法’法治观的转化过程。为此,英国当代的自由主义哲学家J. Gray称哈耶克的法治观为普通法法治国(a common law Rechtstaat)理论……这里可套用经济学家Arthur Shenfield在哈耶克获得1974年诺贝尔经济学奖时对他的‘法治观’所做的较为简明的讨论,他认为哈耶克的法治观阐发了四个基本命题:第一,作为社会之经纬的种种制度缘出于人之行为而非出于人之设计;因此,尝试去设计社会的努力会致命伤害社会的健康发展。第二,在一个自由的社会中,法律基本上是被发现的而非被创造的;因此,法律通常来讲并不只是统治者的意志,而不论统治者是君主还是民主的多数。第三,法治不仅是自由社会的首要而且根本的原则,而且也依赖于上述两个条件。第四,法治要求平等地对待所有的人,但是它却不仅不要求以人为的方式迫使人平等,而且认为这种人为平等的努力会摧毁法治。”〔60〕这就是说,由于新的法律观的确立,哈耶克后期虽然从形式上维持了原有的法治定义,但由于所理解的规则不再是成文法了,所以对规则的遵守就含义大变了。意味着他实际上已转向了“普通法治”或“实质法治”的立场。

(2)自由秩序就是“法治”

既然自由秩序就是由社会规则的遵守所产生的秩序,而法律就是社会规则,因此在“法治”社会里人是最自由的。这是因为,个人的活动包括“私域”和“公域”,在“私域”里他可以运用他的知识追求他的目的,在“公域”里他也可以因遵守规则取得预期的成功。而且,当有人违反规则侵犯了他的“私域”时,维护规则的国家机关就会对之施加强制,以维护他的自由。这样一来,最自由的社会就是由社会规则所建立和维持的秩序,就是法律秩序或“法治”。不过哈耶克认为,已有的人类社会由于个人间的强制没有被完全制止,更由于国家机关滥用职权不遵守法律侵犯个人的“私域”,或超过其能力和权限为社会制定“法律”,然后假借“法律”的名义侵犯个人的自由。所以,已有的社会并不是法治社会,也就不是真正自由的社会。而他的《自由秩序原理》一书,就是要探求建立法治社会的原理。他说:“法治下的自由观念(the conception of freedom under the law),乃是本书所关注的首要问题,他立基于下述论点,即当我们遵守法律(亦即指那些在制定时并不考虑对特定的人予以适用的问题的一般且抽象的规则)时,我们并不是在服从他人的意志,因而我们是自由的。”〔61〕他强调指出,法治的法是真正的法,而不是形式的法,后者不仅不能使人们自由,反而是自由衰微的主要原因之一。他说:“但是值得我们注意的是,如果真的是法律使我们获得了自由,那么这里的法律只

---

〔59〕［英］哈耶克:《自由秩序原理》(上),邓正来译,三联书店1997年版,第260～261页。

〔60〕邓正来:“社会秩序规则二元观”,载《北大法律评论》(第2卷第2辑),第430页。

〔61〕［英］哈耶克:《自由秩序原理》(上),邓正来译,三联书店1997年版,第190～191页。

能是那种抽象且一般意义上的规则,或是我们所指称的‘实质意义上的法律’(law in the material meaning);这里需要指出的是,这种实质意义上的法律,乃是在法律规则的性质上而非在这些规则的渊源上与那种仅仅是形式意义上的法律(law in the merely formal sense)相区别。作为一种具体命令的‘法律’,亦即那种仅因为它产生于立法当局就被称之为‘法律’的命令,实际上是一种重要的压制性工具。将上述两种法律混为一谈,并将法治的信念丢失殆尽(法治在这里是指,人们在制定并实施那种实质意义上的法律的时候,并不是在强制推行他们的意志),实是致使自由衰微的主要原因之一。”[62]

由于西方国家大都是实行民主制度,而我们知道,哈耶克认为民主与自由并没有必然的关系,这意味着民主制度是有缺陷的。哈耶克认为,法治还可以弥补民主的缺陷,防止多数人借民主之名侵害少数人的自由。因为法治之法,非立法机关制定之法,法律至上也非制定法至上。这就可以防止一些人用民主方式控制立法机关,进而制定符合自己意志的“法律”,从而以合法的形式侵害其他人的自由。

综上所述,哈耶克认为自由就是一种最少强制的社会秩序,而社会秩序的形成离不开社会规则,即法律。因此,自由的社会就是人的行为受法律调整的社会,特别是国家机关的活动依照法律办事的社会,即法治社会。这样在他看来,自由是离不开法律的,自由就在于对法律的遵守中,特别是要求政府的活动时如此。当然,他这儿所讲的“法律”并不是我们一般所理解的制定法,而是社会在长时期的发展中自发生成的习俗和惯例。

参考文献

1. [英]哈耶克:《法律、立法与自由》(第1卷),邓正来等译,中国大百科全书出版社2000年版。
2. [英]哈耶克:《自由秩序原理》(上),邓正来译,三联书店1997年版。
3. [英]哈耶克:《通往奴役之路》,王明毅等译,中国社会科学出版社1997年版。
4. 高全喜:《法律秩序与自由主义——哈耶克的法律与宪政思想》,北京大学出版社2003年版。

思考题

1. 哈耶克是怎样认识社会秩序的?
2. 哈耶克为什么要区分法律与立法?
3. 哈耶克为什么把自由与法治联系在一起思考?

第三节 博登海默的综合法学

一、综合法学的产生及其主要代表

20世纪以来,西方法学的发展出现了两种趋势:一是高度地分化,二是分化中又趋于统

〔62〕[英]哈耶克:《自由秩序原理》(上),邓正来译,三联书店1997年版,第193~194页。

一。这表现为，一方面，由于新的学派不断出现，特别是新产生了社会法学并得到迅速发展，自然法学得以复兴，分析法学也发生了分化，从而打破了一种法学思潮独霸天下的局面，使法学思潮呈现为多元化的格局；另一方面，由于各个流派之间的对立不再那么尖锐，分歧不再那么大，相反在观点、方法上互相吸收和借鉴，从而使它们之间的共同之处越来越多，使法学思潮呈现出一体化的趋势。综合法学正是后一种趋势在社会法学中的一个表现，是社会法学中一些有识之士，站在社会法学的立场上，吸收和借鉴其他法学流派的观点和方法后所产生的一个流派。

社会法学中的这一趋势最早在庞德那里已有流露，他在研究中逐渐认识到西方的各种法学流派各有其合理性和局限性，还看到他们之间正在出现一种互相接近的趋势，并号召西方法学各派实行“大联合”。他自己也身体力行对西方各法学流派进行了系统地研究，其理论从各方面吸收了其他各派的观点。

综合法学或一体化法理学产生的正式标志是1947年美国的法学家杰罗姆·霍尔（Jerome Hall，1901～？）的“综合法理学”（integrative jurisprudence）一文的发表。霍尔是美国加利福尼亚大学的法学教授，兼任美国政治哲学和法哲学学会会长、国际法哲学和社会哲学协会分会的会长，著有《法理学读本》（1938年）、《刑法的一般原则》（1947年）、《民主社会的活的法》（1949年）、《法理学和刑法理论研究》（1958年）、《比较法和社会理论》（1963年）、《从法的理论到综合法理学》（1964年）、《比较法理学基础》（1973年）等。霍尔用综合的观点来认识法律，认为法律是事实（fact）、形式（form）和价值（value）的统一，并认为西方的社会法学、分析法学和自然法学各主要研究其一个方面。因此，各有其合理性与局限性，应把三者结合起来建立一种综合三种法学优点的法理学。它不仅对法律进行全面地研究，而且兼用自然法学的哲理方法、社会法学社会学方法和分析法学的分析方法。这一“综合法学”分四部分：（1）法律的目的论（legal axiology，亦即法律哲学或自然法学）；（2）法律本体论（legal ontology，亦即基本法律概念之形成）；（3）法律社会学（Sociology of law）；（4）形式法律科学（Formal legal Science）。它们分别从价值评价、逻辑分析或经验说明与概括化各方面共同建构新的法理学。在此基础上霍尔认为，法律的“合理性”和“道德性”为法律之根本，故不具备者不是法律，因此，他说，实在法仅指“实际的伦理性的权力规范”（actual ethical power norms），而不包括“纯粹的权力规范”（sheer power norms）。[63]

霍尔的主张和号召，立即得到一些法学家的积极响应。主要的有美国的埃德加·博登海默（Edgar Bodenheirmer，1908～1992年）、伯尔曼（Harold J. Berman，1918～2007年），澳大利亚的朱利叶斯·斯通（Julius Stone，1907～1985年），德国的费希纳（Fechner，1903～1978年）等。有的学者把拉斯韦尔（Harold Lasswell，1902～1978年）和麦克道格尔（Myres McDuogal，1906～1998年）的“法律政策学”（Policy —science of law）也作为综合法学的一个分支。

朱利叶斯·斯通早年就学于牛津大学、里兹大学和哈佛大学，生前是澳大利亚悉尼大学和新南威尔斯大学的法学教授，并且是哈佛大学、哥伦比亚大学和纽约大学的访问教授。他原来是个社会法学家，并把社会法学介绍到澳大利亚。后来他响应霍尔的号召，致力于综合法学研究。为此他分别对分析法学、自然法学和社会法学进行了系统研究，先撰写了《法律的范围和功能》一书，然后出版了三部曲：《法律制度和法学家推论》（1964年）、《人类法律和人

〔63〕 沈宗灵：《现代西方法理学》，北京大学出版社1992年版，第452～456页。

类正义》(1965 年)和《法律和正义的社会性》(1966 年)。他认为,20 世纪中叶以来严肃的法学家已不再为支持或反对分析逻辑方法、正义—伦理学方法或社会学方法这三者中的任何一个的绝对统治而辩论了。不管法学是否在某种科学意义上是一个单一的领域,或者是否它的统一性在于有必要为那些涉及制定、适用和改建或为一般理解法律的人提供智力的需求,所有上述范围都被包括在其中了。他认为,在现代任何一个严肃的法学家都不可能再是一个纯粹的分析法学家、自然法学家或社会法学家了。也就是说,他们在研究方法上不可能只是使用分析逻辑方法、正义—伦理学方法或社会学方法的其中的一种,而必然尽量吸收其他方法。不仅如此,法学的研究还必须从其他学科吸收新的方法。他说,法学是根据法学家的"外倾"(extraversion)被认识的。它是法学家对法律的规则、概念和技术,根据现行科学知识所进行的考察。这就是说,科学的研究方法应该是综合的。他还试图用综合的观点阐述法律的概念。他说,法律有七个特点:(1)法律是许多现象的复杂整体;(2)这些现象包括规范,这些规范通过指定、禁止和允许等方式规定行为,指导人们的活动;(3)法律作为一种规范,是一种社会规范;(4)作为复杂整体的法律是一种有秩序的整体,即法律秩序;(5)这种秩序具有强制性,而强制应理解为外在的,如剥夺生命、自由或财产,或对此类的利益限制;(6)强制是被制度化了的,即它必须根据已建立的规范实施;(7)这种制度化了的社会规范的强制秩序应当用国家权力和信念来维护其效力,并应有一定程度的实效。[64]

伯尔曼先后任教于美国的斯坦福大学、哈佛大学、埃莫里大学,并在原苏联科学院做过访问学者和在莫斯科大学担任过教职。主要的著作有《法律与宗教》(1974 年)、《法律与革命——西方法律传统的形成》(1983 年)。在后一本著作的序言里,他也清楚地亮出了其综合法学的立场,指出,"我们需要克服下列现象:将法律归结为一套处理事务的技术性手段;使法律脱离于历史;把一国的法律等同于我们的全部法律、把一国的法律史等同于我们全部的法律史。也需要清除以下谬见:排他的政治的和分析的法学('法律实证主义'),或孤傲的哲理的和道德的法学('自然法理论'),唯我独尊的历史的和社会—经济的法学('历史法学派','法的社会理论')。我们需要一种能够综合这三个传统学派并超越它们的法学。这样一种综合的法学将强调,法律必须被信奉,否则就不会运作;这不仅涉及理性和意志,而且涉及感情、直觉和信仰,涉及整个社会的信奉。"[65] 他进而指出,"实际运作的法律包括法律制度和诉讼程序、法律的价值、法律概念与思想方式和法律规范。它包括有时称作'法律过程'(the legal process)或德语中所谓法律'实现'(Rechtsverwirklichung)的东西。"[66] 因而,"法律不是作为一个规则体,而是作为一个过程和一个事业,在这种过程和事业中,规则只有在制度、程序、价值和思想方式的具体关系中才有意义。"[67]

二、博登海默的综合法学

埃德加·博登海默(Edgar Bodenheimer,1908 ~ 1992 年)是美国加利福尼亚大学的法学和政治学教授。他响应霍尔的号召,积极进行了综合法学的探索和创建工作,其代表作是

[64] 参见薄振峰:《斯通:法的综合解读》,黑龙江大学出版社 2009 年版,第 132 ~ 133 页。

[65] [美]伯尔曼:《法律与革命——西方法律传统的形成》,贺卫方等译,中国大百科全书出版社 1993 年版,第 2 页。

[66] 同上书,第 5 页。

[67] 同上书,第 13 页。

1962 年出版的《法理学—法哲学及其方法》。这本书虽然在形式上是个教材，但实际上是他对综合法学的一个探索和阐述。该书分三部分，第一部分是法哲学史，他以客观简洁的文笔系统地介绍了西方历史上的主要法哲学派别和人物；第二部分是用综合的观点阐述其对各种法律问题的看法；第三部分则进而论述法律的渊源和适用的技术。下面我们着重介绍他对法律的一些问题的看法。

（一）法律的复杂性和综合法学产生的必然性

博登海默像其他综合法学的代表一样，以法律的复杂性为切入点来论述综合法学产生的必然性。他认为，由于在法律的产生和实施中要受到多种社会因素的影响，因而我们必须把它视为一种复杂的社会现象。他用一座宫殿来比喻法律的复杂性，因而主张各法学派分工合作和同心协力地进行研究。他说："法律是一个带有许多大厅、房间、凹角、拐角的大厦，在同一时间里想要用一盏探照灯照亮每一个房间、凹角和拐角是极为困难的，尤其是由于技术知识和经验的局限，照明系统不适当或至少不完备时，情况就更是如此了。"[68] 又说："人类的历史经验告诉我们，不可能根据任何单一的、绝对的因素或原因去解释法律制度。若干社会的、经济的、心理的、历史的和文化的因素以及若干价值判断影响着和决定着立法和司法。虽然在某个特定历史时期，某种社会力量或正义理想对法律制度产生特别强烈的影响，但是根据唯一的社会因素（如权力、民族传统、经济、心理、或种族）或根据唯一的法律理想（如自由、平等、安全、或人类的幸福），都不可能对法律控制作出普遍的分析和解释。法律是一个结构复杂的网络，而法理学的任务就是把要把组成这个网络的各个头绪编织在一起。由于这是一个巨大的、棘手的任务，所以为了恰当地完成这个任务，在法理学学者之间进行某种劳动分工乃是不可避免的。"[69] 这就是说，针对法律的复杂性的特点，必须用一种新的能综合各种法学流派优点的思路和方法来研究法律现象。

（二）法律的产生和作用

博登海默从社会秩序的角度来论述法律产生和存在的必然性。他认为，法律是人类社会基于建立秩序的需要而产生的，因为没有法律人类社会就会陷于无政府状态或专制独裁状态。他说："法律在本质上是对专制权力行使的一种限制，因此它同无政府状态以及专制政治是敌对的。为了防止具有为数众多而又互相抵触的意志的无政府状态，法律限制私人的权力。为了防止一个专制政府的暴政，法律控制了统治当局的权力。它试图将秩序与规则性引入私人交往以及政府机构运转之中……一个完整与充分发达的法律制度，对于无政府状态和专制政治这两种截然相对的形式来讲，是处于等距离的位置。通过一个行之有效的私法制度，它就可试图划定私人或私人群体的行为范围，以防止或反对相互侵犯、过分妨碍他人的自由或所有权的行使和社会冲突。通过一个行之有效的公法制度，它就可努力限定与约束政府官员的权力，以防止或救济对应予保障的私人权益领域的不恰当侵犯，以预防随意的暴政统治。这样，最为纯粹的最为完善的法律形式，便会在这样一个社会制度中得到实现，在该制度中，已经成功地排除了私人和政府专制地或暴虐地行使权力的可能性。"[70] 之所以能如此，这

---

〔68〕［美］博登海默：《法理学—法哲学及其方法》，邓正来等译，华夏出版社 1987 年版，第 199 页。

〔69〕同上书，第 200 页。

〔70〕同上书，第 224 页。

是因为“法律与赤裸裸的权力所具有的那些侵略性、扩张性趋势大相径庭,它所寻求的乃是政治与社会领域中的妥协、和平与一致。一个发达的法律制度经常试图阻碍压制性权力结构的出现,其依赖的一个重要手段便是通过在个人和群体中广泛分配权利以达到权力的分散与平衡。”〔71〕还因为法律是一种规则,因此有法律的地方,“权力的自由行使受到规则的阻碍,这些规则使掌权者受到一定行为方式的约束。”〔72〕

他认为,法律不仅仅是要建立一种秩序,而且要一种正义的秩序。如果说秩序只是关注法律的形式结构的话,那么,正义则关注其内容,因而是更重要的方面。他说:“正是正义的概念,把我们的注意力集中到作为规范大厦组成部分的规则、原则和标准的公正性与合理性之上。秩序……侧重于社会秩序和法律制度的形式结构,但正义所关注的却是法律规范与制度安排的内容、它们对人类的影响,以及它们在人类幸福与文明建设中的价值。”〔73〕这是因为,“正义所关注的是如何使一个群体的秩序或社会制度适合于实现其基本目的的任务……满足个人的需要与要求,并与此同时促进生产进步和社会内聚性的程度——这是维持文明社会生活方式所必要的——就是正义的目标。”〔74〕

他认为,“在一个健全的法律制度中,秩序与正义这两个价值并非时常冲突,相反,它们却紧密相联、融洽一致。一个法律制度若不能满足正义的要求,那么长期下去就无力为政治实体提供秩序与和平。而在另一方面,如果没有一个有序的司法行政制度来确保相同情况相同对待,那么也不能实现正义。因此,秩序的维持在某种程度上是以存在一个合理的健全的法律制度为条件的,而正义需要秩序的帮助来发挥它的一些基本作用。为人们所要求的这个价值的综合体,可以用这句话加以概括,即法律旨在创设一种正义的社会秩序。”〔75〕这就是说,秩序与正义是手段与目的的关系,因而二者是相辅相成的。为了进一步说明这一点,他引入了“公共福利”(public welfare)的概念,说正义要求赋予人类的自由、平等和安全应当在最大程度上与公共福利相一致。只要遵照确保实现社会公共福利的要求,根据各个不同的历史条件和社会条件来调整自由、平等和安全的次序,在这三者之中实现合理的平衡,就可实现正义。他说:“‘公共福利’这一术语是一个不无用处的概念工具,它是用来标明外部界限的,而在分配和行使个人权利时决不可超越这一界限,以免全体国民遭受损害。在个人权利和社会福利之间创设一种适当的平衡,乃是有关正义的主要考虑之一,特别是在涉及自由、平等和安全时……**在这种情况下,正义要求,赋予人类的自由、平等和安全应当在最大程度上与共同福利相一致。**”〔76〕

(三)法律的性质和特点、法治(法律)的利与弊

在论述了法律产生的必然性和追求的目标之后,博登海默还用辩证的观点来分析法律的作用,认为法律对人类社会是利弊兼备的。

他认为法治或法律的利表现在三个方面,即人类创造力的开发、促进和平和相互冲突的利益之调整。在谈到第一点时他说:“法律对社会的有益影响,在相当大程度上基于这样一个

〔71〕[美]博登海默:《法理学—法哲学及其方法》,邓正来等译,华夏出版社1987年版,第344页。
〔72〕同上书,第342页。
〔73〕同上书,第238页。
〔74〕同上书,第238页。
〔75〕同上书,第302页。
〔76〕同上书,第296~297页。

事实，即它在某些基本的生活条件方面，为个人创设并维持了一个安全的范围。法律保护其国家成员的生命、肢体完整、财产交易、家庭关系，甚至生计与健康。法律使人们无需为防止对他们的隐私的侵犯而建立私人制度。它通过创设有利于发展人的智力和精神力量的有序条件而促使人格的发展和成熟。它对那些受本性驱使而去追求统治他人专制权力的人加以约束，不让他们进行人身的或社会的冒险活动。（在由人性的难以驾驭的方面所确定的范围内）通过稳定某些基本行为，法律能够帮助人们从不断关注较低层次的问题中摆脱出来，并帮助人们将精力集中在较高层次的文明任务的履行上，对低层次问题的关注会妨碍适当履行那些较高层次的职能。再者，法律构造制度上的框架，为执行有关政治、经济、文化等方面的多种任务提供手段与适当环境，而这些任务则是一个进步的社会为满足其成员的要求而必须加以有效完成的。通过执行上述职能，法律能够促进潜存于社体中的富有创造力和生命力的力量流入建设的渠道；因此可以证明是文明建设一个不可缺少的工具。"〔77〕

在谈到第二点时他说："不仅在国际舞台上而且在各国的内部事务中，法律的目的就是要起到一种制度性手段的作用，即用人际关系的和平方式去替代侵略力量。昔日的人类发展史清楚地表明，迄今为止，法律在遏制有组织的群体内部斗争方面要比其在在控制这种群体之间的战争方面更为有效。"〔78〕又说："在人类努力建设有序与和平的'国家组织'中，法律一直都起着关键的和最主要的作用。法律是社会中合理分配权力、限制权力的一种工具……国内法力图保护群体内部的和谐与合作，国际法力图在跨国或全世界的范围内实现和谐与合作。国际法制定了促进国家政治和经济交往的规则与程序、调解国家间争端和平息国家间不满的范围与程序以及保护暂时处于他国统治之下的本国国民的规范与程序。"〔79〕

在谈到第三点时他说："法律的主要作用之一乃是调整和调和上述种种相互冲突的利益，无论是个人利益还是社会利益。"而之所以能如此，是因为它能提供一种评价各种利益重要性的标准，划定其合理的范围，从而使人们明确，"什么样的利益应当被视为是值得保护的利益，对于利益予以保护的范围和限制应当是什么以及对各种主张和要求又应当安排何种相应的等级和次序。"〔80〕

博登海默接着论述了法律的三个弊端：其一，法律具有保守性，因而在有些情况下会阻碍社会的进步和改革，这是因为法律具有稳定性，不能朝令夕改；其二，法律的形式结构具有僵硬性，这使它难以灵活应对各种情况，这是因为法律具有普遍性，是针对一般情况制定的；其三，法律的社会控制功能会产生限制性因素，这可能使控制变为压制。这是因为法律是为维护社会秩序和防止社会混乱而制定的，但在某种条件下，它可能超出其合理范围限制了社会的发展变化。

博登海默认为为了克服法律的以上弊端，必须解决一个矛盾，即法的稳定性和变动性的矛盾，使之既具有稳定性又具有灵活性。他说："一个完全不具稳定性的法律制度，只能是一组仅为了对付一时不变而制定的特定措施。它会缺乏一致性与连续性……然而，单单稳定性与确定性并不足于为我们提供一个行之有效的、富有生命力的法律制度。法律也必须服从发展所提出的正当要求。一个法律制度，如果跟不上时代的需要或要求，而且死死抱住上个时

---

〔77〕［美］博登海默：《法理学—法哲学及其方法》，邓正来等译，华夏出版社 1987 年版，第 377 ~ 378 页。

〔78〕同上书，第 378 页。

〔79〕同上书，第 379 页。

〔80〕同上书，第 383 页。

代的只具有短暂意义的观念不放,那么是没有什么可取之处的。在一个变幻不定的世界中,如果把法律仅仅视为一种永恒性的工具,那么它就不可能有效地发挥其作用。我们必须在运动与静止、保守与变革、经久不变与变化无常这些互相矛盾的力量之间谋求某种和谐。作为使松散的社会结构紧紧地结合在一起的粘合物,法律必须巧妙地将过去与现在联系起来,同时又不忽视未来的迫切要求。"[81]他认为,要解决这一矛盾就必须在法律运动中从过去力量与未来力量之间寻求平衡,既充分地尊重已有的法律制度,又不失时机地对其进行修改。他说:"总之,人们可能会注意到,无论是向后的拉力还是向前的推力,对任何法律制度的恰当运转都是至关重要的。法律发展中侧重过去的力量与侧重未来的力量之间的力量对比,在一个国家的不同历史发展阶段有所不同。一个理想的法律制度可能是这样一种法律制度,其中,必要的法律修正都是在恰当时候按照有序的程序进行的,同时给那有可能变革的无辜牺牲带去最低限度的损害。"[82]如此,仅靠司法的途径是不行的,还必须通过立法。他说:"反映在先例与遵从法规这两个原则中的法律的秩序作用,有一种使法律变得呆板僵化并维持社会安定与经济现状的倾向。它促使法律所固有的溯及力与惰性力量,并使法律制度具有某种程度的抗变性质。试图通过司法行为从法律制度内部完全克服这一缺点,并非易事。这种克服方法往往来自外界,要么通过立法来行使政治权力以完善法律,要么建立一个衡平法律制度来作为对严格意义上的法律制度的补充或修正。"[83]但他认为必须在司法与立法之间划一个明确的界限,必须正确地理解法官的"立法"性质。他指出"既然法官的主要职责是裁定昔日的纠纷,那么作为一般原则,我们便不能分配他去承担一份建立未来法律制度的正式任务。从大体上来讲,我们必须留在现存社会组织框架之中,并凭靠过去与当今历史向他提供的资料进行工作。这之所以如此,乃是由于他必须考虑律师及当事人的合理期望,因为我们不能要求律师及其当事人去推测那些一心要对法律制度进行重大修正与改革的法官的意图。法官可以……为防止法律大厦或该大厦之大部分腐朽或崩溃而进行必要的修正与弥补工作。他可以扩大或缩小现行的补救办法,偶尔还可以创设一种新补救方法或辩护,如果正义要求这种措施成为必要。然后,就法律制度的基本结构改变而言,法官通常必须依赖于外界帮助。他本人不能拆毁法律大厦或该大厦的实质部分,也不能用新的部分代替这些部分。"[84]他赞同霍姆斯对法官立法的如下定位:法官的确而且必须立法,但是他们只能在隙缝间进行立法,他们仅限于从克分子到分子的运动。

(四)法律的渊源

博登海默也从综合法学的观点来认识法的渊源问题,他认为法律包括广泛的渊源。他说:"所谓'法律'这一术语,我们乃指运用于法律过程中的法律渊源的集合体与统一体,其中包括这些渊源间的相互联系与关系。其次,我们同意格雷将法律渊源看成是那些可成为法律判决合理基础的资料与思考的观点,但是我们认为,这些渊源同所作出的任何种类的法律判决都有关,不是仅仅同法院作出的判决有关。第三,那些被我们认为应该在法律制度中得到承认的法律渊源资料的数量,大大地超过了格雷所列举的那几种。将法律渊源划分为两大

---

〔81〕[美]博登海默:《法理学—法哲学及其方法》,邓正来等译,华夏出版社1987年版,第311~312页。

〔82〕同上书,第314页。

〔83〕同上书,第314页。

〔84〕同上书,第543~544页。

类，亦即被我们所称之为的正式渊源与非正式渊源。所谓正式渊源，我们意指那些可以从体现于官方法律文本中的明确条文形式得到的渊源。这种正式渊源的主要例子有，宪法与法规（……）、行政命令、行政法规、条例、自治或半自治机构和组织的章程和规章（……）、条约与某些其他协议，以及司法先例。所谓非正式渊源，我们意指那些具有法律意义的资料和考虑，这些资料和考虑尚未在正式法律文件中得到权威性的或至少是明文的阐述与体现……将非正式渊源分为正义标准、推理和思考事物本质（natura rerum）的原则、个别衡平法、公共政策、道德信念、社会倾向以及习惯法。"[85] 他认为，这两种渊源处于不同的地位。一般情况下，首先考虑正式渊源，只有在以下三种"罕见和极端"的情况下，才诉诸非正式渊源：第一，适用某些正式渊源同正义的基本要求明显冲突时；第二，某一正式的法律文件在解释中可能会产生模棱两可性或不确定性时；第三，正式渊源不能为案件的解决提供审判规则时。

（五）法律的教育和司法的技术

博登海默对法律教育作了精彩的论述，他认为，法律制度的主要目的在于维护社会机体的健康，从而使人民过上有价值的生活，这就要求法律工作者把自己视为社会医生，其工作在于有利于法律目标的最终实现。因此，法学院在培养学生时不仅要使其熟悉各种法律和使其掌握法律推理和论证的技术，而且要使其具有较高的政治素质和厚实的人文底蕴。他说："攻读法律的学生如果对其本国历史都很陌生，那么他就不可能理解该国的法律制度的演变及其该国法律制度机构对其周围历史条件的依赖关系。如果他对于世界历史和文明的文化的贡献不是很了解，那么他在理解可能对法律产生影响的重大国际事件时便会处于不利地位。如果他不太精通一般政治理论、不能洞察政府结构与作用，那么他在领悟和处理宪法与公法等问题时就会遇到障碍。如果他未接受经济学方面的训练，那么他就无法认识法律问题同经济问题之间的紧密关系，而这种关系在许多法律领域中都存在。如果他没有受过哲学方面的基础训练，那么他在解决法理学和法学理论的一般问题时就会感到棘手，而这些问题往往会对司法和其他法律程序产生决定性影响。"[86] 他进一步指出，"法律是整个社会生活的一部分，而且绝不是存在于真空之中。法律并不是社会科学中一个自给自足的独立领域，能够被封闭起来或者可以与人类努力的其他分支学科相脱离。如果教员不阐明作为判决的政治与社会背景，法院的许多判决就无法被理解，也无法得到恰当的分析……如果一个人只是法律工匠、只知道审判程序之方法和精通实在法的专门规则，那么他的确不能成为第一流的法律工作者。布兰代斯（Brandeis）法官说，'一个法律工作者如果不曾研究经济学和社会学，那么他就极容易成为一个社会公敌。'戴维·保罗·布朗（David Paul Brown）……律师……这样讲过，'一个只懂法律的人，只是一个十足的傻瓜而已。'"因此，"为使自己成为一个真正有用的公仆，法律工作者就必须首先是一个具有文化修养和广博知识的人。"[87]

博登海默还对"法律的技术"的其他问题，特别是司法技术问题作了广泛地论述，包括法律推理和法律解释等。

---

〔85〕［美］博登海默：《法理学—法哲学及其方法》，邓正来等译，华夏出版社1987年版，第395～396页。

〔86〕同上书，第490页。

〔87〕同上书，第491页。

参考文献

1.[美]博登海默:《法理学—法哲学及其方法》,邓正来等译,华夏出版社 1987 年版;[美]博登海默:《博登海默法理学》,潘汉典译,法律出版社 2015 年版。
2.[美]伯尔曼:《法律与革命——西方法律传统的形成》,贺卫方等译,中国大百科全书出版社 1993 年版。
3.薄振峰:《斯通:法的综合解读》,黑龙江大学出版社 2009 年版。

思考题

1.综合法学产生的背景和特点是什么?
2.博登海默是怎样论述法律的性质和功能的?

第四节 经济分析法学

一、经济分析法学概述

经济分析法学(Jurisprudence of economic analysis)是 20 世纪 60 年代从美国发展起来的一个新的法学流派。然而,这只是从西方法律思想史角度所作的一种最为简单而普通的理解。事实上,经济分析法学又是一场包含各种各样的观点、角度、方法及传统的庞大学术运动。而且,随着它在世界各地的广泛传播,现在称它为一场"全球经济分析法学运动"并无过分之处。

同时,经济分析法学还是一门"用经济学阐述法律问题"的学科。确切地说,它是一门经济学和法学交叉的边缘学科。正是基于这种不同的学科立场和不同的研究视角,其称谓也五花八门。经济学界一般称之为"法经济学"(Economics of law),或者"法律的经济分析"(Economic analysis of law),法学界却通常称之为"经济分析法学"(Jurisprudence of economic analysis),而中立的学者则直接称之为"法和经济学"(Law and Economics)。

正如经济分析法学的创始人波斯纳(Richard A. Posner)所说,经济分析法学"是将经济学全面运用于法律制度的分析,它涉及几乎所有的普通法领域,诸如侵权法、合同法、赔偿法和财产法;惩罚的理论和实践;民事、刑事和行政程序;立法和管制的理论和实践;法律实施和司法行政;甚至宪法、初民法、海商法、家庭法和法理学。"[88] 概括地说,经济分析法学就是运用经济学(主要指微观经济学和福利经济学)的方法和理论来分析法律与司法制度的形成、结构、过程、效果、效率及发展状况的一个法学流派或边缘学科。[89]

经济分析法学的主要代表人物有:科斯(Ronald H. Coase,1910 ~ 2013 年)、卡拉布雷西

---

[88] Richard A. Posner, *Economic Analysis of Law (sixth edition)*, Citic Publishing House, 2003, p. 23.
[89] [美]尼古拉斯·麦考罗、斯蒂文·G. 曼德姆:《经济学与法律——从波斯纳到后现代主义》,吴晓露、潘晓松、朱慧译,法律出版社 2005 年版,第 1 页。

(Guido Calabresi,1932 ~)、[90]阿尔钦(Amen. A. Alchian,1914 ~)、贝克尔(Douglas G. Barid,1930 ~)、布坎南(James M. Buchanan,1919 ~)、波林斯基(A. Mitchell Polinsky)、波斯纳(Richard A. Posner,1939 ~)、马劳伊(Robin Paul Malloy,1956 ~)、(小)波斯纳(Eric A. Posner,1965 ~)等。其中,科斯是经济分析法学的奠基人,他曾是1991年"诺贝尔经济学奖"的得主;而现为美国联邦第七巡回法院大法官的波斯纳(Richard A. Posner),不但正式创立了经济分析法学,他还是美国20世纪最有影响力的法学家之一,而且是"在世的最有影响的法学家"。[91] "到了20世纪80年代,法律经济学就席卷了美国法学院和法律实务界,成为法学的主流,甚至当年的批判者德沃金和克隆曼也在不同的场合感叹,这几乎是当今美国唯一的法学流派了。"[92]因此,经济分析法学的形成,被看成是美国20世纪后25年法理学领域最为重大的发展。[93]

(一)经济分析法学的产生与发展阶段

1. 初创阶段(20世纪50年代末至60年代)

在美国芝加哥大学法学院,艾伦·迪雷克特(Aaron Director,1901 ~ 2004年)教授于1958年创办的《法和经济学杂志》(Journal of Law and Economics,又译《法经济学杂志》),罗纳德·科斯(Ronald H. Coase)教授于1960年发表的"社会成本问题"一文,以及吉多·卡拉布雷西(Guido Calabresi)在1961年发表的"关于风险分配和侵权行为法的思考"一文和阿曼·A. 阿尔钦(Amen A. Alchian)在同一年发表的"关于产权经济学"一文,均被学界视为经济分析法学初步创立的标志。

显然,《法和经济学杂志》是经济分析法学赖以成长的摇篮。特别是科斯在"社会成本问题"中所创建的"科斯定理",成为经济分析法学得以产生、发展的理论基石。而卡拉布雷西和阿尔钦的两篇论文分别涉及普通法的两个重要领域——财产法和侵权法,它们标志着经济学的分析进入到传统上属于法学家的普通法的具体研究领域。然而,初创阶段的经济分析法学毕竟还没有成为一门相对独立的学科。[94] 充其量,它还只是新制度经济学母体中的一个胎儿。

2. 正式产生阶段(20世纪70年代)

1973年,当时还是芝加哥大学法学院教授的波斯纳(Richard A. Posner)出版了《法律的经济分析》一书,尽管这是一本教科书,但它却被公认为经济分析法学"百科全书"式的经典著作,其广度和深度至今仍无人能与之匹敌。在该书中,波斯纳运用经济学的理论和方法对普通法、反垄断法、公司法、金融法、税法、诉讼法以及宪法和联邦制度等几乎所有普通法领域进行了深入的分析,不但使经济分析的视角从过去的经济法律领域扩展到非经济法律领域,

---

[90] 卡拉布雷西(Guido Calabresi)生于1932年10月18日,他是美国的一位法学家,同时也是美国联邦第二巡回上诉法院高级法官。卡拉布雷西是耶鲁大学法学院的前任院长,自1959年就已成为法学教授。卡拉布雷西与科斯(Ronald Coase)、波斯纳(Richard Posner)一起被称为法与经济学的创立者。

[91] [美]理查德·A. 波斯纳:《法理学问题》,苏力译,中国政法大学出版社2002年版,"《波斯纳文丛》总译序",第Ⅺ页。

[92] [美]理查德·A. 波斯纳:《正义/司法的经济学》,苏力译,中国政法大学出版社2002年版,"思想的组织形式——《正义/司法的经济学》译序",第Ⅲ ~ Ⅳ页。

[93] [美]理查德·A. 波斯纳:《法律的经济分析》(上),蒋兆康译,中国大百科全书出版社1997年版,"第三版序言",第Ⅰ页。

[94] 史晋川:"法律经济学:回顾与展望",载《浙江社会科学》2001年第2期,第55 ~ 56页。

而且构建起了经济分析法学的完整的理论体系。因此,该书成为经济分析法学作为一个独立的法学流派正式产生的根本标志。

在这一阶段,与波斯纳的成就交相辉映的是,不但大批法学家加入到经济分析法学的研究行列,而且有关法律的经济分析研究机构和学术刊物,在美国和欧洲的许多著名的大学法学院也纷纷问世。这一切都是经济分析法学正式产生的有力证据。

3. 成长阶段(20 世纪 80 年代)

20 世纪 80 年代,经济分析法学日益成长壮大。主要体现在:

第一,经济分析法学的研究不但得到各个大学法学院的普遍重视,而且其影响力也远远超出美国和欧洲,并逐渐发展成为一种全球性的法学思潮。

第二,法学家和经济学家形成合力,尤其是具有法学和经济学双料学位的一代新人逐渐浮出水面。由于大批经济学家的积极参与以及具有复合知识结构的新学者的不断加入,改变了 70 年代以来以法学家为主的单一研究格局。

第三,经济法哲学(economics jurisprudence)的建立。经济法哲学将法学、经济学和哲学三者统一起来,表现出一种试图把公平、正义、效率结合起来的研究动向。

第四,经济分析法学已得到政府机构和公共团体的广泛认同。1981 年,美国总统里根任命波斯纳、博克和温特三位具有经济分析法学背景的法学家为联邦上诉法院法官,并通过 12291 号总统令,要求所有新制定的政府规章都要符合成本—收益分析的标准。

第五,经济学的精确性分析方法开始受到经济分析法学研究者的青睐,表现为对法律规则和程序的模型化和数理化分析,这标志着经济分析法学的研究方法正在走向科学化。〔95〕

4. 发展阶段(20 世纪 90 年代以来)

20 世纪 90 年代以来,经济分析法学平稳发展。虽然有学者认为,经济分析法学的第三代传人已经出现,这个人就是理查德·A. 波斯纳的儿子埃里克·A. 波斯纳(Eric A. Posner)。〔96〕 但是,这并不代表学界的普遍观点。一般认为,这一阶段并没有出现具有"突破性"的研究成果,也没有涌现出能够替代波斯纳地位的新一代"领军人物"。〔97〕 然而,最大的变化也许是开始对传统的经济分析方法及理论进行反思和批判。主要表现在两个方面:

第一,研究领域有所拓展。具体表现在,对经济分析法学进行较为系统地反思和综合性研究内容的增多,经济法哲学的研究色彩日渐浓厚,研究领域呈进一步扩大之势。例如,麦考罗(Nicholas Mercuro)和曼德姆(Steven G. Medema)所著的《经济学与法律——从波斯纳到后现代主义》一书,对经济分析法学研究中发展起来的各主要学术流派,包括芝加哥经济分析法学派(Chicago school law and economics)、公共选择学派(public choice theory)、制度主义与新制度主义学派(institutional and neoinstitutional law and economics)、现代公民共和主义(modern civic republicanism)、批判法学(critical legal studies)等学派,进行了比较性和综合性的研

〔95〕 [美]理查德·A. 波斯纳:《法律的经济分析》(上),蒋兆康译,中国大百科全书出版社 1997 年版,"中文版译者序言",第 11 ~12 页。

〔96〕 [美]埃里克·A. 波斯纳:《法律与社会规范》,沈明译,中国政法大学出版社 2004 年版,"世道在变——法律、社会规范与法学方法论"(译者序),第 6 页。

〔97〕 史晋川:"《法经济学评述》(代中译本序)",载[美]尼古拉斯·麦考罗、斯蒂文·G. 曼德姆:《经济学与法律——从波斯纳到后现代主义》,吴晓露、潘晓松、朱慧译,法律出版社 2005 年版,第 19 页。

究。[98]

第二,“法律的经济分析”的研究方法有所改进。尽管新古典主义的“形式化”或“模型化”的研究方法仍占主导地位,但一些新的研究方法开始出现,如比较分析方法。纽约州塞洛库斯大学法学院马劳伊(Robin Paul Malloy)(又译麦乐怡)教授指出:“作为一种比较意义上的研究,法与经济学提供了一种将法律制度视为一种特定的政治理念的反映的研究机会,各种各样的意识形态价值观可以不加修饰地置于现行法律制度中加以比较。”[99]这样,经济分析法学的研究也许会“更见哲理和人性”。另外,还有以博弈论为核心的科学方法论的出现,引起了学界的普遍注意。罗伯特·C.埃里克森(Robert C. Ellickson)的《无需法律的秩序——邻人如何解决纠纷》一书,可以说是运用这种方法的奠基之作。而埃里克·A.波斯纳(小波斯纳)的《法律与社会规范》一书,则是运用此方法的成功典范。

(二)产生的背景与原因

经济分析法学的产生与发展绝非偶然,它是美国及西方特定社会历史阶段及普通法特有历史传统发展的必然结果。

1. 经济分析法学与对国家(政府)干预主义政策

20世纪30年代,为了解决“市场失灵”的问题,凯恩斯(John Maynard Keynes,1883~1946年)主义的国家干预理论被奉为圭臬。到20世纪50年代末,国家干预成效显著,而且干预之风愈吹愈烈,大有压倒一切之势。这样,亚当·斯密(Adam Smith,1723~1790年)的“自由放任”主义几乎失去了生存空间。市场被淹没在政府极度膨胀的权力之中,接踵而至的是,财政赤字的加重,竞争的缺乏,经济的滞胀,效率的低下。一切迹象表明,国家或政府对于市场的干预过头了,这便导致“政府失灵”(government failure)。

在现代社会,适度的国家干预是必要的。问题的关键在于,如何正确处理政府干预和市场调节之间的关系?也即如何划定政府干预市场的法律边界。显然,这不是一个单纯的经济问题,而是一个政治和法律制度的配置问题。布坎南等人把经济学的分析方法运用到政治、法律的研究领域,表达了他们对于这一问题的深思熟虑。他们认为“国家干预也并非解决切问题的良方。相反,过多的国家干预只会扰乱和破坏经济生活的内在自然秩序,带来一系列灾难性后果,严重危害民主制度的存在。”[100]而科斯在“社会成本问题”一文中,主张以市场方法为标准进行政府干预。波斯纳评价道:“坚决反对市场的公共干预(在严格的财富最大化意义上可以得到辩护的干预除外)是科斯著作的主旋律。”[101]

2. 普通法的效率性

普通法是经济分析法学的研究对象,它是一个散乱的判例规则和原则的集合。但是,无论是财产法、合同法、商法、赔偿法、不当得利法,还是刑法、亲属法、海商法,在这些普通法的原则中,都表现出一种有效率的倾向。

具体地说,“在自愿交易成本较低的情况下,普通法原则竭力鼓励人们通过市场[无论是

---

〔98〕[美]尼古拉斯·麦考罗、斯蒂文·G.曼德姆:《经济学与法律——从波斯纳到后现代主义》,吴晓露、潘晓松、朱慧译,法律出版社2005年版,序言,第1页。

〔99〕[美]罗宾·保罗·麦乐怡:《法与经济学》,孙潮译,浙江人民出版社1999年版,第3页。

〔100〕[美]理查德·A.波斯纳:《法律的经济分析》(上),蒋兆康译,中国大百科全书出版社1997年版,“中文版译者序言”,第30~31页。

〔101〕[美]理查德·A.波斯纳:《超越法律》,苏力译,中国政法大学出版社2001年版,第473页。

显性的还是隐性的(implicit)——如婚姻市场]进行其交易活动。这是通过创设财产权(广泛界定的)并保护它们而完成的,而其保护方法正是法院禁令、恢复原状、惩罚性损害赔偿和刑事处罚这样的救济措施。在因通过自愿交易来配置资源的成本过高从而抑制交易的情况下,即在市场交易作为资源配置方法不可行的情况下,普通法就通过模仿市场这样的方式来给行为定价。例如,侵权法律制度就是按照市场配置资源的方法来分配铁路和农场主、司机和行人、医生和病人之间的事故责任。"[102]

进而言之,普通法是在追求效率的过程中成长起来的。[103] 因为,"无效率的法律规则只能导致诉讼,而诉讼最终导致了规则的改变。如果普通法的一些规则阻止人们做有利于双方的事情,那些受到影响的人会试图改变法律或者绕开该规定,并且最终他们会成功。我们终将得到的是被'看不见的手'塑造成的使经济效率最大化的普通法"。[104]

总之,按照波斯纳的说法,普通法的逻辑实际上就是经济学的逻辑,在其穿着多种法律原则的外衣下是一个简洁的经济结构。[105] 因此,效率是普通法的命脉,也是普通法审判的指南。[106] 正因为普通法本身是有效率的,经济学才能与普通法结合起来,对于法律的经济分析也才成为可能。

3. 经济学扩张与法学的自主性式微的相互作用

法学自主性式微的同时,正是经济学扩张之际。法学的自主性为何会在当代趋于衰落?波斯纳给出两个原因:一是"除了科学(广义上包括了数学、统计、医学以及计算机技术)直接运用于法律产生的影响外,自然科学的威望、权威以及(支持这些因素的)成就都持续上升"。[107] "另一个原因是出自法律学术事业内部",[108] 也即法学不是一个自主、自足的学科,它需要其他学科尤其是经济学的补充。

经济学是人文学科中科学性最强的一门学科。古典经济学本身就是从哲学(伦理学)、神学、政治学和法学中逐渐分离出来的,包括法律在内的社会制度问题从来都是古典经济学家关注的重点领域。19 世纪末到 20 世纪初,尽管随着以马歇尔(Alfred Marshall,1842 ~ 1924 年)为代表的新古典经济学(即现代经济学)的产生,社会制度问题被作为研究资源配置问题的一个既定前提被搁置一旁。但以凡勃伦(Thorstein Veblen,1857 ~ 1929 年)和康芒斯(John R. Commons,1862 ~ 1945 年)等人为代表的美国制度经济学派,继续保持和发扬了对法律制度研究的学术传统。[109] 20 世纪 30 年代后,芝加哥学派以反垄断法的研究为契机,终于掀起了一场轰轰烈烈的法律经济学的研究运动。

从法学角度看,霍姆斯(Oliver Wendell Holmes,Jr. ,1841 ~ 1935 年)早在 1897 年的《法律的道路》中明确指出了法学的发展趋向。他说,法学研究的未来属于经济学家和统计学家,而不属于研究"白纸黑字"的法律人。后来,卡多佐在《司法过程的性质》中、哈特和萨克斯在他

---

〔102〕 [美]理查德 · A. 波斯纳:《法律的经济分析》(上),蒋兆康译,中国大百科全书出版社 1997 年版,第 329 ~ 330 页。

〔103〕 同上书,第 335 页。

〔104〕 [美]大卫 · D. 弗里德曼:《经济学语境下的法律规则》,杨欣欣译,法律出版社 2004 年版,第 11 页。

〔105〕 [美]理查德 · A. 波斯纳:《法理学问题》,苏力译,中国政法大学出版社 2002 年版,第 452 页。

〔106〕 同上书,第 465、450 页。

〔107〕 同上书,第 539 页。

〔108〕 同上书,第 538 页。

〔109〕 史晋川:"法经济学评述"(代中译本序),载[美]尼古拉斯 · 麦考罗、斯蒂文 · G. 曼德姆:《经济学与法律——从波斯纳到后现代主义》,吴晓露、潘晓松、朱慧译,法律出版社 2005 年版,第 2 页。

们的关于法律过程的著作中以及爱德华·莱维在《法律推理入门》(1949 年)中,完全建立了一种法律的外部视觉。[110]

到了"20 世纪 60 年代出现了新型的法律文献,它们自觉地把诸如经济学、政治学和道德哲学等其他学科运用于传统的法律问题。这些法律邻近学科的增长过去是,并将继续是,美国学术研究的巨大产出的组成部分,对学科之间界线的模糊已经产生了附带的但相关的效应,使交叉学科著作在许多领域中已经成为常规,而不是例外。努力保持自主性的观念似乎已开始成为时代的错误"。[111]

4. 法律实用主义与经济自由主义的契合

尽管在法学与经济学中都存在众多的思想流派,但谁也不能否认,实用主义在美国法学以及自由主义在经济学中的主流地位。

法律实用主义自霍姆斯创立以来,虽然几经沉浮,从老实用主义发展到新实用主义,但其基调却始终如一:重结果、实效、经验、事实、能动、未来,反形式、概念、空谈、抽象、教条、复古。

经济自由主义重市场、效率、竞争、效用,这一切构成了亚当·斯密的古典经济学,马歇尔的新古典经济学,科斯的产权经济学及新制度主义经济学的核心内容。具体说,"自由主义是与这样一种形式的规范经济学——帕累托原则——相联系的,这一原则界定,有效率的变革是至少改善了一个人而没有人变得更糟的变革,换言之,是不造成任何伤害的变革。"[112] 进一步讲,"自由主义促进科学技术进步所必需的信息交换、争取无强制的公民支持。它最大化生产产出、鼓励并奖励个人能力,它防止决策的过分集中、削弱对家庭和氏族的忠诚竞争、平息宗派争斗。对自由主义来说,这种状况就是实用主义的。"[113]

总之,"自由主义是这样一种政治哲学,它最适合人们对道德基础有不同看法的社会,而实用主义是无需基础的生活哲学"。[114] "自由主义和实用主义相互之间是相当契合的,而且如同我们在前面看到的,与经济学也相当契合。这种混合可以改造法律理论"。[115] 而经济分析法学正是法律实用主义与经济自由主义彼此契合的结果。

(三)理论基础与基本特征

经济分析法学是一门经济学与法学交叉的学科。所以,除具备法学基础知识外,还必须掌握一定的经济学理论和方法,这是正确理解和运用经济分析法学的前提。

1. 基本概念

(1)经济人。经济人是指有理性的、追求自身利益最大化的人。即"人是其自利的理性最大化者"。通俗地说,经济人就是会计算、有创造性并能获取最大利益的人。这一概念是进行法律的经济分析时所假设的一个理论前提,它暗示出,人们会对激励(incentive)作出反应。如果缺少它,则法律的经济分析"大厦"将无从建立。

(2)效率。效率(efficiency)是指投入与产出或成本与收益之间的关系。它是经济分析法学的核心概念,也是其追求的最高目标。在波斯纳看来,效率就是财富最大化。

---

[110] [美]理查德·A. 波斯纳:《法理学问题》,苏力译,中国政法大学出版社 2002 年版,第 538 页。

[111] 同上书,第 538~539 页。

[112] [美]理查德·A. 波斯纳:《超越法律》,苏力译,中国政法大学出版社 2001 年版,第 29 页。

[113] 同上书,第 30 页。

[114] 同上书,第 35 页。

[115] 同上。

(3)交易成本。交易成本(transaction costs)或“市场交易成本是指市场机制运行的费用,即当事人双方在通过市场进行交易时,搜集有关信息、进行谈判、订立契约并检查、监督契约实施所需要的费用”。[116] 简单地说,就是人与人之间打交道所必然发生的费用。交易成本是科斯定理的核心概念,也是联结经济学与法学的桥梁纽带。[117] 经济分析法学认为在交易成本存在时,应当把权利分配给那些最能节约交易费用,也即最能使社会财富最大化的人。

(4)卡尔多—希克斯效率。卡尔多—希克斯效率(Kaldor - Hicks Efficiency),也称为补偿性原则,是判断是否财富最大化的根本标准。其可以表述为:当且仅当不仅受益者从变革中所能获得的收益足以补偿受损者的损失,从而使他们各自的处境都得到改善,并且受损者不能补偿受益者放弃的在确保他们各自的处境都没有比初始情况下恶化的前提下,考虑到变革的收益时,一项司法或法律变革才能被判定为提高了社会福利或实现了财富最大化。[118]

2. 基本方法

(1)实证分析与规范分析。实证分析与规范分析分别是经济理论中实证经济学和规范经济学的最基本的分析方法。具体说,实证分析是运用经济学来研究现实中法律规则的实际效果问题,解决的主要问题是“是什么?”,即“实然问题”;规范分析,亦称价值分析,它是运用经济学来研究最优的或最有效率的法律规则的制定问题,回答的主要问题是“为什么?”,即“应然问题”。[119]

(2)个人主义方法论。经济分析法学是以个人主义的方法论或方法论的个人主义(methodological individualism)作为其研究基础的。个人主义方法论的核心思想是:社会理论的研究必须建立在对个人意向和行为研究的基础之上,分析研究对象的基本单元是有理性的个人,并由此假定集体行为是其中个人选择的结果。因此,经济分析法学的实质是研究理性选择行为模式的方法论个人主义法学。[120]

(3)激励分析。激励分析(incentive analysis)是对经济主体的预期行为进行分析的一种方法。它注重分析随政策、法律及其他可变因素所产生的预期行为刺激。因此,经济分析法学是一种有别于传统法学的“事后研究”(ex post approach)的“事前研究”(ex ante approach)。[121]

3. 基本原理

一般认为,经济分析法学拥有三大定理:斯密定理;科斯定理;波斯纳定理。这三大定理构成了经济分析法学的三大理论基石,舍此,宏伟的经济分析大厦则难以拔地而起。

(1)斯密定理:自愿交换对个人是互利的。

(2)科斯定理:在一个零交易成本的世界里,不管法律对权利如何配置,只要个人合作行

---

〔116〕 [美]理查德·A. 波斯纳:《法律的经济分析》(上),蒋兆康译,中国大百科全书出版社 1997 年版,“中文版译者序言”,第 16 页。

〔117〕 周林彬:“法律经济学基本范畴探析”,载《暨南学报》(哲学社会科学版)2006 年第 5 期。

〔118〕 [美]尼古拉斯·麦考罗、斯蒂文·G. 曼德姆:《经济学与法律——从波斯纳到后现代主义》,吴晓露、潘晓松、朱慧译,法律出版社 2005 年版,第 63 页。

〔119〕 史晋川:“《法经济学评述》(代中译本序)”,载[美]尼古拉斯·麦考罗、斯蒂文·G. 曼德姆:《经济学与法律——从波斯纳到后现代主义》,吴晓露、潘晓松、朱慧译,法律出版社 2005 年版,第 10 页。

〔120〕 [美]理查德·A. 波斯纳:《法律的经济分析》(上),蒋兆康译,中国大百科全书出版社 1997 年版,“中文版译者序言”,第 12 ~ 13 页。

〔121〕 同上书,第 15 页。

动,有效率的结果总会发生。而在现实有交易成本的情况下,不同法律的权利界定和分配,就会产生不同效率的资源配置。能使交易成本降低到最小化的法律就是最好的法律。

科斯定理是科斯第一定理与第二定理的合称。科斯第一定理:在交易成本为零的情况下,不管法律对权利如何配置,有效率的结果都会出现。换句话说,如果交易成本为零,只要权利初始界定明确,则市场主体之间通过自由谈判均能达到资源配置的最优状态;科斯第二定理:在有交易成本的情况下,市场主体之间的平等谈判有可能达不成协议,有效率的结果就不可能在每种权利配置方式或每个法律制度下都发生。换句话说,有交易成本这一事实本身就意味着市场失灵了,这时,市场已无法自动实现资源的有效配置。

(3)波斯纳定理。如果市场交易成本过高而抑制交易,那么,权利应赋予那些最珍视它们的人。

二、科斯的法律思想

罗纳德·哈里·科斯(Ronald H. Coase,1910.12~2013.9),新制度经济学的鼻祖,1991年诺贝尔经济学奖的获得者,也是法律经济学或经济分析法学的缔造者。1910年12月19日,科斯出生于伦敦近郊的威尔斯登。1932年毕业于伦敦经济学院,获商学学士学位。1951年获得经济学博士学位,并于同年移居美国,曾先后在布法罗大学和弗吉尼亚大学任教。1964年进入芝加哥大学,成为该校法学院经济学教授同时担任该校《法律经济学杂志》的主编。1982年起,任芝加哥大学法学院慕瑟经济学荣誉教授及法律与经济学资深研究员。

科斯把一生著述压缩成两篇文章,即“企业的性质”(The Nature of the Firm,1937年)和“社会成本问题”(The Problem of Social Cost,1960年)。这两篇相隔达1/4世纪的文章,不但为他赢得了1991年的诺贝尔经济学奖,而且也成为经济分析法学的奠基之作。“企业的性质”一文在1937年发表后,并未引起社会的关注,而仅仅当“社会成本问题”一文在1960年发表后,人们才顺着这篇文章追根溯源,最终发现了“企业的性质”一文的重要价值。在“企业的性质”一文中,科斯首次提出了“交易成本”的概念,并把它成功地用于对企业的分析之中。在“社会成本问题”一文中,科斯创立了著名的“科斯定理”。其实,此称谓是他的同事——1982年诺贝尔经济学奖获得者斯蒂格勒(George Joseph Stigler,1911.1~1991.12),在1966年出版的《价格理论》一书中概括出来的,科斯在自己的文章里并没有这样命名。

科斯定理认为,一旦交易成本为零(zero transaction costs),而且产权界定是清晰的,那么法律就不会影响当事人双方合议的结果。反之,当存在交易成本时,法律便决定着效率的大小。法律应该像市场那样去分配权利,法律存在的目的就是为了节约交易成本。因此,瑞典皇家科学委员会说一门新的科学——法律经济学应运而生了。耐人寻味的是,科斯的这两篇文章原本是想给“经济学理论结构带来一个完全的变化”,[122]但结果是,这种预期的巨变并没有发生在经济学界,相反倒出现在法学之中。然而,科斯对由他促成的法律经济学运动却从来缺乏兴趣。这一切对于科斯而言,真可谓有心插花花不开,无意栽柳柳成荫。

(一)交易成本理论

“交易成本”理论是科斯最伟大的贡献。不了解“交易成本”的概念,就不懂得科斯为何

---

[122] [美]波斯纳:《超越法律》,苏力译,中国政法大学出版社2001年版,第466页。

而获得诺贝尔经济学奖,也不会明白为何科斯能成为经济分析法学的奠基者。交易成本或交易费用(transaction costs)是科斯的新制度经济学的核心概念。经济学认为“交易”是与“生产”相对应的概念,“生产”活动描述的是人与自然的关系,而“交易”活动描述的是人与人的关系。交易本身需要消耗资源,因此,交易是有成本的。按照科斯的理解,“市场交易成本是指市场机制运行的费用,即当事人双方在通过市场进行交易时,搜集有关信息、进行谈判、订立契约并检查、监督契约实施所需要的费用”。〔123〕 但是,在传统的市场经济理论中,交易成本一向被忽略不计。科斯注意到过高的交易成本,会直接降低资源配置的效率。故要实现效率的最大化,关键是要找到一种能够降低交易成本的东西。他发现不同的法律制度在权利的分配上会导致交易成本的大小也不同,因此,法律制度能够降低交易成本。

交易成本的发现正是科斯的重大贡献所在。科斯认为,交易成本实际上是市场失灵所付出的代价,所以,如何降低交易成本,使经济效率最大化,从而解决市场失灵问题就成为他研究的出发点和目的。科斯从 1937 年发表“企业的性质”一文开始,经过对交易成本理论长达 23 年的思考,终于在 1960 年发表的“社会成本问题”一文中创立了著名的“科斯定理”。交易成本的有无是科斯定理成立的前提条件,而现实情况是,交易成本为零是不可能存在的,换言之,交易成本的存在是客观的。这样,在现实有交易成本的情况下,不同法律的权利界定和分配,就会产生不同效率的资源配置。也就是说,能使交易成本降低到最小化的法律就是最好的法律。因此,交易成本理论便成为联结经济学与法学的桥梁纽带。

(二)科斯定理

科斯定理是科斯第一定理与第二定理的合称。

科斯第一定理:在交易成本为零的情况下,不管法律对权利如何配置,有效率的结果都会出现。换句话说,如果交易成本为零,只要权利初始界定明确,则市场主体之间通过自由谈判均能达到资源配置的最优状态。

波林斯基(A. Mitchell Polinsky)对科斯第一定理作了以下通俗的说明:假定某工厂的烟尘妨害了附近五家居民在户外晾晒衣服。在没有采取任何补救措施的情况下,每户居民受到的损失是 75 美元,五户共损失 375 美元。假定可以采取两种办法消除烟尘的损害:一是花 150 美元为工厂的烟囱安装一个防烟罩;二是每户住家花 50 美元各自购买一台电动烘干机。在这两种办法中,安装防烟罩只需要 150 美元,而购买一台烘干机需要 250 美元,显然,安装防烟罩是最有效率的。科斯通过把清洁权分配给居民,或把污染权分配给工厂的两种假定情况,来考察这两种状态是否都能产生有效率的结果。如果把清洁权分配给居民,那么,工厂就有三种选择:一是污染,同时支付给居民 375 美元;二是花费 150 美元,安装防烟罩;三是花 250 美元为居民购买 5 个烘干机。很明显,工厂将安装防烟罩,这是个有效率的办法。如果把污染权授予工厂,那么,居民就有三种选择:一是遭受总值为 375 美元的损失;二是花 250 美元购买 5 个烘干机;三是花 150 美元为工厂安装一个防烟罩。毫无疑问,居民会选择安装防烟罩的解决办法。在假定工厂和居民都是有理性的并且双方能够合作的前提下,当双方之间的交易是无代价时(对双方进行协商和交易所花费的时间、精力和财产等暂时不作考虑),不管权利如何分配,居民或者工厂,都可达到有效率的结果。

---

〔123〕［美］波斯纳:《法律的经济分析》(上),蒋兆康译,中国大百科全书出版社 1997 年版,第 16 页。

然而,零交易成本的假定在现实中显然是不存在的。因为,市场主体通常不得不花时间和金钱聚在一起来协商某一特定问题,还要进行讨价还价、订立合同以及协议如何履约等事项。比如,在上述例子中,居民们就必须花费一定的时间、精力和资金来达成一致的协议。所以,有交易成本才是对现实经济生活的真实反映。那么,在有交易成本的情况下,不同的法律在权利界定上,对交易成本及资源配置的效率有什么不同的影响？这便引出了科斯第二定理。

科斯第二定理:在有交易成本的情况下,市场主体之间的平等谈判有可能达不成协议,有效率的结果就不可能在每种权利配置方式或每个法律制度下都发生。换句话说,有交易成本这一事实本身就意味着市场失灵了,这时,市场已无法自动实现资源的有效配置。

科斯发现不同的法律在权利界定上,会产生不同的交易成本及不同效率的资源配置。可见,法律制度的选择和交易成本以及资源效率的大小有关。因此,为了获得有效率的结果,就必须借助法律制度的合理配置来使交易成本最低化。故,科斯说:"用强制性的法律及其规则解决悬而未决的产权归属问题,比进行丝毫无结果的马拉松式的谈判要有效率。"[124]

假定在上述例子中,每个居民要花费60美元(交通费和时间的代价)才能把其他人集合在一起。如果居民享有清洁权,那么,工厂就面临着三个选择:赔偿5户居民受损的375美元;自己安装防烟罩花费150美元;购买5台烘干机共250美元。最终,工厂肯定会选择安装防烟罩。因为,它只需花费150美元。反之,如果法律规定工厂有污染权,那么,5户居民也面临着三种选择:一是每户忍受75美元的污染损失;二是每户花50美元来购买一台烘干机;三是每户花费60美元来召开会议,讨论用150美元给工厂安装一个防烟罩。这时,居民们肯定都愿买一台烘干机(成本最低)。由上述三种法律假定情况可知:让工厂花费150美元安装防烟罩是有效率的,让居民共花费250美元买烘干机是无效率的,而让每户居民花费300美元为工厂安装防烟罩效率最差。可见,当交易成本为正数的时候,权利的界定和分配就显得非常重要。因为,在这种情况下,法律不仅对分配有影响,而且对资源配置及其产出构成也有影响。

科斯第一定理和第二定理合在一起可以表述为:在一个零交易成本的世界里,不管法律对权利如何配置,只要个人合作行动,有效率的结果总会发生。而在现实有交易成本的情况下,不同法律的权利界定和分配,就会产生不同效率的资源配置。能使交易成本降低到最小化的法律就是最好的法律。

科斯定理的重大意义不仅在于为经济学贡献了一套曾被长期忽略的关于市场交易成本的理论体系,更为重要的是,它为经济分析法学提供了一个核心的研究范畴和基本的分析工具。因此,科斯成为经济分析法学最重要的奠基人。

(三)科斯对法学的贡献

科斯是经济分析法学最重要的理论奠基人,他对经济分析法学的贡献是基础性的。这种基础性表现为:首先,科斯奠定了经济分析法学的理论基础。科斯定理的创立,使法律成为影响经济效益的基本内生变量,法律和经济也由此产生了一种内在的联系。它的意义不仅在于使法律和经济密切地结合了起来,更重要的是,从此打开了经济学和法学的门户之见,为这两

---

[124] 周林彬:《法律经济学论纲》,北京大学出版社1998年版,第73页。

大学科之间实现互动提供了桥梁纽带,同时,也为经济分析法学的产生和发展奠定了理论基础。其次,科斯为经济分析法学提供了基本的分析方法。成本—效益分析法就是科斯贡献给经济分析法学的基本方法,正由于有了这种方法,对法律问题进行经济分析才成为可能。最后,科斯为经济分析法学的产生建立了分析样板。科斯无论在分析企业的性质,还是在论证社会成本,实际上都是对法律进行经济分析的最先示范。

三、波斯纳的法律思想

波斯纳(Richard Allen Posner),1939 年 1 月 11 日,出生于美国纽约市的一个中产阶级家庭,父亲是律师,母亲是一位信仰共产主义的公立学校教师。1959 年,他作为最优学生毕业于耶鲁大学英文系,获文学学士学位;1962 年以全年级第一的成绩毕业于哈佛大学法学院,获法学学士学位;1962 年毕业后,曾先后任美国联邦最高法院大法官布冉能(William J. Brennan Jr. ,1906 ~ 1997 年)的法律助手(1 年时间),美国联邦贸易委员会的委员助理和美国联邦司法部副部长助理,在这期间开始接触并自学经济学,形成了他的学术思想;1968 年任斯坦福大学法学院副教授,1969 年转入芝加哥大学法学院,参加了法律经济学项目,同时讲授以前都是由经济学教授主讲的《反托拉斯法的经济分析》课程。

1973 年发表的《法律的经济分析》一书,给整个法律界带来了一场“革命”(《纽约书评》语),这是经济分析法学正式产生的标志性著作;1978 年以后,他成为芝加哥大学法学院的讲座教授;1981 年由里根总统任命为联邦第七巡回区上诉法院法官至今(1993 ~ 2000 年任首席法官),同时还兼任芝加哥大学法学院的高级讲师。

波斯纳是当代著述最丰的联邦法官,也是最多产的法学家。他的论著引证率最高,同时受到的批判也属于最多,一切均属前无古人。至 2001 年,他的专著已达 37 部,论文超过 330 多篇,司法意见也超出 1680 多篇。除《法律的经济分析》(Economic Analysis of Law)(1973 年)一书外,比较有代表性的著作包括:《正义/司法的经济学》(The Economics of Justice)(1981 年)、《法律与文学》(Law and Literature:A Misunderstood Relation(1988 年)《法理学问题》(The Problems of Jurisprudence)(1990 年)、《性与理性》(Sex and Reason)(1992 年)、《超越法律》(Overcoming Law)(1995 年)、《衰老与老龄》(Aging and Old Age)(1995 年)、《联邦法院》(The Federal Courts:Challenge and Reform)(1996 年)、《英国和美国的法律理论》(Law and Legal Theory in England and America)(1996 年)、《道德和法律理论的疑问》(The Problematics of Moral and Legal Theory)(1999 年)、《反托拉斯法》(Antitrust Law)(2000 年)、《法律理论的前沿》(Frontiers of Legal Theory)(2001 年)、《公共知识分子》(Public Intellectuals:A Study of Decline)(2002 年)、《法律. 实用主义与民主》(Law, Pragmatism and Democracy)(2003 年)、《大灾难:风险和回应》(Catastrophe:Risk and Response)(2004 年)、《并非自杀契约——国家紧急状态时期的宪法》(Not a Suicide Pact:The Constitution in a Time of National Emergency)(2006 年)、《论剽窃》(The Little Book of Plagiarism)(2007 年)、《法官如何思考》(How Judges Think)(2008 年)、《资本主义的失败——〇八危机与经济萧条的降临》(A Failure of Capitalism:The Crisis of ’08 and the Descent into Depression)(2009 年)、《资本主义民主的危机》(The Crisis of Capitalist Democracy)(2010 年)等。

(一)法律的经济分析:迈向一种社会科学的方法

波斯纳在 1973 年出版的《法律的经济分析》一书,标志着法学迈向了一种社会科学即经济学的研究方法。可以说,这是波斯纳对法学的最大贡献。

尽管经济学也有缺陷,但不管怎样,它到底还是一门十足的社会科学。因此,经济学方法也是一种典型的社会科学方法。它以数学和统计学等科学为工具,代表了现代人文社会科学的发展趋势。经济分析方法的引入,既是对兰德尔(Christopher Columbus Langdell,1826 ~ 1906 年)的形式主义或教条主义法学的克服,又是对德沃金(Ronald Dworkin)的政治、哲学和道德方法的超越,也是对昂格尔(Robert Mangabeira Unger,1947 ~)的批判法学的否定。

概括地说,传统的英美法学研究方法主要是考察已经发生的事件及案例,是一种"事后研究"(ex post approach),因而显得抽象、空洞、粗糙、不能有效解决实际问题;而经济学是一门典型的社会科学,它主要从事的是一种"事前研究"(ex ante approach),能够运用数学模型、统计分析等科学方法,对理论假说可以进行证实或证伪。因此,经济学方法具有具体、精确、重结果、有效率等特点。经济分析的目的不是为了改变法律,而是为了促使法律变得更为有效率。

在该书中,波斯纳主要运用实证分析的方法,对于诸如财产法、合同法、侵权行为法、家庭法和刑法等普通法领域进行了详细的经济分析。

在合同法方面,波斯纳重点分析了交换过程和合同法的经济功能。他说,在双方当事人没有同时履行合同义务情况下,有两种危险可能在交换过程中发生:机会主义(opportunism)和未能预料的突发事件(contingency)。合同法就是为此提供的救济手段。合同法的功能有三点:(1)"阻止人们对合同的另一方当事人采取机会主义行为,以促进经济活动的最佳时机选择,并避免采取成本昂贵的自我保护措施";〔125〕(2)在合同中提供一整套规范性条款(即格式合同),以减少交易的复杂性和交易成本;(3)通过加入遗漏条款而使当事人的协议变得更为完美。这样,可以有效地预防偶发事件并减少成本支出,从而为后来的交易当事人提供有关意外情况的丰富信息。

在民事侵权行为法方面,波斯纳着重分析了因过失造成的侵权行为。他认为,对大部分过失侵权行为案件适用的法律标准是汉德(Learned Hand)法官对过失所下的定义如果事故造成的损失乘以发生事故的可能性,超出了被告为预防事故所采取的负担,那么,被告就犯有过失。预防措施的负担就是避免事故发生的成本,而事故损失乘以事故可能性就是回避预防措施的成本。如果较小的成本能够避免较大的成本支出,那么,承担较小的成本就是有效率的选择。

在家庭法方面,波斯纳认为"家庭是一种经济制度,对经济学来说,其重要性就如同企业一样"。〔126〕因此,家庭可比作一个小工厂,它不仅是社会中的一个消费单位,而更重要的是一个生产单位。而婚姻是一种特殊的合伙合同,这种特殊性不但表现在期限要比一般合同长,而且,违约制裁也比一般合同更为严厉。更为特殊的是,这种合同不能随意解除。因为,离婚不只是两个人的事,它还牵涉到孩子。男女双方在离婚时总要考虑离婚的成本,而且,爱孩子的父母还要考虑到离婚对孩子所造成的成本。故,通过制定严格的离婚法律,使解除婚约的成本增加,也许会维持一些婚姻。

在刑法方面,波斯纳认为,由于犯罪人的预期收益超过预期成本。所以,某人才去犯罪。

---

〔125〕 Richard A. Posner, *Economic Analysis of Law* (sixth edition), Citic Publishing House, 2003, pp. 94 - 95.

〔126〕 [美]理查德·A. 波斯纳:《超越法律》,苏力译,中国政法大学出版社 2001 年版,第 496 页。

刑法的功能就在于国家通过对犯罪行为课以高昂成本,来降低人们对犯罪的需求,以最终达到震慑犯罪的目的。刑事制裁一般只适用于侵权赔偿超出被告人支付能力限度的情况,这意味着,刑法主要是为穷人设计的,而侵权法是为富人设计的。从经济学角度讲,应鼓励适用罚金而非徒刑。因为,罚金能为国家创造收入。死刑的成本很高,同时死刑的威慑效果也很大。

在普通法之后,波斯纳又分别对反托拉斯法、劳工法、税法等制定法领域以及联邦制、种族歧视、思想和宗教自由、程序法等公法领域进行了经济分析。20 世纪 90 年代以来,波斯纳把这种经济分析方法拓展到了与法律有关的几乎所有方面,比如,法理学问题、道德问题、性与理性、法律与文学、衰老与老龄、联邦法院、公共知识分子甚至还包括了艾滋病等最前沿的问题。

(二)效率是最普遍的正义

效率是经济分析法学的最高价值目标,也是司法判决的最高标准。这是波斯纳在进行法律的经济分析时所坚持的基本信条。效率第一,对于经济学来说是天经地义的,但对于自古以来就视法律为正义的化身的传统法学来讲,这无疑是一个星外来的怪物。然而,在波斯纳看来,效率和正义是完全统一的。尽管效率不是唯一的正义,但效率是最普遍的正义,也是最大的正义。

在法学中坚持效率第一的观点,是否意味着忽视了正义,或者抛弃了正义?波斯纳面对来自各方面的种种质疑和批评,运用经济学的规范分析方法做出了自己的回答。他说,法律研究的经济学方法被批评为忽视了"正义"。在评价这些批评意见书时,我们首先必须区分"正义"的不同含义。正义有两种含义:第一是指分配正义,即一定程度的经济平等;第二是指效率,这也许是正义最普遍的含义。当我们谈论未经审判就给人定罪,不经合理的赔偿就拿走财产,或者不要求一个有过失的汽车司机对其行为的受害者支付赔偿损失等情形时,"不公正"的情况就发生了。这时候,我们也可以理解为:这一切仅仅是一种浪费资源的行为。换言之,这些所谓"不公正"的行为,其实就是一种缺乏效率的行为。[127]

显然,波斯纳把效率看成是一种普遍的正义,而非分配正义。因为,在经济学中,"效率"(一般仅指"社会财富总量"最大化)与"分配"(伦理学的公平正义)原本就是被分开讨论的,甚至被认为是两回事,换言之,对于经济学家来说分配是否公正与己无关,那是政治家和立法家的事情。对此,波斯纳从立法和司法的角度做了进一步区分。他说,一种有效率的立法与司法之间的劳动分工,就是使立法部门集中处理利益集团的财富再分配要求,而司法部门集中关注的则是更为广泛的社会要求,即以有效率的规则来保护安全、产权和交易。也即立法机关从事的是一种抽象的分配正义活动,而司法机关实施的则是具体的法律资源的有效配置活动。

波斯纳为什么要把效率作为司法的最高目标和判决标准?他说:"尽管除了效率和再分配之外,司法活动可能还有其他潜在的目标,其中有许多(各种各样的'公正'和'正义'观念)都不过是财富最大化或有利于强利益集团的再分配的不同说法而已;在一个不同质的社会中,这些目标就太有争议、太具特定性或发展得太不充分,不足以为期望获得客观公正之名誉的法官提供足够的理由来做出决定。"[128] 也就是说,正义对于不同的人来说具有不同的理解,

---

〔127〕 Richard A. Posner, *Economic Analysis of Law* (sixth edition), Citic Publishing House, 2003, p. 27.

〔128〕 [美]理查德·A. 波斯纳:《法理学问题》,苏力译,中国政法大学出版社 2002 年版,第 450 页。

而只有客观、一致的效率标准，才最大限度地适应美国这样一个高度不同质的社会的现实需要。因此，效率实际上就是最大的正义。

但是，波斯纳的头脑是清醒的，他承认正义并不仅仅具有效率的含义。如允许自杀的合同，允许私人的种族、宗教和性别歧视，允许在真正绝望的情况下宰杀救生船上最弱的旅客等，都不是明显的无效率行为。[129] 因此，波斯纳不是在否定正义，而是强调"对正义的要求绝不能独立于这种要求所应付出的代价。"[130] 也即他试图向人们提供一个客观务实地对待正义的视角和标准。因为，人们无论怎样谈论正义，到头来正义还得转换成现实中的经济问题，与其空谈正义应该是怎样的，倒不如实实在在地研究一下我们实际上能够提供及得到多少正义。那种认为波斯纳眼中只有效率，而无正义的观点，显然是对波斯纳的一种误解。

（三）财富最大化：对功利主义的批判

什么是财富最大化？波斯纳解释道："我必须在此停顿一下，界定一下'财富最大化'这个经常被人们误解的术语。在'财富最大化'中，'财富'指的是一切有形无形的物品与服务之总和，它按两种价格来衡量：出价（人们为获得他们尚未占有之物品而愿意支付的价格）和要价（人们出售他们拥有之物品标出的价格）。"[131] 一句话，"财富最大化是一种注重产出和强调社会合作的伦理"。[132]

例如，如果 A 情愿支付最多 100 美元换取 B 的邮集，该邮集对 A 来说就值 100 美元。如果 B 情愿以任何高于 90 美元的价格出售他的邮集，邮集对 B 来说就值 90 美元。这样，如果 B 把邮集卖给了 A，社会的财富就会增加 10 美元。因为，在交易前，A 有 100 美元的现金，B 有 90 美元的邮集（总和为 190 美元）；而交易后，A 有了价值 100 美元的邮集，B 有了 100 美元的现金（总和为 200 美元）。但是，值得指出的是，这里实际增加的社会财富只是 10 美元的非货币的满足度而非已测定的财富（国民生产总值、国民总收入和任何其他）。[133]

总起来讲，财富最大化的基本含义有二：（1）它是一个判断法律制度效率状况的伦理标准。一个法律制度或规则是否有效率，有多少效率，完全取决于其促进及实现社会财富最大化的程度。（2）它是法官在具体判决案件时所应遵循的司法原则或司法指南。事实上，法官在判决案件时都有意或无意地遵循着财富最大化的原则。

此外，财富最大化还是一种基于同意的伦理规范，是一种伦理和政治基础，是一种真正的社会价值，也是法官这个位置能够很好促进的唯一价值。"因此，它提供的就不仅是精确描述法官应当如何行为的关键，而且也提供了批评和改革的正确基准。如果法官没有做到财富最大化，法律经济学分析家就会敦促他们相应地改变做法或改变学理。"[134]

财富最大化代替了功利原则，这是批判功利主义的结果。波斯纳说："我称之为'财富最大化'的经济学规范为伦理学理论提供了一个比功利主义可能提供的更为坚实的基础。"[135] 功利原则就是边沁创立的"个人幸福最大化"或效用原则，其弊端在于：（1）幸福最大化或效

〔129〕 Richard A. Posner, *Economic Analysis of Law*(*sixth edition*), Citic Publishing House, 2003, pp. 27 – 28.

〔130〕 ［美］理查德·A. 波斯纳：《法律的经济分析》（上），蒋兆康译，中国大百科全书出版社 1997 年版，第 32 页。

〔131〕 ［美］理查德·A. 波斯纳：《法理学问题》，苏力译，中国政法大学出版社 2002 年版，第 444 页。

〔132〕 同上书，第 488 页。

〔133〕 同上书，第 444 ~ 445 页。

〔134〕 同上书，第 450 页。

〔135〕 ［美］理查德·A. 波斯纳：《正义/司法的经济学》，苏力译，中国政法大学出版社 2002 年版，第 47 ~ 48 页。

用只是一种个人的主观感觉,其飘忽不定,没有一个确定的标准;(2)幸福最大化或效用的范围含混不清,人的幸福与羊和猪的幸福没有区别;(3)幸福最大化或效用无法用数字进行精确计算;(4)幸福最大化或效用只是一个集体目标,它漠视个人权利,忽视市场的作用,为国家干预和损害个人利益找到了借口。

财富最大化是否实现?关键取决于交易成本是否最小化,这就要求法官在判决案件时必须把初始权利授予那些可能是最珍视这些权利的人。[136] 这样,波斯纳定理便产生了如果市场交易成本过高而抑制交易,那么,权利应赋予那些最珍视它们的人。

(四)实用主义和自由主义的立场

波斯纳把实用主义(Pragmatism)、自由主义(Libertarianism)及经济学并称为经济分析法学的三把钥匙。如果说经济学为波斯纳提供了一种方法和理论,那么,实用主义和自由主义就是他的立场和态度。

波斯纳公开声称他是一个实用主义者。他说:"我感兴趣的是作为一种倾向的实用主义,它喜欢把政策判断基于事实和后果,而不是基于概念主义和通则。"[137] 具体讲,"我用它时,首先是指一种进路,它是实际的和工具性的,而不是本质主义的;它感兴趣的是什么东西有效和有用,而不是这'究竟'是什么东西。因此,它是向前看的,它珍视与昔日保持连续性,但仅限于这种连续性有助于我们处理目前和未来的问题。"[138] 最后,波斯纳把实用主义的特点归结为:实践的、工具性的、向前看的、能动的、经验的、怀疑的、反教义的、重视实验的。[139]

实用主义是对形式主义的超越。波斯纳指责形式主义是,为了实现正义,哪管天崩地裂。[140] 而实用主义是形式主义的解毒剂,它反对概念游戏。进一步说,实用主义可以促使法学更略为接近社会科学,也可以促使司法游戏更略为接近科学游戏。[141] 因此,"实用主义分析的目的就是要引导人们离开语义学和形而上学问题的讨论,要面向事实和检验"。[142]

实用主义与自由主义是紧密联系在一起的。波斯纳说:"通过创设一个不可侵犯的、很大的私人活动领域,并且通过便利自由市场,自由主义创设了一些——经验告诉我们——对于个人自由和经济繁荣不可或缺的条件。"[143] 可见,波斯纳之所以重视个人的权利,强调市场的作用,反对政府的过度干预,根源于这种自由主义思想。也正因为这样,他被扣上了保守主义的帽子。

综上,波斯纳的法律思想主要由三部分构成:法律实用主义是其法律思想的出发点,经济学方法是其法律思想的基本工具,财富最大化是其法律思想的价值目标。波斯纳对于法学的贡献以及由此引起的争议都是前所未有的,经济学家大卫·D. 弗里德曼(David D. Friedman)在为他辩护时说:"无论波斯纳对于现行普通法是否进行了正确的解释,他已经做了与这同样重要的事情。在试图证明法律是有效率的过程中,他(还有其他人)已经证明了不是现行法

---

[136] [美]理查德·A. 波斯纳:《正义/司法的经济学》,苏力译,中国政法大学出版社 2002 年版,第 71 页。
[137] [美]理查德·A. 波斯纳:《道德和法律理论的疑问》,苏力译,中国政法大学出版社 2001 年版,第 263 ~ 264 页。
[138] [美]理查德·A. 波斯纳:《超越法律》,苏力译,中国政法大学出版社 2001 年版,第 4 页。
[139] 同上书,第 13 页。
[140] [美]理查德·A. 波斯纳:《法理学问题》,苏力译,中国政法大学出版社 2002 年版,第 555 页。
[141] [美]理查德·A. 波斯纳:《超越法律》,苏力译,中国政法大学出版社 2001 年版,第 453 页。
[142] [美]理查德·A. 波斯纳:《法理学问题》,苏力译,中国政法大学出版社 2002 年版,第 483 ~ 484 页。
[143] [美]理查德·A. 波斯纳:《超越法律》,苏力译,中国政法大学出版社 2001 年版,第 29 页。

律,而是现行法律试图解决的问题具有至关重要的统一性。我们不知道法律是不是有效率的,但是我们知道'什么是有效率的法律规则'。"[144]

参考文献

1. [美]罗纳德·哈里·科斯:《企业、市场与法律》,盛洪等译,上海三联书店 1990 年版。
2. [美]理查德·A. 波斯纳:《法律的经济分析》(上、下),蒋兆康译,中国大百科全书出版社 1997 年版。
3. [美]理查德·A. 波斯纳:《法理学问题》,苏力译,中国政法大学出版社 2002 年版。
4. [美]埃理克·A. 波斯纳:《法律与社会规范》,沈明译,中国政法大学出版社 2004 年版。
5. [美]罗伯特·C. 埃里克森:《无须法律的秩序》,苏力译,中国政法大学出版社 2003 年版。
6. [美]大卫·D. 弗里德曼:《经济学语境下的法律规则》,杨欣欣译,法律出版社 2004 年版。
7. [美]尼古拉斯·麦考罗、斯蒂文·G. 曼德姆:《经济学与法律——从波斯纳到后现代主义》,吴晓露、潘晓松、朱慧译,法律出版社 2005 年版。
8. [美]罗宾·保罗·麦乐怡:《法与经济学》,孙潮译,浙江人民出版社 1999 年版。
9. [美]尼古拉斯·麦考罗、斯蒂文·G. 曼德姆:《经济学与法律——从波斯纳到后现代主义》,吴晓露,潘晓松,朱慧译,法律出版社 2005 年版

思考题

1. 经济分析法学产生的社会历史背景是什么?
2. 经济分析法学在方法论上的特点是什么?
3. 经济分析法学是怎样认识法律的价值的?
4. 科斯定理的内容及其法学意义是什么?
5. 波斯纳法律思想的主要观点有哪些?
6. 如何理解波斯纳的财富最大化原则?

第五节 哈贝马斯的法律思想

一、生平和著作

尤尔根·哈贝马斯(Jurgen Habermas,1929 ~)是当代德国的一位伟大的社会哲学家。他出生于北莱茵河威斯特法伦州的古玛斯巴赫镇,父亲是镇里的工商联合会会长。从 1949 年至 1954 年,他先后在哥廷根、苏黎世、波恩等几所大学学习哲学、历史、心理学、德国文学和经济学,1954 年在波恩大学获得哲学博士学位。他 1955 年进入霍克海默和阿多诺领导的法兰

〔144〕 [美]大卫·D. 弗里德曼:《经济学语境下的法律规则》,杨欣欣译,法律出版社 2004 年版,第 374 页。

克福大学社会研究所,担任阿多诺的助手。法兰克福学派元老们的马克思主义理论和社会批判理论,非常符合他将哲学兴趣与实际政治兴趣结合起来的倾向。但是,因为与霍克海默的分歧迫使他于1959年离开了研究所。

1961年,他的"公共领域的结构转变"论文在马堡大学答辩获得教授资格后到海德堡大学哲学系任副教授。1964年返回到法兰克福大学,成为哲学和社会学教授,并于1968年阿多诺去世后接任社会研究所的所长。此时,西方爆发了震动世界的学生运动,开始时他对这一运动给予同情和支持,但不久就同激进的学生运动发生了严重的分歧。他认为,联邦德国的政治生活中尽管存在不民主和不自由的现象,但这个制度在总体上是好的,因此只能采取和平的方法,而不能采取暴力的方式来解决。他公开指责学生的过激行动,甚至称他们为"左倾法西斯",而学生领导人则骂他是"文化革命的叛徒",并于1968年12月占领了他领导的法兰克福社会研究所近10天。在矛盾无法调和的情况下,1971年,他辞去了研究所所长之职,并离开了法兰克福前往慕尼黑,担任了马克思—普朗克学会科学和技术世界生活状况研究所所长。1983年才再度回到法兰克福大学,任哲学和社会学教授,直到1994年退休。

20世纪后半叶,西方各种社会和哲学思潮很活跃,学术争论很多,最著名的就是"现代"与"后现代"派之争,而在这一争论中哈贝马斯是"现代"派的主要代表,"现代"与"后现代"之间所发生的多次辩论中,哈贝马斯都是主要的对话者。他才思敏捷,涉猎广泛,提出了许多颇具特色的理论和观点,是"20世纪后半叶西方最为杰出的社会问题理论家","后工业革命的最伟大的哲学家",其学术造诣之深可与黑格尔相媲美,被称之为"当代的黑格尔"。正是由于他在哲学和社会科学领域的巨大影响,1974年他获得德国斯图加特市的黑格尔奖;1976年获得德国语言和文学科学院授予他弗罗伊得科学散文奖;1980年获得法兰克福阿尔多诺奖;美国社会科学院也授予他法学荣誉博士称号;1981年匈牙利科学院授予他荣誉院士称号。〔145〕

哈贝马斯是西方马克思主义的一支——法兰克福学派后期的领军人物,他也像其他代表人物一样,吸收当时时髦的种种新思潮,企图"重塑"马克思主义,实际上是按照西方资本主义的发展的新需要对马克思主义进行改造。哈贝马斯"着重研究了'晚期资本主义的合法性问题',按照他的观点,在科学成为首要生产力和国家干预增强的形势下,资本主义经济危机已经转移到文化领域而得到缓和。在当代资本主义社会,经济上进行计划调节,政治上实行议会民主,它对人的统治只是在于精神束缚。所以……工人阶级面临的主要任务不是从根本上改变资本主义制度,而是在现存秩序内争取思想言论自由。为此,他吸收了解释学和语言哲学的某些内容,提出了'交往合理性理论',启发人们在彼此交往中互相理解,和谐一致,以消除资本主义的精神压抑。他企图通过这种办法,把无产阶级革命纳入道德教育的'改良主义'轨道。"〔146〕

他著述丰富,涉及政治法律领域的主要有1962年出版的《公共领域的结构转变》(该书后来被前联邦德国定为社会学标准读本)、《合法化危机》(1973年)、《重建历史唯物主义》(1976年)、《交往行为理论》(两卷本,1981年)、《在事实与规范之间——关于法律与民主法治国的商谈理论》(1992年)等。

---

〔145〕［英］威廉姆·奥斯维特:《哈贝马斯》,沈亚生译,黑龙江人民出版社2002年版。

〔146〕葛力主编:《现代西方哲学辞典》,求实出版社1990年版,第345～346页。

二、交往理性和法律

哈贝马斯认为,价值与文化的多元化是当代社会的主要特征之一。在整个社会没有一种统一的宗教或道德信念来加以整合的情况下,社会秩序的维持越来越依赖于法律的可预见性和司法的公正。但是,这两个条件在功能高度分化的当代社会中似乎也越来越难以兼容。一方面,法律的可预见性要求法律具有系统性和简洁性,另一方面,司法公正又要求法律针对不同的社会情境作出不同的反应。实际上,这种现实中的困境与法学理论上长期悬而未决的一个难题是完全一致的,这就是"多数人暴政"(tyranny of the majority)的问题。法治原则要求整个社会都要服从于立法机构制定的法律,而立法的原则便是"多数人通过"。这样的立法必然不符合不同意通过的少数人的利益,于是"宪政国"的设计者们又试图规定一些不受任何外在制约的"基本权利"。实际上,法学家们早已发现,用"基本权利"来抗衡"多数人暴政"的做法实际上并未解决这一问题。而只是在民主政治与个人权利之间造成了一种人为的对立。

其《在事实与规范之间》正是在这个问题的驱动下完成的一部力作。在这部著作中,哈贝马斯运用他所创立和发展的"交往行动"理论来研究法律和民主制度,提出了一种"法律的话语理论"(the discourse theory of law),并且以此为框架来调和法律与正义、民主与权利。正象哈贝马斯的其他著作一样,本书的出发点仍然是理性(rationality)这一概念。在继承康德关于理性之规范意义的理论的基础上,哈贝马斯抛弃了理性概念中的超验因素,转而提出了一种交往理性——在生活世界中通过对话和交流而形成的共识——的概念。在本书中,哈贝马斯进一步借助这一概念来分析法律的事实性(fanticity)、有效性(validity),从而提供了一种有助于经验层面上说明法律之一般性基础的社会理论。

要想理解这部著作中的基本命题和主要论证方式,首先需要了解交往行动在法律和政治理论中的意义。在这里,我们可以顺着哈贝马斯本人的思路来澄清这一问题。我们可以把法律和政治程序视为一个寻求社会"真理"的过程。因此,我们的分析可以从"真理"这一概念出发。大多数启蒙哲学家都认为,我们可以运用上帝赋予我们的理性修筑一条通向终极的科学真理和道德真理(正义)的道路。但哈贝马斯否弃了这种观点。他认为,真理不是一种外在于人类生活世界的超验存在,而是内在于人类经验之中的一种东西。无论是科学真理、道德真理还是政治真理,都是理性的、自由的个人所组成的共同体通过不断的探索而终将获得的知识。在这一探索过程中,共同体中的每一位成员都必须参与讨论和对话,从而达成共识,但由于这个探索者的共同体无法超越时间的限制而不断探索下去,所以他们在任何一段时间中达成的共识都是不完备的、暂时的和可以更正的。因此,"多数人作出的决策只是一场正在进行的讨论中的一个中间休止符。"但是,如果我们考虑到下面两个条件:(1)个人的存在和个人的理性是有限的;(2)不存在一种超越于个人理性之上的集体理性或普遍理性,那么这种不完备的决策就是我们所能期待的最好的决策,而且它也足以完成其暂时性的使命。

上面介绍的这种关于"真理"的理论就是哈贝马斯所称的"交往行动理论"或"话语理论"。其实,这种理论并不是哈贝马斯的原创性贡献——至少在美国实用主义哲学家查里斯·桑德斯·皮尔斯那里就可以找到类似的观点和论证方式。哈贝马斯的贡献在于:他揭示了这种"真理"观或知识论在社会构成以及政治过程中的意义,从而发展出一套社会理论。在本书中,此知识论集中体现在"程序主义"(procedualist)这一概念上。由于安排社会秩序、协调社会行动、解决社会纠纷的方案不可能一劳永逸地一次性获得,所以必须设计出一种能够不断生产出暂时性方案的程序,这种程序必须发挥以下三种功能:(1)使某一共同体中的每一个成员都能够自由地表达自己的真实意见;(2)杜绝某一种意见凌驾于其他意见之上的可能性;(3)使各种不同的意见最终能够汇总为一种为整个共同体所接受的"一致性"意见(最常见的办法是"多数票"规则)。只要社会中的每一个成员都认识到终极真理或每一个人都完全同意的方案是不可得的,他们就会接受这一样一种观点:经由正当程序得出的结论都具有一定的合理性。通过这种论证,哈贝马斯实际上已经在法律与民主之间架起了一座桥梁。法律就是保障人们"拥有政治上利用交流自由的机会"的规则,也就是维持上述正当程序的一种结构。在确保每一个人都获得一片最基本的"私人空间"的同时,法律(特别是宪法)还必须确定一个供人们交流和对话之用的"公共领域"(public spheye 或 public dobain)。一个受保障的交流空间,一种引导交流趋向于共识(consensus)的程序,只要具备了这两个条件,就能够实现"充分协商的民主"(deliberative democracy)或"认知性民主"(epistemic democracy)。这样,哈贝马斯得出了本书的核心命题:法律为认知性民主创造了条件,而认知性民主则反过来确保了法律的正当性。

在此基础上,哈贝马斯回应并分析了德国(乃至整个西方)历史上出现过的两种政府类型:自由主义的"最小政府"和寻求社会公正的干预型政府。它们分别对应于法学和政治学理论中的两种"理想类型"〔哈贝马斯把它们称为"法律与民主的两种范围(paradigms)"〕:"法治国家"(Rechtsstaat)和"社会国家"(sozialstaat)。前者强调不受政府干预的个人权利和自由,认为法律的主要作用应当是提供一种形式化的规则以防止政府权利的滥用、保护个人拥有的"私人空间"。在这种模式中,人与人之间的交往方式被设想为主要是在市场上进行的策略性(或博弈性)交易,而不是充分表达个人意见和信念的协商与讨论。而后者则强调政府在实现社会公正、追求集体目标方面的重要性。在这里,法律被赋予了突破其形式框架而推行实质正义的功能。这种模式也没有为人们提供充分交流和对话的空间,而只是简单地以"多数票"作为民意的唯一表征。哈贝马斯认为,这两种模式尽管在表面上看来是走向了两个极端,但它们的知识论前提却是如出一辙的:首先,两者都认定存在某种终极性的价值(或真理)——在前者那里是指个人权利与自由,在后者那里则是集体利益和社会正义;其次,两者都认为这种价值可以一次性地全盘获得;最后,它们都忽视了充分的交流与对话对于真理或共识之获得的重要性。如果用"交往行动"理论来替换上述知识论前提,这两种模式之间那道看似不可逾越的鸿沟就将不复存在。

由此看来,哈贝马斯的法律概念主要有三层含义,首先,法律是调节行为冲突的机制或手段,"……法律一开始就和道德一样旨在解决人际间的冲突,而且法律和政策不一样,主要不是致力于实现各种集体目标。"[147]其次,法律是维系社会的一个系统,是整合社会的一个手段。"今天,法律规范是破碎的社会的残存,即使社会整合的所有其他机制穷尽,法律仍将为复杂、离心的、没有法律就会分裂的社会,提供某些维系的手段。在市场与行政或价值、规范与直接沟通等其他整合机制失败时,法律就站出来作为替补。"[148]第三,法律是主体交往行为

〔147〕[德]哈贝马斯:《后民族结构》,曹卫东译,上海人民出版社2002年版,第269页。

〔148〕Jurgen Habermas:*Summarizing Statement on the Main Topics of "Between Law and Norms"*,载郑永流主编:《法哲学与法社会学论丛》(3),中国政法大学出版社2000年版,第12页。

的一个重要前提，它本身又应是主体通过交往行为达成共识的产物。

三、法律的合理性

合法性是哈贝马斯关注的一个重要议题。合理性是在研究合法性问题要解决的附属问题，或者说合理性是合法性的一个方面，两者有密切的关系，“政治系统需要尽可能投入各种不同的大众忠诚，所产生的则是由权力机构贯彻的行政决定。产出危机表现为合理性危机，即行政系统不能成功地协调和履行从经济系统那里获得的控制命令。”[149]也就是说，输出危机会导致输入危机，合理性危机会导致合法性危机。

哈贝马斯坦承，从理论发展史上说，马克斯·韦伯是其理论的出发点。韦伯研究了人类社会的权威或统治的合法化的四种类型，揭示了资本主义的合乎理性化。但是，哈贝马斯认为韦伯没能看到资本主义合理化模式中的选择性以及资本主义发展过程中那些受到压制的因素。[150]

确定合理性的意义对于研究合理化的过程至关重要，哈贝马斯明确表示，要简要阐述合理性的意义。他说：“一般说来，我们把一种能够加以论证的意见或行为称之为‘合理的’。”“我们可以把**行为的合理性**理解为行为必须遵循的准则。这样，这种行为可以被视为对客观上可以决断的行为问题的解决。”而“合理化总是开始于工具的、战略的或者交往的行为规则。它涉及三个不同的、能够合理化的方面：手段的合理化，手段选择的合理化以及在规范和价值上相互一致的合理化。”[151]手段的合理性，也即工具的合理性，以解决技术问题的效果为衡量标准。手段选择的合理性也称战略的合理性，以明确地把握和细致地研究独自能够解决的决断过程为衡量标准，即一个主体是否能在遇到特定利益状况和边际条件时，按照公认的决断准则，从十分清楚的抉择领域中有分析、有说服力地选择自己的行为。规范的合理性，直接以通过讨论或对话可以解决的论证问题为衡量标准，间接以制度上对公认要求的命题化和对论证的检验的先决条件是否已经具备为标准。检验的对象是，一种有问题的规范是否表达了普遍化的或者能够相互妥协的利益（价值），以至于这种规范能够被所有潜在的有关者所接受并且比众所周知的抉择更为人们所喜爱。

现代法律的合理性结构可从法律主体的行为合理性上得到证明。哈贝马斯认为，现代法律的合理性表现在四个方面：

第一，私法的内容首先是由资本主义经济交往的需求决定的：它的核心是通过保证契约自由、保证经营权和遗产权，从制度上保证财产私有制。

第二，法律系统的专业化和职业化。马克斯·韦伯把法律系统的建立称为合理性的一个本质特征。哈贝马斯指出：“现代的法律从特殊的意义上讲，是法官们的法律：随着受过法律教育的法官和专职官员的出现，司法和公共行政管理职业化了……毫无疑问，法律的这种形式上的彻底结构化，即把表面上得到有效验证的思维无限制地应用在法律工作者的实际专业知识上，是一个有趣的事实。但是，这种倾向在不同民族的法律的发展中实施的情况很不相同。这种情况使人们对首先从内部的系统化中寻找现代法律的和理性的增长的建议产生怀

---

〔149〕［德］哈贝马斯：《合法化危机》，刘北成、曹卫东译，上海人民出版社2000年版，第64页。

〔150〕《哈贝马斯访谈录：现代性的地平线》，李安东、段怀清译，上海人民出版社1997年版，第60页。

〔151〕［德］哈贝马斯：《重建历史唯物主义》，郭官义译，社会科学文献出版社2000年版，第251～252页。

疑。法规的系统化似乎首先是合法地组织起来的行为领域的合理化的结果:法律系统充满边际条件;在这些条件下,个人行为的法律后果是可以预见的,因此,也是可以估量的。"[152]

第三,道德与法律的分离,哈贝马斯将这点称为"内外有别"。他指出:"法律的合理性似乎可以被看成:**法律是根据目的合理的行动着的法律主体的战略合理性制定的。**""战略行为将成为一个利己主义地追求自身利益的合法形式,也就是说,将成为不顾道德地追求个人自身利益的合法形式。资产阶级的私法(现代法律就是由它构成的),是这种行为的组织手段。"哈贝马斯随即从结构的特征上,而不是从法律内容上分析了这种情况。例如,合法性上,现代法律除了要求普遍的服从之外,不考虑法律人的道德动机;在法律允许的范围内,法律保护法律人的个人爱好;受惩罚的不是不良的思想,而是越轨行为;受惩罚的前提则是受惩罚者神志正常和罪行。而形式上看,现代法律规定个人的不受约束的行动范围,同时也规定道德上中立化的行动自由的前提;私法交往领域中,消极的办法是限制权利来调节,凡是法律不禁止的一切行为,都是允许的。总之,人们的行为根据战略或目的获得了合理性,途径是:"第一,把法律作为公开通过的,但随时可以合法地加以改变的传统(惯例)来服从;第二,他们追求自身的利益而不考虑道德;第三,根据这些利益定向,在现行法律的框架内(即在考虑可能产生的法律后果的情况下)做出自己的最佳决断。"[153]

第四,"现代社会中法律的合理性,既不能用日益增长着的系统的合理性的观点,也不能用法定的良好的内部的系统化的观点,而只能用私法主体交往中贯彻战略合理性的观点才能得到相互满意的分析。"[154]

四、法律与合法性

(一)合法性概念

哈贝马斯严格将合法性限定为政治制度的问题,认为只有政治制度才需要合法性,只有它才拥有合法性或失去合法性。合法性就是政治制度的尊严性,"合法性的意思是说,同一种政治制度联系在一起的、被承认是正确的和合理的要求对自身要有很好的论证,合法的制度应该得到承认。""因此,无论从历史的角度看,还是从分析的角度看,合法性概念的使用,首先是对这样一些情况来说的:在这些情况中,一个制度的合法性是有争议的,或者像我们常说的那样,是存在合法性问题的,即有人要承认它的合法性,有人要否认它的合法性。"[155]也就是说,合法性是有争议的公认的要求。失去合法性对一个政权来说具有生存危机的威胁。政治制度的合法性主要就是是否享有来自大众的信任和支持。

为了形成或获得合法性,使合法性产生效力,历史上出现过不同水平的辩护。人类早期的高度文化社会中,统治者借助神话为自己进行辩护,比如法老把自己说成是太阳神之子;文化发达阶段的社会历史哲学和宗教来为政治制度辩护,论证代替了叙述,如孔子、苏格拉底、佛祖和耶稣基督的思想理论;近代以来,"古典的自然法被修改了;使正在形成的现代国家的合法化的新的自然法理论,摆脱了宇宙学、宗教或者本体论的束缚,要求承认自己的有效

---

〔152〕[德]哈贝马斯:《重建历史唯物主义》,郭官义译,社会科学文献出版社2000年版,第254页。

〔153〕同上书,第255~256页。

〔154〕同上书,第256页。

〔155〕同上书,第262页。

性。"[156]如霍布斯、洛克、卢梭和康德等人的理论。

政治制度是围绕法律的道德化和统治者法官的角色发展而形成的。哈贝马斯认为"合法权力是以司法职能和法官地位为中心建立起来的,是在法律具有了传统的道德特征之后建立起来的。""合法权力的最初的表现形式是拥有使用传统的司法惩治手段的权力。在这方面,神秘的世界观超越了它的解释职能,肩负着为统治的合法化进行辩护的职能"。[157]他还谈到,统治地位的发展是以统治者的借助于传统的裁判权建立的合法权力为前提的,国家的形成可以法官地位的成功确立的事实来解释。

法律本身因此具有了双重性,一方面,是一种使政治(国家)制度合法化的力量,哈贝马斯在谈论所谓理性统治观念时,指出其合法性至少要满足两个条件:"(1)必须从正面建立规范秩序;(2)在法律共同体中,人们必须相信规范秩序的正当性,即必须相信立法形式和执法形式的正确程序。"也就是说,合法性可以退缩为合乎法律性(legaltat)(法律意义上的合法性),可以通过正当程序确立此合法性。另一方面,法律自身也有合法化的要求,法律本身要得到公民的接受和认可,因为:"……在合法性信念依赖真理的情况下,仅仅依赖于国家根据系统的合理规则所建立起来的立法垄断和执法垄断,显然是不够的。相反,程序本身就受到要求合法化的压力。"[158]法律的合法性也有两个条件,一是法律应经过合乎法律的立法程序来制定;二是法律应保障所有人平等享有的自由和权利。他说:"现代法律根据主观权利产生的,是制定的或实证的以及强制的法律;尽管现代法律只对其所发布的对象要求合乎规范的行为,但它至少对遵循规范人们是公开的,如果人们愿意出于尊敬遵循规范,否则,一定无法满足合法性的期望。显而易见,我的这种形式的法律符合现代社会的要求。因为:

第一,现代法律是将给予每个人的主观权利平等地分配。这些自由(权利)对个人追求自己的偏好和价值取向起保护带的作用,并因此适合非中心化的决策模式(这尤其是市场社会所要求的)。

第二,现代法律由政治立法者制定,并将法律形式的约束力权威,赋予弹性计划及其实施;因此适合现代行政国运转的特定模式。

第二,现代法律通过国家制裁的威胁与一般遵守的意义上承认行为的合法性(legality)得以实施。这因此适合多元社会的情况,其中的法律规范不再植根于环绕的全体人共同的精神中。

第四,但现代法律只在人们接受制定的可实施的、同时值得主体间认同的合法规范条件之上,赋予行为预期的稳定性。法律因此适合后传统的公民道德意识,他们不再被安排遵循命令,除非有好的理由。"[159]

哈贝马斯在"事实与规范"一文中,提出了程序主义的法律范式,力图通过程序建立合法性。而他确立的合法的法律秩序的意义的重构前提是:"任何一个群体,如果要把自己建设成为一个自由而平等的成员构成的法律共同体,就必须做出一个原初决定。为了合法地通过成文法调节他们的共同生活,他们进入一种共同的实践为自己制定一部宪法。制定宪法实践的

---

[156]　[德]哈贝马斯:《重建历史唯物主义》,郭官义译,社会科学文献出版社2000年版,第269页。

[157]　同上书,第174页。

[158]　[德]哈贝马斯:《合法化危机》,刘北成、曹卫东译,上海人民出版社2000年版,第128页。

[159]　Jurgen Habermas:*Summarizing Statement on the Main Topics of "Between Law and Norms"*,载郑永流主编:《法哲学与法社会学论丛》(3),中国政法大学出版社2000年版,第12~13页。

意义在于共同探求并确定参与者必须互相承认为公平和有效的权利。因此,这种实践要依靠两个先决条件:以成文法作为有约束力的调节规则;以话语原则作为理性的审慎协商和决策的指导原则。这两种形式要素的结合和互相渗透必须足以建立和运用合法的法律的程序。"这就要求法律程序应当建立协商和具有约束力的公平决策的话语过程,"不论是作为一个整体还是其结构和时间顺序,形成意见和意志的过程都是从法律上制度化"。[160] 程序的重要性凸显,应归因于后形而上学之下,"终极原因"在理论上难以令人信服,也不能指望实质性问题上达成共识。可见,哈贝马斯通过其交往行为及商谈理论,将法律的合法性建立在民主之上。

(二)合法性危机

哈贝马斯着重研究了晚期资本主义的合法性危机问题。他首先考察了危机的含义,指出危机最早是医学概念,指疾病发展的一个阶段,在这个阶段即能判断病者自身是否足以使机体恢复健康;危机是陷入危机者主观意图所解决不了的状态,正如病人是被动的主体一样;而危机的结束,则受束缚的主体获得解放。合法性危机指一种认同的危机,合法性的系统无法维持它要求群众表现的那种忠诚水平;"输入"危机就是合法性危机。

晚期资本主义或当代资本主义,也称为"有组织的资本主义",有两个表象特征:"一是企业的集中过程(一国和跨国公司的形成)和商品、资本和劳动市场的组织化;二是国家对日益增长的市场的功能上的漏洞的干预。"[161] 晚期资本主义是相对于传统的自由或竞争资本主义而言的,其合法性危机产生的一个重要根源是:"晚期资本主义中国家机器所拥有的功能和采用行政手段所创造的社会物质财富的扩大,超过了合法性需要。"[162] 换句话说是,政治系统在贯彻来自经济系统的控制命令时,无法把大众的信任与忠诚维持在必要的水平上。政治不仅干预了经济系统,而且也干预社会文化系统,文化传统受到损害和削弱,但对于合法性具有重要意义的各种传统不可能用行政手段再造出来。"政治系统承担起规划意识形态的任务。可以肯定,这样做的时候,机动的余地是十分有限的,因为文化系统特别能抵制行政控制:意义从来都不是用行政手段创造出来的。对符号进行商业生产和行政计划,会消耗掉虚拟的有效性规范力量。获取合法化的'方式'一旦被看穿,对合法化的追求就会不战自败。"[163]

虽然当代资本主义面临深刻的合法性危机,但是哈贝马斯也看到了可以缓和合法性威胁的几种方式:(1)国家把经济成就即表现为或假设为普遍利益的最大可能的实现,通过自己的纲领和规划成功完成所负的任务时,可以有助于实现合法性。所负的任务是三项:确保经济的增长的繁荣政策;根据集体的需要对生产结构施加影响;修改社会不平等的模式。[164] (2)"社会国家的大众民主",这形成制度化的反对派,正常的政党竞争把反对派的角色制度化;这使合法化过程公式化,并使之保持下去;这使合法的波动阶段化,合法性的丧失同政府更换的形式联系起来;这使所有人作为选民参加到合法性的过程中。(3)社会保障系统,它应该缓和同脆弱的市场联系在一起的基本危机。(4)社会生活条件的保障系统,这个系统首先应该在大家有同等的接受正规教育上发挥作用。

---

[160] [德]哈贝马斯:《后民族结构》,曹卫东译,上海人民出版社2002年版,第256~257页。

[161] [德]哈贝马斯:《重建历史唯物主义》,郭官义译,社会科学文献出版社2000年版,第298页。

[162] 同上书,第308页。

[163] [德]哈贝马斯:《合法化危机》,刘北成、曹卫东译,上海人民出版社2000年版,第93页。

[164] [德]哈贝马斯:《重建历史唯物主义》,郭官义译,社会科学文献出版社2000年版,第282页。

参考文献

1.［日］中冈成文:《哈贝马斯——交往行为》,王屏译,河北教育出版社2001年版。
2.［德］哈贝马斯:《重建历史唯物主义》,郭官义译,社会科学文献出版社2000年版。
3.《哈贝马斯访谈录:现代性的地平线》,李安东、段怀清译,上海人民出版社1997年版。
4.［德］哈贝马斯:《合法化危机》,刘北成、曹卫东译,上海人民出版社2000年版。
5.［德］哈贝马斯:《后民族结构》,曹卫东译,上海人民出版社2002年版。
6.［英］威廉姆·奥斯维特:《哈贝马斯》,沈亚生译,黑龙江人民出版社2002年版。
7.［德］哈贝马斯:《在事实与规范之间——关于法律与民主法治国的商谈理论》,童世俊译,生活·读书·新知三联书店2003年版。

思考题

1. 哈贝马斯所说的交往(商谈)理性是什么?它与法律是什么关系?
2. 哈贝马斯是怎样论述法的合理性和合法性的?

第六节 批判法学

一、批判法学概述

批判法学实际上是批判法律研究运动(the critical legal studies movement, CLS)的简称,它是20世纪70年代在美国兴起的一股批判美国乃至整个西方法律传统的"左"倾法学思潮。批判法学是一个宽泛的标签,严格地说,它并不是一个单一的学派,而是一群具有各种不同观点却都以批判正统法律为特征的"左派"法学家(主要是年轻一代法学家)的集合。

现代西方社会中所讲的"左派"泛指一种比较激进的政治倾向,有意思的是,批判法学家们也喜欢这种"左派"标签,他们自称其为"新左派"。批判法学的研究队伍较为庞杂,主要代表有:昂格尔(Roberto Unger)、肯尼迪(Duncan Kennedy)、[165]霍维茨(Morton Horwitz)、[166]楚贝克(David Trubek)、图什内特(Mark Tushnet)、戈登(Robert Gordon)、阿贝尔(Richard Abel)、凯尔曼(Mark Kelman)等人,核心人物是昂格尔、肯尼迪和霍维茨,他们三人均来自于哈佛大学法学院,而且自称"三人集团"。其中,最为著名的是巴西裔人士昂格尔。

---

[165] 邓肯·肯尼迪(Duncan Kennedy),生于1942年,美国哈佛大学法学院教授。他被誉为批判法学的"教皇",其思想也被称为整个批判法学的核心。他的代表作有:《法学院是如何失败的?》(1970年)、《法律的形式性》(1973年)、《私法审判中的形式和实质》(1976年)、《布莱克斯通释义的结构》(1979年)、《权利问题的成本—效益分析:批判》(1981年)、《安东尼奥·葛兰西与法律中制度》(1982年)、《法学教育与等级制度的再生产》(1983年)等。

[166] 霍维茨(Morton Horwitz),生于1938年,美国哈佛大学法学院教授。其代表性专著是《1780～1860年美国法律的改造》(1977年),论文有:"历史作用的历史偶然性"(1981年)、"法律与经济学:科学还是政治"(1981年)、"公法、私法分类的历史"(1982年)、"美国法律史著作中的保守传统"(1973年)等。

批判法学的发展颇有点儿戏剧色彩。自产生以来,在20世纪80年代经历了一个叱咤风云的时期,一时间美国法理学的舞台上似乎只剩批判法学这一个角色了。而到了20世纪90年代,随着国际国内形势的急转,批判法学的阵营竟然迅速地土崩瓦解了。今天,虽然辉煌已成过去,但作为一面反思的镜子,其光彩似乎并未减退。

(一)批判法学的产生和发展的阶段

1. 产生阶段(20世纪60年代末到1977年)

20世纪60年代初,在美国掀起的法社会学研究即"法与社会运动"中,已蕴含了批判法学的研究成分。到20世纪60年代末期,一部分"法与社会协会"的成员因不满该协会的经验性研究而与其分道扬镳,并公开打出"批判性法律研究"的旗号。1977年春,首届批判法律研究大会在美国威斯康星大学召开,它标志着批判法学作为一个独立的学派正式诞生了。

2. 兴盛阶段(1977年到1989年)

批判法学自产生后发展十分迅猛,除每年至少召开一次大会外,发表的论著成倍增长,曾经跃居美国各类论文的榜首;参加会议的人数也由第一届大会的五十多人增至第六届大会的一千多人;其影响范围不仅限于耶鲁大学、哈佛大学、斯坦福大学等美国名校,而且传播到英国、法国、德国和加拿大等西方国家;其研究领域也从法理学、法史学、法律教育,扩展到宪法、财产法、合同法、侵权行为法、刑法、劳动法、律师制度等各个部门法学。

3. 解体阶段(1989年以来)

正当批判法学一路走红之际,却遭到美国主流法学——自由主义法学的无情攻击、打压。持批判法学观点的教授先后被耶鲁大学和哈佛大学解聘和拒聘,"杜克大学法学院院长甚至气急败坏地声称:'不许任何批判法律研究的成员在美国法学院有一席之地!'"〔167〕此外,1989年后的东欧剧变以及1991年的苏联解体,导致旧的国际格局崩溃,冷战时代宣告结束。"这一切似乎都表明了自由主义的胜利。"〔168〕与此同时,批判法学的内部阵营也开始分化,一些骨干成员或改弦易辙或修改观点或竞选议员。到1990年代后,其学术活动竟悄然无声。但作为一个独立的法学流派的趋于解体,并不等于批判法律运动的完全结束。

(二)批判法学产生的社会背景和思想渊源

从社会背景看,20世纪60年代至70年代初期,反对越战运动、学生运动、黑人民权运动及经济危机交相辉映,此起彼伏,使美国社会进入了一个空前的混乱和危机时期:

1. 20世纪60年代的学生运动是其产生的直接原因

20世纪60年代末,在西方国家相继爆发了震惊世界的大规模学生运动。其中影响较大的有:1963年5月法国发生的"五月风暴";1967年6月,联邦德国激进的"社会主义学生联盟"发起的学生运动;1968年4月,以哥伦比亚大学为发端的美国高校学生运动等等。其中,在美国,"仅在1968年1月1日到6月15日半年多的时间里,就发生了221起大规模的游行示威,遍及从东海岸到西海岸的一百多所大学。"〔169〕这些学生运动犹如星星之火,终于点燃了一场旨在挑战资本主义制度的社会运动。进一步说,学生运动不仅是一场政治运动,更是一

---

〔167〕 朱景文主编:《对西方法律传统的挑战——美国批判法律研究运动》,广西师范大学出版社2004年版,第7页。

〔168〕 同上书,第8页。

〔169〕 同上书,第18页。

场文化运动。“学生反叛精神并未随着政治运动的消失而消亡,它已悄悄渗透到学术界、政界等领域以及社会阶层(grassroots),成为多元社会种种抗议或改革运动的基本铸模。”[170] 于是,在20世纪70年代初,美国的意识形态领域形成了抨击社会时弊及传统观念的“左”倾运动,批判法学就是这一运动在法学领域所结的果实。[171]

2.20世纪60年代美国的法治传统出现危机是其产生的内在根源

20世纪30年代以来,随着罗斯福新政的推行,尤其是20世纪60年代后,“福利国家”步伐的加快,行政权力日益膨胀,司法与政治的界限模糊不清,法律变成了政治的工具。这一切使在自由资本主义时期建立的“法律至上”、“法律与政治相分离”的传统观念发生动摇,最终导致美国的法治传统陷入危机,批判法学正是这种危机的产物。

3.美国的激进主义文化传统是其产生的文化土壤

从1620年11月首次抵达美洲大陆的清教徒所订立的《五月花号公约》到1776年7月的《独立宣言》无不反映出一股强烈的“反叛精神”,这种“反叛精神”最终演变成激进主义的文化传统。所谓“激进主义就是对现实抱激烈的或彻底否定的批判态度,并对作为替代物的理想社会和乌托邦持巨大热情的观念和言行。”[172] 简单地说,激进主义文化传统就是强烈地批判传统。批判法学就是对这一传统的发扬光大。

从思想渊源看,批判法学主要受到以下思想的影响:一是西方马克思主义。批判法学主要汲取和继承了西方马克思主义中法兰克福学派的“批判的社会理论”、“文化心理革命理论”和葛兰西的“领导权理论”。“批判的社会理论”从人本主义出发来批判资本主义制度对人性的压抑,企图用他们所设计的乌托邦来替代现存社会秩序,它为批判法学提供了指导思想和理论基础;“文化心理革命理论”主张革命的关键在于进行一场文化心理革命,而非制度革命。这是批判法学革命理论的基础所在;“领导权理论”认为当代资本主义国家已从过去注重对被统治阶级的外部镇压和强制转变为对其意识形态和文化上的“领导权”(即对被统治阶级的思想意识的教育、操纵和控制)。[173] 这是批判法学为何把“意识形态”作为批判的焦点的原因。可见,“领导权理论”是批判法学的行动指南。二是美国的现实主义法学运动。批判法学吸收了现实主义法学运动的怀疑论的立场,并从中找到了批判传统法律观念的两个突破口:其一是法律推理不具有确定性;其二是法反映社会共识的观念值得怀疑。这实际上构成了批判法学的重要内容。三是结构主义。结构主义为批判法学提供了形式主义的方法论和符号学的一些方法,也影响了其“法具有相对自治性”观念的形成。

二、批判法学的主要内容

(一)批判法学的“批判”

“批判”是批判法学的基本特征。这种“批判”是全局性的、摧毁性的,它既涉及当代美国法律制度的主要领域,也包括了美国以及西方的主流法律思想。

---

[170] 吕庆广:《60年代美国学生运动》,江苏人民出版社2005年版,第16页。

[171] 严存生主编:《新编西方法律思想史》,陕西人民教育出版社1996年版,第352页。

[172] 吕庆广:《60年代美国学生运动》,江苏人民出版社2005年版,第21页。

[173] 吕世伦主编:《现代西方法学流派》(下卷),中国大百科全书出版社2000年版,第1059~1061页。

1. 对美国法律制度的批判

批判法学的锋芒几乎指向了当代美国的所有法律部门,具体包括宪法、合同法、侵权法、刑法、劳动法、法律推理、律师制度和法律教育等领域。以下仅以宪法、合同法、律师制度的批判为例:

(1)对宪法的批判。批判法学对于美国宪法的批判主要涉及两个方面:

第一,三权分立制度。1787 年制定的美国宪法,以确立分权制衡的宪法制度而闻名于世。三权分立与制衡一向被自由主义法学家看作是既保障了人民权利,又维护了国家和社会稳定的完美制度。但是批判法律学者图什内特却认为,这种制度严重阻碍了社会的变革与发展。因为国会、总统和联邦法院三机构任期各不相同,如果人民希望通过一项变革社会的计划,他们就必须一一说服这三个机构。但是,事实证明这种行使宪法权利的努力是极其艰难的。图什内特似乎给人们勾画出了一种三权分立与制衡制度的二难景象:“用立法来制约司法,则会出现立法机关的专制;用法院来制约国会,则会出现司法专横。自由主义使它的宪法理论走向自我否定。”[174]

第二,言论自由与出版自由。美国宪法第一条修正案规定:国会“不得制定剥夺言论自由的法律,不得制定禁止出版自由的法律。”但是,在批判法律学者凯尔里斯(David Kairys)看来,言论自由并不像自由主义法学家说的那样,既是先验存在的自然权利,又是法律规定的权利。他在总结了美国自 1791 年至 1942 年之间言论自由的发展史后指出,言论自由实际上是美国人民通过劳工运动、民权运动及其他进步运动等政治斗争取得的。另外,华盛顿大学传播学院教授辛普森(Roger A. Simpson)认为,战后几十年来,美国对言论自由和出版自由的控制大大加强了。从表面上看,美国最高法院的判决扩大了对出版自由的保护,但实际上为更加严厉地限制出版自由大开方便之门。当法院要求新闻媒体“认真负责”地为公众服务的时候,它已脱离了宪法第一修正案的规定。[175]

(2)对合同法的批判。传统自由主义认为,法律和契约为每一个主体界定了自主的领域(即“私人”领域)。在这个领域范围内,主体享有充分的自由,并且受到法律的保护。对契约自由的保障就是对主体自由的保障。批判法律学者认为,这是传统自由主义编造的神话。纽约州立大学教授伊丽莎白·曼什(Elizabeth Mensch)对这个问题作了深入分析,她说,在契约自由的理论模式中存在自由与安全的矛盾,当安全与自由发生矛盾时,安全目标往往会阻挠自由的实现。她进一步指出,法院在判决有关合同纠纷的案件中,仍然信奉的是 19 世纪的形式主义的合同法理论,这意味着法院并不考虑合同当事人事实上的主观情况,而只保护那些具备了合同形式条款的当事人的利益。总之,契约自由并不存在,契约不过是对不合理社会的合法化。拉格斯大学教授费曼(Jay M. Feiman)和纽约市立大学教授加贝尔(Peter Gabel)在他们合写的论文“合同法意识形态”一文中,深刻地揭露了合同法的本质。他们认为,合同法否认了市场的压迫本质,最重要的是,它否认了有一个制度强行左右并阻碍社会发展的事实。[176]

(3)对律师制度的批判。在西方社会,律师是一个神圣而荣耀的职业。但是,批判法律

---

〔174〕 朱景文主编:《对西方法律传统的挑战——美国批判法律研究运动》,广西师范大学出版社 2004 年版,第 214 页。

〔175〕 同上书,第 214 ~ 217 页。

〔176〕 同上书,第 219 ~ 224 页。

学者却从冲突理论出发,给人们描绘出一幅美国律师制度的异样画面。加州大学洛杉矶分校的阿贝尔(Richard Abel)教授从两方面揭示了美国律师制度存在的矛盾:

第一,律师业的矛盾。美国律师协会为规定,律师开业者必须具备诸如大学文凭、通过法学院的考试、取得律师资格等条件。阿贝尔认为,这些都是律师协会"控制生产者的再生产"的手段,正规教育取代学徒制是为了让法学院成为法律职业的看门人,而竞争激烈的法学院考试则是一种控制法律职业人数的方式。阿贝尔将美国的律师分为两类:上层律师和普通律师。他说,这种职业分层是高度竞争和控制供给策略失败所造成的,是一种不平等、不合理的现象。"这说明律师在'控制供给'和'制造需求'策略不能奏效的情况下,转向榨取事务所低级工作人员的剩余价值,事务所已经变成了资本主义企业,而不是过去高度自主的自由职业"。[177] 阿贝尔又指出,随着国家对律师控制的加强,美国律师职业的自主性正在丧失。

第二,律师的矛盾。阿贝尔从微观角度揭示了"职业化"给律师个人带来的种种矛盾。具体表现为:自我实现与劳动异化的矛盾,即每一个成长的律师,都必须从律师助理或低级律师做起,他们不得不接受高级律师的大量盘剥;公平、正义的理想与"一切向钱看"的现实之间的矛盾;律师分工带来的矛盾。[178]

2. 对美国及西方法律思想的批判

自1800年以来,先后影响和主宰美国法律实践的法律思想有:(1)法律工具主义。这是1890年以前美国的主流法律思想,它不排斥政治对法官判案的影响。(2)形式主义(概念主义)法学。它盛行于1890年到1920年之间,主张法官判案只遵循法律规则,而不受任何政治因素的影响。(3)现实主义法学。它从20世纪20年代到20世纪30年代末居主导地位,并以怀疑"规则"和"事实"的客观性而著称于世。(4)社会法学。它是20世纪50至60年代美国的主导法律思想。它主张将法律作为一种社会控制的工程。(5)新自然法学和新分析法学。它们自20世纪40年代中期兴起以来,与社会法学形成三足鼎立,成为现代西方三大主流法学派别。新自然法学强调,法律必须符合人类一般的道德准则;新分析法学是对奥斯丁(John Austin)的"命令说"的修正,它以"规则"为核心。(6)德沃金(Ronald Dworkin)的权利法学或自由主义法学和波斯纳(Richard A. Posner)的经济分析法学。它们都产生于20世纪70年代,是当代美国的主流法律思想。德沃金的学说建立在"整体性"即内在道德之上,而波斯纳的思想以市场理论为基础。

批判法学家认为以上的法律思想归纳为两个错误:

其一是形式主义。形式主义认为,法律是一个由规则、概念和原则构成的具有逻辑性的自治体,法律是中立的、是一个与政治分离的封闭体系、是人的主观意志的产物。法官的任务就是发现事实并宣告法律,这种法律观主要体现在分析实证主义法学之中,以概念为核心,创始人是哈佛大学法学院首任院长兰德尔(Christopher Columbus Langdell)。批判法学认为这是一种神话,因为,法律不是独立的,它与政治息息相关。美国现存的法律只是"政治"的表现,法官不过是穿着法袍的政治家。[179]

其二是客观主义。它主张法律应受制于客观的规则和价值即受制于人类共同的需要、道

〔177〕 朱景文主编:《对西方法律传统的挑战——美国批判法律研究运动》,广西师范大学出版社2004年版,第263页。

〔178〕 同上书,第263~265页。

〔179〕 刘全德主编:《西方法律思想史》,中国政法大学出版社1996年版,第297~298页。

德价值及权利体系。也即法律是客观的、确定的。法学家的任务是将这些客观标准与具体社会情况相结合。自然法学和社会法学就是典型的客观主义。批判法学反对自然法学所谓的客观规律说,它认为社会的发展从来就是不确定的和无进化规律可循的,自然法理论不但自身相互矛盾,而且与普通法也相矛盾。社会法学表面上与自然法学对立,实际上不过是一种没有自然法的自然法学。

批判法学重点攻击目标是传统的自由主义法律思想、德沃金的权利法学和波斯纳的经济分析法学。传统的自由主义法律思想依然是现代西方法律的思想基础,德沃金的理论是这种自由主义法律思想在当代的新形式,而波斯纳的学说是分析实证主义法律思想的新发展,这三种既相联系又相区别的法律思想构成了当代美国主流法学的基本框架。批判法学的任务就是摧毁这些"思想霸权",解构这些"现代性的基础"。因为,它们"压制着我们的希望和活力。我们必须'彻底批判'。在超越作为发达社会特征的自由社会的任务中,'彻底批判'的第一步是对自由主义以及构成自由社会的二元对立(如公/私、事实/价值、理性/欲望)的根本批判"。[180]

肯尼迪对传统的自由主义法律思想进行了猛烈的批判。他认为,个人自由与社会利益之间存在不可克服的矛盾,即"我们可依赖的社会,也是反对我们的社会"。[181] 这是社会的一个基本矛盾,现实法律中的矛盾正是这个基本矛盾的具体反映。例如,在合同法中,就存在形式与实质的矛盾。自由主义法学是为社会与经济的不平等现状服务的,它用法律面前的平等掩盖了这种实际上的不平等。自由是社会的问题而非个人的问题,权利把人群分解成一个个个体,它低估了作为自由基础的社团主义的愿望。因此,德沃金是神话的编造者,而权利是法律自由主义神话的工具和方法。

批判法学对经济分析法学的批判集中在其核心主张,即行为的主张之上。行为的主张把法律行为者看作是理性的人,把法律规则当作价格。认为法律应该保护那些能购买得起效率(效益),即能使"财富最大化"的人。而批判法学认为,"经济分析法学把'财富最大化'、'效益'错误地理解为客观的、不可避免的经济活动,把法律经济分析化装为价值中立的科学分析,其实它都打上了意识形态的烙印"。[182] 总之,批判法学认为法律是政治性的、是矛盾的,所有法律实践在某种意义上都是意识形态的反映。

(二)批判法学的基本观点

无论批判法学的观点多么杂乱、怪异、模糊和费解,但是其基本观点可以概括为以下三点:

第一,法不具有确定性。法的确定性问题是西方法理学长期争论的基本问题之一,它在司法实践中表现为法律推理的确定性问题。传统的自由主义法学认为:其一,法不同于政策,具有确定性;其二,法超脱于政治,具有客观公正性。因此,法律推理是非政治的、中立的,其具有确定性的结果。而批判法学认为,法律推理的大前提和小前提都是不确定的,某一案件究竟适用什么法律规则,确认哪些事实,都不是客观决定的,而是由法官或陪审员选择和认定的。

---

〔180〕 [英]韦恩·莫里森:《法理学》,李桂林、李清伟、侯健、郑云瑞译,武汉大学出版社2003年版,第471页。

〔181〕 转引自吕世伦主编:《现代西方法学流派》(下卷),中国大百科全书出版社2000年版,第1064页。

〔182〕 朱景文主编:《对西方法律传统的挑战——美国批判法律研究运动》,广西师范大学出版社2004年版,第165~166页。

例如,美国最高法院关于言论自由的三个判决就前后不一:1968 年,在混合食品 590 地方工会诉罗甘谷集市广场一案中,最高法院主张工会成员有权在私人所有的商业中心广场集会和发表演说;而在 1972 年的洛德诉唐纳一案中,最高法院却认为,反战分子无权在私人所有的商业中心散发传单;在 1976 年的赫德根诉全国劳工关系局一案中,最高法院又进一步否定了罗甘谷集市广场一案的原则,认为对劳工言论与反战言论的不同对待侵犯了宪法第一修正案关于言论自由不依赖于言论内容的规定。[183] 可见,法律推理是政治的,是法官主观选择的产物,并不具有确定性。

第二,法反映统治者的意志。传统的自由主义法学认为,法既是社会普遍需要的体现,也是人们共同道德价值的体现。因此,法反映了社会共识。批判法学反对这种把社会需要及道德价值抽象化、一般化的做法,反对将社会需要和道德价值视为法的源泉。他们认为,社会生活中存在千差万别的各种具体需要。例如,统治阶级和被统治阶级、工人和资本家、黑人和白人、男人和女人、大人和小孩等都有各自的需要和愿望,很难说他们彼此有着共同一致的抽象需要。另外,不同的人有着不同的道德价值观。所以,社会中不存在客观的、抽象的道德价值。

批判法学认为,法是社会各集团利益冲突的产物,体现着占统治地位集团的特殊利益。同时,法也是统治阶级为了组织自己、瓦解对方,以实现自己的政治、经济目的的手段或工具。法的统治功能包括两个部分:其一,强制惩罚功能,即表现为以暴力直接镇压被统治阶级;其二,意识形态功能,即通过教育和灌输来培养被统治阶级的顺从意识,使其确信,现有的法律是客观的、公正的,现存的社会秩序是必然的、合理的。因此,法不是社会共识的反映,而是统治阶级意志的体现,[184] 是一种政治工具。

第三,法是政治斗争的偶然产物。在西方社会,从孟德斯鸠、亚当·斯密开始,中间经过马克思、韦伯、耶林及 19 世纪的大多数法学家,再到 20 世纪的霍姆斯、庞德、卢埃林等人形成了一个可称之为"功能主义社会学法学"的理论传统。这个传统主张:法是一定社会需要的产物。而批判法学则认为,社会与法并不存在决定与被决定的关系。其理由是:其一,研究结果表明,在相关方面,相同的社会和经济条件并不一定会产生相同的法律反应;其二,由于不同的法官对法律有不同的解释,所以,法律规范本身不能用来预测法律规范产生的社会效果。总之,大多数批判法律学者认为,法并不是一定社会及经济秩序功能需要的产物,社会及经济秩序本身也并不能提出任何确切的法律要求。法纯属政治上的偶然,是不同社会力量、阶级、个人相互斗争的产物。[185]

由以上可知,批判法学与其他当代西方法学流派相比,呈现出三大特点:一是"怀疑"是其基本态度;二是"批判"是其基本特征;三是"法律就是政治"是其基本观点。

总之,批判法学在表面上确实显得激情有余、缺乏建构,甚至有点儿玩世不恭,但它所揭露的现代法治的矛盾和危机并非空穴来风。与其说它要解构法治,倒不如说它是对法治的一种急切的焦虑和深深的困惑。然而,这些似乎都是一种表象,也许一个客观、公正的理解是:"批判法律研究运动,以一种有限的和初步的形式,代表了一种改革行动。"[186]

---

[183] 吕世伦主编:《现代西方法学流派》(下卷),中国大百科全书出版社 2000 年版,第 1070 页。

[184] 同上书,第 1072 ~ 1074 页。

[185] 同上书,第 1075 页。

[186] Robert Unger, The Critical Legal Studies Movement, 96 *Harvard Law Review* (1983), p. 666.

综上所述,进入20世纪90年代以来,尽管批判法学的研究每况愈下,甚至已分崩离析。但批判法律学者们对于美国乃至整个西方法律传统切中要害的“批判”,似乎不应只简单地斥为一种“异端邪说”。相反,它也许是一种“盛世危言”。尤其是那种无情的批判精神,可能更应看作是一种严肃的检讨、一种自我反思、一种对于现代法治的新的思考,抑或是美国乃至西方法治的新的起点。

三、昂格尔的法律思想

(一)生平与著作

罗伯特·昂格尔(Roberto Mangabeira Unger),1949年出生于巴西,1969年在里约热内卢大学获文学士,曾做过记者并作为巴西的政治活动家参与组织工会和政党,还担任过政府要职。之后,到美国哈佛大学法学院留学,1970年获法学硕士,1976年获法学博士(S. J. D),现为哈佛大学法学院教授。昂格尔是批判法学的精神领袖,被尊称为该运动的“基督”。其代表作有:《知识与政治学》(1975年)、《现代社会中的法律》(1976年)、《批判法律研究运动》(1983年)、《激情:一篇关于人性的论文》(1984年)、《政治学:建设性社会理论工作》(三卷本,1987年)、《法律分析应该成为什么样子》(1996年)等。

昂格尔的法律思想立意高远,博大精深,但概括起来无外乎两大块:批判和建构。而且自20世纪90年代批判法学衰落以来,其建构色彩日浓。以下仅对上述未涉猎到的其思想部分作一重点简介。

(二)对经典社会理论的批判

昂格尔所谓的经典社会理论,是指19世纪末和20世纪初形成的,以马克思、迪尔凯姆(Emile Durkheim,又译涂尔干)和马克斯·韦伯为代表的现代社会理论。[187] 今天,这些理论已变成一件沉重的“历史包袱”,压得后来者喘不过气来,而且还将它们置于一种深深的困境之中。为了走出困境,就必须彻底批判和打碎这些旧的理论。

因为,这些经典理论没有为现代社会提供一套完美的答案;相反,却给后人留下了三个悬而未决的难题:

1. 方法问题

即我们应当如何在思想和语言中来描述社会事实之间的关系?经典社会理论是一种决定主义的方法论,它表现为两种倾向:一是采取普遍主义、合理主义的逻辑说明的方法;二是采取特殊主义、历史主义的因果说明的方法。这二者都有片面性。昂格尔提出的替代方法是把社会现象作为有一定含义的整体来把握,以意识和行为的对应关系作为研究的焦点,强调信念文化与组织制度的不可分割的属性。[188] 换言之,“不去探讨行为与观念、社会组织与社会意识之间谁决定谁的问题,而是注意它们之间的相互作用。”[189]

2. 社会秩序问题

即到底是什么将社会维系在一起?过去的社会理论可以分成两种主要立场:(1)以个人及其目的为出发点,提倡个人利益论和工具主义;(2)以社会和共同体的统一准则为出发点,

---

〔187〕[美]昂格尔:《现代社会中的法律》,吴玉章、周汉华译,译林出版社2001年版,第2页。

〔188〕季卫东:《法治秩序的建构》,中国政法大学出版社1999年版,第321页。

〔189〕朱景文主编:《对西方法律传统的挑战——美国批判法律研究运动》,广西师范大学出版社2004年版,第75页。

提倡社会有机体论和合意主义。前一种立场既不能解决个人利益的调和问题，也不能很好地说明社会安定和结合的原因，而后一种立场则无法解释社会的冲突和变化。昂格尔认为，解决社会问题的关键是寻求能够有效地调整个人自由和集体组织的关系条件。这样，社会秩序问题归根结底就成了政治性的问题。[190]

3. 现代性问题

即用什么标准来区分现代欧洲社会与其他社会？关于现代性的观点也有两种：(1)基于自由主义的政治思想；(2)基于阶级统治的结构论。这两种观点都不能充分说明现代社会的本质。[191] 昂格尔提出了一种“超级自由主义”(Super Liberalism)，即“把关于自由和解放的自由主义的前提伸张到极限，通过发掘自由主义尚未实现的潜在价值物的方法来重新构筑自由主义制度。”[192] 以此来克服自由主义的弊端。

(三)法律的形态

昂格尔从法律形态和社会形态的关系入手来研究社会秩序问题。他认为，历史上存在三种法律形态：

1. 习惯法或相互作用法

昂格尔说：“法律仅仅是反复出现的、个人和群体之间相互作用的模式，同时，这些个人和群体或多或少地明确承认这种模式产生了应当得到满足的相互的行为期待。我将称其为习惯法或相互关系法。”[193] 习惯法具有以下特征：(1)它从来不明确划分实际上发生的行为与应当如何的行为之间的界限；(2)它并不是由居于社会之上的国家或政府制定的规范；(3)它缺乏实在性，是由一些看不见的行为标准组成的；(4)它本身不具有明确性，主要是一些适用于具体的人和关系范畴的惯例。它同规则性及标准、选择规则和适用规则之类的区别毫不相干。[194]

2. 官僚法或规则法

官僚法由一个具有政府特征的组织所确立和强制的公开规则构成。“之所以把这种法律称为官僚法，是因为它专属于中央集权的统治者和他们的专业助手的活动领域。这种法律是由政府蓄意强加的，而不是社会自发形成的。”[195] 公共性和实在性是官僚法的特征。官僚法只是一种特定社会形态的产物，其产生前提是，国家与社会的分离以及明确的法律形式的出现。例如，在古代中国，官僚法具有至高无上的地位，它几乎囊括了所有的社会生活领域。[196]

3. 法律秩序或法治

法律秩序或法治是指在自由主义国家中，存在的一种独立的法律规则，一种专业化的法律机构，一种明确的法律理论传统以及具有自己相对独立的观点、利益和理想的法学家阶层的特殊法律形态。它是近代欧洲自由主义社会土壤中生长出的一种特殊产物，因此，其并非一种普遍的社会现象。具体讲，它产生的标志是：(1)政治与行政的分离；(2)政治与审判的

---

[190] 季卫东：《法治秩序的建构》，中国政法大学出版社 1999 年版，第 321 页。

[191] 同上书，第 321 页。

[192] 同上书，第 323 页。

[193] [美]昂格尔：《现代社会中的法律》，吴玉章、周汉华译，译林出版社 2001 年版，第 46 页。

[194] 同上书，第 46～47 页。

[195] 同上书，第 48 页。

[196] 同上书，第 49 页。

分离。

法治法除具有公共性和实在性之外,还具有自治性和普遍性。自治性体现在实体内容、机构、方法与职业四个方面,而普遍性显得尤为重要,因为,其不再是官僚法中的一种权宜之策,而成为法律制度内在结构的组成部分。正是这种法律的普遍性确立了公民在形式上的平等性,从而使其能够免受政府的任意侵害之苦。为了确保普遍性,行政必须与立法分离;而为了确保一致性,审判必然与行政相分离。实际上,这两个分离恰恰构成了法治的核心。[197]

(四)法治的条件与中国问题

昂格尔认为,法治或法律秩序的形成必须具备两个前提条件:(1)多元利益集团的出现,即在社会群体关系中,没有一个集团能够永恒地占有统治地位;(2)自然法观念的产生,即存在一个能够作为论证或批判实在法的高级法标准。具体说,"法律秩序要发展,必须以这样一种环境为前提,即没有一个集团在社会生活中永恒地占据支配地位,也没有一个集团被认为具有一种与生俱来的统治权利。集团之间这样一种关系可以称为是自由主义社会,或者用一种当代美国政治科学的更生动的语言,称其为多元利益集团。一种法律秩序的历史基础的第二个方面就是,它以一种'更高的'普遍的或神圣的法则为依据,用它来论证或批判国家制定的实在法。"[198]

多元利益集团的出现"意味着不存在一个永恒的统治集团,领导权的归属带有概率性,社会犹如不同利益的竞技场。因此,为了公平地分配权力、调整各种利益关系,必须制定一套中立的、具有普遍性和自治性的法律规范。"[199]而自然法包括了一些把规则与描述结合在一起的、普遍适用于各种社会形态的原则。它具有习惯的某些特点。自然法的一个直接的政治意义在于,它能够提供一种用于评价国家法和限制政府权力的普遍性准则。[200]

昂格尔认为,法治的概念也不是唯一的,"有两个概念的法治,一是强迫推行的法治秩序,对方没有反应的话,这种法治秩序就被自动接受了。二是超越简单的秩序与无序的关系,通过冲突来实现的,而非通过强迫来实行的法治,人民是在冲突中达成和谐,实现法治的。"[201]

昂格尔对于中国的法律问题颇为关注,并取得了丰硕的研究成果。他以法治的有无为坐标,认为现代西欧居其正极,而古代中国居其负极,其他大多数文明都不过居于这两极之间。他认为,中华帝国为何没有走上法治之路?其原因在于缺乏形成现代型法秩序的历史条件——利益集团的多元化、自然法理论及其超越性宗教的基础。[202]

在论述法治与社会和谐的关系时,他说:"现代西方政治道德的传统都强调和谐,强调个人世界与社会世界的互动,个人秩序之间与社会秩序的和谐。像柏拉图与孔夫子在形式上看来是相似的,都强调社会秩序与个人秩序的和谐,但是在我看来,事实上整个世界只是一个对抗(背叛或冲突)的世界,只能在冲突中实现和谐。当下中国应当把握一种思维方式,处理好秩序与无序之间的关系。"[203]他进一步强调,"更高级社会应当保持一种创造力,需要承认冲

---

〔197〕［美］昂格尔:《现代社会中的法律》,吴玉章、周汉华译,译林出版社2001年版,第49～51页。

〔198〕同上书,第63页。

〔199〕季卫东:《法治秩序的建构》,中国政法大学出版社1999年版,第316页。

〔200〕［美］昂格尔:《现代社会中的法律》,吴玉章、周汉华译,译林出版社2001年版,第72～73页。

〔201〕［美］昂格尔、孙笑侠:"中国传统与现代法治答问",载《政法论坛》2007年第1期。

〔202〕季卫东:《法治秩序的建构》,中国政法大学出版社1999年版,第316～318页。

〔203〕［美］昂格尔、孙笑侠:"中国传统与现代法治答问",载《政法论坛》2007年第1期。

突中的协调秩序，才能容纳这种冲突中的法治秩序。正如战争中的司令与战士的关系，应当允许战士对司令的战争计划作修正和发展，然后去推行它。"[204]最后，他对法治与民主的关系发表了独到的见解："从理论上讲，即使没有民主也有可能实现法治，如当时的德国，没有民主，但有法治。然而，在当今庞大的中国社会，在进行深刻的政治经济变革的中国社会，这是不可能的，没有民主是很难实现法治的。"[205]

毋庸讳言，昂格尔对于中国问题的论述不乏幼稚和误读之处，但他以一个西方人的旁观视角来审视中国，对于身为"当局者"的中国人来说，其警示和借鉴之处无可否认。

参考文献

1. [美]昂格尔：《现代社会中的法律》，吴玉章、周汉华译，译林出版社 2001 年版。
2. 朱景文主编：《对西方法律传统的挑战——美国批判法律研究运动》，广西师范大学出版社 2004 年版。
3. [美]昂格尔、孙笑侠："中国传统与现代法治答问"，载《政法论坛》2007 年第 1 期。

思考题

1. 批判法学是在什么样的背景下产生的？
2. 批判法学是如何对于美国及西方法律进行批判的？
3. 批判法学的基本观点有哪些？
4. 昂格尔的法律思想主要有哪些？
5. 昂格尔对于中国法律的论述有何借鉴意义？

---

[204] [美]昂格尔、孙笑侠："中国传统与现代法治答问"，载《政法论坛》2007 年第 1 期。
[205] 同上。

附录一

西方法学派别名称中西文对照表

中译名	西文名
智者	sophists
斯多葛派	stoa 或 stoics
普罗库拉派	proculians school
萨宾派	sabinians school
注释法学派	glossators
评论法学派(后期注释法学)	the school of commentatores(the school of post-glossators)
人文主义法学派	legal humanism
古典自然法学派	classical law of nature school
哲理法学派	philosophical theory of law
历史法学派	historical school of law
概念法学	conceptual jurisprudence(德文 Die Begriffsjurisprudenz)
功利主义法学	utilitarianism of law
分析法学	analytical school of law
法律实证主义	legal positivism
社会法学	sociological jurisprudence
利益法学	interessen jurisprudenz 或 jurisprudence of interests
自由法学	freirechrslehre 或 free law school
心理法学	psychological theory of law
社会连带主义法学	social solidarist school of law
斯堪的纳维亚法学	scandinavian school of law
唯实主义或现实主义法学	realism jurisprudence
新康德主义法学	new kantian school of law
新黑格尔主义法学	new hegelian school of law
新分析法学	new analytical school of law
纯粹法学	pure theory of law
新自然法学	new natural school of law
新托马斯主义法学	new thomast school of law
团体法学派	institutional theory of law
行为主义法学	behavioralism of law 或 behevioral jurisprudence
经济分析法学	jurisprudence of economic analysis
综合法学	integrative jurisprudence

中译名	西文名
法人类学	anthropology of law
存在主义法学	existentialist jurisprudnce
政策法学	policy science of law
批判法学	critical legal studies(C. L. S)
女权主义法学	feminist jurisprudence or critical feminist jurisprudence
种族批判法学	critical racial legal studies
制度法学	institutional theory of law
文学分析法学	literary jurisprudence

附录二

西方法学家人名中西文对照表

中译名	西文名	生卒年代
阿那克西曼德	Anaximandros	约公元前 610 ~ 前 546 年
毕达哥拉斯	Pythagoras	约公元前 580 ~ 前 500
赫拉克利特	Herakleitos	约公元前 540 ~ 前 480 年或 470 年
巴门尼德	Parmenides	约公元前 6 世纪末 ~ 前 5 世纪中
普罗泰戈拉	Protagoras	约公元前 481 ~ 前 411 年
高尔吉亚	Gorgias	约公元前 483 ~ 前 375 年
希庇亚	Hippias	约公元前 443 ~ 前 343 年
吕科弗隆	Lykophron	约公元前 4 世纪
安提丰	Antiphon	约与伯里克利同时
克里克勒	Callicles	与苏格拉底同时
格劳孔	Glaucon	与苏格拉底同时
色拉叙马霍斯	Thrasymachus	与苏格拉底同时
苏格拉底	Sokrates Socrates	公元前 469 ~ 前 399 年
德谟克利特	Demokritos	公元前 460 ~ 前 370 年
柏拉图	Plato	公元前 427 ~ 前 347 年
亚里士多德	Aristoteles	公元前 384 ~ 前 322 年
芝诺	Zenon Kiterus	公元前 336 ~ 前 264 年
伊壁鸠鲁	Epikouros	公元前 341 ~ 前 270 年
波利比阿	Polybius 或 Polybios	约公元前 205 ~ 前 125 年
西塞罗	Marcus Tullius Cicero	公元前 106 ~ 前 43 年
塞涅卡	Lucius Annaeus Seneca	公元前 4 ~ 公元 65 年
科伦卡纽斯	Coruncarius	约公元前 3 世纪中
弗拉维尤斯	Cnaeus Flavius	约公元前 4 世纪末
加托斯	Aelius Gaetus	约公元前 2 世纪末
昆特·采伏拉	Quitas Mucius Scavola	约公元前 1 世纪末
拉别奥	Marcus Autistius Labeo	约公元前 50 ~ 公元 20 年
普罗库拉	Sempranius Proculus	
卡皮托	Arcius Capito	？ ~22 年
萨宾	Massurius Sabinus	？ ~64 年
盖尤斯	Gaius	115 ~180 年
伯比尼安	Papinianus Aemilius	146 ~212 年

中译名	西文名	生卒年代
乌尔比安	Domitius Ulpianus	160 ~ 228 年
保罗	Paulus Julius	120 ~ 180 年
莫蒂斯提努斯	Modestonus Herennius	约 3 世纪
塞尔苏斯	Celsus Publius Juventius	约 67 ~ 130 年
庞波尼乌斯	Se xtus Pomponius	约 160 年去世
安布鲁斯	Ambrosius	约 339 ~ 397 年
奥古斯丁	Aurelius Augustinus	354 ~ 430 年
盖拉西	Gelasius	约 5 世纪
大阿尔伯特	Albertus Magnus	1192(1206) ~ 1280 年
阿奎那	Thomas Aquinas	1226 ~ 1274 年
马西利	Marsilius	1275 ~ 1342 年
伊尔内留斯	Irnerius	约 1055 ~ 1130 年
阿佐	Azo	约 1190 ~ 1220 年
阿库索斯	Franciscus Accursius	约 1181(85) ~ 1259(63)年
布尔加利斯	B. de Bulgarinis	约 11 世纪末 ~ 1166 年
高塞	M. Gosia	约 1157 年去世
雅各布斯	Jacobus	约 1178 年去世
拉维纳特	H. de P. Ravennate	约 1170 年去世
布拉坎梯努斯	Placentinus	约 1120 ~ 1192 年
巴塞努斯	J. Bassianus	约 1190 年去世
姆凯劳	D. Mugello	1253 ~ 1298 年
阿尔伯特鲁斯	Albertus Gandinus	1310 年去世
萨拉梯埃	Salathiele	约 274 年去世
帕塞盖里	R. Passageril	1300 年去世
乌恩佐拉	P. de Unzola	1312 年去世
奇诺	Cinus de Pistoia	约 1270 ~ 1336 年
巴尔多鲁	Bartolus de Saxoferrato	1314 ~ 1357 年
巴尔杜斯	Baldus de Ubaldis	1327 ~ 1400 年
但丁	Dante Alighieri	1265 ~ 1321 年
马基雅维利	Niccolo Machiacelli	1469 ~ 1527 年
阿尔恰托	Andreas Alciatus	1492 ~ 1550 年
迪穆林	C. Dumoulin	1500 ~ 1566 年
德埃伦	F. Douaren	1509 ~ 1559 年
鲍道恩	F. Baudouin	1520 ~ 1573 年
居亚斯	Jacques Cujas or Jacobus Cujacius	1522 ~ 1590 年
霍特曼	F. Horman	1524 ~ 1590 年
德纽	H. Doneau	1527 ~ 1591 年

中译名	西文名	生卒年代
让·布丹	Jean Bodin	1530 ~ 1596 年
格老秀斯	Hugo Grotius	1583 ~ 1645 年
霍布斯	Thomas Hobbes	1588 ~ 1679 年
苏支	Richard Zouche	1590 ~ 1660 年
斯宾诺莎	Baruch Spinoza	1632 ~ 1677 年
洛克	John Locke	1632 ~ 1704 年
普芬道夫	Samuel Baron von Pufedorf	1632 ~ 1694 年
莱布尼兹	Gottfried Wilhelm Leibnitz	1646 ~ 1716 年
维科	Giambattista Vico	1668 ~ 1744 年
宾凯尔胡克	Cornelius Van Byndershoek	1673 ~ 1743 年
沃尔夫	Christian Wolff	1679 ~ 1754 年
孟德斯鸠	Charles Louis Mondesquieu	1689 ~ 1755 年
朴蒂埃	Robert Joseph Pothier	1699 ~ 1772 年
卢梭	Jean Jacques Rousseau	1712 ~ 1778 年
布莱克斯通	William Blackstone	1723 ~ 1780 年
康德	Immanuel Kant	1724 ~ 1804 年
潘恩	Thomas Paine	1737 ~ 1809 年
杰弗逊	Thomas Jefferson	1743 ~ 1826 年
贝卡利亚	Cesare Banesana Beccaria	1738 ~ 1794 年
边沁	Jeremy Bentham	1748 ~ 1832 年
麦迪逊	J. Madison	1751 ~ 1836 年
马歇尔	J. Marshall	1755 ~ 1835 年
汉密尔顿	Alexander Hamilton	1757 ~ 1804 年
罗伯斯比尔	M. M. I. Robespierre	1758 ~ 1794 年
费希特	Johann Gottlieb Fichte	1762 ~ 1814 年
黑格尔	Georg Withelm Fredrich Hegel	1770 ~ 1831 年
胡果	Gustav Hugo	1764 ~ 1844 年
蒂堡	Anton Friedrich Justus Thibaut	1772 ~ 1840 年
谢林	Friedrich Wilhelm Joseph von Schelling	1775 ~ 1854 年
费尔巴哈	Paul Johann Anselm von Feuerbach	1775 ~ 1833 年
萨维尼	Friedrich Carl von Savigny	1779 ~ 1861 年
爱希霍伦	Karl Friedrich Eichhorn	1781 ~ 1854 年
雅各博格里姆	Jacob Grimm	1785 ~ 1864 年
威赫尔格里姆	Whlhelmgrimm	1786 ~ 1863 年
孔德	Auguste Comte	1798 ~ 1857 年
奥斯丁	John Austin	1790 ~ 1859 年
普赫塔	Georg Friedrich Puchta	1798 ~ 1846 年

中译名	西文名	生卒年代
托克维尔	Charles Alexis de Tocqueville	1805～1859 年
密尔	John Stuart Mill	1806～1873 年
耶林	Rudolph von Jhering	1819～1892 年
斯宾塞	H. Spencer	1820～1903 年
梅因	Henry Maine	1822～1888 年
卡特	James Goolidge Carter	1827～1905 年
马克拜	William Markby	1829～1914 年
戴雪	A. Dicey	1835～1922 年
霍兰德	Thomas Erskine Holland	1835～1926 年
龙勃罗梭	Cesar Lombroso	1835～1909 年
贡普洛维茨	L. Gumplowicz	1838～1909 年
格雷	John Chipman Gray	1839～1915 年
华德	Lester Frank Ward	1841～1913 年
霍尔姆斯	Oliver Wendell Holmes	1841～1935 年
祁克	O. F. von Gierke	1841～1921 年
塔尔德	Gabriel Tarde	1843～1904 年
柯亨	Hermann Cohen	1848～1918 年
柯勒	Josef Kohler	1848～1919 年
博山克	Bernard Bosanguet	1848－1923 年
耶里内克	Georg Jellinek	1851～1911 年
李斯特	Franz von liszt	1851～1919 年
恩里克·菲利	Enrico Ferri	1856～1929 年
布兰代斯	L. D. Brandeis	1856～1941 年
施塔姆勒	Rudolph Stammler	1856～1938 年
杜尔克姆(涂尔干)	Emile Durkheim	1858～1917 年
赫克	Philipp Heck	1859～1943 年
狄骥	Leon Duguit	1859～1928 年
惹尼	Francois Gény	1861～1959 年
欧根·埃利希	Eugen Ehrlich	1862～1922 年
萨尔蒙德	John Salmond	1862～1924 年
威格摩尔	J. H. Wigmore	1863～1943 年
马克斯·韦伯	Max Weber	1864～1920 年
布拉德雷	Francis Herbert Brandley	1864～1924 年
波得拉日茨基	Leon Petrazyeki	1867～1931 年
海耶斯特勒姆	Axel Hägerstöm	1868～1939 年
霍兹沃斯	W. Holdsworth	1870～1944 年
宾德	Julius Binder	1870～1929 年

中译名	西文名	生卒年代
庞德	Roscoe Pound	1870 ~ 1964 年
卡多佐	Benjamin Cardozo	1870 ~ 1938 年
米勒—厄思本奇	Rudolf Mùller-Erzbach	1874 ~ 1959 年
比尔德	Charles A. Beard	1874 ~ 1948 年
坎特罗维奇	Hermann Kantorowicz	1877 ~ 1940 年
韦基奥	Giorgio Del Vecchio	1878 ~ 1970 年
拉德布鲁赫	Gustav Radbruch	1878 ~ 1949 年
格特奇里	H. C. Gutteridge	1878 ~ 1953 年
霍菲尔德	Wesley Newcomb Hohfeld	1879 ~ 1918 年
乌利夫克鲁纳	Karl Olivecrona	1879 ~ 1980 年
凯尔森	Hans Kelsen	1881 ~ 1973 年
伦德斯泰特	A. Vilhelm Lundstedt	1882 ~ 1955 年
马里旦	Jacques Maritain	1882 ~ 1973 年
雅斯贝尔斯	Karl Jaspers	1883 ~ 1969 年
马林诺夫斯基	Browisiaw Malinowski	1884 ~ 1942 年
乔治·坎	Georgo Cohn	1887 ~ 195 年
海德格尔	Martin Heidegger	1889 ~ 1976 年
达班	Jean Dabin	1889 ~ 1971 年
布伦纳	Emil Bruner	1889 ~ 1966 年
弗兰克	Jerome New Frank	1889 ~ 1957 年
麦斯纳	Johannes Messoner	1891 ~ ?
斯托尔	Heinrich Stoll	1891 ~ 1937 年
卢埃林	Karl Nickerson Llewellyn	1892 ~ 1962 年
罗门	Heinrich Rommen	1897 ~ 1967 年
奥利维克鲁纳	Karl Olivecrona	1897 ~ 1980 年
哈耶克	Friedrich A. Hayeck	1899 ~ 1992 年
阿尔夫·罗斯	Alf Ross	1899 ~ 1979 年
霍尔	Jerom Hall	1901 ~ 1992 年
富勒	Lon L. Fuller	1902 ~ 1978 年
登特列夫	A. P. d'Entréves	1902 ~ 1985 年
拉斯韦尔	Harold Lasswell	1902 ~ 1978 年
K. 拉伦茨	Karl Larenz	1903 ~ 1993 年
西奇斯	Luis Recasens Siches	1903 ~
德富林	Patrick Devlin,	1905 ~ 1992 年
霍贝尔	Adamson Hoebl	1906 ~ 1993 年
勒内·达维德	Rene David	1906 ~ 1990 年
麦格杜格尔	Myres McDougal	1906 ~ 1999 年

中译名	西文名	生卒年代
罗蒂埃尔	Rene Rodiere	1907 ~ 1981 年
亨利·哈特	Henry M. Hart	1907 ~ 1992 年
斯通	Julius Stone	1907 ~ 1985 年
博登海默	Edgar Bedenheimer	1908 ~ 1992 年
列维—斯特劳斯	Claude Lévi – Strauss	1908 ~ 2009 年
罗纳德·科斯	Ronald. H. Coase	1910 ~ 2013 年
佩雷尔曼	Chaim Perelman	1912 ~ 1984 年
佩尔兹曼	Howse Pelzman	1917 ~
伯尔曼	Harold J. Berman	1918 ~ 2007 年
魏因贝格尔	Ota Weinbenger	1919 ~ 2009 年
塞尔兹尼克	Philip Selznick	1919 ~ 2010 年
诺内特	P. Nonet	
柯英	Helmut Coing	1921 ~
罗尔斯	John Rawls	1921 ~ 2002 年
麦勒米德	Douglas Malamed	1922 ~
埃克曼	Bruce Ackerman	1920 ~
伯克	Jean Boek	1923 ~
米歇尔·福柯	Michel Foucault,	1926 ~ 1984 年
卢曼	Niklas Luhmann	1927 ~ 1998 年
斯蒂根·乔根森	Stig Jogenson	1927 ~
尤尔根·哈贝马斯	Jurgen Habermas	1929 ~
劳伦斯·弗里德曼	Lawrence. M. Fredman	1930 ~
埃利希	Isaac Echrlich	1931 ~
德沃金	Ronald Dworkin	1931 ~ 2013 年
莫顿·霍维茨	Morton Horwitz	1938 ~
诺齐克	Robert Nozick	1938 ~ 2002 年
费什	Stanley Fish	1938 ~
拉兹	Joseph Raz	1939 ~
理查德·波斯纳	Richard Posner	1939 ~
菲尼斯	John Finnis	1940 ~
麦考密克	Neil MacCormik	1941 ~ 2009 年
邓肯·肯尼迪	Duncan Kennedy	1942 ~
贡塔·托依布纳	Gunther Teubner	1944 ~
罗伯特·昂格尔	Robert M. Unger	1947 ~
楚贝克	D. Trubek	1935 ~
图什内特	Mark Tushnet	1945 ~
罗伯特·阿列克西	Robert Alexy	1945 ~

中译名	西文名	生卒年代
罗伯特·戈登	Robert Gordon	
马老伊	Robin Paul Malloy	1956 ~
埃里克·波斯纳	Eric A. Posner	1965 ~
约翰·加德纳	John Gardner	1965 ~
阿贝尔	R. Abel	
布莱恩·比克斯	Brian Bix	
博温托·迪·苏萨·桑托斯	Boaventura de Sousa Santos	
克利福德·吉尔兹	Cliford. Geertz	
欧文·菲斯	Owen M. Fiss	
唐纳德·布莱克	Donald Black	
舒伯特	Sehbuert	
劳勒	Lawlor	
达勒斯基	Danelsk	
德兰伯格	Driberg	
巴顿	R. F. Barton	
A. S. 戴蒙德	A. S. Diamond	
卡拉勃雷赛	Gaido Calabresi	
马克斯·法伦德	Max Farrand	
斯密斯	E. C. Smith	
威廉·西蒙	William Simon	
爱尔勃特·萨克斯	Albert M. Sacks	
威廉姆·格赖纳	Willian R. Greiner	
迈霍佛	Werner Maihofer	
霍梅斯	Vlrich Hommes	
凯瑟琳·麦金侬	Catherine Mackinnon	
怀特	James B. White	
佛格森	Robert Ferguson	
魏斯特	Robin West	

附录三

西方法律思想史大事年表

· 公元前11～前9世纪，古希腊的荷马时代。
· 公元前754年，古罗马建国。
· 公元前621年，古雅典德拉古立法。
· 公元前594年，古雅典梭伦改革。
· 公元前507年，克利斯提尼进一步实行社会和法制改革，使民主政体在雅典最后确立。
· 公元前450年，古罗马《十二铜表法》公布。
· 公元前444～前429年，古雅典民主派政治家伯里克利时代。
· 公元前431～前404年，古希腊伯罗奔尼撒战争。
· 公元前399年，苏格拉底在雅典被判处死刑。
· 公元前387年，柏拉图在雅典创办阿加德米(Academus)学校和相继写成《理想国》等著作。
· 公元前339年，亚里士多德在雅典创办律克昂(Lycenm)学校和相继写成《政治学》等著作。
· 公元前337年，在科林斯召开的泛希腊会议上确认马其顿在全希腊的领导地位，宣告城 邦制度历史结束和进入希腊化时期。
· 公元前4世纪中期，芝诺创立斯多葛派哲学和自然法学。
· 公元前3世纪，伊壁鸠鲁创立社会契约论。
· 约公元前205—前125年，波里比阿撰写《通史》，提出政体循环论和混合政体学说。
· 公元前200—前197年，罗马侵入希腊。
· 公元前27年，奥古斯都(屋大维)在罗马建立元首制。
· 公元43年，西塞罗被处死，生前著有《国家篇》和《法律篇》等。
· 公元161年，盖尤斯编撰《法学阶梯》。
· 公元212年，罗马皇帝卡拉卡拉颁布敕令，授予一切自由人以罗马公民权，市民法与万民法逐渐合而为一。
· 公元313年，《米兰敕令》颁布，基督教在罗马合法化。
· 公元354～430年，奥古斯丁创立教父哲学，在《论上帝之城》中提出“两国论”。
· 公元395年，罗马分裂为东、西罗马帝国。
· 公元426年，罗马皇帝颁布“引证法”，明确规定五大法学家及其被他们引用的法学著作具有法律效力。
· 公元476年，西罗马帝国灭亡，西欧进入中世纪。
· 公元527～565年，西罗马帝国皇帝查士丁尼在位，并组织12名法学家编纂《国法大全》。
· 公元5世纪，教皇盖拉西提出“双剑论”。
· 公元1054年，基督教正式分裂为东正教和天主教。
· 公元1066年，诺曼人入侵英国。
· 公元1215年，英国颁布《大宪章》。

· 公元 1096～1291 年,十字军东侵。
· 公元 11 世纪,西欧各国开始创办大学,意大利波伦那大学开创法学教育,注释法学派萌发。
· 公元 1274 年,阿奎那死于去里昂的宗教会议途中,生前著有《神学大全》等。
· 公元 1453 年,土耳其攻占君士坦丁堡,东罗马帝国灭亡。
· 公元 1275～1340 年,马西利在世,著有《和平的保卫者》,批判宗教神权至上理论。
· 公元 1513 年左右,马基雅维利撰写《君主论》。
· 公元 1580 年左右,让·布丹撰写《国家六论》,论述了国家主权概念。
· 公元 1517 年,马丁·路德发表《九十五条论纲》,德国宗教改革开始。
· 公元 1566～1609 年,尼德兰资产阶级革命。
· 公元 1596～1650 年,法国哲学家笛卡尔在世。
· 公元 1625 年,格老秀斯的《战争与和平法》出版。
· 公元 1640 年,英国资产阶级革命开始。
· 公元 1652 年,霍布斯的《利维坦》出版。
· 公元 1670 年,斯宾诺莎的《神学政治论》出版。
· 公元 1672 年,普芬道夫的《自然法与万民法》出版。
· 公元 1679 年,英国颁布《人身保护法》。
· 公元 1688 年,英国"光荣革命"。
· 公元 1689 年,洛克的《政府论》出版。
· 公元 1694～1758 年,法国启蒙思想家伏尔泰在世。
· 公元 1713～1784 年,法国启蒙思想家狄德罗在世。
· 公元 1723～1790 年,英国经济学家亚当·斯密在世。
· 公元 18 世纪 60 年代～公元 19 世纪 30 年代,英国产业革命。
· 公元 1748 年,孟德斯鸠的《论法的精神》出版。
· 公元 1760～1825 年,法国空想社会主义者圣西门在世。
· 公元 1762 年,卢梭的《社会契约论》出版。
· 公元 1764 年,贝卡利亚的《论犯罪与刑罚》出版。
· 公元 1771～1858 年,英国空想社会主义者欧文在世。
· 公元 1772～1823 年,英国经济学家李嘉图在世。
· 公元 1774～1783 年,美国独立战争。
· 公元 1776 年,潘恩发表《常识》出版;美国的《独立宣言》发表。
· 公元 1776 年,边沁的《政府片论》出版。
· 公元 1781～1790 年,德国哲学家康德的《纯粹理性批判》《实践理性批判》《判断力批判》和《道德的形而上学基础》相继出版。
· 公元 1787 年,美国颁布资产阶级第一个成文宪法。
· 公元 1789 年,法国资产阶级革命开始。
· 公元 1789 年,美国通过《人权法案》。
· 公元 1789 年,边沁的《道德与立法原理导论》出版。
· 公元 1792 年,法国制宪会议通过《人权宣言》。
· 公元 1791 年,法国颁布《1791 年宪法》。

· 公元 1794 年,法国通过《1793 年宪法》。
· 公元 1797 年,康德的《道德形而上学原理》出版。
· 公元 1804 年,法国颁布《法国民法典》(又称《拿破仑法典》)。
· 公元 1814 年,萨维尼的“论立法与法学的当代使命”一文发表。
· 公元 1818 ~ 1883 年,伟大的社会主义者马克思在世。
· 公元 1820 ~ 1895 年,伟大的社会主义者恩格斯在世。
· 公元 1819 年,叔本华的《作为意志和表象的世界》出版。
· 公元 1821 年,黑格尔的《法哲学原理》出版。
· 公元 1830 ~ 1842 年,孔德的《实证哲学教程》出版。
· 公元 1832 年,奥斯丁的《法理学的范围》出版。
· 公元 1835 ~ 1840 年,托克维尔撰写《论美国的民主》。
· 公元 1836 年,英国宪章运动开始。
· 公元 1844 ~ 1900 年,德国哲学家尼采在世。
· 公元 1848 年,《共产党宣言》出版。
· 公元 1859 ~ 1861 年,密尔的《论自由》和《代议制政府》相继出版。
· 公元 1861 年,梅因的《古代法》出版。
· 公元 1862 年,美国总统林肯颁布《解放黑奴宣言》。
· 公元 1871 年,法国“巴黎公社”起义。
· 公元 1871 年,德国实现统一,并颁布德意志帝国宪法。
· 公元 1876 ~ 1896 年,斯宾塞的《社会学原理》出版。
· 公元 1877 年,摩尔根的《古代社会》出版。
· 公元 1881 年,霍尔姆斯的《普通法》出版。
· 公元 1885 年,戴雪的《英宪精义》出版。
· 公元 1895 年,尼采的《权力意志》出版。
· 公元 1897 年,霍尔姆斯的“法律之路”一文发表。
· 公元 1900 ~ 1911 年,胡塞尔撰写《逻辑研究》。
· 公元 1900 年,弗洛伊德的《梦的解释》出版。
· 公元 1901 年,莱昂 · 狄骥的《国家、客观法和实在法》出版。
· 公元 1901 年,斯达姆勒的《论正义》出版。
· 公元 1902 年,涂尔干的《社会分工论》出版。
· 公元 1903 年,埃利希的《法律的自由发现与自由法学》出版。
· 公元 1905 年,马克斯 · 韦伯的《新教伦理与资本主义精神》出版。
· 公元 1907 年,詹姆士的《实用主义》出版。
· 公元 1910 年,拉德布鲁赫的《法学导论》出版。
· 公元 1911 年,莱昂 · 狄骥的《宪法论》出版。
· 公元 1911 ~ 1912 年,庞德的《社会学法学的目的和范围》出版。
· 公元 1913 年,埃利希的《法律社会学的基本原理》出版。
· 公元 1914 年,赫克的《法律解释与利益法学》出版。
· 公元 1914 ~ 1918 年,第一次世界大战。

· 公元 1917 年,俄国爆发十月社会主义革命,列宁《国家与革命》出版。
· 公元 1919 年,德国颁布《魏玛宪法》。
· 公元 1927 年,海德格尔的《存在与时间》出版。
· 公元 1930 年,弗兰克的《法律和现代精神》出版;卢埃林的《荆丛》出版。
· 公元 1934 年,凯尔逊的《纯粹法学》出版。
· 公元 1934 ~ 1945 年,德国希特勒法西斯独裁统治时期。
· 公元 1937 年,科斯的"企业的性质"一文发表。
· 公元 1939 ~ 1945 年,第二次世界大战。大战结束后建立了联合国。1948 年 12 月 10 日,联合国大会通过并颁布《世界人权宣言》
· 公元 1943 年,萨特的《存在与虚无》出版。
· 公元 1945 年,波普尔的《开放社会及其敌人》出版。
· 公元 1947 年,霍尔的"综合法学"一文发表。
· 公元 1951 年,马里旦的《人和国家》出版。
· 公元 1953 年,维特根斯坦的《哲学研究》出版。
· 公元 1954 年,凯尔逊的《法与国家的一般理论》出版。
· 公元 1959 年,庞德的《法理学》(5 卷本)出版。
· 公元 1959 年在印度召开"国际法学家会议",通过包括四个方面的法治原则的《新德里宣言》。
· 公元 1959 年 4 月,时任哈佛大学法学院长的富勒请时任牛津大学法理学讲座主持人的哈特来美作学术报告,二人因"法律的道德性"引爆发了一场长达几年大争论,因此产生了哈特的《法律的概念》(1961 年版)和富勒的《法律的道德性》(1964 年版)。
· 公元 1959 年,英过议会审议同性恋问题并决定不再以犯罪论处,由此引起了哈特与德富林关于"道德的法律强制"之争。
· 公元 1960 年,科斯"社会成本问题"一文发表。
· 公元 1960 年,哈耶克的《自由秩序原理》出版。
· 公元 1966 ~ 1979 年,中国发生"文化大革命"。西方也相继发生学生运动、黑人运动和女权主义运动。
· 公元 1971 年,罗尔斯的《正义论》出版。
· 公元 1973 年,哈耶克的《法律、立法与自由》出版。
· 公元 1974 年,诺齐克的《无政府、国家与乌托邦》出版。
· 公元 1975 年,福柯的《规训与惩罚》出版。
· 公元 1976 年,加德默尔的《哲学解释学》出版。
· 公元 1977 年,德沃金的《认真对待权利》出版。
· 公元 1977 年,波斯纳的《法律的经济分析》出版。
· 公元 1983 年,伯尔曼的《法律与革命》出版。
· 公元 1983 年,霍贝尔的《原始人的法》出版。
· 公元 1986 年,德沃金的《法律帝国》出版。
· 公元 1986 年,麦考密克与魏因贝格尔合著的《制度法论》出版。
· 公元 1986 年,昂格尔的《批判法研究运动》出版。
· 公元 1992 年,哈贝马斯的《在事实与规范之间》出版。

后　记

这是普通高等教育国家级“十一五”规划教材《西方法律思想史》的第三版。其历史可以追溯到2004年的“十五”规划教材和更早的1989年由五所政法院校和五个大学的法律系从事西方法律思想史教学的教师合编、陕西人民教育出版社出版的《新编西方法律思想史》。该教材之所以能发行近三十年并受到广泛欢迎，首先得益于它对西方法律思想史的介绍比较客观全面，结构比较合理，叙述也比较通俗易懂。其次，是因为它能与时俱进，不断地吸收西方法律思想史研究的新成果，使它的内容越来越充实和使人读来有时代新鲜感。我国的西方法律思想史教学活动始于20世纪80年代末，此教材的不断出版和修改，从一个侧面反映了我国西方法律思想史学科的发展史。希望本版的出版发行能对我国西方法律思想史的发展做出新的贡献。

本教材的参编人员及其分工情况如下（以编写章节为序）：

严存生	西北政法大学教授	绪论；第一章；第四章；第五章；第八章第一、二、四、五、六、七节；第十章第一、二、三、四、五节；第十一章第一、二、四、六节；全部附录
宋海彬	西北政法大学副教授	第二章；第三章
邓少岭	上海社科院法学所副教授	第六章
王海山	西北政法大学讲师	第七章
卢　鹏	同济大学法学院副教授	第八章
李桂林	华东政法大学教授	第九章
胡　桥	浙江工商大学法学院副教授	第十章第五节；第十一章第四、六节
朱　颖	西南政法大学副教授	第十章第六节

本教材在编写中得到了法律出版社、西北政法大学和各编写人员单位的大力支持，特别是法律出版社的丁小宣分社长和陈慧编辑为本教材的顺利出版付出了大量心血，我们深为感动，借此机会特致感谢！与此同时，在编写中，我们参考和吸收了国内近些年来西方法律思想史研究方面的许多新成果，在此致以由衷的谢忱！

严存生

2015年6月

图书在版编目(CIP)数据

西方法律思想史 / 严存生主编. -- 3 版. -- 北京：法律出版社,2015.8(2025.8 重印)
ISBN 978-7-5118-8277-6

Ⅰ. ①西… Ⅱ. ①严… Ⅲ. ①法律－思想史－西方国家 Ⅳ. ①D909.5

中国版本图书馆 CIP 数据核字(2015)第 182115 号

西方法律思想史(第三版)
XIFANG FALÜ SIXIANGSHI
(DI-SAN BAN)

严存生 主编

责任编辑 陈 慧
装帧设计 乔智炜

出版发行 法律出版社
编辑统筹 法律教育出版分社
责任校对 郑怡萍
责任印制 刘晓伟
经　　销 新华书店

开本 787 毫米×1092 毫米 1/16
印张 27.75 **字数** 654 千
版本 2015 年 8 月第 3 版
印次 2025 年 8 月第 10 次印刷
印刷 固安华明印业有限公司

地址:北京市丰台区莲花池西里 7 号(100073)
网址:www.lawpress.com.cn
投稿邮箱:info@lawpress.com.cn
举报盗版邮箱:jbwq@lawpress.com.cn
销售电话:010-83938349
客服电话:010-83938350
咨询电话:010-63939796

书号:ISBN 978-7-5118-8277-6
定价:54.00 元
凡购买本社图书,如有印装错误,我社负责退换。电话:010-83938349